Der Untergang des Dollar-Imperiums

1. Auflage April 2009

Copyright © 2009 by F. William Engdahl
Copyright © 2009 für die deutschsprachige Ausgabe bei
Kopp Verlag, Pfeiferstraße 52, 72108 Rottenburg
Titel der englischen Originalausgabe:
Power of Money. Rise and Decline of the American Century
Aus dem Englischen von Ortrun und Hartmut Cramer

Alle Rechte vorbehalten

Lektorat: Dr. Renate Oettinger
Umschlaggestaltung: Angewandte Grafik/Peter Hofstätter
Satz und Layout: Agentur Pegasus, Zella-Mehlis
Druck und Bindung: CPI – Clausen & Bosse, Leck

ISBN: 978-3-938516-89-8

Gerne senden wir Ihnen unser Verlagsverzeichnis
Kopp Verlag
Pfeiferstraße 52
72108 Rottenburg
E-Mail: info@kopp-verlag.de
Tel.: (0 74 72) 98 06-0
Fax: (0 74 72) 98 06-11

Unser Buchprogramm finden Sie auch im Internet unter:
www.kopp-verlag.de

F. WILLIAM ENGDAHL

Der Untergang des Dollar-Imperiums

Die verborgene Geschichte
des Geldes und die geheime
Macht des Money Trusts

KOPP VERLAG

Widmung

In Dankbarkeit für ihre zahlreichen Beiträge, die mir im Laufe der Jahre geholfen haben, die undurchsichtige Welt des internationalen Bank- und Finanzwesens zu verstehen, widme ich dieses Buch dem Wirtschaftswissenschaftler und Kenner der Londoner City Stephen J. Lewis sowie Dr. Diedrick Goedhuys, dem ehemaligen Berater der südafrikanischen Zentralbank (*South African Reserve Bank*).

Inhaltsverzeichnis

Vorwort		7
Kapitel 1:	Der Aufstieg einer amerikanischen Oligarchie – Die Eliten konsolidieren ihren Finanz-Trust	12
Kapitel 2:	Der Putsch der Bankiers – Eine neue *Federal Reserve* erobert die Kontrolle über das Geld	41
Kapitel 3:	Morgan und die *Fed* finanzieren einen Krieg in Europa	72
Kapitel 4:	Die Kontrolle über das Gold: Widersprüchliche Ziele zweier rivalisierender Empires	99
Kapitel 5:	Der New Deal und die Depression – Die Rockefellers gewinnen die Oberhand	144
Kapitel 6:	Planungen für das Amerikanische Jahrhundert – die *War & Peace Studies*	164
Kapitel 7:	Der Krieg und widersprüchliche geopolitische Ziele	199
Kapitel 8:	Das Amerikanische Jahrhundert bricht an	227
Kapitel 9:	Der neue Dollar-Standard übernimmt die Welt	275
Kapitel 10:	Der Anfang vom Ende des Amerikanischen Jahrhunderts: Nixon steigt aus dem Bretton-Woods-Abkommen aus	295
Kapitel 11:	Die Reagan-Revolution für den Geldadel – Der innere Verfall Amerikas führt zu neuen Krisen	322
Kapitel 12:	Der Todeskampf des Amerikanischen Jahrhunderts – Greenspans »Finanzrevolution« geht schief	345

Kapitel 13: Ein Finanz-Tsunami und das Ende des Dollar-
Systems 394

Nachwort: Die Macht des Geldes – die Folgen 421

Über den Autor 428

Vorwort

»Geld ist Macht.« Dieses Sprichwort gibt es seit der Antike, und doch haben nur wenige Menschen die eigentliche Macht des Geldes verstanden. In unserer modernen Gesellschaft ist Geld, richtig verstanden, hauptsächlich ein Tauschmittel. In einer komplexen Volkswirtschaft, die von Rohstoff- und anderen Importen aus fremden Ländern abhängig ist, funktioniert alleiniger Tauschhandel einfach nicht. Über die Jahrhunderte haben sich andere Formen von Zahlungsmitteln entwickelt, darunter vor allem das Geld, das den Austausch von Waren und Dienstleistungen einfacher und auch für alle Seiten zufriedenstellend macht.

Geld kann erzeugt (»geschöpft«) oder vernichtet werden. Es kann zu großem Wohlstand oder tiefer Depression führen oder zu einem moderaten Wachstum. Daher ist es eine Frage von höchster politischer Bedeutung, wer letztendlich über die Macht verfügt, Geld zu schöpfen oder zu vernichten. Im Wesentlichen ist Geld ein politisches Geschöpf. Deshalb sollte die Macht über die Geldschöpfung zu den wichtigsten Aspekten nationaler Souveränität zählen, ohne die ein Staat nicht über das Schicksal seiner eigenen Bevölkerung zu wachen vermag. In der Geschichte war Papiergeld immer irgendwie an wertvolle Dinge wie Silber oder Gold gekoppelt, damit alle Menschen sicher sein konnten, dass das Geld durch etwas konkret Anfassbares gedeckt war. Letztendlich wurde aber die Ausgabe des Geldes, seine Schöpfung oder Vernichtung immer durch die Macht des Staates gedeckt, eine Macht, die sogar Kriege führen konnte, um ihre Interessen zu verteidigen oder ihren Wirtschaftsraum auszudehnen.

Im Dezember 1913 ließ sich der Kongress der Vereinigten Staaten von Amerika von einer Clique mächtiger Privatinteressen – Namen wie J. P. Morgan, John D. Rockefeller und Paul Warburg sind da zu nennen – überreden, die Macht der Geldschöpfung privaten Bankinteressen zu übertragen. Damit gab der US-Kongress eine Macht aus den Händen, die für das Überleben der Republik als so wichtig angesehen wurde, dass die Gründungsväter sie gleich im ersten Artikel der amerikanischen Verfassung verankert hatten.

Seitdem liegt die Macht, das gesetzliche Zahlungsmittel der USA zu schöpfen, bei einer Clique von Privatbankiers und nicht mehr bei den gewählten Vertretern des amerikanischen Volkes. Infolge dieser Entscheidung – die bewusst so vernebelt wurde, dass nur wenige verstehen, dass in den USA private Bankiers und nicht mehr die eigene Regierung die Macht über das Geld in Händen hält – ist Amerika im Laufe des vergangenen Jahrhunderts in zwei Weltkriege eingetreten; in Kriege, die vor allem geführt wurden, um die Macht dieses privaten »Money Trusts« auszuweiten.

Dass private Bankiers – über den Umweg des von ihnen kontrollierten privaten *Federal-Reserve*-Systems – die souveräne Kontrolle über Amerikas Geldschöpfung erhielten, war ebenfalls der ausschließliche Grund dafür, dass während des Booms der Aktienmärkte in den 1920er-Jahren in nie da gewesenem Umfang Geld geschöpft wurde. Diese Geldschöpfung hatte weltweite Auswirkungen – von der Weimarer Republik in Deutschland bis nach England, von Argentinien bis nach Italien –, weil billige Dollars von New York aus auf der ganzen Welt den Kreditmarkt überschwemmten. Diese Übergabe der souveränen Kontrolle über das eigene Geld in den USA führte auch zu einer nie da gewesenen Vernichtung des Geldes, die etwa nicht im nationalen Interesse der USA lag, sondern einzig und allein im Interesse des erwähnten Money Trusts. Und diese Geldvernichtung führte von 1929 bis zum Eintritt Amerikas in den Zweiten Weltkrieg zur größten Wirtschaftsdepression in der amerikanischen Geschichte.

Dieselbe private Kontrolle über das Geld ist auch der Grund für die schlimmste Finanzkatastrophe, die wir heute erleben, und zwar nicht nur in der amerikanischen Historie, sondern wahrscheinlich in der gesamten Weltgeschichte. Diese Katastrophe begann im September 2008 in einem finsteren Winkel des US-Hypothekenmarktes und breitete sich wie ein Buschfeuer über das gesamte Weltfinanzsystem aus. Man hatte zugelassen, dass das Weltfinanzsystem nach 1945 vom US-Dollar abhängig geworden war. Und dieser Dollar wurde eben von besagtem privaten Money Trust in New York kontrolliert. Die Namen der Bankhäuser, die für die jetzige Krise hauptverantwortlich zeichnen, sind seit dem verhängnisvollen Putsch des Money Trusts im Dezember 1913 bekannt – *J. P. Morgan Chase*, *Citibank*, *Lehman Brothers*, *Goldman Sachs*, *Morgan Stanley*.

Dieses Buch ist eine Chronik der verborgenen Geschichte dieser Macht des Geldes. Es erzählt, wie diese Macht in privaten Händen die USA zur größten Macht der Erde aufsteigen und in die schwerste Depression der Geschichte stürzen ließ. Es erzählt auch, wie die gewählten Volksvertreter hilflos zusehen mussten, während der durch und durch korrupte Money Trust enorme Summen Papiergeld enteignete, um ein System zu retten, das nicht mehr zu retten war: ihr privat kontrolliertes Dollar-System.

In einem gesunden Organ, das gemäß seiner natürlichen Bestimmung funktioniert, kann sich kein Krebsgeschwür ausbreiten. Nur wenn das Immunsystem des Körpers nicht mehr normal funktioniert, kann ein Krebs wuchern. Der Schuldenkrebs und die Kontrolle über diese Schulden im zurückliegenden Jahrhundert und heute dient den Privatinteressen, die schon lange die US-amerikanische *Federal Reserve* und darüber hinaus die Zentralbanken der meisten Industrieländer der Welt kontrollieren. Schritt für Schritt haben diese Zentralbanken, wenn auch manchmal zögerlich, auf die eine oder andere Weise die in den USA vorexerzierte Übergabe der Souveränität über ihr eigenes Geld an Privatbankiers imitiert – egal ob es nun »professionelle Banker« oder deren Statthalter waren, wie zum Beispiel Alan Greenspan oder Paul Volcker.

Hat man diese einfache Wahrheit erst einmal verstanden, dann wird einem der wahre Grund nicht nur für die gegenwärtige verheerende Finanz- und Wirtschaftskrise, sondern auch für die Kriege und Krisen der Zeit nach 1913 schlagartig klar – selbst der Normalbürger versteht das alles ohne jede Schwierigkeit. Dann aber ließe sich der Schuldenkrebs isolieren und unter Kontrolle bringen, und ganze Länder könnten wieder ein normales, vernünftiges Wirtschaftsleben aufnehmen.

Es ist keine Überraschung, dass die Wirtschaftsfakultäten der Universitäten in den USA, in Großbritannien und anderswo unter dem Einfluss dieses Money Trusts davon Abstand genommen haben, diese Wirklichkeit zu lehren. Nobelpreise wurden an die Ökonomen verliehen, die den Interessen des Money Trusts am besten dienten, ob es sich nun um Milton Friedman oder um weniger bekannte Namen handelt wie etwa die Derivate-Theoretiker Robert Merton oder Myron Scholes – oder selbst um gemäßigte Kritiker oder gar Reformer wie Joseph Stieglitz und Paul Krugman. Das System von Belohnungen und beruflichen Auszeichnungen diente dazu, die Regeln dieser privaten Macht über das Geld als Pseudowissenschaft zu sanktionieren. In die richtige Handhabung dieses religiösen Dogmas dürfe sich, so wurde uns erklärt, kein unerfahrener Laie einmischen, der vom »Geld« nichts verstehe. Einfache Grundfragen zu stellen könnte den Normalbürger womöglich veranlassen, darüber nachzudenken, wer denn eigentlich die wirkliche Macht über das Geld hat: der souveräne Staat und seine gewählten Vertreter, oder eine private Geld-Oligarchie, die vor allem ihre eigene Macht im Sinne führt?

Der Satz: »Wer das Geld kontrolliert, der kontrolliert die ganze Welt« stammt angeblich von dem ehemaligen US-Außenminister Henry Kissinger, der ihn auf der Höhe seiner Macht in den 1970er-Jahren formuliert haben soll. Auch die logische Folgerung ist wahr: Wenn ein souveränes Land, selbst eine Supermacht, die Kontrolle über das Geld verliert – als »Banker der Welt«, als Zentrum des weltweiten Kapitalflusses, als Inhaber der Weltreservewährung –, dann steht diese Supermacht unweigerlich vor dem Absturz, ob es sich nun um das Römische Reich im Jahr 400 n. Chr., das Britische Empire 1945 oder die Vereinigten Staaten im Jahr 2009 handelt. Wenn eine solche Macht die Kontrolle über das weltweite Geld verliert, dann ist ihr Ende als dominante Macht unumkehrbar besiegelt. Der Untergang eines jeden Imperiums der bisherigen Geschichte, von Rom über Großbritannien bis zum »Amerikanischen Jahrhundert«, hing damit zusammen, dass die souveräne Kontrolle über das Geld privaten Interessen übertragen wurde, die auf Kosten des Allgemeinwohls private Gewinne machten. Die Vereinigten Staaten von Amerika bildeten dabei keine Ausnahme.

Die zentrale Frage, vor der die einzelnen Länder inmitten der sich verschärfenden Krise 2009 stehen, lautet: Wer soll zukünftig das Geld kontrollieren? Soll diese beeindruckende Macht in der Hand privater Wall-Street-Banker bleiben, einer internationalen Finanz-Oligarchie, die immer wieder bewiesen hat, dass sie sich um das Allgemeinwohl des Landes – egal welchen Landes – überhaupt nicht schert? Oder sollen gewählte Regierungen souveräner Länder die Macht über das Geld, auf die sie verzichtet haben, wieder zurückerobern? Das gilt insbesondere für die USA, in denen im Jahre 1913 der Präsident und der Kongress sich in vollem Bewusstsein vor dem Altar des Money Trusts verbeugt und diesem die souveränen Rechte über die Macht des Geldes übergeben haben. Die Frage lautet schlicht: Hat der Staat die Kontrolle über die Macht des Geldes – oder hat die Macht des Geldes die Kontrolle über den Staat?

Dieses Buch ist das dritte einer Trilogie, die über den wahren Kern der erwähnten Äußerung Henry Kissingers in den 1970er-Jahren verfasst wurde. Im ersten Buch dieser Trilogie, *Mit der Ölwaffe zur Weltmacht – Der Weg zur neuen Weltordnung* habe ich die Rolle des Öls beim Aufstieg der Macht Amerikas beschrieben. Im zweiten Buch *Saat der Zerstörung – Die dunkle Seite der Gen-Manipulation* habe ich gezeigt, wie diese Supermacht USA anschließend versucht hat, ihre Kontrolle über die Völker der Erde durch die Kontrolle über die Nahrungsmittel, durch die Ausbreitung ihres globalisierten Agrobusiness, und in letzter Zeit durch die Verbreitung patentierten Saatguts auszuweiten. Letzteres geschieht durch ein Beinahe-Monopol von Unternehmen, die auf höchster Ebene mit dem US-Establishment verbunden sind – Unternehmen wie die Hersteller von GVO*-Saatgut *Monsanto*, *DuPont* und *Dow Chemical*.

Angesichts der Schwere der aktuellen weltweiten Krise des Geldes hoffe ich, dass dieses Buch zu einer nützlichen Debatte beitragen wird.

F. William Engdahl
Wiesbaden, im März 2009

---

* Abkürzung für »Gentechnisch Veränderte Organismen«

KAPITEL 1

Der Aufstieg einer amerikanischen Oligarchie – Die Eliten konsolidieren ihren Finanz-Trust

»Gott hat mir mein Geld gegeben.«
John D. Rockefeller, Gründer von
Standard Oil Trust

Eine globale Krise mit langer Geschichte

Am 29. Juli 2007 gaben Jochen Sanio, der Chef der deutschen Bundesanstalt für Finanzdienstleistungsaufsicht (BaFin), und Bundesfinanzminister Peer Steinbrück auf einer gemeinsamen Pressekonferenz bekannt, dass der Bund zusammen mit führenden privaten und öffentlichen deutschen Banken eine Rettungsaktion für die IKB Deutsche Industriebank vorbereitete. Die IKB-Bank war 1924 gegründet worden, um die Zahlung der deutschen Industrie-Reparationen gemäß dem Dawes-Plan zu erleichtern. In dieser jüngsten Krise spielte die IKB zum zweiten Mal in ihrer Geschichte eine historische Rolle im Zusammenhang mit unsoliden US-amerikanischen Bankgeschäften. Diesmal war es der Kollaps dieser relativ kleinen Düsseldorfer Mittelstandsbank, der eine ähnliche Kettenreaktion auslöste wie 1931 der Zusammenbruch der Wiener Creditanstalt, der aufgrund der anschließenden weltweiten Kettenreaktion die Große Depression und später dann den Zweiten Weltkrieg nach sich zog. Die Kettenreaktion nach diesem jüngsten Kollaps der IKB hat jedoch zu einer globalen Finanzkrise geführt, die das ganze System erfasst hat. Diese Systemkrise wird nach jetziger Einschätzung – Anfang 2009, also zu einem Zeitpunkt, an dem das ganze verheerende Ausmaß dieses Finanzzusammenbruchs noch gar nicht zu erkennen ist – sehr wahrscheinlich die tragischen Dimensionen der Großen Depression noch übertreffen.

Ursache der Schieflage bei der IKB waren ihre Investitionen in neue, angeblich hochprofitable Wertpapiere, die von New Yorker Banken ausgegeben wurden, den sogenannten »sub-prime Mortgage-Backed Securi-

...scjockey und als solcher natürlich Plattenliebhaber: Organisator Da-
...el Tronnier.
Foto: Janina Seegers

...d und Leid

...ommen. Die Eigentümer ...erweisen auf die Frage, was ...enn mit dem Grundstück ...assieren solle, auf einen ...on der Stadt initiierten ...deenwettbewerb, der an ...ieser Stelle ein Hotel zeigt. ...rotz etlicher Anfragen aus ...allen Richtungen" gebe es ...ber noch keine konkreten ...läne für die etwa 1000 ...Quadratmeter große Fläche.

Dieter Westerkamp, Geschäftsführer des Dehoga-Kreisverband Osnabrück ...tadt und Land, sieht die stetig steigende Zahl der Hotelbetten in Osnabrück kritisch. Westerkamp spricht von einem „ungezügelten Angebot von Hotelbetten". Die großen Hotelketten konzentrierten sich vor allem mit ihren mittelpreisigen Ablegern zunehmend auf die Mittelzentren. Das beträ- ...e nicht nur Osnabrück. „Die ...ituation an sich ist bezeich- ...end", so Westerkamp. Vor ...llem die inhabergeführten ...otels werden es demnach ...n Zukunft schwerer haben, ...m Markt zu bestehen.

Hoteldirektorin Ira Klusmann (Hotel Remarque und Arcona Living) fordert mit Blick auf die Hotelbettenschwemme von der Stadt mehr Augenmaß. Sie sieht auch eine Gefahr für die Stadtentwicklung, wenn die individuellen inhabergeführten Häuser durch die Verdrängung vom Markt verschwinden, die in ihren Augen „den Charme einer Stadt" ausmachen. „Geht die Entwicklung in dieser Geschwindigkeit weiter, werden wir spätestens in 20 Jahren große Probleme bekommen", ist sich Klusmann sicher. Wie Rosenbach sieht auch Klusmann die Gefahr eines ruinösen Preiskampfes, der negative Auswirkungen auf die Qualität des Angebotes haben könnte. Bei den jetzt geplanten oder bereits in Bau befindlichen Hotels sehe sie keines, das aus sich heraus zusätzliche Gäste anlocken könne. „Das sind keine Häuser, von denen die Gäste sagen, ‚deswegen komme ich nach Osnabrück'."

Der „Versailler Vertrag"
Höchst umstritten

Selten ist ein Begriff so falsch gewesen wie der vom „Versailler Vertrag"; denn diejenigen, deren politische, wirtschaftliche und militärische Zukunft damit geregelt wurde, saßen nicht mit am Verhandlungstisch: die Deutschen nämlich. Was sie schließlich unterschreiben mussten, hatten über 30 Vertragsparteien ausgehandelt. Jede wollte nur ihre eigenen Interessen gewahrt wissen. Die Unterschrift unter das umfangreiche Vertragswerk wurde im Deutschen Reich nicht nur extrem kontrovers gesehen, sie wurde rigoros abgelehnt. Die Politiker pochten auf Wilsons 14 Punkte, denen sie vertraut hatten. Aber die Mittelmächte hatten mit dem Ende der Kampfhandlungen am 11. November 1918 keine Möglichkeit mehr, den Kampf wieder aufzunehmen, sie mussten sich die Unterschrift abpressen lassen.

Überhaupt Wilson und die USA: Sie hatten letzten Endes mit ihrer unverbrauchten Kraft den Sieg der Alliierten herbeigeführt. Wilsons Traum vom künftig Frieden stiftenden Völkerbund wurde dem eigentlichen Vertragswerk vorangestellt, aber ausgerechnet von den USA nicht ratifiziert. Er blieb ein Traum, ebenso wie das von Wilson propagierte politische Selbstbestimmungsrecht der Völker, das an mehr als einer Stelle mit Füßen getreten wurde.

Mit dem 11. November war der Krieg keineswegs zu Ende, die Hunger verursachende Einfuhr- Briten wurde weiter aufrechterhalten. Am heftigsten umstritten und bekämpft war der Paragraf, mit dem Deutschland die alleinige Schuld am Ausbruch des Ersten Weltkrieges anerkennen müsste. Das wurde als zutiefst entehrend angesehen.

Andreas Platthaus, Historiker und Journalist, hat aus dieser verworrenen Gemengelage ein fesselndes Buch gemacht, das dem Leser sehr konkret vor Augen führt, wie das Deutsche Reich vor 100 Jahren 1918/19 am Abgrund entlangtaumelte. Überraschend sind Einschübe wie die berühmten Seerosenbilder von Claude Monet, die er gleichsam als Blumenbouquet den gefallenen französischen Soldaten widmete. Oder die Bemühungen Albert Einsteins, seinen legendären internationalen Ruf einzusetzen als Fürsprecher für die deutsche Sache.

■ Andreas Platthaus: 18/19. Der Krieg nach dem Krieg. Deutschland zwischen Revolution und Versailles. Rowohlt Verlag Berlin, 446 Seiten, 26 Euro

Erhard Ober

ties« (MBS), also zweitklassigen hypothekenbesicherten Wertpapieren. Die Geschäftsidee, dass amerikanische Banken viele Hundert bzw. Tausend ganz normale Immobilienhypotheken, die sie mit Abschlägen erworben hatten, herausgaben, um anschließend die monatlichen Rückzahlungsraten zur Basis eines Systems völlig neuartiger synthetischer Anleihen oder Schuldscheine zu machen und die Ratenzahlungen durch ganz spezielle Versicherungsgesellschaften gegen etwaige Ausfälle versichern zu lassen – wobei diese Zahlungen von den einzigen drei existierenden Ratingagenturen, die praktisch ein Ratingmonopol besaßen (und alle ihren Sitz in New York hatten), bewertet wurden –, führte dazu, dass gewisse Finanzinteressen mehr und mehr nicht nur die Macht in der US-Wirtschaft übernahmen, sondern auch in der ganzen Weltwirtschaft. Der Prozess, den seine Schöpfer bei den Wall-Street-Banken als Verbriefung bezeichneten, sollte der (einst) erdrückenden amerikanischen Herrschaft über die weltweiten Kapitalmärkte neues Leben einhauchen. Schließlich ist diese Dominanz die tragende Säule der amerikanischen Macht, seit sie im Jahre 1944 auf der Bühne der Weltpolitik als Sieger aufgetreten ist.

Diese Verbriefung, die Idee, man könnte das normale Schuldenrisiko einer Bank aus den Bilanzen der Banken eliminieren und so verfahren, dass man die Kreditausfallrisiken so weit streut, dass sich Krisen wie nach dem Zusammenbruch der Wiener Creditanstalt 1931 nie mehr wiederholen könnten, war pure Illusion. Denn sie basierte auf der Annahme, Amerika werde auch weiterhin die Machtposition bekleiden, die mit dem Aufstieg der Vereinigten Staaten als größtem industriellen Rivalen des Deutschen Reiches nach dem Amerikanischen Bürgerkrieg in den 1860er-Jahren begonnen hatte.

Die Krise, die sich nach den scheinbar geringfügigen Zahlungsproblemen einer kleinen deutschen Bank im Jahre 2007 lawinenartig im ganzen weltweiten Finanzsystem ausbreitete, hatte seine Wurzeln in einem zutiefst fehlerhaften Machtgefüge von Banken und Finanzinstituten – dem Dollar-System –, das manchmal auch als System von Bretton Woods bezeichnet wird. Um die historische Bedeutung des Zusammenbruchs der IKB Deutsche Industriebank vom Juli 2007 zu verstehen, muss man einen Blick auf die wirklichen Ursprünge der enormen Finanzmacht Amerikas werfen, die bis in die Zeit zurückreicht, als die Vereinigten Staaten nach dem Bürgerkrieg zu einer der großen Industrie- und Finanzmächte der Welt aufstiegen.

Eine amerikanische Oligarchie entsteht

Als nach der Depression von 1873 ein langer und scheinbar unumkehrbarer Niedergang des riesigen Britischen Empires einsetzte, wuchs auf der anderen Seite des Atlantiks allmählich ein Herausforderer heran. Mächtige amerikanische Industriellen- und Bankiersfamilien im Umfeld von J. P. Morgan und John D. Rockefeller konzentrierten den Reichtum und die Kontrolle über die amerikanische Industrie in ihren Händen.

Bei ihrem Aufstieg zu einer beispiellosen Machtfülle schreckten die Morgan- und Rockefeller-Interessen nicht vor Machenschaften wie Betrug, Täuschung, Gewalt, Bestechung und manipulierten Finanzpaniken zurück. Jede Finanzpanik, die sie durch ihre ausgeklügelte Kontrolle der Finanzmärkte und der Kreditvergabe durch die Banken auslösten, machte es ihnen und ihren engsten Weggefährten möglich, immer mehr Macht in immer weniger Händen zu konzentrieren. Dadurch entstand eine Elite einiger weniger reicher Familien als amerikanische Plutokratie oder, genauer, als amerikanische Oligarchie.

Aristoteles benutzte den Begriff »Oligarchie« zur Beschreibung einer Herrschaft durch die Reichsten, bei der das Wahlrecht im Staat gemäß der Größe des Reichtums einer Familie gewährt wurde. Ob man es nun als Oligarchie oder als Plutokratie bezeichnet, die wirkliche Macht beim spektakulären Aufstieg des Amerikanischen Jahrhunderts am Ende der 1890er-Jahre lag nicht in den demokratischen Händen der Mehrheit der Bürger. Sie lag nicht einmal in den Händen einer breiten und zunehmend gebildeten bürgerlichen Mittelschicht. Die Macht und die zukünftige Kontrolle dieser Macht wurden brutal zentralisiert, genauso wie in der Zeit des Römischen Reichs.

Je mehr diese Macht in den Händen einer Geldaristokratie zentralisiert wurde, desto mehr hängte sich diese Aristokratie rhetorisch den Mantel der amerikanischen »Demokratie« um. In einer Hinsicht allerdings war diese neue amerikanische Aristokratie, oder genauer Oligarchie, demokratisch: Die Zugehörigkeit zu der entstehenden Oligarchie war nicht wie beim dekadenten Adel in Rom oder in Frankreich vor der Revolution auf adelige Geburt und Abstammung beschränkt.

Die Amerikanische Verfassung hat das Führen ererbter Adelstitel verboten. Das Bestehen eines Geldadels – eine amerikanische Oligarchie – hat sie aber nicht verboten. Wie im England zur Zeit der Gründung der privaten *Bank of England* im Jahre 1694, sollte diese »jedem offenstehende« Aristokratie zu einem gut gehüteten Geheimnis der Dynamik des entstehenden amerikanischen Empires werden – dem Amerikanischen Jahrhundert, wie es Henry Luce später nennen sollte.

In den letzten Jahrzehnten des 19. Jahrhunderts konnte jeder Amerikaner, der clever, entschlossen und rücksichtslos genug war, erfolgreich am Darwinschen Kampf um das Überleben des Stärkeren teilzunehmen, und ein großes Vermögen erwarb und bewahrte, Mitglied dieser Oberschicht werden, praktisch unbesehen seiner Klasse, Religion oder nationalen Herkunft. Allerdings behinderte die Rassenzugehörigkeit in Amerika noch mindestens ein Jahrhundert lang den Eintritt in die höheren Kreise der Macht.

Am Ende des 19. Jahrhunderts wurde diese Oligarchie von Morgan, Rockefeller und der kleinen Elite angeführt, die diese Familien in ihren erlesenen inneren Kreis aufgenommen hatten.

Diese Interessen nutzten ihre enorme wirtschaftliche Macht, wobei sie oft im Verborgenen agierten und in wohlkoordinierter Manier vorgingen, um Ereignisse zu inszenieren, die dann zu Bankrottwellen und schweren Wirtschaftsdepressionen führten, wie beispielsweise die Panik von 1893. Die Organisation ihrer Macht und ihres Reichtums war eine typisch amerikanische Version der Herrschaft, die die Britische Ostindiengesellschaft im 18. Jahrhundert ausgeübt hatte.

Die Britische Ostindiengesellschaft plünderte im Interesse ihrer privaten Aktionäre in England den indischen Subkontinent und beutete ihn regelrecht aus. Die Gesellschaft verfügte über eine private Armee, verließ sich aber bei der Verfolgung ihrer privatwirtschaftlichen Ziele bei Bedarf auf den Schutz der britischen Marine und der britischen Regierung, so insbesondere bei ihren Opiumkriegen in den 1840er-Jahren. In ähnlicher Weise nahm später auch die neu entstandene amerikanische Oligarchie zur Durchsetzung ihrer privaten Interessen in zynischer Weise die Dienste von gewählten Abgeordneter der Bundesstaaten, Gouverneuren, Abgeordneten des US-Kongresses, Richtern, Zeitungsherausgebern und sogar Präsidenten in Anspruch. Durchgesetzt wurden diese Interessen auch durch Kriege, die eine von der Oligarchie kontrollierte Presse auslösen half – und von diesen Kriegen profitierte einzig und allein diese Oligarchie, der es egal war, wie viele junge Amerikaner ihr Leben lassen mussten für Ziele, von denen sie keine Ahnung hatten.

Entgegen dem vorherrschenden Mythos, eine hemdsärmelige, vorwärtsdrängende amerikanische Demokratie habe die enorme wirtschaftliche Entwicklung nach dem Bürgerkrieg beseelt, gab es Ende der 1870er-Jahre – nachdem der US-Kongress 1873 den »Specie Resumption Act«

verabschiedet hatte, ein Gesetz, das den Londoner Goldstandard effektiv auch für die Vereinigten Staaten verbindlich machte und 1879 in Kraft trat – nur ganz wenige Länder, in denen die Finanz- und Wirtschaftsmacht in so wenigen Händen konzentriert war wie in den Vereinigten Staaten.

In den 1880er-Jahren hatten sich unter den reichsten Familien der Vereinigten Staaten zwei Hauptgruppen herausgebildet. Anfänglich hatten sie sich gehasst und erbittert bekämpft. Doch schließlich verbündeten sie sich – nicht etwa aus Liebe, sondern aufgrund praktischer Überlegungen – und bildeten eine der größten Konzentrationen finanzieller und industrieller Macht, die die Welt je gesehen hat. Diese beiden Familien, die Rockefellers und die Morgans, schufen eine Koalition, die zu Anfang des 20. Jahrhunderts einen so mächtigen Einfluss auf das Wirtschafts- und Finanzleben der Vereinigten Staaten ausübte, dass einige Kritiker im Kongress sie als Money Trust bezeichneten.

Erst nach einigen Jahren verdeckter und ungewöhnlich korrupter Machenschaften konnte die Morgan-Gruppe sich als entscheidende Geldmacht in den Vereinigten Staaten etablieren. Die Panik von 1893, die zu einer vierjährigen schwerwiegenden Wirtschaftsdepression in den USA führte, ist ein Beispiel dafür, was der entstehende Money Trust um J. P. Morgan alles riskierte, um seine Macht zu konzentrieren.

Die inszenierte Panik von 1893

Vom Ende des Bürgerkriegs bis zum Ende des 19. Jahrhunderts erkannte das Finanzministerium der Vereinigten Staaten Silber und Gold als Währungsmetall an. Eigentlich handelte es sich damals um ein bi-metallisches Währungssystem. Da es im Westen der Vereinigten Staaten damals Silber im Überfluss gab, plädierten die Farmer und kleinen Geschäftsinhaber dafür, Silber als Grundlage für die Ausweitung zinsgünstiger Kredite zu nehmen, damit die Wirtschaft wachsen konnte. Das war ja auch eine richtige Überlegung, vorausgesetzt, die Bundesregierung ging bei der Ausweitung der Geldmenge sorgfältig und gezielt vor.

Aber das einflussreiche New Yorker Bankensyndikat, das in den 1890er-Jahren vom Haus *Morgan* geführt wurde, war genau gegenteiliger Ansicht. Diese US-Banken betrachteten Gold, insbesondere in Anbetracht ihrer besonderen Beziehungen zu den führenden Banken der Londoner City, als bestes Mittel, um ihre Macht über das Geld der Nation ausüben zu können. Die Kontrolle über das Währungsgold hatten damals eine Handvoll New Yorker Banken und die Finanzmächte der Londoner City, darunter vor allem die Banken von Lord Rothschild. Die New Yorker Banken hatten keinerlei Interesse an einer Konkurrenz durch Silber. Ihre Verbündeten in den Banken der Londoner City, des damaligen Zentrums des weltweiten Goldstandards, wünschten sich ein Amerika, das sich ausschließlich auf den Goldstandard stützte, denn dies stärkte ihren Einfluss. Londons Verbündete in der New Yorker Finanzwelt, also J. P. Morgan und August Belmont, der das Haus Rothschild in den USA vertrat, nutzten geschickt die Unterstützung ihrer Finanzfreunde in London aus, um den amerikanischen Kreditmarkt unter Kontrolle zu bringen und daraus einen riesigen Vorteil zu ziehen; die große Mehrzahl der Amerikaner hatte bei dieser Aktion natürlich das Nachsehen.

Tatsächlich wurde die berüchtigte Panik von 1893 von den Morgan-Interessen inszeniert, und zwar in Zusammenarbeit mit August Belmont.

Die Depression des Jahres 1893, die auf die inszenierte Bankenpanik desselben Jahres folgte, wurde von J. P. Morgan und den Bankiers in New York gemeinsam mit ihren verbündeten Bankiers der Londoer City in Gang gesetzt, damit sie ihre Kontrolle über Geld und Wirtschaft verstärken konnten.

Damit sollte Silber als Faktor ausgeschaltet und die alleinige Verfügung über das Gold der Nation den Privatbanken übertragen werden. Während diese Interessen also mehrere Wellen einer Finanzpanik inszenierten, verschafften sie sich auch in bisher nie da gewesenem Umfang die Kontrolle über die Stahlproduktion und die Eisenbahnen des ganzen Landes – damals das Herzstück der amerikanischen Wirtschaft.

Der Strohmann für Morgan und Konsorten war John G. Carlisle, Finanzminister unter dem demokratischen Präsidenten Grover Cleveland. Cleveland, ursprünglich ein mittelmäßiger Lokalpolitiker in New York City, war mit finanzieller Unterstützung Morgans und dessen Freunden US-Präsident geworden. Als Präsident pflegte er engsten Umgang mit zwei Männern, die häufig als Privatgäste im Weißen Haus verkehrten, nämlich J. P. Morgan und August P. Belmont jun. – der Letztere war der Sohn des offiziellen Bankvertreters der Rothschilds in den Vereinigten Staaten. In den Londoner Gesellschaftskreisen wurde gemunkelt, August S. Belmont sen. sei der illegitime Sohn von Baron Karl Meyer Rothschild, der jedenfalls den jungen Belmont wie seinen Sohn angenommen und ihn mit der Aufgabe betraut hatte, die US-Geschäfte der Rothschilds unter dem weniger anrüchigen Namen Belmont zu vertreten.[1]

Eine Hand wäscht die andere ...

Morgan und August Belmont jun. überredeten Cleveland, seinen Finanzminister John Carlisle anzuweisen, US-Schatzanleihen ausschließlich an Morgan und Belmont auszugeben. Als Gegenleistung bezahlten die Privatbankiers das US-Finanzministerium mit Gold, das die Regierung zur Deckung ihrer Auslandsreserven dringend brauchte. Es war damals gängige Praxis, dass das US-Finanzministerium mindestens 100 Millionen Dollar an Goldreserven unterhielt; ein Fallen unter diese Marke galt als Bedrohung der Stabilität des Dollars.

Clevelands Finanzministerium verkaufte die Anleihen mit erheblichen Nachlässen privat an das Bankensyndikat der Morgans, also zu Preisen, die *Morgan & Co.* genehm waren. Die Bankiers wiederum verkauften diese Anleihen umgehend mit satten Aufschlägen weiter – an die Öffentlichkeit, an kleinere örtliche Banken, Versicherungsgesellschaften und andere. Die riesigen Profite aus diesen De-facto-Insidergeschäften strichen sie ein. Der Kreis der Korruption schloss sich, denn *J. P. Morgan & Co.* waren Klienten von Präsident Clevelands ehemaligem Kompagnon, dem Rechtsanwalt F. L. Stetson, der die Bedingungen der Anleihevergabe mit dem US-Finanzministerium aushandelte. Dieses Arrangement als Interessenkonflikt und grobe Täuschung der Öffentlichkeit zu bezeichnen wäre noch geschönt.

Es gelang Cleveland, ein Paket dieser Anleihen, das den damals atemberaubenden Wert von 162 Millionen Dollar umfasste, zu Freundschaftspreisen an das private Syndikat der Morgans zu verkaufen, bevor dann die von dem Journalisten Joseph Pulitzer herausgegebene New Yorker Zeitung *World*, die die Korruption bekämpfte, diese Machenschaften aufdeckte und dem höchst profitablen Geschäft ein Ende bereitete.[2]

Zur Übernahme der Goldreserven des Landes durch Morgan kam es zu Beginn des Jahres 1893. Nach der zweiten Amtseinführung Clevelands als Präsident Anfang 1893 setzte ein Run auf die Goldreserven des US-Finanzministeriums ein, der im Geheimen von Morgan und Belmont eingefädelt worden war. Verbündete Banken in London, die auf Anweisung von Morgan und Belmont agierten, verkauften auf ein Stichwort hin ihre Schatzpapiere des US-Finanzministeriums in Millionenhöhe und verlangten die Auszahlung in Gold.

Damals konnte das US-Finanzministerium laut Gesetz einlösbare Anleihen entweder in Gold oder Silber auszahlen. Die einflussreiche Silber-Lobby machte dem Finanzministerium Druck, in Silber statt in Gold zu bezahlen. Denn laut Gesetz lag die Entscheidung, ob in Gold oder Silber bezahlt wurde, beim Finanzministerium. Allerdings erhielt Finanzminister Carlisle seine Anweisungen im Geheimen von Morgan und Belmont. Carlisle weigerte sich, die Anleihen gegen Silber auszulösen, was das panikartige Horten von Gold schlagartig beendet hätte. Stattdessen löste er die Wertpapiere nur gegen Gold ein; dadurch verstärkte sich die Panik, und die Goldreserven der US-Regierung nahmen mehr und mehr ab.

Die Folge davon war, dass die Goldreserven des Finanzministeriums rapide dahinschwanden. Im April 1893 fielen sie zum ersten Mal seit dem Inkrafttreten des »Specie Resumption Act 1879« unter die Marke von 100 Millionen Dollar. Die Falle war zugeschnappt.

Im Mai 1893 war die Panik voll ausgebrochen. Nur wenige Wochen später kündigte die Regierung Indiens – damals eine britische Kolonie – an, sie werde keine Silbermünzen mehr prägen. Indien verfügte damals hauptsächlich aufgrund der von Großbritannien inszenierten Opiumkriege in China über die größten Silberreserven weltweit.

Dass die indische Kolonie Silber ablehnte, setzte dem geheimen Plan der New Yorker Bankiers, Silber als Währung in Amerika ein für alle Mal auszuschalten, die Krone auf. Als Folge sackte der Silberpreis international, einschließlich in den USA selbst, um verheerende 50 Prozent ab. Von der Geldpanik betroffene amerikanische Kreise hegten damals unverhohlen den Verdacht, die indische Regierung, bekanntlich das Kronjuwel des Britischen Empires Ihrer Majestät, sei von gewissen Bankhäusern in der Londoner City und in New York, die an der Goldpanik ordentlich verdienten, angewiesen worden, Silberkäufe abzulehnen.[3]

Anfang des Jahres 1895 war aus den Tresoren des US-Finanzministeriums das ganze Gold verschwunden, das das Ministerium doch gerade erst zu Wucherpreisen von dem privaten Bankensyndikat unter Führung von *J. P. Morgan & Co.* erworben hatte. Wo war das Gold geblieben? Die Dokumente über den Goldbesitz von Privatanlegern bei den New Yorker Banken belegen, dass im Januar 1895 in den Tresoren von 26 New Yorker Banken Gold im Wert von 65 Millionen Dollar lagerte. Die damaligen Mindestreserven in Gold lagen bei 100 Millionen Dollar, jeder Betrag darunter wurde als Gefahr für die Finanzstabilität der USA angesehen. Angeblich jammerte Präsident Cleveland: »Die Banken haben dem Land die Schlinge um den Hals gelegt.« Er vermied es natürlich geflissentlich, die nichtsahnenden Bürger darüber aufzuklären, dass er selbst den Strick dazu geliefert hatte.

In diesem kritischen Moment trat ein Bankensyndikat unter Führung von *J. P. Morgan & Company* sowie *August Belmont & Company* als Vertreter der Londoner Rothschilds und James Speyer von Rockefellers *National City Bank* auf den Plan. Großzügig bot dieses Syndikat an, dem US-Finanzministerium sein privates Gold zu verkaufen – mit einem hübschen Gewinn, versteht sich.

Die schlimmste Depression in der Geschichte der USA

Das Resultat des panikartigen Hortens von Gold im Jahre 1893 war eine Kreditklemme in ganz Amerika, die zum Auslöser der bis dahin schlimmsten Depression in der amerikanischen Geschichte wurde. Laut Gesetz konnte jeder, der US-Banknoten besaß, diese beim US-Finanzministerium gegen Gold eintauschen. Allerdings hatten die Banken aufgrund der Panik jetzt Angst, Geld zu verleihen.

Zwischen Mai und Oktober 1893 schrumpfte das Kreditvolumen der US-Banken um beängstigende 318 Millionen Dollar. Die Zinsraten für kurzfristige Darlehen bzw. Tagesgelder stiegen auf 70 Prozent, da Banken und Privatleute versuchten, sich Gold zu verschaffen. Der Export von Gold aus den Vereinigten Staaten an die Londoner City, die von einem Bankensyndikat unter Führung von Baron Nathan Rothschild kontrolliert wurde, erreichte den höchsten Stand der amerikanischen Geschichte. Die Goldpanik verringerte auch in erheblichem Maße die Steuereinnahmen der US-Regierung und erhöhte das Haushaltsdefizit, was das Finanzministerium zwang, seine wertvollen und immer knapper werdenden Goldreserven zur Zahlung laufender Ausgaben zu verwenden. Das schmälerte die Goldreserven noch weiter.

Die Krise führte zu einer Welle von Unternehmensbankrotten in ganz Amerika, von der Ost- bis zur Westküste, weil die Banken ihre Kredite einforderten. Verantwortlich für die Misere waren laut den Farmern und Silberbergwerksbesitzern in Amerikas Westen die Gold-Banken im »Osten«, die ihrer Ansicht nach heimlich das Silber in Misskredit bringen wollten – und so war es auch tatsächlich.

Wie auf ein Stichwort hin berief Präsident Cleveland, auf Anraten von J. P. Morgan und Belmont, im August 1893 eine Sondersitzung des Kongresses ein, um den »Sherman Silver Act« aufzuheben. Gestützt auf dieses Gesetz kaufte das US-Finanzministerium Silber im Tausch gegen US-Schatzanleihen, die dann wiederum vom Eigentümer gegen Gold eingetauscht werden konnten. Der »Sherman Act« war ursprünglich auf Druck von Farmern und Kleinunternehmern erlassen worden, die wegen der erzwungenen Umstellung auf einen allein durch Gold gestützten Dollar vor ihrem wirtschaftlichem Niedergang oder gar Ruin standen.[4] Cleveland setzte sich bei dieser Sondersitzung mit der Behauptung durch, die Nation könne einer Katastrophe entgehen, wenn die Regierung nicht weiter Silber aufkaufte. Wie vorauszusehen war, trat allerdings später genau das Gegenteil ein, da das im Überfluss vorhandene Silber keine praktische Alternative mehr zum Gold war.

Der »Sherman Act« wurde also umgehend außer Kraft gesetzt, trotz aller Proteste der Farmer und Kleinunternehmer aus Amerikas Westen und Süden. Die New Yorker Banken, allen voran das Syndikat Morgan-Mellon, triumphierten. Tatsächlich war das passiert, was William Jennings Bryan, der Präsidentschaftskandidat der Demokraten von 1896, dramatisch mit dem Satz bezeichnete, man habe die USA »an ein Goldenes Kreuz geschlagen«[5].

Der Sieg von J. P. Morgan, Belmont und ihren Kumpanen an der Wall Street wurde zum Gesetz erklärt. Im Januar 1897 wurde eine Währungskommission einberufen. Deren später vorgelegter Bericht war weitgehend das Werk von Professor D. Lawrence Laughlin. Der im Dezember 1899 im US-Repräsentantenhaus eingebrachte Entwurf für einen »Gold Standard Act« wurde im März 1900 als Gesetz verabschiedet. Mit diesem Gesetz wurde der Gold-Dollar als Wertestandard bestätigt, Silber spielte als Münzgeld nur noch eine untergeordnete Rolle.[6]

Mit tatkräftiger Hilfe von Präsident Cleveland konnte Morgan an der Wall Street ein privates Syndikat bilden, das dem US-Finanzministerium Gold im Wert von 65 Millionen Dollar bereitstellte, von dem die Hälfte aus Europa kam. Dadurch konnte das Ministerium eine Anleihe auflegen, mit deren Erlös der Überschuss des Finanzministeriums wieder auf 100 Millionen Dollar angehoben werden konnte. Diese Schatzanleihen wurden zu einem lächerlich niedrigen Freundschaftspreis ausschließlich an das Morgan-Belmont-Syndikat verkauft und nicht etwa öffentlich angeboten. Anschließend verkaufte Morgan diese Anleihen mit einem satten Aufpreis weiter an kleinere regionale Banken und Versicherungen, machte also an beiden Enden des Geschäfts einen hübschen Gewinn – auf Kosten des wirtschaftlichen Wohlergehens des Landes.

Während der darauffolgenden Großen Depression, die sich über vier lange Jahre hinzog, brachen die Ausgaben für Kapitalgüter ein, die Profite sanken unaufhaltsam in den Keller und die Depression traf unzählige Städte. Im Verlauf dieser Depression gingen 15 000 Unternehmen, 60 Banken und 74 Eisenbahngesellschaften bankrott. Die Arbeitslosigkeit war hoch, es kam zu verbreiteten Protesten, die oft gewalttätig verliefen. Auf dem Höhepunkt der Arbeitslosigkeit hatten 14,5 Prozent der Werktätigen keine Arbeit – das war ein nie da gewesener Wert in der amerikanischen Geschichte. Nach einigen Schätzungen betrug die Arbeitslosigkeit damals sogar 25 Prozent.

Der wirtschaftliche Zusammenbruch der Eisenbahngesellschaft *Philadelphia and Reading Railroad* war der erste Schritt: J. P. Morgan organisierte einen Kreditboykott gegen diese Eisenbahngesellschaft und einen Absturz ihrer Aktien. Danach erwarb Morgan klammheimlich die Aktienmehrheit zu Schleuderpreisen. Diese Eisenbahn transportierte vor allem Kohle aus den großen Anthrazitkohlevorkommen in Pennsylvania nach Philadelphia.[7]

Am 15. Mai 1893 sackten die Aktienpreise an der New Yorker Börse auf einen Rekordtiefstand. Viele große Eisenbahngesellschaften wie die *Union Pacific*, *Northern Pacific* und *Santa Fe* mussten ihren Bankrott erklären. Diese Serie von Bankrotten großer Eisenbahngesellschaften in ganz Amerika lieferte den außerordentlich solventen Banken des Morgan-Belmont-Syndikats die »goldene Chance«, ihren eisernen Griff über das amerikanische Eisenbahnnetz, das damals den Kern der wirtschaftlichen Ausweitung in den USA bildete, zu festigen.

Die amerikanische Oligarchie – die 60 Familien

Die aufstrebenden amerikanischen Wirtschaftsmagnaten hatten in den Jahren des Wirtschaftsbooms nach dem Bürgerkrieg von 1861 bis 1864 und dem »Specie-Resumption«-Gesetz von 1879 riesige Vermögen angesammelt, zumeist durch Betrug, Bestechung von öffentlichen Angestellten und Mitgliedern des Kongresses sowie durch Korruption und ähnlich einschlägig bekannte Praktiken.

Die Eisenbahnen waren das Herzstück des Wirtschaftswachstums in Amerika, und mit ihnen entwickelte sich auch im ganzen Land eine große Stahlindustrie. Die Telegrafen erforderten für die Leitungen im ganzen Land tonnenweise Kupfer, und die Eisenbahnverbindungen dehnten sich von Ost nach West aus. Die meisten großen Eisenbahnlinien wurden jedoch nicht mit dem Geld der Morgans gebaut, sondern mit öffentlichen Geldern, wobei das Land von der öffentlichen Hand kostenlos bereitgestellt wurde. Nun schlug J. P. Morgan zu und eignete sich diese Eisenbahnlinien und mit ihnen die Kontrolle über die gesamte Wirtschaft der Vereinigten Staaten an. Im Jahre 1901 kontrollierte die Morgan-Gruppe die folgenden Eisenbahngesellschaften: *Southern Railway*, *Mobile & Ohio Railroad*, *Queen & Crescent*, *Georgia Central*, *Georgia Southern & Florida*, *Macon & Birmingham*, *Philadelphia & Reading* sowie die *Eerie*, die *Central* in New Jersey und die *Atlantic Coast Line*. Das damit verbundene Schienennetz hatte laut einer Schätzung eine Länge von über 55 000 Meilen. Mit der Kontrolle über die Schienen erlangte die Morgan-Gruppe auch die Kontrolle über das Wegerecht, die Gebiete mit den Kohlevorkommen, die Bahnhöfe sowie über die Verbindungen der Konkurrenz und die Dampfschiffverbindungen.

Die nun entstehende Kaste amerikanischer Plutokraten oder Oligarchen gab sich wie amerikanische Demokraten und nährte den Mythos des »knorrigen Individualismus«, um ihre riesigen Gewinne rechtfertigen und deren wirkliche Herkunft verschleiern zu können. Ende der 1890er-Jahre waren Morgan und Rockefeller die Giganten eines immer einflussreicheren Geld-Trusts geworden, der die amerikanische Industrie im

Griff hatte und die Regierungspolitik bestimmte. In ihrer Welt gab es wenig Raum für erhabene Ideen wie »Demokratie«. Sie handelten mit Macht. Mit ihnen entstand eine amerikanische Aristokratie aus Blut und Geld, die in jeder Hinsicht ebenso exklusiv war wie der Adel in England, Deutschland oder Frankreich, obwohl die amerikanische Verfassung das Tragen von Adelstiteln verbot. Entstanden war im wahrsten Sinne des Wortes eine Oligarchie bzw. eine Plutokratie – die Herrschaft der Reichsten zur Wahrung ihrer eigenen Interessen.

Etwa 60 Familien – Namen wie Rockefeller, Morgan, Dodge, Mellon, Pratt, Harkness, Whitney, Duke, Harriman, Vanderbilt, DuPont, Guggenheim, Astor, Lehman, Warburg, Taft, Huntington, Baruch und Rosenwald – bildeten ein abgeschlossenes Netzwerk von Reichen, die sich mit Bestechung und Gewalt ihren Weg bahnten und sich vor Beginn des 20. Jahrhunderts die Kontrolle über das Schicksal des Landes sicherten. 60 schwerreiche Familien, die durch Heirat und gemeinsamen Aktienbesitz eng miteinander verbunden waren, übten in den ersten Jahren des 20. Jahrhunderts die Kontrolle über die Industrie und Bankinstitute des aufstrebenden Amerikanischen Jahrhunderts aus.[8]

Zu den reichsten neuen Oligarchen in Amerika gehörte Cornelius Vanderbilt, der sein Vermögen dadurch erwarb, dass er Abgeordnete der Bundesstaaten bestach, Gesetze zu ignorieren, die es verboten, Vorzugskunden günstigere Frachttarife einzuräumen. Vanderbilt kontrollierte damals alle von New York City ausgehenden Eisenbahnverbindungen. So verlangte er beispielsweise eine 50-prozentige Steuer von den Farmern, deren Milch von den Vanderbilt-Eisenbahnen zu den Märkten transportiert wurde. Amerikas Farmer waren keine Vorzugskunden; aber die entstehenden Agrobusiness-Gruppen sehr wohl. Vanderbilt wurde später zum Anhängsel des Kreises um J. P. Morgan.

Auch die Familien Phelps und Dodge mit ihrem Unternehmen *Phelps Dodge* erwarben ihr Vermögen durch Betrug und Bestechung. Sie importierten Metalle wie Zinn, Kupfer und Blei, die für den Bauboom im Amerika in den 1880er-Jahren und danach gebraucht wurden. Das 1834 von Anson Greene Phelps und William E. Dodge gegründete Unternehmen achtete sorgsam auf sein öffentliches Image als eine Firma, die von gottesfürchtigen christlichen Geschäftsleuten betrieben wurde, die sich mit Hingabe dem Christlichen Verein Junger Männer und anderen philanthropischen Vereinigungen widmete. In Wirklichkeit kam 1873 bei einer Untersuchung durch die US-Regierung ans Licht, dass das Phelps-Dodge-Vermögen auch auf einem Berg von Betrug, Unrechtmäßigkeit und Bestechung aufgebaut war. Ein New Yorker Richter verurteilte das Unternehmen zur Zahlung der damals ungeheuer hohen Strafe von einer Million Dollar, weil *Phelps Dodge* den Wert seiner Kupferimporte aus Peru und Chile den Zollbehörden gegenüber viel zu niedrig deklariert hatte. Das Unternehmen hatte amerikanische Zollbeamte bestochen, die den Betrug möglich gemacht und damit die US-Regierung um erhebliche Steuergelder betrogen hatten.[9]

Die Liste der Vermögen in Amerika, die durch solche Betrügereien sowie durch Korruption und Bestechung von Regierungsvertretern zustande gekommen waren, war lang. Sie umfasste die meisten Namen der angesehensten Familien Amerikas. Es waren die Namen von Männern, die großzügig für nationale Museen gespendet und an Amerikas besten Universitäten wie *Princeton, Harvard* und *Yale* die nach ihnen benannten Lehrstühle gestiftet hatten und für ihre Menschenfreundlichkeit mit einer Bronzeplakette geehrt worden waren.

Zu diesen Personen gehörte auch der Eisenbahnmagnat Edward H. Harriman, der Vater von Averell Harriman, dem späteren amerikanischen Diplomaten, Spion und vertrauten Berater Franklin D. Roosevelts. Edward H. Harriman verschaffte sich mit illegalen Mitteln die Kontrolle über die transkontinentale Eisenbahnverbindung *Union Pacific* und die Eisenbahngesellschaft *Southern Pacific*.

Durch die Verwässerung der Aktienbestände und andere Tricks der kreativen Buchführung, die selbst die Buchhalter von *Enron* vor Neid hätten erblassen lassen, baute Harriman ein Imperium auf, das insgesamt 17 große amerikanische Eisenbahngesellschaften umfasste. In einem Bericht der amerikanischen Regierung aus dem Jahre 1907 heißt es, Harrimans Ziel beim Erwerb so vieler Eisenbahngesellschaften habe darin bestanden, »den internen Wettbewerb zwischen ihnen im transkontinentalen Geschäft auszuschalten«. Die monopolistische Ausschaltung des Wettbewerbs bedeutete einen Verstoß gegen geltendes Recht auf Bundes- und Landesebene.[10]

Mit Shermans »Anti-Trust«-Gesetz gegen die Arbeiterschaft

Derartige Missstände waren Gegenstand von Zeitungsrecherchen und Empörung in der Öffentlichkeit, sodass sich der Kongress 1904 gezwungen sah, gegen diese offenkundigen Verstöße durch den *Standard Oil*

Trust, Morgans *US Steel Trust,* den *Sugar Trust* und andere Konzerne gesetzlich, d. h. wegen des Verstoßes gegen wettbewerbsrechtliche Bestimmungen, vorzugehen und den »Sherman Anti Trust Act« zu verabschieden.

Oberflächlich betrachtet schien sich dieses Anti-Trust-Gesetz gegen die Missbräuche von Monopolisten wie Morgan, Rockefeller oder Harriman zu richten. Doch in der Realität war das Gegenteil der Fall. Wenn auch der Oberste Gerichtshof der USA im Jahre 1904 »alle Zusammenschlüsse zum Zwecke der Handelsbeschränkung« für illegal erklärte, schränkte das Anti-Trust-Gesetz die Handlungsfreiheit von Harriman oder anderen Großkonzernen nicht im Geringsten ein. Dieses Gesetz war eine politische Farce und diente nur dazu, die öffentliche Wut zu besänftigen. Der einflussreiche Harriman und seine Freunde blieben von der Strafverfolgung der Kartellbehörden unbehelligt, während zahlreiche kleinere Unternehmer wegen Verstößen gegen dieses Gesetz ins Gefängnis wanderten. Es kam aber noch schlimmer: Der »Sherman Anti-Trust Act« wurde zu einer Waffe umgeschmiedet, mit der die Ausbreitung der Gewerkschaften in den USA verhindert wurde, da der Oberste Gerichtshof entschied, dass streikende Gewerkschafter einen »Zusammenschluss zum Zwecke der Handelsbeschränkung« darstellten.

Das durch Morgan und seine Oligarchenclique geschürte Klima gegen alle Versuche der bei ihnen beschäftigten Arbeiter, sich zur Erkämpfung besserer Arbeitsbedingungen und Löhne oder zur Gründung von Gewerkschaften zusammenzuschließen, war – vorsichtig formuliert – repressiv. Der Oberste Gerichtshof der Vereinigten Staaten von Amerika war eine Bastion des oligarchischen Konservativismus. Im Jahre 1905 entschied das Gericht im Fall *Lochner gegen New York,* es sei den Bundesstaaten nicht gestattet, die Arbeitszeit in Privatunternehmen zu begrenzen. Drei Jahre später entschied dasselbe Gericht im Fall Danbury Hatter (1908), dass die Gewerkschaften keine Boykotte organisieren durften.

Bezeichnend für das 1902 herrschende Klima war, dass George Baer, den J. P. Morgan zum Chef seiner Eisenbahngesellschaft *Philadelphia and Reading Railway* gemacht hatte, von den Betreibern der Kohlebergwerke in Pennsylvania ermächtigt wurde, die Verhandlungen mit streikenden Bergleuten zu führen. Wie erwähnt, transportierte die *Philadelphia and Reading* vor allem Anthrazitkohle aus den Abbaugebieten in die Städte. Die Bergleute forderten einen Achtstundentag, eine Lohnerhöhung um zehn Prozent und die Anerkennung der Gewerkschaft, da diese künftig als ihr Verhandlungsführer gegenüber dem Arbeitgeber auftreten sollte. Die Bergleute griffen zu dem einzigen ihnen zur Verfügung stehenden Mittel, nämlich der Verweigerung der Arbeit, um ihre Forderungen durchzusetzen.

Als Baer zu Beginn der Gespräche mit den streikenden Bergleuten einen offenen Brief an die Presse richtete, in dem es hieß:»Die Rechte und Interesse des arbeitenden Menschen werden nicht von den Agitatoren der Arbeiter, sondern von den christlichen Männern geschützt und geachtet, denen Gott in seiner unergründlichen Weisheit die Herrschaft über das Eigentum des Landes übertragen hat«, da trug ihm dies den Spitznamen George»Göttliches Recht« Baer ein. In den Jahrzehnten vor dem Siegeszug des Erdöls war die Kohle die wichtigste Energiequelle für die Heizungen und Küchen in den Privathäusern sowie für die Energieversorgung der Betriebe und die Erzeugung des elektrischen Stroms.

Baer selbst war, wie Morgan, Rockefeller, Carnegie und die meisten ihrer Gesinnungsgenossen in der damaligen Zeit, überzeugter Sozialdarwinist. Sie waren davon überzeugt, dass Gott sie auserwählt hatte, da sie ja durch die Kontrolle über ihre Unternehmen bewiesen hatten, dass sie den Arbeitern überlegen waren. Bei Verhandlungen mit Präsident Theodore Roosevelt, der als Vermittler angerufen worden war, erklärte Baer gegenüber dem Präsidenten, es»gebe nichts zu verhandeln«. Erst als Baers Sturheit zu einem landesweiten Rückschlag zu führen drohte, griff Morgan gemeinsam mit dem cleveren Roosevelt ein und erzwang eine Einigung mit den Arbeitern, bei der zwar Zugeständnisse in puncto Arbeitszeit und Löhnen gemacht wurden, die Anerkennung der Gewerkschaften aber verweigert wurde.

Der Streik der Bergleute und die Urteile des Obersten Gerichtshofs machen deutlich, wie einseitig die Beziehungen zwischen Arbeitern und Unternehmern um die Zeit des Übergangs vom 19. zum 20. Jahrhunderts in den USA waren. Es gab eine Oligarchie, die ihre Macht unverhohlen mit Bestechung und Drohungen ausübte. Ihre Repräsentanten mussten die verfeinerten Methoden der Kooptation und liberaler Reformen erst noch lernen, mit denen sie ihre Macht später aufrechterhalten konnten. Da die Öffentlichkeit mehrheitlich die Bergleute unterstützte, proklamierte Theodore Roosevelt einen»Square Deal« (zu Deutsch etwa: ehrliches Geschäft) zwischen Unternehmensführung und Arbeitern und etablierte damit das Prinzip, dass der Präsident in bestimmten Arbeitskämpfen intervenieren konnte.

Theodore Roosevelt, der als»TR« bekannte selbsternannte»Held«

der Schlacht von San Juan Hill im Spanisch-Amerikanischen Krieg von 1898 – ein unverhohlen imperialistisches Abenteuer, durch das TR zu einem populären politischen Kandidaten, dem »Rough Rider«, wurde – proklamierte seinen »Square Deal« mit den Worten: »Mögen die Losungsworte all unserer Menschen die altvertrauten Losungsworte von Redlichkeit, Anständigkeit, fairem Umgang und Vernunft sein ... Wir müssen jeden Menschen nach seinem Wert und seinen Verdiensten als Mensch beurteilen. Wir müssen darauf achten, dass jeder seinen Square Deal erhält, denn er hat das Recht, nicht mehr zu bekommen, aber auch nicht weniger.«[11] Das sorgte für gute Schlagzeilen, und Roosevelt konnte ungestört seine heimlichen Kungeleien mit J. P. Morgan und Genossen fortführen.

Diese taktische Wende war das erste Mal in der amerikanischen Geschichte, dass ein Präsident sich nicht offen auf die Seite von Kapital und Unternehmerschaft sowie gegen die Arbeiterschaft geschlagen hatte. Diese Haltung brachte dem Republikaner Roosevelt viel Unterstützung der einfachen amerikanischen Arbeiter ein, deren Stimmen bei den Wahlen immer wichtiger wurden. Doch selbstredend hatte Teddy Roosevelt seine Treue dem großen Geld gegenüber keineswegs aufgegeben. Er war lediglich ein cleverer Politiker, der spürte, wie sich der Wind im Land drehte; diese Wende nutzte er geschickt aus und sicherte damit den Republikanern die Kontrolle über die Exekutive.

Später sollte man das irreführend als den Beginn der »progressiven Ära« in der amerikanischen Politik bezeichnen. In Wirklichkeit wurden die oligarchischen Familien, die den Reichtum der Nation unter ihrer Kontrolle hatten, immer geschickter in ihrer öffentlichen Selbstdarstellung; und keiner stellte sich damals dabei so geschickt an wie J. P. Morgan. Kein amerikanischer Unternehmensmagnat jener Tage konnte dem größten Betrüger und Schwindler in der US-Finanzgeschichte, Junius Pierpont Morgan, das Wasser reichen.

J. P. Morgan wird zum König

Seine Intrigen mit Belmont in der Krise von 1893 hatten J. Pierpont Morgan Ende der 1890er-Jahre zu einem der einflussreichsten Bankiers der Welt gemacht. Seine Laufbahn hatte damit begonnen, dass er im Alter von 24 Jahren in betrügerischer Weise den Rückkauf von ausgemusterten Gewehren der US-Armee für den Bürgerkrieg an die Regierung der USA organisierte. Er hatte die Gewehre zuvor durch Strohmänner vom Arsenal der US-Armee in New York City aufkaufen lassen. Auf sein Geheiß kauften diese Strohmänner 5000 Gewehre klammheimlich zum Preis von 3,50 Dollar das Stück beim Waffenarsenal in New York City und verkauften die defekten, aber als neu und in perfektem Zustand deklarierten Gewehre anschließend zum Preis von 22 Dollar das Stück an das Hauptquartier der Armee in St. Louis. So begann Morgans spektakuläre Karriere von Betrug, Täuschung und Korruption.[12]

Zu dem Zeitpunkt, an dem Junius Pierpont Morgan damit beschäftigt war, die US-Regierung beim Verkauf von Gewehren im Bürgerkrieg zu betrügen, war sein Vater Junius S. Morgan, ein Partner in der Bank *Morgan, Peabody & Co.*, in London tätig und fungierte zusammen mit dem amerikanischen Bankier George Peabody als Finanzexperte der Regierung der Vereinigten Staaten in England.

Als Morgan sein Partner wurde, vertrat George Peabody in London die Lincoln-Regierung, die damals in einem Bürgerkrieg gegen die Konföderierten Südstaaten für die Union kämpfen musste. Eine angesehene Zeitung in Massachusetts, der *Republican* aus Springfield, meldete im Oktober 1866, Peabody und Morgan»... gaben uns kein Vertrauen und waren keine Hilfe bei unserem Kampf um das Überleben der Nation. Sie teilten vollständig das in England vorherrschende Misstrauen für unsere Sache und unseren Erfolg und redeten und handelten mehr im Interesse des Südens als der Nation.« Die führende Zeitung *The New York Times* fügte über die Londoner Aktivitäten von Morgan und Peabody noch hinzu:»Kein Einzelner trug so viel dazu bei, unsere Geldmärkte mit Berichten über unsere Verschuldung in Europa zu überschwemmen, die Preise zu drücken und das Vertrauen der Finanzwelt in das Überleben unserer Nation so zu schwächen, wie George Peabody & Co., und niemand machte dabei größere Gewinne.«

Gemäß der Verfassung der Vereinigten Staaten bedeuteten die Londoner Aktivitäten von Peabody und Morgan offensichtlichen Verrat.[13]

Wie der Vater, so baute auch sein Sohn J. Pierpont Morgan sein enormes amerikanisches Finanz- und Industrie-Empire auf Betrug, Verrat und Täuschung auf, während er gleichzeitig sorgsam darauf bedacht war, in der Presse als Mann von Menschenfreundlichkeit und christlicher Rechtschaffenheit zu erscheinen.

Dieser J. P. Morgan, dessen Bank zu Beginn des 20. Jahrhunderts zum einflussreichsten Finanzinstitut in Amerika aufstieg, stand auch 1913 hinter der Errichtung der *Federal Reserve*. Außerdem war Morgans Bank die treibende Kraft bei der Gründung des New Yorker *Council on Foreign Relations*, der privaten Denkfabrik, die bis zum Ende des 20. Jahrhunderts die amerikanische Außenpolitik formulierte. Und Morgans Bank stand hinter dem Dawes-Plan zur Rückzahlung der Kriegsreparationen gemäß dem Versailler Vertrag.

Aber damit eilen wir den Dingen voraus. J. P. Morgans Rolle bei der Panik von 1907 war entscheidend für die weitere Entwicklung – für die Entstehung des amerikanischen Empires über die Epoche von zwei Weltkriegen, die zur Niederlage eines deutschen Konkurrenten führte, und für den Aufschwung aus den Trümmern des Krieges als Nachfolger des bankrotten Britischen Empires.

Morgan und Rockefeller inszenieren die »Panik von 1907«

James Stillman, der damalige Chef der *National City Bank* in New York – der Hausbank von Rockefellers *Standard Oil Trust* –, einige wenige Maklerfirmen, allen voran *Belmont* und *Kuhn Loeb & Co.*, und natürlich Morgan selbst waren die großen Gewinner der Panik von 1893, des Runs auf das Gold, den sie eigenhändig organisiert hatten.

J. Pierpont Morgan hatte die Krise dazu genutzt, sich die Kontrolle über die strategisch wichtige Stahlindustrie und das Eisenbahnwesen zu sichern. Durch die Fusion von *Carnegie Steel* und anderen Unternehmen hatte er den größten Stahlproduzenten der Welt geschaffen, *US Steel*, den er seit 1901 unter Kontrolle hatte. Bei der Schaffung von *US Steel* brachte Morgan »verwässerte« Aktien im Nominalwert von atemberaubenden 1 402 000 000 Dollar für seinen neuen Stahlkonzern auf den Markt, der damit zum ersten milliardenschweren Unternehmen der Welt wurde.

Laut einer Untersuchung der US-Unternehmensbehörde (*Bureau of Corporations*) war über die Hälfte des Aktienkapitals (d. h. 727 Millionen Dollar), das *US Steel* damals an die Öffentlichkeit verkaufte, nicht durch einen erkennbaren Gegenstandswert des Unternehmens gedeckt. Im Klartext: *US Steel* kapitalisierte zukünftige Gewinne – mit diesen Methoden arbeiteten in der Börsenmanie der 1990er-Jahre auch so berüchtigte Firmen wie *Enron* oder *Worldcom*. Darüber hinaus schuf Morgan die Konzernriesen *General Electric*, *International Harvester* und zahllose andere große Industrieunternehmen, bei denen die Bank *J. P. Morgan & Co.* das Sagen hatte.

Stillmans *National City Bank* (*Citigroup*), die Hausbank von John D. Rockefellers *Standard Oil Trust*, stieg zur größten Bank der Vereinigten Staaten auf. Diese Rettung von Morgan und Stillman nach 1893 überstand zwar das US-Finanzministerium unbeschadet, doch sie setzte dem Agrarflügel von Präsident Clevelands Demokratischer Partei arg zu und wurde bei der Wahl von 1896 zu einem entscheidenden Thema, als die Banken durch William Jennings Bryan, den Verfechter der Silberwährung, unter Druck gerieten. Der *Standard-Oil*-Magnat John D. Rockefeller zählte neben J. P. Morgan und dessen Freunden unter den Wall-Street-Bankiers zu den finanziellen Unterstützern des Republikaners William McKinley, der 1896 mit deutlichem Vorsprung vor dem »Silberanwalt« Bryan gewann. McKinley stammte aus Ohio, dem Heimatstaat von *Standard Oil*, und seine Karriere wurde maßgeblich gefördert von Mark Hanna, einem Schulfreund und späteren Geschäftspartner von John D. Rockefeller. McKinleys Wahl zum US-Präsidenten im Jahre 1896 war das Ergebnis eines geheimen Treffens zwischen den Fraktionen von Rockefeller und der Wall-Street-Fraktion um Morgan – dabei vertrat Hanna die Familie Rockefeller und der Eisenbahnmann James J. Hill die Morgan-Interessen. Aus Sicht der Interessen von Morgan und Rockefeller war die Präsidentschaft McKinley in guten Händen – in ihren.

McKinley wurde 1900 wiedergewählt, Schwerpunkt seiner Kampagne war die Verteidigung des Goldstandards. Die Fraktion, die sich für ein Bimetallsystem, d. h. Gold und Silber, eingesetzt hatte, war endgültig besiegt, und der Weg für Morgan und einen kleinen Kreis von New Yorker und mit ihnen verbündeten Londoner Banken war frei – jetzt konnten sie die Finanzen der Nation übernehmen.

1907 waren die Finanzgruppen Morgan und Rockefeller so weit, ihre nächste finanzielle Attacke auf die US-Ökonomie zu reiten, die man später als Panik von 1907 bezeichnen sollte. Dies war der erforderliche letzte Schlag, um zu ihrem größten Coup ausholen zu können – die Verabschiedung des »Federal Reserve Act« von 1913. Mit diesem Gesetz zur Gründung einer amerikanischen Zentralbank übertrug ein weitgehend nichtsahnender Kongress sein alleiniges Recht, Geld zu drucken, einem Konsortium von Privatbankiers.

Im Hintergrund der Ereignisse von 1907 stand eine New Yorker Bank, die *Knickerbocker Trust Co.*, eine damals mittelgroße Bank, an deren Spitze ein aggressiver Geschäftemacher namens Charles T. Barney stand. Barney und sein Geschäftspartner Frederick A. Heinze machten sich daran, sämtliche Aktien der *United Copper Company*, eines wichtigen Kupferlieferanten, aufzukaufen. Damals war die Nachfrage nach Kupfer außerordentlich hoch. Bei dieser Aktion nahm er es direkt mit der mächtigen Rockefeller-Gruppe auf, die den Konzern *Amalgamated Copper* kontrollierte und kein Interesse daran hatte, einen Rivalen wie den Außenseiter Heinze aus Montana emporkommen zu lassen.

Am 14. Oktober 1907 erreichte die Aktie der *United Copper Company* einen Höchststand von mehr als 62 Dollar pro Stück. Zwei Tage später schloss sie bei 15 Dollar, und F. Augustus Heinze stand vor dem Ruin. Rockefeller hatte mehrere Millionen Pfund Kupfer auf den Markt geworfen, was einen Verfall des Kupferpreises und damit auch des Preises der Aktien von Heinzes Firma *United Copper* nach sich zog. Dem Geschäftsmann Heinze fehlte eine wichtige Eigenschaft – er gehörte nicht zum Kartell der Plutokraten. Er war ein aggressiver Einzelgänger, der die Macht der Morgans und Rockefellers erst dann zur Kenntnis nahm, als es zu spät war.

Heinze hatte in New York seine eigene Bank gegründet, die *Mercantile National Bank*, und benutzte die Einlagen dieses Bankhauses, um den von Rockefeller kontrollierten Kupfermarkt zu übernehmen. Wie sich herausstellte, stand Heinze über einen seiner Bankdirektoren, nämlich C. F. Morse, mit sechs weiteren mittelgroßen New Yorker Banken in Verbindung. Als in der New Yorker Presse Informationen über Heinzes Verbindungen zu diesen Banken erschienen, gerieten Anleger in Panik und forderten ihre Einlagen bei allen sechs Häusern und der *Mercantile National* zurück. Die volle Panik wurde jedoch durch die Meldung ausgelöst, der Präsident der drittgrößten Treuhandbank oder Sparkasse in New York, der *Knickerbocker Trust Company*, unterhalte Geschäftsbeziehungen zu Morse, dem Direktor der *Mercantile National Bank*. Diese Meldung setzte umgehend einen panikartigen Run auf den großen *Knickerbocker Trust* in Gang.[14]

Dies hatte sofortige Auswirkungen: Der *Knickerbocker Trust* war gezwungen, sich an den zuständigen Verband der Privatbanken (*Clearing House Association*) zu wenden und um finanzielle Hilfe zu bitten. Allerdings war der damalige Chef dieser *Clearing House Association* niemand anderer als J. Pierpont Morgan.

Morgan verlangte eine Prüfung der Bücher von *Knickerbocker*, bevor er einem »Bailout«, d. h. einer Finanzspritze, oder gar einer Rettungsaktion zustimmte. Das Buchprüferteam stand unter der Leitung von Morgans Freund und Angestelltem Benjamin Strong, der später der erste Gouverneur der *Federal Reserve* werden sollte. Das Ergebnis der Buchprüfung war, dass Morgan einen Notkredit verweigerte, der die angesichts der ständigen Gerüchte über eine Insolvenz *Knickerbockers* weitergehenden panikartigen Abhebungen der Anleger gestoppt hätte. Daraufhin setzte eine ganze Welle panikartiger Anstürme auch auf andere Treuhandbanken ein.

Gemäß dem damals geltenden Recht in New York durften Treuhandbanken, die hauptsächlich Immobilienkredite vergaben, mit geringeren Reserven und lockereren Regulierungen wirtschaften als landesweit tätige Banken wie *J. P. Morgan* oder die *City Bank* der Rockefeller-Interessen. Bei einer Untersuchung des Kongresses kam im Jahre 1911 ans Licht, dass die Ausbreitung der Panik dadurch beschleunigt wurde, dass die Kreise um Morgan über die von ihnen kontrollierten Zeitungen wie die New Yorker *Evening Sun* des Morgan-Beraters William Laffan und die *New York Times* von Adolf Ochs gezielt falsche Gerüchte verbreiteten. Bei diesen Presseberichten ging es um angebliche Anstürme auf bestimmte Treuhandbanken wie die *Trust Company of America*, die Morgan und Rockefeller im Wege standen.

Bevor die Presseberichte erschienen, hatte es keinen Run auf die *Trust Company of America* gegeben. In Wahrheit war die Bank liquide, aber sie hatte in ihrem Depot ein großes Aktienpaket der *Tennessee Coal and Iron Company*, die über reiche Erzvorkommen verfügte, auf die Morgans neugeschaffene *US Steel Corporation* ein Auge geworfen hatte. Morgan stellte sicher, dass sein Bankensyndikat der *Trust Company of America* nur dann die benötigte Liquidität bewilligte, wenn die Treuhandbank zustimmte, als Sicherheit dafür alle von ihr gehaltenen Aktien der *Tennessee Coal and Iron Company* zu hinterlegen. *Tennessee Coal and Iron* verfügte über die reichsten Erzvorkommen in den Vereinigten Staaten. Morgan schaffte es sogar, dass sich zwei seiner Vertreter, Henry Clay Frick und Elbert Gary von *US Steel*, mit Präsident Theodore Roosevelt trafen, um von Roosevelt die Zustimmung zu erlangen, das US-Kartellgesetz »zur Rettung des Landes« außer Kraft zu setzen und es *US Steel* zu ermöglichen, die *Tennessee Coal and Iron Company* unter Umgehung des Sherman-Anti-Trust-Gesetzes zu schlucken. Theodore Roosevelt, der in der Öffentlichkeit als »Trust buster« (Kartellzerschlager) auftrat, stand in Wirklichkeit hinter den Kulissen in enger Verbindung zu dem Money Trust, ganz besonders zu den Interessen des Hauses *Morgan*.[15]

Als Präsident hatte es sich der Republikaner Roosevelt zur Gewohnheit gemacht, sich vor großen politischen Ankündigungen mit den wichtigen Vertretern entweder der Rockefeller- oder der Morgan-Gruppe oder gar mit beiden zu beraten. Er übermittelte dem Bankier James Stillman von der *National City Bank* den Entwurf für seine Dritte Rede zur Lage der Nation und versprach ihm, den Abschnitt über die Währungsfrage zu ändern, falls Stillman dies für nötig erachtete. Im Oktober 1903 lud er J. P. Morgan zu einem privaten Gespräch ins Weiße Haus ein. Als der Wahlausschuss des Senats (*Senate Privileges and Elections Committee*) im Jahre 1912 Untersuchungen über Schmiergelder- oder Bestechungsfonds durchführte, kam ans Licht, dass Theodore Roosevelt als US-Präsident eine geheime Korrespondenz mit dem Eisenbahnmagnaten E. H. Harriman über politische Ernennungen und Spenden für Wahlkampagnen geführt hatte.[16]

Psychologisch am Boden, beging Barney einen Monat später offenbar Selbstmord. Die Börse in New York stürzte ab, weil Treuhandbanken, die verzweifelt Bares brauchten, Aktien verkauften, um an Kapital heranzukommen. Das Land wurde erneut in eine tiefe Depression gestürzt, die dieses Mal 13 Monate dauerte. Überall im Lande weigerten sich Regionalbanken, dem Gesetz Genüge zu tun und Einlagen in Gold auszubezahlen, da sie den Verlust des »harten Geldes« fürchteten. In mancher Hinsicht war die Lage ähnlich wie bei dem Kollaps des Interbankhandels, der 2007, also ein Jahrhundert später, ausbrach. Nur gab es 1907 noch keinen »Kreditgeber der letzten Instanz«, keine Zentralbank, die in die Bresche sprang.

Die Panik legte sich fast wie durch ein Wunder, als Theodore Roosevelt bekannt gab, die US-Kartellgesetze außer Kraft zu setzen. Morgan erhielt die begehrten Erzvorkommen der *Tennessee Coal and Iron Company*; John D. Rockefeller und sein Bankier James Stillman schalteten beim Kupfer die Konkurrenz durch Heinze aus. Als Morgan schließlich von der *Trust Company of America* die Aktien von *Tennessee Coal* übernommen hatte und in Händen hielt, versiegten plötzlich die Pressegerüchte, und die Treuhandbank kehrte zu ihrem normalen Geschäftsbetrieb zurück. Der leichtgläubigen Öffentlichkeit wurde etwas von einer »heroischen und mutigen Rettung« des nationalen Bankensystems durch den selbstlosen J. Pierpont Morgan erzählt. Zu den wenigen, die nicht von den altruistischen Motiven Morgans, Rockefellers und deren Freunden an der Wall Street überzeugt waren, gehörte der Demokrat William Jennings Bryan, der Verfechter der Silberwährung, der erklärte: »Verantwortlich sind die skrupellosen Finanziers, die räuberischen Reichtum angehäuft haben und als Hochfinanz die ganze Nation ausbeuten.«[17]

Ein unerwünschter Vorschlag des Finanzministeriums

In der Debatte über die immer wiederkehrenden Bankenpaniken ist jedoch nur selten erwähnt worden, dass die Regierung der Vereinigten Staaten von Amerika in Gestalt des Finanzministers bereits die Macht hatte, zu intervenieren und den kredithungrigen Banken Kredite zu gewähren. Das US-Finanzministerium hätte damals die Rolle des Kreditgebers der letzten Instanz spielen und den Kreditvergabeprozess staatlich steuern und öffentlich kontrollieren lassen können, wie es Artikel 1 der Verfassung der Vereinigten Staaten ausdrücklich vorschreibt – wenn der Kongress dem Finanzminister einen Notreservefonds zur alleinigen Verfügung bewilligt hätte.

In einem Bericht des US-Finanzministeriums von 1906, also ein Jahr vor der Panik von 1907, schrieb Amerikas damaliger Finanzminister Leslie M. Shaw, der sich energisch dafür einsetzte, die Macht der US-Regierung stärker zur Kontrolle von Krisen auf dem Geldmarkt einzusetzen:

»Stellte man dem Finanzminister 100 000 000 Dollar zur Verfügung, die er nach seinem Gutdünken bei den Banken anlegen oder abziehen könnte, und gäbe man ihm darüber hinaus die Befugnis über die Reserven der unterschiedlichen Banken, inklusive der Vollmacht, den Geldumlauf der Nationalbank nach Gutdünken einzuschränken, dann könnte er es nach meiner Einschätzung verhindern, dass eine Panik – wohlweislich im Unterschied zu einer industriellen Stagnation – die Vereinigten Staaten oder Europa bedrohen könnte. Keine Zentral- oder Regierungsbank der Welt kann so leicht die finanziellen Bedingungen auf der ganzen Welt beeinflussen, wie es der US-Finanzminister aufgrund dieser Befugnis könnte.«[18]

Der Vorschlag des damaligen amerikanischen Finanzministers, das US-Finanzministerium zum »Kreditgeber der letzten Instanz« des Bankensystems in Zeiten von Liquiditätskrisen zu machen, war keine weit hergeholte Fantasievorstellung. 1899, also unmittelbar vor der Wende zum 20. Jahrhundert, hielt das US-Finanzministerium größere Goldreserven als irgendein anderes Land auf der Welt, die *Bank of England* und die französische Zentralbank eingeschlossen. Der US-Dollar gehörte zu den stabilsten Währungen der Welt, und die Wahrung des Goldstandards oblag der direkten Kontrolle des US-Finanzministeriums und nicht etwa der von privaten Banken wie in England oder Kontinentaleuropa.

Morgan, Rockefeller und die Interessen der politischen Elite hinter dem damaligen Money Trust hatten jedoch kein Interesse an einer Lösung durch den Staat oder die Regierung, die sie nicht zu ihren Gunsten hätten wenden können. Sie waren entschlossen, die Panik und die Krisenstimmung zu nutzen, um ihren bis dahin ehrgeizigsten Plan zu verwirklichen – die Macht der Geldschöpfung, d. h. das Prägen von Münzen und die Kontrolle der Geldmenge, von der Bundesregierung der Vereinigten Staaten zu übernehmen. Ihr Plan sah die Schaffung einer nationalen Bank vor, die vollständig in den privaten Händen der Bankiers J. P. Morgan, Rockefeller und deren Freunden liegen sollte.

Es traf sich, dass Minister Shaw im März 1907 zurücktrat, nur wenige Monate bevor Morgan und Rockefeller die Ereignisse in Gang setzten, die später als Panik von 1907 bezeichnet wurden. Shaws Position wurde mit George B. Cortelyou besetzt, einem engen Gefährten von Morgan. Mit Cortelyou als US-Finanzminister hatten Morgan und seine Freunde an der Wall Street kaum Probleme.

J. P. Morgan wurde nach der Krise von der wohlgesonnenen Finanzpresse quasi als Retter des Tages gefeiert, und genau in dem Moment, wo die Preise sehr attraktiv (niedrig) geworden waren, gab er öffentlich seiner »Zuversicht« in die Märkte Ausdruck und kaufte Aktien großer Unternehmen, was seine ohnehin schon riesige Industriemacht noch weiter vergrößerte.

Wie bereits erwähnt, war Morgan schon zur beherrschenden Macht über die privaten Eisenbahngesellschaften in den USA aufgestiegen. 1889 hatte er die Chefs aller großen Eisenbahnlinien zu einem Geheimtreffen in der Unternehmenszentrale von *J. P. Morgan & Co.* in New York einberufen, auf dem ein Kartell gegründet wurde, das illegal wesentlich höhere Frachtraten vereinbarte. Aus dem durch Indiskretion bekannt gewordenen Protokoll dieser Geheimsitzung geht hervor, dass Morgan sich das Preisabsprachen-Kartell mit der Drohung sicherte, den Eisenbahngesellschaften, die dabei nicht mitmachten, künftig keine Kredite mehr zu gewähren. Damit nahm er bereits Methoden vorweg, die viele Jahrzehnte später, in den Schuldenkrisen der 1980er- und 1990er-Jahre, von den New Yorker Banken mit kräftiger Hilfe des Internationalen Währungsfonds und der Weltbank aus Washington zur Anwendung kommen sollten. »Entweder Sie tanzen nach unserer Pfeife, oder Sie gehen unter …«[19]

Die Bankenkrise von 1907 und die Krise im Interbanken-Kreditverkehr, die ein Jahrhundert später, im August 2007, in New York ausbrach, ähneln sich in verblüffender Weise. Allerdings zahlten 2007 Morgans *Federal Reserve* und Amerikas Steuerzahler die Zeche für den Bailout ausgewählter Banken, darunter auch die Bank *JP Morgan Chase*, eine Fusion der Bankhäuser von Morgan und den Rockefeller-Erben. Die Bankenpanik von 1907 führte dazu, dass die Banken Immobilien- und Unternehmenskredite kündigten. Daraufhin beantragte der Konzern *Westinghouse Electric* Gläubigerschutz. 1908 behauptete Senator Robert La Follette aus Wisconsin, eine »Gruppe Finanziers, die Gelder willkürlich vorenthalten oder verteilen, hat die letzte Panik verursacht« – wegen des dabei von ihnen erzielten Gewinns, wie er sagte. Morgan sagte dazu nichts.

Bei der Handhabung der Krise von 1907 kamen Morgan auch Politiker zu Hilfe. Nach einem nächtlichen Treffen mit Morgans Partner George Perkins in Morgans New Yorker Büro gab US-Finanzminister George B. Cortelyou seine formelle Unterstützung für Morgan bekannt. Er bot dem Hause Morgan während der Krise die für die damalige Zeit außergewöhnliche Summe von 25 Millionen Dollar an zusätzlicher Liquidität an.»Mich hat nicht nur die Stabilität der Unternehmen tief beeindruckt«, sagte Cortelyou,»sondern auch der große Mut und die außergewöhnliche Hingabe an das öffentliche Interesse vonseiten so vieler Prominenter aus dem Geschäftsleben dieser Stadt.« Als er das Finanzministerium verließ, belohnte man Cortelyou für seine loyalen Dienste, indem man ihn zum Präsidenten des von Morgan-Rockefeller kontrollierten New Yorker Unternehmens *Consolidated Gas Company* ernannte.[20]

Mit Zustimmung Cortelyous wanderten aus den Tresoren im New Yorker Abteilungsbüro des Finanzministeriums Kisten voller Gold und Taschen voller Dollar-Noten an ausgewählte Banken. John D. Rockefeller sen., der Gründer des *Standard Oil Trust*, sicherte Morgan seine Hilfe zu. Rockefeller legte zehn Millionen Dollar bei Morgans *Union Trust Company* an und versprach notfalls weitere Einlagen in Höhe von 40 Millionen Dollar.

Morgan führte erfolgreich den Versuch der Wall-Street-Banken an, nach der Börsenpanik von 1907 – einem Zusammenbruch, den er gezielt herbeigeführt hatte – einen allgemeinen Finanzkollaps zu vermeiden. Morgan stand an der Spitze der Bankiers, die im großen Stil Regierungsanleihen erwarben, und Morgan entschied darüber, wie das Geld für finanzielle Rettungsmaßnahmen verwendet werden sollte. Morgan belohnte Freunde und bestrafte Feinde.[21]

Als ein Ausschuss des US-Kongresses 1911 eine Untersuchung über die Kontrolle des nationalen Handels durch den sogenannten Money Trust veranstaltete, stellte sich heraus, dass Mitglieder des Unternehmens *J. P. Morgan & Co.* insgesamt 72 Direktorenposten in 47 US-Großunternehmen mit einem Geschäftsvolumen von 2,104 Milliarden Dollar bekleideten – für die damalige Zeit eine gewaltige Summe.[22]

Die Nationale Währungskommission von Morgan und Rockefeller

Das Resultat der Krise von 1907/08 war nicht nur, dass der finanzielle und politische Einfluss J. P. Morgans ungeheuer stieg; man gründete auch eine Nationale Währungskommission, die für den Kongress der Vereinigten Staaten Untersuchungen anstellen und Empfehlungen darüber aussprechen sollte, wie in Zukunft solche Paniken und Bankenkrisen verhindert werden könnten. Diese Kommission wurde von Beginn an manipuliert. Präsident Theodore Roosevelt unterzeichnete den »Aldrich Vreeland Act«, ein Gesetz, aufgrund dessen 1908 die neue Kommission geschaffen wurde mit dem Mandat, einen Plan zu entwerfen, wie in Zukunft derartige Panikattacken an den Finanzmärkten verhindert werden könnten.

Leiter dieser Kommission war Senator Nelson Aldrich, der Vorsitzende des einflussreichen Finanzausschusses des Senats und Namensvetter von Gouverneur Nelson Aldrich Rockefeller. Er war Schwiegervater von John D. Rockefeller jun., dem Sohn des Gründers von *Standard Oil*. Aldrich war auch bekannt als »Morgans Parketthändler im Senat«[23].

Korruption war für Senator Aldrich kein Fremdwort. Die Zeitschrift *McClure's* enthüllte 1905, dass Aldrich den korrupten politischen Apparat im Bundesstaat Rhode Island dominierte und dass die meisten Senatoren auf der Ebene dieses Bundesstaates von Aldrichs Apparat gekauft waren. 1881 gab Aldrich ein Familienunternehmen im Einzelhandel auf, dessen Wert auf etwa 50 000 Dollar geschätzt wurde, und kandidierte für den US-Senat. Als Aldrich nach 30 Jahren in der Politik, davon die meiste Zeit im US-Senat, starb, betrug sein Vermögen beeindruckende zwölf Millionen Dollar – die er sich bei seinem kümmerlichen Gehalt als Senator bestimmt nicht vom Munde abgespart hatte.[24]

Morgan und Rockefeller hätten sich keinen besseren Kandidaten wünschen können, um ihre angestrebte »Währungsreform« durch den skeptischen Kongress zu bringen. Aldrich war verantwortlich für die Vorbereitung und Verabschiedung des verhängnisvollsten Putsches in der Geschichte Amerikas, des »Federal Reserve Act« von 1913. Wer ihn dabei unterstützte und wie diese Kräfte bei dem Putsch zu Wege gingen, sollten nur sehr wenige wissen.

Anmerkungen:

1 Robert McElroy, *Grover Cleveland*, Harper & Bros., New York 1923, II, S. 21, 999.

2 Gustavus Myers, *History of the Great American Fortunes*, The Modern Library, New York 1936, S. 578–581.

3 Paul Studenski und Herman E. Kross, *Financial History of the United States*, McGraw-Hill Books Co., New York 1963, S. 217–221.

4 Gustavus Myers, a. a. O. 558–559.

5 Paul Studenski u. a., a. a. O., S. 219–220.

6 John Chown, *A History of Money*, Routledge, London 1996, S. 264.

7 *Testimony before the House Committee in Interstate Commerce*, US House of Representatives Reports, Fifty-second Congress, 2nd Session, 1892–1893, Vol. i.

8 Ferdinand Lundberg, *America's 60 Families*, The Vanguard Press, New York 1937, S. 26–27.

9 Gustavus Myers, a. a. O., S. 428–434.

10 Ebenda, S. 531.

11 Theodore Roosevelt, Rede.

12 Gustavus Myers, a. a. O., S. 552.

13 *New York Times*, 31. Oktober 1966.

14 Kevin J. Cahill, »The U. S. Bank Panic of 1907 and the Mexican Depression of 1908–1909«, *The Historian*, Bd. 60, 1998.

15 Ferdinand Lundberg, a. a. O., S. 90–95.

16 United States Senate Committee on Privileges and Elections, *Hearing of the Sub-committee on Campaign Contributions*, 62nd Congress, 3rd Session, 1913, S. 453 ff. Der Hintergrund zu Roosevelts Kontakten zu Stillman und Morgan findet sich in Henry Pringle, *Theodore Roosevelt*, Harcourt, Brace & Co., New York 1931, S. 350.

17 Zitiert in The Federal Reserve Bank of Boston, *The Panic of 1907*, S. 8.

18 US Department of the Treasury, *Annual Report on the Finances*, Washington, D. C., 1906, S. 49. Die Vollmachten des US-Finanzministeriums zur Handha-

40

bung der Schulden waren damals, wie Milton Friedman betont, »vergleichbar der Fähigkeit des *Federal-Reserve*-Systems zur Durchführung von Offenmarkt-Geschäften«. Siehe Milton Friedman und Anna J. Schwartz, *A Monetary History of the United States 1867–1960*, Princeton University Press, 1963, S. 150, Fußnote 24.

19 Gustavus Myers, a. a. O., S. 586–572.

20 Ferdinand Lundberg, a. a. O., S. 92

21 Einzelheiten des genauen Ablaufs der Panik von 1907 sind von der späteren Morgan-freundlichen Geschichtsschreibung vernebelt worden. Zur Erhellung der genauen Einzelheiten dieses wichtigen Ereignisses für das Entstehen des *Federal-Reserve*-Systems 1913 als Pfeiler eines Amerikanischen Jahrhunderts dient neben Myers bereits erwähntem Werk auch das Buch von James Grant, *Money of the Mind: borrowing and lending in America from the Civil War to Michael Milkin*, Farrar Straus Giroux, New York 1992. Außerdem: Milton Friedman und Anna J. Schwartz, *A Monetary History of the United States 1867–1960*, Princeton University Press, Princeton 1963.

22 *Report of the House Banking and Currency's Committee to Investigate Concentration of Control of Money and Credit*, Washington, D.C., 1913, S. 56–91, zitiert in Gustavus Myers, a. a. O., S. 634. Dies ist der sogenannte Pujo-Ausschuss unter Vorsitz des Demokraten Arsene Pujo aus Louisiana, dessen Chefberater Samuel Untermyer 1911 den Begriff »Money Trust« prägte, um die Macht der Gruppe um Morgan und Rockefeller zu beschreiben.

23 Henry Pringle, a. a. O., S. 244.

24 Walter Davenport, »Power & Glory«, *Collier's magazine*, 7. Februar 1931.

KAPITEL 2

Der Putsch der Bankiers – Eine neue *Federal Reserve* erobert die Kontrolle über das Geld

*»Ich bin davon überzeugt, dass die Bankinstitute eine größere
Bedrohung für unsere freiheitliche Ordnung darstellen als stehende
Armeen … Sollte das amerikanische Volk je zulassen, dass private
Banken erst durch Inflation, dann durch Deflation die Kontrolle über
die amerikanische Währung erobern, dann werden die Banken und
die in ihrem Umfeld entstehenden Unternehmen … die Menschen
all ihres Reichtums berauben, bis ihre Kinder eines Tages auf dem
Kontinent, den ihre Väter erobert haben, ohne ein Dach über dem
Kopf aufwachen … Die Macht, Geld in Umlauf zu bringen,
muss den Banken entrissen und an das Volk zurückgegeben
werden, dem sie von Rechts wegen zusteht.«*
Thomas Jefferson, Die Debatte über eine neue Charta
des Bankgesetzes (1809)

Der Putsch der Bankiers

Ein gutes Jahr nach der Gründung der Nationalen Währungskommission unter Vorsitz von Senator Nelson Aldrich im Jahre 1908 schmiedeten die einflussreichsten Bankiers unter massivster Geheimhaltung Pläne für den größten politischen Putsch in der Geschichte der Vereinigten Staaten. Nach ihrem Plan sollte der Kongress seiner verfassungsmäßigen Vollmachten, das Geld der Nation zu schöpfen und zu kontrollieren, beraubt werden. Dies sollte nunmehr im Interesse privater Interessen geschehen, selbst wenn es das Gemeinwohl der Bevölkerung der Vereinigten Staaten kosten sollte.

Die Männer, die diese Pläne für die Übernahme des Geldes der Nation schmiedeten, waren keine normalen Bankiers. Sie waren eine ganz spezielle Gattung in der amerikanischen Finanzwelt. J. Pierpont Morgan, der deutsche Auswanderer Paul Warburg von der New Yorker Privatbank *Kuhn Loeb & Co.*, die Finanzinstitute *August Belmont & Co.*,

J. & W. Seligman & Co., *Lee, Higginson & Co.* sowie die anderen Banken, die den Putsch schließlich ausführen sollten und sich dabei am Vorbild ihrer Londoner Kollegen orientierten, waren vornehmlich international tätige Bankiers. In London bezeichneten sich diese internationalen Bankiers als Handelsbankiers, in New York bevorzugten sie die Bezeichnung »Investment-Banker«. Ihre Arbeitsweise war in beiden Fällen identisch.

Der Natur ihres Geschäfts entsprechend fühlten sich die internationalen Bankiers keiner bestimmten Nation gegenüber zu Loyalität verpflichtet. Ihre Welt war immer da, wo ihr Einfluss die Geschicke zu ihrem finanziellen Vorteil verändern konnte. Dementsprechend war die Geheimhaltung für ihren Erfolg von höchster Wichtigkeit und entscheidend dafür, sich gegenüber anderen Rivalen einen Vorteil zu verschaffen. Im Laufe der Jahrhunderte, seit der Zeit des venezianischen Imperiums, hatten sie erkannt, dass es weit profitabler war, Geld an Regierungen oder Monarchen zu verleihen als an private Kreditnehmer; nicht zuletzt deshalb, weil der entsprechende Kredit durch die Staatsmacht gestützt wurde, die jederzeit ihre Bürger besteuern konnte, um die Kreditrückzahlung zu garantieren.

Geld war ein ungeheuer wirkungsvoller Türöffner, wenn es darum ging, Einlass in die Hallen der Macht zu erlangen. Die Vergabe von Krediten – oder die Verweigerung derselben, wie es die Bankiers aus London und Paris vor dem Ersten Weltkrieg dem Osmanischen Reich, also der Türkei, gegenüber praktiziert hatten – konnte zur Kontrolle ganzer Nationen oder Regionen eingesetzt werden. Das von diesen Bankiers verfolgte Ziel war Geld, oder genauer gesagt, die Kontrolle über das Geld. Für ihre Macht war die Kontrolle über die Länder durch die Kontrolle ihrer Zentral- oder Nationalbanken entscheidend wichtig. Henry Kissinger sollte schließlich in den 1970er-Jahren formulieren, was diese Kabale internationaler Bankiers als ihr oberstes Ziel anstrebte, nämlich nichts Geringeres als die Kontrolle über die ganze Welt – »Kontrolliere das Geld, und Du kontrollierst die ganze Welt.«

Die international tätigen Bankiers mit Namen wie Barings, Rothschild, Schröder, Morgan, Warburg, Schiff, Mallet oder Seligman konzentrierten sich darauf, enge, vertrauliche Beziehungen zu Regierungen – egal ob ihre eigene oder eine fremde – zu entwickeln, die Anleihen auflegten. Sie verkauften die von der Regierung garantierten Anleihen mit hohem Aufpreis und agierten unter größter Geheimhaltung, damit die Öffentlichkeit nicht dahinterkam, wie ihr Geld hinter den Kulissen politische

Entscheidungen beeinflusste – bis hin zu Entscheidungen über Krieg und Frieden. Der traditionelle Hang der internationalen Bankiers zur Geheimhaltung wurde zum Markenzeichen ihres Vorgehens; es war geeignet für Intrigen und politische Manipulationen. So konnte man Politiker und Richter kaufen sowie Putsche finanzieren, durch die eine nicht genehme Obrigkeit oder ein Staatschef ausgeschaltet werden konnte, um für einen anderen Platz zu machen, der dem Diktat der Bankiers gefügiger war.

Im Amerika des 19. Jahrhunderts gab es mehrere Kategorien von Banken. 1863, während des Bürgerkriegs, verabschiedete der Kongress einen »National Banking Act«, dem der »National Currency Act« folgte. Diese nationalen (Banken- bzw. Währungs-) Gesetze entstanden weitgehend unter Federführung des damaligen Finanzministers Salmon P. Chase. Durch diese neuen Gesetze erhielten bestimmte Bankzentren im ganzen Land des Status von »Reserve-Städten«. Damit konnten Regionalbanken einen Teil ihrer geforderten Mindestreserven von 25 Prozent in Form von Einlagen und Banknoten in Nationalen Banken in den Reserve-Städten wie beispielsweise Chicago, St. Louis oder Boston anlegen.

Doch die sogenannten Nationalen Banken in New York City bekamen einen Sonderstatus und mussten 25 Prozent ihrer Reserven in Form von gesetzlichen Zahlungsmitteln in Gold- oder Silbermünzen bzw. -barren stellen. Gemäß dem neuen »Banking Act« wurde New York zur alleinigen »Zentralen Reserve-Stadt«, was einer Anerkennung als Währungszentrum der USA gleichkam und bereits seine zukünftige Rolle gemäß dem »Federal Reserve Act« von 1913 erahnen ließ.[1]

Da örtliche und regionale Banken Zinsgewinne erzielen konnten, wenn sie ihr Geld bei New Yorker Banken anlegten, floss bis zum Beginn des 20. Jahrhunderts viel Kapital aus den Regionalbanken nach New York. Die Nationalen Banken in New York wuchsen demzufolge überproportional. Gemäß den erwähnten Gesetzen erhielten darüber hinaus zwei New Yorker Banken, nämlich die *First National Bank of New York* und später auch die *Chase National Bank of the City of New York*, von der Bundesregierung besondere Bankstatuten. Die *Chase National*, die zur Hausbank von Rockefellers *Standard-Oil*-Imperium aufstieg, wurde nach dem damaligen US-Finanzminister benannt.

Dagegen gab es einige kleine, aber sehr einflussreiche private Bankhäuser, d. h. internationale Banken, die sich nicht darauf beschränkten, Geschäfte vor Ort abzuwickeln, da sie ihre Aktien nicht öffentlich zum Verkauf anboten. Sie brauchten für ihre Geschäfte kein Statut der Bundesregierung. Sie nutzten ein riesiges Schlupfloch in den Gesetzen des Bundes und der Bundesstaaten.

Anders als die vom Bundesstaat anerkannten Aktienbanken waren diese »nicht eingetragenen Banken« nicht befugt, Banknoten in Umlauf zu bringen. Aber gerade deshalb waren sie weitgehend unkontrolliert und frei, sie konnten Geschäfte abwickeln, wo immer sich die Chance dazu ergab. Bis zum Ende des 19. Jahrhunderts hatten diese Finanzinstitute, die später zu internationalen Bankkonzernen wie etwa *J. P. Morgan*, *Kuhn Loeb*, *Lazard Frères*, *Drexel* und einigen wenigen anderen wurden, jahrzehntelang freie Hand, die größten Finanzgeschäfte beim Aufbau der nationalen Eisenbahnlinien zu tätigen und ebenso die Ausweitung großer Industriebetriebe über (bundesstaatliche) Grenzen hinweg zu finanzieren.

Weil sie keiner Regulierung unterlagen und grenzüberschreitend operierten, machten diese Banken ihr Vermögen dadurch, dass sie das Kapital zur Finanzierung der riesigen Kosten für den Aufbau der amerikanischen Eisenbahnlinien bereitstellten, das weitgehend von Banken in London und Paris stammte. Das also waren Amerikas internationale Bankiers.[2]

In dieser auserlesenen Welt der internationalen Hochfinanz zu Beginn des 20. Jahrhunderts ragten zwei Giganten über den Rest der internationalen Bankelite heraus, eine englische und eine amerikanische Bank – Lord Nathaniel Rothschilds *N. M. Rothschild & Co.* und Pierpont Morgans *J. P. Morgan & Co.* Sie waren einander keineswegs immer freundlich gesonnen. Ursprünglich arbeiteten beide Häuser eng zusammen, wobei Morgan sehr diskret die Rockefeller-Interessen in den Vereinigten Staaten vertrat. Als sich das erste Jahrzehnt des 20. Jahrhunderts langsam seinem Ende näherte und der Krieg in Europa näherrückte, begann eine unvermeidliche Rivalität zwischen beiden Finanzinstituten, denn nun wurde deutlich, dass die britische Industrie und das Britische Empire vor dem Untergang standen und dass Morgan, der ursprünglich eng mit Rothschild zusammengearbeitet hatte, jetzt sein eigenes unabhängiges Finanzimperium aufbauen wollte.

Mit der Schaffung des Systems, das später *Federal Reserve System* genannt wurde, sollte die Kontrolle der privaten Banken über das Währungs- und Geldsystem durch das Haus *Morgan* und einen kleinen Kreis verbündeter internationaler Banken in New York gewährleistet werden. Dabei ging man außerordentlich vorsichtig und sorgfältig zu Werke. Da direkt nach der Ratifizierung der Verfassung der Vereinigten Staaten die alleinige Macht, »Münzen zu prägen« – d. h. Geld zu schöpfen –, ausdrücklich dem US-Kongress übertragen worden war, hatten private Bankinteressen mehr als 100 Jahre lang erfolglos dafür gekämpft, dass die Öffentlichkeit der Gründung einer nationalen Bank zustimmte.

Die Abneigung der Amerikaner gegen private Zentralbanken

Allein der Begriff »Nationalbank« oder »Zentralbank« bedeutete in den USA am Anfang des 20. Jahrhunderts den Todeskuss für jeden, der so etwas vorschlug. Seit die Verfassung 1787 angenommen worden war, war in den Vereinigten Staaten von Amerika zweimal der Versuch gescheitert, im Verlauf der ersten 120 Jahre ihrer Existenz als Republik eine Zentralbank zu errichten.

Der Plan für Amerikas erste Nationalbank stammte von Alexander Hamilton, dem ersten Finanzminister des Landes. Hamilton hatte 1791 die Errichtung einer *Bank of the United States* vorgeschlagen, die auf dem Modell der im Privatbesitz befindlichen *Bank of England* beruhte. Benjamin Franklin, der mit der *Bank of England* und dem Mindestreservesystem der Banken vertraut war, begriff die Gefahren einer Zentralbank im Privatbesitz, die dafür zuständig war, die nationale Währung in Umlauf zu bringen. Er widersetzte sich deshalb bis zu seinem Tod im Jahr 1791 dem Statut einer Zentralbank. Noch im selben Jahr setzte Hamilton ein Gesetz durch, das die Statuten der *First Bank of the United States* mit Sitz in Philadelphia beinhaltete.[3]

Nathan Rothschild, damals der wichtigste Bankier Londons und der ganzen Welt, investierte große Summen in die *First Bank* der USA.

Hamiltons Nationalbank war keine Bank im Besitz der Bundesregierung der Vereinigten Staaten. Laut ihrem Statut war sie zu 80 Prozent in privatem Besitz, darunter waren auch Londoner Bankiers wie Nathan Rothschild. Da die Londoner City hinter den Kulissen de facto bei der *Bank of the United States* die Fäden zog, konnten die Londoner Bankiers damit beginnen, die Finanzgeschäfte in Amerika unter ihre Kontrolle bringen. Für viele Amerikaner war dies gleichbedeutend mit einer Rekolonialisierung durch die Briten.

Wie Hamilton schrieb, sollte die Bank »eine Nationalbank sein, die nur durch die Verschmelzung des Einflusses und der Interessen der Begüterten mit den Mitteln der Regierung den von ihr benötigten dauerhaften und umfangreichen Kredit erhalten hat«.[4]

Eine derartige Verschmelzung gab es tatsächlich, allerdings lag diese nicht im allgemeinen Interesse des Volkes der Vereinigten Staaten von Amerika.

Die *Bank of the United States* diente dazu, Gelder der US-Regierung und Steuergelder anzulegen sowie Banknoten in Umlauf zu bringen und die Geldmenge in dem Maße zu erhöhen, wie es der Bank sinnvoll erschien. Die Bank hatte ein Stammkapital von zehn Millionen Dollar, wobei 80 Prozent der Bank, wie bereits erwähnt, im Besitz von privaten Investoren waren. Nur 20 Prozent des Aktienkapitals dieser Bank gehörten der Regierung der Vereinigten Staaten. Die Bank wurde verwaltet von einem Präsidenten und einem Aufsichtsrat, dem 25 Personen angehörten. 20 dieser 25 Direktoren wurden von den Aktionären gewählt, die ihrerseits zu 80 Prozent Privatpersonen waren. Nur fünf der 25 Mitglieder des Aufsichtsrates sollten von der Regierung ernannt werden.

Thomas Jefferson widersetzte sich energisch dem Gesetz zur Schaffung einer privat kontrollierten Zentralbank. Trotzdem unterzeichnete Präsident George Washington am 25. Februar 1791 das Gesetz. Washington tat dies auf Anraten Hamiltons, obwohl die US-Verfassung die Kontrolle der Landeswährung in die Hände des Kongresses gelegt hatte und keine Bestimmungen darüber enthielt, dass der Kongress diese Vollmacht delegieren könnte.[5]

Diese ausdrückliche Verfassungsbestimmung war in der Absicht erlassen worden, Amerikas Geldmenge vor dem Zugriff des Finanzsektors zu sichern und sie in der Hand der Institution zu belassen, die Jefferson, der Verfasser der Unabhängigkeitserklärung, als republikanischste der drei Regierungszweige bezeichnet hatte: den gewählten Kongress.

1811 lehnte der US-Kongress die Erneuerung des Statuts der *First Bank of the United States* in beiden Kammern mit einer Mehrheit von jeweils nur einer Stimme ab. Man machte die Bank für den erheblichen Anstieg der Großhandelspreise im Land verantwortlich.

Dass der Kongress der Vereinigten Staaten auf Drängen Präsident James Madisons 1812 England den Krieg erklärte, ist ein bizarres Kapitel in der Geschichte. Zur Finanzierung des Krieges verschuldete sich die US-Regierung in erheblichem Maße. Die Staatsverschuldung stieg innerhalb von nur vier Jahren von 45 Millionen Dollar auf 127 Millionen Dollar – ein Anstieg um beinahe 300 Prozent. In einem wahren Kreditrausch weiteten staatliche Banken im Laufe des Krieges ihre Kreditbasis aus, ohne Rücksicht auf ausreichende Gold- oder Silberreserven. Mit dem Krieg endete auch diese Kreditorgie.

Um die daraus resultierende starke Inflation zu bekämpfen, beschloss der Kongress im Jahre 1816, auf Druck verschiedener Interessengruppen – allen voran der Privatbanken – eine neue Nationalbank zu gründen, die nach dem Beispiel der ersten Bank den Namen *Second Bank of the United States* tragen und ihren Sitz ebenfalls in Philadelphia haben sollte. Ihr Statut sollte eine Laufzeit von 20 Jahren haben und 1836 auslaufen. Auch bei der *Second Bank of the United States* durfte die Regierung nur 20 Prozent der Aktien besitzen, 80 Prozent mussten in Privatbesitz sein. Sie erhielt das Mandat, eine einheitliche Landeswährung in Umlauf zu bringen. Sie konnte den Großteil der Regierungsschulden (d. h. Staatsanleihen) aufkaufen und Einlagen des Finanzministeriums entgegennehmen. Wie bei Hamiltons Vorläuferbank waren dies einmalige Privilegien der im Privatbesitz befindlichen *Second Bank*.

Am 10. Mai 1816, nach fünf Jahren ohne Nationalbank und einem Krieg mit England, unterschrieb Präsident James Madison das Gesetz zur Errichtung der *Second Bank of the United States*. Laut ihrem neuen Statut sollte sie 20 Jahre bestehen; ihr Stammkapital wuchs auf 35 Millionen Dollar an. Außerdem war sie befugt, Filialen einzurichten und Banknoten mit einem Nennwert von mindestens fünf Dollar in Umlauf zu bringen. Die neue Bank hatte jetzt die Macht, die gesamte Steuerstruktur des Landes zu kontrollieren.

Die *Second Bank of the United States* wurde 1819 von John Marshall, Richter am Obersten Gerichtshof, für verfassungsgemäß erklärt. Vorsitzender war ab 1822 Nicholas Biddle, ein wohlhabender Mann aus Philadelphia.

Präsident Andrew Jackson war ein bekannter Held aus dem Krieg von 1812. Er misstraute der Nationalbank in Privatbesitz und fürchtete, sie könnte den internationalen Banken sowie den Investmentbanken in New York und Boston zu viel Macht über die westlichen und südlichen Gebiete der USA geben. Deshalb legte er 1832 ein Veto gegen die Erneuerung des Statuts dieser Bank ein.

Um sicherzustellen, dass die Bank tatsächlich ihre Geschäfte einstellte, wies Jackson seinen Finanzminister an, alle Regierungseinlagen aus der Bank abzuziehen und bei den Banken der Bundesstaaten anzulegen. Dafür rächte sich Biddle an Jackson, indem er 1834 die Geldmenge verringerte und eine Rezession auslöste, mit der er Jackson zwingen wollte, das Statut der privaten Nationalbank zu verlängern. Zu diesem Zweck forderte er, dass alte Kredite umgehend zurückgezahlt werden müssten, und verweigerte die Vergabe neuer Kredite.

Doch Biddle scheiterte mit seinem Erpressungsversuch. Am 8. Januar 1835 zahlte Jackson zum ersten Mal in der Geschichte Amerikas die letzte Rate der Staatsschulden der USA. Das Finanzministerium erwirtschaftete einen Überschuss von 35 Millionen Dollar, die an die Bundesstaaten verteilt wurden.

Bei einem neuerlichen Versuch, eine Verlängerung des Statuts der *Bank of the United States* zu erwirken, inszenierte Nicholas Biddle mit Unterstützung führender Bankiers in London und auf dem europäischen Kontinent die Panik von 1837. In seiner 1888 verfassten Autobiografie schreibt der führende Wall-Street-Bankier Henry Clews, dass »die Panik von 1837 von der *Bank of England* verschlimmert wurde, weil diese an einem einzigen Tag alle Papiere abstieß, die mit den Vereinigten Staaten in Verbindung standen«. Im politischen Beirat der *Bank of England* war damals Nathan M. Rothschild der beherrschende Mann, ein enger Verbündeter des Bankpräsidenten Nicholas Biddle und Großaktionär der *Bank of the United States.*[6]

Die Bankendynastie der Rothschilds in Europa unter Vorsitz von Baron Nathan in London – seine Brüder saßen in Wien, Neapel und Paris – war die mächtigste Finanzgruppe der damaligen Welt. Ihre Macht beruhte auf der absoluten Geheimhaltung der Verbindungen der Familiendynastie, die so weit gingen, dass die Brüder Rothschild und deren Nachfahren jeweils ihre Cousinen ersten Grades heirateten, damit das Vermögen und die Geheimnisse in der Familie blieben.

Nathan Rothschild in London und James de Rothschild in Paris hielten große Aktienanteile an Biddles *Second Bank of the United States.* Nathan Rothschild war zeitweilig sogar der offizielle europäische Bankier für die US-Regierung. Gustavus Myers stellte dazu fest: »Aus den Akten geht hervor, dass sie [die Rothschilds] die eigentliche Macht in der alten *Bank of the United States* ausübten.«[7]

Doch auch mit der manipulierten Panik von 1837 gelang es nicht, die Verlängerung des Statuts durchzusetzen, und die Bank musste aufgeben. Als die Bank, die von Biddle und den Aktionären den neuen Namen *Bank of the United States* in Philadelphia erhalten hatte, im Jahre 1841 endgültig ihre Pforten schließen musste, blieben zwei Londoner Handelsbanken, *Barings Brothers* und *N. M. Rothschild*, auf der Strecke – mit Ansprüchen von 25 Millionen Dollar; das war damals eine ungeheure Summe für zwei Privatbanken, selbst wenn eine davon Rothschild gehörte.[8]

Bei einer Anhörung über den Einfluss angestammter Finanzinteressen auf den amerikanischen Kongress wurde Jackson nicht etwa für seine erfolgreiche Politik gelobt, die Schulden der Vereinigten Staaten abgebaut zu haben, sondern er wurde als erster Präsident der Vereinigten Staaten getadelt. Der Tadel bezog sich darauf, dass er die Einlagen der Regierung ohne ausdrückliche Vollmacht des Kongresses aus der *Bank of the United States* abgezogen hatte.

Der im März 1834 ausgesprochene Tadel wurde 1837 vom Senat allerdings nach längeren Querelen zurückgenommen. 1841 legte Präsident John Tyler, der Zeit seines Lebens ein Freund Jeffersons gewesen war, sein Veto gegen zwei Gesetze ein, die das Statut der *Bank of the United States* verlängert hätten. Wiederholte Versuche der Finanzinteressen, die Kontrolle über das Geld des Landes durch eine von ihnen kontrollierte Zentralbank wiederzugewinnen, scheiterten damals und noch einige Male später – bis 1913.

Eine Rolle für Rothschild im amerikanischen Bankwesen

Mitten in der Finanzpanik von 1837 wurde August Belmont sen. als Vertreter Nathan Rothschilds nach Amerika entsandt, wo er die Investmentbank *August Belmont & Co.* gründete. Nathan Rothschild in London unterstützte ihn stillschweigend. Belmont war so erfolgreich, dass er später Finanzberater des amerikanischen Präsidenten und Vorsitzender der Demokratischen Partei wurde. Rothschild war gezwungen, nicht in seinem eigenen Namen, sondern durch Vertreter zu operieren, da ihm die Niederlage der *Second Bank* zu viel negative Schlagzeilen eingebracht hatte.

Belmonts Sohn August Belmont jun. sollte später zusammen mit J. P. Morgan die Panik von 1893 in Gang setzen, die den Weg für die dritte *Bank of the United States* freimachte, die dann den Namen *Federal Reserve System* erhielt.

Während des Bürgerkrieges in den 1860er-Jahren hatte Abraham Lincoln erklärt: »Die Macht der Geldschöpfung ist gesetzlich geregelt und ausschließlich die nationale Regierung sollte das Monopol besitzen, Geld in Umlauf zu bringen. Eine Regierung, die die Macht besitzt, Geld zu schöpfen und in Umlauf zu setzen sowie Kredit als Geld zu gewähren, und die außerdem sowohl Geld als auch Kredit durch Besteuerung und andere Maßnahmen wieder aus dem Verkehr ziehen kann, braucht kein Geld mit Zinsen zu borgen und sollte dies auch nicht tun, um die Arbeit der Regierung und öffentliche Unternehmungen zu finanzieren.«

Lincoln fuhr fort:»Die Regierung sollte alle Mittel an Geld und Kredit schöpfen, ausgeben und in Umlauf bringen, das nötig ist, um der Ausgabekraft der Regierung und der Kaufkraft der Konsumenten Genüge zu tun. Das Privileg, Geld schöpfen und in Umlauf bringen zu können, ist nicht das höchste Vorrecht einer Regierung, aber es bietet einer Regierung die größte Chance zur politischen Gestaltung. Wenn man diese Prinzipien beachtet, dann wird der lang gehegte Wunsch nach einem einheitlichen Medium erfüllt. Den Steuerzahlern werden enorme Summen an Zinsen, Nachlässen und Wechselgebühren erspart. Die Finanzierung aller öffentlichen Maßnahmen, der Erhalt einer stabilen Regierung und ihrer ordnungsgemäßen Arbeitsweise sowie das Gebaren des Finanzministeriums werden zu Fragen der praktischen Verwaltung. Die Menschen können und werden eine Währung erhalten, die so sicher ist wie ihre eigene Regierung. Das Geld ist nicht mehr Herr, sondern wird zum Diener der Menschheit.«[9]

Lincolns Worte kamen in der Londoner City, wo das mächtige Haus Rothschild und andere Banken den Plan ausgeheckt hatten, einer verzweifelten Lincoln-Regierung Kriegskredite zu Wucherzinsen anzubieten, überhaupt nicht gut an. Tatsächlich spalteten sich unmittelbar nach Lincolns Wahl zum Präsidenten Virginia und sechs weiterer »Baumwollstaaten« im Süden der USA von der Union ab. Lincoln hatte die Wahl gewonnen, weil er sich zum Schutz der (vorwiegend im Norden angesiedelten) Industrie für protektionistische Maßnahmen stark gemacht hatte. Die Abspaltung der Südstaaten war von August Belmont, Lionel Rothschilds persönlichem Vertreter in den Vereinigten Staaten, diskret betrieben worden. Für Belmont, einen einflussreichen Politiker in der oppositionellen Demokratischen Partei, war Lincolns protektionistische Industriepolitik ein Gräuel. Damals waren die Londoner Banken unter Führung des Hauses Rothschild die Hauptkreditgeber des Baumwollhandels der amerikanischen Südstaaten, der damals als Rohstoffquelle für die Textilbetriebe in Manchester unverzichtbar war. Dieses lukrative Geschäft mit den Sklavenhalterstaaten wäre durch protektionistische Maßnahmen und hohe Schutzzölle in den USA abrupt beendet worden.[10]

Abraham Lincoln hatte sehr wohl verstanden, warum die Väter der Verfassung der Vereinigten Staaten dem Kongress und nicht privaten Bankiers das Recht zur Geldschöpfung übertragen hatten. Bereits seit langer Zeit hatte Lincoln die protektionistische Zollpolitik zum Schutz der Industrie des führenden Vertreters der Partei der *Whigs*, Senator

Henry Clay, unterstützt. Außerdem war Lincoln eng mit dem Ökonomen Henry C. Carey befreundet, der nicht nur offen für protektionistische Maßnahmen eintrat, sondern auch ein energischer Anhänger des berühmten deutschen Ökonomen Friedrich List war, einem der Väter der Nationalökonomie.[11]

Anstatt eine neue dritte *Bank of the United States* zu gründen, die wiederum in der Hand von Privatbankiers lag, wie es führende Bankiers in London und New York wollten, überzeugte Lincoln unter Zuhilfenahme der US-Verfassung den Kongress, die Emission zinsfreier Banknoten (»Greenbacks«) in der für die damalige Zeit enormen Höhe von 150 Millionen Dollar zu genehmigen, die laut Verfassung durch die »volle Würdigung und Anerkennung« (*full faith and credit*) der Regierung der Vereinigten Staaten gedeckt waren.

Im Laufe des Bürgerkriegs stieg das Volumen der zirkulierenden Greenbacks auf 450 Millionen Dollar an. Diese Greenbacks konnten zum Zeitpunkt ihrer Emission nicht gegen Gold eingelöst werden. Es handelte sich dabei um *Fiat*-Papiergeldscheine der US-Regierung, die dem Inhaber zwar die Auszahlung in Hartgeld versprach, dies jedoch zu einem nicht genannten Zeitpunkt in der Zukunft des Landes. Der Träger des Geldscheins setzte also in Wirklichkeit auf den künftigen Bestand und Wohlstand der Vereinigten Staaten.

Schon vorher hatte die US-Regierung zinsträchtige Kriegsanleihen und zinsträchtige Noten herausgegeben. Unter Lincoln wurden diese Banknoten offiziell zu gesetzlichen Zahlungsmitteln, die vom Finanzministerium in Umlauf gebracht wurden. Auf diese Banknoten gab es keine Zinsen; vielmehr dienten sie als Gegenwert für »alle öffentlichen und privaten Schulden, mit Ausnahme der Importzölle und Zinsen auf öffentliche Schulden«. Wegen ihres eigentümlichen Aussehens – die Vorderseite war schwarz, die Rückseite grün bedruckt – erhielten sie den Namen »Greenbacks«. Mit diesen Greenbacks konnte Lincoln die Kriegskosten aufbringen, völlig unabhängig von den Bankiers in London und New York, die ungeheuer hohe Zinsen in Höhe von 24 bis 36 Prozent verlangten.[12] Mit der Finanzierung des Krieges durch die Greenbacks erreichte Lincoln, dass sich die Union gegenüber den Privatbankiers nicht in hohe Kriegsschulden verstricken musste.

Damals erklärte Lincoln:»Ich sehe in der nahen Zukunft eine Krise heraufziehen, die mich beunruhigt und die mich für die Sicherheit meines Landes zittern lässt. Unternehmen sind gefördert worden, eine Zeit der Korruption an hoher Stelle wird folgen, und die Geldmacht des

Landes wird bestrebt sein, ihre Herrschaft dadurch zu verlängern, dass sie sich die Vorurteile der Menschen zunutze macht, bis sich der Reichtum des Landes in wenigen Händen angesammelt hat und die Republik zerstört ist.«

Mit den sogenannten »Greenbacks«, die US-Präsident Lincoln als staatliche Papierwährung in Umlauf brachte, konnte die Union den US-Bürgerkrieg unabhängig von den Londoner Banken und deren Partnern in New York finanzieren.

Die einflussreiche Londoner *Times* reagierte verärgert auf Lincolns Greenbacks. In einem Leitartikel, der offensichtlich im Auftrag der Bankiers der Londoner City geschrieben wurde, hieß es:

»*Würde diese boshafte Finanzpolitik, die ihren Ursprung in der Nordamerikanischen Republik hatte, zu einer dauerhaften Einrichtung, dann würde sich diese Regierung kostenlos ihr eigenes Geld zur Verfügung stellen. Sie wird ihre Schulden bezahlen und künftig schuldenfrei sein. Sie wird über das nötige Geld für ihre Wirtschaft und ihren Handel verfügen. Sie wird über einen in der Geschichte der zivilisierten Regierungen dieser Welt nie gekannten Reichtum verfügen. Die besten Köpfe und der Reichtum aller Länder werden nach Nordamerika gehen. Diese Regierung muss zerstört werden, oder sie zerstört jede Monarchie der Erde.*«[13]

Am 14. April 1865 wurde Abraham Lincoln ermordet, kaltblütig erschossen in einem Theater in Washington, nur fünf Tage, nachdem der General der Konföderierten Streitkräfte, Robert E. Lee, sich vor dem Gerichtsgebäude in Appomattox (Virginia) dem Kommandeur der Unionstruppen, General Grant, ergeben hatte. Wie bei der Ermordung John F. Kennedys fast genau ein Jahrhundert später, so beschuldigte man auch hier einen »einsamen Schützen«, John Wilkes Booth. Es gab jedoch nie eine ernsthafte Untersuchung durch den Kongress über eine mögliche Verschwörung und in Bezug auf die Frage, wer hinter diesem Mord gestanden haben könnte.

Obwohl die Wahrheit vielleicht nie wird ermittelt werden können, lassen wichtige Indizien darauf schließen, dass Lincolns Mörder, John Wilkes Booth, vom Schatzmeister der Konföderierten, Judah Benjamin, angeheuert wurde. Benjamin war ein enger Vertrauter des damaligen britischen Premierministers Benjamin Disraeli (1804–1881), eines Intimus' der Londoner Rothschilds. Nach dem Mord an Lincoln floh Judah Benjamin nach London – als einziges Kabinettsmitglied der Konföderation kehrte er nie in die Vereinigten Staaten zurück.[14] Das spricht also dafür, dass Lincoln wegen seiner Geldpolitik ermordet wurde. Lincoln brauchte Geld, um den Bürgerkrieg zu finanzieren. Bankiers in Europa, angeführt von den Rothschilds, boten ihm Kredite zu hohen Zinsen an. Anstatt diese Kredite zu akzeptieren, fand Lincoln andere Wege zur Finanzierung des Bürgerkriegs. Noch wichtiger war jedoch, dass die britischen Bankiers gegen Lincolns Protektionismus waren. Einige Engländer formulierten die Politik der 1860er-Jahre wie folgt:»Britischer Handel sowie Industriemonopol und Sklaverei reisen zusammen.«

Lincolns Politik nach dem Bürgerkrieg hätte den Rohstoffspekulationen der Rothschilds ein Ende gesetzt. Für die Zeit nach dem Krieg hatte Lincoln im Zuge seiner»Reconstruction«eine gemäßigte Politik der Wiedereingliederung geplant, unter der die landwirtschaftliche Produktion wiederaufgenommen werden konnte. Die Rothschilds setzten dagegen auf hohe Preise, die durch eine sehr harte Wiedereingliederungspolitik den Südstaaten gegenüber zustande kommen würden. Für sie war Lincoln eine Bedrohung der etablierten Machtverhältnisse, deshalb wurde er ermordet. Das Ziel war, die Vereinigten Staaten so zu schwächen, dass die Rothschilds und die mit ihnen verbündeten Bankiers die dortige Wirtschaft übernehmen konnten.[15]

1934 erhielt der kanadische Anwalt Gerald G. McGeer Beweismaterial, das nicht in die öffentlichen Protokolle aufgenommen worden war. Das Material war McGeer von Agenten des *Secret Service* beim Prozess gegen Booth nach dessen Tod übergeben worden. Laut McGeer war bewiesen, dass John Wilkes Booth als Söldner für die internationalen Bankiers tätig war. In einer Rede vor dem kanadischen Parlament, die am 2. Mai 1934 in der *Vancouver Sun* veröffentlicht wurde, sagte McGeer:

»Abraham Lincoln, der ermordete Befreier der Sklaven, wurde Opfer der Machenschaften eines Handlangers der Internationalen Bankiers, die die ehrgeizige Politik des Präsidenten der Vereinigten Staaten zur Einführung eines Nationalkredits fürchteten. Damals gab es nur eine

Gruppe auf der Welt, die Grund hatte, sich Lincolns Tod zu wünschen.
Das waren die Männer, denen sein Programm für eine nationale Wäh-
rung nicht passte und die ihn während des Bürgerkriegs wegen seiner
Politik der Greenback-Währung ständig angegriffen hatten.«[16]
Vor diesem Hintergrund ist es aufschlussreich, dass es nach der
Ermordung Lincolns in den USA zu einer harten Auseinandersetzung
darüber kam, die Emission der Greenbacks durch die Regierung auszusetzen und durch eine goldgedeckte Hartgeldwährung zu ersetzen, die es
denjenigen, die Währungsgold besaßen – das waren vornehmlich Londoner und ein kleiner erlesener Kreis verbündeter New Yorker Bankiers –,
ermöglichte, die US-Währung zu kontrollieren; und zwar dadurch, dass
man die Ausgabe der Währung fest an Gold koppelte. Und dieses Gold
befand sich damals vor allem in den Tresoren der *Bank of England.*

Der Kampf um die Wiederaufnahme der Hartwährung (»Specie Resumption«)

Unter dem Druck der Ostküsten-Bankiers, die dafür eintraten, die
Greenbacks durch Gold abzulösen und in Zukunft nur noch goldgedeckte
Noten der US-Regierung in Umlauf zu bringen, verabschiedete der
Kongress 1875 den »Specie Resumption Act«. Senator John Sherman
aus Ohio spielte die wichtigste Rolle dabei, dieses Gesetz, das erklärter-
maßen die Wiederaufnahme der Hartwährung zum Ziel hatte, durch den
Kongress zu bringen. In seinen Memoiren schreibt Henry Stoddard, der
Herausgeber der Zeitung *New York Republican*, Senator Shermans »Be-
ziehungen zur *First National Bank of New York* seien während der
Resumption-Krise so eng gewesen, dass dieses Finanzinstitut gemeinhin
nur ›Fort Sherman‹ genannt wurde.«[17]
Gründer dieser *First National Bank of New York* war George F. Baker,
der später ein auserlesenes Mitglied der verschwiegenen elitären *Pilgrims
Society* (zu Deutsch: Gesellschaft der Pilger) wurde, die 1902 als leiten-
des Forum der entstehenden anglo-amerikanischen Achse an der Wall
Street entstand. Baker wurde später zum engen Verbündeten J. P. Morgans,
der ebenfalls zu den Gründungsmitgliedern der *Pilgrims Society* zählte.
Die Lobby hinter der Kampagne von Baker und Sherman, die
US-Banknoten wieder gegen Hartgeld austauschbar zu machen, bildeten
die Banken in New York, Boston und Philadelphia, die im internationalen
Finanzgeschäft tätig waren, sowie internationale Spediteure und Impor-

teure, die ihre Lieferanten in England und auf dem europäischen Kontinent in Hartgeld bezahlen mussten.

Die Kreise, die später als »amerikanisches Ostküsten-Establishment« bekannt werden sollten, hatten ihren Ursprung in dieser Gruppe einflussreicher Familien, die in internationalen Bankzentren tätig waren. Durch ihre Lobby-Organisationen wie die New Yorker Handelskammer, die Handelskammern von Boston und Philadelphia sowie die Nationale Handelskammer machten sie Druck auf den Kongress.

Die Internationalisten an der Ostküste waren erbitterte Gegner der damals ziemlich mächtigen Landwirtschaftsinteressen im Westen und Süden der USA und eines Großteils der Eisen- und Stahlindustrie sowie der Kleinunternehmer. Der Ökonom Henry C. Carey, der zu einem der Wirtschaftsberater Lincolns avancierte, vertrat die Eisen- und Stahlproduzenten des Landes, die befürchteten, mit der Wiedereinführung des Hartgelds würden die Zinsen steigen, was die Konkurrenzfähigkeit der amerikanischen Eisen- und Stahlproduzenten gegenüber den billigeren Importen aus England mindern würde.

Carey schrieb, die »Industriestaaten« New York und Massachusetts sowie die Staaten mit Häfen an der Ostküste hätten »ein in der Welt beispielloses Machtmonopol des Geldes aufgebaut«. Er wies darauf hin, dass die Zinsraten in den Staaten Neuenglands und in New York zwar niedrig waren, dass die Fabrikanten und Farmer in den anderen Bundesstaaten jedoch zehn bis 30 Prozent für ihr Geld bezahlen mussten.[18]

Der »Specie Resumption Act« war hoch umstritten und wurde von den Farmern und Unternehmern kleiner Produktionsbetriebe erbittert bekämpft, weil diese eine deutliche Deflation der Wirtschaft und eine Verknappung der Geldmenge befürchteten. Diese Produzenten beklagten richtigerweise, dass die Bankiers in Neuengland und New York von diesem Gesetz am meisten profitierten, weil der Löwenanteil des Währungsgoldes der Nation in den Händen dieser Bankiers lag und die Landeswährung zugunsten dieser Bankinteressen und auf Kosten der restlichen Amerikaner ungleich verteilt war.

1875 setzte ein Syndikat internationaler Banken aus New York und London dieses Gesetz, den »Specie Resumption Act«, durch. Zu diesem internationalen Bankensyndikat gehörten die Finanzhäuser *August Belmont & Co.* als Vertreter der Londoner Bankiers *N. M. Rothschild & Sons*; *J. and W. Seligman & Co.* in Vertretung von *Seligman Brothers*; *Drexel, Morgan & Co.*, dessen Partner J. P. Morgan war, der das Londoner Bankhaus *Junius S. Morgan & Co.* repräsentierte, die Bank von

J. P. Morgans Vater. Weiter gehörten zu diesem Syndikat *Morton, Bliss & Co.* als Vertreter von *Morton, Rose & Co.* und schließlich die einzige New Yorker Bank in diesem Syndikat, George F. Bakers *First National Bank of New York*, die Vorläuferin der *Citigroup*.[19]

Gemäß dem »Specie Resumption Act« konnten ab dem 1. Januar 1879 alle zirkulierenden Greenbacks gegen Goldmünzen eingetauscht werden. Der »Resumption Act« war ein wichtiger Schritt auf dem Weg, die amerikanische Wirtschaft der Kontrolle der internationalen Bankiers in London und New York zu unterwerfen, denn diese kontrollierten den Löwenanteil des Währungsgoldes, das sich in privater Hand befand. Doch langfristig führten sie noch viel mehr im Schilde – sie wollten die gesamte Geldzirkulation in den Vereinigten Staaten von Amerika unter ihre Kontrolle bringen.[20]

Um dieses Ziel zu erreichen, wurde 1908 die Aldrich-Kommission zur Währungsreform aus der Taufe gehoben – nachdem der Money Trust die Panik von 1907 inszeniert hatte.

Ein Geheimtreffen auf einer Insel in Georgia

Die Gruppe internationaler Bankiers, die den Entwurf für das nachmalige *Federal-Reserve*-Gesetz von 1913 geschrieben hatte, musste zwangsweise unter strengster Geheimhaltung und mit Täuschungsmanövern operieren. Im November 1910 machten sich der republikanische Senator Nelson Aldrich, den Präsident Theodore Roosevelt nach der von Morgan und Rockefeller inszenierten Panik von 1907 zum Vorsitzenden einer Nationalen Währungskommission ernannt hatte, und einige der führenden Finanziers der USA in einem exklusiven Eisenbahnwaggon auf die Reise. Ihr Ziel: J. P. Morgans Landsitz auf der Insel Jekyll Island vor der Küste des Bundesstaates Georgia.[21] Für den Fall, dass ein neugieriger Reporter die Versammlung der einflussreichsten Bankiers des Landes aufspüren sollte, hatten sie die Ausrede parat, sie seien auf der Entenjagd. Welche Enten sie erlegen wollten, sagten sie freilich nicht.

Neben Aldrich gehörte auch Frank Vanderlip zu dieser verschwiegenen Gruppe. Er war Präsident der *National City Bank of New York*, der Hausbank von John D. Rockefeller, zu deren Großaktionären seit einer großen Auseinandersetzung auch J. P. Morgan und Jakob Schiffs Bankhaus *Kuhn Loeb* zählten. Auch Henry P. Davidson, Seniorpartner von *J. P. Morgan & Co.*, war dabei. Außerdem noch Charles D. Norton, Präsident der von Morgan kontrollierten *First National Bank of New York*, und Benjamin Strong, Vizepräsident des von Morgan kontrollierten *Bankers Trust* in New York, ebenfalls ein enger Vertrauter Morgans. Auch Paul Warburg, ein Einwanderer aus Deutschland, der Seniorpartner des New Yorker Bankhauses *Kuhn Loeb & Co.* geworden war, und A. Piatt Andrew, der damalige US-Finanzstaatssekretär, waren mit von der Partie.

In dem J. P. Morgan gehörende Club-Hotel auf Jekyll Island fand das Geheimtreffen der Bankiers statt, auf dem der »Federal Reserve Act« von 1913 formuliert wurde, der die USA in die Lage versetzte, den Ersten Weltkrieg zu finanzieren.

Die mächtige Rockefeller-Fraktion hatte zwei einflussreiche Vertreter zu dem Treffen auf Jekyll Island entsandt. Einer war eher ein indirekter Vertreter, nämlich Paul Warburg von *Kuhn Loeb & Co.*, nach *J. P. Morgan & Co.* die zweitmächtigste private Investmentbank der USA. *Kuhn Loeb* war damals dank der Umsicht seines Investmentberaters Frederick T. Gates das führende Investmenthaus für John D. Rockefeller und außerdem die Hausbank E. H. Harrimans von der Eisenbahngesellschaft *Union Pacific*.[22] Der zweite Vertreter der Rockefeller-Fraktion auf Jekyll Island war der Präsident der *National City Bank*, Frank Vanderlip.

Die Gruppe auf Jekyll Island einigte sich auf einen von Warburg vorgelegten Plan, aber die Gruppe wurde eindeutig von Morgan-Interessen beherrscht, da drei der fünf führenden Bankiers aus New York direkte Verbindungen zur Bankengruppe der Morgans unterhielten. Es überrascht daher nicht, dass Morgan auch 1914 bei der Ernennung seines Verbündeten Benjamin Strong zum ersten Vorsitzenden der außerordentlich wichtigen *Federal Reserve Bank of New York* das Sagen hatte.

Demokraten untersuchen den Money Trust

Im Jahre 1912, wenige Monate nach dem Geheimtreffen auf Jekyll Island, veranstaltete der Banken- und Währungsausschuss des US-Repräsentantenhauses, der nach seinem Vorsitzenden, dem Demokraten Arsene Pujo aus Louisiana, als »Pujo-Kommission« bezeichnet wurde, eine Anhörung über den Einfluss der Wall Street. Auslöser dieser Anhörung war eine von dem Abgeordneten Charles Lindberg sen. eingebrachte Resolution. Das Mandat der Pujo-Kommission bestand angeblich darin, die Lage der Banken und der Währung in den USA zu untersuchen.

Die Kommission lud offiziell vier Vertreter der Banken ein, vor diesem Kongressausschuss auszusagen, und zwar: J. P. Morgan, den Mitbegründer der *First National City Bank*, George F. Baker, James J. Hill und William Rockefeller. William Rockefeller, Bruder John D. Rockefellers vom *Standard Oil Trust* und zusammen mit Baker Mitbegründer der *National City Bank*, verbarg sich in seinem Anwesen in New York und weigerte sich sogar, das Vorladungsschreiben in Empfang zu nehmen. Schließlich behauptete er gar, wegen angeblicher »Halsprobleme« nicht aussagen zu können. Morgan und die anderen Mitglieder des Money Trusts erschienen, weigerten sich aber, irgendetwas Wesentliches von sich zu geben.

Obwohl die Banker nicht kooperierten, kam die Kommission bei ihrer Untersuchung zu dem Schluss, eine Kabale von führenden Finanziers missbrauche das Vertrauen der Öffentlichkeit, um sich die Kontrolle über Amerikas Schlüsselindustrien zu verschaffen. Es bestätigte sich, dass es in der Tat eine zunehmende Konzentration der Kontrolle über Geld und Kredit im Lande gab. Diese sei erreicht worden durch die Konsolidierung der Banken in den Händen einiger weniger Eigentümer sowie dadurch, dass die Banken handverlesene Verbündete in die Vorstände von Industriekonzernen oder Kartellen gehievt hätten, die sie finanziert hatten und an denen sie große Aktienanteile besaßen.

Wie der Ausschuss dokumentierte, hatte der Money Trust, geführt von seinen sechs großen Bankhäusern, die wichtigsten Stahlunternehmen, Eisenbahngesellschaften, öffentlichen Versorgungsbetriebe, Öl- und Raffineriebetriebe sowie andere wichtige Industriebereiche unter seine Kontrolle gebracht. Die Konzentration wurde vervollständigt durch die Kontrolle wichtiger Medien in den ganzen USA, die Propaganda verbreiteten, die den Interessen der Morgan-Gruppe, dem Money Trust, genehm war. Es existierte ein System ineinandergreifender Vorstände, die im Kern von sechs privaten Bankhäusern kontrolliert wurden, die der Ausschuss namentlich benannte.

In dem Bericht des Ausschusses wurde beschrieben, dass im Jahre 1913 die private Investmentbank *J. P. Morgan & Co.* an der Spitze dieser großen Pyramide wirtschaftlicher, politischer und finanzieller Macht über die Vereinigten Staaten stand. In Pujos Bericht wurde dokumentiert, dass Morgan durch seine Beteiligungen und seine Vertreter in den Unternehmensvorständen eine beherrschende Position in den größten Unternehmen des Landes einnahm, darunter: *United States Steel Corporation*, *American Telephone & Telegraph*, *Western Union*, *General Electric Company*, *International Harvester*, *Bankers Trust & Co.* und *Guaranty Trust Co.*, die *National City Bank of New York* sowie die Eisenbahngesellschaften *New York Central*, *Northern Pacific*, *Great Northern und Baltimore & Ohio*. Insgesamt listete der Pujo-Bericht 112 solcher Unternehmen auf, die im Jahre 1913 de facto von der J.-P.-Morgan-Gruppe kontrolliert wurden.

In dem Bericht wurde dokumentiert, dass Morgan als Partner des Londoner Bankhauses *J. S. Morgan & Co.*, dem späteren *Morgan Grenfell*, über ausgedehnte Auslandskontakte verfügte. Das Gleiche galt für seine Verbindungen zum Bankhaus *Morgan, Harjes & Co.* in Paris. Morgan wurde als Zeuge aufgerufen, aber er weigerte sich, irgendetwas

Wesentliches zu sagen. Er hielt sich für eine Macht, die über den Dingen stand und nicht den niederen Gesetzen oder Forderungen einer republikanischen Regierung unterworfen war.

Die Untersuchungen der Pujo-Kommission hatten auch ergeben, dass nach *J. P. Morgan & Co.* die *First National Bank of New York*, an der Morgan ebenfalls beteiligt war, über den größten Einfluss verfügte. Dahinter kam die von John D. Rockerfellers Bruder William gegründete *National City Bank of New York*, an der die Rockefeller-Gruppe und Morgan gleich stark beteiligt waren. Im Pujo-Bericht wurden auch die Privatbank *Kuhn Loeb & Co.* sowie zwei weitere Privatbanken zur Ersten Liga gezählt – *Kidder Peabody & Co.* aus New York und *Lee Higginson & Co.* aus Boston.

Diese sechs Finanzinstitute kontrollierten praktisch das Wirtschaftsleben in den Vereinigten Staaten zu der Zeit, als das *Federal Reserve System* gegründet wurde. Vier der im Pujo-Bericht zum sogenannten Money Trust gezählten Unternehmen, nämlich *J. P. Morgan & Co.*, *First National City Bank*, *First National Bank of New York* und der von Morgan kontrollierte *Bankers' Guaranty Trust*, kontrollierten durch Vorstandsposten oder Beteiligungen Unternehmen im damals ungeheuren Wert von 22 Milliarden Dollar.

Die Enthüllungen der Pujo-Kommission waren aber alles andere als ein ernst gemeinter oder gar ernsthafter Versuch, die Macht des Money Trusts herauszufordern, wozu der Kongress aufgrund der Verfassung sehr wohl in der Lage gewesen wäre. Das Ganze war vielmehr ein wohlkalkuliertes, von den Bankiers des Money Trusts unterstütztes Manöver mit dem Ziel, der demokratischen Mehrheit des neu gewählten Kongresses in den Augen der Bevölkerung die entsprechende Glaubwürdigkeit dafür zu verschaffen, den von den Demokraten eingebrachten Gesetzesvorschlag für die Errichtung einer Nationalbank, den »Owen-Glass Federal Reserve Act of 1913«, durchzubringen.

Die zentralen Punkte dieses Owen-Glass-Gesetzes wurden teilweise von dem demokratischen Anwalt Samuel Untermyer verfasst, der schon als Leiter der Untersuchungen der Pujo-Kommission fungiert hatte. Ganz im Gegensatz zu Lindbergh verfolgte der Money Trust mit der Pujo-Untersuchung ein wohlkalkuliertes Täuschungsmanöver: Man wollte sich die angestrebte Kontrolle über das Bankwesen von einem demokratischen Kongress absegnen lassen. Der Aldrich-Plan der Republikaner wurde in der von Morgan kontrollierten Presse niedergemacht, der »Owen-Glass Federal Reserve Act« hingegen als faire demokratische

Alternative gepriesen, als Weg, die Vorherrschaft des New Yorker Money Trusts in Schach zu halten.[23]
In Wirklichkeit war es genau umgekehrt.

Die öffentliche Aufmerksamkeit, die die Anhörungen der Pujo-Kommission begleitete, gab dem Money Trust grünes Licht dafür, noch in demselben Jahr seinen bisher dreistesten Coup zu landen – die Verabschiedung des »Federal Reserve Acts«, mit dem sich der Trust die Kontrolle über das Geld des Landes verschaffte. Die im Pujo-Bericht aufgeführten mächtigen New Yorker Banken trafen sich insgeheim und entwarfen den Gesetzestext, der im weiteren Verlauf des Jahres als »Federal Reserve Act« verabschiedet werden sollte. Es ist daher überhaupt keine Überraschung, dass dieses von ihnen durchgepeitschte Gesetz einzig und allein ihren Interessen diente.

Der Warburg-Plan

1916, als der »Federal Reserve Act« bereits Wirklichkeit geworden war, schrieb B. C. Forbes, der Gründer der gleichnamigen Finanzzeitschrift, über das Geheimtreffen auf Jekyll Island: »Ich liefere der Weltöffentlichkeit erstmalig die wahre Geschichte darüber, wie der berühmte Währungsbericht von Aldrich, der die Grundlage unseres neuen Währungssystems bildet, geschrieben worden ist … Allen Beteiligten wurde strikte Geheimhaltung auferlegt. Die Öffentlichkeit durfte nicht den kleinsten Hinweis darauf erhalten, was hier geschah.«

Forbes nannte nur die Vornamen, als er fortfuhr: »Nelson (Aldrich – W. E.) hatte Henry, Frank, Paul und Piatt anvertraut, dass er sie alle auf Jekyll Island einsperren würde, verborgen vor der übrigen Welt, bis sie ein wissenschaftlich fundiertes Währungssystem für die Vereinigten Staaten entwickelt und formuliert hatten, die eigentliche Geburtsstunde des heutigen *Federal-Reserve*-Systems, der auf Jekyll Island entworfene Plan … Warburg ist die Verbindung zwischen Aldrichs System und dem gegenwärtigen (*Federal Reserve* – W. E.). Mehr als jeder andere Mensch hat er das Funktionieren des Systems möglich gemacht.«[24]

Ironischerweise war der Mann, der eine solch entscheidende Rolle bei der Formulierung des Modells für die *Federal Reserve* spielte, nämlich Paul Warburg, ein Deutscher. Im weiteren Verlauf wurde Warburg 1914 zum Mitglied des ersten Vorstands der *Federal Reserve* und später zu ihrem Vizepräsidenten ernannt. Diesen Posten hatte er bis 1918 inne.

Die Ironie liegt nicht darin, dass Paul Warburg Deutscher war, sondern vielmehr darin, dass seine *Federal Reserve* zu dem Finanzinstrument wurde, das 1918 die Niederlage des deutschen Kaiserreichs besiegelte.

Es war eine doppelte Ironie, denn Paul Warburgs Bruder Max spielte als Chef einer der mächtigsten deutschen Privatbanken, des Hamburger Bankhauses M. M. Warburg & Co., eine wichtige Rolle bei der Finanzierung des Krieges auf deutscher Seite.[25] Es war ebenso bemerkenswert, dass Sir William Wiseman, während des Ersten Weltkriegs Chef des britischen Geheimdienstes in Washington, nach dem Krieg Partner in Paul Warburgs früherer Bank *Kuhn Loeb* werden sollte. Merkwürdige Bettgenossen gab es nicht nur in der Politik.

Bei dem Geheimtreffen auf Jekyll Island im Jahre 1910 hatte Paul Warburg von *Kuhn Loeb* ein Täuschungsmanöver vorgeschlagen, mit dem das Gesetz für die neue Bank durch den Kongress gebracht werden sollte. Sie solle bewusst nicht National- oder Zentralbank heißen, sondern den weniger verfänglichen Namen »*federal reserve bank association*« (etwa: *Federal-Reserve*-Bankenverband) tragen. Das Argument lautete, anders als die *Bank of England* oder andere europäische Zentralbanken sei das neue Bankenmodell der Vereinigten Staaten dezentralisiert und garantiere eine größtmögliche Banken- und Währungskontrolle auf regionaler Ebene.

Der beherrschende Einfluss New Yorks, des größten Bank- und Finanzzentrums des Landes, sollte dadurch verschleiert werden, dass man zwölf unabhängige Regionalbanken schuf, von San Francisco über Kansas City, Minneapolis und Atlanta bis hin zu Boston und New York. Jede dieser zwölf Regionalbanken sollte im Privatbesitz der mächtigsten Banken oder Unternehmen in der jeweiligen Region sein. Wie Leslie Shaw, ein Bankier aus Philadelphia, bei einer Kongressanhörung über den Aldrich-Plan 1913 versicherte, sei damit sichergestellt, »dass man bei einer Organisation vor Ort trotzdem eine zentrale Kontrolle gewährleistet … Wenn man die Banken miteinander verbindet, können sie den größten Einfluss auf alle Dinge in diesem Land ausüben, die Zeitungen einmal ausgenommen.«[26]

Die Zeitschrift *The Nation* berichtete in ihrer Ausgabe vom 11. Januar 1911 über den Plan für eine Zentralbank, den Aldrich und Warburg auf Jekyll Island geschmiedet hatten: »Man vermeidet sorgsam den Namen Zentralbank, aber der ›*Federal-Reserve*-Verband‹, wie die geplante Zentralorganisation heißen soll, verfügt über dieselben Vollmachten und Pflichten wie eine Zentralbank in Europa.«[27]

Nach Warburgs Plan sollten die Aktien der zwölf Mitgliedsbanken im *Federal-Reserve*-Verband, wie er ihn nannte, im Besitz privater Aktionäre sein. Diese privaten Aktionäre konnten wiederum den Kredit der amerikanischen Regierung für ihre eigenen privaten Gewinne nutzen. Die Bank würde die Kontrolle über Geld und Kredit des Landes ausüben, sie würde Geld in Umlauf bringen, was so viel heißt, dass sie Währungsmittel oder Geld nach Belieben schöpfen könnte. Und diese Bank würde auch die Regierung finanzieren, indem sie ihr in Kriegszeiten die nötigen Kredite zur Verfügung stellen würde. Später gab Senator Aldrich in einem Zeitungsartikel zu:»Vor der Verabschiedung dieses Gesetzes konnten die New Yorker Bankiers nur die Reserven in New York kontrollieren. Jetzt haben wir die Bankreserven des ganzen Landes unter Kontrolle.«

Warburg, der als Einziger der Teilnehmer des Treffens auf Jekyll Island über direkte Erfahrungen mit der Funktionsweise der verschiedenen Zentralbanken in Europa verfügte, richtete seine Reservebank an dem Modell der privaten *Bank of England* aus.

Im Beitrag der *Encyclopedia Americana* von 1943 heißt es über die *Bank of England*:»Ihre Schwäche ist die, die einem System innewohnt, das nur in sehr geringem Maße gesetzlicher Kontrolle unterliegt ..., das Kapital ist in privater Hand und das Direktorium steht weder unter direkter noch indirekter staatlicher Kontrolle.«

In der Beschreibung wird dann auf ein wichtiges Element sowohl der *Bank of England* als auch der ihrer Nachfolgerin, der *Federal Reserve*, hingewiesen:»Andererseits stand sie im Verlauf ihrer gesamten Geschichte mehr oder weniger unter dem Schutz des Staates; ihre Entwicklung war dadurch gekennzeichnet, dass sie wiederholt ihr Kapital an den Staat auslieh als Gegenleistung für die Gewährung oder Ausweitung ihrer Privilegien ... Der *Bank of England* stehen ein Gouverneur, ein Vizegouverneur und ein Präsidium von 24 Direktoren vor, die von den Eigentümern (d. h. von den privaten Aktionären – W. E.) auf Vorschlag der Direktoren gewählt werden ...«[28]

Die *Bank of England* hatte 1694 von William III. das königliche Privileg erhalten, die Finanzen der Monarchie zu regulieren. Ein schottischer Förderer und Privatier namens William Paterson hatte den Plan ausgeheckt, eine Bank mit einem»Fonds für immerwährende Zinsen«zu schaffen. Eine ewig sprudelnde Geldmaschine für die britische Regierung war geboren und mit ihr die ewig währende Staatsverschuldung. Fortan sollte die *Bank of England* von der Londoner City aus das entstehende Weltreich finanzieren. Nie wieder sollten Geldmangel oder mangelnde Liquidität unter normalen wirtschaftlichen Bedingungen das Britische Empire einschränken. Mit dem Modell der Bank von Amsterdam wurde das Mindestreservebankwesen geschaffen. Außerdem entwickelte sich die radikal-monetaristische Vorstellung einer »Monopol«-Bank, die Geld für Kredite schöpfte, die nie zurückgezahlt werden sollten.[29]

Das schmutzige Geheimnis des Mindestreservebankwesens

Eine Mindestreserve wurde erstmals Mitte des 17. Jahrhunderts bei der Bank von Amsterdam eingeführt. Das Ganze geschah unter strengster Geheimhaltung – aus Furcht vor einer Panik der Anleger, zu der es schließlich auch kam.

Die Bank von Amsterdam war 1609 unter dem Schutz der Stadt Amsterdam zu einem ganz bestimmten Zweck gegründet worden. Da Gold- und Silbermünzen in großen Mengen nur schwer transportiert werden konnten und weil sich die Kaufleute vor Räubern fürchteten, schufen sie diese Bank, die sowohl in- als auch ausländische Münzen zum realen Eigenwert akzeptierte. Die Bank behielt eine geringe Münzprägungs- und Verwaltungsgebühr ein und schrieb den Rest ihren Kunden in ihren Büchern gut. Dieser Kredit wurde als Bankgeld bezeichnet. Da dieses Bankgeld immer dem Standard der Münzen entsprach und sein Wert sich nicht änderte, war das Bankgeld sogar mehr wert als Münzen, die sich mit der Zeit abnützten und deren Gold- oder Silbergehalt sogar schwand. Gleichzeitig führte man eine Verordnung ein, wonach alle in Amsterdam ausgestellten Rechnungen über Beträge von mehr als 600 Gulden in Bankgeld bezahlt werden mussten. Durch diese Verordnung wurden jegliche Unsicherheiten bei Bankrechnungen beseitigt. Außerdem mussten alle Kaufleute ein Konto bei dieser Bank führen. Dadurch entstand eine Nachfrage nach dem Bankgeld der Bank von Amsterdam.

Doch schon bald begriffen die Bankiers in Amsterdam, dass jeweils nur ein kleiner Teil ihrer Einlagen abgehoben wurden, und so machten sie sich stillschweigend daran, ihre erforderlichen durchschnittlichen Mindesteinlagen zu ermitteln, den Rest der Einlagen zu verleihen und damit Geld zu verdienen. Ursprünglich verliehen sie nur einen geringen Teil ihrer Einlagen; als das aber scheinbar gut funktionierte, erhöhten sie den Anteil auf über 50 Prozent. Hätte die Öffentlichkeit erfahren, dass nur 50 Prozent ihres Goldes sicher im Tresor der Bank lagerten, wäre es zu einer Panik gekommen – was dann 1791 auch tatsächlich geschah und das Ende dieser Bank besiegelte.

Der Missbrauch des Vertrauens der Anleger war möglich, weil die Bank keine öffentliche Rechenschaft ablegen musste. Das war der Beginn des modernen Bankwesens, wonach bei einem Mindestreservesystem der Wert einer Bank oder eines ganzen Bankensystems auf einem Wert beruht, den man nicht mit Händen greifen kann – dem Vertrauen der Anleger. Das Mindestreservesystem veranlasst die Banken, so lange den maximal möglichen Betrag zu maximalem Profit zu verleihen, bis das Überangebot bei den Krediten den Markt einbrechen lässt. Da die Bank Geld verleiht, das ihr selbst gar nicht gehört, führt der Kreditmechanismus dazu, dass Geld einfach per Buchführung ex nihilo – aus dem Nichts – geschöpft wird.

Aus diesem Grunde kam es in dem Jahrhundert vor der Errichtung des *Federal-Reserve*-Systems immer wieder zu inszenierten Bankenpaniken. Morgan und die Elitebankiers in seinem Umfeld wollten eine Zentralbank, die von ihnen auserwählte Männer auf Dauer kontrollierten; eine Institution, die wie eine Oberaufsicht über das Kreditsystem wirkte bzw. wie eine zentrale Polizei, die im Interesse des gesamten Bankensystems die einzelnen Banken auf Linie hielt und die Höhe der Bankreserven für die Mindestreserven-Kreditvergabe je nach Bedarf erhöhte oder senkte. Diese Macht, die den Banken des New Yorker Money Trust quasi ein Monopol über die staatliche Kreditvergabe verlieh, sollte sich als verhängnisvoll erweisen.

Republikanische Bankiers kaufen sich einen Demokraten für ihren Putsch

1910 hatten J. P. Morgan und der Money Trust beschlossen, ab jetzt ihre eigene Version des Spiels mit dem Vertrauen der Anleger, in dem die private Bank von Amsterdam zeitweise so erfolgreich gewesen war, durchzuziehen. Doch dieses Mal sollte nicht die Stadt Amsterdam die Garantie übernehmen, sondern die »volle Würdigung und Anerkennung« (*full faith and credit*) der Bundesregierung der Vereinigten Staaten von Amerika.

Da man dem Money Trust im Lande und im Kongress – dabei sind vor allem Demokraten wie Charles Lindbergh und progressive Republikaner wie Robert La Follette zu nennen – nicht gerade viel Vertrauen entgegenbrachte, mussten Täuschungsmanöver herhalten, um Warburgs Zentralbankpläne durchsetzen zu können. Die Bankiers lancierten deshalb eine Scheinattacke gegen Senator Aldrichs Nationale Währungskommission und den von ihr vorgelegten Aldrich-Plan. Im Kongress veranstaltete Carter Glass aus Virginia eine Anhörung, bei der die Arbeit der Aldrich-Kommission als Verschwendung öffentlicher Gelder kritisiert wurde; angeblich verlagere der Aldrich-Plan »die Kontrolle der Wähler in die Großbanken«[30].

Während der Abgeordnete Glass den Aldrich-Plan heuchlerisch als »Zentralbankplan« brandmarkte, erfüllte sein eigener Gesetzesvorschlag für einen »Federal Reserve Act« genau den Zweck einer solchen Zentralbank unter der privaten Kontrolle des Money Trusts, wie sie Warburg 1910 bei dem Treffen auf Jekyll Island entworfen hatte. Glass' Gesetz war nur eine kosmetisch veränderte Version des Aldrich-Plans und kam im Schafspelz einer Alternative der Demokraten daher. Das war kein Wunder, denn Paul Warburg war damit beauftragt worden, den Text des »alternativen« Gesetzes für Glass und das Weiße Haus, damals unter Präsident Woodrow Wilson, zu verfassen. Warburgs Verbindungsmann zu Präsident Wilson war dessen Vertrauter Oberst Edward M. House.[31]

Das Bankkapital sollte privaten Aktionären gehören, die dann den *full faith and credit* der Regierung der Vereinigten Staaten zu ihren eigenen Gunsten nutzen konnten. Die von Glass vorgeschlagene *Federal Reserve* würde das Geld und den Kredit des Landes kontrollieren – ein direkter Verstoß gegen Artikel eins der Verfassung der Vereinigten Staaten, der diese Befugnisse ausdrücklich dem republikanischsten aller Regierungsorgane, dem US-Kongress, übertragen hatte. Darüber hinaus sollte die *Federal Reserve* nach Glass' Vorschlag eine »Notenbank« sein, die in der Lage war, Geld »aus dem Nichts« zu schöpfen und die Regierung »in Kriegszeiten« zu finanzieren. Praktisch überließ das *Federal Reserve System* damit das Recht zum Gelddrucken einem nun legalisierten Kartell von Privatbanken, die ihrerseits mit den Banken der Londoner City verbunden waren, insbesondere mit *N. M. Rothschild & Co.*, durch deren Vertreter *Kuhn Loeb* und J. P. Morgan.[32]

Kurz: Das Gesetz von Carter Glass verschaffte der Kabale privater Bankiers, damals angeführt vom Hause Morgan, das Monopol, Banknoten in Umlauf zu bringen, die dann als gesetzliches Zahlungsmittel in der Wirtschaft, also als Geld, dienten. Bezeichnenderweise wurde der »Owen-Glass Federal Reserve Act« von 1913 auch vom Amerikanischen Bankenverband wärmstens unterstützt, was in der Presse natürlich sorgsam heruntergespielt wurde.

1910 verloren die Republikaner die Mehrheit im US-Repräsentantenhaus und bei den Wahlen von 1912, als die Demokraten das Weiße Haus eroberten, auch im Senat. Die Wahl Woodrow Wilsons im Jahre 1912 war das Werk einer kleinen Gruppe einflussreicher Männer, die eine Spaltung in der Republikanischen Partei herbeiführten – sie finanzierten eine dritte Partei, die Progressive Partei, die nach ihrem Präsidentschaftskandidaten, dem ehemaligen Republikanischen Präsidenten Theodore Roosevelt, bald den Spitznamen *Bull Moose* erhielt.[33]

Das Geld der Morgans und Rockefellers brachte 1912 den »Reform«-Demokraten Woodrow Wilson ins Weiße Haus. Seit seiner Zeit als Präsident der Eliteuniversität *Princeton* im Jahr 1898 war Wilson von einflussreichen Bankiers gefördert worden, die der »Princetonianer« Cleveland Dodge vom Kupferkonzern *Phelps Dodge* anführte, der gleichzeitig auch im Vorstand der *National City Bank* von Morgan und Rockefeller saß. Wilson stand mit Dodge auf so gutem Fuße, dass er seine Briefe an ihn mit der Anrede »Lieber Cleve« begann.[34]

Als die Morgan-Gruppe zu der Erkenntnis gelangte, dass Wilson möglicherweise eher ein im wesentlich republikanisch orientiertes Nationalbankgesetz unterzeichnen würde als ein Präsident der Republikaner, lancierten sie eine landesweite Medienkampagne, bei der Wilson, damals Gouverneur des Bundesstaates New Jersey, als »liberaler Reformkandidat« gepriesen wurde. Wilsons Nominierung wurde im Wesentlichen mit Geldern gekauft, die drei Männer organisiert hatten: Dodge von der *National City Bank*, der mit Morgan verbündete Cyrus McCormack von *International Harvester Co.* und Jacob Schiff, Seniorpartner von Paul Warburgs Investmentbank *Kuhn Loeb*.[35] Wilson war der Mann, den sich die Verschwörer von Jekyll Island ausgesucht hatten und den sie bezahlten.

Er sollte seine Förderer nicht enttäuschen.

Am 23. Dezember 1913, einen Tag vor Heiligabend, wurde der »Federal Reserve Act«, auch als Glass-Owen-Gesetz bekannt, ohne nennenswerte Debatte vom Kongress gebilligt. Der Senat, in dem die Republikaner die Mehrheit hatten, verabschiedete das Gesetz, als viele Mitglieder des Kongresses bereits zu Hause in den Weihnachtsferien waren. Nur eine Stunde nachdem das Gesetz den Kongress passiert hatte, wurde es vom Demokratischen Präsidenten Woodrow Wilson unterschrieben und trat in Kraft.

Das *Federal Reserve System* war wie eine unabhängige Zentralbank aufgebaut. Zwar ernannte der Präsident der Vereinigten Staaten den Vorsitzenden und die Gouverneure des *Federal Reserve System*, und diese Ernennung musste vom Kongress bestätigt werden, aber die eigentliche Macht des Systems übten die Präsidenten der zwölf privaten regionalen Reservebanken aus. Unangefochten die Nummer eins, der Primus inter pares unter diesen Zwölfen, war der Präsident der New Yorker *Federal-Reserve*-Bank. Die Entscheidungen der *Federal Reserve* brauchten nicht vom US-Präsidenten, einem anderen Vertreter der Exekutive der Vereinigten Staaten oder vom Kongress ratifiziert zu werden. Gemäß den Klauseln des Gesetzestextes lag die totale Macht über die Geldpolitik aller US-Banken bei der *Federal Reserve*.

Aktien, die nicht von den Mitgliedsbanken der *Fed* gehalten wurden, besaßen kein Stimmrecht. Mit dieser Klausel wurde garantiert, dass kein Außenseiter versuchen würde, Aktien der *Federal Reserve* zu kaufen. Das System war ein geschlossener Club von Insidern oder Old Boys, kontrolliert vom Money Trust.[36]

Einige Monate nach Verabschiedung des »Federal Reserve Act« von 1913 stattete der neu ernannte Präsident der New Yorker *Federal-Reserve*-Bank, der Morgan-Vertreter Benjamin Strong, zusammen mit dem Direktor der *Federal Reserve* und Autor des Gesetzes, Paul Warburg, dem Weißen Haus und dem Kongress einen Besuch ab und warb dort erfolgreich für eine Änderung des ursprünglichen Gesetzes. Mit dieser Gesetzesänderung erhielt die neu errichtete Zentralbank die Macht, Geld entweder zu vernichten oder zu schöpfen. Damit war der Weg frei für die *Federal Reserve* und die Privatbankiers, die über deren Politik bestimmten: Je nach Belieben konnten sie die Wirtschaft ankurbeln, sie konnten die Ökonomie für die Führung von Kriegen mobilisieren, und sie konnten deflationäre Rezessionen und Depressionen erzeugen. Und all das taten sie auch, und zwar mit einer Vehemenz, die alles, was die Bankiers des Money Trusts in den 100 Jahren vor Gründung des *Federal Reserve System* je getan hatten, weit in den Schatten stellte. Dem Prozess von aufeinanderfolgenden Boom- und Absturzphasen verpasste man eine pseudowissenschaftliche Erklärung, die man als Theorie der »Wirtschaftszyklen« bezeichnete, als handele es sich irgendwie um einen unvermeidlichen Prozess. So war es aber ganz und gar nicht.

Der größte Gebrauchswert der neuen *Federal Reserve* lag jedoch darin, dass sie es den Privatbankiers, allen voran dem Hause Morgan und dessen Verbündeten, erlaubte, vorher nicht für möglich gehaltene Risiken einzugehen. Für ihre Geschäfte – so riskant sie auch immer sein mochten – hafteten nun der *full faith and credit* der Regierung der Vereinigten Staaten von Amerika und deren nichtsahnende Steuerzahler. Der erste Test für die neuen Vollmachten der dritten *National Bank* Amerikas seit 1787 ließ nicht lange auf sich warten. England und Frankreich sollten sich schon bald, nämlich im Jahre 1914, an die Vereinigten Staaten wenden, um Kredite für ihren Krieg gegen das Deutsche Reich und Österreich-Ungarn zu erhalten, der als »Der Große Krieg« oder Erster Weltkrieg in die Geschichte einging.

Anmerkungen:

1 Karl Erich Born, *Geld und Banken im 19. und 20. Jahrhundert*, Alfred Kroener Verlag, Stuttgart 1977, S. 173–175.

2 Ebenda, S. 172–173.

3 In einem Bericht an den Kongress hat Alexander Hamilton die vorgeschlagene Bank ausführlich geschildert. Siehe Alexander Hamilton, *The Second Report on the Further Provision for Establishing Public Credit (Report on a National Bank)*, 13. Dezember 1790, Nachdruck in Jacob E. Cooke, Hrsg., *The Reports of Alexander Hamilton*, Harper Torchbooks, New York 1964, S. 74–82.

4 Alexander Hamilton, *The Continentalist*, Nr. IV, 30. August 1781.

5 Artikel I der Verfassung der Vereinigten Staaten: Die Gesetzgebende Gewalt, Abschnitt 8. Der relevante Abschnitt lautet: »*Der Kongress hat das Recht: Steuern, Abgaben und Akzisen aufzuerlegen und einzuziehen, um die Erfüllung der Zahlungsverpflichtungen, für die Landesverteidigung und das allgemeine Wohl der Vereinigten Staaten zu sorgen ..., auf Rechnung der Vereinigten Staaten Kredit aufzunehmen ..., Münzen zu prägen, ihren Wert und den fremder Währungen zu bestimmen und Maße und Gewichte zu normen ...*«

6 Henry Clews, *Twenty-eight Years in Wall Street*, Irving Co., New York 1888, S. 157.

7 Gustavus Myers, *History of the Great American Fortunes*, Random House, New York 1936, S. 556.

8 Finanzministerium der USA (United States Treasury), *Frequently Asked Questions: Buying, Selling and Redeeming Currency*, auf *www.treasury.gov/education/faq/currency/sales.shtml*, Stand 19.07.2006.

9 Abraham Lincoln, offiziell zitiert in: 76th Congress, 1st Session, Jan 3 – Aug 5, 1939, Senate Documents #10304, Vol 3, Senate Document 23, *National Economy and the Banking System of the United States* von Robert L. Owen.

10 Reinhard H. Luthin,»Abraham Lincoln and the Tariff«, *The American Historical Review*, Bd. XLIX, Nr. 4, Juli 1944, S. 610–627.

11 Ebenda, S. 626–629. Der ehemalige Tübinger Wirtschaftsprofessor Friedrich List, in Deutschland als Vater des Zollvereins bekannt, war in den 1820er-Jahren auf Einladung von Matthew Careys *Pennsylvania Society for the Promotion of Manufacturing and the Mechanical Arts* (Gesellschaft zur Förderung des Manufakturwesens und der mechanischen Künste in Pennsylvania) nach Pennsylvania gekommen. Dort schrieb List eine scharfe Kritik an der britischen Freihandelsdoktrin von Adam Smith und Ricardo mit dem Titel *Outlines of American Political Economy* (*Grundriss der amerikanischen politischen Ökonomie*), die Carey, der Vater von Lincolns Berater Henry C. Carey, veröffentlichte. Kurioserweise ist der Name List heute aus den Wirtschaftswissenschaften fast vollständig verschwunden, da dort seit den 1970er-Jahren die neoliberalen Freihandelslehren eines Milton Friedman dominieren.

12 R. Mac., *A Brief History of Banking System*, 9. Februar 2009, aufrufbar unter *http://www.fairloanrate.com/2009/02/09/a-brief-history-of-banking-system#more-266*.

13 Ebenda.

14 John E. Kovacs,»Two Presidents who died defying the Rothschilds«, *The National Educator*, September 1990, S. 9.

15 Über die Verschwörung zur Ermordung Abraham Lincolns siehe im Internet unter *http://home.att.net/~rjnorton/Lincoln74.html*.

16 Gerald G. McGeer, *The Vancouver Sun*, hrs. in R. Mac., a. a. O.

17 Henry L. Stoddard, *As He Saw It*, zitiert in Ferdinand Lundberg, *America's Sixty Families*, The Vanguard Press, New York 1937, S. 59.

18 Henry C. Carey, *The Finance Minister, the Currency and the Public*, Washington, D. C., 1868, S. 13–14.

19 Irwin Unger,»Business Men and Specie Resumption«, *Political Science Quarterly*, Bd. 74, März 1959, Nr. 1, S. 68, Fußnote 95.

20 Ebenda, S. 46–70.

21 Eustace Mullins, *The Secrets of the Federal Reserve*, Bankers Research Institute, Staunton, Virginia, 1983, S. 1.

22 Ron Chernow, *Titan: The Life of John D. Rockefeller, Sr.*, Warner Books, London 1998, S. 373, 377. (Deutsche Ausgabe: *John D. Rockefeller. Die Karriere des Börsentitanen*, Börsenverlag, Rosenheim 2005.)

23 United States House of Representatives Committee on Banking and Currency, *Report of the House Committee (The Pujo Committee) Appointed to Investigate the Concentration and Control of Money and Credit*, Washington, D. C., 1913, S. 64.

24 Bertie Charles Forbes, *Current Opinion*, Dezember 1916, S. 382, zitiert in Eustace Mullins, a. a. O., S. 2.

25 Ron Chernow, *The Warburgs*, Random House, New York 1993, S. 155–156. (Deutsche Ausgabe: *Die Warburgs, Odyssee einer Familie*, Siedler, Berlin 1994.)

26 Zitiert in Eustace Mullins, a. a. O., S. 14.

27 Ebenda, S. 12.

28 *Encyclopedia Americana*, »The Bank of England«, Bd. 13, Ausgabe von 1943, zitiert in E. C. Knuth, *The Empire of ›The City‹*, The Noontide Press, Milwaukee 1946, Fußnote S. 27.

29 E. C. Knuth, *The Empire of ›The City‹*, The Noontide Press, Milwaukee 1946, S. 27.

30 Eustace Mullins, a. a. O., S. 14–15.

31 Ferdinand Lundberg, *America's Sixty Families*, The Vanguard Press, New York 1937, S. 122.

32 Eustace Mullins, a. a. O., S. 15.

33 Ferdinand Lundberg berichtet in *America's Sixty Families* ausführlich über die Gründung der dritten Partei *Bull Moose*, mit der diese Kreise erreichen wollten, dass anstelle des Republikaners Howard Taft der ihren Interessen zugänglichere Woodrow Wilson gewählt wurde (Kapitel »The Politics of Aggrandizement: 1912–1920«, S. 106–120). Nach dem Sieg des »bankers' man« Woodrow Wilson im Jahre 1912 löste sich die vollkommen künstliche *Progressive Party* wieder auf, und Teddy Roosevelt schloss sich stillschweigend wieder der Republikanischen Partei an.

34 Ferdinand Lundberg, a. a. O., S. 109–121.

35 Ebenda, S. 109.

36 Wayne N. Krautkramer, *The Federal Reserve – It's Origins, History & Current Strategy*, 15. September 2004, im Internet unter *news.goldseek.com/GoldSeek/ 1095269452.php*.

KAPITEL 3

Morgan und die *Fed* finanzieren einen Krieg in Europa

»Dieser Krieg soll die Welt für die Demokratie sicher machen.«
US-Präsident Woodrow Wilsons Informationsausschuss, 1918

Das Weltreich hat sich übernommen

Im Jahre 1914, unmittelbar vor dem Ausbruch des Ersten Weltkriegs, war es, zumindest oberflächlich betrachtet, keinesfalls absehbar, dass die starke und mächtige Pax Britannica, das Empire, in dem die Sonne nie unterging, im Kern verrottet war und vor dem endgültigen wirtschaftlichen Niedergang stand. 1899 hatten die Briten mit der Hilfe des exzentrischen britischen Bergwerksmagnaten Cecil Rhodes in Südafrika Krieg geführt, um den dort ansässigen Buren die großen Goldminen im Transvaal wegzunehmen. Das Gold aus Südafrika sicherte der Londoner City eine Zeitlang das Überleben. In demselben Jahr hatte Königin Victoria ihr 60-jähriges Thronjubiläum als Herrscherin des mächtigsten Weltreichs der Erde gefeiert. Es schien, als stünde das Britische Empire im Zenit seiner Macht und seines Ansehens.

Der Hochkommissar der südafrikanischen Kapkolonie, Alfred Milner – ein enger Vertrauter Lord Rothschilds, der ebenso wie Milner einer Geheimgesellschaft angehörte, die sich selbst *The Society of the Elect* (Die Gesellschaft der Auserwählten) nannte; zu den weiteren Mitgliedern gehörten Cecil Rhodes, Arthur Balfour und Albert Grey –, wollte die wirtschaftliche Macht der Goldminen in den niederländischen Burenrepubliken Transvaal und Oranje-Freistaat erobern. Er wollte auch eine Konföderation britischer Kolonien vom Kap bis Kairo gründen, die den ganzen afrikanischen Kontinent beherrschen sollte.[1]

Das Haus *N. M. Rothschild & Co.* in London unterstützte Rhodes, Milner und die Kriegspläne. Cecil Rhodes schwebte der Plan vor, mit Unterstützung des Königshauses nach dem Vorbild der Britischen Ostindiengesellschaft eine Britische Südafrikagesellschaft zu errichten. Rhodes war der Überzeugung, der Gold- und Rohstoffreichtum sei für

Südafrika genug, um die Rolle der Londoner City als unangefochtenes Weltfinanzzentrum auf Jahrzehnte hinaus zu sichern. Rhodes, Milner und ein kleiner elitärer Kreis britischer Strategen, die fast alle am *All Souls College* der Universität Oxford studiert hatten, gründeten 1910 eine Geheimgesellschaft, die dem erlahmenden Geist des Empire neues Leben einhauchen sollte. Diese Gesellschaft sollte bis zum Ende des Zweiten Weltkriegs im Verborgenen und mit großem Einfluss die strategische Politik des britischen Weltreichs steuern. Die Herren gaben ihrer Gruppe die Bezeichnung *Round Table* (Runder Tisch) und stellten damit einen Bezug zur mittelalterlichen König-Artus-Sage her; die von ihnen herausgegebene Zeitschrift trug denselben Titel.[2]

Die Briten gewannen zwar den Burenkrieg, doch im Verlauf der anschließenden Entwicklungen verloren sie ihr Weltreich. Der Krieg gegen die Buren war keine schnelle, einfache Sache, wie man zunächst in London angenommen hatte. Zum letzten Mal hatte England mit dem Krimkrieg von 1853 gegen Russland einen Krieg gegen einen Feind in Europa geführt. Seit jener Zeit hatte die britische Armee vier Jahrzehnte lang nur Kriege gegen schlecht ausgerüstete und miserabel ausgebildete Eingeborenen-Armeen in der ganzen Welt geführt, was kaum eine Herausforderung gewesen war. Ähnlich großspurig wie fast ein Jahrhundert später die US-Generäle nach dem schnellen Sieg bei der Operation *Shock and Awe* (Schrecken und Ehrfurcht) nach der Besetzung des Irak auftraten, so sah man auch 1899 in London den Burenkrieg als einen weiteren

Die britische Armee kämpfte 1899–1902 im Burenkrieg gegen schlecht bewaffnete Bauern – »Buren« – und hätte diesen blutigen Krieg um die Kontrolle über das südafrikanische Gold fast verloren. Gold war der Schlüssel für die Zukunft der Londoner City als Weltfinanzzentrum.

»splendid little war« an, einen glanzvollen kleinen Krieg also, der nach allgemeiner Erwartung schon nach wenigen Wochen vorüber sein werde.

Am Ende sollte dieser Krieg für England genauso verhängnisvoll sein wie fast ein Jahrhundert später der Irakkrieg für die Vereinigten Staaten. Die Buren, die niederländischen Siedler, kämpften erbittert und benutzten die Taktiken des Kleinkriegs, der asymmetrischen Kriegsführung, gegen einen Feind, der ihnen weit überlegen war. Wie üblich ließ England auch bei diesem Krieg Truppen aus den Kolonien für sich kämpfen. Die Buren als Guerillastreitkraft waren schnell und hochmobil; bei ihren deutschen Mauser-Gewehren verwendeten sie Patronen mit rauchschwachem Pulver, sodass ihre Positionen nur schwer ausgemacht werden konnten.

Die Taktik der Buren bestand in blitzartigen Überfällen, die den Engländern nicht nur Verluste zufügten, die sie nicht verkraften konnten, sondern auch gegen die Vorstellung des Empires von einem »fairen Kampf« verstießen – einem Krieg, wie er von Gentlemen geführt wurde. Die Buren aber waren keine »Gentlemen« – sie kämpften für ihr Land und ihre Häuser. Der Krieg sollte sich drei bittere Jahre lang hinziehen, und Englands symbolischer Sieg sollte sich als Pyrrhussieg erweisen. Denn er zeigte der gesamten Welt, dass das mächtigste Reich der Erde sich nicht gegen eine kleine, deutlich unterlegene Streitmacht durchsetzen konnte, die fest entschlossen war, ihr Heimatland zu verteidigen – eine bittere Lektion, die auch die amerikanische Elite in den 1970er-Jahren im Vietnamkrieg lernen musste.

Die Kosten und Opferzahlen im Burenkrieg stiegen unaufhörlich an, doch die Generäle Ihrer Majestät beteuerten ständig, der Krieg sei schon bald zu Ende. Die Stimmung in England schlug um. Wegen der Unfähigkeit und Nachlässigkeit der britischen Militärführung starben 25 000 Zivilisten bei den Buren (zumeist Frauen und Kinder) sowie 14 000 Eingeborene in »Konzentrationslagern« – ein Ausdruck, der erstmals in diesem Zusammenhang auftauchte. Dieser Krieg war die Wasserscheide: In England markierte er den Beginn des langen Prozesses schwindender Unterstützung für die Idee eines britischen Imperiums.[3]

Zwei Rivalen für Englands führende Rolle in der Welt

Zu der Zeit, als sich in England die Anzeichen für einen endgültigen Niedergang mehrten, tauchten, zunächst kaum wahrnehmbar, zwei potenzielle Rivalen auf, die in der Lage waren, die Rolle des Britischen Empires herauszufordern. Einer davon war das Deutsche Reich. Im Jahre 1900 konnten sich zwar nur wenige in der deutschen Elite vorstellen, England überholen zu können, doch stellten das industrielle Wachstum, das Erziehungs- und Bildungssystem sowie die Wissenschaften in Deutschland schon seit Langem das- bzw. diejenige Englands in den Schatten, sodass nur noch die Londoner City ihre beherrschende Rolle über den Welthandel behielt.

Der zweite Herausforderer für Englands Rolle als vorherrschende Weltmacht waren die Vereinigten Staaten von Amerika, die sich im ersten Eroberungskrieg gegen Spanien 1898–1899 die Philippinen und Kuba gesichert hatten. Der unerklärte geopolitische Wettstreit zwischen England, Deutschland und Amerika sollte drei Jahrzehnte dauern, und es sollte zu zwei Weltkriegen kommen, bevor er endlich entschieden war.[4]

In Amerika erkannten die Eliten, die den Money Trust und die großen Industriekonzerne unter ihrer Kontrolle hatten – die Morgans und Rockefellers, Harriman, Schiff und andere –, erst allmählich die Möglichkeit, zu einer wirklichen Weltmacht zu werden.

1902 schrieb Brooks Adams, der Enkel von Präsident John Quincy Adams und einer der leidenschaftlichsten und einflussreichsten Verfechter eines American Empire:»In den letzten zehn Jahren hat die Welt wieder eine der periodischen Krisen durchgemacht, die mit einer Änderung des sozialen Gleichgewichts einhergehen. Das Energiezentrum hat sich von Europa nach Amerika verlagert …, diese amerikanische Überlegenheit wurde nur durch die angewandten Wissenschaften möglich gemacht … In puncto Wirtschaftlichkeit und Energie bei der Verwaltung der großen amerikanischen Unternehmen gibt es in der ganzen Geschichte nichts Vergleichbares.«

Damit meinte Adams eindeutig die Unternehmen *US Steel* der Morgans, *Standard Oil* von Rockefeller sowie den Eisenbahnsektor und andere Industriesektoren, die diese Interessen kontrollierten. Adams fuhr fort:»Die Union (die Vereinigten Staaten – W. E.) bildet ein riesiges und wachsendes Reich, das sich über den halben Erdball erstreckt, ein Weltreich, das die größte Masse verfügbaren Reichtums besitzt und die besten Transportmittel sowie das feinste und doch mächtige Industriesystem, das je entwickelt wurde.«[5]

In einer geografischen Beschreibung, die Halford Mackinders wegweisenden Vortrag aus dem Jahr 1904 – *Geographical Pivot of History* (*Geografischer Dreh- und Angelpunkt der Geschichte*) – vorwegnahm, fügte Adams hinzu:»Die Vereinigten Staaten besetzen jetzt eine Position ungewöhnlicher Stärke. Gleichermaßen begünstigt von der geografischen Lage, ihren Rohstoffvorkommen, dem Klima und dem Charakter ihrer Bewohner, haben sie sowohl in Friedens- als auch in Kriegszeiten von Gegnern wenig zu befürchten, vorausgesetzt, die Bewegung der Massen, mit denen sie es zu tun haben, neutralisiert ihre Energie nicht.« Zur Begriffserklärung schrieb er:»Massen nehmen die Form von Unternehmen an, und die Männer, die diese Unternehmen beherrschen, steigen auf, weil sie die Stärkeren sind. Das ist der Prozess der natürlichen Auslese.«[6]

»Manifest Destiny«

Adams gibt hier die Ideen Frederick Jackson Turners wieder, der die Theorie entwickelt hatte, Amerika sei eine sogenannte »Manifest Destiny« beschieden, eine Art offenkundiges Schicksal. Für Turner war die Einzigartigkeit Amerikas das Ergebnis der sich immer weiter ausdehnenden Grenzen. Er definierte die historische Existenz Amerikas als ständige geopolitische Ausweitung zu neuen Grenzen im Westen.»Die Existenz eines Gebietes freien Landes, das durch das Vorrücken der amerikanischen Siedler nach Westen ständig zurückgedrängt wird, erklärt die Entwicklung in Amerika.« Und:»Die Amerikaner, ein wachsendes Volk, sind nun einmal dazu veranlagt, ihre Herrschaft auszuweiten.« Das war ein Vorläufer des späteren deutschen Begriffs vom »Lebensraum«, der hier allerdings durchdrungen war vom Anschein einer messianisch-religiösen gottgegebenen Mission Amerikas.

Wie Turner behauptete, war die fortlaufende geopolitische Ausweitung das »Ergebnis einer Fähigkeit zur Ausdehnung, die den Amerikanern innewohnt«. Die Geschichte Amerikas war für ihn eine Geschichte »der sich ständig weiter vorschiebenden Grenze ..., die amerikanische Energie braucht für ihre Existenz ein ständig größeres Feld«.[7]

Turners und Adams' Schriften lieferten den Elitefamilien in Amerika die moralische Rechtfertigung für ihre Pläne zur weltweiten Ausdehnung, die sie seit den 1890er-Jahren verfolgten. Nach Ansicht der Elitekreise um J. P. Morgan und John D. Rockefeller zu Beginn des Ersten Weltkriegs in Europa, bestand Amerikas Manifest Destiny darin, das Vakuum im Weltgeschehen zu füllen, das durch den Niedergang des Britischen Empires entstanden war. In seinem zur Zeit der Jahrhundertwende geschriebenen Buch *The New Empire* entwarf Adams das Bild eines entstehenden amerikanischen Weltreichs und der Eroberung des gesamten geopolitischen Raums in Eurasien.[8] Adams und Turner waren Sozialdarwinisten, ebenso wie Rockefeller, Carnegie, Morgan und die meisten Mitglieder der plutokratischen Elite Amerikas. Sie verkörperten das wachsende Gefühl, dass zu der gottgewollten Ausdehnung der Manifest Destiny im 19. Jahrhundert über den gesamten Kontinent auch die Beherrschung der restlichen Welt gehören müsste, denn die Sonne senkte sich ja langsam über das dekadente und verknöcherte Britische Empire.

Wenn Brooks Adams nun Turners Grenzen dahingehend ausdehnte, dass sie die ganze Welt umfassten, so war er dabei offen anti-deutsch und pro-britisch. Er stellte die folgende Behauptung auf: Da Amerikas einziger Rivale beim Kampf um die Nachfolge des britischen Weltreichs das Deutsche Reich war, sollte die Strategie darin bestehen, eine amerikanische Allianz mit dem Schwächeren der beiden Rivalen, nämlich England, gegen den stärkeren, nämlich Deutschland, zu schmieden. Auf diese Weise sollte sich Amerika als Macht wie Phoenix aus der Asche eines großen Krieges in Europa erheben. Die ehrgeizige Elite in Amerika hatte die britische Methode des Kräftegleichgewichts gründlich studiert, und jetzt sollte es so weit sein, diese Methode in der Wirklichkeit anzuwenden. Der Yankee-Schüler sollte die Rolle seines Lehrers übernehmen. Aber es kam nicht alles auf einmal.

Der Casus Belli

Die verhängnisvolle Fehlkalkulation der britischen militärischen und diplomatischen Führung, die sie veranlasste, 1914 in den Krieg einzutreten, habe ich in einem früheren Buch mit dem Titel *Mit der Ölwaffe zur Weltmacht – Der Weg zur neuen Weltordnung* ausführlich dargelegt.[9] Dieser Krieg war keine Reaktion auf die Verletzung eines feierlichen internationalen Abkommens durch die Ermordung des Erzherzogs Franz Ferdinand in Sarajewo. Er war vielmehr das Ergebnis einer strategischen Entscheidung, die lange zuvor in Whitehall und in Downing Street Nr. 10, den britischen Machtzentren, gefallen war: Bereits 1904 hatte England mit Frankreich die *Entente Cordiale* geschlossen, und 1907, nach der russischen Niederlage gegen das von England unterstützte Japan im russisch-japanischen Krieg von 1905, bildete es eine Allianz mit dem zaristischen Russland. Das Ziel dieser entstehenden »Tripelallianz« war die militärische Einkreisung und Isolation des gemeinsamen Feindes, nämlich Deutschlands.

Die führenden politischen Kreise im damaligen England standen unter dem Einfluss von zwei einflussreichen Fraktionen. Das war zum einen die Gruppe um Lord Robert Cecil, der nach Beginn des Krieges zunächst ein Jahr lang stellvertretender Außenminister war und in den Jahren danach, genau von 1916 bis 1918, die Funktion eines *Minister of Blockade* innehatte und damit eine Schlüsselposition bekleidete. Dieser Lord Cecil war der Nachkomme eines Beraters von Königin Elisabeth I.; nach dem Ersten Weltkrieg entwarf er den Plan für den späteren Völkerbund.

Die zweite und noch einflussreichere Kriegsfraktion bildeten die Vertreter des *Round Tables* von Alfred Milner. Sie kontrollierten die Redaktionspolitik der Londoner *Times* und waren zu der Überzeugung gelangt, das Deutsche Reich stelle wegen seines dynamischen Wachstums und schon allein wegen seiner bloßen Existenz eine tödliche Bedrohung für die weitere Seeherrschaft Englands und dessen Kontrolle über den Welthandel und die Finanzströme dar. Diese Kreise behaupteten, England müsse einen Präventivkrieg führen, um den sonst unaufhaltsamen Vormarsch Deutschlands zur Weltherrschaft auf der Asche des Britischen Empires zu verhindern.

Unmittelbarer Casus Belli für den Krieg war ein doppelter. Der erste und vielleicht wichtigste Faktor war die Entscheidung der führenden deutschen Bankiers und Politiker, den Bau der Eisenbahnverbindung zwischen Berlin und Bagdad, die sogenannte »Bagdadbahn«, im Zweistromland, einem Teil des Osmanischen Reiches, zu vollenden. Diese Eisenbahnlinie bedrohte sowohl die britischen Öllieferungen aus Persien als auch Großbritanniens Kontrolle über ihre wichtigste Verbindung zur Kronkolonie Indien. In den Augen prominenter britischer Militärstrategen, unter ihnen ein junger Lord der Admiralität, Winston Churchill, wurde die damalige Lage noch verschlimmert durch die Entscheidung des Deutschen Reiches, eine Hochseemarine aufzubauen. Nach einem Vorschlag von Admiral von Tirpitz sollte die Marine von 1898 bis 1912 schrittweise aufgebaut werden; sie hätte zumindest die deutschen Handelswege gegen die britische Kontrolle der Seewege verteidigen können.

Seit den Napoleonischen Kriegen war das Kernstück der Strategie des Britischen Empires die Herrschaft und Kontrolle über die Seewege und die Routen des Welthandels.[10] Die Entscheidung, einen Krieg gegen Deutschland, Österreich-Ungarn und später auch die Türkei, das Osmanische Reich, zu führen, entsprang nicht der Stärke des Britischen Empires, sondern der Einsicht in seine fundamentale Schwäche. Man rechnete sich aus, dass ein früher Krieg besser wäre, anstatt noch einige Jahre zu warten, da es dann für England schwieriger sein würde, sich gegen die zunehmende Übermacht Deutschlands zu behaupten. Wie sich im weiteren Verlauf zeigen sollte, führte diese Entscheidung dazu, dass Rule Britannica, die Herrschaft des Britischen Empires, schließlich aufhörte. Allerdings sollte es noch einige Jahre dauern – und es sollte noch zu einem Zweiten Weltkrieg kommen –, bis die Elite in England diese Realität zögernd zur Kenntnis nahm.

Ein neutrales Amerika: »Er hat uns aus dem Krieg herausgehalten ...«

Zum Zeitpunkt, als 1914 der Krieg in Europa ausbrach, waren mehr als ein Drittel aller Amerikaner Einwanderer, vor allem aus Deutschland, Irland und Italien. Acht Millionen Deutsch-Amerikaner lebten in den USA. Abgesehen von einer kleinen Bankiers- und Unternehmerelite hauptsächlich an der Ostküste, die Geschäftsbeziehungen mit London oder Paris unterhielt, wollte die überwiegende Mehrzahl der Amerikaner nicht in einen Krieg hineingezogen werden, der doch offensichtlich ein europäischer Krieg war und die Sicherheit Amerikas nicht im Geringsten bedrohte.

1916 wurde Woodrow Wilson, der US-Präsident, der 1913 bei der Gründung der *Federal Reserve* gemeinsame Sache mit den Mitgliedern des Money Trusts gemacht hatte, wiedergewählt – mit der geringstmöglichen Mehrheit und erneut mit der Hilfe der *Bull Moose* genannten Progressiven Partei.

George W. Perkins, ein früherer Partner von J. P. Morgan, der als »Überbringer« politischer Bestechungsgelder fungiert hatte, traf sich mit August Belmont, Jacob Schiff, George F. Baker, Cornelius Vanderbilt – sprich: der Creme des Money Trusts. Das – natürlich geheime – Treffen, an dem auch der ehemalige Präsident Theodore Roosevelt als Vertreter der (*Bull Moose*) *Progressive Party* teilnahm, fand im Haus des *US-Steel*-Managers Elbert Gary statt und hatte den Zweck, die Wiederwahl Wilsons Ende 1915 zu sichern.[11] Die *US Steel Company*, die im Verlauf des Krieges einen enormen Aufschwung erlebte, war ein Unternehmen Morgans. Diskret ließen die Kreise um Morgan Wilson Spendengelder in unbekannter Höhe zufließen. Zu den Spendern zählten sein alter Förderer Cleveland Dodge, Jacob Schiff von *Kuhn Loeb*, der Financier Bernard Baruch und William Boyce Thompson vom Wall-Street-Broker Hayden Stone, der zu den Großaktionären der *Chase National Bank* zählte.[12] Trotzdem wurde Wilson nur mit einer ganz knappen Mehrheit wiedergewählt, und das auch nur deshalb, weil die *Progressive Party* aus Kalifornien in höchst verdächtiger Manier in Wilsons Lager überwechselte – einen Tag nach der Wahl.

Im Januar 1916 hielt der wiedergewählte Präsident eine Pressekonferenz ab. Sein einziger Wahlslogan »Er hat uns aus dem Krieg herausgehalten« war eine klug berechnete Propaganda seines Beraters Oberst Edward M. House. Wilson erklärte ganz offen: »Soweit ich mich erinnere, ist dies eine Regierung des Volkes, und das Volk will keinen Krieg.« Kaum ein Jahr später wollte das amerikanische Volk noch immer keinen Krieg, aber unter dem Druck des Money Trusts war Wilson mittlerweile dafür.

Morgan übernimmt ein äußerst lukratives Geschäft

Zu Beginn des Krieges im August 1914 waren Englands Finanzen ruiniert. Die Wirtschaft befand sich in einer Depression, und die Goldreserven der *Bank of England* waren auf einen alarmierenden Tiefstand gesunken. Englands Industrie war nicht in der Lage, Kriegsgüter und Munition für einen großen Krieg zu produzieren.[13]

Im Oktober 1914 entsandte die englische Regierung eine Delegation des Kriegsministeriums nach Washington, um dort die Lieferung militärischer Güter durch private US-Firmen genehmigen zu lassen. Offiziell waren die Vereinigten Staaten strikt neutral. Die englischen Verhandlungsführer beschlossen schon sehr bald, eine private Investmentbank in New York zu ihrem einzigen Einkäufer zu machen – *J. P. Morgan & Co.* Oberflächlich betrachtet war es außergewöhnlich riskant, eine private Bank in einem neutralen Land zum offiziellen Einkäufer von Kriegsmaterial zu ernennen. Durch die Gründung der *Federal Reserve*, die 1914 ihren Betrieb aufnahm, ließ sich das Risiko jedoch besser handhaben.

Morgan sollte als Mittelsmann für die Regierung Seiner Majestät beim Kauf von Munition, Waffen, Uniformen und Chemikalien dienen –

kurz all den Gütern, die 1914 für die moderne Kriegsführung gebraucht wurden. Darüber hinaus ernannte die englische Regierung dieselbe Firma *J. P. Morgan & Co.* zu ihrem Finanzvertreter. Damit war *Morgan* in der beneidenswerten Lage, sowohl die Finanzierung des Kriegsmaterials und den Umgang mit den Lieferfirmen zu organisieren als auch die Preise festzulegen, zu denen die Kriegsgüter geliefert werden sollten. Es überrascht daher nicht, dass Unternehmen, die direkt zur Morgan- und Rockefeller-Gruppe gehörten, am meisten von Morgans cleverer Einkaufspolitik profitierten.[14] Das englische Kriegsministerium sondierte bei *Morgans* neuem Chef J. P. Morgan jun., der 1913 die Geschäfte von seinem verstorbenen Vater übernommen hatte, wie Präsident Wilson auf ein so offen parteiliches Vorgehen von Amerikas angesehenster Bank zugunsten der englischen Seite in diesem Krieg reagieren würde. Morgan berichtete angeblich, es würde die erklärte Neutralität der Regierung nicht berühren, da es sich bei dem Geschäft zwischen *Morgan* und dem englischen Kriegsministerium und später mit der französischen Regierung um eine rein kommerzielle Angelegenheit zur Förderung des Handels und keine politische oder diplomatische Vereinbarung handele. Im Januar 1915 traf sich J. P. Morgan mit Präsident Wilson in Weißen Haus, um zu besprechen, wie die Rolle des Hauses *Morgan* im Umgang mit den Engländern zu bewerten sei. Wilson versicherte ihm, der Präsident habe keine Einwände gegen das Vorgehen der *Morgan*-Gruppe oder anderer Interessen »zur Förderung des Handels«.[15]

In der Tat: Diese Beziehung förderte den Handel in nie da gewesenem Ausmaß.

1915, in der Frühphase des Krieges in Europa, erhielt das Unternehmen *E. I. DuPont de Nemours & Co.* aus Delaware durch die Vermittlung von *J. P. Morgan & Co.* die (damals) ungewöhnlich hohe Summe von 100 Millionen Dollar aus England, um die Kapazität seiner Sprengstoffabteilung ausweiten zu können. Innerhalb weniger Monate stieg *DuPont* von einem wenig bekannten kleinen Betrieb zu einem der führenden Unternehmen des Landes auf. Die Firmen *Hercules Powder* und *Monsanto Chemical Company* wuchsen dementsprechend. Amerikas Eisen- und Stahlindustrie blühte auf. Der Preis für Roheisen, der 1914 bei 13 Dollar pro Tonne gelegen hatte, war zum Zeitpunkt des Kriegseintritts der Amerikaner im Jahre 1917 auf 42 Dollar pro Tonne gestiegen – ein Anstieg um etwa 300 Prozent. Die Unternehmen *Bethlehem Steel*, *US Steel*, *Westinghouse Electric Co.*, der Waffenproduzent *Remington*, der Schusswaffenhersteller *Colt* – sie alle hatten Ende 1915 volle Auftragsbücher. Das Gesamtvolumen dieser Aufträge belief sich auf 175 Millionen Dollar. In den ersten drei Kriegsjahren (d. h. vor dem Kriegseintritt der USA) stieg allein bei *US Steel* der Profit von 23 Millionen Dollar (1914) auf 224 Millionen Dollar im Jahr 1917. Bei William Rockefellers Kupferwerken *Anaconda Copper Co.* stieg das Nettoeinkommen zwischen 1914 und 1917 von neun auf 25 Millionen Dollar. Das Vermögen von *Phelps Dodge & Co.*, dem Unternehmen von Cleveland Dodge, der Woodrow Wilson ins Weiße Haus gebracht hatte, stieg während des Krieges um etwa 400 Prozent – von 59 Millionen 1914 auf 241 Millionen im Jahre 1918.[16]

Allein im Jahre 1916 exportierte die amerikanische Industrie trotz der offiziell neutralen Haltung des Landes Kriegsgüter im Wert von 1,29 Milliarden Dollar nach England und Frankreich. Am Vorabend des amerikanischen Kriegseintritts hatte *J. P. Morgan & Co.* Kriegsmaterial im Wert von etwa fünf Milliarden Dollar an die Regierungen Englands, Frankreichs und später auch Italiens geliefert – stets finanziert durch Kredite, die *J. P. Morgan & Co.* organisiert hatte. Nie zuvor hatte eine Privatbank solche Beträge zustande gebracht – in heutiger Währung wären dies etwa 90 Milliarden Dollar, also genug, um eine größere Bankenkrise auszulösen, sollte es zu Kreditausfällen kommen.

Im April 1915, also noch zwei Jahre vor Amerikas Eintritt in den Krieg, hielt Thomas W. Lamont, Partner bei *J. P. Morgan* und wie fast alle in der dortigen Führungsriege Mitglied der exklusiven *Pilgrims Society*, eine ebenso bemerkenswerte wie wenig beachtete Rede vor der Amerikanischen Akademie für Politik und Gesellschaftswissenschaft in Philadelphia. Lamont berichtete der weitgehend aus Akademikern bestehenden Zuhörerschaft über die enormen Profite, die die amerikanische Industrie durch die Finanzierung und Beschaffung von Munition und Kriegsmaterial an England und die alliierten Mächte in Europa machte. Er unterstrich, dass Morgan und dessen Freunde an der Wall Street einen beträchtlichen Vorteil davon hätten, wenn sich der Krieg noch sehr viel länger hinzöge.

Lamont erklärte: »… Wir werden vom Schuldner zum Gläubiger … Wir häufen einen ungeheuren Exportüberschuss an …« Lamont konnte seinen Enthusiasmus kaum bändigen, als er fortfuhr: »Viele unserer Produzenten und Kaufleute haben wunderbare Geschäfte mit kriegsrelevanten Gütern gemacht. Die Bestellungen von Kriegsgütern belaufen sich auf mehrere hundert Millionen Dollar, was sich mittlerweile auch auf das allgemeine Geschäftsleben auswirkt ...« Mit deutlicher Genugtuung betonte der *Morgan*-Bankier:»Das Beste an dieser Verbesserung ist, dass Amerika nun zu einem wesentlichen Faktor auf dem internationalen Kreditmarkt wird.« Dieser Sektor, die Vergabe internationaler Kredite an Regierungen, war für J. P. Morgan das Wichtigste, und in der Nachkriegszeit sollte Morgan die Vergabe dieser Kredite zu einer ungemein einflussreichen geopolitischen Waffe umfunktionieren. Mit Blick auf die zukünftige Entwicklung fuhr Lamont fort:»Wie sieht nun die Zukunft aus? Viele scheinen zu glauben, dass New York London als Finanzzentrum der Welt überflügeln wird. Um aber zum Finanzzentrum der Welt zu werden, müssen wir natürlich das Handelszentrum der Welt werden. Und das ist gewiss möglich ...«

Zur Erklärung, wie sich diese Entwicklung vollziehen könnte und welches Land *Morgan & Co.* dabei als Hauptbedrohung für eine weltweite Dominanz der USA betrachtete, stellte Lamont fest:»Die Frage der Überlegenheit bei Handel und Finanzierung wird zwangsläufig durch mehrere Faktoren bestimmt; einer davon ist die Frage, wie lange der Krieg noch dauern wird. Wenn ... der Krieg schon bald zu Ende wäre ..., würden wir wahrscheinlich erleben, dass sich Deutschland, dessen Exporte jetzt fast vollständig unterbunden sind, sehr schnell wieder zu einem scharfen Konkurrenten emporschwingen würde.«

Lamont weiter:»Ein dritter Faktor, und auch der ist abhängig von der Dauer des Krieges, betrifft die Frage, ob wir in wirklich großem Stil zum Kreditgeber für fremde Länder werden ... Sollen wir in wirklich enormem Maße Kreditgeber dieser ausländischen Regierungen werden? ... Wenn der Krieg lang genug dauert, sodass wir in diesem Vorgehen bestärkt werden, dann werden wir uns unweigerlich von einer Schuldnernation zu einer Gläubigernation wandeln. Solch eine Entwicklung wird früher oder später den Dollar anstelle des britischen Pfundes zur internationalen Devisengrundlage machen.«[17]

In dieser ungewöhnlichen Rede, über die Amerikas Presse wohlweislich nur wenig berichtete, legte der Morgan-Partner Lamont die Strategie des Hauses *Morgan & Co.* dar, und zwar nicht nur für die Zeit des Krieges, sondern auch für die Nachkriegszeit bis hin zum Ausbruch des Zweiten Weltkriegs.

Die Geschäfte liefen extrem gut für Lamont, *J. P. Morgan & Co.* und ihre bevorzugten Unternehmen aus der Rüstungsindustrie. 1934, zwei Jahrzehnte nach Ausbruch des Ersten Weltkriegs (der in den USA als Großer Krieg bezeichnet wird), hielt Senator Gerald Nye, ein progressiver Republikaner aus North Dakota, der eng mit Robert LaFollette befreundet war, Anhörungen ab, bei denen untersucht wurde, welche Rolle Amerikas Rüstungsindustrie und die Finanzbranche dabei gespielt hatten, die Vereinigten Staaten in den Ersten Weltkrieg hineinzuziehen. Nye bezeichnete die Rüstungsunternehmen als »Kaufleute des Todes«. Er war besonders kritisch gegen die *DuPont Corporation* und andere Chemie- und Munitionsunternehmen eingestellt.

Ungerührt sähen diese Konzerne zu, so behauptete Nye, wie amerikanische Soldaten im Krieg geopfert würden, damit diese Unternehmen größere Profite aus ihren Verkäufen ziehen könnten. In Senator Nyes abschließendem Bericht von 1936 heißt es: »Die hier überprüften amerikanischen Rüstungsfirmen haben wiederholt zu derart ungewöhnlichen Maßnahmen gegriffen und fragwürdige Vergünstigungen gewährt sowie Aufträge vergeben – und sind dabei nach dem Motto ›Tu das, was Dir nützt‹ verfahren –, dass es letztendlich einer Form von Bestechung ausländischer Regierungsvertreter oder deren enger Freunde gleichkommt; und das alles, um sich diese Geschäfte zu sichern.«[18]

Ein Krieg, um die Welt für *J. P. Morgan & Co.* sicherer zu machen

Vom Standpunkt Lamonts und seiner Freunde lohnten sich ihre »ungewöhnlichen Maßnahmen« während des Krieges erheblich. Ende 1916 und Anfang 1917 verschlechterten sich jedoch die Aussichten plötzlich ganz dramatisch. Im Februar 1917 musste der Zar in Russland abdanken, weil das Militär in St. Petersburg (Petrograd) meuterte. Die Führung der russischen Armee war nicht in der Lage, die Meuterei zu unterdrücken. Würde Russland seine Streitkräfte aus dem Krieg zurückziehen, dann befände sich Deutschland nicht mehr in einem verheerenden Zweifrontenkrieg und könnte seine Streitkräfte auf die Westfront konzentrieren.

Weil *Morgan & Co.* direkte Kriegskredite in Höhe von mehr als 1,5 Milliarden Dollar für England, Frankreich, Russland und Italien organisiert und außerdem den kriegsführenden Nationen in Europa die Lieferung von Kriegsmaterial im Wert von fünf Milliarden Dollar garantiert hatten, plagte *Morgan & Co.* nun die Angst, dass das Undenkbare passieren könnte – ein Sieg Deutschlands.

Die russische Front gegen das Deutsche Reich war zusammengebrochen, und ein von V. I. Lenin geführtes bolschewistisches Regime drohte die Macht in Russland zu übernehmen; dieses waghalsige Unternehmen wurde vom deutschen Generalstab finanziert. Die deutsche Führung ging bewusst ein hohes Risiko ein, als sie es den führenden Bolschewisten ermöglichte, von ihrem Schweizer Exil in einem versiegelten Eisenbahnwaggon über Deutschland nach Russland zu reisen. Außerdem gaben sie Lenin ausreichend Goldbarren mit auf den Weg und kauften damit quasi eine Revolution gegen den Zaren. Der Zweck dieser Operation war die Installierung eines neuen Regimes in Russland, das den Zielen der Engländer und Franzosen feindlich gesonnen war und einem Separatfrieden mit Deutschland zustimmen würde. Frankreich war kriegsmüde und völlig erschöpft. Seine dringenden Bitten um Verstärkung wies England zurück, da das britische Militär eine Million Soldaten im Nahen Osten stationiert hatte, die in Mesopotamien die unerschlossenen Ölquellen für das Britische Empire sichern sollten. Ein Waffenstillstand an der Ostfront bedeutete, dass die deutschen Truppen an der Westfront verstärkt werden konnten, um in einer Großoffensive die französischen Stellungen durchbrechen und den Krieg gewinnen zu können.[19]

Wilsons Botschafter in London war damals Walter Hines Page, der eng mit der Rockefeller-Gruppe verbunden war. Page war Treuhänder von Rockefellers *General Education Board* (Rat für Allgemeine Erziehung) gewesen, bevor er zum Botschafter am Hof von St. James ernannt wurde. Page war, wie alle US-Botschafter in London seit 1902, Mitglied in der exklusiven *Pilgrims Society* und erhielt von Cleveland Dodge, dem Präsidenten der *National City Bank*, eine Einkommens-»Aufbesserung« von 25 000 Dollar jährlich – damals eine erhebliche Summe. Wie bereits erwähnt war Dodge der finanzkräftige Hintermann von Wilson.

Am 5. März 1917 sandte Botschafter Page eine vertrauliche Depesche an Präsident Wilson, in der es hieß:»Ich glaube, der Druck dieser heraufziehenden Krise übersteigt die Möglichkeiten des Finanzhauses *Morgan*, für die britische und französische Regierung tätig zu sein. Der [Finanz-]Bedarf wird jetzt einfach zu groß und [ein Kredit] ist so dringend erforderlich, dass eine Privatbank ihn nicht decken kann ...« Page fügte noch hinzu, die Aussichten in Europa seien»alarmierend« für die industriellen und finanziellen Interessen Amerikas.»Wenn wir in den Krieg gegen Deutschland einträten, bestünde die größte Hilfe für unsere Alliierten in solch einem Kredit. In diesem Fall könnte unsere Regierung, wenn sie wollte, eine große Investition tätigen, und zwar entweder in Form eines direkten Kredits an Frankreich und England, oder indem sie die Garantie für solch einen Kredit übernimmt ...«

Um sicherzugehen, dass Woodrow Wilson Pages Gedankengang nicht missverstand, fügte der Botschafter noch hinzu: »Natürlich kann unsere Regierung eine solche direkte Kreditgarantie nur dann abgeben, wenn wir gegen Deutschland in den Krieg ziehen ...« Page fügte sogar noch hinzu, die Alternative dazu sei der Zusammenbruch der Wirtschafts- und Finanzstruktur in den USA selbst.[20]

Vier Wochen nach Pages alarmierendem Brief, im April 1917, führte Woodrow Wilson, der noch 1916 als Kandidat für den Frieden gewählt worden war, Amerika in den Ersten Weltkrieg. Er erschien vor dem Kongress und bat um die formelle Kriegserklärung gegen Deutschland. Als Grund nannte er Deutschlands Wiederaufnahme der uneingeschränkten U-Boot-Angriffe gegen Schiffe der USA und anderer neutraler Länder, die englische und französische Häfen anliefen. Der Kongress verlieh Wilson die Vollmacht mit überwältigender Mehrheit. Die einzigen Gegenstimmen kamen von einigen wenigen prinzipientreuen Verfechtern der Neutralität, darunter Senator LaFollette.[21]

Nun begann das US-Finanzministerium, mit Unterstützung der 1913 errichteten *Federal Reserve* – der Präsident der *Federal Reserve Bank of New York* war Benjamin Strong, ein loyaler Morgan-Mann – von der Bevölkerung Geld in nie da gewesener Höhe einzutreiben, und zwar durch den Verkauf sogenannter »Liberty Loans« (Friedensanleihen). Aus der ersten Tranche dieser Liberty Loans erhielt *J. P. Morgan & Co.* 400 Millionen Dollar zur Begleichung der Schulden, die Großbritanniens Regierung bei diesem Finanzhaus hatte. Wilson und die amerikanische Bevölkerung holten buchstäblich Morgans dicke Kastanien aus dem Feuer.

Junius Pierpont Morgan, vor dem Ersten Weltkrieg der mächtigste Bankier der Welt, war im Jahre 1913 für die Errichtung der privaten Federal Reserve *verantwortlich, die es möglich machte, dass die Vereinigten Staaten von Amerika in den Ersten Weltkrieg eingriffen, um Morgans Kredite an England und Frankreich zu retten.*

Vom offiziellen Eintritt in den Ersten Weltkrieg im April 1917 bis zur Unterzeichnung des Waffenstillstands mit Deutschland am 11. November 1918 lieh die Regierung der Vereinigten Staaten den Alliierten-Mächten in Europa die – wie Thomas Lamont von *Morgan* bei seiner Rede 1915 gesagt hatte – »fantastische Summe« von knapp 9,4 Milliarden Dollar – genau waren es 9 386 311 178 Dollar –, wobei der Löwenanteil von 4,136 Milliarden Dollar an England ging. Frankreich erhielt 2,293 Milliarden Dollar.

Mit Unterstützung der *Federal Reserve* wurde der *full faith and credit* der Vereinigten Staaten von Amerika mobilisiert, um Deutschland vollkommen zu besiegen. Diese neun Milliarden Dollar flossen jedoch nicht nach London oder Paris, um dort je nach Bedarf eingesetzt zu werden. Das Geld ging vielmehr direkt an die Industrie in Amerika, vor allem an die Unternehmen, die enge Verbindungen zur Morgan-Gruppe, zu *Kuhn Loeb* oder zur Rockefeller-Familie unterhielten, um die an die Alliierten gelieferten Rüstungsgüter zu bezahlen.[22] Morgan leistete ganze Arbeit.

Für diese Kehrtwende um 180 Grad und für die Mobilisierung der Öffentlichkeit in Amerika, die skeptisch gegenüber einem Krieg gegen Deutschland eingestellt war, schuf das Weiße Haus unter Wilson die eindrucksvollste Propagandaabteilung, die die Welt bis dahin je gesehen hatte.

Propaganda als Waffe

Am 13. April 1917 rief Woodrow Wilson das *Committee on Public Information* (CPI, Komitee für Information der Öffentlichkeit) ins Leben, um im eigenen Land für den Krieg zu werben und im Ausland die amerikanischen Kriegsziele bekannt zu machen. Unter Leitung des Journalisten George Creel, eines von Wilsons Strohmännern, verknüpfte das CPI Werbetechniken mit einem hoch entwickelten Verständnis der menschlichen Psychologie. Es war das erste Mal überhaupt, dass eine Regierung in einem solchen Ausmaß Propaganda verbreitete. Was jetzt ablief, war in jeder Hinsicht ein Vorläufer der Welt, die George Orwell in seinem Roman *1984* beschrieben hat.

Neben Creel gehörte einer der cleversten Propagandisten der amerikanischen Geschichte dem CPI an: der junge, in Wien geborene naturalisierte Amerikaner Edward Bernays. Bernays brachte die genaue Kenntnis eines damals noch neuen Zweiges der menschlichen Psychologie mit, dessen Werke noch nicht ins Englische übersetzt worden waren. Er war der Neffe und amerikanische Literaturagent des österreichischen Psychoanalytikers Sigmund Freud.

Mit Creels Sensationsjournalismus und Bernays' Einsatz der Freud'schen Psychologie und seiner Analyse unbewusster Wünsche und Triebe ließ das *Committee on Public Information* eine wohlkalkulierte Flut von Lügen auf die ahnungslose amerikanische Öffentlichkeit los. Mit Bildern von deutschen Soldaten, die belgische Säuglinge mit dem Bajonett aufspießten, und ähnlichen inszenierten Grausamkeiten sollte die amerikanische Öffentlichkeit zu einem Krieg gegen ein Land aufgestachelt werden, das sie in keiner Weise bedrohte – das deutsche Kaiserreich.

Das CPI übte de facto in der Kriegszeit eine Medienzensur aus. Unter Berufung auf die deutsche Propaganda gab das CPI»freiwillige Richtlinien« für Nachrichtenmedien heraus. Durch die Wirkung seiner antideutschen Propaganda wirkte das CPI mit, den US-Kongress dazu zu bewegen, das Spionagegesetz von 1917 und das Gesetz gegen Aufwiegelung von 1918 zu verabschieden. Radikale Zeitungen wie der sozialistische *Appeal to Reason* (*Aufruf zur Vernunft*) wurden durch das Verbot, in Kriegszeiten abweichende Meinungen zu veröffentlichen, praktisch mundtot gemacht.

Zu Creel und Bernays gesellte sich beim CPI der anglophile Journalist und enge Wilson-Berater Walter Lippmann. Bereits als junger *Harvard*-Absolvent war Lippmann angeworben worden, um quasi als Verbindungsmann zwischen den Wall-Street-Interessen um Morgan und der britischen Geheimgesellschaft *Round Table* zu fungieren. Dieser *Round Table* hatte seit seiner Gründung im Jahre 1909 eine maßgebliche Rolle dabei gespielt, die englische Bevölkerung aufzuwiegeln und auf einen Krieg gegen Deutschland vorzubereiten.[23]

Lippmann wurde durch seine regelmäßig zweimal pro Woche erscheinenden Leitartikel in der New Yorker *Herald Tribune,* die in mehreren hundert Zeitungen in ganz Amerika nachgedruckt wurden, zu einer der einflussreichsten pro-britischen Stimmen in den USA. Seine Kommentare spielten eine entscheidende Rolle dabei, die Loyalität der gebildeten amerikanischen Mittelschicht zu gewinnen, die sich normalerweise eher neutral verhielt oder den Krieg ablehnte.

Seinen besonderen Erfolg, in nur wenigen Monaten eine regelrechte Massenhysterie für den Krieg zu entfachen, verdankte das *Committee on Public Information* jedoch Bernays' besonders abwegiger Begabung, die

Psychologie des Mobs mit der psychologischen Manipulation verschiedener menschlicher Emotionen zu verknüpfen, die er mithilfe seines Onkels entwickelt hatte. Unter vollem Einsatz von Bernays Talenten untersuchte das CPI im Stile einer Werbeagentur der Madison Avenue die unterschiedlichsten Wege, wie bestimmte Informationen tatsächlich bei der Bevölkerung ankamen. Anschließend wurden diese Kanäle mit Kriegspropaganda gefüttert.

Die Inlandsabteilung des CPI bestand aus 19 Unterabteilungen, die sich jeweils auf einen bestimmten Typ Propaganda konzentrierten. Die Nachrichtenabteilung des CPI verteilte viele tausend Presseerklärungen, das war der wichtigste Weg zur Verbreitung von Informationen über den Krieg. Die CPI-Nachrichtenleute brüsteten sich damit, dass angeblich jede Woche mehr als 20 000 amerikanische Zeitungskolumnen mit Material aus diesen CPI-Erklärungen erschienen; natürlich wurde die Nachrichtenquelle dabei niemals genannt. Das CPI richtete auch eine Abteilung namens *Syndicated Features* (etwa: Feature-Verband) ein und warb dafür bei Autoren von Romanen und Kurzgeschichten sowie bei Essayisten. Diese Schriftsteller sollten den Durchschnittsamerikanern den Krieg in Bildern vermitteln, die einfach zu verstehen waren. Jeden Monat erreichte das CPI so etwa zwölf Millionen Menschen.

In einer CPI-Abteilung für *Civic and Educational Cooperation* (etwa: Staatsbürgerliche Erziehung und Zusammenarbeit) verfassten englandfreundliche Gelehrte Broschüren mit Überschriften wie *Das Flüstern der Deutschen, Deutsche Kriegspraktiken* und *Eroberung und Kultur*. Es war ungeschminkte Propaganda. Angesehenere Denker wie John Dewey und Lippmann wandten sich hingegen an eine aufgeklärtere amerikanische Öffentlichkeit. Jeder Bevölkerungsschicht wurde so eine eigene, sorgsam auf sie abgestimmte Kriegspropaganda serviert.

Zur CPI-Abteilung Bebilderte Öffentlichkeitsarbeit (*Division of Pictorial Publicity*) zählten die begabtesten Reklamezeichner und Karikaturisten der damaligen Zeit. Zeitungen und Zeitschriften stellten bereitwillig Werbeseiten zur Verfügung. Es war fast unmöglich, eine Zeitung aufzuschlagen, ohne auf CPI-Material zu stoßen. Überzeugend gemachte Plakate, dazu in patriotischen Farben gemalt, erschienen auf Werbetafeln im ganzen Land. Mit eingängigen Karikaturen wurden die Amerikaner zum Kauf von Liberty Bonds animiert; andere Plakate wandten sich direkt an junge Männer:»Uncle Sam Wants You!«

Eine Filmabteilung sorgte dafür, dass auch im Kino für den Krieg geworben wurde. Das CPI gründete ein landesweites Freiwilligen-Corps namens *Four Minute Men* (Vierminutenmänner), dem bis zu 75 000 begeisterte Freiwillige angehörten, deren Aufgabe darin bestand, als offizielle Vertreter des regierungseigenen CPI bei jeder Filmvorführung zu erscheinen und eine vierminütige gepfefferte Ansprache zur Unterstützung des Kriegs, zum Kauf von Liberty Bonds etc. zu halten. Der Erfolg war ungeheuer groß.

In einem Leitartikel der Filmzeitschrift *The Motion Picture News* wurde 1917 behauptet,»jeder, der in dieser Branche tätig ist, will seinen Beitrag leisten«, und versprochen,»durch Lichtbilder, Vorfilme, Filmankündigungen und Zeitungswerbung diese Propaganda zu verbreiten, die unbedingt nötig ist, damit die großen Ressourcen des Landes umgehend mobilisiert werden«. Filme mit Titeln wie *Der Kaiser: Die Bestie von Berlin, Wölfe der Kultur* und *Pershings Kreuzritter* liefen in den amerikanischen Kinos im ganzen Land. Ein Film mit dem Titel *Zur Hölle mit dem Kaiser* war so beliebt, dass in Massachusetts einmal die Polizei gerufen werden musste, um eine aufgebrachte Menge auseinanderzutreiben, die wegen Überfüllung an der Kinokasse abgewiesen worden war.

Da die Propagandisten versuchten,»für den anderen zu denken«, bevorzugten sie indirekte Botschaften gegenüber offenen, logischen Argumenten. Während des Krieges setzte das CPI zu diesem Zweck wohlkalkulierte emotionale Appelle ein, in denen Deutschland verteufelt, der Krieg mit den Zielen unterschiedlichster sozialer Gruppen in Verbindung gebracht und, falls nötig, auch rundheraus gelogen wurde.

Appell an einfache Gefühle

Die CPI-Propaganda sprach bewusst das Herz und nicht den Verstand an. Sie war stark von Bernays' Anwendungen der Erkenntnisse Sigmund Freuds beeinflusst. Gefühlsagitation war eine bevorzugte Technik der Strategen des CPI, die wohl wussten, dass jede Emotion durch gekonnte Manipulation in Aktivität»abgeleitet« werden kann. In einem unmittelbar nach Kriegsende in der Zeitschrift *Scientific Monthly* erschienenen Artikel wurde behauptet,»die Einzelheiten über das Leiden eines kleinen Mädchens und ihres Kätzchens können unseren Hass gegen die Deutschen mobilisieren, unsere Sympathie für die Armenier wecken, uns für das Rote Kreuz begeistern oder uns dazu bewegen, für das Tierheim zu spenden«.

Das CPI schuf Kriegs-Slogans wie»Blutendes Belgien«,»Der kriminelle Kaiser«oder»Macht die Welt sicher für die Demokratie«. Ein typisches Propagandaplakat zeigte einen aggressiven, bajonettschwingenden deutschen Soldaten unter der Überschrift»Vertreibt den Hunnen mit Freiheitsanleihen«. Damit wurden zum Beispiel die Gefühle von Hass und Angst in Spenden für den Krieg umgeleitet.

Nach dem Krieg schrieb Harold Lasswell von der Universität Chicago in einer soziologischen und psychologischen Untersuchung über die Rolle der Propaganda während des Krieges, der Grund für das Scheitern der deutschen Propaganda in Amerika sei gewesen, dass die Deutschen die Logik mehr betont hätten als die Leidenschaft. Der deutsche Diplomat Graf von Bernsdorff machte eine ähnliche Beobachtung aus einem anderen Blickwinkel:»Das herausragende Charakteristikum des Durchschnittsamerikaners ist eher große, wenn auch oberflächliche Sentimentalität.«[24] Wie die deutschen Presseerklärungen zeigen, fehlte den Deutschen für diese Tatsache jegliches Verständnis.

Eine weitere Propagandatechnik des CPI bestand in der Dämonisierung des Feindes.»Die psychologischen Widerstände gegen den Krieg sind in den modernen Ländern so groß«, schrieb Lasswell,»dass jeder Krieg als Verteidigungskrieg gegen einen bedrohlichen, mörderischen Aggressor dargestellt werden muss. Es darf keinen Zweifel darüber geben, wen die Öffentlichkeit hassen muss.« In CPI-Broschüren wurden die Deutschen als verkommene, brutale Aggressoren dargestellt. So fragte in einer CPI-Veröffentlichung Professor Vernon Kellogg:»Kann es da verwundern, dass nach dem Krieg die Menschen auf der Welt immer dann, wenn sie erkennen, dass der andere ein Deutscher ist, vor Schreck ausweichen, damit sie ihn nicht berühren, wenn er an ihnen vorübergeht, oder sich nach Steinen bücken, um ihn zu vertreiben?«[25]

Eine besonders wirksame Strategie zur Dämonisierung der Deutschen war das Verbreiten von Berichten über Gewalttaten.»Eine einfache Regel, wie man Hass weckt«, sagte Lasswell,»lautet: Wenn sie sich nicht gleich erregen lassen, dann präsentiere ihnen eine Gräueltat. Diese Regel ist bei allen bekannten Konflikten unter Menschen immer erfolgreich angewandt worden.« Unglaubliche Geschichten über barbarisches Vorgehen der Deutschen in Belgien und Frankreich leisteten dem Mythos von der Brutalität der Deutschen Vorschub. Laut CPI-Propaganda amüsierten sich die deutschen Soldaten damit, belgischen Säuglingen die Hände abzuschneiden. Eine weitere oft wiederholte Schreckensmeldung beschrieb, wie deutsche Soldaten belgischen Frauen aus schierer Bosheit die Brüste abschnitten.

1927 verfasste Lasswell eine umfangreiche Studie mit dem Titel *Propaganda Technique in the World War* (*Propagandatechnik im Weltkrieg*), in der er die Arbeit von Creel, Lippmann und Bernays eingehend analysierte. Er teilte ihre Überzeugung, dass man nicht darauf vertrauen könne, dass die Bevölkerung in einer Demokratie sich so verhielte, wie die Elite es wünschte, und daher mit emotionalen Appellen entsprechend manipuliert werden müsse.

Nach dem Krieg gestand Edward Bernays ein, dass seine Kollegen angebliche Gräueltaten benutzt hatten, um einen öffentlichen Aufschrei gegen Deutschland zu erzeugen. Einige dieser Gräuelgeschichten, die im Krieg umliefen – wie beispielsweise die über eine Badewanne voller Augäpfel oder die Geschichte eines siebenjährigen Jungen, der deutschen Soldaten mit einem Holzgewehr entgegentrat –, waren wiederaufgewärmte Geschichten aus früheren Konflikten. In seiner Arbeit über die Propaganda in Kriegszeiten behauptete Lasswell, Gräuelgeschichten seien immer beliebt, weil die Zuhörer ihre selbstgerechte Entrüstung über den Feind fühlen und sich bis zu einem gewissen Grade mit den Verbrechern identifizieren könnten. So schrieb er: »Eine junge Frau, die vom Feind missbraucht worden ist, gibt einer ganzen Reihe von Vergewaltigern auf der anderen Seite der Grenze eine geheime Befriedigung.«[26]

Um die Propagandawirkung zu verstärken, unternahm das regierungsgesteuerte CPI große Anstrengungen, allgemein verwendete germanische Ausdrücke auszutauschen – so sollten beispielsweise aus »Hamburgern« nun »Freiheitssteaks« werden. Man fühlt sich sofort daran erinnert, dass Jahrzehnte später die Bush-Regierung versuchte, Frankreich wegen der Ablehnung des Irak-Krieges dadurch zu ächten, dass man fortan nicht mehr von »French fries« (Pommes frites), sondern von »Freedom fries« sprach. Aus Sauerkraut wurde damals auf dem amerikanischen Speiseplan »Freiheitskohl«, und bekannte deutsche Milchschokolade wurde in dänische Milchschokolade umgetauft. In weiten Teilen der USA lebten friedfertige und patriotische Deutsch-Amerikaner in Angst vor Angriffen durch Horden oder organisierte Banden, allein wegen ihrer ethnischen Herkunft.

Die Erfahrungen Lippmanns, Bernays', Lasswells und anderer Autoren mit den ungewöhnlichen Techniken der Meinungsmanipulation der Massen während des Krieges wurden zum Ausgangspunkt einer Veränderung des Landes: Dem äußeren, trügerischen Erscheinungsbild nach war Amerika zwar eine Demokratie, im Inneren wurde das Land jedoch von einer Plutokratie regiert, die ihre eigenen Interessen verfolgte.

In einem bemerkenswert offenherzigen Buch mit dem einfachen Titel *Propaganda* schrieb Bernays im Jahr 1928:»Es war natürlich der erstaunliche Erfolg der Propaganda während des Krieges, der den intelligenten wenigen ... die Augen dafür öffnete, wie sich das öffentliche Denken manipulieren ließ.« In Bezug auf seine eigenen Bemühungen mit dem CPI fuhr Bernays fort:»Die amerikanische Regierung entwickelte eine Technik, die ... neu war; ... die Manipulatoren des patriotischen Denkens nutzten geistige Klischees und die emotionalen Gewohnheiten der Öffentlichkeit, um eine Reaktion der Massen gegen angebliche Gräueltaten, den Terror und die Tyrannei des Feindes zu produzieren. Es war nach Kriegsende nur natürlich, dass sich intelligente Menschen fragten, ob es nicht möglich sei, eine ähnliche Technik auch auf die Probleme des Friedens anzuwenden.«[27]

Es sollte sich zeigen, dass das nur allzu möglich war.

In der Folgezeit schuf Bernays einen neuen Berufszweig, den er Public Relations (Öffentlichkeitsarbeit) nannte. In einem Buch, das er nach dem Zweiten Weltkrieg veröffentlichte, bezeichnete Bernays seine eigene Tätigkeit als»die Handhabung des Konsensus«[28]. Die Methoden der Werbebranche in der New Yorker Madison Avenue und ihre ausgeklügelten Techniken, einen unbewussten, triebhaften Wunsch zu erwecken, bestimmte Produkte wie Zigaretten, teure Damenschuhe oder was immer der Kunde – politische Kunden eingeschlossen – wünscht, zu kaufen, all dies war Bernays' Werk. Er erwarb sich den Titel»The Father of Spin«(Vater der Neuinterpretation), eine Referenz an die Technik, die Wirklichkeit in gewünschter Manier zu manipulieren – sei es, um eine bestimmte Politik oder um eine bestimmte Seife zu verkaufen.[29]

Während die bemerkenswerte Propagandamaschine des *Committee on Public Information* (CPI) der Wilson-Regierung in der amerikanischen Bevölkerung eine Kriegsstimmung erzeugte, konnten J. P. Morgan und die mit ihm verbündeten Wall-Street-Interessen, die hinter der privaten Finanzierung und Ausrüstung für England, Frankreich und Italien standen, ihr lukratives Geschäft in erheblich größerem Umfang weiterführen. Allerdings waren jetzt ihre Geschäfte durch den *full faith and credit* der Regierung der Vereinigten Staaten garantiert und durch die praktisch unbegrenzte Fähigkeit der neugeschaffenen *Federal Reserve* und deren Mitgliedsbanken abgesichert. Sie alle bürgten für das außerordentlich hohe Risiko, das Morgan und die privaten Finanzinteressen des Money Trusts eingingen.

Die unglaublichen Kosten des Krieges

Ein entsetzlicher, vier lange Jahre dauernder Krieg führte zu unermesslich hohen Verlusten an Menschen und zu ungeheuren Zerstörungen. Die offiziellen Statistiken der Regierung beziffern die Opferzahlen, die dieser »Krieg, der alle Kriege beenden sollte« direkt oder indirekt forderte, auf 16 bis 20 Millionen Menschen – sieben Millionen davon waren Soldaten und über zehn Millionen Zivilisten. Der Oberbefehlshaber der US-Expeditionsstreitkräfte, den Wilson nach Europa entsandt hatte, um die amerikanischen Truppen zu kommandieren, General John J. Pershing, wurde in New York mit einer Konfettiparade geehrt. Das Bild glich dem Empfang eines römischen Kaisers, der mit reicher Kriegsbeute versehen siegreich aus einem Feldzug in einem fremden Land zurückkehrte.[30] Nur erhielten in diesem Fall nicht die Generäle die reiche Kriegsbeute, sondern das Haus *Morgan* sowie die Investmenthäuser und -banken der Wall Street. Sie kontrollierten das Geschäft mit dem Kauf und Verkauf der Liberty Bonds der *Federal Reserve* und anderer Regierungsanleihen, mit denen die Beteiligung am Ersten Weltkrieg finanziert wurde.

Die Kosten des Krieges erreichten, für alle Länder zusammengenommen, die schwindelerregende Höhe von 186 Milliarden Dollar, also 186 000 000 000 Dollar. Davon hatte Deutschland ungefähr 39 Milliarden Dollar aufgebracht, die Vereinigten Staaten und ihre Alliierten dagegen 123 Milliarden Dollar. Allein die Kosten für die amerikanische Kriegsbeteiligung ab April 1917 beliefen sich auf die enorme Summe von 22 Milliarden Dollar – für nur gut zwei Jahre aktiver Kriegshandlungen.[31]

Zum Zeitpunkt der Unterzeichnung des Versailler Friedensvertrages am 28. Juni 1919 hatten Großbritannien und das Britische Empire inklusive Indien, Kanada und der Länder des *Commonwealth* insgesamt elf Milliarden Pfund Sterling, das waren damals 54 Milliarden US-Dollar, für den Krieg gegen Deutschland und die verbündeten Mittelmächte aufgewendet. Um die historische Größenordnung dieser Zahl ermessen zu können, muss man sich vor Augen halten, dass in den sechs Haushaltsjahren zwischen dem 31. März 1914 und dem 31. März 1920 die Ausgaben der englischen Regierung zusammengerechnet höher waren als die Gesamtausgaben in den 225 Jahren vor 1914.

Über 36 Prozent davon bezahlten die britischen Steuerzahler. Die restlichen 64 Prozent wurden geliehen, hauptsächlich von der Regierung der Vereinigten Staaten, und zwar über die Institution *Federal Reserve*. Großbritannien hatte sich insgesamt 7,4 Milliarden Pfund Sterling geborgt, wobei 4,86 Dollar für das Pfund berechnet wurde. 1914, vor Ausbruch des Ersten Weltkriegs, betrug die britische Staatsverschuldung lediglich 711 Millionen Pfund Sterling, nicht einmal fünf Prozent des gesamten Reichtums des Landes. Am Ende des Krieges war die Verschuldung auf 8,2 Milliarden Pfund gestiegen – ein Anstieg der öffentlichen Verschuldung um mehr als das Elffache in sechs Jahren. Das war das Ende des Britischen Empires als Bankenmetropole der Welt, wie es Thomas Lamont 1915 prognostiziert hatte. England erstickte an seinen Kriegsschulden.[32] Die öffentliche Verschuldung in den USA stieg im Verlauf dieses Krieges um etwa 2500 Prozent, von einer Milliarde Dollar 1913 auf über 25 Milliarden Dollar Ende 1919. Finanziert wurde diese Verschuldung durch den Verkauf von öffentlichen Anleihen über die *Federal Reserve* und die Privatbanken, die mit Anleihen handelten, an erster Stelle also von *J. P. Morgan, Kuhn Loeb* und anderen Wall-Street-Banken. Für diese Banken war das ein enorm einträgliches Geschäft.[33]

Allerdings bestand das Problem für J. P. Morgan, Rockefeller und das ganze Establishment der Wall Street nun aber darin, dass das übrige Land noch nicht bereit war, sich den Mantel eines Weltreichs umzuhängen, der bisher von Großbritannien getragen worden war. Dafür brauchte man noch etwas mehr Einsatz, sehr viel mehr Yankee-Erfindungsgabe und einen weiteren Weltkrieg.

Für *J. P. Morgan & Co.* und ihre Freunde im Money Trust an der Wall Street war es von höchster Bedeutung, dass sich der Status der Vereinigten Staaten durch den Ersten Weltkrieg änderte, wie der Morgan-Vertreter Thomas Lamont dies 1915 bei seiner Rede vor der Amerikanischen Akademie für Politik und Gesellschaftswissenschaften in Philadelphia prognostiziert hatte. Amerika wurde von einer Schuldnernation zur größten Gläubigernation der Welt, eine Rolle, die England zuvor bekleidet hatte.

Während des Krieges verlagerte sich der Markt für Akzeptbanken von London nach New York. Der Bankier Paul Warburg, ehemals Vorstandsmitglied der *Federal Reserve* und Architekt des *Federal-Reserve*-Gesetzes, der jetzt wieder bei *Kuhn Loeb* tätig war, stieg zum mächtigsten Akzeptbankier der Welt auf. Noch immer bildete der Goldstandard die Grundlage des Währungskurses, und die jetzt von den New Yorker Bankiers angeführte kleine Gruppe internationaler Bankiers, die das

Gold besaß, kontrollierte jetzt das Währungssystem aller westlichen Länder. Großbritannien konnte erst 1925 zum Goldstandard zurückkehren und auch dann nur mithilfe einer Goldanleihe von Benjamin Strongs New Yorker *Federal Reserve* an die *Bank of England* und eines zusätzlichen Privatkredits von 100 Millionen Dollar von *J. P. Morgan & Co*. Doch diese Rückkehr zum Goldstandard sollte sich für die englische Wirtschaft als verhängnisvoll erweisen.

Im Dezember 1919 setzten die New Yorker Bankiers beim US-Kongress eine Änderung des »Federal Reserve Acts« von 1913 durch, das sogenannte »Edge Amendment«. Aufgrund dieser kleinen Änderung konnten besondere Finanzinstitute gebildet werden, die sich ausdrücklich »in internationalen oder ausländischen Bankgeschäften oder anderen internationalen oder ausländischen Finanzoperationen engagieren (konnten), einschließlich dem Handel in Gold und Goldbarren und dem Besitz von Aktien ausländischer Unternehmen«. In einem Kommentar dieser Änderung betonte Prof. E. W. Kemmerer, Wirtschaftswissenschaftler an der *Princeton University*: »Die *Federal Reserve* erweist sich als sehr einflussreich bei der Internationalisierung des amerikanischen Handels und der amerikanischen Finanzgeschäfte.«[34]

Kemmerer, der bei dieser Internationalisierung des New Yorker Bankwesens in den 1920er-Jahren eine wichtige Rolle gespielt hat, wusste, wovon er sprach. Genau deswegen hatten J. P. Morgan, Warburg, Rockefeller und die anderen Mitglieder des inneren Kreises des Money Trusts an der Wall Street so stark darauf gedrungen, eine *Federal Reserve* zu gründen, die sich im Privatbesitz befand. Wie diese *Federal Reserve* später, in den zehn Jahren nach Ende des Ersten Weltkriegs, die Weltpolitik definierte, das sollte sich als bemerkenswert erweisen.

Anmerkungen:

1 Carroll Quigley, *The Anglo-American Establishment: From Rhodes to Cliveden*, Books in Focus, New York 1981, S. 38–39.
2 Ebenda, S. 33–34.
3 Phil Konstantin, »The Boer War South Africa, 1899–1902«, *The History Ring*, San Diego, am 25. Juli 2008 aufgerufen unter *www.geocities.com/Athens/Acropo/8141/boerwar.html*.
4 Eine interessante geopolitische Sichtweise dieser Rivalität um die weltweite

Vorherrschaft findet sich in Peter J. Taylor, *Britain and the Cold War: 1945 as Geopolitical Transition*, Pinter Publishers, London 1990, S. 17:»Im Nachhinein können wir die zwei Weltkriege als Wettstreit um die Nachfolge der Briten zwischen Deutschland und den USA interpretieren. Der Wettstreit wurde erst am Ende des Zweiten Weltkriegs und der bedingungslosen Kapitulation Deutschlands entschieden.«

5 Brooks Adams, *The New Empire*, Macmillan, New York 1902, S. xi–xxxiii.

6 Ebenda, S. xxxiii.

7 Frederick Jackson Turner, *The Significance of the Frontier in American History*, Henry Holt and Co., New York 1995, S. 1, 33, 59.

8 Brooks Adams, a. a. O.

9 F. William Engdahl, *Mit der Ölwaffe zur Weltmacht – Der Weg zur neuen Weltordnung*, Kopp Verlag, Rottenburg 2006, Kapitel 4, S. 57–59.

10 F. William Engdahl,»Oil and the Origins of the Great War«, *History Compass*, 5/6 (2007), Oxford, Blackwells Publishing Ltd., S. 2041–2060; der Entwurf ist einsehbar unter *www.engdahl.oilgeopolitics.net*.

11 Ferdinand Lundberg, *Americas Sixty Families*, Vanguard Press, New York 1937, S. 130.

12 Ebenda, S. 130–133.

13 F. William Engdahl, *Mit der Ölwaffe zur Weltmacht*, a. a. O., S. 59–60.

14 Die Nye-Kommission, *Report of the Special Committee on Investigation of the Munitions Industry (The Nye Report)*, U.S. Congress, Senate, 74th Congress, 2nd Session, 24. Februar 1936.

15 [Der britische Botschafter in Washington, Sir Cecil] Spring Rice an [Außenminister Sir Edward] Grey, 20. Januar 1915, f. 60, FO 800/85, zitiert in Kathleen Burk, *Britain, America and the Sinews of War 1914–1918*, George, Allen & Unwin, London 1985, S. 21. Spring Rice war Trauzeuge bei der Hochzeit J. P. Morgans jun. gewesen und gehörte der elitären Wall-Street-London *Pilgrims Society* an.

16 Die Nye-Kommission, a. a. O.

17 Thomas W. Lamont, *The Effect of the War on America's Financial Position*, Annals of the American Academy of Political and Social Science, 1915, S. 106–112.

18 Die Nye-Kommission, a. a. O., S. 3–13.

19 F. William Engdahl, a. a. O., S. 63–64.

20 Walter Hines Page an Präsident Woodrow Wilson, 5. April 1917, zitiert in Ferdinand Lundberg, a. a. O., S. 141.

21 Woodrow Wilson,»Speech to Congress« (Rede vor dem Kongress), 2. April 1917, in *Source Records of the Great War*, Bd. V, hrsg. von Charles F. Horne,

National Alumni, 1923, im Internet unter *www.firstworldwar.com/source/ usawardeclara tion.htm*, aufgerufen am 4. August 2008.

22 Walter Hines Page, a. a. O., S. 141.

23 Carroll Quigley, *Tragedy and Hope, A History of the World in Our Time*, Macmillan Co., New York 1966, S. 539. (Deutsche Ausgabe: *Katastrophe und Hoffnung: Eine Geschichte der Welt in unserer Zeit*, Perseus, Basel 2006.)

24 Aaron Delwiche, *Of Fraud and Force Fast Woven – Domestic Propaganda During the First World War*, unter *www.firstworldwar.com*, 11. August 2001, aufgerufen am 5. August 2008.

25 Harold D. Lasswell, *Propaganda Technique in the World War*, New York 1927, zitiert in Aaron Delwiche, a. a. O.

26 Zitiert in Aaron Delwiche, a. a. O.

27 Edward Bernays, *Propaganda*, 1928, IG Publishers, Brooklyn, NY, S. 54–55. (In deutscher Sprache erhältlich: *Edward Bernays Propaganda: Die Kunst der Public Relations*, von Edward Bernays und Patrick Schnur, 2007, Orange Press.)

28 Edward L. Bernays, Hrsg., *The Engineering of Consent*, Norman, University of Oklahoma Press, 1955, S. 3–4. Hier definiert Bernays seine Sichtweise wie folgt:»Public Relations ist der Versuch, durch Information, Überredung und Anpassung die öffentliche Unterstützung für eine Aktion, ein Anliegen, eine Bewegung oder eine Institution zu erreichen.«

29 Larry Tye, *The Father of Spin: Edward L. Bernays and the Birth of Public Relations,* Henry Holt & Co., New York 1998, S. 27–31.

30 Richard J. Beamish und Francis A. March, *America's Part in the World War: A History of the Full Greatness of Our Country's Achievements*, The John C. Winston Co., Philadelphia 1919.

31 Ebenda, S. 24.

32 Harvey E. Fisk, *English Public Finance From the Revolution of 1688*, Bankers Trust Company, New York 1920, S. 1–5. Es ist bemerkenswert, dass der Bankers Trust, eine Morgan-Bank, diese ausführliche Studie über die englischen Finanzen in der Frühphase des Ersten Weltkriegs angefertigt hat.

33 *The New York Times*,»World Debts Now $265 000 000 000: World War Caused Increase of $221 000 000 000, Says Bank Statistician«, 27. Juni 1920.

34 Zitiert in Eustace Mullins, a. a. O., S. 124.

KAPITEL 4

Die Kontrolle über das Geld: Widersprüchliche Ziele zweier rivalisierender Empires

»Die Sprengmine, die unter dem Wirtschaftssystem der Welt lag, trat nun deutlich zutage ... Jetzt wurde klar, warum die Krise in Europa so lange hinausgeschoben worden war. Sie hatten Wechsel A ausgestellt, um B und ihre internen Defizite zu begleichen. Ich kann mich nicht erinnern, je einen schlimmeren Schock erlitten zu haben.«
Präsident Herbert Hoover über die Krise von 1931

Der US-Kongress entdeckt den Money Trust

Ob James Pierpont Morgan die Politik gebilligt hätte, die das Haus *Morgan* nach seinem Tod Anfang 1913 betrieb, wenn er denn bis zum Ende der 1920er-Jahre gelebt hätte und noch aktiv ins Geschehen hätte eingreifen können, lässt sich unmöglich sagen. J.P. Morgan starb kurz bevor die *Federal Reserve* 1914 offiziell ihre Türen öffnete. Ein Hinweis auf die persönliche Autorität des 75-jährigen Morgan findet sich im *Wall Street Journal* vom Februar 1912:

»Die Lage, die sich in den vergangenen 15 Jahren an der Wall Street herausgebildet hat, ist weitgehend persönlich bedingt, und die Autorität, die in Herrn Morgans Händen liegt – einem Mann von 75 Jahren –, lässt sich nicht einfach auf seine Nachfolger übertragen. Derartige Männer haben keine Nachfolger; und ihr Werk bleibt nach ihrem Tod entweder unerfüllt, oder die Welt erfindet stattdessen andere Mittel und Wege.«

Morgan starb wenige Monate, nachdem er sich vor der populistisch orientierten Pujo-Kommission des Bankenausschusses im Repräsentantenhaus zu Anschuldigungen von Monopolpraktiken im Finanzwesen hatte äußern müssen. Seine Aussage, für ihn sei die wichtigste Überlegung bei der Entscheidung über Kreditwürdigkeit der persönliche Charakter eines Menschen, wurde von den Massenmedien der Lächerlichkeit preisgegeben. Sie beschimpften den Bankier als Kopf eines allmächtigen

»Money Trusts«.[1] Dieser Vorwurf war viel berechtigter, als dem Kongress oder den meisten Amerikanern bewusst war.

Nach Morgans Tod im März des Jahres 1913, also kurz vor dem Ersten Weltkrieg, wurde das Haus *J. P. Morgan & Co.* von Partnern geleitet, darunter Henry P. Davison, William Straight (der während der Versailler Friedenskonferenz verstarb), Thomas W. Lamont und später J. P. Morgan jun.

Durch bestimmte finanzielle Verknüpfungen verband die Bank auch weiterhin das Schicksal der Wall-Street-Finanzinteressen und damit der von diesen beherrschten amerikanischen Wirtschafts- und Finanzwelt mit der Zukunft Englands nach dem Krieg. Die Politik des Hauses *Morgan* zielte darauf ab, ein amerikanisches Finanzimperium zu errichten, das am Ende die Rolle spielen sollte, die die Londoner City vor dem Krieg innegehabt hatte: die der führenden Finanzsupermacht der Welt. *J. P. Morgan & Co.*, Rockefellers Finanzgruppe und die wichtigsten Investmentbanken an der Wall Street, wie *Kuhn Loeb* und *Dillon Read*, spielten bei dieser Entwicklung eine tragende Rolle.

Die Art der ausländischen Verstrickungen des Hauses *Morgan* nach dem Ersten Weltkrieg, die durch seine Kontrolle über die *Federal Reserve* erleichtert wurde, war für die Vereinigten Staaten und letztendlich auch für die Welt hoch problematisch. Der dominoartige Ausfall dieser von Morgan initiierten Kreditverbindungen nach Europa und darüber hinaus in der Zeit von 1929 bis 1931 machte aus einem handhabbaren Kollaps des amerikanischen Aktienmarkts die schlimmste Depression in der Geschichte Amerikas, die ihrerseits eine weltweite Depression auslöste. In einer Weise, die bemerkenswerte Analogien zur Natur der jetzigen globalen Finanzkrise von 2007/2008 aufweist, stützten sich die Kredite ab 1919 weltweit auf eine Pyramide immer fragwürdigerer Schulden, auf deren Spitze das Haus *Morgan* und die Finanzhäuser der Wall Street thronten. Die meisten Staaten Europas und eine Reihe weniger entwickelter Länder von Bolivien bis Polen waren ebenfalls Teil dieser Kreditpyramide der Wall Street.

Wenig verstanden – und entsprechend wenig diskutiert – wurde damals und in den Jahrzehnten nach der Großen Depression und der Krise in Europa von 1931 der zentrale Grund für den Zusammenbruch der Weltwirtschaft. Der wirkliche Ursprung der Großen Depression von 1931 bis 1938 lag nicht in einem überbewerteten New Yorker Aktienmarkt und dem darauffolgenden Kollaps. Der wahre Grund für die weltweite Depression und Bankenkrise am Beginn der 1930er-Jahre und damit die Triebkraft hinter der ursprünglichen Aktienblase war vielmehr, dass das Haus *Morgan* und das Wall-Street-Establishment, die ja während der Regierungszeit der Republikaner in den 1920er-Jahren die US-Außenpolitik bestimmt hatten, von einer falschen Vorstellung ausgingen. Diese Kreise waren besessen von der Idee, die Macht zu ergreifen und die Rolle zu übernehmen, die London vor dem Weltkrieg gespielt hatte, nämlich die des Zentrums des Weltfinanzsystems. Diese zentrale Stellung sollte nun New York einnehmen – und Gold sollte bei dieser Machtübernahme die entscheidende Rolle spielen.

Im New Yorker Money Trust gab es zwar unterschiedliche Ansichten darüber, wie man diesen Währungsputsch am besten zum Erfolg führen konnte, doch über die Tatsache, dass New York zum Finanzzentrum der Welt werden und London in dieser Rolle ablösen sollte, bestand Einigkeit.

Die Morgan-Fraktion, die seit den 1870er-Jahren in den Vereinigten Staaten durch ihre engen Verbindungen zu führenden Finanzgruppen in London, allen voran den Rothschilds, derart mächtig geworden war, hielt die Strategie einer gemeinsamen Allianz in Form einer »Sonderbeziehung« (special relationship) zwischen einer geschwächten Londoner City und der aufstrebenden Macht der Wall Street für den besten Weg, endgültig ein »Amerikanisches Jahrhundert« etablieren zu können. J. P. Morgans Verbindungen mit der Londoner City und dem britischen Finanzministerium waren so stark, dass die New Yorker Bank bis zum September 1931, als England gegen den Willen von *J. P. Morgan & Co.* den Goldstandard aufgab, als offizieller Finanzvertreter der britischen Regierung in den Vereinigten Staaten fungierte. Der einflussreiche Gouverneur der New Yorker *Federal Reserve*, Benjamin Strong, teilte Morgans Ansicht nachdrücklich.[2]

Andere Finanzhäuser an der Wall Street, besonders *Dillon Read & Co.* und ihr einflussreicher Berater Edwin Kemmerer, der in den 1920er-Jahren die Schlüsselrolle bei der Reorganisation eines neuen, von den USA dominierten Goldstandards spielte, waren anderer Ansicht. Zwar wollten auch sie, dass ein aufsteigendes informelles US-Empire, dessen Macht auf der Rolle der amerikanischen Goldreserven und der Wall-Street-Banken beruhte, England schließlich als führende Weltmacht ersetzen sollte. Doch Kemmerer und andere Bankiers in seinem Kreis fanden es überhaupt nicht notwendig, so behutsam mit der Londoner City oder mit England im Allgemeinen umzugehen wie das Haus *Morgan*, das mit *Morgan Grenfell* über eine einflussreiche Tochtergesellschaft verfügte und sowohl enge Verbindungen zur *Bank of England* als auch zu *Fed*-Gouverneur Strong unterhielt.[3]

Trotzdem waren sich alle großen Fraktionen an der Wall Street darin einig, dass ihre Zukunft im hoch profitablen Kreditgeschäft mit Europa, Lateinamerika, Japan und der restlichen Welt lag. Alle diese Länder und Kontinente waren fast ein Jahrhundert lang praktisch eine Provinz der Londoner City gewesen. Diese Kredite und insbesondere die Kreditbürgschaften der Wall Street für Kredite, die an die ganze Welt vergeben wurden, bescherten den Bankiers in New York attraktive Auslandszinssätze von fünf bis acht Prozent. Die Anleihen oder Kredite wurden in der Regel von den Regierungen der einzelnen Länder abgesichert, die zuvor zugestimmt hatten, ihre Nachkriegswährungen durch eine Anlehnung an einen US-dominierten neuen Goldstandard zu »stabilisieren«. Dieses Stabilisierungssystem war eine primitive Ad-hoc-Version dessen, was die New Yorker Banken später mit dem Internationalen Währungsfonds und der Weltbank als Kern des Dollar-Systems nach dem Zweiten Weltkrieg institutionell verankern sollten.

Bereits im Februar 1922, in der Frühphase der Auslandskreditblase, hatte Präsident Warren Harding auf Druck des damaligen Handelsministers Herbert Hoover eine Sonderkonferenz im Weißen Haus einberufen. Hoover war besorgt über den dramatischen Anstieg der Auslandskredite durch amerikanische Banken und die damit verbundenen Risiken. An dem Treffen nahmen teil: Präsident Harding, Finanzminister Andrew Mellon, Außenminister Charles Evans Hughes, Handelsminister Hoover und führende Vertreter der die Anleihen ausgebenden Wall-Street-Banken, wie *J. P. Morgan, Dillon Read, Kuhn Loeb* und andere Institute. Ziel war es, die möglichen Gefahren einer solch ausgedehnten Ausgabe von Auslandskrediten für die Gesundheit der amerikanischen Wirtschaft zu beurteilen, insbesondere in den Fällen, in denen die Risiken nicht bekannt waren. Die Teilnehmer des Treffens kamen zu dem Schluss, dass alle Vorschläge für neue Auslandskredite dem US-Außenministerium zur Beurteilung vorgelegt werden sollten. Das *State Department* seinerseits sollte diese Beurteilung dann dem Handels- und dem Finanzminister zur Begutachtung vorlegen. Dem Außenministerium oblag die Beratung hinsichtlich der politischen Auswirkungen der geplanten neuen Kredite auf die Vereinigten Staaten.[4]

Bereits nach knapp einem Monat waren die mächtigen New Yorker Bankiers zum Gegenangriff bereit. Sie überzeugten Benjamin Strong, den Gouverneur der New Yorker *Federal Reserve*, energisch beim Außenminister zu protestieren und zu fordern, die Regierung solle sich gefälligst aus dem lukrativen Auslandskreditgeschäft der Wall Street »heraushalten«. Der Money Trust setzte sich durch. Präsident Harding und Finanzminister Andrew Mellon, ein einflussreicher englandfreundlicher Bankier, der ähnlich wohlbetucht war wie Rockefeller, erzwang die Rücknahme des obigen Beschlusses; die Vereinbarung wurde praktisch wirkungslos. Das boomende Auslandskreditgeschäft wuchs sogar noch stärker an, bis zum Kollaps von 1929–1931.[5]

Im Wesentlichen glich diese in den 1920er-Jahren von der Wall Street erzeugte Auslandskreditblase in puncto Risiko und unvermeidlichem Fiasko der jüngsten Verbriefungsblase an der Wall Street, die sich seit 1999 entwickelt hatte und nach ihrem Platzen im Sommer 2007 zum größten Finanzdesaster der Geschichte führte.

In der ganzen Zeit, als in den 1920er-Jahren die riesige Finanzblase entstand, hielten die Bankiers der Wall Street engen Kontakt mit dem US-Finanzminister Andrew Mellon. Dieser Mellon, der am längsten amtierende US-Finanzminister aller Zeiten, sah ungerührt zu, wie sich der gesamte Prozess entwickelte: vom Beginn der Blase im Jahre 1921 über die Amtszeit mehrerer Präsidenten hinweg. Erst 1932 wurde Mellon vom damaligen Präsidenten Hoover entlassen. Trotzdem blieb die Troika von US-Finanzministerium, *Federal Reserve Bank of New York* und Wall Street das Zentrum der amerikanischen Finanzmacht, bis hinein ins 21. Jahrhundert.

Die Höhe der Auslandsanleihen, die von der Wall Street in den zehn Jahren vor dem Börsenkrach 1929 herausgegeben wurden, betrug etwa sieben Milliarden Dollar, eine relativ gewaltige Summe, da sie damals etwa zehn Prozent des gesamten BIP entsprach.[6] Natürlich wurden über 90 Prozent der Kredite, die nach Europa vergeben wurden, von den kriegsgeschädigten europäischen Regierungen zum Kauf amerikanischer Waren aufgewendet, ein Segen für die großen an der New Yorker Börse notierten amerikanischen Unternehmen. Aber schon bald vertiefte sich genau dadurch die Depression der US-Industrie noch erheblich, denn nach 1929 brachen diese US-Verkäufe ein.

Strongs New York *Fed* übernimmt das Kommando

Unter der Leitung des mächtigen ersten Präsidenten der *Federal Reserve Bank of New York*, des Morgan-Mannes Benjamin Strong, wurden von

1914 an die Währungspolitik der USA und die Kapitalflüsse in den kritischen Jahren von 1929 bis 1931 de facto im Interesse der Wall Street gesteuert. Wall Street, das war vor allem *J. P. Morgan*, der London die Führung der Weltfinanzen abnehmen wollte. Entscheidend war bei diesem Prozess, dass unter Strongs Einfluss die Bankreserven der restlichen elf regionalen US-amerikanischen *Federal-Reserve*-Banken nach New York geschleust wurden. Strong war vorher Vizepräsident des von Morgan kontrollierten *Banker's Trust* in New York gewesen und hatte als J. P. Morgans persönlicher Gesandter 1910 an dem Geheimtreffen der Top-Bankiers auf Jekyll Island teilgenommen. Dort war der Plan entwickelt worden, der 1913 zum »Federal Reserve Act« und damit zu einer privaten US-Zentralbank führte. Strong als Morgan-Mann zu bezeichnen war deshalb keine Übertreibung.

Der mit Morgan verbundene Bankier Benjamin Strong war bis zu seinem Tod im Jahr 1928 der mächtige Präsident der New Yorker Federal Reserve. *Seine Politik des »leichten Geldes« heizte die Blase auf dem US-Aktienmarkt von 1929 an, die eine Nebenwirkung von Morgans Plan war, einen Golddevisenstandard mit Zentrum in New York einzuführen.*

Die New Yorker Banken schleusten den Reichtum, der in der Zeit zwischen 1920 und 1929 in der amerikanischen Industrie und Landwirtschaft geschaffen worden war, über die Wall Street auf den Auslandskreditmarkt. Unter dem Einfluss, den Strong, der Chef der *Federal Reserve Bank of New York*, inzwischen gewonnen hatte, konzentrierte sich nun die bei Weitem mächtigste der zwölf Mitgliederbanken der *Federal Reserve*, nämlich die von New York, vorwiegend auf das Auslandskreditgeschäft. Gleichzeitig setzte sie sich dafür ein, erneut einen internationalen Goldstandard unter Führung der Vereinigten Staaten einzurichten. Die übrigen elf regionalen *Federal-Reserve*-Banken sollten sich um die wirtschaftlichen Probleme vor Ort oder in ihrer Region kümmern. Gelder, die in den 1920er-Jahren nicht den Weg ins Ausland fanden – vor allem nach Deutschland oder auf andere gewinnträchtige

Märkte –, flossen an die New Yorker Börse, und dies nach 1925 in zunehmendem Maße.

Eine Folge des verheerenden Krieges von 1914 bis 1918 in Europa war die nie da gewesene Anhäufung von Goldreserven der europäischen Zentralbanken in den Tresoren der *Federal Reserve*, da die schulden-geplagten kriegsführenden Länder Europas, von England über Frankreich bis Italien, die von Amerika gelieferten Rüstungsgüter mit ihrem Gold bezahlen mussten.

Das führte dazu, dass nach Ende der Verhandlungen in Versailles die USA den Löwenanteil am Währungsgold der ganzen Welt besaßen: Ihre Goldreserven vermehrten sich gegenüber denen der Vorkriegszeit um 400 Prozent. Gold war bis zum Kriegsausbruch 1914 die Grundlage des internationalen Währungssystems gewesen, dessen Zentrum seit der Zeit der Napoleonischen Kriege die Londoner City war.

1920 besaß die *Federal Reserve* der Vereinigten Staaten gut 40 Prozent der gesamten Goldreserven der Welt. Die *Fed* hatte diese Goldmenge angesammelt, weil sie den welthöchsten Preis für das Währungsgold bezahlen konnte, und das in einer Zeit, als England und Kontinentaleuropa an Amerika hohe Kriegsreparationen entrichten und die Kriegsschulden begleichen mussten.[7]

Von New York aus richtete Benjamin Strong die Politik der *Federal Reserve* vornehmlich darauf aus, den internationalen Goldstandard aus der Zeit vor 1914 wiedereinzuführen, allerdings als Kernstück seiner – von der Wall Street geteilten – Vorstellungen über einen Wiederaufbau in Europa, der mit Bankkrediten und Anleihen von New Yorker Banken finanziert werden sollte – mit ansehnlichen Gewinnen, versteht sich. Man war der Meinung, ein solcher von New York dominierter Goldstandard wäre nur dann ein zuverlässiges Maß für die Wirtschaft, die Finanzen und den Handel der Welt, wenn England daran beteiligt war.

Für die Größen des Money Trusts in New York, und selbst für Benjamin Strong persönlich, spielten England und die *Bank of England* in ihrem geplanten System mit Sitz in New York eindeutig nur die Rolle eines untergeordneten»Juniorpartners«. Doch dies wollten die Londoner City und das britische Establishment keinesfalls hinnehmen. Die Forderung des US-Finanzministeriums bei den Versailler Friedensgesprächen 1919, dass die Alliierten, allen voran England, ihre gesamten Kriegskredit-Schulden in Milliardenhöhe zurückzahlen müssten, bedeutete im Klartext, dass sich die amerikanische Finanzelite nicht mehr damit zufriedengab, eine untergeordnete Rolle zu spielen. In Wahrheit war die

Montagu Norman, der Gouverneur der Bank of England, *galt von 1920 bis zu seinem Tod als mächtigster Zentralbankchef der Welt.*

gesamte Geschichte der britischen Geopolitik in Europa und der übrigen Welt in der Zeit bis zum Ausbruch des neuen Krieges im Jahre 1939 ein versteckter und verzweifelter Versuch Großbritanniens, diesen Rang als Untergebener abzustreifen und seine imperiale Hegemonie in der Welt aufrechtzuerhalten.[8]

Die wirtschaftliche und politische Macht des Britischen Empires war durch den Krieg und die dadurch notwendig gewordene hohe öffentliche Verschuldung stark geschwächt worden, aber noch immer war das Empire ein wesentlicher Teil des Weltfinanzsystems, ohne das ein neuer Goldstandard – auch einer, der von New York dominiert wurde – nicht denkbar war.

Persönlich war Strong ein Freund der Engländer. In den 1920er-Jahren verbrachte er seine alljährlichen Sommerferien zusammen mit dem damaligen Chef der *Bank of England*, Montagu Norman, entweder in Großbritannien oder in Südfrankreich, und zwar bis zu seinem Tod im Jahr 1928. Er teilte die Sicht Montagu Normans, wonach »die Welt von einem weltweiten System der Finanzkontrolle in privater Hand geführt werden sollte, das in der Lage ist, das politische System in jedem einzelnen Land und die Weltwirtschaft als Ganze zu dominieren«[9], wie der amerikanische Historiker Carroll Quigley, ein ausgewiesener Insider des US-Establishments, in seinem Monumentalwerk *Tragedy and Hope* (*Tragödie und Hoffnung*) schreibt.

In den 1960er-Jahren war Quigley, der vorher als Professor an den Universitäten *Princeton* und *Harvard* geforscht und gelehrt hatte, an der Washingtoner Elite-Universität *Georgetown* Lehrer des späteren Präsidenten Bill Clinton gewesen. Dem Vernehmen nach erhielt Quigley in den 1950er-Jahren für Recherchen zu seinem erwähnten Buch Einsicht in vertrauliche Papiere und Archive des New Yorker *Council on Foreign Relations*, allerdings nur unter der Bedingung, dass er die zentrale Rolle der Rockefeller-Fraktion in seinem Buch nicht erwähnen würde. Er hielt sich auch daran und konzentrierte seine Darlegung stattdessen auf die

Rolle der damals geschwächten Morgan-Fraktion, die nach der Großen Depression ihre frühere Macht nicht mehr wiedergewinnen konnte.[10]

Quigley beschreibt das Konzept der 1914 von Morgan, Strong und Montagu Norman angestrebten Rückkehr zum Goldstandard wie folgt: »Dieses System sollte in feudalistischer Manier von den gemeinsam agierenden Zentralbanken der Welt kontrolliert werden, und zwar mithilfe von geheimen Absprachen, die bei häufigen privaten Treffen und Konferenzen getroffen wurden ... In jedem einzelnen Land beruhte die Macht der Zentralbank zum großen Teil auf ihrer Kontrolle der Kreditvergabe und der Geldmenge. In der gesamten Welt aber beruhte die Macht der Zentralbankiers überwiegend auf ihrer Kontrolle von Anleihen und dem Fluss des Goldes.«[11]

Im Zentrum dieses Systems stand in den 1920er-Jahren die New Yorker *Federal Reserve* unter Benjamin Strong.

Der politisch glücklose Herbert Hoover griff Strong in seinen späteren Memoiren mit bitteren Worten an und machte ihn zum großen Teil für den Schaden verantwortlich, der durch die Große Depression entstanden war. 1941 schrieb Hoover unter Bezug auf Strongs Leitung der Politik der *Federal Reserve* verbittert: »Es gibt Verbrechen, die weit schlimmer sind als Mord und für die Menschen verurteilt und bestraft werden sollten.« Hoover nannte Strong »ein geistiges Anhängsel Europas«, was ein versteckter Hinweis auf Montagu Norman war.[12] Hoover war ursprünglich in den 1920er-Jahren eng mit Strong befreundet gewesen, hatte aber später wegen dessen Unterstützung für die uneingeschränkte Kreditvergabe der Banken an Europa mit ihm gebrochen.

Hoovers Angriffe auf Strong waren zwar richtig, seine Gründe dafür aber nicht. Denn entweder ließ er das geopolitische Projekt, das Strong und die Wall Street vorhatten, nämlich New York zum Zentrum der weltweiten Kapitalströme zu machen, außer Acht, oder er verstand das Ausmaß dieses Planes nicht.

Hoover warf Strong weiterhin vor, er habe durch die Zinspolitik seiner New Yorker *Federal Reserve* nach 1925 die Rückkehr zum britischen Goldstandard erleichtert und dadurch künstlich die Zinsraten in den ganzen USA nach unten gedrückt, als 1927 das Spekulationsfieber außer Kontrolle geriet; das aber habe das Feuer noch weiter entfacht und später zu dem spektakulären Börsenkrach von 1929 geführt.

Strong hört auf Europa, nicht auf die »Main Street«

Im Jahre 1925 war der Chef der *Bank of England*, Montagu Norman, zusammen mit Reichsbankpräsident Hjalmar Schacht und Charles Rist von der *Banque de France* nach New York gekommen, um Strong zu bewegen, den Diskontsatz der *Federal Reserve* zu senken. Dadurch sollte England die Rückkehr zum Goldstandard erleichtert und ein wirtschaftlicher Aufschwung in Kontinentaleuropa angestoßen werden, der nötig war, um die nach dem Dawes-Plan von Deutschland geforderten Kriegsreparationszahlungen an Frankreich, England und Italien leisten zu können. Gleichzeitig brauchten Frankreich, England und Italien Dollar-Kredite, um in der Lage zu sein, die amerikanischen Kriegsanleihen zurückzahlen zu können.[13]

Schutzzölle, die in den 1920er-Jahren zunächst durch den »Fordney-McCumber Act« von 1922 erlassen worden waren, sowie der berüchtigte »Smoot-Hawley Tariff Act« von 1930 hatten die Importbarrieren ungeheuer erschwert, sodass es schwierig, wenn nicht gar unmöglich für die europäischen Länder geworden war, die Kriegsschulden oder Reparationen zu bezahlen – es sei denn, sie nahmen Kredite von den USA auf. Denn für die europäischen Regierungen bestand keine Aussicht, diese Kosten auf traditionelle Weise durch Aufbau von Dollar-Überschüssen gegenüber den USA aufzubringen. Der »Smoot-Hawley Tariff Act« von 1930 hat nicht, wie von der heute vorherrschenden Freimarktmythologie verbreitet, zu der Großen Depression der 1930er-Jahre geführt. Dieses Gesetz war lediglich ein kleiner verschlimmernder Faktor in einem System, das nach 1919 auf einem verrotteten Fundament aufgebaut worden war. Das gesamte Finanzgebäude, das die USA nach dem Ersten Weltkrieg errichtet hatten, war auf Sand gebaut. Doch solange das Geld floss, war es leicht, diese einfache Wahrheit zu ignorieren.[14]

Während des Ersten Weltkriegs war Strong als Chef der New Yorker *Federal Reserve* mehrmals zu Gesprächen mit Vertretern der *Bank of England* und den Banken der City nach London gereist. Aufgrund seiner einflussreichen Position als Chef der New Yorker *Federal Reserve* konnte Strong im Vorstand der *Fed* einen verhängnisvollen Präzedenzfall durchsetzen, und zwar über starke Einwände von einigen Vorstandsmitgliedern, darunter Paul Warburg und Adolph C. Miller, hinweg. Benjamin Strong, ein Morgan-Mann, wurde schon 1915 – trotz der Neutralität der Amerikaner – mit der Aufgabe betraut, die Munitionsverkäufe der Alliierten zu finanzieren. Wie bereits erwähnt, war J. P. Morgan der

Bankier für die englische und später auch die französische Regierung, und weil Strong und die New Yorker *Fed* die Rolle übernommen hatten, deren Wechsel zu diskontieren, konnten sie den Krieg so lange fortführen, bis die Amerikaner schließlich im Jahr 1917 in den Krieg eintraten. Die Rolle, die Strong dabei mit Unterstützung Morgans übernahm, war der Präzedenzfall dafür, dass die New Yorker *Federal Reserve* von da an bei allen internationalen Geschäften des gesamten *Fed*-Systems und dessen Mitgliederbanken die Führung übernahm. Bis zur Verabschiedung des »Banking Acts« von 1935 kontrollierte die New Yorker *Fed* direkt und allein die internationale Währungs- und Bankenpolitik der USA. Morgans Rechnung und der auf Jekyll Island geschmiedete Plan, die *Federal Reserve* als ihr Werkzeug zu nutzen, war in den 1920er-Jahren aufgegangen. Der Präsident der New Yorker *Federal Reserve* besaß in dieser Hinsicht alleinige Entscheidungsbefugnis. Nur die Krise der 1930er-Jahre machte eine – wenn auch nur kosmetische – Änderung dieser Machtbefugnis notwendig.

Die Goldstrategie der *Bank of England*

Dass England in den 1920er-Jahren zum Goldstandard zurückkehrte, war ein entscheidender Faktor in der Strategie, nach dem Krieg die City of London wieder zum Weltfinanzzentrum zu machen. Gleichzeitig war das der Kern der gesamten internationalen Kreditpyramide, die von 1925 bis zum völligen Einbruch 1929/1931 entstand. Mehr noch als die deutschen Reparationszahlungen oder die Kriegsschulden der Alliierten waren der grundsätzlich falsch angesetzte Golddevisenstandard und die wackelige Position der *Bank of England* die entscheidenden Faktoren, die die schlimmste weltweite Wirtschaftsdeflation in der Geschichte auslösten.

England hatte etwa 20 Jahre zuvor den schrecklichen Burenkrieg geführt, um der *Bank of England* die Kontrolle über die größten damals bekannten Goldminen in Witwatersrand zu sichern. Jetzt, nach dem langen Krieg in Europa, war dieses gewonnene Gold zerronnen und mit ihm die Kontrolle der Londoner City über den weltweiten Kredit, den Kern des britischen geopolitischen Einflusses.

Zu Beginn der harten Auseinandersetzungen über die Kriegsschulden der Alliierten, die deutschen Reparationszahlungen und andere Fragen 1919 in Versailles war die englische Regierung gezwungen, das Pfund Sterling formell vom Goldstandard abzukoppeln und die vor dem Krieg gültige Parität von 4,86 US-Dollar zum Pfund aufzugeben. Der Grund: Washington bestand auf der Rückzahlung der Kredite in Milliardenhöhe, die England bei amerikanischen Banken aufgenommen hatte, vor allem bei dem Haus *Morgan* und später beim US-Finanzministerium. Das britische Establishment hatte naiverweise erwartet, seine amerikanischen »Vettern« würden die Rückzahlung der Schulden vergessen, wenn der Krieg erst einmal von der alliierten anglo-amerikanisch-französisch-italienischen Front gewonnen wäre. Aber diese Illusionen waren schon bald dahin, als sich die amerikanische Regierung unter dem Druck Morgans und der Wall Street weigerte, diesem Wunsch nachzugeben. Da der größte Teil des britischen Handels mit Amerika, der außerhalb der Strukturen des Empires abgewickelt wurde, chronisch defizitär war, konnte England noch nicht einmal mehr die Illusion aufrechterhalten, es könnte die vor dem Krieg bekleidete Position als Zentrum eines weltweiten Goldstandards bewahren.

England tat diesen Schritt nur äußerst zögerlich. 1919 war eindeutig klar, dass nicht mehr das Britische Empire die stärkste Wirtschaftsmacht der Welt war, sondern die Vereinigten Staaten von Amerika. Das Gold aufzugeben, und sei es auch nur vorübergehend, bedeutete de facto die Anerkennung dieser unangenehmen Wirklichkeit.

Die USA hatten durch den Ersten Weltkrieg eine überaus mächtige Position gewonnen, sie waren Gläubiger aller großen europäischen Mächte. Die Goldreserven Amerikas waren im Verlauf des Krieges auf das Vierfache gestiegen und nunmehr die größten Währungsgoldreserven der Welt.[15] Dieser Prozess setzte sich noch bis zum großen Börsenkrach im Jahre 1929 fort.[16] England hatte dagegen enorm hohe Auslandsschulden, vor allem gegenüber den Vereinigten Staaten. Das Pfund Sterling hatte deutlich an Wert verloren, und Englands Goldreserven waren auf ein gefährlich niedriges Niveau gesunken.

Nach dem Krieg fürchtete man bei der *Bank of England* und in den führenden Kreisen der Londoner City, dass New York die City als Weltfinanzzentrum ablösen werde. In dieser Lage galt die Rolle des Goldes als entscheidend. 1919 waren die Vereinigten Staaten wieder dazu übergegangen, den Dollar an das Gold zu koppeln, nachdem sie diese Bindung nach dem Kriegseintritt Amerikas 1917 für zwei Jahre ausgesetzt hatten. Anders als England hatten die USA keine Schwierigkeiten, zum Goldstandard zurückzukehren. Bei der Errichtung eines neuen Goldstandards spielte Amerika jetzt die entscheidende Rolle.

Südafrika droht mit einem Alleingang

Die drohende Gefahr lag in Englands Augen darin, dass Südafrika, der größte Goldproduzent der Welt, in Zukunft das im Land produzierte Gold direkt, und nicht über den Umweg London, nach New York transferieren würde; denn dadurch würde New York, und nicht London, zum wichtigsten Goldmarkt der Welt. Damit wäre die *Bank of England* seiner schärfsten Waffe beraubt, nämlich der Kontrolle über den weltweiten Goldtransfer. Das Finanzzentrum der Welt würde sich eindeutig von London nach New York verlagern, mit verheerenden Konsequenzen für Englands Einfluss auf das Weltgeschehen.

In einem Brief an den damaligen Gouverneur der *Bank of England*, Lord Cunliffe, schrieb im März 1919 – unmittelbar nachdem England den festen Wechselkurs von 4,86 Dollar aus der Vorkriegszeit aufgegeben hatte – das Londoner *Gold Producers' Committee*, eine Gruppe aus England, die das Münzwesen Südafrikas und anderes Gold kontrollierte: *»Infolge der bedauerlichen Lage unserer Industrie wird der amerikanische Kurs noch einige Jahre unterhalb der Goldparität (des Pfund Sterlings) bleiben, und man kann sich nur schwer vorstellen, wie er wieder über diese Goldparität steigen könnte. Unter diesen Umständen ist es schwer vorstellbar, dass die Goldproduzenten in Südafrika nicht unmittelbare Schritte unternehmen, um ihre Rohstoffe direkt nach New York zu verschiffen, denn das ist für einige Jahre der beste Markt dafür. Und genauso schwer ist es vorstellbar, dass die Regierung Südafrikas ihnen dabei nicht jede erdenkliche Hilfe zukommen lassen wird. Wenn der Transfer von Gold aus Südafrika erst einmal nach New York umgeleitet worden ist, dann ist es nicht so einfach, ihn wieder zurückzudirigieren, denn wenn New York zum besten und freiesten Markt für Goldbarren wird, dann wird dies entscheidend dazu beitragen, New York als zentralen Geldmarkt der Welt zu etablieren.«*[17]

Um derartig verheerende Folgen zu verhindern, setzten die *Bank of England* und das Finanz-Establishment der Londoner City ungewöhnliche Mittel ein, um die Kontrolle über die Politik der südafrikanischen Regierung zu gewinnen. Die *Bank of England* setzte die englischen Reedereien unter Druck, die Kosten für Warentransporte zwischen Südafrika und London zu senken und gleichzeitig damit den Goldtransport von Südafrika nach New York zu verteuern. Außerdem wurde jede Zunahme der Schiffsverbindungen von den USA nach Südafrika in London genauestens registriert.

Die schärfste Kontrolle wurde jedoch durch das direkte Eingreifen der *Bank of England* erreicht, und zwar mit der Hilfe einer wohlgesonnenen Regierung in Südafrika. Jan Smuts, ein Mitglied des inneren Kreises des *British Round Tables*, war 1919 Premierminister Südafrikas. Smuts hatte die Kriegsjahre als Mitglied des Kriegskabinetts von Lloyd George in London verbracht, seinen Posten im Kabinett der südafrikanischen Regierung gleichzeitig aber beibehalten. Er war ein glühender Verfechter der Interessen des Empires und zählte in Versailles zu den Architekten des Konzepts des Völkerbunds. Kurz: Smuts war ein Mann, auf den man sich verlassen konnte, wenn es darum ging, unter schwierigsten Bedingungen englische Interessen zu verteidigen.[18]

Smuts war im August 1919 Premierminister Südafrikas geworden, just in dem Moment, als der feste Wechselkurs zwischen dem Pfund Sterling zum Dollar und zum Gold aufgegeben wurde.

Im April 1919 entwarf die *Bank of England* ein Abkommen mit den südafrikanischen Goldproduzenten, durch das gewährleistet werden sollte, dass alles in Südafrika produzierte Gold – ausgenommen die für die eigene Währung benötigte Menge – an die *Bank of England* verkauft wurde. Außerdem verabschiedete das englische Parlament 1920 mit dem »Export Control Act« ein Gesetz, das den freien Export britischen Goldes einschränkte.

Diese doppelte Kontrolle über den Goldtransfer von und nach London sollte den Londoner Goldbanken nutzen, zu denen auch das Haus *Rothschild* gehörte, der größte Geldgeber der südafrikanischen Goldminen. Das Ziel, London in die Lage zu versetzen, sich vom Goldstandard zu lösen und gleichzeitig selektiv größere Goldlieferungen nach New York zu unterbinden, war für die Zukunft des Empires von höchster strategischer Bedeutung.

Das 1919 unterzeichnete Abkommen zwischen der *Bank of England* und der südafrikanischen Bergwerkskammer verschaffte London anscheinend das, was es so dringend brauchte: die alleinige Kontrolle über die Goldförderung in Südafrika und die Möglichkeit, direkte Lieferungen von südafrikanischem Gold nach New York zu verhindern.

Südafrika hatte mit starker Unterstützung von Smuts und dem Vorsitzenden des britischen *Round Table*, Lord Milner, der Londoner City somit die Möglichkeit offengehalten, irgendwann in der Zukunft wieder die in der Vorkriegszeit gespielte Rolle als Finanz-Mekka einzunehmen.

Bei dieser neuerlichen Verbindung zwischen Südafrika (und seinem Gold) mit London hatte Sir Henry Strakosch eine maßgebliche Rolle gespielt, der als Berater der *Bank of England* und Intimus ihres Gouverneurs Montagu Norman sowie Lord Rothschilds fungierte.

Strakosch, ein prominenter Fürsprecher der Finanzinteressen der Londoner City, war Direktor der *Union Corporation*, einer führenden britischen Bergbaugesellschaft, die mit großen Investitionen an der Goldförderung in Südafrika beteiligt war. Smuts lud Strakosch ein, seine Regierung in der Frage der Beziehung Südafrikas zum Pfund Sterling zu beraten.

Strakosch, der in den 1930er-Jahren hinter den Kulissen eine Schüsselrolle als Finanzpatron Winston Churchills spielen sollte, pendelte zu Beginn der 1920er-Jahre ständig zwischen Smuts in Pretoria und Montagu Norman in London hin und her. Sein erklärtes Ziel war es, zu erreichen, dass Südafrika »auf dem Weg zu einem wirksamen Goldstandard so weit wie möglich im Gleichschritt mit England marschierte«[20].

Dieser Marsch wurde 1924 jäh unterbrochen, denn die Wirtschaft in Südafrika hatte dafür einen sehr hohen Preis zahlen müssen. Durch die Bindung an das Pfund Sterling und das Gebot, Gold ausschließlich an die *Bank of England* zu verkaufen, hatte das Gold als wichtigster Devisenbeschaffer Südafrikas gelitten. Der Betrieb vieler Minen war unwirtschaftlich geworden. Wegen der Bindung an das Pfund Sterling nahm die Inflation rasch zu, denn auch in England gab es nach dem Krieg eine starke Inflation. Der durchschnittliche Lebensstandard in Südafrika sank in der Zeit, als der Goldstandard ausgesetzt war, sehr stark. Es kam häufig zu Streiks von Bergarbeitern, die höhere Löhne verlangten.

Als Anfang 1922 die Kumpel in der gesamten Bergwerksregion Südafrikas, dem Rand, einen Generalstreik ausriefen, erklärte Smuts den Ausnahmezustand und ordnete an, den Streik mit militärischen Mitteln brutal zu unterdrücken. 700 weiße Bergleute kamen ums Leben, und Smuts erhielt fortan den Namen »Mann des Blutes«. Jetzt wurde in Südafrika der Widerstand gegen das britische Pfund Sterling zu einem heiß debattierten politischen Thema.

Unter solch wachsendem inneren Druck willigten die Minenbetreiber in Südafrika ein, ihre Vereinbarung mit der *Bank of England* über ein Embargo der freien Goldexporte nur bis zum 30. Juni 1925 einzuhalten, was London unter erheblichen Zeitdruck setzte, die Rückkehr des Pfund Sterlings zum Goldstandard vorzubereiten.

Die Rückkehr zum Gold bei der Dollar-Parität von 4,86 bedeutete 1925 eine schwere Deflation der englischen Wirtschaft und war politisch explosiv, da bei steigender Arbeitslosigkeit Streiks bestimmter Gewerkschaften und andere Folgen zu erwarten waren. Gegenüber dem

US-Dollar hatte das Pfund Sterling damals 30 Prozent an Wert verloren; die Parität lag bei etwa 3,50 Dollar. Um Südafrika bei der Stange zu halten, hatte man zu einer Verzögerungstaktik gegriffen, bis die englische Wirtschaft wieder so stark war, dass man zum Goldpreis der Vorkriegszeit zurückkehren konnte. Außerdem hatte sich England selbst eine Frist gesetzt, bis 1931 die Beschränkungen des freien Goldtransfers gemäß dem »Export Control Act« aufzuheben. Damit gab es, so nahm man an, ausreichend Zeit, den gewünschten Schritt vorzubereiten. Ironischerweise musste England genau im Jahre 1931 den Goldstandard aufgeben, dem es sich 1925 übereilt wieder angeschlossen hatte.

Unter Smuts empirefreundlicher Regierung war London die Hinhaltetaktik nicht allzu schwer gefallen. Das änderte sich im Juni 1924 jedoch abrupt mit den Parlamentswahlen in Südafrika. Smuts englandfreundliche Regierung unterlag; es siegte eine Koalition aus der *Labour Party* und der *National Party* des nationalistischen Buren-Aktivisten, General J. B. M. Hertzog. Hertzog war im Wahlkampf dagegen zu Felde gezogen, dass das Land die Kontrolle über die eigene Wirtschaft verloren hatte und dass Südafrika durch Smuts' Unterstützung für das Pfund Sterling ein schwerer wirtschaftlicher Schaden entstanden war.

Nach seinem Amtsantritt setzte Hertzog als eine seiner ersten Amtshandlungen eine Kommission ein, die seine Regierung in der Frage beraten sollte, ob Südafrika mit dem britischen Pfund Sterling brechen und das Südafrikanische Pfund wiedereinführen sollte, auf unabhängiger, goldgestützter Basis. Zum ersten Mal waren die *Bank of England* und Strakosch vor einer wichtigen Goldentscheidung von Südafrika nicht konsultiert worden. In London war man besonders darüber besorgt, dass die neue südafrikanische Regierung darauf bestand, dass der Vorsitzende dieser Kommission kein Engländer, sondern ein Amerikaner sein sollte, und zwar Professor Edwin Kemmerer von der Universität *Princeton*, einer der führenden Gold- und Währungsexperten der USA.[21]

Der »Gelddoktor« und die goldene Idee der Wall Street

Kemmerer, Ökonomieprofessor an der amerikanischen Eliteuniversität *Princeton*, war ein international bekannter Verfechter des Goldstandards. Seit er es 1903 geschafft hatte, dass die Philippinen den Goldstandard einführten, hatte ihm sein Einsatz für die Interessen der Wall Street und der US-Regierung in den internationalen Finanzkreisen den Beinamen

»Der Gelddoktor« eingebracht. Im Geheimen wirkte er auch als Berater des einflussreichen Wall-Street-Investmenthauses *Dillon Read & Co.*

Von Kemmerer stammte der Plan der Wall Street und der *Federal Reserve*, nacheinander die Länder, in denen ehemals der britische Goldstandard gegolten hatte, an einen neuen – von den USA dominierten – Goldstandard anzubinden. Bezüglich seiner Arbeit als Berater verschiedener Länder bei der Frage der Stabilisierung ihrer Währungen nach dem Ersten Weltkrieg räumte Kemmerer einmal ein: »Ein Land, das amerikanische Finanzberater beruft und deren Ratschlägen zur Reorganisation seiner Währung befolgt – die zumeist dem entsprechen, was amerikanische Investoren für das Modernste auf dem Gebiet der Finanzpolitik halten –, erhöht die Chancen darauf, dass es für den amerikanischen Investor attraktiv erscheint und von ihm Kapital zu günstigen Bedingungen erhält.«[22]

Kemmerers Stabilisierungsplan, demzufolge amerikanisches Kapital »zu günstigen Bedingungen« genutzt wurde, war der Grundstein bei dem Versuch, den die Wall Street in den 1920er-Jahren mit der unerschütterlichen Unterstützung der Regierung in Washington unternahm, das Weltfinanzsystem nach dem Ersten Weltkrieg zu kontrollieren und dabei die Rolle einzunehmen, die London vor dem Krieg gespielt hatte. Dieser Plan war kühn und kam etwa 20 Jahre zu früh. Er war auch die Basis für die Währungspolitik der *Federal Reserve*, die den Börsenkrach von 1929 nach sich zog. Auf den Börsenkrach folgte der dominoartige Kollaps des gesamten Kartenhauses der Wall-Street-Kredite an die gesamte Welt, und dies alles führte zu der weltweiten Depression.

Kemmerers Arbeit hatte bereits dazu geführt, dass Frankreich, Italien und Belgien eine neue Währung mit Golddeckung eingeführt hatten, die in allen Fällen auf großen Gemeinschaftskrediten von der Wall Street beruhte, und zwar wieder einmal unter Führung des Hauses *J. P. Morgan*. Kemmerer war 1924 als Mitglied des *Dawes Committees*, d. h. der »Reparationskommission«, nach Deutschland gekommen, um einen Plan zur Reorganisierung der Reichsbank und zur Stabilisierung der Reichsmark auf Basis eines neuen, von den USA unterstützten Goldstandards auszuarbeiten. Darüber hinaus war Kemmerer entscheidend daran beteiligt, 1925 den neuen US-Golddevisenstandard auch in Kolumbien und Chile einzuführen. Das passte zu der in New York und Washington ausgeheckten Strategie, die Kontrolle über die finanzielle und wirtschaftliche Entwicklung Lateinamerikas von Großbritannien auf die USA zu verlagern. Auch hier spielte das Haus *Morgan* die Schlüsselrolle.

In jedem dieser Fälle wurde stets der Plan des »Gelddoktors«
Kemmerer zur Währungsstabilisierung umgesetzt. Der Plan war von
geradezu entwaffnender Einfachheit: Mit seinen ausgezeichneten Verbindungen zur Wall Street versprach Kemmerer dem betreffenden Land
umfangreiche Kredite zur »Stabilisierung« seiner Währung. Als Gegenleistung willigte dies Land ein, die nun stabilisierte Währung durch Gold
zu decken. Natürlich waren die Vereinigten Staaten, die damals über die
größten Zentralbank-Goldreserven der Welt verfügten, die zentrale Macht
dieser neuen Golddiplomatie.[23]

Kemmerers Rat an Südafrika

Kein Wunder, dass in London aufgrund der Entwicklungen in Südafrika
die Alarmglocken schrillten, und zwar nicht nur in der *Bank of England*,
sondern im gesamten britischen Establishment. Ausgerechnet aus Südafrika kam plötzlich eine unerwartete Bedrohung für die strategischen
Interessen des Britischen Empires, und Kemmerer spielte dabei, im
Verein mit einigen sehr mächtigen Kreisen aus den Vereinigten Staaten,
eine ganz entscheidende Rolle.

Im seinem Abschlussbericht an die Hertzog-Regierung brachte
Kemmerer das Problem deutlich zum Ausdruck: »Welche Entscheidung
wird Südafrika treffen: Wird man sich endgültig an das Pfund Sterling
binden, weil man hofft, das Pfund Sterling werde bald zum Goldstandard
zurückkehren, und sich aber ansonsten darauf einrichten, dem Sterling
überall hin zu folgen? Oder wird sich Südafrika definitiv für das Gold
entscheiden?«[24]

Als Antwort auf diese Fragen empfahl Kemmerer den Südafrikanern,
zum 1. Juli 1925 zum Goldstandard zurückzukehren, mit oder ohne
England.

Dies würde de facto einen amerikanisch dominierten Goldstandard
bedeuten. Kemmerer behauptete, die Wiederaufnahme der Goldbindung
würde ausländische Investitionen verstärkt in die südafrikanische Wirtschaft locken, die galoppierende Inflation eindämmen und der wichtigen
Bergbauindustrie Nutzen bringen. All dies war natürlich richtig, wie man
in London nur allzu gut wusste.

Im Januar 1925 gab Hertzogs Regierung bekannt, sie werde die von
Kemmerer empfohlenen Maßnahmen in vollem Umfang umsetzen. Für
London bedeutete das den Casus Belli: einen Krieg, den die aufstreben-

den Amerikaner vom Zaun gebrochen hatten und der für die künftige Macht Großbritanniens die gravierendsten Auswirkungen hatte. Doch England hatte ein Problem: Es war gar nicht in der Lage, gegen irgendjemanden Krieg zu führen, schon gar nicht gegen die Vereinigten Staaten. Südafrikas Minen lieferten 1925 gut 50 Prozent der jährlich neugeförderten Goldmengen der ganzen Welt, und diese Fördermenge nahm jedes Jahr rapide weiter zu.

Mehr als ein Jahrhundert lang hatte Londons Funktion als Zentrum der internationalen Finanzpolitik davon abgehangen, dass man den weltweiten Handel mit physischem Gold über London kontrollierte. In der Londoner Bank *N. M. Rothschild & Sons* wurde tagtäglich der Goldpreis fixiert, und die *Bank of England* besaß den Löwenanteil des Weltwährungsgoldes. Im 19. Jahrhundert stieg oder fiel die Weltwirtschaft in dem Maße, wie die Versorgung der Londoner Goldbanken wie *Rothschild &* X *Sons* stieg oder fiel. Der wahre Grund dafür, dass der Londoner Goldstandard in den Jahren bis 1914 so erfolgreich zu funktionieren schien, lag darin, dass London es zunächst geschafft hatte, sich den größten Teil der nach 1840 neu entdeckten Goldvorkommen in Kalifornien und Australien zu sichern. Mit dem Sieg im Burenkrieg zu Beginn des 20. Jahrhunderts konnte London seine Position wieder festigen, da es aufgrund der Ausbeutung der riesigen Goldvorkommen im südafrikanischen Witwatersrand wieder in Lage war, die steigende Nachfrage nach Währungsgold zu befriedigen.

England hatte von 1873 bis Mitte der 1890er-Jahre eine 23 Jahre während Wirtschaftskrise durchgemacht, die in der englischen Wirtschaftsgeschichte als Große Depression bezeichnet wird. Der Grund dafür war, dass die *Bank of England* zu wenig Gold besaß. Diese Depression endete erst, als die Goldvorkommen in Südafrika entdeckt wurden.

Nach Ansicht des britischen Establishments bestand für Großbritannien und die *Bank of England* die einzige Aussicht darauf, in der Welt nach 1920 wieder eine politisch entscheidende Rolle spielen zu können, darin, dass man wie früher die internationale Kreditvergabe kontrollierte, und zwar dadurch, dass man die weltweit verfügbare Menge an Goldbarren zum eigenen Vorteil manipulierte. Wie die Engländer bei einem Kricketmatch, so »mogelten« die Londoner Goldbanken und die *Bank of England*»an der Seitenlinie«. Paul Einzig, ein führender englischer Ökonom, hat in einem Beitrag in *The Economic Journal* der *Royal Economic Society* vom März des Jahres 1931 diese Manipulation sehr gut beschrieben:

»*Solange wie Gold tatsächlich nach London gebracht wird, bevor man es verkauft, ist die* Bank of England *gegenüber anderen potenziellen Käufern im Vorteil, denn um das Gold tatsächlich in die Hand zu bekommen, müssen Letztere für den Transport von London in ihre Zentren bezahlen, während die* Bank of England *kostenlos beliefert wird. Solange also das Pfund Sterling die gleiche Parität (mit Gold) hat, wird das Gold wahrscheinlich den Weg in die* Bank of England *finden ..., ausländische Käufer sind wohl nicht in der Lage, mit dieser Bank zu konkurrieren ... Dank dieses Vorteils wird der Goldvorrat normalerweise mit dem neu produzierten Rand-Gold aufgefüllt, sodass es nicht nötig ist, den Wechselkurs durch hohe Zinsraten über den Goldimportpunkt zu erhöhen. Es wäre deshalb wünschenswert, das System für den Transport des südafrikanischen Goldes nicht zu verändern ...*«[25]*

Vieles in der Geschichte des Britischen Empires und der englischen Diplomatie, ganz besonders in der Phase des Neoimperialismus in der Zeit von 1850 bis in die 1920er-Jahre, lässt sich auf diese subtile und wenig verstandene Manipulation der Wege zurückführen, die das physische neu produzierte Gold bis auf den Londoner Goldmarkt und von dort aus weiter in andere Länder zurückgelegt hat. Hinzu kamen noch die Manipulationen, die London aufgrund seiner großen Erfahrung im Goldgeschäft und seiner Rolle als führender Goldmarkt der Welt ausüben konnte. Hätte Südafrika sein Gold direkt nach New York verschifft, dann hätte dies den Plänen der Londoner City und der britischen Finanzinstitute, nach Versailles ihre weltweite Vorherrschaft wieder aufzubauen, einen vernichtenden Schlag versetzt. Aber nicht nur das. Eine US-Intervention in Südafrika drohte auch das gesamte Weltkreditsystem auf eine völlig neue Grundlage zu stellen.

Churchills Versuch, einen US-Goldstandard zu verhindern

Londons Antwort auf die Machenschaften der Wall Street in Südafrika kam schnell. Ende Januar 1925 gab Schatzkanzler Winston Churchill, dessen Karriere während des Burenkriegs in Südafrika begonnen hatte, eine Denkschrift heraus, in der er sich für eine baldige Rückkehr England zum Goldstandard aussprach, um einem befürchteten Währungscoup der Amerikaner zuvorzukommen. Montagu Norman, der Gouverneur der *Bank of England*, war einverstanden.

England fühlte sich auch deshalb unter Druck, weil es wenige Monate zuvor amerikanischen Banken unter der Führung des Morgan-Verbündeten Charles Dawes mit Unterstützung Kemmerers gelungen war, eine Stabilisierung der deutschen Währung nach der verheerenden Hyperinflation von 1922 bis 1923 zu erreichen. Mit dem Dawes-Plan kehrte Deutschland zu einem von den USA geführten Goldstandard zurück. Zur Unterstützung erhielt die neue Reichsbank vom Bankhaus *J. P. Morgan & Co.* einen Kredit über 100 Millionen Dollar. Damit waren die Vereinigten Staaten und Deutschland an denselben Goldstandard gebunden, dem sich nun auch Südafrika, der weltweit größte Goldproduzent, anschließen wollte. England war also in doppelter Hinsicht außen vor.

Würde sich Südafrika einem von Amerika dominierten Goldstandard anschließen, dann drohte England die Aussicht, dass der wachsende Welthandel – insbesondere dann, wenn Deutschland den Handel mit den Ländern Kontinentaleuropas wieder aufnähme – dazu führte, dass die Geschäfte an der Londoner City vorbeiliefen und England endgültig auf den Rang einer ehemaligen Macht abstürzen würde. Gleichzeitig wäre New York damit zum unumstrittenen Machtzentrum des weltweiten Finanzsystems aufgestiegen. Doch London war noch nicht bereit, diese Veränderung so einfach hinzunehmen.

Am 28. April 1925 erschien Churchill in seiner Eigenschaft als Schatzkanzler vor dem britischen Unterhaus und verkündete die Entscheidung der Regierung, zum Goldstandard zurückzukehren. Die *Bank of England* unterstützte diesen Schritt. Die britische Währung wurde auf denselben Wechselkurs festgelegt wie 1914 vor Beginn des Ersten Weltkriegs, nämlich auf 4,86 Dollar für das Pfund Sterling. Man hatte sich zu diesem Kurs entschlossen, obwohl die Produktivität der britischen Industrie in den zehn Jahren seit 1914 deutlich gesunken war. Die Paritätsentscheidung fiel, obwohl die Parität vor dem Krieg die britischen Exporte (in Dollar gerechnet) so verteuert hatte, dass England dadurch dringend benötigte Exportmärkte verloren hatte. Auch der enorme Anstieg der englischen Staatsverschuldung, die Inflation, das hohe Handelsdefizit – vor allem Amerika gegenüber – und alle anderen Faktoren, die eigentlich den korrekten Wert einer Landeswährung bestimmen, wurden außer Acht gelassen. Diese Paritätsentscheidung war rein politischer – oder besser gesagt: geopolitischer – Natur. Ihr Erfolg hing einzig und allein davon ab, ob Montagu Norman in der Lage war, Benjamin Strong und dessen Freunde bei den New Yorker Banken sowie die wichtigsten Zentralbankiers in Europa zu Englands Gunsten zu manipulieren.

Churchill und Montagu Norman legten das Pfund Sterling auf diesen inflationierten Wert fest und stellten die Bindung an das Gold wieder her. Damit wollten sie die Rolle der Londoner City als Zentrum des Weltfinanzsystems wieder etablieren, egal um welchen Preis für die heimische englische Industrie und die eigene Bevölkerung. Churchill kommentierte sein Vorgehen mit den Worten:»Wenn wir das nicht getan hätten, dann hätte es das ganze restliche Britische Empire ohne uns getan, und wir hätten einen Goldstandard bekommen, der nicht auf dem Pfund Sterling, sondern auf dem Dollar beruht hätte.«[26]

Strongs fataler Fehler

Als sich Strong 1925 entschloss, dem Aufruf Montagu Normans zu folgen, und *J. P. Morgan* und andere New Yorker Banken drängte, die Rückkehr des Pfund Sterlings zum Gold zu unterstützen, da verstand er nicht, wie effektiv Norman und die Londoner Banken ihre eigenen Pläne verfolgten, während sie sich als die engsten Freunde und Unterstützer der Vereinigten Staaten und des Direktors der New Yorker *Federal Reserve* ausgaben. Im Zentrum ihres Plans stand die Absicht der *Bank of England* und des englischen Finanzministeriums, den sich nach 1925 abzeichnenden neuen Goldstandard zu bestimmen.

Vor Ausbruch des Ersten Weltkriegs im August 1914 hatte das Welthandelssystem auf einem internationalen Goldstandard beruht, der sich mehr oder weniger immer selbst dadurch korrigiert hatte, dass der internationale Handel auf den Marktprinzipien von Angebot und Nachfrage beruhte und alle Ungleichgewichte in Gold abgeglichen wurden. Zumindest in theoretischer Hinsicht war es ein technisches System, bei dem Geld und Staat getrennt waren. Da England in dieser Zeit aber das wichtigste Finanzzentrum war, bestimmte London den Markt. In diesem Währungssystem vor dem Krieg hatte die *Bank of England* als »Bankier für die ganze Welt« agiert. Andere wichtige Länder wie Deutschland, Frankreich, Italien, die britischen Kolonien und sogar die Vereinigten Staaten hatten vor dem Ersten Weltkrieg große Pfund-Reserven bei der *Bank of England*, die damals den Löwenanteil des Währungsgoldes der ganzen Welt besaß, hinterlegt. Viele britische Herrschaftsgebiete (Dominions) oder Kolonien hatten nicht einmal eigene Landeswährungen, sondern wickelten ihre Geschäfte mit britischen (und von London kontrollierten) Pfund-Noten ab.

Dieses System wollten Montagu Norman und Churchill gemeinsam mit den führenden Bankiers der Londoner City wieder errichten. 1922 gelang Norman, dem Chef der *Bank of England*, bei einer großen internationalen Nachkriegs-Wirtschaftskonferenz in Genua ein diplomatischer Coup. Trotz persönlicher Einwände der meisten anwesenden Zentralbankiers, darunter Strong von der New Yorker *Federal Reserve*, Schacht von der Reichsbank, Moreau und Rist von der *Banque de France* und Stringher von der italienischen Zentralbank, gelang es Norman aufgrund seines internationalen Ansehens als eine Art Orakel des Zentralbankwesens und der bis dahin einzigartigen Erfahrung der *Bank of England* mit dem Londoner Goldstandard in der Vorkriegszeit, die Konferenzteilnehmer dazu zu bewegen, seinem – d. h. Montagu Normans – Konzept eines neuen Goldstandards zuzustimmen.[27]

Unter dem Vorkriegs-Goldstandard war das Pfund Sterling »so gut wie Gold«. Der internationale Markt wurde durch den Zustrom und Abfluss der privaten und staatlichen Goldreserven geregelt und nicht durch die Manipulation der Wechselkurse. Ein Land mit chronischer Inflation verlor Gold und war gezwungen, höhere Zinsraten festzulegen, um seine Reserven halten zu können, was diesem Land eine Kreditklemme bescherte. Wer Papiergeld besaß, konnte dieses, wenn er wollte, jederzeit gegen Gold eintauschen. Die Korrektur geschah mehr oder weniger automatisch.

1925 aber konnte England nicht zu dem strikten britischen Goldstandard der Vorkriegszeit zurückkehren und tat es auch nicht. Die *Bank of England* besaß nicht mehr den Löwenanteil des Barrengoldes der Welt. Vielmehr nahmen Norman und das britische Finanzministerium zu einer scheinbar cleveren Manipulation dieses Standards Zuflucht, der anscheinend auch den strategischen Zielen der weniger erfahrenen Bankiers genügte, die das New Yorker Finanzwesen beherrschten, darunter insbesondere Benjamin Strong. Dieser neue Standard wurde als Gold- »devisen«standard bezeichnet.

Mit dem Golddevisenstandard wären die Vereinigten Staaten de facto zum Unterstützer der letzten Instanz für die inflationierten Währungen Englands, des restlichen Europas und der ganzen Welt geworden. Insbesondere England sollte seine Reserven nicht, wie vor 1914, in Gold halten, sondern hauptsächlich in Dollars, während die noch immer mit den Folgen des Krieges kämpfenden Länder Kontinentaleuropas ihre Reserven ebenfalls nicht in Gold, sondern in Pfund Sterling halten sollten. Dieser neue Plan erlaubte es England, das Pfund Sterling, seine inflationierte Währung, sowie seine Kredite auf den Dollar zu stützen, während die Staaten, die Englands Kunden waren, ihre Schulden auch wiederum auf den Dollar stützen konnten. Das bedeutete, dass von 1925 an nur die USA bei einem strikten Goldstandard bleiben würden, während alle anderen Nationen ihre eigene Papierwährung benutzen würden.[28] Norman argumentierte, dass nur die Zentralbanken in New York und London Goldbarren in ihren Tresoren vorrätig halten sollten und dass sich Länder wie Frankreich damit zufriedengeben sollten, goldgedeckte Sterling- oder Dollar-Reserven zu halten. Der französische Zentralbankgouverneur Emile Moreau, ein starker Verfechter des Goldes, war natürlich über Normans Vorstellung einer anglo-amerikanisch dominierten Goldwelt nicht besonders glücklich. 1926 erhöhte Moreau die Bilanzen der französischen Nationalbank und ihre Goldreserven wieder, sodass sie über dem Niveau der *Bank of England* lagen. Diese französische Haltung zum Gold sollte später noch eine verhängnisvolle Rolle spielen.[29]

Die entscheidende Rolle des Völkerbunds in Englands Goldplänen

Kernpunkt der Londoner Pläne, wieder die finanzielle Vormachtstellung zu erringen, war Großbritanniens Kontrolle über den Apparat des Völkerbundes. England beherrschte den einflussreichen Finanzausschuss dieses internationalen Gremiums, oder besser gesagt, Montagu Norman kontrollierte diesen Finanzausschuss durch zwei enge Mitstreiter: Sir Henry Strakosch und Sir Otto Niemeyer. Auch der britische Ökonom Sir Ralph Hawtrey vom englischen Finanzministerium spielte dabei eine wichtige Rolle. Er plädierte dafür, ganz Europa solle den neuen Golddevisenstandard übernehmen.

Norman und die Engländer nutzten den Völkerbund, um Druck auf dessen europäische Mitgliedsstaaten auszuüben, damit diese eine enge Zusammenarbeit mit der *Bank of England* eingingen, und zwar – wie bereits erwähnt – nicht auf Basis des klassischen Goldstandards, sondern eines Golddevisenstandards. Denn damit konnten Länder einerseits weiterhin ihre Währungen inflationieren und »Deficit Spending« betreiben, andererseits aber gleichzeitig die Fassade der Währungsstabilität bewahren. Darüber hinaus wurden die europäischen Länder unter Druck gesetzt, zu weit überhöhten Kursen zum Gold zurückzukehren, damit ihre Exporte keine übermäßige Konkurrenz für die britische Exportwirtschaft darstellten. Die Devisenreserven all dieser Länder bestanden nicht aus Gold – davon hatten sie nur kleine Mengen –, sondern in Pfund-Sterling-Guthaben bei der *Bank of England.* Das ganze Gebäude war eine Illusion, die vornehmlich auf dem Vertrauen in Montagu Normans Fähigkeit beruhte, auf weltweiter oder zumindest europäischer Ebene die Währungen zu harmonisieren.

Mit Versprechungen über amerikanische Bankkredite und dem gleichzeitigen, durch den Finanzausschuss des Völkerbundes in Genf ausgeübten politischen Druck plante London ein System, das großteils dem des Internationalen Währungsfonds nach den 1980er-Jahren glich. 1928 beschrieb der Gouverneur der französischen Zentralbank, Emile Moreau, ein erbitterter Gegner Montagu Normans, die Lage in seinem Tagebuch wie folgt:

»Da England das erste europäische Land war, das stabiles und sicheres Geld eingeführt hatte, hatte es sich diesen Vorteil zunutze gemacht, um sich auf dieser Grundlage Europa praktisch zu unterwerfen. Der Finanzausschuss (des Völkerbunds) in Genf ist das Werkzeug dieser Politik. Die Methode besteht darin, jedes Land, das sich in finanziellen Schwierigkeiten befindet, zu zwingen, sich dem Ausschuss in Genf – den die Engländer kontrollieren – zu unterwerfen. Zu der verordneten Medizin gehört immer die Ernennung eines ausländischen Aufsehers in der Zentralbank, der entweder selbst Engländer ist oder von der Bank of England *ernannt wurde. Weiterhin muss ein Teil der Zentralbankreserven bei der* Bank of England *deponiert werden, was sowohl das Pfund stützt als auch den englischen Einfluss stärkt.*

Als Garantie gegen ein mögliches Scheitern achten sie [die Briten] sorgfältig darauf, sich die Kooperation der Federal Reserve Bank of New York *zu sichern. Weiterhin überlassen sie es Amerika, einige der Auslandskredite zu gewähren, wenn sie zu gewaltig scheinen, aber stets ziehen sie selbst den politischen Nutzen aus diesen Operationen. England ist somit in Österreich, Ungarn, Belgien, Norwegen und Italien vollständig oder zumindest teilweise fest verwurzelt. In Griechenland und Portugal ist England gegenwärtig auf dem besten Weg, dieses Ziel zu erreichen. Außerdem versucht man, in Jugoslawien und … in Rumänien den Fuß in die Tür zu bekommen. Die Währungen werden in zwei Klassen unterteilt. Die erste Klasse – Dollar und Pfund Sterling – beruht auf dem Gold. Die zweite Klasse dagegen beruht auf dem Pfund und dem Dollar, wobei ein Teil ihrer Goldreserven von der* Bank of England *und der* Federal Reserve Bank of New York *gehalten wird.«*[30]

Durch Fürsprache von Benjamin Strong gewährte *J. P. Morgan & Co.* 1925 die erforderlichen Dollar-Kredite, mit denen der Wiedereintritt Englands in diesen modifizierten Goldstandard gestützt werden konnte. Später wurden ähnliche Morgan-Kredite vergeben, und zwar immer auf Empfehlung Montagu Normans und des von ihm dominierten Genfer Finanzausschusses – nachdem zunächst Benjamin Strong von der New Yorker *Fed* seine Zustimmung gegeben hatte. Die Regierung in Washington spielte bei diesem Verfahren praktisch überhaupt keine Rolle. Es war reine Diplomatie der Wall-Street-Bankiers. Auf diese Weise kehrten Belgien, Polen unter der Militärdiktatur des Kriegshelden General Jozef Pilsudski und das faschistische Italien von Benito Mussolini mit überbewerteter Parität zum Gold zurück. Die Bankiers aus New York und London liebäugelten immer stärker mit brutalen Diktatoren, weil sie der Meinung waren, dass diese den Protest der Gewerkschaften unter Kontrolle halten und die Rückzahlung der Kredite gewährleisten konnten.

Kurz nachdem England zu dem inflationierten Preis von 4,86 Dollar zum Gold zurückgekehrt war, versuchte die *Bank of England*, die Inlandspreise und Löhne stark zu deflationieren, damit die britischen Exporte trotz des überbewerteten Pfund Sterlings konkurrenzfähig blieben. Als Reaktion auf diese Lohnkürzungen kam es 1926 zum Generalstreik. Das Wachstum blieb träge, die Industrieexporte verharrten auf niedrigem Niveau, und die Arbeitslosigkeit stieg auf beinahe zehn Prozent. Als England schließlich 1931 vom Goldstandard abrückte, waren 22 Prozent der britischen Arbeitskräfte beschäftigungslos.

Der Protest der Gewerkschaften und der Generalstreik machten deutlich, dass England den neuen Goldwert von 4,86 Dollar nur mit Unterstützung der USA beibehalten konnte. Strong, der nur selten den Vorstand der *Federal Reserve* in Washington, geschweige denn die anderen regionalen *Fed*-Präsidenten, konsultierte, setzte Ende der 1920er-Jahre eine erhebliche Währungsinflation und Kreditausweitung in Gang, um das Pfund Sterling zu dem überbewerteten Kurs und damit die Rolle Englands in der europäischen Währungspolitik zu stützen. Der Grund: Er wollte den brüchigen neuen Goldstandard erhalten. Mit seiner Aufweichung der Währungsbedingungen in den Vereinigten Staaten brachte Strong jedoch die Saat für eine Aktien- und Immobilienpreisblase aus.

Montagu Norman hatte seinen Freund Benjamin Strong davon überzeugt, dass ein Aufschwung in Europa und letztendlich auch ein Wiedererstarken der amerikanischen Exporte von der Fähigkeit der *Federal Reserve* abhing, die künstlich niedrig gehaltenen Zinsraten beizubehalten, damit Gold in die Sterling-Zone abfloss, wo höhere Zinsen gezahlt wurden. Damit würde wiederum das gesamte kontinentaleuropäische und koloniale Goldsystem gestützt und damit auch in erheblichem Ausmaß der Welthandel, so Normans Argumentation. Künstlich niedrig gehaltene Zinsraten der *Federal Reserve* heizten den Kreditspielraum (und damit die Spekulation) mit Wall-Street-Aktien an, was wiederum zu dem beispiellosen Höhenflug der Aktien an der Wall Street Ende der 1920er-Jahre führte. Auch die niedrigen Zinserträge in den USA im Vergleich zu den sehr attraktiven Leitzinsen in Europa von sechs bis acht Prozent veranlassten amerikanische Banken nach 1925, in steigendem Ausmaß kurzfristige Kredite an die europäischen Länder, in denen der Goldstandard galt, sowie an andere Länder der Welt zu vergeben.

Strong verpasst den Märkten ein »Glas Whiskey«

Im Juli 1927 berief Benjamin Strong auf Drängen Montagu Normans eine geheime Zentralbankkonferenz auf Long Island ein. Diese Konferenz sollte zu einer verhängnisvollen Änderung der US-Währungspolitik führen. Denn Strong erklärte sich gegen den Widerstand der Zentralbankchefs von Deutschland und Frankreich bereit, durch Zinssenkungen eine erhebliche Expansion der US-Kreditvergabe zuzulassen. Außerdem stimmte Strong zu, das Pfund Sterling zu stützen und ein Austrocknen der Londoner Goldreserven zu verhindern. Die *Chicago Federal Reserve*, die nicht so stark wie Strong an Montagu Norman und die europäischen Kredite gebunden war, widersprach der Zinssenkung durch die *Fed* und weigerte sich, die eigenen Zinsen zu senken. Die *Chicago Tribune* forderte Strong sogar zum Rücktritt auf. Strong konterte, sein eigenes billiges Geld helfe angeblich den notleidenden Farmern im Mittleren Westen der USA. Strong setzte sich durch. Später gestand er Freunden gegenüber, eine unbeabsichtigte Nebenwirkung seiner Zinssenkung sei gewesen, dass er dem Markt »ein kleines Glas Whiskey« verpasst habe. Es war mehr als ein Gläschen. An der Wall Street floss der Whiskey von nun an in Strömen.[31]

Durch die Senkung der Zinsraten durch Strongs New Yorker *Federal Reserve* im Jahre 1927 wurden der Abfluss des englischen Goldes gestoppt und die Sterling-Krise entspannt. Später pries die Londoner Zeitschrift *Banker* Strongs »Energie und Geschick, die er im Dienst an England aufbrachte«[32].

Gemäß der Struktur von Montagu Normans Golddevisenstandard führte der Weg all dieser Länder zu Gold und sogenannter »harter Währung« ausschließlich über die USA. Würde nun der Dollar ebenfalls inflationiert – wie es sich 1925 unter Strong abzeichnete –, dann könnte man auch dem Dollar nicht mehr vertrauen, und das gesamte Gebäude, die weltweite Kreditpyramide, würde irgendwann einstürzen. Dieser kleine Fabrikationsfehler in der britischen Schuldenpyramide zeigte sich, als die Kreditexpansion 1929 zum Stillstand kam. Davor wurde Strongs sogenannte »Neue Ära« des ständigen Wohlstands und der Preisstabilität landauf, landab von amerikanischen Bankiers und anderen Geschäftsleuten gepriesen – ein gespenstischer Vorbote von Alan Greenspans Erklärung aus dem Jahre 1999, in der »Neuen Ökonomie« werde es keine zyklischen Rezessionen mehr geben. Die Realität sah jedoch ganz anders aus, denn auch die *Federal Reserve* war gezwungen, das Instrument der inflationären Kreditausweitung anzuwenden, um Ende 1920 die fallenden Preise in Europa aufzufangen und wieder in die Höhe zu bringen.

Nur wenige Experten widersprachen Strongs Politik, da sie scheinbar zu unbegrenztem Wohlstand, steigenden Einkommen, boomenden Aktienpreisen und Wirtschaftswachstum führte. Zu den wenigen Kritikern von Strongs internationaler Kreditpolitik zählten damals neben US-Handelsminister Herbert Hoover auch Barton Hepburn, Chef der zur Rockefeller-Gruppe gehörenden *Chase National Bank*, sowie H. Parker Willis, der Herausgeber des *Journal of Commerce* und frühere Assistent von Senator Carter Glass. Zu ihnen gesellten sich noch einige Mitglieder des *Federal Reserve Boards*. Doch diese Herren bildeten nur eine Minderheit. *J. P. Morgan & Co.*, Benjamin Strong, Finanzminister Mellon und Präsident Calvin Coolidge hielten die Zügel der Politik in der Hand.

In den ersten Jahren des Golddevisenstandards fiel diese kleine Schwachstelle nicht sonderlich auf, jedenfalls nicht bis Anfang 1927. Scheinbar erholte sich die Wirtschaft in Europa, und scheinbar war Gold bei dieser Erholung ein wichtiges Instrument gewesen.

Unter dem neuen Golddevisenstandard flossen ab 1925 die Kredite von New York nach London und in die dollar-hungrigen Volkswirtschaften Kontinentaleuropas. Das Haus *Morgan, Kuhn Loeb & Co.*, die *National City Bank* und andere Banken an der Wall Street legten Anleihen verschiedener europäischer Länder auf, die sich dem neuen Golddevisenstandard angeschlossen hatten. Allerdings verkauften diese Banken die neuen Anleihen – oft mit Zinsen, die um drei Prozent über denen vergleichbarer US-Schatzpapiere lagen – an amerikanische Haushalte, die sich davon einen sicheren finanziellen Gewinn versprachen. Für die New Yorker Banken war das Ganze ein wahrer Goldesel.

Der Großteil der Kredite der New Yorker Banken floss ab 1924 nach Deutschland, dessen Währung durch den Dawes-Plan stabilisiert worden war. Innerhalb von sechs Jahren hatten viele deutsche Kommunen, Privatunternehmen, Länder, Hafenbehörden und andere Körperschaften Anleihen herausgegeben, die von Banken in New York gezeichnet und an amerikanische Investoren verkauft wurden. Diese Kredite beliefen sich insgesamt auf die damals enorme Summe von über 2,5 Milliarden Dollar. Deutschland nahm für den Wiederaufbau in dieser Zeit insgesamt fast vier Milliarden Dollar im Ausland auf, bevor es im Zuge der Bankenkrise von 1931 de facto den Bankrott erklären musste.

In der Zeit von 1924 bis 1931 flossen amerikanische Kredite in Höhe von fast sechs Milliarden Dollar nach Europa. Zählt man die Kriegsanleihen des US-Finanzministeriums und die Kosten des Krieges hinzu, dann waren innerhalb von nicht einmal 15 Jahren insgesamt 40 Milliarden Dollar nach Europa geflossen – das war 1914 ein Fünftel des amerikanischen Bruttoinlandsprodukts (BIP). Das mit dem Golddevisenstandard von 1925 von Montagu Norman und dem englischen Finanzministerium errichtete Gebäude war so stabil wie sein schwächstes Glied.

Ende 1927, zwei Monate, nachdem er zur Stabilisierung des Pfunds Sterling interveniert und damit die wachsende Aktienblase an der Wall Street noch weiter aufgepumpt hatte, zeigte sich Strong ernsthaft besorgt über das gesamte Finanzgebäude – nur drei Jahre, nachdem ihm Montagu Norman und die *Bank of England* versichert hatten, es diene dem Interesse der Wiederbelebung des Welthandels und der Sicherung der Währungsstabilität.

Kurz bevor Strong 1928 an Tuberkulose starb, schrieb er seinem Freund Montagu Norman und seinen Kollegen bei der New Yorker *Federal Reserve* mehrere Briefe, in denen er seine wachsenden Zweifel zum Ausdruck brachte, ob der Golddevisenstandard, den er selbst auf Drängen seines engen Freundes Norman unterstützt hatte, wirklich die richtige Maßnahme zur Stabilisierung der Weltwährung gewesen war. Aus einem seiner Briefe vom September 1927 – d. h. nachdem er entschieden hatte, das Pfund Sterling vor dem weiteren Abfluss des Goldes zu stützen – geht Strongs wachsende Erkenntnis über die wahren Verstrickungen Amerikas in der Nachkriegszeit hervor:

»Ausgebende Banken (Zentralbanken – W. E.) besitzen jetzt alleine in den USA Wechsel und Guthaben in Höhe von über einer Milliarde Dollar,

ganz zu schweigen davon, dass ein Betrag von mindestens gleicher Höhe in London sowie weitere erhebliche Beträge in anderen Ländern existieren, wo der Goldstandard gilt. Wie ich Ihnen bereits geschrieben habe, neige ich zu der Ansicht, dass diese Entwicklung jetzt einen Punkt erreicht hat, wo sie nicht mehr der Aufrechterhaltung des Goldstandards dient, sondern diesen womöglich untergräbt, da sich die Kreditstrukturen in den unterschiedlichen Erdteilen duplizieren und nur dadurch gestützt werden, dass sich das Gold in den wenigen Ländern angesammelt hat, deren Währungen auf Gold beruhen, wie England oder die Vereinigten Staaten.«[33]

Was in den Vereinigten Staaten die Große Depression der 1930er-Jahre genannt wurde, hatte seinen Ursprung außerhalb der USA und begann mit dem Anfang 1931 einsetzenden Einbruch der verrotteten wirtschaftlichen und politischen Strukturen in Europa. Allerdings hing dieser Kollapsprozess direkt mit den Entwicklungen des Golddevisenstandards zusammen.

Genauso wie 2007, als die Verbriefungsblase der amerikanischen Subprime-Hypotheken platzte, war auch der New Yorker Börsenkrach im Oktober 1929 nur ein Symptom einer viel schwereren Krankheit im weltweiten Finanzsystem. Montagu Norman von der *Bank of England* hatte Strong bedrängt, die Zinsraten niedrig zu halten, da dies Einfluss auf die Zinsraten in England und Kontinentaleuropa hatte, von denen die Finanzstabilität Englands nach dem Ersten Weltkrieg abhing, und dort half, die Rezession abzuwehren. Die niedrigen Zinsraten führten aber dazu, dass der New Yorker Aktienmarkt anzog, weil billiges Geld in den USA einen Konsumboom anheizte, der in erheblichem Maße von dem neu eingeführten Ratenzahlungssystem getragen war.

Der auffallend hohe Konsum in Amerika in den »Wilden 20er-Jahren« bedeutete für die meisten Bürger die Illusion steigenden Reichtums, und diese eklatante Missverteilung des Reichtums im Lande bildete 1929 die Achillesferse der Wirtschaft. In Amerika wurden 1929 60 Prozent aller Autos und 80 Prozent aller Radiogeräte auf Ratenkreditbasis gekauft. Die Menschen kauften auf Raten, denn das Lohnniveau der meisten Amerikaner war in den 1920er-Jahren vergleichsweise niedrig.

Viele von der republikanischen Coolidge-Administration erlassene Steuersenkungen, die Finanzminister Andrew Mellon – selbst ein sehr wohlhabender Mann – konzipiert hatte, verlagerten das Einkommen noch mehr zugunsten einer winzigen Minderheit von Großunternehmern und Erben großer Vermögen. Dies trug dazu bei, dass die Einkommensschere weiter auseinanderklaffte und sich ein immer größerer Anteil des Nationaleinkommens bei den 0,1 Prozent der sehr reichen Amerikaner konzentrierte.

Für einen Amerikaner mit einem Jahreseinkommen von einer Million Dollar sanken die Steuern in den 1920er-Jahren von 600 000 Dollar auf 200 000, während in der gleichen Zeit die Steuern für die Mittelschicht und für ärmere Familien stiegen.

Im Jahre 1929 waren mit dem Aufstieg amerikanischer Großunternehmen wie *US Steel*, *General Electric* und *RCA Corporation* bereits zwei Drittel des industriellen Reichtums aus dem Privateigentum einzelner Unternehmer in das Eigentum großer öffentlich finanzierter Gesellschaften übergegangen. An ihrer Spitze wurde diese Unternehmenspyramide von den großen Wall-Street-Banken wie *J. P. Morgan*, *Chase Bank*, *Kuhn Loeb*, *Mellon Bank* etc. kontrolliert. Mit seiner Entscheidung im Fall *Adkins gegen Children's Hospital* trug der äußerst konservative Oberste Gerichtshof 1923 noch seinen Teil zu diesem Ungleichgewicht bei: Der Oberste Gerichthof erklärte Mindestlöhne für verfassungswidrig.[34]

»Die Reichen wurden reicher und die Armen wurden ärmer«, so hieß es in dem Schlager *Ain't We Got Fun*, den Amerikas Musikindustrie in den 1920er- Jahren populär machte.

In den USA entsprach 1929 das Gesamteinkommen der obersten 0,1 Prozent der Amerikaner dem Gesamteinkommen von 42 Prozent, die der untersten Einkommensklasse angehörten. Auf die Zahl der Familien übertragen bedeutete dies, dass 24 500 reiche Familien in Amerika über genauso viel Einkommen verfügten wie mehr als elf Millionen der Armen und der unteren Mittelschicht. Diese Reichen hielten 34 Prozent aller Ersparnisse, während 80 Prozent der Amerikaner überhaupt keine Ersparnisse hatten. Hinter der Fassade des Wohlstands in den USA verbarg sich ein Gebäude, das auf dem sandigen Untergrund von Schulden und der Illusion ständigen Wohlstands und steigender Aktienwerte errichtet war. Als das Konsumentenkredit-Karussell in den Jahren 1929 bis 1931 zum Stillstand kam, brach der Konsum ein, denn die meisten Amerikaner konnten es sich schlicht nicht mehr leisten, weiterhin Anschaffungen auf Kredit zu tätigen.[35]

Die steigenden Aktienkurse führten dazu, dass jetzt auch breitere Kreise in Aktien investierten, wobei sich diese Investoren oft das nötige Geld bei ihrer Bank liehen, um Aktien auf Pump kaufen zu können:»on margin«, d. h. sie zahlten nur zehn Prozent des tatsächlichen Kaufpreises an, den Rest liehen sie sich. Als diese Kreditpyramide 1929 einbrach, weil die in Panik geratene *Federal Reserve* in dem vergeblichen Bemühen, der Aktienblase Einhalt zu gebieten, verspätet die Zinsraten anhob, kollabierte das gesamte Ratenkonsumentenkreditgebäude, und diesem Kollaps folgte schon bald die produzierende Realwirtschaft.[36] Im Oktober 1929 hatten sich an der New Yorker Börse Aktienkredite in einer Rekordhöhe von acht Milliarden Dollar aufgestaut, die nun liquidiert werden mussten; der Löwenanteil dieser Kredite war aufgenommen worden, um Aktien »on margin« zu kaufen.

Der New Yorker Börsenkrach vom Oktober passierte nur wenige Monate, nachdem Herbert Hoover sein Amt als Präsident angetreten hatte. Nie zuvor hatte ein US-Präsident bei einem Börsenkrach aktiv eingegriffen; allgemein war man der Ansicht, diese Dinge sollten sich selbst wieder in Ordnung bringen, ohne Eingreifen der Regierung.

Gegen die Einwände von Finanzminister Andrew Mellon gab Präsident Hoover Ende 1929 einen Zehn-Punkte-Aktionsplan bekannt, mit dem unter anderem eine Bankenpanik sowie die weit verbreiteten Privatbankrotte und der Verlust von Eigenheimen verhindert werden sollten. Außerdem sollten damit die Landwirtschaft und die vielen Arbeitslosen unterstützt sowie die Stärke der Währung gesichert werden. Öffentliche Arbeitsbeschaffungsprogramme wurden in Gang gesetzt. Getreu seinen konservativen republikanischen Wurzeln versuchte Hoover, die Macht der Regierung ins Spiel zu bringen, um Privatinitiativen zu stärken und eine direkte Firmenübernahme durch die Regierung zu verhindern, denn das hieße für ihn, Mussolinis italienischen Korporativismus einzuführen. Anfang 1931 zeigte die Wirtschaftsrezession in den USA erste Anzeichen der Stabilisierung. Es war jedoch nur eine kurze Pause im allgemeinen Abschwung.

Während das Fundament von Montagu Normans brüchigem Golddevisenstandard in Europa zu kollabieren begann, baute sich ein neuer verheerender Finanzschock auf, der die Welt ruinieren sollte. Ausgelöst wurde er durch die politische Intervention Frankreichs in Wien, die das Ziel hatte, »den Deutschen eine Lektion zu erteilen«.

Frankreich schafft den Goldstandard ab

Im Frühjahr 1931 brachen die Dämme in Europa. Dabei spielte eine besondere Form des französischen »Exzeptionalismus« eine entscheidende Rolle, durch den das gesamte Weltwährungssystem unbeabsichtigt zum Einsturz gebracht und die Weltwirtschaft in eine Depression gestürzt wurde.

Im März 1931 gab Österreich, ein kleiner Teil des früheren Österreich-Ungarns mit nur sechs Millionen Einwohnern, bekannt, man habe Gespräche mit Deutschland über die Schaffung einer Zollunion zur Ankurbelung des Handels geführt, da eine Depression drohe. In technischer Hinsicht war eine solche Union zwar eine Verletzung des Versailler Vertrags, sie war aber schwerlich eine Bedrohung des Weltfriedens.

Die Regierung Frankreichs reagierte darauf umgehend und verlangte die sofortige Rückzahlung von kurzfristigen Krediten in Höhe von etwa 300 Millionen Dollar, die Deutschland und Österreich der Zentralbank *Banque de France* und anderen französischen Banken schuldeten. Damit wollte Paris beide Länder zwingen, die geplante Zollunion fallen zu lassen. Die Forderung Frankreichs löste eine panikartige Flucht aus der österreichischen Währung aus. Das schwächste Glied des österreichischen Finanzsystems war die Wiener Creditanstalt.

Im Mai 1931 brach diese Wiener Creditanstalt, die größte Bank Österreichs, die Kredite in Ungarn und dem gesamten Donauraum vergeben hatte, die Gläubiger von fast allen österreichischen Industrieunternehmen war und sich stark im Immobiliengeschäft engagiert hatte – die Bank hatte über 50 Prozent aller Kredite im Land vergeben –, nach einem panikartigen Ansturm ihrer Anleger zusammen. Hektische Bemühungen Montagu Normans und der neu geschaffenen Bank für Internationalen Zahlungsausgleich (BIZ) in Basel, Notkredite zur Stabilisierung der Creditanstalt bereitzustellen, schlugen fehl. Als Vorbedingung für ihren Kreditanteil verlangte die französische Regierung, Deutschland und Österreich sollten die geplante Zollunion aufgeben, die de jure keine Verletzung des Versailler Friedensvertrags darstellte, der lediglich einen Anschluss, d. h. eine Annexion Österreichs an Deutschland, untersagte.[37]

Wie ein Lauffeuer breitete sich diese Bankenkrise auf ganz Österreich aus, erreichte Deutschland und führte dort zu einer Panik der Einleger der Darmstädter und Nationalbank, der Danat-Bank, sowie zu einer Währungskrise der damaligen Reichsregierung unter Heinrich Brüning. An diesem Punkt kamen Vertreter der *Bank of England*, der *Federal Reserve*, der Reichsbank und der *Banque de France* zu Gesprächen über Notkredite zusammen, um die weitere Ausbreitung der Währungspanik einzudämmen.

In dem Versuch, den Druck von Deutschland zu nehmen, hatte US-Präsident Hoover ein einjähriges Moratorium auf die deutschen Re-

132

parationszahlungen erwirkt. Es trat am 30. Juni 1931 in Kraft. Dieser Schritt, der als »zu klein und zu spät« angesehen wurde, führte nur zur Flucht ausländischer Banken aus ihren deutschen Vermögenswerten, weil man noch Schlimmeres befürchtete. Jetzt verlagerten auch Deutsche ihr Kapital aus der Reichsmark in andere Währungen wie den Dollar, das Pfund Sterling und den französischen Franc, oder in Gold. Reichsbankpräsident Hans Luther reiste im Juli nach Paris und von dort nach Basel und London und warnte, die deutsche Reichsbank brauche dringend einen Kredit über 500 Millionen Dollar, um einen Bankrott abzuwenden. Diese Nachricht verstärkte die Panik nur noch mehr. Das gesamte Finanzgebäude der Nachkriegszeit stand unmittelbar vor dem Kollaps.[38]

Zu diesem Zeitpunkt hielt die französische Regierung alle Trümpfe in der Hand. Frankreich hatte Anfang der 1920er-Jahre eine eigene Währungskrise durchgemacht, bei der es beinahe zu einer Hyperinflation gekommen wäre. 1926 trat die rechtsgerichtete Regierung von Raymond Poincaré ihr Amt an und ging mit Unterstützung von Zentralbankchef Moreau sofort daran, drastische Haushaltskürzungen, Steuererhöhungen und andere Sparmaßnahmen zu erlassen, um der Kapitalflucht zu begegnen und den Franc zu stabilisieren, der damals noch nicht dem Goldsystem angehörte. Sie kündigte Pläne an, zum frühestmöglichen Zeitpunkt zum Goldstandard zurückzukehren, um das Vertrauen wiederherzustellen. 1926 gewann der Franc innerhalb weniger Wochen nach Poincarés Rückkehr an die Macht 40 Prozent an Wert.

Nachdem die französische Regierung zwei Jahre lang Goldreserven angehäuft hatte, kündigten Poincaré und die französische Zentralbank unter Gouverneur Emile Moreau 1928 an, Frankreich werde ein sogenanntes Stabilisierungsgesetz erlassen, das die Rückkehr des Francs zum Goldstandard erleichtern sollte. Aber Frankreich hatte nicht vor, dabei nach Montagu Normans Pfeife zu tanzen.

In Paris ging man ganz anders vor als in England, das seine Konkurrenzfähigkeit beim Export aufgrund der internen Macht der Londoner City durch die Anbindung an das Vorkriegsniveau von 4,86 Dollar geopfert hatte. Die französische Nationalbank richtete den Goldstandard zwar wieder ein, aber mit einer Parität, die 20 Prozent des Vorkriegsniveaus entsprach. Das führte zu einer deutlichen Erholung der französischen Exporte, zu steigender Beschäftigung, höherer Industrieproduktion und zum Aufbau großer Handelsüberschüsse und damit auch zu der Zunahme von Devisenreserven bei ausländischen Zentralbanken, vor allem bei der

Bank of England. Aber das, was Frankreich durch diese Maßnahme aufgrund der Struktur der durch den Golddevisenstandard angehäuften internationalen Schulden zugute kam, war schlecht für die übrige Welt: Gold wanderte von London und anderen Hauptstädten Kontinentaleuropas in die Tresore der französischen Zentralbank.

1927 hatte die *Banque de France* versucht, 30 Millionen Pfund in Gold umzutauschen, um ihre Goldreserven für den Beitritt zum Goldstandard zu erhöhen. Diese Ansammlung von Gold in Frankreich veranlasste die *Bank of England*, sich an Benjamin Strong zu wenden und ihn um Hilfe zur Stabilisierung des britischen Pfundes zu bitten. Die *Banque de France*, die eine erneute Inflation befürchtete, wenn sie ihre Reserven in ausländischer Papierwährung hielt, die willkürlicher Inflationierung unterworfen werden konnte, hatte entschieden, ihre Reserven allein auf Gold zu stützen – also wie beim Goldstandard aus der Zeit vor 1914 – und nicht auf Papier plus Golddevisenstandard, den England und andere Länder 1925 eingeführt hatten.[39]

Damit war Frankreich in Bezug auf seine Zentralbankpolitik wieder einmal Außenseiter. Als konservativer Bankier fürchtete Moreau zu Recht, dass der Golddevisenstandard von Montagu Normans *Bank of England* eine gefährliche Schwachstelle aufwies. Moreau war fest entschlossen, Frankreich nach Jahren des Chaos und der Instabilität zur Politik des harten Geldes und steuerlicher Klugheit zurückzuführen. Das einzige Problem bestand darin, dass damals der von Norman und Strong konzipierte Goldreservestandard das Weltwährungssystem beherrschte. Dieses System und die damit verbundenen hoffnungslos verschuldeten europäischen Volkswirtschaften waren im Kern verrottet.

Das Vorgehen der Franzosen in der Goldfrage war eine Mischung aus Angst vor einem Wiedererstarken Deutschlands und der Furcht, durch eine Rückkehr zur Politik des billigen Geldes könnte es in Frankreich wieder zu einem Wirtschaftschaos mit Streiks und Rezession kommen; daher entschieden sich Regierung und *Banque de France* für den Alleingang.

Dass sich der Franc 1926 stabilisierte und das Gold 1928 wieder an einen Wert von 20 Prozent der Vorkriegsparität gekoppelt wurde, führte dazu, dass französisches Kapital aus dem Ausland zurückkehrte und frisches ausländisches Kapital ins Land floss, weil die Wirtschaft aufblühte. 1931 gab es in Frankreich wieder Vollbeschäftigung, während die übrige Welt in eine Depression abglitt. Frankreich entwickelte ein Gefühl für eine unabhängige Rolle in europäischen Angelegenheiten.

Weil die *Banque de France* die Politik verfolgte, Devisenguthaben in Gold für die Zentralbank einzutauschen, verfügte Frankreich schon 1931 über die zweitgrößten Währungsgoldreserven der Welt; nur die US-amerikanische *Federal Reserve* hatte noch größere Reserven. Im Verlauf von nur fünf Jahren hatten sich die Goldreserven der französischen Zentralbank verzehnfacht. Zwei Zentralbanken, nämlich die *Federal Reserve* und die *Banque de France*, kontrollierten 1931 beachtliche 75 Prozent der Währungsgoldreserven der gesamten Welt. Die *Federal Reserve* war durch die Bestimmungen des 1913 vom US-Kongress verabschiedeten »Federal Reserve Act« erheblich eingeschränkt, was den Einsatz ihrer Reserven anging. Diese Einschränkungen wurden erst 1933 bzw. 1935 aufgehoben, als die Depression bereits in vollem Gange war.

Damit waren Frankreich und die *Banque de France* beim Ausbruch der Krise in Europa in einer ungewöhnlich starken Position. Diese Krise war ohnehin, wie erwähnt, de facto durch die politischen und finanziellen Forderungen Frankreichs an Deutschland und Österreich ausgelöst worden.

Als Deutschland im Juli 1931 erneut bei den Zentralbanken in London, Paris und New York vorsprach, um einen Notkredit von 500 Millionen Dollar zu erhalten, spielte Frankreich die entscheidende Rolle. Paris nutzte diese Gelegenheit zu der Ankündigung, man sei zu einer weiteren Rettungsaktion für Deutschland bereit, aber nur unter der Bedingung, dass die deutsche Regierung die paramilitärische Stahlhelm-Organisation auflöste, den Bau der (zunächst) spöttisch als »Westentaschen-Schlachtschiffe« bezeichneten Panzerschiffe einstellte, die in Deutschland laut Versailler Vertrag noch gebaut werden durften, und dass Deutschland die Pläne für eine Zollunion mit Österreich fallen ließ. Die deutsche Regierung von Heinrich Brüning lehnte die Bedingungen der Franzosen ab, die sie als Versuch betrachtete, Deutschland zu erniedrigen und wirtschaftlich in die Sklaverei zu treiben.

Hoover versucht, den Deich abzudichten

Die Krise konzentrierte sich nunmehr ausschließlich auf die private und staatliche Verschuldung Deutschlands, die seit der durch den Dawes-Plan von 1924 stabilisierten Reichsmark stark gestiegen war. Die meisten Bankiers in Amerika, wie J. P. Morgan und Benjamin Strong, tendierten dazu, Deutschland einfach wie einen normalen Kreditnehmer zu behandeln; also wie einen Kunden, bei dem zwar ein etwas höheres Risiko bestand, bei dem es aber im Wesentlichen um nichts anderes ging als um die Vergabe eines Kredits für den amerikanischen Eisenbahnbau oder um Startkapital für ein amerikanisches Unternehmen. Sie waren der Ansicht, die Unterstützung durch die stärkste Zentralbank der Welt und deren Gold sichere sie gegen alle möglichen Risiken ab. Schließlich waren, so ihre Überlegung, Köln, Frankfurt oder Berlin lediglich Regierungsbehörden der Weimarer Republik.

Anders als für Amerikas Bankiers war für ihre französischen Kollegen jeder an Deutschland vergebene Kredit eine politische Unterstützung der deutschen Bemühungen, den Versailler Vertrag außer Kraft zu setzen und die Einheit Deutschlands aus der Vorkriegszeit wiederherzustellen. Diese französische Sicht der Dinge kam der Wahrheit deutlich näher, was noch einmal die fatale Schwäche von Benjamin Strongs Entscheidung unterstreicht, praktisch einseitig die Finanz- und Kreditstruktur der Vereinigten Staaten an die Währungsstruktur in Europa nach 1917 zu binden.

Im Juli 1931 waren die Goldreserven Deutschlands, Österreichs, Ungarns und der meisten osteuropäischen Länder verschwunden, und die meisten Banken in diesen Ländern hatten ihre Türen geschlossen.

Um entscheiden zu können, welche Schritte die USA jetzt unternehmen sollten, beauftragte Präsident Hoover persönlich den US-Finanzminister und die *Federal Reserve*, festzustellen, wie stark die amerikanischen Banken in Europa engagiert waren und wie hoch die zu erwartenden Ausfälle sein würden. Ein mit Hoover eng befreundeter kalifornischer Bankier hatte Hoover berichtet, wie besorgt er über die weit verbreitete Praxis der amerikanischen Banken war, Akzepte, d. h. eine Form von kurzfristigen Krediten, an deutsche und andere europäische Banken auszugeben. Bei diesen Akzepten handelte es sich für gewöhnlich um Papiere mit einer Laufzeit von 60 bis 90 Tagen, die nur durch Schiffsfrachtbriefe über bereits verschiffte, aber noch nicht ausgelieferte Güter abgesichert waren. Hoover bat die *Federal Reserve* und das Finanzministerium um eine Einschätzung über den Umfang dieser unbesicherten Kredite an europäische Banken.[40]

Die *Federal Reserve* teilte dem Präsidenten ihre Einschätzung mit: Der Umfang belief sich auf höchstens 500 Millionen Dollar, was ihrer Ansicht nach keine Gefahr für die amerikanischen Banken darstellte. Weil Hoover jedoch Schlimmeres befürchtete, ordnete er eine unabhängige Untersuchung durch den *Comptroller of the Currency*, den Chef des

Bankenaufsichtsamt an. Dessen Schätzung belief sich aber auf beunruhigende 1,7 Milliarden Dollar, wenn nicht sogar mehr, und diese Summe stellte tatsächlich eine Gefahr für das gesamte, nur schwach kapitalisierte US-Bankensystem dar, nämlich dann, wenn diese Information in die Öffentlichkeit gelangte.

Als Benjamin Strong im Juli 1927 die Zinsraten der New Yorker *Federal Reserve* senkte, um der *Bank of England* dabei zu helfen, den Goldabfluss nach Frankreich zu verlangsamen, stieg die Kreditvergabe nach Europa sprunghaft an, denn die europäischen Banken waren bereit, hohe Aufschläge von bis zu sieben Prozent oder mehr für dringend benötigte Dollar-Kredite zu bezahlen. Der Chef der US-Bankenaufsicht informierte Hoover jedoch bereits im Juli 1931 darüber, dass die europäischen Banken mit einem Großteil dieser Bankakzepte bereits in Verzug waren, was die amerikanischen Banken aus Furcht vor einer weiteren Panik bislang verschwiegen hatten.[41]

Daraufhin entsandte Hoover den Finanzstaatssekretär Ogden Mills nach London, der dort diskret über seine Kontakte bei der *Bank of England* herausfinden sollte, wie hoch die offenen Positionen der britischen Banken bei solchen Bankakzepten waren. Die Experten der Bank hatten keinerlei Vorstellung über die Höhe, gaben aber zwei Tage später ihre vorläufige Einschätzung ab, die für die Stabilität des Golddevisenstandards noch weit beunruhigender war. Allein bei den englischen Banken betrugen die offenen Positionen auf diesem Feld mehr als zwei Milliarden Dollar; bei den niederländischen und skandinavischen Banken sah es ähnlich aus.

Nach Hoovers Einschätzung hielten allein deutsche, österreichische und ungarische Banken bis zu fünf Milliarden Dollar an solchen kurzfristigen Papieren – die alle innerhalb von 60 bis 90 Tagen fällig waren. Das war tatsächlich eine schwindelerregende Summe, von der niemand vorher auch nur die leiseste Ahnung gehabt hatte.

Die Bankiers hatten gegen die Versicherung, der Kredit sei durch die Lieferung physischer Güter gesichert, Kredite an einzelne Kreditnehmer vergeben. Als die Handelsströme zwischen Deutschland, Österreich und Ungarn im Frühjahr 1931 aber plötzlich unterbrochen wurden, hörten auch diese Lieferungen auf, und die auf dieser Basis vergebenen Papiere wurden wertlos – ganz ähnlich wie bei dem Wertverlust in Höhe von mehreren Billionen Dollar verbriefter Kredite kürzlich nach dem Zusammenbruch des Subprime-Hypothekenmarkts in den USA, der sich lawinenartig ausbreitete.

Die sehr kurzfristige Verschuldung bestand zusätzlich zu den fünf Milliarden Dollar an längerfristigen Anleihen der deutschen Industrie sowie der Länder, Kommunen und der Reichsregierung in Deutschland.

In seinen Memoiren erinnerte sich Hoover daran, wie er von der Dimension der damals einstürzenden Schuldenpyramide in Europa erfahren hatte: *»Jetzt wurde deutlich, welcher Sprengsatz unter dem Weltwirtschaftssystem lagerte. Jetzt wurde klar, warum die Krise in Europa so lange hinausgezögert worden war. Man hatte das Papier A ausgegeben, um B damit zu bezahlen und seine internen Defizite zu decken. Ich kann mich nicht erinnern, jemals mehr schockiert gewesen zu sein. Die quälende Aussicht auf massenweise Bankenbankrotte, über deren Ursachen und Gefahren man gegenüber der amerikanischen Öffentlichkeit kein Wort verlieren durfte, wenn man keinen Run auf unsere Banken riskieren wollte, raubte mir den Schlaf. Es ging nicht mehr darum, ausländischen Ländern zu helfen und indirekt alle davon profitieren zu lassen. Jetzt ging es darum, uns selbst zu retten.«*[42]

Leider war es dafür reichlich spät. Damals erließ Hoover – gegen den starken Widerstand von Finanzminister Mellon – einen öffentlichen Aufruf für einen »Schuldenstillstand« oder ein vereinbartes Moratorium zwischen den Privatbanken im ganzen Land, die deutsche und zentraleuropäische kurzfristige Schuldobligationen hielten. Mellon, der sich zusammen mit Außenminister Stimson in London aufhielt, wo sie an einer Konferenz über die sich verschlechternde Lage in Europa teilnahmen, bedrängte Hoover, stattdessen dem Gesuch Deutschlands für einen weiteren Kredit über 500 Millionen Dollar nachzugeben, um die Stellung zu halten. Hoover antwortete, damit würde man nur die törichten Fehler der Privatbanken beheben, das größere Problem aber nicht.

Hoover bestand darauf:»Die Bankiers, nicht unsere Steuerzahler, müssen die Last der Lösung tragen.« Entgegen den energischen Protesten Mellons, Stimsons und der *Bank of England* veröffentlichte Hoover seinen öffentlichen Aufruf für eine freiwillige »Stillhaltevereinbarung« der Banken. Die Teilnehmer der Londoner Konferenz unterstützten das inzwischen öffentlich bekannte »Hoover-Moratorium«, ebenso wie die neue Bank für Internationalen Zahlungsausgleich in Basel, die auf Bitten Hoovers die Aufsicht über diesen freiwilligen Plan übernehmen sollte. Einige New Yorker Banken erklärten Amerikas Präsident, sie seien gegen die Stillhaltevereinbarung, und setzten Hoover so unter Druck, dass er doch einem neuen Kredit der US-Regierung an Deutschland zustimmte.

Als die BIZ 1932 ihren Abschlussbericht vorlegte, hieß es dort, der »Gesamtbetrag der kurzfristigen (privaten) Verschuldung belief sich Anfang 1931 auf über zehn Milliarden Dollar«. Das war rund doppelt so viel, wie Hoover geschätzt hatte. Das Stillhalteabkommen beruhigte die Lage aber nur für kurze Zeit, nämlich bis die *Bank of England* am 21. September 1931 ihren ausländischen Zahlungsverpflichtungen nicht mehr nachkommen konnte. Die *Banque de France* hatte am 24. Juli 1931 damit begonnen, ihre erheblichen Goldeinlagen von der *Bank of England* und von der New Yorker *Federal Reserve* abzuziehen. Dieser Abzug führte beim Pfund Sterling zu einer Vertrauenskrise.

Auch die Londoner Banken saßen auf großen Summen nunmehr insolventer kurzfristiger Anleihen an osteuropäische und deutsche Banken. Die *Bank of England* versuchte, den Run auf das Pfund Sterling zu stoppen, und erhöhte im August 1931 die Zinsraten. Doch das machte die Lage nur noch schlimmer, denn die Panik breitete sich aus. Um sie zu stoppen, nahm die britische Regierung Kredite über 650 Millionen Dollar von amerikanischen Banken auf, doch das machte alles erneut nur noch schlimmer. Am 14. September 1931 meuterten britische Seeleute, und eine Woche später, am 21. September 1931, verließ die *Bank of England* offiziell den Goldstandard, was die Schließung der meisten Wertpapier- und Warenbörsen in Europa nach sich zog.

Mit fürchterlichen Folgen für die eigene Bevölkerung hielt die *Federal Reserve* ihr Gold-Diskont-Fenster weiter offen. Anstatt zur Abwehr der zunehmenden Schrumpfung der Wirtschaft Liquidität in die heimische Wirtschaft zu pumpen, entzog die New Yorker *Federal Reserve*, an deren Spitze seit Strongs Tod im November des Jahres 1928 George Harrison stand, in dem vergeblichen Bemühen, am Goldstandard festzuhalten, der US-Wirtschaft Liquidität und erhöhte im Oktober 1931 die *Fed*-Zinsen von ein auf drei Prozent.

Dieser verzweifelte Versuch der Wall Street und der New Yorker *Fed*, den Goldstandard und damit ihre Träume eines informellen amerikanischen Finanzimperiums zu retten, war gescheitert, obwohl sie diese Tatsache noch immer nicht zur Kenntnis nehmen wollten. Die höheren Zinssätze der *Federal Reserve* trieben die US-Wirtschaft in eine tiefe Depression und Deflation.

Es lag nicht an der ökonomischen Lehrmeinung, dass man so lange am Goldstandard festhielt. Es lag einzig und allein daran, dass der mächtige Money Trust, der die Wall Street beherrschte, unbedingt sein

Ziel erreichen wollte, mithilfe eines Golddevisenstandards, den *J. P. Morgan & Co.*, Benjamin Strong, *Dillon Read*, Edwin Kemmerer und die führende Finanzelite der Vereinigten Staaten auf den Trümmern des Ersten Weltkriegs errichtet hatten, eine von den USA kontrollierte globale Finanzmacht aufzubauen.

Der Money Trust hatte keinerlei Skrupel, bei seinem letztlich erfolglosen Bemühen, England die globale Finanzherrschaft zu entreißen, die Wirtschaft der Vereinigten Staaten in die bis dahin schwerste Depression der amerikanischen Geschichte zu stürzen. Anders als in den Vereinigten Staaten floatete das Pfund Sterling seit 1931 ohne Bindung an das Gold. Eine Abwertung um etwa 40 Prozent erhöhte die englischen Exporte und milderte die Auswirkungen des weltweiten Zusammenbruchs. In rascher Folge lösten sich weitere europäische Länder vom Goldstandard, Frankreich ausgenommen. Die Vereinigten Staaten hielten bis April 1933 an dem deflationären Goldstandard fest.

Das Zusammenfallen dieser Krisen hatte zur Folge, dass die Regierung sehr schnell immer mehr Einfluss auf das Wirtschaftsleben in Amerika gewann. Dies geschah in Form des »New Deal« von Franklin D. Roosevelt (FDR), als dieser erste demokratische Präsident seit dem Ersten Weltkrieg am 4. März 1933 sein Amt antrat.

Die meisten Ankurbelungsprogramme Roosevelts waren in Wirklichkeit nur die Fortführung oder Umsetzung von Infrastrukturprogrammen, die bereits unter dem unglücklich agierenden Präsidenten Hoover geplant worden waren.

Vom Zeitpunkt des vollen Ausbruchs der Depression 1931 bis zum Höhepunkt der Kriegsausgaben 1944 stieg die Staatsverschuldung der Vereinigten Staaten von 29 Prozent auf über 130 Prozent des BIP an. Genauso bedeutsam war, dass der Anteil der öffentlichen Ausgaben an der Gesamtwirtschaft von zwölf Prozent im Jahr 1931 auf über 45 Prozent 1944 anwuchs.

Der Kollaps von Benjamin Strongs Großprojekt, New York zum Bankenzentrum für Europa und die ganze Welt zu machen, hatte die Strukturen des Weltfinanzsystems, den Welthandel und die Entwicklung der Weltwirtschaft gründlich erschüttert.

Es sollten sechs lange Jahre einer schweren Wirtschaftsdepression, des Umbaus und der Vorbereitung für einen neuen großen Krieg in Europa vergehen, um die Niederlage der Wall Street in dem Bemühen, das Britische Empire als Weltmacht Nummer eins abzulösen, wieder wettzumachen. Dazu musste aber das Deutsche Reich als künftiger Rivale für die Vorherrschaft Amerikas ein für alle Mal ausgeschaltet werden. Diesen Prozess würde man später als Zweiten Weltkrieg bezeichnen. In Wahrheit war dieser Krieg nur die Fortsetzung des ungelösten geopolitischen Problems des Ersten Weltkriegs; ein gewaltiger und tragischer Kampf zwischen zwei Mächten – nämlich Deutschland und den Vereinigten Staaten – um die Nachfolge des zerfallenden Britischen Empires als herrschende Weltmacht. Zumindest stellte sich die Sache so für die führenden Eliten im amerikanischen Establishment dar. Es kann bezweifelt werden, ob die deutsche Elite ernsthaft die Idee eines globalen Reichs verfolgte; ganz bestimmt nicht vor 1914 und allem Anschein nach noch nicht einmal in den 1930er-Jahren. Hitler hatte dafür viel zu viel Respekt vor dem Britischen Empire.[43]

Es konnte jedoch kein Zweifel daran bestehen, dass der Money Trust in den Vereinigten Staaten solch eine Vorstellung von einem weltweiten Imperium hegte, einem informellen Finanzimperium, das durch die mächtigste Militärmacht der Welt abgesichert war. Zur Durchsetzung dieses Ziels brauchte der Money Trust einen neuen Weltkrieg. Auch hier sollte die *Federal Reserve* eine entscheidende Rolle spielen. Der erste Versuch der einflussreichen New Yorker Banken, unterstützt von ihrer privaten New Yorker *Federal Reserve*, war erwiesenermaßen ein katastrophaler Fehlschlag, der die USA in die schlimmste Finanzkrise, eine Kettenreaktion von Bankenbankrotten und eine Depression stürzte. Innerhalb von nicht einmal zehn Jahren machten sich die Wall Street und die hinter ihr stehenden mächtigen Familien erneut daran, zum zweiten und letzten Mal nach der Weltmacht zu greifen.

Anmerkungen:

1   United States. Congress. House. Committee on Banking and Currency. *Money trust investigation: Investigation of financial and monetary conditions in the United States under House resolutions nos. 429 and 504*, Subcommittee of the Committee on Banking and Currency, Washington, Government Printing Office, 1913. *http://fraser.stlouisfed.org/publications/montru/*.

2   Kathleen Burk, »Finance, Foreign Policy and the Anglo-American bank: the House of Morgan, 1900–1931«, *Historical Research*, Bd. LXI, Nr. 145, Juni 1988, S. 210.

3 Mark Metzler, *Lever of Empire: The International Gold Standard and the Crisis of Liberalism in Prewar Japan*, University of California Press, 2006, S. 170–171.

4 Herbert Hoover, *The Memoirs of Herbert Hoover, Volume Two: The Cabinet and the Presidency 1920–1933*, The Macmillan Co., New York 1952, S. 85. (Deutsche Ausgabe: *Das Kabinett und die Präsidentschaft 1920–1933*, Matthias-Grünewald-Verlag, Mainz 1951/1952).

5 Ebenda, S. 86–88.

6 Ebenda, S. 90.

7 Leland Crabbe, »The International Gold Standard and U. S. monetary policy from World War I to the New Deal«, *Federal Reserve Bulletin*, Juni 1989.

8 Zum Hintergrund der anglo-amerikanischen Rivalität in der Zeit zwischen den beiden Weltkriegen siehe F. William Engdahl, *Mit der Ölwaffe zur Weltmacht – Der Weg zur neuen Weltordnung*, Kopp Verlag, Rottenburg 2006, Kap. 5, S. 57–59 (englische Originalausgabe: *A Century of War: Anglo-American Oil Politics and the New World Order*, Pluto Press, London 2004).

9 Carroll Quigley, *Tragedy and Hope: A History of the World in Our Time*, The MacMillan Company, New York 1966, S. 324 (deutsche Ausgabe: *Katastrophe und Hoffnung, Eine Geschichte der Welt in unserer Zeit*, Perseus-Verlag, Basel).

10 Nach Informationen aus erster Hand, die der Autor von einem Studenten Quigleys an der Georgetown-Universität erhalten hat, fürchtete Quigley in seinen letzten Jahren um sein Leben, da er Angst hatte, er könne in seinem Buch zu viel von der inneren Motivation und dem Vorgehen des Macht-Establishments preisgegeben haben, und das, obwohl erstaunlicherweise die zentrale Rolle Rockefellers auf den 1300 Seiten des Buches so gut wie nie zur Sprache kommt.

11 Ebenda.

12 Herbert Hoover, a. a. O., S. 86.

13 Ebenda, *The Great Depression: 1929–1941*, S. 6–7 (deutsche Ausgabe: *Die große Wirtschaftskrise 1929–1941*).

14 Paul Alexander Gusmorino III, *Main Causes of the Great Depression*, Gusmorino World, 13. Mai 1996, aufrufbar unter *www.gusmorino.com/pag3/ greatdepression/*.

15 Russell Ally, *Gold and Empire: The Bank of England and South Africa's Gold Producers 1886–1926*, Witwatersrand University Press, 1994, S. 42.

16 C. Reinold Noyes, »The Gold Inflation in the United States, 1921–1929«, *The American Economic Review*, Bd. XX, Nr. 2, Juni 1930, S. 181–198.

17 Russell Ally, a. a. O., S. 43.

18 Die folgenden Einzelheiten über Smuts, London und den Kampf um die

Kontrolle über das Gold aus Südafrika beruht auf der unschätzbaren Forschungsarbeit von Professor Ally, der in seinem Buch, das sich auf die Archive der *Reserve Bank of South Africa* und andere Regierungsdokumente stützt, die intensive dreiseitige politische Auseinandersetzung zwischen New York, London und Pretoria über die weltweite Kontrolle des Goldes in den 1920er-Jahren erklärt. Der Autor hat auch sehr von zahlreichen Gesprächen profitiert, die er über Jahre hinweg mit dem ehemaligen Ökonomen der *Reserve Bank of South Africa*, Professor Diedrich Goedhuys, über die merkwürdigen Geschehnisse um den Goldstandard und das internationale Zentralbankwesen geführt hat.

19 John Charmley, *Churchill – The End of Glory*, Sceptre, London 1993, S. 336 (deutsche Ausgabe: *Churchill, das Ende einer Legende,* 2001, Ullstein Tb., Berlin).

20 Russell Ally, a. a. O.

21 Ebenda, S. 99

22 Paul W. Drake, *The Money Doctor in the Andes – The Kemmerer Missions, 1923–1933*, Duke University Press, Durham 1989, S. 250.

23 Mark Metzler, a. a. O., S. 170–171.

24 Russell Ally, a. a. O., S. 128.

25 Paul Einzig,»Recent Changes in the London Gold Market«, *The Economic Journal of the Royal Society*, März 1931, S. 62.

26 Winston Churchill, *April 1925 Budget Statement to Parliament*, zitiert in Ed Balls, *Speech by the Chief Economic Advisor to the Treasury*, im Internet unter *www.HM-Treasury.gov.uk/ed_balls_at_2002_cairncross_lecture.htm.*

27 Richard Hemmig Meyer, *Bankers' Diplomacy: Monetary Stabilization in the Twenties*, Columbia University Press, New York 1970, S. 6, ausführlich beschrieben in Anmerkung 7.

28 Russell Ally, a. a. O., S. 88–89.

29 James Grant, *Money of the Mind: Borrowing and Lending in America from the Civil War to Michael Milken*, Farrar Straus, Giroux, New York 1992, S. 189–190.

30 Zitiert in Kevin Dowd, R. H. Timberlake, *Money and the Nation State*, Edison N. J., Transaction Books, 1997, S. 135.

31 James Grant, a. a. O., S. 192, und Herbert Hoover, *The Great Depression: 1929–1941*, S. 10–11.

32 Zitiert in Murray N. Rothbard und Joseph T. Salerno, *A History of Money and Banking in the United States*, 2005, Ludwig v. Mises Institute, S. 416.

33 Benjamin Strong an Montagu Norman, zitiert in James Grant, a. a. O.

34 Robert S. McElvaine, *The Great Depression: America, 1929–1941*, Times Books, New York 1984, S. 37–41.

35 Ebenda, S. 38–40.

36 Ebenda.

37 Charles P. Kindleberger, *The World in Depression: 1929–1939*, Allen Lane, 1973, S. 148–151. (Deutsche Ausgabe: *Geschichte der Weltwirtschaft IV im Zwanzigsten Jahrhundert. Die Weltwirtschaftskrise 1929–1939*, 1973, München, dtv.)

38 Harold James, *The German Slump, Policies and Economics 1924–1936*, Oxford Clarendon Press, 1986, S. 283–285. (Deutsche Ausgabe: *Deutschland in der Weltwirtschaftskrise 1924–1936*, Deutsche Verlagsanstalt, München 1988.)

39 Kevin Dowd, a. a. O.

40 Herbert Hoover, *The Great Depression*, a. a. O.

41 Ebenda.

42 Ebenda.

43 Fritz Hesse, *Das Spiel um Deutschland*, Paul List Verlag, München 1953, S. 240–241. Hesse, der im Dritten Reich Berater von Außenminister Ribbentrop gewesen war, attackiert in seinen Memoiren scharf das Außenministerium des Deutschen Reichs und Hitler, weil diese die Geopolitik des Engländers Halford Mackinder nicht verstanden hätten. In Hesses Worten:»Für die Angelsachsen war es völlig gleichgültig, wer Deutschland regierte. Die einfache Tatsache, dass Deutschland zur größten Kontinentalmacht geworden war, reichte den Angelsachsen und den Franzosen, um in den Krieg zu ziehen.« (S. 240)

KAPITEL 5

Der New Deal und die Depression – Die Rockefellers gewinnen die Oberhand

»Aber das ist doch reiner Diebstahl, nicht wahr, Herr Präsident?«
Frage von Senator Thomas Gore an Franklin D. Roosevelt
bezüglich dessen Entscheidung, 1933 die
Schuldenrückzahlung in Gold außer Kraft zu setzen

Der Niedergang des Hauses *Morgan*

Der erste Versuch, New York zum Weltfinanzzentrum mit einem von den USA beherrschten Golddevisenstandard zu machen, scheiterte im September 1931, als England und eine Reihe anderer europäischer Länder vom Gold abrückten. Dass es zum Zusammenbruch kam, war programmiert und angesichts der brüchigen Lage des Systems internationaler Kreditvergabe und Zeichnung von Anleihen, das *J. P. Morgan & Co.* nach der Versailler Friedenskonferenz von 1919 aufgebaut hatten, vorhersehbar gewesen.

Als 1930 die Depression im amerikanischen Agrarsektor voll zum Ausbruch kam, gingen 1345 Banken bankrott, zumeist kleinere Geldhäuser auf dem Lande. Da immer mehr Anleger ihre Guthaben bei den verbleibenden Banken abzogen und die Depression immer schlimmer wurde, entwickelte sich eine Abwärtsspirale: Weitere Banken gingen bankrott, bei den übrig gebliebenen Banken kam es zu einer Kreditklemme, die Depression vertiefte sich, und als Folge davon mussten noch mehr Banken Bankrott anmelden. 1931 hatte sich die Zahl der Bankenpleiten in den USA gegenüber dem Vorjahr mit 2294 fast verdoppelt, im Jahr darauf schlossen weitere 1453 Banken ihre Tore. In diesem Jahr, also 1932, fanden in den USA Präsidentschaftswahlen statt, und die Krise hatte von einzelnen Banken auf ganze Bundesstaaten übergegriffen. Gouverneure verschiedener Bundesstaaten verkündeten »Bankfeiertage«, um zu verhindern, dass immer mehr Anleger ihre Guthaben abzogen. Nevada machte dabei den Anfang, aber schon bald war selbst der

Industriestaat Michigan an der Reihe. Aus Angst, es könne zu einer Abwertung des Dollars gegenüber dem Gold kommen, weil damit versucht würde, die amerikanischen Industrieexporte anzukurbeln und die steigende Arbeitslosigkeit einzudämmen, lösten immer mehr ausländische Zentralbanken und andere Investoren ihre Dollar-Guthaben auf und tauschten diese Dollars in Gold um. Da es dadurch umso wahrscheinlicher wurde, dass die Krise schließlich mit voller Wucht ausbrach, war die *Federal Reserve* noch fester entschlossen, ohne Rücksicht auf die innenpolitischen Konsequenzen an der Goldparität festzuhalten. Um dem »Goldverlust und der Nachfrage nach Devisen« entgegenzuwirken, erhöhte die *Fed* im Oktober 1931 den Diskontsatz innerhalb einer Woche von seinem Tiefstand von 1,5 Prozent auf 3,5 Prozent, mit dem Effekt, dass sich durch diese plötzliche, massive Erhöhung die Kosten für Zinszahlungen mehr als verdoppelten.

Diese höheren Zinsraten machten jede Chance auf eine Erholung der US-Banken zunichte und verschlimmerten die Krise im eigenen Land nur noch. Dies führte wiederum zu einem weiteren Ansturm von Bankkunden, die ihre Guthaben plünderten. Zwischen August und November sank die Geldmenge in den USA, das zirkulierende Geld und die Bankeinlagen eingerechnet, um acht Prozent – das hatte es in der bis dahin jungen Geschichte der *Federal Reserve* noch nie gegeben. Gleichzeitig verringerten sich die Goldvorräte der *Federal Reserve*, die aufgrund der attraktiven höheren Zinsen in den USA doch eigentlich hätte steigen müssen, um beunruhigende elf Prozent.

Zwischen dem Börsenkrach vom Oktober 1929 und dem Ende des Jahres 1932, also bis kurz vor der Amtseinführung Franklin Delano Roosevelts als neuer US-Präsident im März 1933, schrumpfte der nationale Reichtum in einem niemals für möglich gehaltenen Ausmaß. Das Nationaleinkommen oder BIP der USA sank von etwa 88 Milliarden Dollar bis zum Ende jenes Jahres 1932 auf weniger als die Hälfte, nämlich auf 42 Milliarden Dollar.[1]

Inmitten des Durcheinanders während des Börsenkrachs im Oktober 1929 und dem Bankrott Tausender kleiner regionaler Banken in Amerika gab es in den obersten Etagen der New Yorker Bankeliten einen gigantischen Machtkampf in Bezug darauf, wer aus dieser Krise gestärkt hervorgehen würde.

Es war das erste Mal in der Geschichte der Vereinigten Staaten (ausgenommen die Zeit des Bürgerkrieges von 1861 bis 1865), dass die Frage der Staatsverschuldung der Vereinigten Staaten den amerikani-

146

schen Kapitalmarkt dominierte. Im Jahre 1930, wenige Wochen nach dem New Yorker Börsenkrach von 1929, betrug die Staatsverschuldung etwas mehr 16 Milliarden Dollar oder lediglich 22 Prozent des National-einkommens. Kurz nach dem Zweiten Weltkrieg, im Januar 1946, belief sich diese Staatsverschuldung auf 278 Milliarden Dollar, entsprechend 170 Prozent des Nationaleinkommens. Das bedeutete einen Anstieg der nominalen Verschuldung der US-Bundesregierung um über 1700 Prozent innerhalb von nur 16 Jahren.[2]

In diesem Kontext verlagerten sich die Geschäfte im amerikanischen Bankwesen dramatisch von der Finanzierung von Aktienkäufen und internationalen Anleihen auf die Finanzierung der gewaltigen Verschuldung der US-Bundesregierung. Banken waren also keine Geschäftskreditgeber mehr, sondern vielmehr Händler von Bundesanleihen. Der US-Aktienmarkt sollte fast vier Jahrzehnte lang den Höchststand von 1929 nicht wieder erreichen.

Die Folge der Politik der Roosevelt-Ära war, dass die internationalen Privatbanken, insbesondere das Investmentgeschäft von Häusern wie *J. P. Morgan*, *Kuhn Loeb* und *Dillon Read*, dramatisch an Macht verlor. Nachdem sich England im September 1931 vom Golddevisenstandard gelöst hatte, war Schluss mit den fantastischen Gewinnen bei der Vergabe von Anleihen in Europa und Lateinamerika.

Das Investmenthaus *J. P. Morgan & Co.* sollte seine einstmalige Vormachtstellung in der New Yorker und internationalen Finanzwelt nie wieder zurückerobern. Das Haus *Morgan* hatte seit seiner Zeit als Exklusivbankier des englischen Schatzministeriums im Ersten Weltkrieg bis zum Höhepunkt der intimen Freundschaft zwischen dem Morgan-Protégé Benjamin Strong und Montagu Norman von der *Bank of England* in den 1920er-Jahren seinen wachsenden internationalen Einfluss durch seine vielfältigen Verbindungen zur Londoner City aufgebaut und vertieft – doch die Macht dieser City of London schwand nun zusehends.

Während Montagu Norman von der *Bank of England* im Sommer 1931 hektisch versuchte, England im Verbund des Golddevisenstandards zu belassen, bedeutete ihm der Gouverneur der New Yorker *Federal Reserve*, George Harrison, die englische Regierung müsse mit *J. P. Morgan & Co.* – damals noch der Finanzvertreter der Regierung Seiner Majestät in den USA – ein Rettungspaket entwickeln. Wie berichtet, war *J. P. Morgan* seit Ausbruch des Ersten Weltkriegs im Jahr 1914 Finanzvertreter der britischen Regierung – und das war damals noch ein sehr lukratives Geschäft.

Die englische *Labour*-Regierung von Ramsay McDonald stürzte, weil sich die Mehrheit der Kabinettsmitglieder weigerte, die von *J. P. Morgan & Co.* als Bedingung für ihren Kredit geforderten drastischen Kürzungen der Arbeitslosenunterstützung hinzunehmen. Der Londoner *Daily Herald* berichtete damals, die Bankiers aus New York hätten die Kürzung des Arbeitslosengeldes in England zur Bedingung für die Gewährung ihrer Anleihen gemacht. *Morgan* hatte sich verpflichtet, ein Syndikat aus New Yorker Banken und anderen Finanzinstituten zu bilden, um die stattliche Summe von 200 Millionen Dollar zur Rettung des britischen Pfundes, und damit auch *Morgans* Goldstandard, aufzubringen.[3]

Am Ende kam *Morgan* zu spät. Am 19. September 1931 gab die Regierung McDonald bekannt, dass England den Goldstandard aufgegeben hatte. Dies bedeutete das Ende für *J. P. Morgans* Strategie, Großbritannien und die Ressourcen der Londoner City in den Aufbau eines Finanzimperiums mit Zentrum in New York einzubinden.

Ab diesem Datum sollte sich die britische Regierung nie wieder des Hauses *J. P. Morgan & Co.* als ihres exklusiven Vertreters in den Vereinigten Staaten bedienen. *Morgan* hatte diese Rolle seit 1914 zum enormen eigenen Vorteil gespielt.[4] Mit diesem Datum schwand aber auch die Macht des Hauses *Morgan* innerhalb des amerikanischen Establishments. Haie können sehr gut Blut riechen, ganz besonders das ihrer Konkurrenten.

Der zweite und schließlich vernichtende Schlag für die Vorherrschaft des Hauses *Morgan* in der New Yorker Finanzwelt kam im Juni 1933, als der US-Kongress den »Glass-Steagall Act« – der offizielle Name dieses Gesetzes lautet »Banking Act of 1933« – verabschiedete. Zur Verhinderung weiterer Schocks und Spekulationsblasen war es einer Bankholdinggesellschaft nunmehr untersagt, andere Finanzunternehmen zu besitzen, inklusive Versicherungen und Investmentbanken. Außerdem wurde die *Federal Deposit Insurance Corporation* (Bundeseinlagenversicherung) zur Versicherung der Bankeinlagen gegründet.

Als einzige New Yorker Großbank hatte Rockefellers *Chase Bank* den Kongress darin bestärkt, den »Glass-Steagall Act« zu verabschieden. *Chase*-Chef Winthrop Aldrich, der Sohn von Senator Nelson Aldrich, dessen Aldrich-Plan 1913 zum Kern des »Federal Reserve Acts« geworden war, verbrachte Anfang 1933 mehrere Monate in Washington, um beim Kongress Lobbyarbeit für die Verabschiedung des »Glass-Steagall Acts« zu leisten, und zwar gegen den starken Widerstand *Morgans* und anderer New Yorker Banken. Anders als *J. P. Morgan* hatte die *Chase Bank* die größte Depositenbank der Welt aufgebaut, und zwar vornehmlich durch die traditionelle Kreditvergabe an Rockefeller-Unternehmen wie *Standard Oil*. Deshalb war sie nun weniger als *Morgan* davon abhängig, internationale Anleihen zeichnen oder mit Aktienkäufen und -verkäufen spekulieren zu müssen.[5]

Die Rockefellers wussten, wann man einen Rivalen am besten ausschaltet, und stießen dem Haus *Morgan* genau in dem Moment das Messer in den Rücken, als es am schwächsten war. *Chase* kam bei den Untersuchungen des Bankenausschusses im US-Senat über Fehlverhalten der Banken ungeschoren davon und profilierte sich deutlich als »Freund« des New Deals. Es war innerhalb des Bankenmilieus an der Wall Street eine Seltenheit, dass Franklin Roosevelt dort verächtlich als »Verräter seiner Klasse« bezeichnet wurde, weil er die Gier und Korruption an der Wall Street in seinen Reden attackiert und von »Wirtschaftsroyalisten« gesprochen hatte. Roosevelts dirigistische Maßnahmen zur Ankurbelung der Wirtschaft, wie zum Beispiel die Gründung der *National Recovery Administration* (NRA), mit der FDR den nationalen Wiederaufbau betrieb, betrachteten konservative Bankiers an der Wall Street als gewaltigen Schritt hin zum Bolschewismus.[6]

Das Haus *J. P. Morgan & Co.* musste sich gezwungenermaßen in die *J. P. Morgan Bank* und die Investmentbank *Morgan Stanley* aufspalten. Das letztere Investmenthaus war für Kauf, Verkauf und Zeichnung von Unternehmenswertpapieren zuständig. Der »Glass-Steagall Act«, der inmitten der Bankenpanik in den ersten Tagen von Roosevelts Regie-

1933 unterzeichnete US-Präsident Roosevelt den »Glass-Steagall Act«. Mit diesem Gesetz wurden die Bankeinlagen gesichert und eine strikte Trennung der Geschäfte von Versicherungen, Geschäftsbanken und Aktienmaklern verfügt, um eine Konzentration der Finanzmacht zu verhindern.

rungszeit verabschiedet wurde, war für das einstmals fast allmächtige Haus *Morgan* ein vernichtender Schlag, von dem es sich nie mehr vollständig erholen sollte.[7]

Goldkrise und Wertminderung des Dollars

Weil der Goldstandard mit den USA im Zentrum nicht richtig funktionierte und weil die US-Regierung öffentlich bekannt gemacht hatte, welche amerikanischen Banken ihrer Meinung nach gefährdet waren und öffentliche Hilfen brauchten, kam es Anfang 1934 erneut zu einem Run der Einleger auf Tausende kleinerer Banken, die mit einer schlechten Kapitaldecke ausgestattet waren.

Am 6. März 1933, zwei Tage nach seiner Amtseinführung als Präsident, hatte Roosevelt »Bankferien« von vier Tagen verfügt. Sämtliche Banken in den USA wurden geschlossen. Weder Abhebungen noch Einzahlungen waren möglich. Der Präsident demonstrierte seine Geringschätzung für formelles gesetzmäßiges Vorgehen und setzte einfach das 1917 erlassene Gesetz über Handel mit dem Feind (»Trading with the Enemy Act«) in Kraft. Damit waren ausländische Besitzer von goldgedeckten US-Dollars kurzerhand »der Feind«.

Innerhalb von drei Tagen hatte der Kongress den »Emergency Banking Act« (Banken-Notgesetz) erlassen, der das Vorgehen des Präsidenten legalisierte und ihm für die weiteren Schritte praktisch eine Blankovollmacht gab. Am 5. April 1933 unterzeichnete Roosevelt eine Verfügung des Präsidenten, die amerikanischen Bürgern den Besitz eigener Goldmünzen, Goldbarren und Goldzertifikate untersagte. Damit konfiszierte die US-Bundesregierung praktisch das Gold ihrer Bürger. Da Gold weltweit als letztinstanzliche Sicherheit für den Wert einer Währung oder für die Rückzahlung von Schulden betrachtet wurde, handelte es sich hier um eine erzwungene Beschlagnahmung von Privateigentum der Bürger durch den Staat; als einzigen Gegenwert stellte man schriftliche Zahlungsversprechen aus. Die Bürger konnten sich nicht wehren, angesichts der sich verschlimmernden Depression konnten sie nur auf bessere Zeiten hoffen. Nur wenigen war bekannt, wie komplex Gold funktioniert.

Gleichzeitig hatte die US-Regierung die Konvertierbarkeit ihrer Dollars in Gold aufgehoben. Im Juni 1933 erklärte der Kongress den traditionellen »Goldklausel-Vertrag« für null und nichtig. Damals standen solche Verträge in Höhe von etwa 100 Milliarden Dollar offen, angefangen

Im März 1933 rief Präsident Roosevelt den nationalen Notstand aus, schloss alle amerikanischen Banken und änderte die Grundlage der Goldparität.

von Hypothekenbriefen bis zu Versicherungspolicen und Eisenbahnanleihen. Die Goldklausel war eine Absicherung gegen die Inflation und garantierte die volle Rückzahlung. Nach den Vertragsbedingungen konnte ein Gläubiger die Rückzahlung entweder in Geld oder in Gold verlangen.[8]

Damit war es nun vorbei. Gläubiger konnten nicht mehr verlangen, dass private Schulden in Goldmünzen zurückgezahlt wurden. Als Senator Thomas Gore aus Oklahoma nach seiner Meinung über die Außerkraftsetzung der Goldklausel durch den Kongress, die eine von Roosevelts vielen Stabilisierungsmaßnahmen war, befragt wurde, schnauzte er zurück: »Aber das ist doch reiner Diebstahl, nicht wahr, Herr Präsident?« In London bezeichnete man die Erklärung des US-Finanzministeriums, dass man die Schulden nicht mehr in Gold begleichen werde, als »den amerikanischen Bankrott«[9].

Baruch gewinnt, andere verlieren

Ein Amerikaner allerdings ging aus dieser Finanzkrise mit deutlich mehr Macht und finanziellen Ressourcen hervor: Bernard Baruch, einer der politisch einflussreichsten Männer des Money Trusts an der Wall Street. Er war nicht nur Financier, sondern auch politischer »Förderer« der Wall Street im Kongress und Ratgeber mehrerer US-Präsidenten von Wilson über Hoover bis Roosevelt sowie des britischen Premierministers Winston Churchill.

Baruch, der in der Zeit vor und während des Ersten Weltkriegs ein Vermögen gemacht hatte, als er für den von der Guggenheim-Familie beherrschten amerikanischen Kupfer-Trust als Aktienvermittler tätig war, gehörte damals zu den einflussreichsten Stimmen, die das strikte Festhalten am Dogma des Goldstandards forderten.

1916, also im Jahr vor dem Kriegseintritt der USA, hatte Präsident Wilson Baruch zum Leiter des Beraterausschusses des *Council of Natio-*

nal Defense (Nationaler Verteidigungsrat) ernannt, aus dem später der *War Industries Board* hervorging. Bis zum Ende des Krieges war Baruch de facto der Kriegszar der amerikanischen Industrie. Wie spätere Untersuchungen des Kongresses ergaben, hat Baruch damals aufgrund seiner Position weite Teile der US-Industrie kartellisiert, außerdem war er an umfassenden Preisabsprachen in der Kupferindustrie und anderen Branchen beteiligt, was diesen US-Konzernen riesige Profite bei der Kriegsproduktion ermöglichte.[10]

Durch seine Position beim Nationalen Verteidigungsrat gelangte Baruch aus allererster Hand an Insiderinformationen. In einem belegten Fall riet er seinen Geschäftsfreunden im Kartell der Kupferproduzenten, der Regierung eine große Menge Kupfer, das für die Kriegsproduktion benötigt wurde, zu einem weit überhöhten Preis zu verkaufen, und zwar zwei Wochen, bevor Präsident Wilson am 2. April 1917 Deutschland den Krieg erklärte.[11] All dies geschah in der Zeit, als Baruch ein sensibles öffentliches Amt bekleidete.

Nachdem die USA im April 1917 in den Krieg in Europa eingetreten waren, bestellte Baruch, dessen offensichtlicher Interessenkonflikt so

Bernard Baruch (rechts), der Insider des Money Trusts an der Wall Street, verhalf Churchill vor dem Crash von 1929 zu Riesengewinnen an der New Yorker Börse.

deutlich geworden war, dass er in der Presse deswegen scharf kritisiert wurde, seinen alten Kumpel und Geschäftsfreund von der Wall Street Eugene Meyer jun. zum Aufseher über alle von der Regierung getätigten Kupferkäufe. Besagter Meyer war damals der Vorsitzende der *Government War Finance Corporation* (Regierungsunternehmen zur Kriegsfinanzierung). Insiderhandel und Interessenkonflikte waren für Baruch offenbar nie ein Hindernis. Später half Baruch seinem Freund Meyer – höchstwahrscheinlich aus Dankbarkeit – dabei, die politisch einflussreiche *Washington Post* zu übernehmen.

Zum Zeitpunkt des New Yorker Börsenkrachs galt Baruch als einflussreichster Demokrat in Washington unter Hoover. Da der Kongress zu Beginn der 1930er-Jahre in zunehmendem Maße von den Demokraten beherrscht wurde, war dies eine Position mit enormer Macht. Während der Regierungszeit republikanischer Präsidenten hatte Baruch in den 1920er-Jahren seinen Einfluss aufgebaut, vor allem weil er wichtige Demokraten im Kongress großzügig finanziell unterstützte. Als politischer Strippenzieher war er damals konkurrenzlos. Es war bekannt, dass er mit seinem Geld und seiner Macht das Abstimmungsverhalten von etwa 60 Senatoren und Abgeordneten im Kongress kontrollierte.

Nach 1930 suchte der Republikaner Herbert Hoover immer öfter den Rat von Baruch in der Frage, wie er politisch vorgehen sollte und welche Annäherungsversuche ein von den Demokraten dominierter Kongress akzeptieren würde, um der das ganze Land erfassenden Wirtschaftskrise im Land zu begegnen.

Baruch hat nie einen Hehl daraus gemacht, dass er an der Börse ein Vermögen erworben hat, als er wenige Wochen vor dem Börsenkrach im Oktober 1929 alle seine Aktien verkaufte. Dieses Eingeständnis erhob seine öffentlichen Stellungnahmen zur Lage Anfang der 1930er-Jahre in den Rang eines modernen Orakelspruchs von Delphi. Allerdings sagte Baruch nicht, dass auf seinen Rat hin sein enger Freund Winston Churchill genau dasselbe getan hatte. Seltsamerweise gelang es Baruch und Churchill gleichermaßen, exakt vor dem Höhepunkt aus dem Aktienmarkt auszusteigen, unmittelbar bevor die *Bank of England* die Ereignisse auslöste, die in jenem September 1929 zum Krach an der Londoner Börse führten. Es gab damals Vermutungen, sowohl Churchill als auch Baruch hätten von ihrer jeweiligen Insiderposition profitiert.

In den kritischen Monaten der Jahre 1931 und 1932 führte Baruch einen Konsens zwischen Demokraten und Republikanern im Kongress herbei, der fortan die Gesetzgebung und die politische Debatte beherrschte. Der einflussreiche Vorsitzende des Finanzausschusses des Senats und andere mächtige Gesetzgeber gingen Anfang der 1930er-Jahre häufig auf Baruchs Landsitz in South Carolina auf die Jagd. Auch der junge Senator von South Carolina und spätere US-Außenminister James Byrnes war ein »erklärter Baruch-Mann«.

In diesem ungewöhnlich bedeutenden Zeitabschnitt in den ersten Depressionstagen übte Bernard Baruch sehr viel Einfluss auf die Wirtschaftspolitik in Washington aus. Was er mit diesem Einfluss alles anstellte, das sollte sich im Zuge der Ereignisse als höchst bedeutsam erweisen.

So bedrängte Baruch die Demokraten im Senat, keinen Oppositionskurs zu dem damals handlungsunfähigen Weißen Haus einzuschlagen, sondern vielmehr den Kompromiss mit Hoovers Republikanern zu suchen. »Das Land ist in hohem Grade aufgewühlt«, erklärte er seinen Freunden im Senat. »Jetzt braucht es Ruhe, keine weiteren Veränderungen. Versuchen wir nicht, zu viele Dinge gleichzeitig in Ordnung zu bringen.«

Unter dem enormen Einfluss Baruchs wurde in diesem kritischen Monaten keine echte demokratische Alternative zu Hoovers Politik des *Laissez-faire* entwickelt, vielmehr wurde jede wirkliche Alternative sogar blockiert. Diese fehlende Alternative zu Hoovers *Laissez-faire* damals glich auch dem tiefen Schweigen der Demokraten im Kongress mehr als 80 Jahre später, während der Debatte über ein von den Republikanern eingebrachtes, 700 Milliarden Dollar schweres Rettungspaket für die Wall Street im September 2008.

Baruch behauptete, die Deflation der Rohstoffpreise hätte im Oktober 1930 die Talsohle durchschritten, und dass »natürliche Selbstheilungsprozesse in Gang gekommen sind. Ich glaube nicht, dass die Regierung hier in irgendeiner Weise helfen kann. Jedes Mal, wenn die Regierung interveniert, macht sie es nur noch schlimmer.«

Einer Gruppe von Wirtschaftswissenschaftlern der Demokratischen Partei erklärte er damals: »Das Geschäftsleben muss durch die Mangel gedreht werden und wieder ganz von vorne anfangen«, als handle es sich bei der Wirtschaft des Landes um eine riesige Waschmaschine bzw. Wäschemangel. Als ein anwesender Ökonom protestierte, mit einer solchen Haltung des *Laissez-faire* riskiere man öffentliche Aufstände, schnauzte Baruch zurück: »Für solche Fälle gibt es schließlich Tränengas!«

Außerdem benutzte Baruch seinen Einfluss dazu, energisch alle Vorschläge für öffentliche Arbeitsbeschaffungsprogramme zur Linderung der Arbeitslosigkeit abzulehnen, und tat derartige Maßnahmen verächtlich als »Job-Inflation« ab. Eine Schlagzeile auf der ersten Seite der *New York Times* vom 12. November 1931 verkündete mit völlig unbegründetem Optimismus: »Laut Baruch erholt sich das Land von der Krise«. In dem dazugehörigen Artikel wurde berichtet, dass sich 67 000 Arbeitslose in New York City um kurzfristige Arbeitsplätze bemüht hatten. Baruch forderte Steuererhöhungen, um den Regierungshaushalt in der Krise »ausgeglichen und solide« zu halten, und wiederholte seine Haltung, forcierte öffentliche Ausgaben inflationierten den Dollar. Sein Blick richtete sich auf Gold, nicht auf das Gemeinwohl.

Sein Einfluss auf die Demokraten im Kongress machte es Baruch möglich, auch sie für die zerstörerische Deflationspolitik zu gewinnen, für die Hoovers Republikaner eintraten. Damit war jede Aussicht auf eine wirksame neue politische Initiative dahin, und das Land versank weiterhin im wirtschaftlichen Chaos. Selbst in den Jahren, als sich die Depression vertiefte, trat Bernard Baruch weiterhin unablässig für die Fortführung der Deflationspolitik ein.

Baruchs Strategie bestand im Wesentlichen darin, im Kongress jeden Versuch zur Änderung des *Federal-Reserve*-Systems zu verhindern. Er forderte, koste es, was es wolle, auf jeden Fall am Goldstandard festzuhalten, selbst dann noch, als England und 24 andere Länder Ende 1931 davon abgerückt waren. Baruch schrieb an Senator Jimmy Byrnes, seinen engen Freund: »Dieses Land kann sich nicht von der Golddeckung lösen.«[12]

Baruch bestürmte den Kongress und die Regierung Hoover, den Goldstandard nicht aufzugeben. Ogden Mills jun., Finanzstaatssekretär unter Hoover, war in der ganzen Zeit seiner Regierungszugehörigkeit Baruchs privater Geschäftspartner bei einer Goldmine in Alaska – an der übrigens auch Baruchs alter Kumpan Eugene Meyer jun. beteiligt war, den Präsident Hoover gerade zum Mitglied des *Federal Reserve Boards* ernannt hatte.[13]

Als sich abzeichnete, dass der Demokrat Franklin Roosevelt die Präsidentschaftswahlen im November 1932 gewinnen würde, wechselte Baruch kühl ins Lager Roosevelts, gegen dessen Nominierung er noch kurz zuvor zu Felde gezogen war. Gleichzeitig begann er damit, insgeheim Goldbarren aufzukaufen und im Tresor einer New Yorker Bank zu horten. Die Barren stammten von europäischen Lieferanten und von seiner eigenen Goldbergbaugesellschaft *Alaska Juneau Gold Mining Company*. Baruchs Goldschatz war im Februar 1933, also einen Monat vor Roosevelts Amtseinführung, auf beeindruckende 60 Goldbarren angewachsen – als Baruch urplötzlich seine Goldkäufe stoppte. Privat hatte er von anderen Mitgliedern des »Brain Trusts«, des Beraterstabs des neu gewählten Präsidenten, zu dessen fünf Mitgliedern auch Baruch zählte, von dessen geplanter Goldpolitik erfahren. Am 5. April 1933 gab Roosevelt, nunmehr als Präsident, per Proklamation bekannt, dass alles Gold im Privatbesitz beim US-Finanzministerium abgegeben werden musste. Damals galt Baruch als der »größte Einzelbesitzer von Goldklinkern«. Noch im Verlauf des ersten Amtsjahres kündigte die Roosevelt-Regierung an, sie werde alles in den Bergwerken neu produzierte Gold zu einem über dem Marktpreis liegenden Preis aufkaufen. Das war ein unangebrachter Versuch, die Rohstoffpreise wieder anzukurbeln – von dem Baruch enorm profitierte. Baruch hielt seinen Freund Winston Churchill über all diese Entwicklungen ständig auf dem Laufenden.

Zu Beginn des Präsidentschaftswahljahres 1932 waren die amerikanischen Goldreserven auf einen beunruhigend niedrigen Stand gesunken. Währungsgold in Höhe von über einer Milliarde Dollar war verschwunden – ins Ausland abgeflossen oder angesichts der wachsenden amerikanischen Bankenkrise von Privatleuten gehortet. Nun musste die Federal Reserve, wie vom Gesetz gefordert, neue Goldreserven im Wert von 1,5 Milliarden Dollar auftreiben. Der Wert des »freien Goldes« der Federal Reserve war damals auf 433 Millionen Dollar gesunken, und wöchentlich verschwand weiteres Gold in Höhe von 150 Millionen Dollar. Baruch verstärkte seine privaten und öffentlichen Aufrufe, um jeden Preis am Goldstandard festzuhalten.

Hoover erklärte hartnäckig, er werde weiterhin nichts unternehmen und sich nicht in das automatische Funktionieren des Goldstandards »einmischen«. Also floss weiterhin Gold aus den Tresoren der Federal Reserve ab, und die Zahl der Bankbankrotte erreichte neue Rekorde.

Ein Leitartikel im Philadelphia Record vom Mai 1932 spiegelte die wachsende Alarmstimmung im Lande wider:

»Innerhalb von drei Monaten müssen die Vereinigten Staaten die Zahlungen in Gold aufgeben. Wenn die Regierung zuwartet, bis sie zum Handeln gezwungen ist, dann fordert sie das Unheil heraus. Handelt die Regierung aber jetzt, dann kann sie die Deflation anhalten, die Depression beenden und das Land wieder zu Wohlstand führen ... Bei dem Tempo, mit dem das Gold jetzt aus dem Federal Reserve System abfließt, werden die Federal-Reserve-Banken ihre Offenmarktgeschäfte in spätes-

tens sechs Wochen einstellen müssen. Das Schwinden der Goldreserven wird ihnen arg zusetzen – die goldene Kette, die alles Handeln zur wirksamen Bekämpfung der Depression eingeschränkt hat ... Warum können wir diese Depression nicht so bekämpfen, wie wir im Krieg gekämpft haben, als wir 1917 ein Goldembargo verhängten und sich niemand etwas dabei gedacht hat? ... Präsident Hoover hat ein Moratorium auf die Schulden der Alliierten erklärt, aber gleichzeitig den Bürgern dieser Schuldnerländer (d. h. Frankreich und England – W. E.) gestattet, unser Gold abzuziehen und uns in den Ruin zu treiben. Sind wir etwa von einer mysteriösen Besessenheit befallen, die uns irrational handeln lässt, sobald jemand den Namen dieses Edelmetalls erwähnt?«

Die Konvertibilität des Dollars zum Gold sollte damals weiterbestehen, bis der neue Präsident Franklin Delano Roosevelt als eine seiner ersten Amtshandlungen am 19. April 1933 erklärte, dass die Vereinigten Staaten die Konvertibilität des Dollars gemäß dem Goldstandard aufgegeben hatten.

Roosevelts Wiedereinführung des Goldstandards im Januar 1934 durch den vom Kongress verabschiedeten »Gold Reserve Act« war die erste offizielle Abwertung des Dollars gegenüber dem Gold seit 1900. Damals hatte Präsident McKinley den »Gold Standard Act« unterzeichnet, mit dem der Wert des Dollars auf 25,8 Gran Gold festgelegt wurde.

Der »Gold Reserve Act« von 1934 legte die Vereinigten Staaten auf einen internationalen Goldbarrenstandard fest; damit war die Einlösung von Dollars gegen Gold in den USA nicht mehr möglich. Die *Federal-Reserve*-Banken waren verpflichtet, ihr Gold beim US-Finanzministerium abzugeben, und erhielten im Gegenzug dafür Goldzertifikate. Roosevelt nutzte die Macht, die ihm dieses Gesetz verlieh, um eine sofortige Abwertung des Dollars um 59 Prozent auf jetzt 35 Dollar für die Feinunze Gold zu verkünden. Der Dollar sollte bis zu der verhängnisvollen Krisenserie des Dollars in den 1970er-Jahren, die den Anfang vom Ende des Amerikanischen Jahrhunderts einläutete, auf diesem Stand von 35 Dollar pro Feinunze bleiben. Der Einfluss des Hauses *Morgan* hatte sich erheblich verringert.

Rockefeller triumphiert

Die schicksalhafte Konsequenz des Niedergangs des Hauses *Morgan* im amerikanischen Establishment war der Aufstieg der Interessen der Ro-

ckefeller-Familie, die fortan die amerikanische Wirtschaftspolitik und
die allgemeine Politik in den USA in einem Maße beherrschte, wie es das
Land noch nie erlebt hatte. In den 1920er-Jahren, als die Morgans versuchten, ihre Dollar-Weltmacht aufzubauen, hatte die Rockefeller-Gruppe noch im zweiten Glied gestanden. Sie konzentrierte sich damals
vielmehr auf den Ausbau der Macht von *Standard Oil* im Nahen Osten, in
Lateinamerika, Europa und anderen Teilen der Welt sowie auf den Aufbau einer internationalen Chemie- und Rüstungsindustrie, des Vorläufers
des amerikanischen militärisch-industriellen Komplexes in der Zeit des
Kalten Krieges.[14]

Ende der 1930er-Jahre wurde die mächtige Rockefeller-Dynastie im
Wesentlichen von vier Söhnen John D. Rockefellers jun. geleitet: David,
Nelson, John D. III und Laurance Rockefeller. Ein fünfter Sohn, Winthrop,
spielte bei den politischen Aktivitäten der Familie eine eher untergeord-
nete Rolle. Die vier genannten Brüder kümmerten sich darum, dass die
Macht ihrer Fraktion in den höchsten Kreisen des US-Establishments
stetig zunahm. Im Zentrum stand dabei die Hausbank des *Standard-Oil*-
Imperiums, die *First National Bank* in New York mit ihrem Direktor
James Stillman. Im Aufsichtsrat dieser Bank saß unter anderen William
Rockefeller, der Bruder von John D. Rockefeller jun. Daneben spielte
auch die *Chase Bank* eine Rolle, die ebenfalls eine Hausbank von *Standard Oil* war. In der Zeit um 1933 war diese *Chase* – nach ihrer Fusion
mit Rockefellers *Equitable Trust* – sogar die größte Bank der Welt
geworden; und sie stand unter Rockefellers Kontrolle.

Den meisten Bankiers an der Wall Street war Roosevelts New Deal
anfänglich ein Gräuel, da sie ihn als großen Schritt in Richtung auf einen
Wirtschaftsbolschewismus in den USA ansahen. Die Rockefellers hingegen hatten begriffen, dass sie sich die Depression und die wachsende
Rolle des Staates beim Aufbau ihres weltweiten Imperiums zunutze
machen konnten. Sie hatten von der Politik des Roosevelt-Kabinetts
nicht viel zu befürchten. Ihre Leute hatten das Sagen im berühmten
»Brain Trust« des Präsidenten – ein Gremium von ursprünglich fünf
Männern, die, ohne ein offizielles Amt zu bekleiden, den Präsidenten in
politischen Fragen berieten.

Die Rockefellers hatten einen führenden Mann an der Seite von
Präsident Roosevelt, nämlich seinen Vertrauten (und ehemaligen Rocke-
feller-Angestellten) Harry Hopkins, über den sie sicherstellen konnten,
dass Roosevelts Vorgehen den Interessen der Rockefellers nutzte. Hopkins
war mehr als zehn Jahre lang von der Rockefeller-Stiftung finanziell

unterstützt worden, als er Chef der von Rockefeller geförderten Sozial-
dienste *Organized Social Services* war. Später wurde Hopkins zu einer
Art Alter Ego von Franklin D. Roosevelt, er wohnte schließlich sogar im
Weißen Haus. Während des Zweiten Weltkriegs war er der zweitmächtigste Mann in Amerika, die Presse bezeichnete Hopkins sogar als »stellvertretenden Präsidenten«.

Gleichzeitig unterhielten die Rockefellers aber auch enge Verbindun-
gen zu einem weiteren einflussreichen Mitglied von Roosevelts *»Brain
Trust«*, zu Professor A. A. Berle jun. von der Columbia-Universität.
Dieser Professor Berle sollte nach dem Krieg für die Rockefeller-Interes-
sen als Berater in Lateinamerikafragen tätig werden und als Co-Autor die
Autobiografie von Nelson Rockefeller mitverfassen. Berle stand seit
Beginn der 1920er-Jahre mit den Rockefellers auf gutem Fuß; damals
war er ein prominenter Rechtsanwalt in New York.[15]

Anstatt Schritte zu unternehmen, die es möglich gemacht hätten, die
Depression schon bald zu überwinden, brachte Roosevelt aufgrund der
Ratschläge dieser Männer das Land auf einen Kurs in Richtung einer
staatlichen Kontrolle, die an den Korporativismus in Mussolinis Italien
erinnerte.

1937, kurz nach seiner ersten Wiederwahl, schenkte Roosevelt, der
nicht allzu viel von Wirtschaft verstand, dem Rat seines Finanzministers
Henry Morgenthau Glauben, die Depression sei bald zu Ende und die
größte Gefahr sei nun eine potenzielle Inflation aufgrund überhöhter
Regierungsausgaben.

Infolgedessen kürzte Franklin Delano Roosevelt die Staatsausgaben
und strich das Budget für ganze staatliche New-Deal-Behörden zusammen, darunter auch die Arbeitsbeschaffungsbehörde *Works Progress
Administration* (WPA). Die *Federal Reserve* schränkte weisungsgemäß
die Geldmenge ein, was die Verbraucherausgaben bremste. Die Aktien-
börse verzeichnete den schlimmsten Einbruch in der Geschichte der
USA, zwei Millionen Amerikaner verloren ihren Arbeitsplatz. Kurz nach
dem erneuten Abgleiten in die Depression – die von der amerikanischen
Presse als »Roosevelts Depression« bezeichnet wurde – wandte sich
Roosevelt erneut an Experten wie A. A. Berle und die Rockefeller-
Interessen und bat sie, eine Strategie zu entwickeln, wie Amerika aus
dieser zweiten Depression geführt werden könnte. Die Rockefellers
waren nur allzu gern bereit zu helfen.[16]

In diesem Klima niedriger Aktienkurse gelang es der Rockefeller-
Familie, ihr weit verbreitetes Netz von Industrie- und Finanzholdings

noch weiter zu vergrößern, indem sie ihrem riesigen Industrieimperium entscheidend wichtige Unternehmen einverleibten. Anders als mit den meisten kleinen und mittleren Industrieunternehmen ging der New Deal äußerst freundlich mit den Rockefeller-Strukturen um, genauso wie mit den meisten Unternehmen der »Fortune 500«, die den Rockefellers nahestanden.[17]

Der Journalist Walter Winchell berichtete damals aufgrund eigener Recherchen, Harry Hopkins habe, als er zum Handelsminister ernannt wurde, der Rockefeller-Familie seinen Dank abgestattet und Nelson Rockefeller, dem Sohn von John D. Rockefeller jun., den Posten des Staatssekretärs in diesem Ministerium angeboten.

Der *Herald Examiner* aus Los Angeles berichtete am 7. September 1975, Nelson Rockefeller sei in den 1930er-Jahren von Hopkins in den inneren Kreis des New Deals eingeführt worden. Kurz nach seiner Ernennung wurde Rockefeller, damals Mitte 30, zum engen Vertrauten Roosevelts und verbrachte sogar insgeheim freie Tage mit dem Präsidenten in *Shangri-la*, dem heutigen *Camp David*.[18]

Professor A. A. Berle jun. wurde 1938 Leiter der Lateinamerikaabteilung im US-Außenministerium, und auf diesem Posten konnte er den Interessen der Rockefeller-Familie im Ölgeschäft sowie anderen Wirtschaftsbereichen unter anderem mit Brasilien und Venezuela enorm nützlich sein.

Baruch, Rockefeller und »Big Business« unterstützen das Mussolini-Modell

Die Rockerfeller-Interessen an der Wall Street sowie Bernard Baruch und einige weitere einflussreiche Wirtschaftskapitäne waren damals fest entschlossen, die US-Wirtschaft nach dem Beispiel des zentralisierten korporativistischen Modells aus Mussolinis faschistischem Italien zu reorganisieren. Baruch und sein enger Freund Bernard Swope, Direktor bei der *General Electric Co.* und der *National City Bank*, drängten 1931 bei Präsident Hoover auf ein Notprogramm zur »Stabilisierung der Industrie«. Das hätte im Wesentlichen bedeutet, dass Amerikas Big Business von den Einschränkungen durch den »Sherman Anti-Trust Act« befreit worden wäre. Damit wäre dann der Weg frei gewesen, die Macht der Unternehmen während der Depressionsjahre zu festigen, als niedrige Aktienkurse Firmenübernahmen möglich und billig machten, jedenfalls für Konzerne wie die Rockefeller-Gruppe, die buchstäblich im Geld schwammen.[19]

Hoover, der aus ideologischen Gründen gegen jede staatliche Intervention war, lehnte Swopes Plan und Baruchs Ideen ab. Als sich abzeichnete, dass Franklin Delano Roosevelt (FDR) 1932 gegen Hoover antreten würde, ebneten sich Baruch und seine Freunde von der Wall Street mit vielen Schmeicheleien rasch den Weg in die innersten Kreise um FDR – sie schmierten den Eintritt förmlich mit reichlich gebündelten Geldscheinen. Entgegen der sorgfältig in den Medien verbreiteten Linie, FDR sei der »Held des kleinen Mannes«, der bereit war, die »Geldverleiher aus dem Tempel zu vertreiben«, war FDR, der Spross einer reichen Ostküsten-Familie und entfernter Verwandter von Teddy Roosevelt, durch und durch ein Mann der Wall Street, insbesondere von Baruch, Rockefeller und deren Interessen.[20]

In den Aufzeichnungen von Roosevelts Arbeitsministerin Frances Perkins ist zu lesen: »Zu der ersten Kabinettssitzung nach der Amtseinführung des Präsidenten 1933 kamen der Financier und Roosevelt-Berater Bernard Baruch und dessen Freund General Hugh S. Johnson, der später Chef der *National Recovery Administration* wurde. Sie verteilten an alle Kabinettsmitglieder ein Buch von Gentile, dem Theoretiker des italienischen Faschismus, und wir haben es alle mit großer Sorge gelesen.«[21]

Die korporativistische NRA

Die gleiche Vorstellung einer Reorganisation der Industrie unter staatlicher Kontrolle, für die Baruch und Swope im Jahr 1931 Präsident Hoover nicht gewinnen konnten, fand jetzt bei FDR Anklang.

Bereits im Mai 1933, also nur Wochen nach seinem Amtsantritt, schlug Roosevelt dem Kongress die Gründung einer *National Recovery Administration* (NRA) vor. Der Vorschlag wurde inmitten der schweren Depression schon nach sehr kurzer Aussprache angenommen. Ihr erster Vorsitzender wurde Hugh S. Johnson, Berater und Mitarbeiter von Bernard Baruch, der im Rang eines Brigadegenerals zusammen mit Baruch im Vorstand von Woodrow Wilsons *War Industries Board* gesessen hatte. Das NRA-Konzept von Baruch und Johnson stammte zum großen Teil von der nationalen Notmobilisierung der Industrie, an der sie beide während des Ersten Weltkriegs in leitender Funktion teilgenommen hatten. Big Business und Wall Street waren seither von dem Gedanken berauscht, die Industrie wieder unter ihre Kontrolle zu bekommen. Für sie war die Große Depression ihre Chance, und Johnson war ihr Mann. In der Administration ließ Johnson keinerlei Zweifel daran aufkommen, dass er den Korporativismus im faschistischen Italien Mussolinis als Modell für Amerika betrachtete.[22]

Johnsons NRA brachte Tausende Unternehmen mit den sogenannten »codes« auf Linie; das waren von Handelsorganisationen und Industrieverbänden entwickelte Normen bzw. Richtlinien. Den »Blauen Adler«, das Symbol der NRA, erhielten nur die Unternehmen, die von der NRA empfohlen wurden.

Drei überaus mächtige Industriemagnaten waren für die Politik dieser NRA zuständig: Walter C. Teagle, Präsident von Rockefellers *Standard Oil* in New Jersey, Gerard Swope, Autor des erwähnten Swope-Plans und Präsident von *General Electric*, und Louis Kirstein, Vizepräsident der Bostoner Warenhauskette *Filene's & Sons*.[23]

Über Teagle konnte die Rockefeller-Gruppe ihren Einfluss auf Johnsons NRA geltend machen und so die 33 unabhängigen Unternehmen des ehemaligen *Standard Oil Trust*, der 1911 im Zuge des »Sherman Anti-Trust Acts« auf Anordnung des Obersten Gerichtshofes zerschlagen worden war, wieder zusammenführen.[24] Das war nur einer von vielen Schritten der Rockefeller-Fraktion, die während der Depression und der Regierungszeit Roosevelts ihre entscheidende Position in der Innen- und Außenpolitik der Vereinigten Staaten festigen konnte.

1930, als die meisten Banken ums Überleben kämpften, ging es Rockefellers *Chase National Bank* blendend. Chef dieser Bank war damals Winthrop Aldrich, Sohn von Senator Nelson Aldrich, der 1910 den bei dem Geheimtreffen auf Jekyll Island diskutierten Vorschlag für die *Federal Reserve* entworfen hatte. Aldrich, dessen Schwester Abby mit John D. Rockefeller jun. verheiratet war, war der Namenspatron für John D.s Sohn Winthrop Rockefeller.

Die wichtigste Akquisition der *Chase Bank* in den ersten Monaten der Finanzkrise von 1930 war die Übernahme der *Equitable Trust Company* aus New York, deren größter Aktionär John D. Rockefeller jun. war. Damit wurde Rockefellers *Chase Bank* zur größten Bank Amerikas, ja sogar der ganzen Welt.[25]

Infolge ihrer beherrschenden Position seit dem Niedergang des Hauses *Morgan* während der Depression kontrollierte die Rockefeller-Gruppe nunmehr zusätzlich zur *Chase Bank of New York* und zur *First City*

Bank of New York auch die großen amerikanischen Ölgesellschaften *Standard Oil of New York* (*Mobil*), *Standard Oil of New Jersey* (ESSO/ *Exxon*), *Standard of California* (*Chevron*) und *Texaco* (*The Texas Company*).

Außerdem eroberte die Rockefeller-Gruppe die maßgebliche Kontrolle über die großen amerikanischen Chemie- und Rüstungsunternehmen sowie über rüstungsrelevante Betriebe, darunter *Allied Chemical, Anaconda Copper, DuPont, Monsanto Chemicals, Olin Mathison, Shell, Gulf Oil, Union Oil, Dow Chemicals, Celanese, Pittsburgh Plate Class, Cities Service, Stauffer Chemical, Continental Oil, Union Carbide, American Cyanamid, American Motors, Bendix Electric* und *Chrysler*.[26] Darüber hinaus kauften die Rockefellers umfangreiche Aktienpakete der Unternehmen *General Motors* und *General Electric* – das ursprünglich von J. P. Morgen gegründet worden war – sowie der damals völlig neuen Firma IBM.

Ende der 1930er-Jahre stand die Rockefeller-Gruppe von Industrieholdings und Banken bereit, satte Gewinne aus einem künftigen Krieg einzustreichen. Sie brauchten nicht lange zu warten.

Anmerkungen:

1 Paul Studenski und H. E. Krooss, *Financial History of the United States*, McGraw-Hill Book Co., New York 1963, S. 353.
2 Morris H. Hansen, *Statistical Abstract of the United States*, 1946, Washington, D.C., US Department of Commerce, U. S. Government Printing Office, S. 355.
3 Kathleen Burk, »Finance, Foreign Policy and the Anglo-American Bank: The House of Morgan, 1900–31«, *Historical Research*, Bd. LXI, Nr. 145, Juni 1988, S. 208–210.
4 Ebenda, S. 209–210.
5 Peter Collier und David Horowitz, *The Rockefellers: An American Dynasty*, Holt, Rinehart and Winston, 1976, S. 160–161. (Deutsche Ausgabe: *Die Rockefellers. Eine amerikanische Dynastie*, Ullstein, Frankfurt 1976.)
6 Ebenda, S. 161–162.
7 Kathleen Burk, a. a. O., S. 210.
8 James Grant, *Money of the Mind*, Farrar, Straus and Giroux, 1994, S. 227–230.
9 Ebenda, S. 230.
10 Jordan A. Schwarz, *The Speculator: Bernard M. Baruch in Washington, 1917–1965*, Chapel Hill, University of North Carolina Press, 1981.

11 Ebenda, S. 271.

12 Ebenda, S. 270–276.

13 Ebenda, S. 296.

14 F. William Engdahl, *Mit der Ölwaffe zur Weltmacht – Der Weg zur neuen Weltordnung,* Kopp Verlag, Rottenburg 2006/2008, siehe insbesondere Kap. 5.

15 Gerard Colby und Charlotte Dennett, *Thy Will be Done: The Conquest of the Amazon – Nelson Rockefeller and Evangelism in the Age of Oil,* HarperCollins, New York 1995, S. 89.

16 Ebenda, S. 88–89.

17 Anthony Sutton, *Roosevelt und die internationale Hochfinanz,* Grabert-Verlag, Tübingen 1990, S. 149–150.

18 *The New York Times,* 20. Mai 1960.

19 Anthony Sutton, a. a. O., S. 149–154.

20 Ebenda, S. 142–145.

21 Frances Perkins, *The Roosevelt I Knew,* New York, 1946, S. 206, zitiert von Anthony C. Sutton, a. a. O., S. 199. (Deutsche Ausgabe: *Roosevelt, wie ich ihn kannte,* Duncker & Humblot, 1949.)

22 Stanley G. Payne, *A History of Fascism, 1914–1945,* 1995, University of Wisconsin Press, S. 230, Fußnote 65. (Deutsche Ausgabe: *Geschichte des Faschismus. Aufstieg und Fall einer europäischen Bewegung,* 2006, Tosa.)

23 Anthony C. Sutton, a. a. O., S. 153.

24 Ebenda, S. 167.

25 David Rockefeller, *Memoirs,* Random House, New York 2002, S. 124–125. (Deutsche Ausgabe: *Erinnerungen eines Weltbankiers,* FinanzBuch Verlag, München 2008.)

26 Gary Allen, *The Rockefeller File,* Kapitel 3, im Internet aufrufbar unter *http://www.mega.nu:8080/ampp/gary_allen_rocker/ch1-4.html#ch3.*

KAPITEL 6

Planungen für das Amerikanische
Jahrhundert – die *War & Peace Studies*

»Wenn Kriegsziele formuliert werden, die sich einzig und allein
auf den anglo-amerikanischen Imperialismus beziehen, dann
werden diese den Menschen in der übrigen Welt wenig bedeuten.
Stattdessen sollten die Interessen anderer Völker betont werden.
Dies hätte eine weit besseren Propagandawirkung.«
Memorandum des *Council on Foreign Relations* an das
US-Außenministerium, *War & Peace Studies*, 1941

Rockefellers »diskretes Unterfangen«

J. P. Morgan hatte niemals Zeit oder Interesse, seinen großen Besitz in
gemeinnützige Stiftungen zu überführen, um damit seinen Einfluss weit
über die Grenzen seiner Bank- und Unternehmensholdings auszudehnen.
Nachdem es im Zusammenhang mit einem Bergarbeiterstreik in Colorado, bei dem private Sicherheitsleute auf unbewaffnete Arbeiter geschos-
sen hatten, negative Schlagzeilen gegeben hatte, war John D. Rockefeller
dem Rat seines wichtigsten Wirtschaftsberaters Frederick T. Gates gefolgt und hatte 1913 seinen Reichtum in einer gemeinnützigen Stiftung
angelegt. Dabei nutzte er steuerfreie Gelder, um die Macht und den
Einfluss der Familie im Stil amerikanischer Medici auszuüben, allerdings ohne deren kulturelle Vornehmheit.

Die Rockefeller-Stiftung, die 1913 in New York eingetragen wurde,
konzentrierte sich unter Gates Leitung – Rockefeller nannte Gates einmal den größten Geschäftsmann, dem er je begegnet sei – auf Programme, die zwar auch den Reichtum der Rockefellers mehrten, vor allem
aber die politische und gesellschaftliche Macht der Rockefeller-Interessen vergrößerten.

Das Verständnis darüber, in welchem Ausmaß die Rockefeller-Stiftung unter dem Deckmantel der Philanthropie seit Beginn der 1930er-
Jahre die Weltkarte verändert hat, ist ungeheuer wichtig – aber kaum
vorhanden.

Mit Mitteln der Rockefeller-Stiftung und unter größter Geheimhaltung nahm der New Yorker *Council on Foreign Relations* (CFR) zusammen mit dem US-Außenministerium 1939 eine ganze Reihe von Langzeitstudien in Angriff. Das Projekt, das den Namen *War & Peace Studies* erhielt, lief fünf Jahre lang bis 1944. Leiter des Projekts war Prof. Isaiah Bowman, Direktor des CFR und ursprünglich Mitglied eines vertraulichen Beraterkreises von Woodrow Wilson im Ersten Weltkrieg namens *The Inquiry* (etwa: Die Untersuchung). Bowman war Präsident der renommierten Johns-Hopkins-Universität und Geograf. Er selbst bezeichnete sich unter Bezug auf Hitlers Geopolitiker als Amerikas Haushofer.[1]

Isaiah Bowman, der Gründer des CFR und Stratege der Geopolitik, war während des Zweiten Weltkriegs Leiter des CFR-Geheimprojekts War & Peace Studies *der Rockefeller-Stiftung. Time, die Zeitschrift von Henry Luce, dem Verfechter eines Amerikanischen Jahrhunderts, machte Bowman international bekannt.*

Lange vor dem Sieg der Vereinigten Staaten im Zweiten Weltkrieg war den Rockefellers und den Vorständen der größten amerikanischen Unternehmen und Banken klar, dass der amerikanische Markt für ihre ehrgeizigen Pläne viel zu klein war. Nach ihrer Ansicht musste Amerika global vorgehen, um die bereits erwähnte »Manifest Destiny«, die grenzenlose Ausweitung der amerikanischen Macht, zu erreichen. Ein scheinbar leicht errungener Sieg im Ersten Weltkrieg und die erzielten Vorteile im Versailler Frieden in Europa hatte ihnen Appetit auf mehr gemacht.

Die Rockefeller-Interessen hatten insgeheim Ende 1939, nur wenige Wochen nach dem deutschen Einmarsch in Polen, aber volle zwei Jahre vor dem Kriegseintritt der Vereinigten Staaten nach Japans Überfall auf Pearl Harbor, eine sehr einflussreiche Gruppe ins Leben gerufen: die *War & Peace Group*. Diese geheime Gruppe erhielt von den Rockefellers den Auftrag, die wirtschaftlichen und politischen Ziele für die USA in der Zeit nach dem Krieg festzulegen – wobei man immer von der Annahme ausging, dass es zu einem Weltkrieg kommen würde, aus dem die USA als herrschende Weltmacht hervorgingen.

Die *War & Peace Study Group* des New Yorker *Council on Foreign Relations* führte für das personell hoffnungslos unterbesetzte US-Außenministerium die so wichtige Planung für die Nachkriegszeit durch. Nach 1942 wurden die meisten Mitglieder dieser Gruppe stillschweigend vom Außenministerium übernommen, um von ihren hohen Positionen aus die Ziele des Projekts umzusetzen.

Zwischen November 1939 und Ende 1942 hatte die *Rockefeller Foundation* über die Finanzierung der *War & Peace Study Group* 350 000 Dollar für die Erstellung eines Papiers aufgebracht, das die Erringung der wirtschaftlichen Hegemonie Amerikas in der Nachkriegszeit vorsah. Wie fast alle philanthropischen Investitionen der Rockefellers sollte sich auch diese in späteren Jahren tausendfach auszahlen. In diesem Papier wurde das weltweite Wirtschaftsimperium Amerikas nach dem Krieg definiert. Das Amerikanische Jahrhundert war weitgehend ein Rockefeller-Imperium, aber die meisten Amerikaner hatten davon nicht die geringste Ahnung.[2]

In seiner Jahrzehnte später autorisierten offiziellen Geschichte gab das CFR in verblüffender Offenheit wesentliche Aufgaben des *War-&-Peace*-Projekts zu:

»Mehr als zwei Jahre vor dem Angriff der Japaner auf Pearl Harbor hatte man im Forschungsstab des Council on Foreign Relations *damit begonnen, über einen neuen Vorstoß nachzudenken, der das Leben des Instituts in den anstrengenden Jahren, die damals vor uns lagen, bestimmen sollte. Mit Blick auf [Wilsons Beraterkreis]* The Inquiry *entwarf man für den* Council *eine Rolle bei der Planung der künftigen Politik unseres Landes. Am 12. September 1939, nach dem Einmarsch Nazi-Deutschlands in Polen, machten sich [CFR-Vertreter Hamilton Fish] Armstrong und Mallory auf den Weg nach Washington, wo sie sich mit George S. Messersmith, einem Abteilungsleiter im Außenministerium, trafen. Damals standen dem Außenministerium nur wenige Mittel für Studien, Forschungsprojekte, politische Planung und Initiativen zur Verfügung; in dieser Hinsicht erging es den Karrierediplomaten am Vorabend des Zweiten Weltkriegs nur wenig besser als ihren Vorgängern zu der Zeit, als Amerika in den Ersten Weltkrieg eintrat.*

Die Männer vom Council *schlugen ein geheimes Projekt vor, das an* The Inquiry *erinnerte: ein Programm unabhängiger Analysen und Stu-*

dien, das der amerikanischen Außenpolitik sowohl in den folgenden Kriegsjahren als auch angesichts der Herausforderungen, die die neue Welt nach dem Krieg stellen würde, beratend zur Seite stünde. Das Projekt wurde als War and Peace Studies bekannt.

>Die Angelegenheit ist streng vertraulich<, schrieb [Isaiah] Bowman, >denn der gesamte Plan würde ‚scheitern‘, wenn öffentlich bekannt würde, dass das Außenministerium mit einer außenstehenden Gruppe zusammenarbeitet.< Die Rockefeller-Stiftung willigte zunächst zögernd ein, das Projekt zu finanzieren, steuerte später aber 350 000 Dollar bei, als sie von seiner Bedeutung überzeugt war. In den folgenden fünf Jahren waren fast 100 Männer an den War and Peace Studies beteiligt. Die Arbeit war in vier Themenbereiche unterteilt: Wirtschaft und Finanzen, Sicherheit und Rüstung, Territorialfragen sowie Politik. Diese Gruppen trafen sich über 250 Mal, meistens in New York, zum Abendessen; die Treffen zogen sich für gewöhnlich bis tief in die Nacht hin. Die Gruppen erstellten 682 Memoranden für das Außenministerium, das diese Berichte als geheim einstufte und an die zuständigen Regierungsstellen weiterleitete.«[3]

Das Ziel dieses CFR-Geheimprojekts bestand darin, eine solide und dauerhafte Grundlage dafür zu legen, dass die Vereinigten Staaten nach dem Krieg die Rolle einnehmen konnten, die das Britische Empire vor 1914 innegehabt hatte: das Imperium, über dem die Sonne niemals untergeht – eine »Pax Americana«; die unangefochtene Nachfolge Amerikas auf die schwindende Pax Britannica des Britischen Empires.

Die politischen Experten, die diese Grundsatzpapiere für den CFR erstellten, wurden aus der Elite der Mitglieder des New Yorker Council on Foreign Relations ausgewählt, der seinerseits mehr und mehr aus handverlesenen Rockefeller-Leuten bestand. Anders als beim Britischen Empire beruhte die amerikanische Vision einer Weltherrschaft auf Wirtschaftszielen und nicht auf militärischer Eroberung und dem Besitz eines Kolonialreichs. Das Projekt war ungeheuer raffiniert, denn mit ihm konnten die amerikanischen Großkonzerne ihre handfesten Interessen hinter dem Banner des Kampfes für Demokratie und Menschenrechte für »unterdrückte Kolonialvölker« sowie für die Unterstützung des »freien Unternehmertums« und »offener Märkte« verbergen.

Unter dem Einfluss der politischen Strategie der War & Peace Group wurde Franklin D. Roosevelt in den Kriegsjahren davon überzeugt, Churchill gegenüber zu erklären, die Vereinigten Staaten kämpften nicht im Zweiten Weltkrieg, »um das Britische Empire zu retten«. Was FDR allerdings nicht sagte, war, dass man tatsächlich diesen Krieg kämpfte, um ein amerikanisches Imperium aufzubauen, das man später das »Amerikanische Jahrhundert« nennen würde und das bis in alle Einzelheiten von den Rockefeller-Interessen in New York und Washington formuliert worden war.

In einem vertraulichen Memorandum von der *War-&-Peace*-Gruppe beim *Council on Foreign Relations* an das US-Außenministerium von 1941 heißt es unmissverständlich: »Wenn Kriegsziele formuliert werden, die sich einzig und allein auf den anglo-amerikanischen Imperialismus beziehen, dann werden diese den Menschen in der restlichen Welt wenig bedeuten. Stattdessen sollten die Interessen anderer Völker betont werden. Dies hätte eine weit bessere Propagandawirkung.«[4]

Die von der Arbeitsgruppe des *Council on Foreign Relations* verfolgten Ziele waren alles andere als demokratisch. Sie spiegelten die Interessen der kleinen Elite amerikanischer Banken, Industrieunternehmen und deren Rechtsanwaltskanzleien wider, die mittlerweile weltweite Interessen vertraten. Die im CFR vertretenen Geschäftsleute waren eine ganz besondere Spezies; anders als die anderen Amerikaner waren sie Angehörige einer Aristokratie von Macht und Geld – sie waren eine nur auf sich selbst bezogene Oligarchie.

In den Protokollen der Sicherheits-Unterabteilung der *War & Peace Study Group* des CFR wurden die Maßstäbe für die US-Außenpolitik nach dem Krieg festgehalten: »... Das Britische Empire wird in der Form, wie es in der Vergangenheit bestanden hat, nie wieder auferstehen und ... die Vereinigten Staaten werden möglicherweise seinen Platz einnehmen müssen ...« Die USA »müssen sich geistig auf eine Weltordnung nach diesem Krieg vorbereiten, die uns in die Lage versetzt, [anderen] unsere eigenen Bedingungen aufzuzwingen, was einer ... Pax Americana gleichkommt.« Die Amerikaner könnten, so wurde behauptet, ihre Vitalität nur dadurch wiedergewinnen, dass sie die Notwendigkeit ständiger Expansion einsähen. Im Jahr 1942 schrieb CFR-Direktor Isaiah Bowman: »Das Maß unseres Sieges wird das Maß unserer Herrschaft nach einem Sieg sein ... (Die USA müssen sich Bereiche sichern,) die in strategischer Hinsicht für die Kontrolle über die Welt erforderlich sind.«[5]

Ein weiteres Memorandum dieser Geheimgruppe, das *Memorandum E-B19*, legte die Prioritäten der US-Außenpolitik nach dem Krieg dar und fasste die »einzelnen Teile einer integrierten Politik zur Erringung einer militärischen und wirtschaftlichen Überlegenheit der Vereinigten Staaten« zusammen. Wie die Autoren erklärten, müsse ein weiteres wichtiges Element die »(Nachkriegs-)Koordination und Kooperation der Vereinigten Staaten mit anderen Ländern sein, um garantiert jede souveräne Handlung ausländischer Nationen einzuschränken, die eventuell das kleinste Gebiet der Welt bedrohen könnten, das für die Sicherheit und das wirtschaftliche Wohlergehen der Vereinigten Staaten und der westlichen Hemisphäre wesentlich ist.«

Ein Memorandum des US-Außenministeriums vom April 1944 erläuterte die Philosophie hinter dem Konzept dieser Gruppe über den »Zugang zu Rohstoffen« für den Westen. Diese Philosophie hieß: gleicher Zugang für alle amerikanische Unternehmen zu den Rohstoffen der Welt – aber nicht für andere Interessen; volle Herrschaft der USA über die Produktion in der westlichen Hemisphäre (d. h. Nord- und Südamerika sowie Kanada), während die US-Konzerne im Rest der Welt expandierten, sowie »Beibehaltung der jetzigen Praxis, die bestehenden Konzessionen in amerikanischer Hand zu behalten – und damit auch zu schützen – und gleichzeitig auf dem Prinzip der Offenen Tür, der Chancengleichheit für US-Unternehmen in neuen Bereichen zu bestehen«.[6]

Die Studien der Wirtschafts- und Finanzgruppe des CFR hatten ergeben, wie gefährlich ein vereintes Europa – mit oder ohne Nazi-Herrschaft – für die Vereinigten Staaten sein würde. Hamilton Fish Armstrong vom CFR erklärte bereits Mitte Juni 1941, man könne die Entwicklung eines vereinten Europas nicht zulassen, weil dies so stark wäre, dass es eine ernsthafte Bedrohung für die amerikanische »Grand Area« darstellte. Ein Europa, das sich als politische Einheit organisierte, galt als »grundsätzlich unvereinbar mit dem amerikanischen Wirtschaftssystem«.

Die CFR-Gruppe, die während des Krieges direkt im US-Außenministerium arbeitete, war davon überzeugt, dass man zumindest den größten Teil der nicht-deutschen Welt als amerikanische »Grand Area« benötigte, um genügend »Ellbogenfreiheit« zu haben.

Letztendlich bestand die für die Nachkriegszeit geplante amerikanische »Grand Area« aus der westlichen Hemisphäre (d. h. ganz Nord- und Südamerika) sowie Westeuropa, dem Fernen Osten und dem ehemaligen Britischen Empire (das damals gerade demontiert wurde). Dazu kam aber auch noch die Kontrolle über die ungeheuer wichtigen Energieressourcen im Mittleren Osten (die damals zunehmend in amerikanische Hände übergingen, weil Frankreich und England hinausgedrängt wurden), die restliche Dritte Welt und, wenn möglich, den gesamten Erdball. Auch ganz China gehörte zu dieser »Grand Area«. Bei diesen imperialen Plänen war für Bescheidenheit kein Platz. Die einzige Frage, welche die außenpolitischen Strategen des Amerikanischen Jahrhunderts beschäftigte, war die: Würde Stalin einwilligen, ein zerstörtes Russland und die ganze Sowjetunion zum Teil eines Amerikanischen Jahrhunderts zu machen, oder nicht?

Das Amerikanische Jahrhundert

Anfang 1941, etwa zehn Monate vor der Bombardierung von Pearl Harbor durch die Japaner, gab Henry Luce, der Herausgeber der Zeitschriften *Time* und *Life,* der über gute Verbindungen zur US-Ostküstenelite verfügte, seinem Leitartikel für die *Life*-Ausgabe vom 17. Februar den Titel »Das Amerikanische Jahrhundert«. In seinem Beitrag beschrieb Luce den sich herausbildenden Konsens des Rockefeller-Establishments um den CFR und die *War & Peace Study Group.*

Luce wörtlich: »Tyranneien brauchen vielleicht etwas mehr Platz zum Leben, aber die Freiheit braucht noch sehr viel mehr Raum als die Tyrannei und wird ihn auch weiterhin brauchen.« Er rief die Amerikaner offen dazu auf, eine neue Rolle als herrschende Vormacht in der Welt einzunehmen, obwohl die Vereinigten Staaten bis dahin noch nicht in den Krieg eingetreten waren. Luce abschließend: »Der Ausweg ist: rückhaltlos zu unserer Pflicht und unserer Chance als mächtigste und vitalste Nation der Welt zu stehen und dementsprechend gegenüber der ganzen Welt unseren vollen Einfluss geltend zu machen für Zwecke, die wir für angemessen halten, und mit Mitteln, die wir für angemessen halten.«[7]

Das war ein Aufruf zur Bildung eines amerikanischen Empires, ohne es beim Namen zu nennen. Luce kleidete das Empire in ein idealistisches Gewand, ähnlich wie die *War-&-Peace*-Gruppe: »Während des 17., 18. und 19. Jahrhunderts wimmelte es auf dem Kontinent von Projekten und wunderbaren Zielen. Sie alle überragte und verband das triumphale Ziel der Freiheit, das alle zum wunderbaren Banner der ganzen Welt und der ganzen Geschichte verwob.« Mit bewegender Rhetorik kam er zu dem Schluss: »In diesem Sinne sind wir alle aufgerufen, jeder nach seinem eigenen Vermögen und jeder nach seiner besten Vorstellungskraft, das erste große Amerikanische Jahrhundert zu schaffen.«[8]

Luce, Absolvent der Eliteuniversität *Yale,* dessen Verlagsimperium seinen Sitz im *Time Life Building* des neu errichteten *Rockefeller Center* in New York hatte, spiegelte die damals aufkeimende Sicht der international orientierten US-Geschäftswelt und des Banken-Establishments um Rockefeller wider. Diese Interessen brauchten den uneingeschränkten weltweiten Zugang zu Rohstoffen und Märkten nach dem Krieg, und sie sahen jetzt die Chance, all dies zu bekommen, während die konkurrierenden Nationen allesamt vom Krieg verwüstet waren.

Die amerikanischen Bank- und Industriegiganten mussten neue Märkte, mehr Raum erobern oder das, was die *War & Peace Study Group* als »Grand Area« bezeichnete – ein Konzept, das in bemerkenswerter Weise Haushofers Begriff »Lebensraum« ähnelte. Die Arbeitsgruppe Wirtschaft und Finanzen der CFR-*War & Peace Study Group* erstellte Ende der 1930er-Jahre eine Studie über den Welthandel. Die Autoren schlugen vor, die westliche Hemisphäre mit dem pazifischen Raum zu einem von den USA dominierten Block zu verschmelzen, auf der Grundlage dessen, was sie als »militärische und wirtschaftliche Überlegenheit für die Vereinigten Staaten« bezeichneten.[9] Zu diesem Block sollte auch das damals noch bestehende Britische Empire gehören. Die amerikanische »Grand Area« sollte fast die ganze Erde umfassen, außer dem Einflussbereich von Stalins Sowjetunion, die sich zu ihrer Verwunderung noch immer einer kapitalistischen Durchdringung durch die Amerikaner widersetzte.

Das Ziel, das die von Rockefeller finanzierte *War & Peace Study Group* für die Welt der Nachkriegszeit verfolgte – die sie schon vor dem Eintritt der USA in den Krieg als Amerikanisches Jahrhundert konzipierten –, war nicht sentimental. 1940 schrieb ein Mitarbeiter der Arbeitsgruppe »Wirtschaft und Finanzen« in einem an den CFR und das US-Außenministerium gerichteten Memorandum:

»Zuallererst sind die Vereinigten Staaten gefordert, in einer Welt, in der sie die unbestreitbare Macht besitzen sollen, schnell ein Programm umfassender Aufrüstung durchzuführen ..., um garantiert jede souveräne Handlung ausländischer Nationen einzuschränken, die eventuell das kleinste Gebiet der Welt bedrohen könnten, das für die Sicherheit und das wirtschaftliche Wohlergehen der Vereinigten Staaten und der westlichen Hemisphäre wesentlich ist.«

Im September 2002, also über sechs Jahrzehnte später, erklärte die Regierung Bush mit fast denselben Worten dieselben Ziele ausdrücklich zur Nationalen Sicherheitspolitik der USA.

Isaiah Bowman, Gründungsmitglied des CFR und Leiter der *War & Peace Study Group* beim CFR, der während des Zweiten Weltkriegs auch als »Amerikas Geopolitiker« bekannt war, benutzte noch einen anderen Begriff für die anvisierte »Grand Area«. In Anlehnung an Hitlers geografischen Begriff, mit dem die deutsche Expansion wirtschaftlich gerechtfertigt wurde, sprach Bowman vom »amerikanischen wirtschaftlichen Lebensraum«[10]. Aus offensichtlichen Gründen ließ man diesen Begriff später fallen, und der neutralere Ausdruck »Amerikanisches Jahrhundert« wurde stattdessen benutzt, um die Vision der Rockefeller-Gruppe über einen US-Imperialismus in der Nachkriegszeit zu beschreiben.

Nach der Vorstellung von Bowman und anderen in der CFR-Studiengruppe beim Außenministerium würden sich die Helden der neuen amerikanischen Wirtschaftsgeografie als selbstlose Verfechter der Freiheit für die Kolonialvölker und als Feinde des Imperialismus darstellen. Sie würden dafür eintreten, den Weltfrieden durch multinationale Kontrolle zu erreichen. Seit der Endphase des Ersten Weltkriegs, als Bowman bei *The Inquiry*, der bereits beschriebenen geheimen Strategiegruppe Woodrow Wilsons, mitgearbeitet hatte, war er mit der Frage befasst, wie man die imperialen Ambitionen der USA in ein liberales und wohltätiges Gewand kleiden konnte.

Amerikas Beherrschung der Welt nach 1945 sollte nach Ansicht Bowmans und der *War & Peace Study Group* durch eine neue, von ihnen entworfene Organisation durchgesetzt werden, dem »Kronjuwel des amerikanischen Lebensraums« – den Vereinten Nationen (UNO), denen die neuen, in Bretton Woods geplanten Institutionen angehören sollten: der Internationale Währungsfonds (IWF) und die Weltbank sowie später das Allgemeine Zoll- und Handelsabkommen (*General Agreement on Tariffs and Trade*), GATT.[11]

Bowmans CFR-Gruppe hatte für Präsident Roosevelt den ersten groben Entwurf für die spätere UNO verfasst und den Präsidenten dafür gewonnen, diesen Plan rückhaltlos zu unterstützen. Unter dem Banner des »freien Handels« und der Öffnung bisher geschlossener Märkte in aller Welt würde das Big Business der USA freie Bahn haben, nach dem Krieg neue, bisher unerschlossene Märkte mit billigen Rohstoffen und neue Märkte für den Verkauf amerikanischer Waren zu erschließen.

Bowmans Team verfasste damals mehr als 600 politische Dokumente für das US-Außenministerium und Präsident Roosevelt. Die Dokumente befassten sich praktisch mit allen Winkeln der Welt, von großen Kontinenten bis hin zu winzigen Inseln. Alles beruhte auf der Annahme, dass die USA als Sieger aus einem Krieg hervorgingen, den Washington bis dahin noch gar nicht offiziell führte.

Für die Rockefellers und andere weitsichtige Mitglieder des politischen Establishments der USA sollte die weltweite Macht nach dem Zweiten Weltkrieg nicht mehr in Begriffen wie »militärische Kontrolle über Kolonialgebiete« gemessen werden. Das Britische Empire und andere Kolonialmächte Europas hatten gelehrt, dass ein solches System viel zu teuer und ineffizient war. Macht würde man fortan als wirtschaftliche Macht definieren. Und die würde weitgehend auf dem beruhen, was der *Harvard*-Professor Joseph Nye später als »Soft Power« bezeichnen sollte: eine »sanfte Macht«, die sich auf den mächtigsten Militärapparat und die herrschende Finanzmacht der Welt stützte.[12]

Die Rockefellers bauen ihr Wirtschaftsimperium in Lateinamerika auf

Als sich der Zweite Weltkrieg 1945 dem Ende zuneigte, verkörperte keine andere Gruppe die Weltanschauung des amerikanischen Big Business' klarer als die Familie Rockefeller, die mit ihrem weltweiten Ölimperium und ihren Banken ein Vermögen aufgebaut hatte. Für die Familie – vor allem Nelson, John D. III, Laurance und David –, deren Stiftung die *War & Peace Studies* des CFR finanziert hatte, bedeutete das siegreiche Ende des Krieges die goldene Gelegenheit, ihren Einfluss auf die Weltpolitik stärker zu ihrem eigenen Nutzen auszuüben als jemals zuvor.

Nelson Aldrich Rockefeller sollte bei der Definition dieser globalen Interessen eine diskrete, aber entscheidende Rolle hinter den Kulissen spielen. Geschickt wurden diese Interessen nicht mehr als Rockefellers Privatsache dargestellt, sondern zu sogenannten »nationalen Interessen Amerikas« erklärt.

Jetzt wurde deutlich, was genau Isaiah Bowman und seine Kollegen von der *War & Peace Study Group* im US-Establishment mit ihrem Begriff der »Grand Area« und der Entwicklung des »freien Marktes« im Sinn gehabt hatten. Nelson Rockefeller, der die *War & Peace Studies* des *Council on Foreign Relations* maßgeblich unterstützt hatte, verlor jetzt keine Zeit und nutzte entschlossen die wirtschaftlichen Möglichkeiten für das Lateinamerika-Geschäft, die der Zweite Weltkrieg seiner Familie eröffnet hatte.

Während des Krieges hatte Nelson sich in ganz Lateinamerika für die Interessen der Rockefeller-Familie eingesetzt. Als Koordinator für Interamerikanische Angelegenheiten (CIAA) bekleidete er damals eine hohe Position im US-Geheimdienst und agierte nominell im Auftrag des Weißen Hauses unter Roosevelt. Von dieser strategischen Position aus konnte Nelson Unterstützungsgelder der US-Regierung für Rockefellers Geschäftsfreunde in Schlüsselstaaten wie Brasilien, Peru, Mexiko, Venezuela und sogar Argentinien schleusen – immer unter dem Vorwand, in Lateinamerika einen Kampf gegen die Infiltration der Nazis und für die Verbreitung der »amerikanischen Demokratie« zu führen. Sorgfältig legte er damit die Basis für die Ausweitung der amerikanischen Geschäftsbeziehungen in Lateinamerika nach dem Krieg – ganz besonders natürlich für das Geschäft der Rockefeller-Interessen.[13]

Roosevelt hatte Nelson Rockefeller im August 1940 zum Direktor der CIAA ernannt, unter eindeutiger Verletzung der offiziellen Neutralität der USA. Um diesen heiklen Punkt zu vertuschen, wurde der CIAA die Fassade einer Organisation verpasst, die in Lateinamerika die »amerikanische Kultur« förderte.

Vorwand für den Kriegseintritt: Roosevelts Pearl Harbor

Als Präsident Roosevelt 1940 zum dritten Mal zum Präsidenten gewählt wurde, war er insgeheim schon seit Monaten damit beschäftigt, in den Krieg gegen Deutschland einzugreifen. Roosevelt war Churchill nicht nur – unter Verstoß gegen die offiziell behauptete Neutralität der USA – durch den Leih- und Pachtvertrag zu Hilfe gekommen, sondern FDR spielte auch eine aktive Rolle bei der Vorbereitung der Ereignisse, die Japan schließlich zu der Entscheidung bewogen, im Dezember 1941 den Versuch zu unternehmen, in Pearl Harbor die US-Pazifikflotte zu zerstören.

Freigegebene Kongress-Protokolle und andere nach dem Krieg und Roosevelts Tod veröffentlichte Dokumente belegen zweifelsfrei, dass der Präsident und sein Kriegsminister Henry Stimson durch das Öl-Embargo gegen Japan und die Vorbereitungen für eine Militäraktion im Pazifik zur Eindämmung der japanischen Expansion Tokio bewusst zum Krieg anstachelten. Aus diesen Dokumenten geht hervor, dass Roosevelt bereits Tage vor der Bombardierung Pearl Harbors über die genauen Einzelheiten des Vorrückens der japanischen Marine bis hin zum genauen Zeitpunkt des geplanten Angriffs unterrichtet war.

Roosevelt und seine Berater stachelten die Japaner zum Angriff auf die US-Marinebasis auf Hawaii an, um die ahnungslose amerikanische Öffentlichkeit für einen Krieg mobilisieren zu können, mit dem das Amerikanische Jahrhundert erkämpft werden sollte. Damit sollten

Rockefellers *War-&-Peace-Studies*-Pläne für die Nachkriegszeit in die Realität umgesetzt werden. Historiker nennen das Ganze den Zweiten Weltkrieg.

Bei einer Anhörung des gemeinsamen Untersuchungsausschusses des US-Kongresses über den Angriff auf Pearl Harbor, die 1946 unter Vorsitz von Senator Alben Barkley aus Kentucky stattfand, wurde auch ein Bericht des *Pearl Harbor Boards* der US-Armee vorgetragen. Er wurde sofort als »streng geheim« klassifiziert und erst Jahrzehnte später freigegeben.[14] Dieser Bericht war eine einzige Anklage gegen die Roosevelt-Regierung, gegen Roosevelt persönlich und gegen seinen Kriegsminister Stimson. Mit Blick auf den Hintergrund der japanischen Entscheidung, Pearl Harbor zu bombardieren, heißt es in dem Bericht, Roosevelt habe »am 26. Juli 1941 per Executive Order verfügt, alle japanischen Vermögenswerte in den Vereinigten Staaten einzufrieren. Mit dieser Anordnung kamen alle Finanztransaktionen sowie sämtliche Import- und Exportgeschäfte, an denen Japaner beteiligt waren, unter amerikanische Kontrolle. Die Anordnung brachte den Handel zwischen den Vereinigten Staaten und Japan praktisch zum Erliegen.«[15] In Tokio wurde sie als Kriegshandlung gegen Japan aufgefasst.

Bei den japanischen Angriffen auf Pearl Harbor und die Bomberflotte der *US Army Air Force* am 7. Dezember 1941 kamen 2403 Amerikaner ums Leben und 1178 wurden verwundet. 18 amerikanische Kriegsschiffe und 188 US-Flugzeuge wurden zerstört. Bereits am 26. November 1941, also zwei Wochen vor diesem Angriff, war Roosevelt persönlich von Churchill dringend vor einem unmittelbar bevorstehenden Angriff auf Pearl Harbor gewarnt worden. Roosevelt reagierte auf diese Warnung damit, dass er die Luftabwehr für die Flotte von Pearl Harbor abzog, eine Maßnahme, die einen Erfolg der Japaner praktisch garantierte.[16]

In einem gemeinsam verfassten Schreiben an den Oberkommandierenden der US-Flotte warnten die US-Admiräle Richardson und Kimmel bereits am 25. Januar 1941 vor einem möglichen japanischen Angriff auf Pearl Harbor – also fast elf Monate, bevor es wirklich dazu kam. In dem Brief hieß es: »Japan wird möglicherweise ohne Vorwarnung angreifen; die Angriffe können in jeder erdenklichen Form erfolgen … Japanische Angriffe sind gegen die Schifffahrt, Außenposten oder Marineeinheiten zu erwarten. Auch Überraschungsangriffe auf Pearl Harbor oder Versuche, den [Hafen-]Kanal zu blockieren, sind möglich.«

Zudem waren bewusste Schritte unternommen worden, um zu gewährleisten, dass Pearl Harbor im Fall eines solchen Angriffs der Japaner schutzlos dastehen werde. Eine Untersuchung des Pearl-Harbor-Ausschusses der US-Armee ergab:

»*Die Lage am 7. Dezember lässt sich wie folgt zusammenfassen: Die Marine nahm keine Fernaufklärung vor; nur die üblichen vier oder fünf Seeaufklärer (PBYs) waren in der Luft; die Flakartillerie unternahm nicht die üblichen Sonntagsmanöver mit den Marinefliegern, und die Flugzeugträger mit ihren Flugzeugen befanden sich an diesem Sonntag in einiger Entfernung von Oahu. Alle Flugzeuge der Army und Navy standen eng beieinander am Boden; die gesamte Flotte lag im Hafen, außer den beiden Einheiten Task Forc 9 und 12, zu denen einige Kreuzer und Zerstörer sowie die beiden Flugzeugträger Lexington und Enterprise gehörten. Die Munition für die Army befand sich mit Ausnahme der in der Nähe der Luftabwehrgeschütze gelagerten Kisten in Munitionslagern, und sowohl die beiden Kampfdivisionen als auch die Luftabwehreinheiten befanden sich in ihren Quartieren und nicht in ihren Gefechtsstellungen. Aufgrund Alert Nr. 1 zur Sabotagebekämpfung war alles auf engstem Raum konzentriert. Kurz: Alles, was getan worden war, lud geradezu zu einem Luftangriff ein, und die Japaner machten sich dies in vollem Umfang zunutze.*«[17]*

Am 19. Juli 1941, fünf Monate vor dem Angriff auf Pearl Harbor, wurde Admiral Kimmel, der Chef der US-Pazifikflotte, zu seiner eigenen Information über den Inhalt einer abgefangenen japanischen Depesche in Kenntnis gesetzt, die vom US-Geheimdienst durch das Programm namens *Magic* entschlüsselt worden war. In der abgefangenen Nachricht von Kanton an Tokio hieß es unter anderem:

»Der kürzlich erteilte Befehl zur allgemeinen Mobilmachung bringt die unwiderrufliche Entschlossenheit Japans zum Ausdruck, der angloamerikanischen Mitwirkung bei der Eindämmung der natürlichen Expansion Japans ein Ende zu bereiten ... Unmittelbares Ziel ist die friedliche Besetzung Französisch-Indochinas, doch jeder Widerstand wird zerschlagen und das Kriegsrecht wird eingeführt ... Als Nächstes steht ein Ultimatum an Niederländisch-Indien auf dem Plan. Bei der Besetzung von Singapur wird die Marine die Hauptrolle spielen ..., mit der U-Boot-Flotte in Mandates, Hainan und Indochina werden wir die Militärmacht der Briten und Amerikaner vernichten und zerschlagen, sodass sie sich nie mehr an Komplotten gegen uns beteiligen können.«[18]

Damit wussten die höchsten Stellen der US-Regierung bereits fünf Monate vor Pearl Harbor, dass ein Krieg mit Japan kurz bevorstand, und zwar aufgrund der abgefangenen Nachrichten, die der US-Geheimdienst mithilfe des streng geheimen *Magic*-Programms, mit dem die Codes der japanischen Marine und Diplomatie geknackt worden waren, entschlüsselt hatte.

Am 7. November 1941, genau einen Monat vor dem Angriff, erhielt der Oberste Flottenkommandant der US-Pazifikflotte, Admiral Kimmel, von Admiral Stark aus Washington die folgende Depesche:»Eine Krise im Pazifik scheint sich anzubahnen. Wann sie genau zum Ausbruch kommt, lässt sich nicht vorhersagen. Meine grundsätzliche Reaktion darauf ist so, wie ich Ihnen bereits geschrieben habe ... In einem Monat kann buchstäblich alles passieren.«

Am 28. November 1941 erhielt Kimmel eine neuerliche Depesche von Admiral Stark aus Washington, in der es unter anderem hieß:»Verhandlungen mit Japan scheinen praktisch zum Erliegen gekommen zu sein ..., künftiges Vorgehen der Japaner unvorhersehbar, aber Kriegshandlungen jederzeit möglich. Wenn Kriegshandlungen nicht – wiederhole: nicht – verhindert werden können, sollen nach Wunsch der Vereinigten Staaten die Japaner den ersten ostentativen Akt begehen.«[19]

Nach Erhalt dieser Warnung wurde Admiral Kimmel von Washington angewiesen, von Pearl Harbor aus keine Fernaufklärung gegen mögliche Luftangriffe zu unternehmen.[20] Auf Anweisung von Henry Stimsons Kriegsministerium in der Zeit zwischen dem 28. November und dem 5. Dezember gab Kimmel den beiden Flugzeugträgern *USS Enterprise* und *USS Lexington* den Befehl, zusammen mit sechs schweren Kreuzern und 14 Zerstörern Pearl Harbor in Richtung der Atolle Midway und Wake zu verlassen. Damit sollten die modernsten Schlachtschiffe der Pazifikflotte beim Angriff der Japaner außer Reichweite sein. Bewusst hielt Washington Kimmel lebenswichtige Informationen vor, aufgrund derer er bereits Tage vor dem Angriff hätte erkennen können, dass Pearl Harbor das Ziel war. Ihm wurde der Eindruck vermittelt, das wahrscheinliche Ziel des japanischen Angriffs seien die Philippinen oder Inseln in der Nähe.

In dem Untersuchungsbericht des Senats heißt es weiter:»Admiral Newton erhielt keinerlei Informationen über die zunehmende Gefährdung unserer Beziehungen zu Japan. Er erhielt keine besonderen Befehle und hielt sein Auslaufen aus Hawaii als Mission für nicht weiter bedeutsam, außer, dass er Midway ansteuern und von der *Lexington* aus ein Luftgeschwader zur Verstärkung dieser Insel losschicken sollte. Deshalb erfolgte kein Befehl zur Bewaffnung der Flugzeuge oder zur Kriegsvorbereitung außer der üblichen Routine ..., die Alarmbereitschaft im Hafen

[Pearl Harbor – W. E.] wurde nicht erhöht, lediglich eine Patrouille der Küstenwache wurde von Pearl Harbor aus losgeschickt, die dann im Hafenkanal und in der Umgebung kreuzte.« Wie es in dem Bericht weiter heißt, wurden die Verteidigungsmaßnahmen in Pearl Harbor sogar noch mehr reduziert:»Ein in Pearl Harbor stationiertes Geschwader Patrouillenflugzeuge erhielt den Befehl, das Geschwader zu ersetzen, das von Midway aus nach Wake flog. Dieses Geschwader Patrouillenflugzeuge verließ Pearl Harbor am 30. November.«[21]

Dann hält der Untersuchungsbericht fest:»Nichts wurde jedoch unternommen, um von Norden und Nordwesten, die als gefährlichste Sektoren galten, heranrückende feindliche Angreifer auszumachen. Wir werden die Rechtfertigung für diese Unterlassung untersuchen.«[22]

Wie es in dem Bericht heißt, war Washington dafür verantwortlich, Admiral Kimmel die bestmögliche Einschätzung darüber zu liefern, aus welcher Richtung der strategisch wichtigste feindliche Angriff kommen würde. Kimmel musste als Oberbefehlshaber der Pazifikflotte auch auf den schlimmsten Fall vorbereitet sein, und»als er vor den nahenden Kriegshandlungen gewarnt und angewiesen wurde, Verteidigungsmaßnahmen zu ergreifen, mussten sich solche Maßnahmen notwendigerweise gegen alle möglichen Gefahren richten, die auf Hawaii aufgrund der schwierigen Lage dort zukamen.«[23]

Black Magic in Washington

In dem Bericht des Senats wird im Einzelnen dargelegt, dass das amerikanische Kriegs- und das Marineministerium heimlich den diplomatischen Code der Japaner geknackt hatten. Durch die Einsicht in abgefangene und entschlüsselte Botschaften zwischen Tokio und den japanischen diplomatischen Einrichtungen, das sogenannte *Magic*-Projekt, verfügte Washington über reichlich Aufklärungsmaterial über die Ziele der Japaner. Die durch *Magic* gewonnenen geheimdienstlichen Informationen wurden als überaus vertraulich betrachtet und durften nur von wenigen Personen eingesehen werden, damit nicht bekannt wurde, dass der Code geknackt war.

Roosevelt informierte noch nicht einmal Churchill, dessen eigener Geheimdienst in Cheltenham die japanischen Codes ebenfalls geknackt hatte, über diesen Durchbruch. Im Gegenzug zeigten sich die Briten, deren streng geheimes Projekt den Namen *Ultra* trug, auch recht zugeknöpft; Churchill zum Beispiel unterließ es, Roosevelt über das britische Geheimnis namens *Ultra* zu informieren. Nur der englische Text der abgefangenen Nachrichten der Japaner wurde einigen zuständigen US-Stellen mitgeteilt, darunter Kriegsminister Stimson, seinem Stabschef sowie dem Chef der Abteilung Kriegsplanung und dem Chef der Abteilung Militärgeheimdienst. Von der amerikanischen Marine wurden Marineminister Knox, der *Chief of Naval Operations* (Chef der Marineoperationen), der Chef der Abteilung Kriegsplanung sowie der Direktor des Marinegeheimdienstes in Kenntnis gesetzt. Darüber informiert wurden außerdem das US-Außenministerium und der Marineassistent des Präsidenten, der den Inhalt natürlich umgehend vertraulich dem Präsidenten übermittelte.[24]

Am 6. Dezember 1941 wurde eine abgefangene und mithilfe von *Magic* entschlüsselte japanische Nachricht übersetzt und am Abend zwischen 21.30 und 22.00 Uhr an das US-Kriegsministerium und das Weiße Haus übermittelt, und zwar an einen Adjutanten von Admiral Beardall, den Marineassistenten des US-Präsidenten, mit der Weisung, diese Nachricht dem Präsidenten so schnell wie möglich zukommen zu lassen. Korvettenkapitän Schulz überbrachte diese Nachrichten Präsident Roosevelt, der sie gemeinsam mit Harry Hopkins durchlas. Dann wurde die Nachricht an Marineminister Knox weitergeleitet, der sie ebenfalls las, und an Admiral Wilkinson.

Der japanische Angriff auf Pearl Harbor im Dezember 1941 wurde von Roosevelt bewusst provoziert, um den Eintritt der USA in den Zweiten Weltkrieg zu rechtfertigen – wie später anhand von Dokumenten bewiesen wurde –, wobei es zuvorderst nicht um einen Krieg gegen Japan, sondern gegen Deutschland ging.

Die abgefangene Nachricht enthielt ein Kommuniqué zwischen Tokio und dem japanischen Botschafter in Washington. Es deutete darauf hin, dass es am 7. Dezember um 13.00 Uhr Washingtoner Zeit, oder im Morgengrauen nach der Zeitrechnung in Pearl Harbor, zu einem dramatischen Ereignis kommen würde. Dieses Ereignis war die Bombardierung der US-Flotte in Pearl Harbor durch die Japaner – ein Ereignis, das es Roosevelt ermöglichte, vom Kongress die Zustimmung zu einer Kriegserklärung gegen die Mächte der Tripelallianz – Deutschland, Japan und Italien – zu erwirken.

Admiral Kimmel erklärte später bei der Anhörung im US-Kongress: »Hätte ich diese entscheidenden Informationen und die Nachricht ›Schiffe im Hafen‹ bereits am 28. November [1941] erhalten, so hätte ich nach meiner heutigen Überzeugung den Vorschlag des Marineministeriums, Flugzeugträger nach Wake und Midway zu entsenden, abgelehnt. Ich hätte den dritten Flugzeugträger, die *Saratoga*, von der [US-]Westküste zurückbeordert. Ich wäre mit der Flotte in See gestochen und hätte es gewagt, sie in einer Abfangposition auf See zu belassen. Damit hätte die Schlagkraft der Flotte sich eines Angriffs auf die Region Hawaii erwehren können.«[25] Kimmel wurde jedoch zum Sündenbock gemacht, weil er den Angriff auf Pearl Harbor zugelassen hatte; er wurde zum Rücktritt gezwungen.

Churchills Nachricht vom 26. November 1941 an Roosevelt ist das einzige Dokument in der gesamten Korrespondenz dieser beiden Staatschefs, das bis zum heutigen Tage aus Gründen der »nationalen Sicherheit« nicht veröffentlicht worden ist. Angeblich hatte Churchill darin Roosevelt vor einem kurz bevorstehenden Angriff auf Pearl Harbor gewarnt.

Der vernichtende Angriff auf Pearl Harbor lieferte Roosevelt den Grund, den Krieg zu führen, den er sich so sehr wünschte. Es war ein Krieg für den Aufbau eines neuen amerikanischen Empires, das Amerikanische Jahrhundert des *Time*-Herausgebers Henry Luce.

Auch nachdem der US-Kongress Deutschland, Japan und den Achsenmächten im Dezember 1941 den Krieg erklärt hatte, setzten einflussreiche Kreise innerhalb der Regierung Roosevelt und der Rockefeller-Fraktion in der amerikanischen Industrie ihre illegale Kooperation mit führenden deutschen Rüstungsunternehmen fort, eine Geschichte über Landesverrat, die jedoch in den historischen Berichten über die Nachkriegszeit geflissentlich übersehen bzw. versteckt wurde.

Leichen aus dem Dritten Reich in Rockefellers Keller

Ähnlich wie die Chefs zahlreicher amerikanischer Unternehmen – von Henry Ford bis zu den DuPonts – fand auch die Rockefeller-Gruppe im US-Establishment das europäische Modell des Faschismus eines Mussolini oder sogar das der Nazis in Deutschland attraktiv. Die Wall Street und die führenden Industriekreise in den USA hatten die Gewerkschaften schon immer abgelehnt und waren geradezu unbarmherzig, wenn es darum ging, gegenüber der breiteren Bevölkerung Zugeständnisse zu machen. Fasziniert beobachteten diese Kreise, wie Hitler und Mussolini es Anfang der 1930er-Jahre schafften, die organisierte Arbeiterschaft zu disziplinieren und die Gewerkschaften samt ihren politischen Parteien zu zerschlagen – egal, ob es Sozialdemokraten oder Kommunisten waren.

Es gab aber auch einen geopolitischen Aspekt bei ihrer Sympathie für die Faschisten vor dem Krieg. Wie ihre Vettern in den Kreisen des *Round Tables* in England wünschten sie sich einen größeren Krieg; einen Krieg zwischen ihren wichtigsten Rivalen im Kampf um die potenzielle Vorherrschaft in Eurasien: Russland und Deutschland. Einen Krieg also, in dem die beiden Großmächte, Stalins Sowjetunion und Hitlers Drittes Reich, »einander zu Tode bluten würden«, wie es ein britischer Insider, Sir David Sterling, Gründer der britischen Eliteeinheit SAS, formulierte.[26] Mit ideologischen oder romantischen Illusionen über die Überlegenheit der »arischen Rasse« hatte dies wenig zu tun, wenngleich die Rockefeller-Stiftung bis 1939 die Eugenik-Forschung und Experimente an Menschen in Hitlers Drittem Reich großzügig finanziell unterstützte. Es ging allein um den Aufbau ihres Amerikanischen Jahrhunderts auf den Trümmern Europas.[27]

Zu Beginn des Kriegseintritts der Vereinigten Staaten im Jahr 1941 war der (später in *Exxon* umbenannte) Konzern *Standard Oil of New Jersey* der größte Ölproduzent der Welt. Der Konzern kontrollierte 84 Prozent des amerikanischen Ölmarktes. Seine Hausbank war die *Chase Bank*, die Eigentümermehrheit lag bei der Rockefeller-Familie und ihren Stiftungen, die von der Steuerzahlung befreit waren. Der nächstgrößte Aktionär der *Standard Oil* nach den Rockefellers war die IG Farben, das riesige Petrochemie-Unternehmen in Deutschland, das damals ein wichtiger Teil der deutschen Rüstungsindustrie war. Die Beziehung zwischen den Rockefellers und der IG Farben reichte bis in das Jahr 1927 zurück, also ungefähr in die Zeit, als die Rockefeller-Stiftung in großem Stil

182

begann, die Eugenik-Forschung am Kaiser-Wilhelm-Institut in Berlin finanziell zu unterstützen.[28]

Nelson Rockefeller bekämpfte zwar anscheinend als Chef der CIAA der US-Regierung die Wirtschaftsinteressen der Nazis in Lateinamerika, doch der Konzern *Standard Oil* der Familie Rockefeller, vertreten durch den Vorsitzenden Walter C. Teagle und Präsident William S. Farish sorgten für die Lieferung des damals unverzichtbaren Zusatzstoffes Tetraethylblei an die Deutsche Luftwaffe. Teagle von *Standard Oil*, Henry Ford sowie Sir Henry Deterding, der Chef von *Royal Dutch Shell*, waren vor dem Krieg alle offene Bewunderer des Dritten Reichs.[29]

Kurz nach Hitlers Machtübernahme Anfang 1933 hatte Teagle dafür gesorgt, dass der persönliche Pressesprecher und »Meinungsmacher« der Rockefeller-Familie, Ivy Lee, der IG Farben und der Nazi-Regierung in Berlin Informationen über die amerikanische Reaktion auf die deutsche Aufrüstung, auf die Behandlung der Kirchen im Dritten Reich und auf die Organisation der Geheimen Staatspolizei (Gestapo) zugänglich machte. Lees Aufgabe bestand nun darin, eine deutschfreundliche Propagandakampagne in den Vereinigten Staaten auf die Beine zu stellen, um Sympathien für das Dritte Reich zu erzeugen. Lee wurde über ein Konto bei der von Deutschland kontrollierten Bank für Internationalen Zahlungsausgleich (BIZ) in Basel bezahlt, ein Finanzinstitut, das ironischerweise 1930 gemäß dem Owens-Plan gegründet worden war, um die Zahlung der deutschen Kriegsreparationen nach dem Ersten Weltkrieg abzuwickeln. Chef der BIZ zum Zeitpunkt der Überweisungen an Ivy Lee war der Amerikaner Gates W. McGarrah, der früher für Rockefellers *Chase Bank* in New York und die *Federal Reserve* tätig gewesen war.[30]

Rockefellers Bank, die *Chase Bank*, spielte eine entscheidende Rolle bei der Finanzierung der verschiedenen Rockefeller-Aktivitäten in Nazi-Deutschland. Als Hitler 1936 das Rheinland besetzte, gründete die *Schroeder Bank* in New York mit den Rockefellers eine Partnerschaft namens *Schroeder, Rockefeller & Co., Investment Bankers*. Das *Time Magazine* bezeichnete diese Bank damals als »Wirtschaftsmotor der Achse Rom–Berlin«[31].

Auffällig bei der neuen Bank waren die Partner, zu denen als Vertreter der Familie John D. Rockefellers Neffe Avery Rockefeller zählte, sowie Baron Bruno von Schroeder aus London und der Vetter des Barons, Baron Kurt von Schröder, Chef des Kölner Bankhauses J. H. Stein und Direktor bei der BIZ in Basel. Kurt von Schröders Bankhaus J. H. Stein in Köln hatte schon 1931 bei der frühen finanziellen Unterstützung

Hitlers eine maßgebliche Rolle gespielt und diente als Hitlers Liaison mit der deutschen Großindustrie über die »Harzburger Front«, der führende Bankiers, Industrielle und Militärs wie Hjalmar Schacht, Fritz Thyssen, General von Seeckt und zahlreiche andere Prominente angehörten, die sich in der Frühphase der Wirtschaftskrise Hitler zuwandten, den sie für den möglichen Retter ihrer Macht hielten.[32]

Auch die New Yorker Anwälte, die bei der Gründung der Schroeder-Rockefeller-Bank Rechtsbeistand leisteten, waren zwei Partner in Rockefellers Anwaltskanzlei *Sullivan & Cromwell*, nämlich die Brüder John Foster und Allen Dulles. Allen Dulles saß anschließend im Vorstand dieser neuen Bank. Bedeutsam ist in diesem Zusammenhang auch, dass sich Dulles während des Krieges dem amerikanischen *Office of Strategic Services* (OSS), dem Vorläufer der CIA, anschloss und im Krieg vom schweizerischen Bern aus geheimdienstliche Operationen leitete – angeblich gegen Nazi-Deutschland.[33]

Die Geschäfte der New Yorker Bank *Schroeder, Rockefeller & Co.* wurden über die Pariser Niederlassung der *Chase Bank* abgewickelt, die ihren Geschäftsbetrieb während des gesamten Krieges weiterführen konnte, obwohl Paris in der Zeit der Vichy-Regierung von den Nazis besetzt war. Über die Pariser *Chase Bank* liefen nicht nur die Finanzgeschäfte mit dem Bankhaus *Schroeder* in New York, sondern auch mit der nazifreundlichen französischen *Banque Worms*. Außerdem wurden über die Pariser *Chase Bank* auch die Geschäfte von Rockefellers *Standard Oil* im besetzten Frankreich abgewickelt. Die Direktoren von *Standard Oil* in Frankreich saßen auch im Vorstand der *Banque de Paris et des Pays-Bas* in Vichy, die ihrerseits als Verbindungsglied zwischen verschiedenen deutschen Bankkreisen und der *Chase Bank* fungierte.[34]

Nach dem Angriff der Japaner auf Pearl Harbor im Dezember 1941 wurden alle noch in Paris verbliebenen Zweigstellen amerikanischer Banken aus Angst vor feindseligen Angriffen geschlossen – mit einer Ausnahme: Die einzige Bank, die während des gesamten Krieges geöffnet blieb, war Rockefellers *Chase Bank*. Diese Bank handhabe auch die persönlichen Bankgeschäfte für Otto Abetz, den deutschen Botschafter in Paris. Zwischen den Rockefellers und Berlin bestanden enge Beziehungen.[35]

Allerdings stand der Rockefeller-Clan bei seinen geheimen Finanz- und Industriegeschäften mit dem Dritten Reich nicht allein. Die Rockefellers kooperierten mit anderen führenden Vertretern im amerikanischen Establishment, vor allem mit der Familie DuPont und der Fami-

184

lie Bush – durch Prescott Bush, den Vater des späteren US-Präsidenten George Herbert Walker Bush und Großvater von George W. Bush.

Auch die Familien DuPont und Bush machen mit

Während der Bombardierung Londons durch die Deutsche Luftwaffe protestierte die britische Regierung gegen die Lieferung von Tetraethyl-Blei durch *Standard Oil* an Nazi-Deutschland. Dieser Zusatzstoff war nötig, um Flugbenzin mit hoher Oktanzahl herzustellen, und ohne dieses Benzin hätten die Flugzeuge der Luftwaffe nicht nach England fliegen können. *Standard Oil*, *DuPont* und *General Motors* hatten weltweite Patente auf dieses Äthyl-Additiv. 1938 hatte Teagle bei einem Geheimtreffen mit dem Vorsitzenden der IG Farben, Hermann Schmitz, vereinbart, der IG-Farben einige Tonnen von ihrem Tetraethylblei zu »leihen«. Teagle traf ähnliche Absprachen, um auch die japanische Luftwaffe mit demselben Zusatzstoff zu versorgen.

Bei den Geheimabkommen von Rockefellers *Standard Oil* mit der IG-Farben während des Krieges war auch der riesige Chemiekonzern *DuPont* aus Delaware mit von der Partie. Durch verschiedene Vereinbarungen in der Petrochemie hatte Rockefellers *Standard Oil* den Konzern *DuPont* in den Kreis der Rockefeller-Unternehmen gezogen. Dabei ging es auch um eine Vereinbarung zur Herstellung von Tetraethylblei für Antiklopfmittel für Autobenzin mit der *Ethyl Company*, einem gemeinsamen Unternehmen von *Standard Oil*, *General Motors* und *DuPont*.[36]

Bereits 1919 hatten *DuPont*-Vorstandsmitglieder dem deutschen Chemiker und Industriellen Carl Bosch die gemeinsame Produktion von Farbstoffen vorgeschlagen. Doch weil Bosch, der zu Beginn des 20. Jahrhunderts (zusammen mit Fritz Haber) bei der Badischen Anilin- und Soda Fabrik (BASF) ein Verfahren zur Ammoniaksynthese entwickelt hatte, anschließend bei der BASF zum Vorstandsvorsitzenden aufgestiegen war und später seine eigene Firma – die IG Farben – gründete, keinen Vorteil darin sah, den deutschen Sachverstand mit den Amerikanern zu teilen, lehnte er den *DuPont*-Vorschlag ab. *DuPont* ließ sich aber nicht entmutigen und versuchte nach der Gründung der IG Farben im Jahre 1925 weiterhin, deutsches Know-how zu erwerben. Im darauffolgenden Jahr unterzeichneten *DuPont*-Vertreter ein geheimes »Gentlemen's Agreement« mit zwei Tochtergesellschaften der IG Farben, der

Dynamit Aktiengesellschaft und Köln Rottweiler – beides große Sprengstoffhersteller –, wobei beiden Vertragspartnern das Vorrecht bei der Nutzung neuer Verfahren und Produkte eingeräumt wurde, wie etwa bei der Herstellung von Schwarzpulver sowie Sicherheitsanzündschnüren und Pulverzündschnüren.

DuPont hatte in den 1920er-Jahren über drei Millionen Dollar in die deutschen Rüstungsindustrie investiert und sich damit einen großen Vorsprung vor allen amerikanischen Konkurrenten gesichert. Im Jahre 1933 – Hitler war mittlerweile an die Macht gekommen – willigten *DuPont*-Vertreter ein, dem Dritten Reich »militärische Treibstoffe und militärische Sprengstoffe« zu verkaufen, was sowohl eine Verletzung des Versailler Vertrages als auch des Friedensvertrags zwischen den USA und Deutschland bedeutete. Zu der Vereinbarung kam es, obwohl ein *DuPont*-Direktor in Deutschland gewarnt hatte, es sei »allgemein bekannt«, dass die IG Farben die Nazis finanzierte.[37]

Berichte über die geheimen Kartellvereinbarungen *DuPonts* mit der IG Farben und anderen Firmen in Europa kamen 1934 bei den Anhörungen über Kriegsmaterial im US-Senat zur Sprache. Eine ganze Reihe von Direktoren aus der *DuPont*-Familie – Lammot, Felix, Pierre und Irénée – leugneten die Existenz solcher Vereinbarungen, bis zum Beweis Dokumente vorgelegt wurden, die eine Kartellvereinbarung über Sprengstoffe mit dem britischen Chemieriesen *Imperial* und verschiedenen deutschen Unternehmen zweifelsfrei belegten.

Trotz dieser peinlichen Enthüllungen unterhielt *DuPont* weiterhin während der Nazizeit Verbindung zur IG Farben und gewährte Lizenzen zur Herstellung von Acryl- und Stickstoffprodukten. 1939 vereinbarte *DuPont* mit dem deutschen Chemieriesen einen intensiven Informationsaustausch, wobei der US-Konzern das Know-how für die Herstellung vollsynthetischer Fasern lieferte und dafür von der IG Farben die Patente zur Herstellung von Buna erhielt, einem neu entwickelten synthetischen Kautschuk für die Reifenherstellung.

Der Austausch strategisch wichtigen industriellen Know-hows ging ungehindert weiter, obwohl dies die Gesetze über die amerikanische Neutralität verletzte und obwohl Roosevelt von William Dodd, seinem Botschafter in Berlin, davor gewarnt wurde. *DuPont* verhandelte weiterhin mit der IG Farben über Handelsabkommen, und zwar bis zum Jahre 1941, als der Vorstand schließlich dafür stimmte, die Aktien an der deutschen Firma zu verkaufen und den Austausch von Patenten »auszusetzen«, bis »die derzeitige Notlage vorüber ist«.

Diese von *DuPont* erwähnte »derzeitige Notlage« war damals die offizielle Kriegserklärung der USA gegen Nazi-Deutschland und die Achsenmächte.[38]

Auch Rockefellers *Standard Oil* hatte seine Erfahrungen bei der Herstellung von künstlichem Kautschuk sowie sein überlegenes Acetylen-Verfahren und seine Herstellungsmethode für synthetisches Benzin an Nazi-Deutschland weitergegeben. Mit dem auf diesem Wege hergestellten Benzin konnte nicht nur die deutsche Luftwaffe zweieinhalb Jahre lang fliegen, sondern damit konnte Hitler auch seine riesige motorisierte Armee in Bewegung halten.[39]

Bis zu dem Moment, als deutsche Panzer in den Niederlanden und Frankreich einrückten, waren die führenden Kreise um Neville Chamberlain in England und die Rockefeller-Gruppe an der Wall Street fest davon überzeugt, das Dritte Reich werde sich zur Sicherung seines »Lebensraums« nach Osten und nicht nach Westen wenden. Der wahre Zweck von Chamberlains berüchtigter Münchner »Appeasement«-Politik bezüglich des deutschen Anspruchs auf das Sudetenland und die Tschechoslowakei bestand darin, die Deutschen dazu zu verleiten, ihren »Lebensraum« nach Osten, in Richtung von Stalins Sowjetunion, auszudehnen. Hitler sollte meinen, England habe nichts dagegen einzuwenden.

Chamberlain erhielt seine geopolitischen Direktiven von der einflussreichen Fraktion des *Round Tables* im britischen Establishment. Vor 1914 hatte vor allem die *Round-Table*-Gruppe von Lord Milner die Propagandatrommel für einen Krieg gegen Deutschland gerührt. Die hasserfülltesten germanophoben Töne kamen damals von Philipp Kerr, dem später der Titel Lord Lothian verliehen wurde.

Ende der 1930er-Jahre propagierte derselbe *Round Table*, der vor 1914 massiv Propaganda für einen Krieg gegen das Deutsche Reich gemacht hatte, das genaue Gegenteil. In öffentlichen Reden und in der Londoner *Times*, dem Hausblatt des *Round-Table*-Mitglieds Geoffrey Dawson, sowie in ihrem eigenen Magazin, *The Round Table*, forderten diese britischen Elitekreise, die Remilitarisierung des Rheinlands durch die Reichsregierung zu tolerieren und jede Einmischung in den Spanischen Bürgerkrieg zu unterlassen, bei dem Nazi-Deutschland Francos Streitkräfte nicht nur tatkräftig logistisch, sondern auch mit Waffen unterstützte.

Im Januar 1935 traf Lord Lothian, der später zum Botschafter Seiner Majestät in Washington ernannt werden sollte, mit Hitler zusammen. Angeblich schlug Hitler Lord Lothian eine Allianz zwischen England,

Deutschland und den Vereinigten Staaten vor, die Hitler freie Bahn für
einen Vorstoß nach Osten gegen Russland verschaffen würde. Als Gegenleistung habe Hitler dem Vernehmen nach Lord Lothian versprochen,
er werde Deutschland nicht zu einer »Weltmacht« aufsteigen lassen oder
den Versuch unternehmen, der britischen Marine bei der Kontrolle der
Weltmeere Konkurrenz zu machen.[40]

Diese Kehrtwendungen von 180 Grad in der Deutschland-Politik des
britischen *Round Tables* zu unterschiedlichen Zeiten und auch die Politik
seiner Verbündeten in den Kreisen des *Council on Foreign Relations* in
New York werden nur dann verständlich, wenn man die Ziele der britischen Geopolitik berücksichtigt. Sir Halford Mackinder hatte schon
1919 bei den Friedensgesprächen in Versailles erklärt, Ziel der britischen
Geopolitik der »Balance of Power« (des Machtgleichgewichts) sei es,
sich stets mit dem schwächeren von zwei kontinentaleuropäischen Rivalen gegen den stärkeren zu verbünden. In den Jahren bis zum Ausbruch
des Großen Krieges im August 1914 war Frankreich der schwächere
Rivale auf dem Kontinent, Deutschland der stärkere. Während der 1930er-
Jahre bis zur Invasion der Wehrmacht in den Niederlanden war Frankreich der stärkere der beiden Gegner Englands auf dem Kontinent, und
zwar durch seine Allianzen mit Polen und der Tschechoslowakei sowie
seine unilaterale Gold- und Finanzpolitik.

Wenn einerseits Hitler und sein innerster Kreis das Wesen der britischen geopolitischen Strategie nicht verstanden, so hatten andererseits
auch die Kreise im Umfeld des britischen *Round Tables* nicht verstanden,
wie tief die Lektion des Ersten Weltkriegs – nämlich, dass Deutschland
nie wieder einen Zweifrontenkrieg führen würde – dem Generalstab der
Reichswehr und den führenden Nazis in den Knochen steckte.[41]

Als die Börsenaufsichtskommission der US-Regierung im Februar
1938 eine Untersuchung über die Rolle von *Standard Oil* bei der Kontrolle von *American IG*, einem Joint Venture mit der IG Farben, veranstaltete, nahm Konzernchef Teagle zu Lügen Zuflucht und behauptete, er
wisse von nichts. Anschließend fasste er den Entschluss, bei *Standard
Oil* eine weniger exponierte Rolle zu spielen, und überließ auf Verlangen
von John D. Rockefeller jun. die Aufsicht über das Tagesgeschäft seinem
Freund, dem *Standard-Oil*-Direktor William Stamp Farish. Auch der
Konzern *Standard Oil* belog die Regierung und behauptete, seine Politik
inzwischen geändert zu haben.

Doch diese Veränderung war rein kosmetischer Natur. *Standard Oil*
ließ lediglich seine Flotte in Panama registrieren, um einer Durchsu-

chung oder Beschlagnahmung durch England zu entgehen. Doch die Schiffe transportierten weiterhin Öl nach Teneriffa und an die Küste Spanisch Saharas im Nordwesten Afrikas, wo sie aufgetankt wurden – während ihre Ladung gleichzeitig auf deutsche Tanker zum Weitertransport nach Hamburg umgeladen wurde.[42]

Die IG Farben verfügte noch immer über einen Brückenkopf auf dem lukrativen US-Markt, und zwar durch den Besitz von 90 Prozent der Anteile der *General Aniline and Film Corporation* (GAF) mit Sitz in New York. Diese Gesellschaft wiederum – eine Strohfirma – kontrollierte Anteile in Höhe von 11,5 Millionen Dollar bei amerikanischen Firmen, darunter auch *Standard Oil* und *DuPont*.

Als das bekannt wurde, kam es zu einem wahren Proteststurm in der Presse, der dazu führte, dass die US-Regierung das Vermögen von *General Aniline* nach dem »Trading with the Enemy Act«, dem US-Gesetz über den Handel mit dem Feind, beschlagnahmte. 1943 wurden *DuPont* und zwei weitere US-Unternehmen der Teilnahme an einem internationalen Komplott zur Kontrolle strategisch wichtiger Metalle angeklagt. *DuPont* wurde schließlich verurteilt.

Diese Firma aus Delaware musste sich im Januar 1944 erneut vor Gericht verantworten, dieses Mal als Beteiligter bei Kartellvereinbarungen über Sprengstoffe. Dabei stellte sich heraus, dass in Deutschland nur drei oder vier Direktoren der IG Farben eingeweiht waren sowie der Finanzberater Erwin Respondek, der geholfen hatte, die Vereinbarung zu formulieren.[43]

Der Ausbruch des Krieges zwischen Deutschland und den Vereinigten Staaten im Dezember 1941 beeinflusste diesen Pakt nicht. Wie Respondek nach dem Krieg erklärte, hatte die IG Farben »*DuPont* vor und während des deutsch-amerikanischen Konflikts bis Januar/Februar 1945 über eine gesicherte Route über Basel mit detaillierten Informationen versorgt«. Die vertraulichen Unterlagen, die die IG Farben an *DuPont* lieferte – und von dort erhielt –, wurden »in einem besonderen Safe aufbewahrt, zu dem außer drei oder vier besonderen Direktoren niemand Zugang hatte«[44].

DuPont und die IG Farben waren auch an extrem sensitiven kriegsrelevanten Forschungs- und Entwicklungsarbeiten beteiligt. Während des Ersten Weltkriegs hatte ein deutscher Chemiker namens Walter Heldt ein Giftgas entwickelt, das als Zyklon B bekannt war und zur Entlausung eingesetzt wurde. Die Herstellung dieses Gases oblag nun der Deutschen Gesellschaft für Schädlingsbekämpfung (DEGESCH), die zu 42,5 Pro-

> **Thyssen Funds Found in U.S.**
>
> NEW YORK—(INS)—Existence of a $3,000,000 fund established here by Fritz Thyssen, German industrialist and original backer of Adolf Hitler was disclosed today in a news story in the New York Journal American.
>
> The story added:
>
> Whether the money is for Thyssen personally, or, perhaps, for some of his high-placed Nazi friends in the event of an "emergency" compelling them to leave Germany, no one knew.
>
> However, it will do neither Thyssen nor any of his Nazi friends any good now, as it has been "frozen" along with the $4,500,000,000 Axis assets now held in this country.
>
> The money exists in funds of the Union Banking corporation, an investment company incorporated and licensed under New York state laws in August, 1924.
>
> Money for its $400,000 capital stock came from Thyssen's bank Voor Handel En Scheepvaart in Rotterdam.
>
> Among members of its board of directors are E. R. Harriman, Ray Morris and **Prescott S. Bush**, partners in the firm of Brown Brothers Harriman and company, of which W. Averell Harriman is now American minister plenipotentiary to England.
>
> Also a director is H. D. Pennington, Brown Brothers Harriman and Co. manager.
>
> On Jan. 14, 1941, Knight Wooley, another partner in the Harriman company, wrote to State Banking Superintendent William R. White in behalf of Harriman, Morris, Bush and Pennington:
>
> "Should the United States enter the war, they felt they might be under some embarrassment because of their connection with the bank, even though we have no financial interest in the Union Banking corporation, nor do we participate in its earnings."

Die amerikanischen Medien berichteten im Juli 1942 über den Skandal um Prescott Bush, Averell Harriman und andere Mitglieder des Rockefeller-Kreises, die Thyssen und die deutsche Rüstungsindustrie unterstützt hatten.

zent der IG Farben gehörte. Als die Nazis 1942 mit der Durchführung ihrer »Endlösung« begannen und Gaskammern bauten, lieferte die DEGESCH das Zyklon B.

1942 behauptete US-Senator Harry S. Truman bei einer Untersuchung des Senats, die Beziehung zwischen Rockefeller und der IG Farben »grenzt an Verrat«[45].

Paul Manning, der Kriegskorrespondent von *CBS News*, berichtete am 10. August 1944, die Partner Rockefeller und IG Farben hätten ihr »Fluchtkapital« mit der Hilfe ihnen nahestehender amerikanischer, deutscher, französischer, englischer und schweizerischer Banken verschoben. Unter dem Schutz des Weißen Hauses wurde – abgesehen von einigen kleineren Geldstrafen – praktisch nichts gegen die Rockefeller- und *DuPont*-Interessen wegen ihrer Verletzung des »Trading with the Enemy Acts« unternommen.

Ein weiterer wichtiger Akteur bei der Unterstützung der Rockefellers und der Wall Street für das Dritte Reich und einen künftigen Krieg gegen die Sowjetunion war der Vater von Präsident Herbert Walker Bush, Prescott Bush, der wie sein Sohn und sein Enkel, George W. Bush, Mitglied von *Skull & Bones* war, dem elitären Geheimbund der Universität *Yale*.

Die Familie Bush hatte vor dem Zweiten Weltkrieg schon jahrzehntelang engstens mit der mächtigen Rockefeller-Gruppe zusammengearbeitet. Beide Familien machten ihr Geld in der Öl- und Rüstungsindustrie.

George H. Walker und Samuel Prescott Bush, die Großväter von George Herbert Walker Bush, waren im und nach dem Ersten Weltkrieg die Gründerväter der Familiendynastie. Walker, Financier aus St. Louis, hatte mit Rüstungsverträgen ein Vermögen gemacht. 1919 wurde er von dem Eisenbahnerben W. Averell Harriman als Präsident der Wall-Street-Firma *W. A. Harriman Co.* angestellt, die in den 1920er-Jahren in Öl, Schifffahrt, Luftfahrt und Mangan investierte, teilweise auch in Russland und Deutschland. Samuel Bush betrieb in Ohio ein Stahlunternehmen namens *Buckeye Steel Castings*, in dem Waffen hergestellt wurden. 1917 berief ihn Bernard Baruch zum Leiter der damals noch kleinen Abteilung für Waffen, Munition und Versorgung des staatlichen *War Industries Boards* in Washington.[46] Sowohl George Walker als auch Sam Bush waren an der Bildung des späteren militärisch-industriellen Komplexes in den USA beteiligt.

Prescott Bush machte sein Vermögen als Direktor von Unternehmen, die im Zweiten Weltkrieg zur amerikanischen Rüstungsindustrie gehörten; aber zur gleichen Zeit waren seine Unternehmen auch – über Thyssen – strategisch an der geheimen Rüstung und Finanzierung des Dritten Reiches beteiligt. Ein Bush-Unternehmen, *Dresser Industries* aus Texas, stellte die Brandbomben her, die über Tokio abgeworfen wurden, und produzierte Gasdiffusionspumpen für das Atombombenprojekt.

Die Familie Bush unterhielt neben den langjährigen Verbindungen zu dem reichen Bank- und Eisenbahnmagnaten Harriman auch enge Beziehungen zu den Rockefellers, die die Ölindustrie kontrollierten. Bushs Verbindungen zu John D. Rockefeller und *Standard Oil* gingen auf die Zeit vor über 100 Jahren zurück, als Rockefeller Sam Bushs *Buckeye Steel Castings* dadurch einen fabelhaften Erfolg bescherte, dass er die Eisenbahngesellschaften, die sein Öl transportierten – und die übrigens teilweise Harriman gehörten –, dazu überredete, das schwere Gerät bei *Buckeye Steel* zu kaufen. George H. Walker half in den 1920er-Jahren beim Wiederaufbau der sowjetischen Ölindustrie, und Prescott Bush sammelte als Direktor von *Dresser Industries* in Texas Erfahrungen im internationalen Ölgeschäft. *Dresser Industries* gehörte zu den Bank-Holdings der Familie Harriman und unterhielt engste Beziehungen zu Rockefellers Öl-Interessen. Später wurde *Dresser* Teil der *Halliburton Corporation*, also des Konzerns, der durch Dick Cheney traurige Berühmtheit erlangte.[47]

Als Folge der Reorganisation der Macht an der Wall Street nach dem Börsenkrach von 1929 schloss sich im Jahr 1931 Averell Harrimans

Investmentbank *W. A. Harriman & Co.* mit dem britisch-amerikanischen Investmenthaus *Brown Brothers* zusammen – zur Investmentbank *Brown Bros. Harriman.* Seniorpartner waren Averell und sein Bruder sowie Prescott Bush und Thatcher H. Brown. Der Londoner Zweig dieses Investmenthauses war fortan unter dem Namen *Brown Shipley* tätig, und bei dieser Bank war Montagu Norman Seniorpartner gewesen, bevor er Chef der *Bank of England* wurde.[48] Harriman war bereits in den 1920er-Jahren der New Yorker Bankier für den deutschen Stahlmagnaten Fritz Thyssen geworden. 1934, also ein Jahr nach Errichtung des Dritten Reiches, hatte es Prescott Bush, Seniorpartner bei *Brown Bros. Harriman,* zum Direktor bei der *Union Banking Corporation* gebracht, die in den USA für den deutschen Montankonzern Vereinigte Stahlwerke AG tätig war. 1926 war ein enger Freund von Prescott Bush, der einflussreiche Wall-Street-Investmentbankier Clarence Dillon vom Investmenthaus *Dillon Read & Co.*, im Auftrag von Thyssen an der Gründung der Vereinigten Stahlwerke beteiligt; er selbst hatte zwei Sitze im Vorstand des neuen Montankonzerns inne.[49]

Offiziell wurde die *Union Banking Corporation* (UBC) 1924 in den New Yorker Büroräumen von *W. A. Harriman & Co.* gegründet. Die UBC war eng mit der niederländischen *Bank voor Handel en Sheepvaart* (BHS) liiert, die wiederum Thyssen gehörte. Die UBC war das Vehikel, mit dem unter Zuhilfenahme der niederländischen BHS Gelder vom Thyssen-Unternehmen über den Atlantik in die USA sowie von dort nach Deutschland geschleust wurden. Das Investmenthaus *Brown Bros. Harriman* – d. h. Prescott Bush und Averell Harriman, der übrigens, wie Bush, ebenfalls in *Yale* der Geheimgesellschaft *Skull & Bones* angehört hatte – fungierte also als Manager für Thyssens Finanzoperationen außerhalb Deutschlands.

Im Jahr 1942 unterzeichnete Leo T. Crowley, der *Alien Property Custodian* (Treuhänder ausländischer Vermögen) der US-Regierung, die »Vesting Order No. 248« zur Beschlagnahmung des Vermögens von Prescott Bush gemäß dem »Trading with The Enemy Act«. Diese Verfügung wurde aber nur in einigen schwer zugänglichen Aktenverzeichnissen der US-Regierung veröffentlicht und von der Presse nicht aufgegriffen. Außerdem hieß es in diesem Papier lediglich, die *Union Banking Corporation* sei tätig gewesen im Auftrag der »Thyssen-Familie aus Deutschland und/oder Ungarn ..., Staatsbürger ... eines als feindlich bezeichneten Landes«[51].

Als Ermittler des US-Kongresses nach dem Krieg die Thyssen-Strukturen, die *Union Banking Corporation* und andere Betriebe mit Nazi-Verbindungen untersuchten, gaben sie bekannt, dass die Vereinigten Stahlwerke während des Dritten Reiches die folgenden prozentualen Anteile der deutschen Gesamtproduktion hergestellt hatten: 50,6 Prozent des gesamten Roheisens, 41,4 Prozent des Universalblechs, 30,6 Prozent des Grobblechs, 38,5 Prozent der Gesamtproduktion von galvanisiertem Blech, 45,5 Prozent aller Rohre und Leitungen, 22,1 Prozent aller Drähte, 35,0 Prozent der Sprengstoffe.[51] Die Vereinigten Stahlwerke spielten also eine erhebliche Rolle bei der Rüstungsproduktion.

Bei genauerer Betrachtung ging es bei der weitreichenden und wenig bekannten Beteiligung der Familien Rockefeller, Harriman und Bush an der lebenswichtigen Unterstützung für die Kriegsvorbereitungen des Dritten Reiches um viel ehrgeizigere Ziele als nur um ihre Sympathie für die Philosophie und Methoden in Hitler-Deutschland, wie etwa die Knebelung der Arbeiterschaft und die Organisation einer Kommandowirtschaft. Ihr Ziel bestand nicht etwa darin, ein siegreiches Deutschland zu unterstützen, sondern sie wollten einen Weltkrieg, aus dem dann nach 1945 ein Amerikanisches Jahrhundert, genauer gesagt ein »Rockefeller-Jahrhundert«, hervorgehen sollte.

Bush, Rockefeller, Harriman, DuPont und Dillon waren maßgeblich daran beteiligt, dem Dritten Reich in seiner Frühphase wichtige Unterstützung zukommen zu lassen, denn das gehörte zu ihrem großen geopolitischen Plan, die europäischen Großmächte, besonders Russland und Deutschland, dazu zu bringen, sich gegenseitig zu zerstören. Wie erwähnt sprach ein britischer Stratege davon, diese beiden Mächte »sollten einander zu Tode bluten«, und das sollte den Weg für die Hegemonie des Amerikanischen Jahrhunderts ebnen. Das war die eigentliche Absicht der von Rockefeller finanzierten *War & Peace Studies*.

Zusätzlich zu den Geschäften der Rockefellers in Deutschland und Europa während des Zweiten Weltkriegs sollte Nelson Rockefeller in Lateinamerika eine strategisch wichtige Rolle dabei spielen, die unermesslichen Rohstoffe zu sichern und die nötigen politischen Bündnisse zu schmieden, die man nach dem Krieg für den Aufbau des amerikanischen Empires nutzen wollte.

Der Aufbau des Rockefeller-Imperiums in Lateinamerika

Während des Zweiten Weltkriegs war Nelson Rockefeller mit der Aufgabe betraut, in Lateinamerika vor der Gründung der CIA die geheimdienstlichen und verdeckten Operationen der USA zu koordinieren. Er war die direkte Verbindung zwischen Präsident Franklin Roosevelt und Sir William Stephenson, dem persönlichen Geheimdienstchef für ganz Amerika des britischen Premierministers Winston Churchill. Sir Stephenson leitete ein Deckunternehmen namens *British Security Coordination* oder BSC. Bezeichnenderweise befand sich das geheime Hauptquartier für Stevensons verdeckte Aktivitäten im *Rockefeller Center* in New York City, und zwar in Raum 3603, d. h. ganz in der Nähe von Nelsons eigenem Büro. Das war kein Zufall. Rockefeller und Stephenson stimmten die beiderseitigen Geheimdienstoperationen in Nord- und Südamerika eng miteinander ab, wobei Rockefeller allerdings bereits die Übernahme der besten britischen Anlagewerte in dieser Weltregion vorbereitete.[52]

In Washington installierte Rockefeller ein von ihm handverlesenes Team, das aus engen Geschäftspartnern seiner Familie bestand. Dazu gehörten auch Joseph Rovensky von der *Chase Bank* und Will Clayton, ein Baumwollmagnat aus Texas von der Firma *Anderson Clayton*, ein Unternehmen, das landwirtschaftliche Produkte herstellte.[53] Nelsons Assistent John McClintock betrieb nach dem Krieg in ganz Zentralamerika die riesigen Plantagen der *United Fruit Company*, in deren Auftrag die CIA 1954 einen Putsch in Guatemala inszenierte.

Nelson Rockefellers Tätigkeit während des Krieges legte die Basis für die massive Ausweitung der Familieninteressen in den 1950er-Jahren. Er entwarf ein gemeinsames Verteidigungskonzept für die USA und Lateinamerika, das die Militärelite in Lateinamerika im Kalten Krieg an die USA binden sollte. Oft genug geschah dies durch rücksichtslose Militärdiktatoren, die von der Unterstützung durch die Familie Rockefeller profitierten und die von den Rockefeller-Interessen bei ihren Geschäften eine Vorzugsbehandlung genossen. Nelson nannte diese von ihm unterstützten kooperativen lateinamerikanischen Militärdiktatoren »das neue Militär«. Einige Jahre später sollte dieses Konzept das Vorbild für die NATO werden.[54]

Seit den 1930er-Jahren hatte Nelson Rockefeller bei den Investitionen amerikanischer Unternehmen in Lateinamerika eine Vorreiterrolle gespielt. Damals war er Direktor von *Creole Petroleum*, der Tochtergesellschaft von *Standard Oil* in Venezuela. 1938 hatte er den Versuch unternommen, mit dem damaligen mexikanischen Präsidenten Lazaro Cárdenas über eine Niederlassung für *Standard Oil* in Mexiko zu verhandeln, hatte damit aber keinen Erfolg. Vielmehr hatte Cárdenas *Standard Oil* verstaatlicht, was die Beziehungen zwischen den USA und Mexiko vergiftete.[55]

In den 1940er-Jahren gründete Nelson Rockefeller die *Mexican American Development Corp.*, und nach dem Krieg war er Privatinvestor in der mexikanischen Industrie. Er ermunterte seinen Bruder David Rockefeller, die Lateinamerika-Abteilung der *Chase Bank* zu gründen.[56]

Während des Krieges hatte Nelson Rockefeller als Chef von Roosevelts CIAA ein Netzwerk von Journalisten und Herausgebern großer Zeitungen in ganz Lateinamerika aufgebaut. Dabei drohte er neutralen lateinamerikanischen Zeitungsherausgebern an, sie von der Versorgung mit kanadischem Zeitungspapier abzuschneiden. Schon bald brüstete sich Rockefeller damit, er kontrolliere 1200 Zeitungsherausgeber in Lateinamerika, weil diese ansonsten kein Zeitungspapier mehr erhalten würden – die Lieferungen erfolgten mit amerikanischen Schiffen.[57]

Rockefellers Pressestab versorgte dann ganz Lateinamerika mit amerikafreundlichen Stories, die natürlich besonders wohlgesonnen gegenüber den Geschäftsinteressen der Rockefellers in Südamerika waren. Unter dem Deckmantel der Bekämpfung des Einflusses der Nazis in Lateinamerika legten Nelson Rockefeller und seine Brüder die Grundlage für ihr riesiges privates Geschäftsimperium in der Nachkriegszeit.

Während Nelson Rockefeller als Koordinator für den US-Geheimdienst in Lateinamerika für die amerikanische Regierung arbeitete, lieferten die Rockefeller-Banken und *Standard Oil* lebenswichtige Rohstoffe an das Dritte Reich und leisteten aktive Finanzhilfe. Bis zum Moment der Kriegserklärung der USA im Dezember 1941 war *Standard Oil* rund um die Uhr damit beschäftigt, dem deutschen Militär unverzichtbare Ölprodukte zu liefern. Als die Tanker von *Standard Oil*, die illegal nach Europa unterwegs waren, durch eine britische Seeblockade gestoppt wurden, sorgte Farish von *Standard Oil* dafür, dass das Öl nach Russland und von dort über die Transsibirische Eisenbahn nach Berlin transportiert wurde; oder aber von Russland nach Nordafrika – konkret Casablanca, das damals von der nazi-freundlichen Vichy-Regierung Frankreichs kontrolliert wurde.[58] Die Öllieferungen der Rockefellers von ihren Ölfeldern in Südamerika, vor allem Venezuela, wurden ergänzt durch eine Vereinbarung zwischen der IG Farben und Farish von *Standard Oil*, in der festgelegt wurde, dass *Standard Oil* seine Ölfelder im rumänischen Ploesti an den deutschen Industriekonzern IG Farben verpachtete.

Die IG Farben ihrerseits finanzierte in Rumänien zum Schutz der Ölleitungen die Aufstellung der Eisernen Garde von General Ian Antonescu. Um die Öllieferungen von *Standard Oil* an die Achsenmächte, also auch an Mussolinis Italien, zu sichern, ließ Farish die Tanker von *Standard Oil* nicht wie bisher unter deutscher, sondern unter panamesischer Flagge registrieren. Dadurch erhielt er von James Forrestal, dem damaligen Staatssekretär im US-Marineministerium, die Freistellung vor einer möglichen Beschlagnahmung. Dieser Forrestal saß gleichzeitig als Vizepräsident im Vorstand der *General Analine and Film*, dem gemeinsamen Unternehmen von *Standard Oil* und IG Farben.[59]

Entgegen Farishs Versicherung an die amerikanischen Behörden, er habe die Öllieferungen über Rockefeller-Außenposten wie Brasilien oder Teneriffa gestoppt, gingen diese Lieferungen illegal bis nach dem Angriff auf Pearl Harbor weiter. Farish war damals übrigens auch Mitglied im *War Petroleum Board* der US-Regierung.[60]

Während die Rockefeller-Gruppe durch das Wirken von Nelson Rockefellers CIAA aktiv daran arbeitete, sich den lateinamerikanischen »Lebensraum« in Lateinamerika zu sichern, arbeiteten die Partner der Rockefellers in der deutschen Industrie aktiv an ihrer eigenen Version vom »Lebensraum«.

Anmerkungen:

1 Neil Smith, *American Empire: Roosevelt's Geographer and the Prelude to Globalization*, University of California Press, Berkely 2003, S. 325–326.

2 Peter Grose, *Continuing the Inquiry: The Council on Foreign Relations from 1921 to 1996*, Council on Foreign Relations Press, New York 1966, S. 23–26.

3 Ebenda, S. 25–26

4 New York Council on Foreign Relations, *Memo from the Council on Foreign Relations to the US State Department*, War & Peace Studies, 1941, einsehbar unter *www.worldproutassembly.org/archives/2008/11/the_nature_of_e.html*.

5 Isaiah Bowman, zitiert in Michio Kaku und Daniel Axelrod, *To Win a Nuclear War: The Pentagon's Secret War Plans*, South End Press, Boston 1987, S. 63, 64.

6 Neil Smith, a. a. O.

7 Henry Luce, »The American Century«, *Life*, 17. Februar 1941.

8 Ebenda.

9 *Handbook*, The New York Council on Foreign Relations, S*tudies of American Interests in the War and the Peace*, New York, 1939–1942, zitiert in Neil Smith, *American Empire: Roosevelt's Geographer and the Prelude to Globalization*, University of California Press, Berkeley 2003, S. 325–328.

10 Neil Smith, a. a. O., S. 287.

11 Ebenda, S. 374–375.

12 Joseph S. Nye, Jr.,»Propaganda Isn't the Way: Soft Power«, *The International Herald Tribune*, 10. Januar 2003. Nye definiert hier, was er unter »soft power« (sanfte Macht) versteht:»Soft power ist die Fähigkeit, das zu bekommen, was man sich wünscht, indem man die anderen dafür gewinnt und davon überzeugt, seine Ziele zu übernehmen. Sie unterscheidet sich von der hard power, der Fähigkeit, mit Zuckerbrot und Peitsche die wirtschaftliche und militärische Macht einzusetzen, um andere dazu zu bringen, seinem Willen zu gehorchen. Sowohl hard power als auch soft power sind wichtig ..., aber Überzeugung ist viel billiger als Zwang und sollte deshalb gehegt und gepflegt werden.«

13 Paul Kramer,»Nelson Rockefeller and British Security Coordination«, *Journal of Contemporary History*, Bd. 16, 1981, S. 77–81.

14 Senator Alben W. Barkley u. a., *Investigation of the Pearl Harbor Attack*, Report of the Joint Committee on the Investigation of the Pearl Harbor Attack, 79th Congress, 2nd Session, US Senate Document Nr. 244, US Government Printing Office, Juli 1946.

15 Ebenda, S. 19.

16 Ebenda, S. 75–79.

17 Ebenda, S. 75, Fußnote 3.

18 Ebenda, S. 92–93.

19 Ebenda, S. 97.

20 Ebenda, S. 105.

21 Ebenda, S.105–106.

22 Ebenda, S. 107.

23 Ebenda, S. 108, 114.

24 Ebenda, S. 179–180.

25 Ebenda, S. 232.

26 Sir David Stirling im privaten Gespräch, zitiert in F. William Engdahl, *Mit der Ölwaffe zur Weltmacht*, a. a. O., S. 113–118.

27 F. William Engdahl, *Saat der Zerstörung. Die dunkle Seite der Gen-Manipulation*, Kopp Verlag, Rottenburg 2006, S. 130–140. (Englische Ausgabe: *Seeds of Destruction: The Hidden Agenda of Genetic Manipulation*, Global Research Publishing, Montreal 2007.)

28 Charles Higham, *Trading with the Enemy: An Exposé of the Nazi-American Money Plot, 1933–1947*, Delacorte, New York 1983, S. 53–54.

29 Am 25. März 1942 gab der stellvertretende US-Justizminister Thurman Arnold bekannt, dass William Stamps Farish von *Standard Oil* sich in Bezug auf Anschuldigungen einer kriminellen Absprache mit den Nazis für »nicht schuldig« erklärt habe. Als George H. W. Bush 1980 zum US-Vizepräsidenten gewählt wurde, ging sein persönliches Vermögen in die Treuhänderschaft eines von William Stamps Farish III. – einem Enkel des früheren Chefs von *Standard Oil* – verwalteten »blind trusts« über. Als Präsident ernannte H. W. Bush dann Douglas Dillon vom Investmenthaus *Dillon Read*, einen alten Freund der Familie, zum Finanzminister.

30 Charles Higham, a. a. O., S. 53–55.

31 Ebenda, S. 43.

32 James E. und Suzanne Pool, *Hitlers Wegbereiter zur Macht*, Scherz-Verlag, Bern 1979, S. 250–252.

33 Ebenda, S. 43.

34 Ebenda, S. 43.

35 Ebenda, S. 46–47.

36 John K. Winkler, *The DuPont Dynasty*, Kessinger Publishing, 2005, S. 275–277.

37 John V. H. Dippel, *Two against Hitler: Stealing the Nazis' Best-Kept Secrets*, Praeger Publishers, New York 1992, S. 80–86.

38 Ebenda, S. 86.

39 Charles Higham, a. a. O., S. 55. Siehe auch: Art Preis, *America's Sixty Families and the Nazis: The Role of the US-Nazi Cartel Agreements*, Fourth International, Bd. 3, Nr. 6, Juni 1942, S. 165–170.

40 Carroll Quigley, *The Anglo-American Establishment: From Rhodes to Cliveden*, Books in Focus, New York 1981, S. 270–271.

41 A. L. Rowse, *Appeasement: A Study in Political Decline*, W. W. Norton & Co., New York 1981, S. 30–75. Bedeutsam ist die Dokumentation der Tatsache, dass dieselben Mitglieder des britischen *Round Tables* um Lord Lothian, des britischen Botschafters in Washington während des Zweiten Weltkriegs, die 1914 die Propagandatrommel für einen Krieg gegen Deutschland gerührt hatten, im Jahre 1938 dasselbe zur Unterstützung der deutschen Waffenkäufe taten. Beides war jeweils nur ein Aspekt der größeren geopolitischen Absicht, Rivalen auf dem eurasischen Kontinent zu zerstören. Die Rockefeller-Gruppe in den USA stimmte aus eigenen Motiven ihr Vorgehen eng mit dem *Round Table* ab. Siehe auch Carroll Quigley, a. a. O., S. 628–629. Dort wird dargelegt, welche strategischen Überlegungen Chamberlain bei seinem Appeasement-Versuch

1938 in München bewogen, nämlich Nazi-Deutschlands »Drang nach Osten« zu befördern.

42 Charles Higham, a. a. O., S. 56–57.

43 Ebenda, S. 85.

44 Ebenda, S. 85–86.

45 Ebenda, S. 67–69.

46 Kevin Phillips, »Bush Family Values: War, Wealth, Oil«, *The Los Angeles Times*, 8. Februar 2004.

47 Ebenda.

48 Sir Henry Clay, *Lord Norman*, MacMillan & Co., London 1957, S. 18, 57, 70–71.

49 Robert Sobel, *The Life and Times of Dillon Read*, Dutton-Penguin, New York 1991, S. 92–111.

50 Office of Alien Property Custodian, Vesting Order Number 248, unterzeichnet von Leo T. Crowley, Alien Property Custodian, am 20. Oktober 1942, F. R. Doc. 42-11568; zu den Akten genommen am 6. November 1942, 7. Fed. Reg. 9097 (7. November 1942). Das *New York City Directory of Directors 1930s–40s* führte Prescott Bush in den Jahren von 1934 bis 1943 als Direktor der Union Banking Corporation auf.

51 United States Senate, *Elimination of German Resources for War*, Anhörung vor einem Unterausschuss des Militärausschusses, 79th Congress; Teil 5, Stellungnahme des Finanzministeriums, 2. Juli 1945, Seite 507; zu den Unternehmen Thyssens, einschließlich der Union Banking Corporation, S. 727–731.

52 William Stevenson, *A Man Called Intrepid*, Ballantine Books, New York 1976, S. 308–311.

53 Gerard Colby and Charlotte Dennett, *Thy Will Be Done: The Conquest of the Amazon – Nelson Rockefeller and Evangelism in the Age of Oil*, HarperCollins, New York 1995, S. 115–116.

54 Thomas O'Brien, »Making the Americas: U. S. Business People and Latin Americans from the Age of Revolutions to the Era of Globalization«, *History Compass*, 2, LA 067, 2004, S. 14–15.

55 Gerald Colby, a. a. O., S. 116.

56 *Los Angeles Times*, »Mexico 75 Years Later, Today's Zapatistas Still Fight the Rockefeller Legacy«, 14. Mai 1995.

57 William Stevenson, a. a. O., S. 309.

58 Charles Higham, a. a. O., S. 58–59.

59 Ebenda, S. 58–59.

60 Ebenda, S. 67–69.

KAPITEL 7

Der Krieg und widersprüchliche geopolitische Ziele

»Wer Osteuropa regiert, beherrscht das Herzland; wer das
Herzland regiert, beherrscht die Weltinsel; wer die Weltinsel
regiert, beherrscht die gesamte Welt.«
Sir Halford Mackinder, 1919[1]

Die Lehren der britischen Geopolitik außer Acht gelassen

Es gibt einen (scheinbaren) Widerspruch in der Rolle der führenden Kreise des *Council on Foreign Relations* und der Internationalisten im Umkreis der Rockefeller-Gruppe. Einerseits finanzierten sie die *War & Peace Studies* des CFR, deren Autoren erklärtermaßen einen detaillierten Plan für die weltweite Hegemonie Amerikas nach dem Krieg entwerfen wollten – für ein Amerikanisches Jahrhundert. Andererseits haben die Rockefellers, *Standard Oil* und Unternehmen wie *Dow Chemicals* und *DuPont* aber anscheinend in erheblichem Maße die Aufrüstung des Dritten Reichs unterstützt, und zwar mit einer Energie, die weit darüber hinaus ging, dass sie sich von den täglichen Geschäften mit dem Dritten Reich einen erheblichen Gewinn versprachen.

Doch dieses scheinbare Paradox löst sich auf, wenn man die amerikanische Geopolitik in dem Sinne versteht, wie Isaiah Bowman vom CFR und Nicholas Spykman von der Universität *Yale* sie auffassten. Bowman und Spykman hatten die wesentlichen Aspekte der Ideen des Briten Halford Mackinder zu einer besonderen amerikanischen Form der Geopolitik geformt – der eines amerikanischen Empires.

Für die amerikanischen Eliten im Umfeld des CFR war Krieg lediglich ein Instrument der Politik, ihr weltweites Finanzimperium nach dem Krieg auszuweiten und einen amerikanischen »Lebensraum« zu schaffen, der nicht nur das Britische Empire, sondern auch das Deutsche Reich und jede andere mögliche europäische Kontinentalmacht ersetzte. Wie aus Spykmans Worten hervorgeht, war ihnen bei dem Versuch, einen noch größeren amerikanischen Lebensraum durch die Eroberung und

Unterwerfung neuer Märkte im Gefolge ihrer Kriege zu schaffen, nur allzu bewusst, dass das, was die Welt Frieden nannte, in Wirklichkeit nur ein »einstweiliger Waffenstillstand« war – bis die mögliche Ausbeutung einer bestimmten Weltregion erschöpft war und ein neuer Eroberungskrieg nötig wurde.² Mit großer geopolitischer Voraussicht schrieb Spykman 1938: »Wenn die Träume einer Europäischen Konföderation nicht Wirklichkeit werden, dann ist es sehr gut möglich, dass in 50 Jahren das Quadrumvirat der Weltmächte von China, Indien, den Vereinigten Staaten und der Sowjetunion gebildet wird.«³ Das also verstanden Spykman, Bowman und die führenden Kreise im Umfeld der Rockefeller-Dynastie unter internationaler Politik. Gegenüber dem berühmten Diktum von Clausewitz, der Krieg sei eine Fortsetzung der Politik mit anderen Mitteln, war dies eine bedeutsame Veränderung.

Wenn die Führung des einflussreichen britischen *Round Tables* die grundlegenden geopolitischen Anforderungen Deutschlands nicht verstand, so herrschte auch bei den Deutschen – und bei Hitler ganz besonders – ein verhängnisvolles Missverständnis über die Grundzüge der britischen Geopolitik, aus welchen Gründen auch immer.

Bevor jedoch das Amerikanische Jahrhundert zur dominierenden Weltmacht werden konnte, wie es Rockefeller, Isaiah Bowman und die Eliten im Umkreis des New Yorker *Council on Foreign Relations* planten, mussten sich alle potenziellen Rivalen in einem großen Massaker gegenseitig vernichten. Nur dann ließe sich mit Sicherheit ausschließen, dass insbesondere das Deutsche Reich das Machtvakuum in Zentraleuropa ausfüllen könnte, das nach einem Zusammenbruch Frankreichs und seiner Alliierten entstanden wäre.

Von Washington aus unterhielt Franklin Delano Roosevelt eine geheime Korrespondenz mit Churchill, und zwar schon lange bevor die USA im Dezember 1941 in den Krieg eintraten. Churchill, der gerissene und absolut prinzipienlose Verfechter der Interessen des Britischen Empires, versuchte, seine Verbindungen zum amerikanischen Präsidenten dahingehend auszunutzen, dass er so viel wie möglich für England dabei herausschlagen konnte. Zu den größten Rätseln der Anfangsjahre des Zweiten Weltkriegs in Europa gehört die Frage, warum Hitler nicht zuerst England in die Knie zwang – was in Dünkirchen leicht möglich gewesen wäre –, bevor er sich definitiv nach Osten wandte und gegen die Sowjetunion losschlug.

Der fürchterliche Zweite Weltkrieg war ein gewaltiger Zusammenstoß widerstrebender geopolitischer Strategien um die Vorherrschaft. Die traditionelle geopolitische Strategie Großbritanniens bestand darin, Kontinentaleuropa zu spalten und die Meere zu beherrschen. Churchills beispiellose Entscheidung, sich mit dem stärkeren seiner Gegner, den Vereinigten Staaten, im Krieg gegen Deutschland zu verbünden, beruhte auf der Kalkulation, nur so könnte die weltweite Vormachtstellung des Britischen Empires gerettet werden.

Die Opposition gegen Hitler innerhalb der deutschen Großindustrie und Hochfinanz sowie bei hochrangigen Militärs beruhte auf den geopolitischen Plänen dieser Kreise, einen Wirtschaftsimperialismus anstelle eines militärischen Imperialismus' zu errichten – eine »pénétration pacifique«, ein »Drang nach Osten«, der sich gegen Osteuropa und schließlich auch gegen die Sowjetunion richtete. Hitler verfocht die geopolitische Strategie eines Lebensraums, der die brutale militärische Unterdrückung der slawischen Völker forderte, während die deutsche Großindustrie versuchte, dieselben Gebiete durch wirtschaftliche Mittel statt durch Krieg zu erobern.[4]

Die Vereinigten Staaten und insbesondere die Internationalisten im Umkreis von Präsident Roosevelt wie Rockefeller, DuPont, Prescott Bush und der *Council on Foreign Relations* verfolgten einen ganz eigenen geopolitischen Plan. Sie wollten Hitler und Deutschland unterstützen und ausnutzen, um damit ein für alle Mal die Möglichkeit auszuschalten, dass Deutschland erneut zum Herausforderer eines amerikanischen Lebensraums werden könnte. Sie wollten die amerikanische Überlegenheit über die vom Krieg verwüsteten Länder Deutschland, England und Stalins Russland durchsetzen. Die Rockefellers und ihre Freunde waren genauso wenig »deutschfreundlich«, wie sie »englandfreundlich« waren. Sie wollten ein Amerikanisches Jahrhundert, und vor allem eines für Rockefeller, und zwar in einem fast monarchistischen Sinne. Ihre Allianzen, mal mit Deutschland, mal mit Russland oder England, waren für sie lediglich taktische Manöver auf dem Weg zur Erfüllung ihres strategischen Endziels: die weltweite Hegemonie Amerikas, ihr amerikanisches »Manifest Destiny«, ihr »Lebensraum« bzw. »Grand Area«.

Fritz Hesse, Ribbentrops England-Berater im deutschen Außenministerium, glaubte, Hitlers entscheidender Fehler habe in seiner fatalen Unverständnis der Axiome der britischen Geopolitik bestanden. Der »Führer« habe nicht verstanden, warum Churchill eine Einigung mit Hitler über die Aufteilung der Welt noch nicht einmal in Erwägung ziehen wollte. Und das zu einer Zeit, als das Überleben Englands selbst alles andere als gesichert zu sein schien.

Ebenso wurde Hesse klar, dass auch die Spitzen der deutschen Opposition gegen Hitler dies nicht verstanden, sei es aus schwer verständlicher Naivität oder aufgrund einer verdrehten Arroganz. Diese Männer im deutschen Außenministerium, im Generalstab der Wehrmacht oder in den Führungsetagen des deutschen Bankwesens oder der Industrie – also Hitlers interne Opposition im deutschen Establishment – verstanden einfach nicht die Bedeutung der geopolitischen Axiome. Aufgrund dieses Denkfehlers war ihr Bestreben, die Politik des Dritten Reiches zu bestimmen und 1940 zu einem Modus Vivendi mit England zu kommen, zum Scheitern verurteilt.

Selbst wenn Chamberlain damals den politischen Kurs hätte ändern wollen – er hatte sich bereits zu sehr auf eine Beschwichtigungspolitik gegenüber Hitler festgelegt. Deshalb konnte er sich den starken Widerstand von hochrangigen Oppositionellen im deutschen Generalstab und in dessen Umkreis, die Hitlers Politik klar ablehnten, den Streit über den

Für die Vertreter der britischen Geopolitik war ein von Deutschland dominiertes Mitteleuropa nicht hinnehmbar, egal, wer Reichskanzler war.

Danziger Korridor mit militärischen Mitteln zu lösen, nicht zunutze machen.

Weniger offensichtlich war, warum Churchill den Widerstand in Deutschland nicht unterstützte, als er im Mai 1940 als erklärter Gegner von Chamberlains Beschwichtigungspolitik an die Macht gekommen war. Hätte der neue englische Premierminister in dieser Frühphase des Krieges den deutschen Widerstand unterstützt, dann hätte die militärische Bedrohung, die Hitler für Europa – und ganz direkt natürlich für England selbst – darstellte, entscheidend verringert, wenn nicht sogar völlig ausgeschaltet werden können.

Als Churchill im Mai 1940 seine Amtsräume in 10 Downing Street bezog, hatte die deutsche Wehrmacht Polen, den größten Teil der Tschechoslowakei, Österreich, Dänemark, Norwegen, Belgien, Holland, Luxemburg und fast ganz Frankreich besetzt. Es bestanden eine Militärallianz zwischen Hitler-Deutschland und Italien sowie eine gute Zusammenarbeit Hitlers mit Francos neutralem Spanien. Zudem hatte Hitler-Deutschland mit Stalins Sowjetunion eine Vereinbarung über die Aufteilung des restlichen europäischen Kontinents getroffen.

England sah sich also vollständig isoliert und von allen Alliierten auf dem Kontinent, die die Hauptlast des Kampfes hätten tragen können, abgeschnitten. Es gab dort keinen Kandidaten, der zusammen mit England hätte kämpfen können, so wie es Frankreich im Jahre 1914 getan hatte. Churchill wusste auch nur zu gut, dass die Vereinigten Staaten nicht bereit waren, ihre jungen Männer in einen erneuten Krieg in Europa zu schicken.

Churchill wusste über die Bedeutung des Widerstands in Deutschland. Schon bevor er in die Regierung Chamberlain eingetreten war, war Churchill die Ernsthaftigkeit und Entschlossenheit der hochrangigen Kräfte in Deutschland bewusst, die versuchten, einen neuen Krieg zu verhindern.

Er hatte einige der wichtigsten Männer des Widerstands gegen Hitler aus der deutschen Elite getroffen, darunter Ewald von Kleist-Schmenzin, ein Aristokrat und pommerscher Junker, der Cousin und Mitstreiter des Generals Erwin von Kleist war. Churchill hatte Ewald von Kleist im Sommer 1938 auf sein Landgut in Chartwell eingeladen, um mit ihm über die Lage in Deutschland zu sprechen. Ein Jahr später, im August 1939, also unmittelbar vor Hitlers Einmarsch in Polen, hatte sich Churchill auf Veranlassung von Admiral Canaris, dem Chef der deutschen Spionageabwehr, mit Kleists engem Freund aus dem deutschen Widerstand, Fabian von Schlabrendorff, getroffen. Churchill wusste genau, wie ernsthaft und einflussreich der institutionelle Widerstand gegen Hitler war.

Warum es der britische Premierminister ablehnte, den Widerstand gegen Hitler zu unterstützen oder auch nur zu ermutigen, gehört zu den größten Paradoxa des Zweiten Weltkriegs. Aber ein Paradox war es nur für jemanden, der die Axiome der britischen Geopolitik nicht verstand. Chamberlain und Churchill waren sich in einem grundlegenden strategischen Punkt einig. Die geopolitischen Ziele Englands, wie sie diese verstanden, waren von dem Widerstand im deutschen Militär, in der Zivilverwaltung und in der Industrie mindestens genauso, wenn nicht sogar noch stärker, bedroht wie von Hitler selbst.

Wie Hesse richtigerweise behauptet hatte, war es für England gleichgültig, welche der beiden Gruppen in Deutschland an der Macht war. Solange Deutschland die eurasische Landmasse zu beherrschen drohte, war es für die britische Geopolitik der wichtigste strategische Rivale. Schon lange bevor Sir Halford Mackinder 1904 seine These vom Kampf »Herzland gegen Weltinsel« aufgestellt hatte, versuchte Großbritannien gemäß seiner geopolitischen Doktrin des Machtgleichgewichts (»balance of power«) zu verhindern, dass eine kontinentaleuropäische Macht die Herrschaft über Eurasien gewann.

Hesse war mit Mackinders geopolitischen Vorstellungen vertraut und zitierte ihn sogar, um seine Argumentation zu untermauern. Er hatte verstanden, welche Motive die von Mackinder formulierte angelsächsische – und US-amerikanische – Geopolitik antrieben. Hesse unterstrich, dass das völlige Unverständnis der kontinentaleuropäischen Mächte, insbesondere Deutschlands, dieser Motive schon im vorangegangenen Jahrhundert der eigentliche Grund für die wiederholten Kriege gewesen war. Denn weder Großbritannien noch später auch die USA hätten zulassen können, dass eine kontinentaleuropäische Macht unangefochten den eurasischen Kontinent beherrschte. Mackinder hatte 1919 in seinem Aufsatz ausdrücklich geschrieben: »Wer Osteuropa regiert, beherrscht das Herzland; wer das Herzland regiert, beherrscht die Weltinsel; wer die Weltinsel regiert, beherrscht die ganze Welt.«[5]

Hesse war für die Vertreter des deutschen Widerstands kein Unbekannter. Er verkehrte seit Mitte der 1920er-Jahre mit vielen von ihnen per Du, da sie zusammen dem reaktionär-elitären Deutschen Herrenklub des Barons Heinrich von Gleichen-Russwurm in Berlin angehört hatten. Mitglieder dieses Klubs waren unter anderem auch die Herren, die später zu einflussreichen Männern des Widerstands gegen Hitler werden sollten, wie etwa Ulrich von Hassel, Hjalmar Schacht, Friedrich Werner Graf von der Schulenburg, General Kurt von Hammerstein, Wolf Graf von Baudissin und Baron Thilo von Wilmowsky, von 1911 bis 1943 Mitglied im Aufsichtsrat der Krupp AG.[6]

Anfang der 1930er-Jahre wurde Hesse auch zum Vorsitzenden des Deutschen Orient-Vereins berufen, einer wichtigen Abteilung innerhalb des deutschen Verbands für Geopolitik und Industrie, dem Mitteleuropäischen Wirtschaftstag oder MWT. Dieser Verband war seit 1934 an den strategisch-geopolitischen Vorstößen der deutschen Großindustrie zur Schaffung eines deutschen Großraums, des »Lebensraums«, beteiligt.[7] Deutschlands Großindustrie hatte den MWT bereits 1931 so umgestaltet, dass er ihren Zwecken diente, also bereits zwei Jahre bevor sie die schicksalsträchtige Entscheidung fällten, Hitler den Weg zur Kanzlerschaft zu ebnen.

Der »Großraum Mitteleuropa« des Dritten Reiches

Die Schlüsselpersonen des späteren Widerstandes gegen Hitler kamen aus den höchsten Kreisen derselben konservativen Familien und Institutionen, die Hitler im Januar 1933 die Kanzlerschaft angeboten hatten. Diese Kreise hatten Hitler damals unterstützt, weil sie ihn für den geeigneten Mann hielten, der ihre eigenen Pläne umsetzen konnte: nämlich die Verluste von Versailles wieder wettzumachen und Deutschland zum Kern ihrer geplanten neuen Ordnung in Europa zu machen.

Nach Versailles wurde in der deutschen Außen-, Sicherheits- und Wirtschaftspolitik alles darauf ausgerichtet, dass Deutschland wieder zu einer einflussreichen Macht aufstieg. Nach 1930 konzentrierte sich diese neue Machtstrategie darauf, die Hegemonie in Mitteleuropa zu erringen.

Nach der vernichtenden Niederlage von 1918 hatten sich die führenden deutschen Kreise auf eine langfristige, geheim gehaltene Strategie geeinigt. Zu diesen Kreisen zählten die Kommandoebene der Reichswehr, die adligen Junker unter den Großgrundbesitzern, die oberen Etagen des deutschen Beamtentums und schließlich die wichtigsten Vertreter von Industrie und Banken – also alle vier Säulen der institutionellen Macht in Deutschland. Sie alle erstrebten ein Ziel: Deutschland sollte auf der weltpolitischen Bühne wieder die Rolle spielen, die dem Land zukam: die einer wirtschaftlichen und politischen Großmacht. Vor einer

Versammlung junger Deutscher fasste Reichpräsident von Hindenburg in den 1920er-Jahren den Entschluss dieser Kreise einmal so zusammen: »Was deutsch war, muss wieder deutsch werden.«

Carl Duisberg von der IG Farben, dem Chemiekartell, das enge Verbindungen zu Rockefellers *Standard Oil* sowie zu *DuPont* und anderen führenden US-Unternehmen unterhielt, erläuterte 1931, also zwei Jahre vor Hitlers Machtübernahme, die strategischen wirtschaftlichen Ziele der deutschen Industrie-Elite. Er erklärte, Deutschland müsse »einen geschlossenen, unabhängigen Wirtschaftsblock von Bordeaux bis Odessa als Rückgrat Europas« schaffen. Duisberg sprach dabei nicht nur als Chef des Chemiekonzerns IG Farben, der – wie bereits beschrieben – seit den 1920er-Jahren geheime Abkommen mit Rockefellers *Standard Oil* getroffen hatte. Duisberg sprach auch als Vorsitzender des mächtigen Reichsverbands der Deutschen Industrie.

Nach Duisbergs Vorstellungen sollte der Wirtschaftsblock von Bordeaux bis Odessa ein von Deutschland dominiertes Gebiet sein, das sich über das europäische Herzland erstreckte bzw. über das Gebiet, das die NSDAP-Propaganda als »Lebensraum« bezeichnete. Wenn Deutschland eine ernste Herausforderung für die rivalisierenden Weltmächte, insbesondere für England und Frankreich, sowie schließlich auch für die größte Wirtschaftsmacht der Welt, die Vereinigten Staaten, werden wollte, dann war ein solcher Wirtschaftsraum unabdingbar.

Um diesen Wirtschaftsraum Mitteleuropa im Osten und Südosten Deutschlands zu errichten, setzten die Wirtschaftskapitäne eine private Interessenvertretung ein, die als MWT – Mitteleuropäischer Wirtschaftstag – bekannt war.

Im August 1931, also mitten in der sich verschärfenden Weltwirtschaftskrise, machten die großen Unternehmen des deutschen Stahlkartells, die als Langnamverein bekannt waren, den MWT zum Instrument zur Verbreitung ihrer Pläne für eine wirtschaftliche Expansion. Für sie bedeutete die internationale Wirtschaftskrise eine Gelegenheit, auf internationaler Ebene Initiativen in Gang zu setzen, an die man zuvor nicht zu denken gewagt hätte.

Um den MWT – eine damals in Wien ansässige, kaum noch aktive Organisation – zu kooptieren, übernahmen diese Kreise dessen Finanzierung, verlegten die Zentrale nach Berlin und machten einen der ihren, den Baron Thilo von Wilmowsky, zum Vorsitzenden des MWT. Dieser, ein Schwager des einflussreichen Industriemagnaten Gustav Krupp von Bohlen und Halbach, hatte als Vorstandsmitglied des Stahl- und Rüstungsriesen Krupp in den 1920er-Jahren die Geschäfte für Krupp in Russland geführt. Einen Monat später, im September 1931, übernahm Gustav Krupp von Carl Duisberg die Leitung des Reichsverbands der Deutschen Industrie. Zu den finanziellen Stützen des MWT gehörten die führenden deutschen Industrieverbände. Zu Krupp und dem Lagnamverein als Vertreter der Stahlindustrie gesellten sich dabei die IG Farben für den Chemiesektor, das Kohlebergbaukartell aus dem Ruhrgebiet, das Kaliumkartell, die großen Landwirtschaftsinteressen der ostpreußischen Junker, der Deutsche Maschinenbauverband und der Reichsverband der Deutschen Industrie als einflussreichste Vertretung der deutschen Großindustrie. Auch der damalige Chef der Dresdner Bank, Carl Goetz, und Hermann Abs von der Deutschen Bank gehörten zu den prominenten Mitgliedern des neu formierten MWT.

Unter Baron von Wilmowsky unterhielt der MWT enge Beziehungen zur staatlichen Verwaltung in Deutschland, besonders zu Oberst (später General) Georg Thomas, dem damaligen Leiter des Heereswaffenamts im Reichswehrministerium, den Wilmowsky später als »unseren Patron« bezeichnete. Als der Druck vonseiten Hitlers zunahm, die Rüstungsproduktion zu steigern, spielte Thomas eine Schlüsselrolle als Verbindungsmann zwischen dem Reichswehrministerium, der militärischen Führung und den Vertretern der Industrie im MWT. Thomas übernahm bis 1942 immer mehr Verantwortung für Entscheidungen des gesamten Rüstungsbereichs in der Wirtschaft des Dritten Reiches. Er entschied darüber, was gebraucht wurde und welche Firma welchen Auftrag erhielt.

Durch diesen Prozess übernahmen die Industrievertreter im MWT – Krupp, IG Farben und andere – das Kommando beim Aufbau der Kriegswirtschaft, besonders in der Zeit nach 1934.[8]

Ihre Geheimvereinbarungen mit *Standard Oil* und der *Chase Bank* von Rockefeller sowie mit *DuPont* und anderen Industriekreisen in den USA waren für ihre Pläne eminent wichtig, denn dadurch sollte Deutschland in die Lage versetzt werden, den für den kommenden Krieg benötigten synthetischen Kautschuk und synthetisches Benzin herzustellen – d. h. die sogenannte wirtschaftliche Autarkie gewinnen. Die *Standard-Oil*-Gruppe von Rockefeller informierte die Führung der IG Farben jedoch nicht darüber, dass die entsprechenden Herstellungsverfahren noch nicht vollständig entwickelt waren. Die IG Farben und das Deutsche Reich sollten für den Bau des Leunawerkes zur Herstellung synthetischen Benzins atemberaubende Summen aufwenden.[9]

In den oberen Etagen des deutschen Außenministeriums ließ der MWT vor allem den zweiten Mann des Ministeriums für sich wirken, Staatssekretär Ernst Freiherr von Weizsäcker. Ulrich von Hassel, der deutsche Botschafter im Vatikan in den 1930er-Jahren und wie Wilmowsky Mitglied im Deutschen Herrenklub, wurde Vorstandsmitglied im MWT. In den Jahren der Naziherrschaft nach 1933 arbeitete auch Hjalmar Schacht, ebenfalls ein enger persönlicher Freund von Wilmowsky, bei der Umsetzung der wirtschaftlichen Expansionspläne eng mit dem MWT zusammen. Schacht war damals Reichswirtschaftsminister und gleichzeitig Reichsbankpräsident.

Im Oktober 1932, einige Monate vor Hitlers Machtübernahme als Reichskanzler, war der MWT in Rom in geheimer Mission unterwegs zu einem Treffen mit dem faschistischen Diktator Benito Mussolini. Der Plan war in Zusammenarbeit mit dem Reichsaußenministerium und der Reichswehr geschmiedet worden. Bei dem Treffen sollte ein vertrauliches Memorandum übergeben werden. In diesem Papier schlugen der MWT und seine einflussreichen Unterstützer im deutschen Establishment vor, Italien und Deutschland sollten gemeinsam Mitteleuropa unter sich aufteilen.

In dem inoffiziellen Memorandum wurde eine wirtschaftliche Einflusssphäre Italiens in Südosteuropa vorgesehen, wobei Mussolini ein großer Teil von Rumänien sowie Serbien, Bulgarien, Albanien und Griechenland zugestanden wurde. Deutschland beanspruchte Polen und die Tschechoslowakei als vorrangige Interessensphäre und beabsichtigte, die Zollunion mit Österreich aus dem Jahre 1931 wieder einzurichten und weiter auszubauen. Österreich hatte, wie erwähnt, die Zollunion unter dem starken Druck Frankreichs aufgeben müssen. Damit erhielte Deutschland auch den direkten Zugriff auf die ungarische Wirtschaft.[10]

Eine aus Ungarn, Kroatien-Slowenien und dem transsylvanischen Teil Rumäniens bestehende Donauföderation sollte dann genau umrissene bevorzugte Zoll- und Handelsvereinbarungen mit Deutschland und Italien treffen. Das Königreich Jugoslawien sollte aufgeteilt werden, und zwar mithilfe höherer deutscher und italienischer Geldzuwendungen und Waffenlieferungen an die Pavelic-Truppen, die damals gegen König Alexander I. kämpften. In dem Memorandum wurde genau beschrieben, wie die Teilung dieses reichen zentralen Balkanlandes erfolgen würde; in einer Rückkehr zum Status vor Versailles würden Slowenien und Kroatien dem deutschen Wirtschaftsraum, Serbien dagegen Mussolini zugeteilt.

In den internen Diskussionen ließen die Vertreter des MWT keinen Zweifel daran aufkommen, dass die vorgeschlagene Aufteilung Mitteleuropas zwischen Deutschland und Italien unter deutschem Kommando vor sich gehen würde. Die wirtschaftlich und militärisch schwächeren italienischen Firmen würden schrittweise von den gewandteren deutschen Firmen in den Hintergrund gedrängt.

Frankreich wird verführt

Die Teilung, die Mussolini hier vorgeschlagen wurde, war eine direkte Herausforderung für Frankreich, das die sogenannte »Kleine Entente« zwischen der Tschechoslowakei, Jugoslawien und Rumänien unterstützt hatte. Damit hatte Frankreich unter anderem versucht, jeglichen Expansionsdrang Deutschlands einzudämmen.

In einem internen Papier schrieb der MWT-Vertreter bei der Deutschen Bank Anfang der 1930er-Jahre, der MWT habe die Absicht,»die Beziehung zu den Donauländern zu entwickeln und zu pflegen; die Abhängigkeit eines jeden einzelnen dieser Länder von Frankreich zu brechen; sowie durch den praktischen und ausschließlich wirtschaftlichen Umgang mit ihren Problemen kooperative Beziehungen zu Deutschland zu schaffen«. In dem Papier wurde betont, all dies werde nur möglich sein, wenn Deutschland politischen und wirtschaftlichen Einfluss über Mitteleuropa gewänne.[11]

Seit 1921 hatte Frankreich über den Völkerbund außerordentlich starke außenwirtschaftliche Beziehungen zur Tschechoslowakei, zu Rumänien und zu Jugoslawien aufgebaut, und zwar vor allem durch Kredite und Finanzmittel, die die *Banque de l'Union Parisienne* der Stahlindustrie-Gruppe Schneider gewährt hatte. In Österreich liefen die Verbindungen über den französischen Zweig der Familie Rothschild und deren Verbindungen zur Wiener Creditanstalt. Frankreich hatte de facto die »Kleine Entente« als Block gegen jeden Versuch formiert, einen gemeinsamen Wirtschaftsraum zwischen Österreich-Ungarn und Deutschland aufzubauen. Außerdem sollten dadurch »Pufferstaaten« zwischen der Sowjetunion und Westeuropa entstehen.[12]

Das wirtschaftliche Ziel des MWT bestand Anfang der 1930er-Jahre darin, die Länder auf dem Balkan und die angrenzenden Staaten Mitteleuropas wirtschaftlich vollständig von Deutschland abhängig zu machen. Die relativ rückständigen und vorwiegend landwirtschaftlich geprägten

Balkanländer sollten in erster Linie Agrarprodukte und Industrierohstoffe nach Deutschland exportieren und mit ihren Exporterlösen dann die nötigen Importe aus Deutschland bezahlen: technisch hochwertige Maschinen und vor allem Landmaschinen, mit denen vor allem die Landwirtschaft in diesen Ländern mechanisiert werden sollte. Das aber hieß: In diesen Ländern sollten industrieähnliche Kombinate entstehen, und auf dem ganzen Balkan sollte eine Kleinindustrie zur Versorgung dieser Großbetriebe aufgebaut werden.

Innerhalb von Deutschland wurde die Politik des MWT im Reichstag durch die Großgrundbesitzer, die Junker, unterstützt, denn deren Interessen sollten durch die hohen Importzölle für Getreide geschützt werden – teilweise die Gegenleistung für ihre politische Unterstützung des MWT-Industrieprojekts Mitteleuropa. Die Allianz zwischen der deutschen Schwerindustrie und dem reaktionären Adel der ostpreußischen Junker war gewissermaßen ein Leitmotiv der relativ jungen Entwicklung der deutschen Industrie seit der Zeit Bismarcks; einige bezeichneten dieses Phänomen als die »Feudalisierung der deutschen Industrie«[13].

Gemäß dem Plan des MWT sollten die kleinen bäuerlichen Familienbetriebe in Deutschland geopfert werden, während die adeligen Junker, die Getreide in großem Stil produzierten, durch Schutzzölle und Subventionen gestützt wurden. Die deutsche Großindustrie würde sich laut diesem Plan einen unschätzbar wichtigen neuen Wirtschaftsraum erschließen und Zugang zu Rohstoffen und billigen landwirtschaftlichen Gütern erhalten. Damit ließe sich der in Versailles erlittene Verlust der deutschen Kolonien in Afrika mehr als wettmachen.

Auf Befehl von Oberst Thomas vom Heereswaffenamt – dessen Abteilung später zur »Amtsgruppe Wehrwirtschaftsstab« erhoben wurde – waren Krupp und die IG Farben 1935 in der Lage, die Aktienmehrheit an ausgewählten Kupfer-, Zink- und Bauxit-Bergwerken in Jugoslawien zu sichern. Diese Käufe wurden durch die Zwischenschaltung einer Briefkastenfirma in Belgien vertuscht. Die Reichswehr hatte auch die IG Farben gebeten, große landwirtschaftliche Betriebe in Rumänien, Bulgarien und Ungarn zu errichten, auf denen eiweißreiche Sojabohnen angebaut werden konnten, die bislang aus Ostasien importiert worden waren. Dadurch sollte Deutschland im Falle eines Krieges praktisch über wichtige unabhängige Tierfutter- und Speiseölquellen verfügen. Außerdem wurde die IG Farben beauftragt, zusammen mit der Dresdner Bank die Produktion auf den großen Ölfeldern in Rumänien zu übernehmen, die damals von Rockefellers *Standard Oil* betrieben wurden. Diese Ölmengen waren für einen deutschen Krieg unabdingbar, denn Deutschland war vollkommen auf importiertes Öl angewiesen.[14]

Zur gleichen Zeit, als Deutschland seinen Handel mit den Ländern der »Kleinen Entente« verstärkte und damit Frankreich aus seinen bestehenden Verbindungen nach Osteuropa herausdrängte, verfolgten die Stahl- und Kohlekartelle des MWT im Ruhrgebiet eine Politik der »Vernunft« mit der französischen Eisen- und Stahlindustrie, die zu einigen politisch bedeutsamen Handelsvereinbarungen führten. Besonders wichtig war dabei ein deutsch-französischer Vertrag vom Juli 1937, den Wirtschaftsminister Schacht für das Deutsche Reich unterschrieb, durch den deutsche Kokskohle zur Hauptkohlequelle für die französische Stahlindustrie werden sollte. Als Gegenleistung willigten die Stahlunternehmen des *Comité des Forges* ein, französisches Eisenerz an die deutschen Stahlunternehmen zu liefern. Damit wurde in der Tat das Schicksal der französischen Schwerindustrie mit dem auf der deutschen Seite verknüpft.

Das *Comité des Forges*, das von den Familien de Wendel und Laurent aus Lothringen kontrollierte französische Stahlkartell, wurde zum Kern einer mächtigen deutschfreundlichen Industriefraktion in Frankreich, die die hitlerfeindliche Industriegruppe *Paribas* zunehmend isolierte, die sich stattdessen für engere Beziehungen zur damaligen Sowjetunion ausgesprochen hatte, um Deutschland in Schach zu halten. André François-Poncet, Frankreichs Botschafter bis 1938, der über persönliche Beziehungen zur französischen Stahlindustrie verfügte, vertrat offen die Ansichten der Interessen im *Comité des Forges*, die eine engere wirtschaftliche Kooperation mit der deutschen Stahlindustrie suchten. Aus diesem Grund galt François-Poncet als Hitlers Lieblingsbotschafter in Berlin.

Weitere Kartell-Preisabsprachen mit der im Langnamverein vertretenen deutschen Stahlindustrie trugen dazu bei, die französische Stahlindustrie während der weltweiten Wirtschaftsdepression zu stabilisieren. Ähnliche Abkommen wurden zwischen der IG Farben und französischen Chemieunternehmen, vor allem dem von Kuhlmann und der *Société des Usines Chimiques Rhône-Poulenc* von Albert Buisson, geschlossen und später weiter ausgebaut. Bereits im September 1931 war Frankreichs Premierminister Pierre Laval zusammen mit seinem Freund und Geschäftspartner Buisson nach Berlin eingeladen worden. Dort verhandelten die beiden über ein Kartellabkommen mit der IG Farben und über ein *Comité Franco-Allemand* führender deutscher und französischer Industrieunternehmen, um für französische Investitionen in die deutsche Industrie als Gegenleistung für die Gewährung deutscher Patentrechte zu werben.

In der kritischen Vorkriegszeit von 1936 bis 1939 war die französische Industrie schrittweise für eine Politik der »wirtschaftlichen Zusammenarbeit« mit der deutschen Industrie gewonnen worden. Und Schritt für Schritt hatte sich Ende der 1930er-Jahre innerhalb französischer Industriegruppen eine mächtige deutschfreundliche Achse gebildet, die sich grob betrachtet von Lyon im Süden bis Lille im Nordosten Frankreichs erstreckte.

Begünstigt durch die Beschwichtigungsgespräche in München hatte es der französische Außenminister Georges Bonnet mit Unterstützung der französischen Großindustrie Anfang 1939 geschafft, diese industrielle Zusammenarbeit mit Deutschland zur offiziellen französischen Außenpolitik zu erheben und an die Stelle der vormaligen militärischen Eindämmung Deutschlands zu setzen. Die großen französischen Industriegruppen, die zur Zusammenarbeit mit Deutschland aufriefen, beherrschten die wichtigsten Medien in Frankreich. Dazu gehörten vier große Pariser Tageszeitungen: *Le Temps, Le Journal des Débats, L'Information* und *La Journée Industrielle.* Zehn weitere Zeitungen wurden von diesen Industriegruppen in erheblichem Maße finanziert, sodass sie die öffentliche Meinung zugunsten der deutschen Wirtschaftsstrategie beeinflussen konnten.[15]

In allen wesentlichen Bereichen entwickelten sich der »Bordeaux«-Arm des MWT und Carl Duisbergs Wirtschaftsraum von Bordeaux bis Odessa nach 1936 wie erhofft. In der Tat spielten die umfassenden Wirtschaftsabkommen mit der deutschen Industrie Ende der 1930er-Jahre die entscheidende Rolle bei der Entstehung einer starken Fraktion von französischen Beschwichtigungspolitikern um Laval und Pétain, die sich im Mai 1940 weigerte, »bis zum bitteren Ende« gegen Deutschland zu kämpfen.

Der einzige Teil der wirtschaftlichen Expansion des MWT, die sogenannte »pénétration pacifique« (friedliche Durchdringung) von Duisberg und Krupp, bei dem kein Fortschritt erzielt werden konnte, waren die Beziehungen zu Stalins Sowjetunion, die Mitte der 1930er-Jahre Nazideutschland als wichtigste strategische Bedrohung betrachtete. Doch auch das sollte sich schon bald dramatisch ändern. Wie Sohn-Rethel betont, hatte das Deutsche Reich schon seit 1935 insgeheim darauf hingearbeitet, Russland in den Krieg hineinzuziehen.

Ein Wirtschaftsraum Eurasien

Trotz des Fortschritts an wichtigen Fronten bestand das größte Hindernis bei der Konsolidierung der MWT-Strategie für ein friedliches wirtschaftliches Eindringen nach Ost- und Südosteuropa immer mehr in einem Mann: dem »Führer«. Hitler, den die Großindustrie und die Finanzwelt anfänglich unterstützt und zum Kanzler gemacht hatten, damit er ihren Plan verwirklichte, die Verluste von Versailles wieder wettzumachen, war von der Idee eines erbarmungslosen Krieges zur Zerstörung des Bolschewismus und der »minderwertigen slawischen Rasse«, die er schon vor mehr als einem Jahrzehnt in seinem Buch *Mein Kampf* beschrieben hatte, geradezu besessen.

Bereits im Oktober 1935, einige Monate vor dem Einrücken der deutschen Truppen in das entmilitarisierte Rheinland, berief Hitler sein sogenanntes inneres Kabinett ein, um die Vorbereitungen für einen Krieg gegen Russland zu besprechen, der im Frühjahr 1939 beginnen sollte. Das war ein ganzes Jahr früher als nach seinem bisherigen Zeitplan vom Februar 1934, der einen Krieg gegen Russland für 1940 vorgesehen hatte.

An diesem Treffen im Oktober 1935 und den anschließenden Planungssitzungen nahmen neben Hitler sein Stellvertreter Rudolf Hess, Admiral Erich Raeder von der Marine, Kriegsminister General Werner von Blomberg, Hermann Göring für die Luftwaffe, Konstantin von Neurath als Außenminister, Graf Schwerin von Krosigk als Finanzminister und Hjalmar Schacht in seiner neuen Doppelrolle nicht nur als Reichsbankpräsident, sondern auch als Reichswirtschaftsminister, teil.

Schacht vertrat bei den Diskussionen im Kabinett die Positionen des Bankwesens und der Großindustrie, die sich auch in MWT-Politik für das »friedliche Eindringen« niederschlug. So nachdrücklich wie möglich warb Schacht für die Position der Wirtschaft und plädierte gegen eine direkte militärische Besetzung Zentral- und Osteuropas. Wiederholt versuchte er Hitler davon zu überzeugen, dass Deutschland in wirtschaftlicher Hinsicht nicht ausreichend auf einen möglicherweise umfassenden Krieg vorbereitet war, den vermutlich auch Frankreich und die *Entente*-Mächte gegen Deutschland führen würden. Auch der Bundesgenosse von General Thomas, der Chef des deutschen Generalstabs Generaloberst Ludwig Beck, wies darauf hin, dass man militärisch nicht ausreichend auf einen Krieg vorbereitet war. Schacht bekämpfte Görings und schließlich auch Hitlers Forderung, sich für die Aufrüstung in großem Umfang zu verschulden. Er bestand darauf, dies würde die Gefahr einer Inflation bedeuten und die Stabilität der gesamten Wirtschaft untergraben.

Vor allem aber wussten Schacht und die ihn unterstützenden Industriellen wie Wilmowsky vom MWT, dass die besten Erfolgsaussichten für ihre Strategie der wirtschaftlichen Dominanz in Mittel- und Osteuropa bestanden, wenn Deutschland Carl Duisbergs ursprüngliche Strategie einer »pénétration pacifique« verfolgte, der wirtschaftlichen Beherrschung der Nachbarländer ohne militärische Besetzung der eroberten Gebiete.

Als Hitler im November 1935 forderte, dass sich Deutschland bis 1939 auf einen umfassenden Krieg gegen Russland vorbereiten solle, stellten Beck und sein Generalstab gemeinsam mit General Thomas und den Industriellen vom MWT eine Liste von vier Bedingungen zusammen, die erfüllt sein müssten, wenn ein solcher Krieg Erfolg haben sollte.[16]

Die Grundvoraussetzung war, dass Deutschland zuvor die wirtschaftliche Dominanz in Mitteleuropa errungen haben müsste. Beck und seine Bündnispartner betonten, dass dies nicht durch militärische Eroberung und Besetzung erreicht werden dürfe, weil das die Wehrmacht überfordern würde. Diese Dominanz müsse durch wirtschaftliche und politische Kontrolle sowie andere Maßnahmen erreicht werden, die gewährleisteten, dass in ganz Mitteleuropa die benötigten Rohstoffe, landwirtschaftlichen Erzeugnisse und Energiequellen vorhanden waren und auch die erforderlichen Transport-, Post- und Verwaltungseinrichtungen zur Verfügung standen, ohne die ein solch großer Krieg gegen die Sowjetunion nicht zu führen wäre. Damit forderten sie im Klartext, den Mitteleuropa-Plan des MWT zur Staatspolitik des Dritten Reiches zu machen. In diesem wichtigen Punkt wurde der Generalstab von Krupp, der IG Farben und dem Langnamverein unterstützt.

Die zweite Vorbedingung des Generalstabs war, dass das polnische Militär in Bezug auf Kampfbereitschaft und Disziplin auf das Niveau der Deutschen gebracht werden müsse, wenn man es in Zukunft als Verbündeten gegen Russland einsetzen wollte. Dies sollte, so schlugen sie vor, durch ein deutsch-polnisches Verteidigungsabkommen auf Gegenseitigkeit erreicht werden, das Deutschland 1934 vorgeschlagen, Polen jedoch abgelehnt hatte. Die dritte Bedingung lautete, Hitler müsse mit Japan eine Allianz gegen Russland eingehen, bei der sich Japan verpflichtete, im Fall eines deutschen Angriffs auf die Westgrenze Russlands gleichzeitig nach Sibirien im Fernen Osten Russlands einzumarschieren. Schließlich verlangte der Generalstab die Versicherung der strikten Neutralität Englands bei einem solchen deutschen Schlag nach Osten, um zu verhindern, dass es erneut zu einem verheerenden Zweifrontenkrieg wie 1914 käme. Diese Forderungen waren eher vorsichtig formuliert, um die Mitteleuropa-Strategie nicht zu gefährden. Beck, Schacht und andere aus diesem Kreis versuchten, Hitler dazu zu bringen, seine Ansprüche gegenüber Österreich, das Sudentenland und später Polen unter Androhung militärischer Gewalt, aber ohne tatsächliche Kriegshandlung, durchzusetzen. Schacht und die Hersteller schwerer Waffen beim MWT, wie beispielsweise Krupp, unterstützten die Ausweitung der deutschen Waffenexporte an die Truppen von General Franco in Spanien, nach China, an die Metaxas-Diktatur in Griechenland sowie in andere Gebiete, an denen Deutschland wirtschaftlich interessiert war. Als Gegenleistung erhielte Deutschland die dringend benötigten Devisen. Die Abteilung von General Thomas schlug vor, dass Deutschland, falls erforderlich, seine Waffen auch im Austausch gegen benötigte Rohstoffe liefern könne, wie etwa im Fall der wirtschaftlich schwächeren Balkanländer. Als Wirtschaftsminister reiste Schacht häufig gemeinsam mit leitenden Angestellten von Krupp in diese Länder, um ihnen derartige Verträge mit »Waffen gegen Rohstoffe« anzubieten.

Nachdem Hitler Ende 1936 Göring mit der Verwaltung des neuen Vierjahresplans beauftragt hatte, der darauf abzielte, Deutschland durch den Aufbau wirtschaftlicher Autarkie bei Treibstoffen, Kautschuk und anderen notwendigen Rohstoffen für einen Krieg zu rüsten, nahm Schachts Einfluss als Vertreter der institutionellen Interessen der Industrie und Banken deutlich ab.

Mit Ausnahme der IG Farben, die von Hitlers Plänen zur Entwicklung von Ersatzstoffen direkt profitierte, waren Schacht und die deutsche Schwerindustrie gegen diese Autarkie, die sie für ineffizient und viel zu teuer hielten. Deutschland sollte sich stattdessen den Wirtschaftsrivalen in England und den USA durch verbesserten Wettbewerb im Export stellen, forderte Schacht. Schon einige Monate zuvor hatte es verstärkt Anzeichen dafür gegeben, dass Schacht an Einfluss verlor, denn Hitler hatte im Mai 1936 plötzlich Göring die Verantwortung für Rohstoffimporte und Devisen übertragen. Verärgert hatte Schacht daraufhin Hitler ein Rücktrittsgesuch übergeben, das Hitler jedoch umgehend zurückwies. Schacht blieb im Amt, wenn auch mit deutlich geringeren Vollmachten.

Anfang 1937 verstärkte Göring seine Forderungen an die von Schacht geleitete Reichsbank, ihren traditionellen vorsichtigen Anti-Inflations-Kurs aufzugeben und die Druckerpressen anzuwerfen, um die beschleunigte Rüstung zu finanzieren. Schacht hatte versucht, diese Forderung unter Bezug auf wirtschaftliche Überlegungen zu blockieren. Zusammen mit den großen Industrieunternehmen und Banken, die er im MWT vertrat, kämpfte Schacht darum, Deutschlands erstaunlich erfolgreichen Kurs der »pénétration pacifique« beizubehalten. Sollte diese Außenpolitik langfristig Erfolg haben, so brauche man eine Form des deutschen Wirtschaftsimperialismus und keine offene militärische Expansion.

Im November 1937 kam es dann schließlich zum Bruch: Da Görings Einfluss im inneren Kreis um Hitler ständig zunahm und Schachts Versuche zur Ausgabenbegrenzung das Tempo der Kriegsvorbereitungen bremsten, entließ Hitler Schacht aus seinem Amt als Wirtschaftsminister und De-facto-Alleinbevollmächtigten für die Kriegswirtschaft. Schachts Nachfolger wurde Walther Funk, ein belangloser, untertäniger Mann, der bis dahin als Staatssekretär in Goebbels Propagandaministerium tätig gewesen war, wo er die Abteilung IV leitete, die Presseabteilung der Reichsregierung. Hauptsächlich wegen seines hohen internationalen Ansehens behielt Hitler Hjalmar Schacht als Minister ohne Geschäftsbereich (und Einfluss) im Kabinett und beließ ihm auch das Amt des Reichsbankpräsidenten.

Doch schon ein gutes Jahr später, im Januar 1939, feuerte Hitler Schacht auch von diesem Posten, nachdem Schacht zusammen mit den sieben anderen Vorstandsmitgliedern der Reichsbank ein Memorandum unterschrieben hatte, in dem sie vor den wirtschaftlichen Konsequenzen der unkontrollierten Ausgaben (»deficit spending«) durch Göring und Funk warnten. Doch auch diesen Schritt milderte Hitler dadurch ab, dass er Schacht noch immer als Berater des Dritten Reiches behielt. Merkwürdigerweise verließ Schacht formell erst im Jahre 1943 das Hitlersche Kabinett.

Obwohl Schacht als Wirtschaftsminister entlassen worden war, übten die MWT-Industriellen noch immer einigen Einfluss auf Görings Vierjahresplan aus. Es gelang ihnen, Göring dazu zu bringen, den »Patron« des MWT im Rüstungsministerium, Oberst Thomas – ein enger Verbündeter Schachts –, zu seinem Stellvertreter im Vierjahresplan zu ernennen. Damit nahm der Einfluss von Thomas und dem MWT auf die deutsche Rüstungsproduktion sogar zu.

An diesem Punkt der Entwicklung erhielten die MWT und die Insti-

tutionen, die Schacht unterstützten, durch ein erstaunliches Ereignis vom
August 1939 eine zweite Chance.[17]

Nachdem Hitler der Geduldsfaden gegenüber dem polnischen Außenminister Josef Beck gerissen war, entschloss er sich, Stalins durchtriebenen Vorschlag zur Aufteilung Polens anzunehmen. Am 23. August 1939 wurde in Moskau der Nichtangriffspakt von Molotow und Ribbentrop unterzeichnet, was dann bereits Anfang September 1939 zur militärischen Besetzung und Zerstückelung Polens führte.

Der Pakt mit Russland führte dazu, dass jeglicher ernsthafte Widerstand gegen Hitler in Becks Generalstab und anderen Institutionen in sich zusammenbrach. Obwohl England und Frankreich Deutschland den Krieg erklärt hatten, um ein Zeichen zur Verteidigung Polens zu setzen, war es von ihrer Seite eher ein »vorgetäuschter Krieg«. Darüber hinaus schienen die Aussichten auf eine strategische Allianz mit Russland einen mehr als genügenden Ausgleich für die Unpässlichkeit zu geben, dass man sich theoretisch im Krieg gegen England und Frankreich befand. Vielleicht wäre ja schon bald alles vorbei, könnten die Männer des deutschen Widerstands gegen Hitler gedacht haben.

Außerdem ging der Nichtangriffspakt Deutschlands mit der Sowjetunion mit einem weitreichenden deutsch-sowjetischen Handels- und Kreditabkommen einher. Im Zuge dieses Wirtschaftspakts erhielt die UdSSR eine sofortige Kreditlinie von bis zu 200 Millionen Reichsmark zum Kauf von deutschen Industriegütern. Im Gegenzug lieferte die Sowjetunion Öl und Rohstoffe an die deutsche Industrie.

Artikel I des Handels- und Kreditabkommens sah ausdrücklich »den Bau von Fabriken, die Lieferung aller Arten von Maschinen und Werkzeugmaschinen, Ausrüstung zum Aufbau einer Naphtha-Industrie, einer sowjetischen Chemieindustrie, die Ausrüstung für eine elektrotechnische Industrie, Schiffe, Fahrzeuge, Transportausrüstung, Messinstrumente, Laborausrüstung ...« vor. Der Anfangskredit von 200 Millionen Reichsmark, den Moskau für den Kauf deutscher Industriegüter erhielt, sollte von der Deutschen Golddiskontbank (Dego) gewährt werden.

Dieses Handels- und Kreditabkommen mit Stalin eröffnete zumindest theoretisch die Aussicht auf eine weitreichende wirtschaftliche »pénétration pacifique« der riesigen Sowjetunion durch Deutschland. Zweifellos unter Mitwirkung des Botschafters des Dritten Reiches in Moskau, Friedrich Werner Graf von der Schulenburg, eines alten Freundes des Barons von Wilmowsky vom MWT, entwarf das Außenministerium unter Freiherr von Weizsäcker ein Memorandum für Ribbentrop,

Hitler und das Kabinett. Darin legten sie dar, welche Bedeutung sie den neuen Wirtschaftsabkommen mit Moskau zumaßen. Im Außenministerium jubelte man über die Wirtschaftsabkommen mit Moskau. Man schrieb:»Beide Länder werden sich gegenseitig auf natürliche Weise bereichern: Die Sowjetunion, das Land der unbegrenzten Rohstoffquellen und großer langfristiger Wirtschaftsplanung, benötigt in absehbarer Zukunft deutsche Fertigwaren höchster Qualität. Deutschland, das aufgrund seiner ungeheuer spezialisierten Industrie, die höchste Qualität liefert, der jetzt nur teilweise industrialisierten Sowjetunion die benötigten Fabriken und Ausrüstungen für die Entwicklung seines Industriesektors liefern kann. Und Deutschland ist auch unbegrenzt in der Lage, die sowjetische Produktion zu beliefern ...«

Deutschlands institutionelles Ziel – das der wirtschaftlichen Beherrschung der riesigen eurasischen Landmasse – schien im Sommer 1940 plötzlich zum Greifen nahe zu sein.

»Neue Ordnung in Europa«

Seinen höchsten Einfluss im Dritten Reich hatte der Mitteleuropäische Wirtschaftstag (MWT) von Wilmowsky ironischerweise – und obwohl Schacht mittlerweile in Ungnade gefallen war – in den ersten beiden Kriegsjahren; vom August/September 1939 bis zum Angriff auf Russland im Juni 1941 (*Operation Barbarossa*).

Unter den wirtschaftlichen Bedingungen des Hitler-Stalin-Pakts wurde Russlands Rolle als lang ersehnter Rohstofflieferant und Abnehmer deutscher Wirtschaftsgüter endlich Wirklichkeit. Unter diesen Bedingungen arbeitete das MWT zusammen mit Hermann Abs von der Deutschen Bank intensiv an der Formulierung von Hitlers geplanter »Neuer Ordnung« – der Konsolidierung eines von Deutschland beherrschten Europas von Bordeaux bis Odessa, oder jetzt sogar noch weit darüber hinaus.

Schachts Nachfolger im Wirtschaftsministerium, Walther Funk, war von Göring angewiesen worden, Pläne für eine wirtschaftliche Konsolidierung der Gebiete zu entwerfen, die entweder zuvor von den wirtschaftlichen Beziehungen zum Dritten Reich mit Beschlag belegt oder davon abhängig geworden waren. Am 25. Juli 1940 verkündete Funk die »Neue Ordnung in Europa« gemäß dem Versprechen, Wirtschaftskrisen, Arbeitslosigkeit und gesellschaftliches Chaos in den Ländern zu beenden, die jetzt in der Einflusssphäre von Hitler-Deutschland lagen. Dieses

Versprechen war ein wohlkalkulierter Kontrast zu Wirtschaftschaos und Depression der liberalen Wirtschaftslehre. Funks Assistent beim Reichswirtschaftsministerium war Karl Blessing, ein Schützling von Hjalmar Schacht. Blessing war für die Konsolidierung vieler Wirtschafts- und Bankverbindungen mit den besetzten Gebieten in Europa verantwortlich. Im Sommer 1941, unmittelbar vor dem Überfall auf die Sowjetunion, wurde Blessing von Göring zum stellvertretenden Vorsitzenden des staatlichen Unternehmens Kontinentale Öl AG ernannt. Im Aufsichtsrat dieser Konti Öl saßen unter anderem Reichswirtschaftsminister Walter Funk, Hermann Abs von der Deutschen Bank und Carl Krauch von der IG Farben. Die Konti Öl gehörte zu den zahlreichen Unternehmen, die – insbesondere in Rumänien – über Frontorganisationen mit Rockefellers *Standard Oil* kooperierten, um die kriegswichtige Benzinversorgung zu sichern.

Walter Funks Neue Ordnung sollte aus einem einzigen europäischen Wirtschaftsraum bestehen, aus einem einheitlichen europäischen Markt von »Bordeaux bis Odessa« und darüber hinaus. Die Wirtschaftsbeziehungen zwischen Deutschland und den osteuropäischen sowie einigen westeuropäischen Ländern unter der Vorherrschaft von Hitlers Drittem Reich sollten in nationalen Währungen abgewickelt werden, deren Wert an den der Reichsmark gekoppelt war.

Berlin sollte Finanzzentrum dieser Neuen Ordnung in Europa werden. Schlussendlich sollten alle Landeswährungen dieses »Neuen Europas« an die Reichsmark gebunden und durch rigide Preiskontrollen der einzelnen Länder aufrechterhalten werden. Gold sollte zugunsten der Bindung an die Reichsmark abgelehnt werden – diese Währungsstruktur war also in etwa vergleichbar mit der Rolle, die der US-Dollar nach dem Verlassen des Goldstandards im August 1971 spielte. Mit einer gewissen – zumindest für Deutschland, wenn auch nicht für die besetzten Nachbarn – zwingenden Logik erklärte Funk: »Wir werden niemals eine Währungspolitik verfolgen, die uns in irgendeiner Weise vom Gold abhängig macht, denn wir können uns nicht an ein Zahlungsmittel binden, dessen Wert wir nicht selbst festlegen können.«

Schließlich liefen die Überlegungen darauf hinaus, ein Vier-Mächte-Abkommen zwischen Hitler-Deutschland, Mussolinis Italien, Japan und Russland zu bilden, das die gemeinsame wirtschaftliche Kontrolle über die gesamte eurasische Landmasse zwischen dem Atlantik und dem Pazifik ausüben sollte. Genau so eine geballte Machtkonzentration gelte es, so hatte Mackinder seinerzeit die britische Elite gewarnt, um jeden

Preis zu verhindern; und genau so etwas würden ihre amerikanischen Vettern in Rockefellers *Council on Foreign Relations* und dessen Umkreis nicht tolerieren – das war zumindest Fritz Hesse nur allzu bewusst. Von zentraler Bedeutung für den Aufbau der Neuen Ordnung in Europa war die Rolle der großen Banken in der Reichshauptstadt Berlin, vor allem der Deutschen Bank und der Dresdner Bank. Im Direktorium der mächtigsten Bank in Deutschland, der Deutschen Bank, war Hermann Abs für das gesamte Auslandsgeschäft verantwortlich. Abs trat 1937 auf Empfehlung des damaligen Reichswirtschaftsministers Schacht in den Vorstand der Deutschen Bank ein; er nahm den Posten eines verstorbenen Direktors ein.

Das deutsche Bankenmodell, bei dem die Banken Eigentümer der Schlüsselindustrien waren, sollte in die besetzten Gebiete des Neuen Europa exportiert werden, insbesondere in die östlichen Länder. Die Deutsche Bank kontrollierte bereits einen Großteil des tschechoslowakischen Bankenwesens durch den Kauf der Böhmischen Union-Bank; und durch die Übernahme des großen Wiener Creditanstalt-Bankvereins kontrollierte sie auch einen Großteil der Industrie- und Bankgeschäfte in Österreich. Die Dresdner Bank übernahm die Länderbank Wien und die wichtige Böhmische Escompte-Bank in Prag.

Die Kontrolle der deutschen Banken über die Geldhäuser in Wien und Prag verschaffte der MWT-Strategie zur Entwicklung des Handels mit Südosteuropa beträchtlichen Aufwind. Durch die Creditanstalt dehnte die Deutsche Bank ihre Interessen im alten Teil des Habsburgerreiches aus, d.h. in Zagreb, Budapest, Lwow und auch Belgrad. Durch die Kontrolle der Prager Banken kontrollierten die deutschen Banken – vollständig oder teilweise – auch die Geschäfte in Bratislava, Belgrad, Sofia und Bukarest. Die Geldhäuser in diesen Ländern wiederum kontrollierten die wichtigsten landwirtschaftlichen Betriebe und Industrieunternehmen in der jeweiligen Region. Zur Rechtfertigung der deutschen Politik zur Konsolidierung der Banken in Osteuropa erklärte das Reichswirtschaftsministerium, das sei »notwendig, um die Rohstoffquellen zu sichern, die für unser wirtschaftliches Wohlergehen so bedeutsam sind«.

Die expansive Entwicklung der großen Berliner Banken, der Industrie und des MWT beim Bau der Neuen Ordnung in Europa lief nach dem Besuch des sowjetischen Außenministers Molotow in Berlin am 12. November 1940 aus dem Ruder. Verärgert konfrontierte Molotow Hitler mit dem Vorwurf, Deutschland habe gegen das Abkommen zwischen Molotow und Ribbentrop von 1939 verstoßen, besonders in Finnland und

Rumänien. Im Oktober 1940, also nur wenige Tage vor Molotows Reise nach Berlin, hatte Rumäniens Diktator Ion Antonescu der deutschen Wehrmacht erlaubt, sein Land zu besetzen und damit die unschätzbar wichtigen Ölreserven in Ploiesti für das Dritte Reich zu sichern.

Bei seinen Berliner Gesprächen mit Hitler betonte Molotow noch einmal nachdrücklich die sowjetischen Ansprüche an Finnland und die Balkanländer, insbesondere Rumänien. Außerdem verlangte Stalin die Kontrolle über die Dardanellen; dieser Schritt bedrohte die Allianz Deutschlands mit Mussolinis Italien.

Kurz nach dieser Konfrontation mit Molotow im November 1940 entschied Hitler, die Sowjetunion nicht nur von dem geplanten Vier-Mächte-Abkommen mit Italien und Japan auszuschließen. Am 18. Dezember 1940 befahl Hitler seinem militärischen Oberkommando, unter dem Decknamen *Operation Barbarossa* die vollständige Zerstörung der Sowjetunion vorzubereiten – also den alten Plan aus dem Jahre 1935 zu realisieren.[18]

Zu diesem Zeitpunkt war Roosevelt und den Kreisen um Rockefellers *War & Peace Studies* klar, dass sie als Sieger aus dem teuersten Krieg der Geschichte hervorgehen würden. *Operation Barbarossa* dauerte von Juni bis Dezember 1941 – in einem extrem kalten Winter. Am Einmarsch in die Sowjetunion waren über 4,5 Millionen Soldaten der Wehrmacht und der Truppen der Achsenmächte beteiligt. In Hinsicht auf die Zahl der Beteiligten, das durchschrittene Gelände und die Zahl der Gefallenen war diese *Operation Barbarossa* die größte Militäroperation in der Geschichte der Menschheit.

An diesem Scheidepunkt im Juni 1941 brach die gesamte Strategie von Wilmowskys MWT zusammen; der MWT verlor jeglichen Einfluss auf die deutsche Politik. Die MWT-Mitglieder in der deutschen Industrie und den Institutionen des Dritten Reiches definierten ihre Aktivitäten neu und wurden zu dem, war man nach dem Krieg als »Der Widerstand« bezeichnete.

Die merkwürdigen Aufs und Abs des aktiven Widerstands dieser Männer gegen Hitlers Kriegspläne nach 1939 bis zum versuchten Attentat auf den »Führer« am 20. Juli 1944 durch Oberst Claus von Stauffenberg können vielleicht nur vor dem Hintergrund der Aufs und Abs der Pläne für Mitteleuropa und Eurasien der deutschen institutionellen Kreise um Schacht, Krupp, General Thomas und Wilmowskys MWT verstanden werden. Englands Premierminister Churchill betrachtete diese Entwicklung eiskalt vom Standpunkt eines britischen Geopolitikers: Für ihn war der deutsche Widerstand gegen Hitler der gefährlichere Gegner. Churchill verstand den deutschen Widerstand nur allzu gut.

Alfred Sohn-Rethel, Sohn einer konvertierten jüdischen Mutter und eines »arischen« Vaters, musste 1936 Deutschland verlassen, nachdem die Gestapo Verdacht in Hinblick auf seine Aktivitäten geschöpft hatte. Aus dem französischen Exil schrieb er ausführliche Berichte über die Pläne und seine Erfahrungen in den Kreisen der deutschen Industriellen beim MWT und deren wirtschaftsimperialistische Pläne. Zu den Personen, die seine Schriften erhielten, gehörte der einflussreiche außenpolitische Redakteur der *London Times* Wickham Steed, ein Mitglied des britischen *Round Tables* und ein enger Freund Winston Churchills.[19]

Churchill war völlig klar, dass die britische Geopolitik nicht zulassen konnte, dass sich ein Deutschland zu den Bedingungen der erfolgreichen Mitteleuropa-Strategie des MWT als Bedrohung für die britische Vorherrschaft etablierte. Um dieser Bedrohung zu begegnen und um das Britische Empire zu erhalten, musste er – und auch das begriff Churchill nur allzu gut – eine noch nie da gewesene Sonderbeziehung (später »Special Relationship« genannt) mit Englands stärkerem Rivalen, den Vereinigten Staaten, eingehen. Roosevelt seinerseits war dazu nur allzu gern bereit – allerdings nur strikt zu amerikanischen Bedingungen und nicht entsprechend Churchills Wünschen.

Im Spätsommer 1945 hatte mit Japan die letzte der drei Achsenmächte Deutschland, Japan und Italien kapituliert. Dieser Sieg hatte fürchterliche Opfer an Menschenleben gefordert. Im Zweiten Weltkrieg waren über 100 Millionen Soldaten mobilisiert worden; dieser Krieg war der umfassendste Krieg der Geschichte. Im Zustand des »totalen Kriegs« stellten die großen Länder ihre gesamten wirtschaftlichen, industriellen und wissenschaftlichen Fähigkeiten in den Dienst des Krieges und verwischten so die Grenzen zwischen zivilen und militärischen Ressourcen. Über 55 Millionen Menschen, die meisten davon Zivilisten, kamen im Zweiten Weltkrieg ums Leben, der damit auch der blutigste Konflikt in der menschlichen Geschichte war.

Am Ende dieses Krieges standen die Vereinigten Staaten von Amerika als unangefochtene Weltmacht da. Ihre Industrie war auf der Grundlage der damals höchstentwickelten Technik und mit Steuergeldern wiederaufgebaut worden und hatte Flugzeuge, Panzer, Munition, Bomben und andere Sprengstoffe für den Krieg produziert. Roosevelts New Deal und die großen staatlichen Infrastrukturprojekte vom Hoover- und Colorado-Damm bis zur Tennessee-Stromtal-Verwaltung (TVA) lieferten der amerikanischen Aluminiumindustrie und den anderen Rüstungsbetrieben die riesigen Energiemengen zu günstigen Preisen. Amerikas Chemiebetriebe von *DuPont* bis *Dow Chemical* und *Hercules Powder* hatten sich zu riesigen Unternehmen entwickelt. Und einer dieser Industriegiganten war zur Speerspitze der amerikanischen politischen Macht geworden: 1945 standen die Rockefeller-Brüder im Zentrum des entstehenden weltweiten Kolosses namens Amerikanisches Jahrhundert.

Amerikas Elitekreise im Umfeld des *Council on Foreign Relations* und der Wall Street hatten ihre neue globale »Open Door« (Offene Tür) aufgestoßen bzw. die »Grand Area« geschaffen, wie Isaiah Bowman vom CFR diese Politik bezeichnete. Jetzt war die US-Elite bereit, durch diese Tür hindurchzutreten. Sie war der Sieger in dem komplexen geopolitischen Spiel, aus dem das Amerikanische Jahrhundert der Familie Rockefeller und ihrer Freunde beim *Council on Foreign Relations* samt ihren unzähligen Verbündeten in der US-Industrie hervorgehen sollte. Zynischerweise wurden also dieselben Personen, die insgeheim das Dritte Reich bei seinen Kriegsvorbereitungen aktiv unterstützt hatten, nach dem Zweiten Weltkrieg zu den führenden Repräsentanten einer amerikanischen Politik zur »Verbreitung der Demokratie« und des »freien Unternehmertums« in aller Welt. Für sie war das nichts Persönliches; es war einfach nur das tägliche Geschäft – »business as usual«. Das war die Geburtsstunde des Amerikanischen Jahrhunderts.

Anmerkungen:

1   Halford J. Mackinder, *Democratic Ideals and Reality*, Henry Holt & Co., 1919, S. 150.

2   Nicholas J. Spykman, »Geography and Foreign Policy«: I, *The American Political Science Review*, Bd. XXXII, Nr. 1, Februar 1938, S. 28–50.

3   Ebenda, S. 39

4   Alfred Sohn-Rethel, *Industrie und Nationalsozialismus: Aufzeichnungen aus dem »Mitteleuropäischen Wirtschaftstag«*, Verlag Klaus Wagenbach, Berlin 1992, S. 102–110.

5   Fritz Hesse, *Das Spiel um Deutschland*, Paul List Verlag, München 1953, S. 240. In einer Fußnote über Mackinders 1919 verfassten Aufsatz »Democratic Ideals and Reality« schreibt Hesse: *»Die vorgefasste Konzeption der Engländer und Amerikaner finde ich insbesondere in dem Buch von Sir Halford*

Mackinder, Democratic Ideals and Reality, *London 1919, vertreten. Seine Lehre vom Herzland sowie die des Admiral Mahan haben zu dem völligen Missverständnis der Politik der Kontinentalmächte geführt, ohne die man die englische und die amerikanische Politik in diesem Jahrhundert nicht verstehen kann. Es sind insbesondere diese Gedanken gewesen, auf Grund derer Angelsachsen im Interesse ihrer Sicherheit Deutschland zerschlagen zu müssen glaubten.«* (Fußnote S. 240)

6 Die Gespräche zwischen der Führung des deutschen Widerstands und Churchill sind unter anderem belegt in Fabian von Schlabrendorff, *Offiziere gegen Hitler,* Fischer Bücherei, 1959 (englische Ausgabe: *The Secret War Against Hitler,* Westview Press, Boulder 1994).

7 Alfred Sohn-Rethel, a. a. O., S. 12.

8 Ebenda, S. 105.

9 Ebenda, S. 86–87.

10 Ebenda, S. 69–70.

11 Das Memorandum der Deutschen Bank über die Ziele des MWT findet sich in ZstA, Postdam, Deutsche Bank AG, Nr. 21 838, Bl. 131 (siehe *DDR-Lexikon zur Parteigeschichte,* Band 3, S. 370, Leipzig 1985).

12 Alfred Sohn-Rethel, a. a. O., S. 81–82.

13 Die »Feudalisierung der Industrie« in Deutschland am Ende des 19. Jahrhunderts beschreibt Helmut Böhme in *Deutschlands Weg zur Großmacht,* Kiepenheuer & Witsch, Köln 1966. Siehe auch Otto-Ernst Schüddekopf, *Die deutsche Innenpolitik im letzten Jahrhundert und der konservative Gedanke,* Verlag Albert Limbach, Braunschweig 1951; Klaus Epstein, *Vom Kaiserreich zum Dritten Reich,* Ullstein Verlag, Berlin 1972. Ein detailreicher Bericht über die Symbiose zwischen Junkertum und Industrie zur Zeit der Jahrhundertwende findet sich in Kurt Großweiler, *Großbanken, Industriemonopole, Staat,* Deutscher Verlag der Wissenschaft, Berlin 1971.

14 Ebenda, S. 105.

15 Die Rolle der deutschen Großindustrie und Großbanken im Langnamverein – dessen offizieller Name bei seiner Gründung 1871 »Verein zur Wahrung der gemeinsamen wirtschaftlichen Interessen in Rheinland und Westfalen« lautete und der daraufhin von Bismarck diesen Spottnamen erhielt – und im Reichsverband der Deutschen Industrie, vertreten durch den Mitteleuropäischen Wirtschaftstag (MWT), findet sich in den Memoiren des ehemaligen MWT-Direktors und Krupp-Vertreters Tilo Freiherr von Wilmowsky, *Rückblickend möchte ich sagen ...,* Gerhard Stalling Verlag, Oldenburg 1961. Nützlich ist außerdem die Darstellung von Alfred Sohn-Rethel, der mit von Wilmowsky und Fritz Hesse im Deutschen Orient-Verein im MWT zusammengearbeitet

hat, *Industrie und Nationalsozialismus: Aufzeichnungen aus dem »Mitteleuropäischen Wirtschaftstag«*, Verlag Klaus Wagenbach, Berlin 1992. Auch in der Doktorarbeit von Axel Schildt, *Militärdiktatur mit Massenbasis?: Die Querfrontkonzeption der Reichswehrführung um General von Schleicher am Ende der Weimarer Republik*, CampusVerlag, Frankfurt am Main 1981, finden sich Einzelheiten über die Beziehungen der Industriegruppe des MWT am Ende der 1920er- und Beginn der 1930er-Jahre. John R. Gillingham, *Industry & Politics in the Third Reich*, Columbia University Press, New York 1985, beschreibt die Rolle der Kohle- und Stahlindustrie an der Ruhr und die Abkommen mit der französischen Industrie. Ein freigegebener Bericht der US-Regierung *Report on the Banque Nationale pour le Commerce et l'Industrie: Laval's Bank* von Alexander Sacks, Antitrust Division, Department of Justice, 225 Broadway, New York an Fowler Hamilton, Esq., Chief, Enemy Branch, OEWA, Board of Economic Warfare, Washington, D.C., vom 21. April 1943 beschreibt die Einzelheiten der Rolle Lavals und Albert Buissons von Rhône-Poulenc 1931 im Umgang mit der IG Farben und der deutschen Industrie.

16 Alfred Sohn-Rethel, a. a. O., S. 103–110.

17 Die Spannungen zwischen Schacht und Göring sind in der ansonsten recht unzuverlässigen autobiografischen Entschuldigung Hjalmar Schachts *76 Jahre meines Lebens* beschrieben, Kindler & Schiermayer, Bad Wörishofen 1953; und in John Weitz: *Hitler's Banker*, Little, Brown & Co., Boston 1997 (deutsche Ausgabe: *Hitlers Bankier – Hjalmar Schacht,* Europa-Verlag, München/ Wien 1998). Die Rolle von Schachts Schützling Karl Blessing, der nach dem Krieg zwölf Jahre lang Präsident der Bundesbank war, wird beschrieben in David Marsh, *The Bundesbank*, Heineman, London 1992 (deutsche Ausgabe: *Die Bundesbank, Geschäfte mit der Macht*, Bertelsmann Verlag, 1992).

18 Der Text der Kreditvereinbarung zwischen dem Deutschen Reich und der Sowjetunion vom 19. August 1939 findet sich in den *Akten zur Deutschen Auswärtigen Politik 1918–1945, aus dem Archiv des deutschen Auswärtigen Amtes*, Imprimerie Nationale, Baden-Baden 1956. Das Memorandum des deutschen Außenministeriums vom 20. August 1939 wird im vollen Wortlaut wiedergegeben in Gerhard Hass, *23. August 1939: Der Hitler-Stalin Pakt, Dokumentation*, Dietz Verlag, Berlin 1990. Zur Rolle der Deutschen Bank von Hermann Abs und anderen Berliner Banken bei der Ausdehnung des deutschen Einflusses auf den Balkan und nach Osteuropa nach 1936 finden sich wertvolle Einzelheiten in dem freigegebenen internen Memorandum an den Vorstand der *Federal Reserve (Board of Governors of the Federal Reserve System)*, Washington, *German Banking Penetration in Continental Europe*, Washington, September 1944; insbesondere Informationen über die Bedeutung der Über-

nahmen der Deutschen Bank in der Tschechoslowakei und Österreich nach 1938. Patricia Harvey, »The Economic Structure of Hitler's Europe: The Planning of the New Order in 1940«, in *Royal Institute of International Affairs' Survey of International Affairs: 1939–1946: Hitler's Europe*, Oxford 1954, enthält Einzelheiten aus Funks Reden über die Neue Ordnung. Lothar Gall u. a., *Die Deutsche Bank 1870–1995*, Verlag C. H. Beck, München 1995, beschreibt Abs' zentrale Rolle beim Versuch, den wirtschaftlichen und finanziellen Rahmen für »Die Neue Ordnung« nach 1940 zu schaffen. Der verhängnisvolle Streit zwischen Molotow und Hitler vom November 1940 wird in zahlreichen Quellen beschrieben; ein sehr aufschlussreicher Augenzeugenbericht findet sich in den *Memoiren* des Finanzministers im Dritten Reich, Graf Lutz Schwerin von Krosigk, Seewald Verlag, Stuttgart 1977.

19 Alfred Sohn-Rethel, a. a. O., S. 23.

KAPITEL 8

Das Amerikanische Jahrhundert bricht an

*»Eine Tyrannei braucht vielleicht mehr Raum, aber die
Freiheit braucht noch viel mehr Raum zum Leben als die Tyrannei,
und das wird immer so bleiben.«*
Henry Luce über das Amerikanische Jahrhundert, 1941[1]

*»Ich behaupte, dass Vollbeschäftigung und Wohlstand in
den Vereinigten Staaten ohne die ausländischen
Märkte nicht möglich sind.«*
Dean Acheson, November 1944[2]

Das Britische Empire wird zurechtgestutzt

Die dramatischste Veränderung, zu der es 1945 nach dem Ende des Zweiten Weltkriegs kam, war der relative Absturz der politischen Macht, die 150 Jahre lang die Welt beherrscht hatte – Großbritannien. Im größeren geopolitischen Zusammenhang betrachtet, lässt sich die Zeit vom Beginn des Ersten Weltkriegs 1914 bis zum Ende des Zweiten Weltkriegs 1945 vielleicht am besten als »Wettstreit zwischen Deutschland und den USA um die Nachfolge Großbritanniens« verstehen, und genau so hat es ein Student von Mackinders britischer Geopolitik auch formuliert. »Dieser Wettstreit war erst nach dem Ende des Zweiten Weltkriegs und der bedingungslosen Kapitulation Deutschlands entschieden.«[3]

Das US-Establishment und seine Alliierten in Washington zögerten keine Sekunde, um diese imperiale Nachfolge anzutreten. Schon vor Kriegsende sollte Washington Churchill gegenüber keinen Zweifel daran lassen, dass man in der Nachkriegswelt die traditionellen Einflusssphären nicht mehr respektieren werde. Man wollte dies insbesondere mit Blick auf die althergebrachte dominierende Rolle Englands in der Ölpolitik im Mittleren Osten klarstellen; ebenso dachte man nicht daran, die geheimen Erkenntnisse bei der Entwicklung der Atombombe mit irgendjemandem zu teilen. In wirtschaftlicher Hinsicht wurde klargestellt, dass Truman die Finanzhilfen an England gemäß dem Leih- und Pachtgesetz stoppen und ab sofort harte Forderungen als Gegenleistung für amerikanische Finanzhilfen stellen würde.

Roosevelts Saudi-Coup: Die Sonne geht über dem Amerikanischen Jahrhundert auf ...

Die amerikanischen Ölinteressen waren am Ende des Zweiten Weltkriegs viel mächtiger als vor dem Krieg. Ein wesentlicher Faktor war dabei der, dass ihre englischen und französischen Ölrivalen durch den Krieg zerstört bzw. geschwächt waren. Washington zögerte keinen Augenblick, diese Schwäche auszunutzen.

Da handverlesene Leute aus den Reihen der von Rockefeller finanzierten *War & Peace Studies* jetzt praktisch die Politik des US-Außenministeriums bestimmten, David Rockefellers *Chase Bank*, die unter der nazifreundlichen französischen Vichy-Regierung im von den Nazis besetzten Paris ihre Geschäfte betrieb und Geld von der IG Farben und anderen Kunden im Dritten Reich transferiert hatte, in der amerikanischen Finanzpolitik den Ton angab, und Nelson Rockefeller Roosevelts Politik der »guten Nachbarschaft« mit Lateinamerika fest in der Hand hatte – eine neue Version der amerikanischen Monroe-Doktrin in Bezug auf die Einflusssphäre der USA in ganz Nord- und Süd-Amerika –, brauchte der US-Präsident dem entstehenden Rockefeller-Imperium jetzt nur noch einen letzten Gefallen zu tun: nämlich Rockefellers Ölgesellschaften die Exklusivrechte über die riesigen Ölvorräte des Königreichs Saudi-Arabien zu verschaffen, und dieser verhängnisvolle Schritt sollte den gesamten Gang der amerikanischen Nahost-Politik in der Nachkriegszeit bis zum heutigen Tag bestimmen.

Harold L. Ickes war 13 Jahre lang Franklin D. Roosevelts Innenminister und in dieser Position auch für die Vergabe von Pachtverträgen für Rohstofffelder zuständig; seit 1941 war er auch Koordinator für Petroleum in Fragen der Nationalen Verteidigung der USA. Ickes diente dem Präsidenten auch als Direktor der *Public Works Administration* (PWA) im Rahmen des New Deals, also der Behörde, die in den Zeiten der Depression der US-Privatindustrie Milliarden Dollars an Steuergeldern zur Verfügung stellte. Rockefellers *Standard Oil* und ihre *ARAMCO Corporation* konnten Ickes dafür gewinnen, Roosevelt 1943 davon zu überzeugen, auch Saudi-Arabien großzügige Finanzhilfen gemäß dem Leih- und Pachtgesetz zu gewähren. Der Hintergedanke: Die US-Regierung sollte sich zum ersten Mal in dieser Region der Welt engagieren und einen Schutzschild für die ARAMCO-Interessen bilden. Diese *Arab-American Oil Company* war in Wirklichkeit nur ein Konsortium der großen Ölgesellschaften Rockefellers, die lange darum gekämpft hatten, bei den reichen saudischen Ölvorkommen den Fuß in die Tür zu bekommen.[4] Auch Ickes gehörte zu den Personen im inneren Kreis um Roosevelt, die gleichzeitig enge Freunde der Familie Rockefeller waren. Bereits in den 1930er-Jahren war Ickes wiederholt auf dem Landgut der Familie Rockefeller in Pocantico Hill im US-Bundesstaat New York zu Gast gewesen, ein Vorrecht, dass nur ganz wenigen Personen gewährt wurde, die nicht zu ihrem engsten Umfeld gehörten.[5]

In einem Memorandum des US-Außenministeriums an das Weiße Haus vom Dezember 1942 heißt es:»Wir sind fest davon überzeugt, dass die Entwicklung der Petroleumquellen in Saudi-Arabien im Lichte des breiteren nationalen Interesses betrachtet werden sollte.«[6] Dieses nationale Interesse hatten die Rockefellers und ihr Vertreter Ickes gegenüber Roosevelt als das Recht formuliert, ein exklusives Mandat über die saudi-arabischen Ölvorkommen zu bekommen und die britischen Konkurrenten aus dem Feld zu schlagen.

Als Roosevelt im Februar 1943 die Finanzhilfen nach dem Leih- und Pachtgesetz an Saudi-Arabien verkündete, bezeichnete er das Land als »lebenswichtig für die Verteidigung der Vereinigten Staaten«. Er machte sich jedoch nicht die Mühe, zu erklären, warum. Die Hilfen nach dem Leih- und Pachtgesetz bedeuteten, dass ARAMCO den Fuß in die Tür bekam, um sich die Exklusivrechte an dem saudischen Öl zu sichern. Dieses Vorhaben zu erleichtern war eine der wichtigsten Handlungen des US-Präsidenten. London schäumte vor Wut über Roosevelts Entscheidung, millionenschwere Hilfen in das Königreich zu pumpen, verfügte aber nicht über die Finanzmittel, um sich auf ein Wettbieten mit seinem Alliierten in Washington einzulassen. Schließlich war die britische Wirtschaft selbst abhängig von Hilfen gemäß dem Leih- und Pachtgesetz der USA.[7]

Das US-Außenministerium war erst relativ spät nach Saudi-Arabien gekommen, eine Region, die in London seit den Tagen des britischen Geheimdienstagenten T. E. Lawrence – dem »Lawrence von Arabien« – im Ersten Weltkrieg als Eckstein von Englands Kontrolle über den Mittleren Osten gegolten hatte. Erst 1942 eröffneten die USA eine kleine Gesandtschaft, noch nicht einmal eine Botschaft, in Riad.

Bei seiner Rückkehr von der Drei-Mächte-Konferenz in Jalta 1945 hatte Roosevelt ein Geheimtreffen mit dem saudischen König Abdul Aziz Al Saud (»Ibn Saud«) auf dem Schiff des Präsidenten vereinbart. Ein US-Zerstörer, die *USS Murphy*, legte im Februar 1945 im saudischen Hafen Dschidda an; es war das erste Mal überhaupt, dass ein amerikanisches Schiff im Königreich Saudi Arabien vor Anker ging. Ibn Saud und seine Entourage kamen an Bord und wurden zum Großen Bittersee im Suezkanal gebracht, wo der König am 14. Februar an Bord der *USS Quincy* mit dem Präsidenten der Vereinigten Staaten von Amerika zusammentraf. Für Ibn Saud war es das erste Treffen mit einem ausländischen Staatschef überhaupt.[8]

Bei dem Gespräch achtete Roosevelt sorgsam darauf, in Gegenwart des saudischen Monarchen weder zu rauchen noch zu trinken, um dessen religiöse Gefühle nicht zu verletzen. Er versprach dem König, »er werde nichts unternehmen, um die Juden gegen die Araber zu unterstützen, und keine feindlichen Schritte gegen die arabischen Völker unternehmen«. Der König war über die starke Zuwanderung europäischer Juden nach Palästina, das damals noch britisches Mandatsgebiet war, besorgt. Berichten zufolge verließ Ibn Saud das Treffen mit Roosevelt hoch befriedigt darüber, dass der US-Präsident »Verständnis« für die arabische Sicht in der heiklen Palästina-Frage gezeigt habe. Auch Roosevelt hatte die Freundschaft dadurch »besiegelt«, dass er dem saudischen König seinen

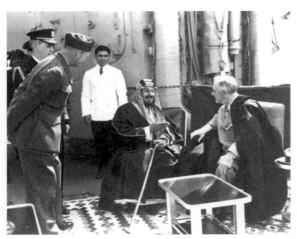

Kurz vor seinem Tod gelang es Roosevelt 1945 noch, die Verbindung zwischen Großbritannien und König Abdul Aziz (Ibn Saud) von Saudi-Arabien zu kappen und das saudi-arabische Öl für die USA zu sichern.

eigenen Rollstuhl und ein DC3-Flugzeug zum Geschenk machte. Der König war dem Vernehmen nach darüber hoch erfreut.[9] Erbost über Roosevelts diplomatischen Vorstoß, verlangte Churchill drei Tage später ebenfalls ein Treffen mit dem König. Der britische Premierminister, ein geradezu legendärer starker Trinker und Zigarrenraucher, ließ Seine Exzellenz vor dem Treffen wissen, dass es in Churchills Welt als »heiliger Ritus« galt, zu rauchen und Alkohol zu trinken. Das gefiel dem König offenbar überhaupt nicht. Außerdem weigerte sich Churchill, Zugeständnisse an Saudi-Arabien in der Palästina-Frage zu machen, und überreichte als Gegengeschenk für luxuriöse juwelenbesetzte Geschenke des Königs diesem lediglich eine Schachtel mit billigem Parfüm.

Am 5. April 1945 hielt Roosevelt seine Versprechen an den saudischen König in einem Brief fest, in dem es hieß, der US-Präsident habe die Versprechen in seiner »Eigenschaft als Leiter der Exekutive dieser Regierung« gegeben.[10] Eine Woche später war Roosevelt tot. Stalin, der Churchill nicht ausstehen konnte, schrieb einen vertraulichen Brief an FDRs Witwe Eleanor Roosevelt, in dem er anbot, seinen persönlichen Arzt zu schicken, um eine unabhängige Autopsie durchzuführen. Wie er der Witwe mitteilte, war er überzeugt davon, dass Churchill Roosevelt hatte vergiften lassen. Sie nahm das Angebot jedoch nicht an. Roosevelt hatte jedoch lange genug gelebt, um dem Öl-Imperium der Rockefellers den größten Dienst zu erweisen: die Exklusivrechte für ihre Partner bei ARAMCO über die Erschließung aller saudischen Ölvorkommen. Dieser Preis sollte die US-Außenpolitik der folgenden 60 Jahre maßgeblich bestimmen. Es war das erste Mal, dass die nationale Sicherheit der USA offiziell mit dem Schicksal des über 10 000 Meilen entfernten Wüstenkönigreichs am Persischen Golf verknüpft wurde. Es sollte aber nicht das letzte Mal sein, dass die »nationalen Interessen« der US-Außenpolitik mit den Ölvorkommen im Mittleren Osten verbunden wurden. In den 1940er-Jahren war der Schritt, die saudischen Ölvorkommen zum Bestandteil amerikanischer Interessen zu machen, umso bemerkenswerter, als die Vereinigten Staaten damals genug eigenes Öl förderten und daher nicht auf Ölimporte angewiesen waren. Als 1948 das größte Erdölfeld der Welt, Ghawar, in Saudi-Arabien entdeckt wurde, verschaffte das der Macht, die amerikanische Ölinteressen über die Weltwirtschaft ausübten, einen weiteren Hebel. Öl wurde in der Nachkriegswelt sehr schnell zur Grundlage des Wachstums der Weltwirtschaft, zur Hauptenergiequelle. Und diese Energie hielten die amerikanischen Ölriesen der Rockefellers fest in der Hand.

... und über dem Britischen Empire geht die Sonne unter

In den sechs Jahren des Krieges, der sich über den ganzen Erdball gespannt hatte, waren über 55 Millionen Menschen ums Leben gekommen. In keinem Land waren mehr Einwohner gestorben als in Stalins Sowjetunion, die mindestens 22 Millionen verloren hatte. In Washington wusste man genau, wer was verloren hatte. Dort ging es vor allem um die Frage, wie man die entstehende amerikanische Hegemonie handhaben wollte. 1945 waren die Vereinigten Staaten unter dem Banner von Freiheit und Demokratie bereit, die Welt in einem Maße zu beherrschen, wie es das Britische Empire nicht einmal vor dem Ersten Weltkrieg 1914 vermocht hatte.

Nach der Versailler Friedenskonferenz von 1919 hatte das Britische Empire die größte geografische Ausdehnung erreicht, das Herrschaftsgebiet erstreckte sich über ein Viertel der Erdoberfläche, ein Empire,»in dem die Sonne nie unterging«. Nur 30 Jahre später, im Jahr 1949, zerfiel das Britische Empire an allen Enden, überall forderten die Kolonien die Unabhängigkeit von dem repressiven Mutterland. Das Britische Empire erlebte die wahrscheinlich größten Aufstände, die ein Königreich in der ganzen Geschichte je erlebt hatte. Heimlich, still und leise unterstützte die amerikanische Außenpolitik das Streben der Kolonien nach Freiheit und Unabhängigkeit, ohne jedoch den Prozess der Entkolonialisierung ernsthaft zu fördern, wenn die Länder ihre Unabhängigkeit erst einmal erlangt hatten.

Nach einer Meuterei der indischen königlichen Marine im Februar 1947 ernannte die britische *Labour*-Regierung von Premierminister Clement Attlee Viscount Mountbatten aus Burma zum letzten Vizekönig von Indien. Er hatte den Auftrag, den Abzug der britischen Kolonialtruppen und der britischen Administration durchzuführen. Am 15. August 1947, fünf Monate nach Mountbattens Ankunft in Indien, hatte er den indischen Subkontinent geteilt, und zwar so, dass er einem bizarren Flickenteppich glich: Ost- und Westpakistan mit überwiegend muslimischer Bevölkerung waren durch ein von Hindus dominiertes Indien getrennt.

In nur wenigen Jahren hatte England die formelle Kontrolle der Kolonien seines Empire in Afrika, dem pazifischen Raum und am Mittelmeer abgegeben. Das war aber nicht aus Wohltätigkeit oder einer plötzlichen Sympathie für das Prinzip der Selbstbestimmung der unterworfenen Völker geschehen. Es geschah vielmehr aus Notwendigkeit, denn die harschen Forderungen Washingtons verlangten Ende der 1940er- und Anfang der 1950er-Jahre eine veränderte Herrschaftsform. Wie von Churchill befürchtet, hatten die Vereinigten Staaten in der Tat den Zweiten Weltkrieg geführt, um »den Vorsitz über die Demontage des Britischen Empires zu führen« – der einzigen Macht, die Ende der 1940er-Jahre noch zumindest potenziell eine Herausforderung für die künftige Hegemonie Amerikas darstellen konnte. England konnte zwar ein Alliierter sein, aber nach den Worten von Henry Adams, einem amerikanischen imperialistischen Philosophen und Nachkommen zweier US-Präsidenten – einer von ihnen war Gründungsvater der Amerikanischen Verfassung – nur »eines Großbritanniens, das zum Amerikanischen System gehörte«[11].

Der Krieg hatte die Handelsmechanismen des Empires, die traditionell die Grundlage der britischen Finanzmacht gebildet hatte, zerschlagen. Große Investitionen in Übersee waren schon lange verkauft worden, um die englischen Kriegskosten aufbringen zu können. Die Staatsverschuldung im Vereinigten Königreich war auf nie gekannte Höhen gestiegen. Die Fabriken und Ausrüstungen in England selbst waren völlig veraltet und verrottet. Die Stromversorgung funktionierte nicht mehr, die Häuser waren heruntergekommen bzw. baufällig, die Bevölkerung total erschöpft. Am Ende des Krieges waren die britischen Exporte auf 38 Prozent ihres Umfangs von 1938 gesunken.

England hing nach dem Krieg vollständig von finanzieller Unterstützung durch die Vereinigten Staaten ab. Unter Führung der internationalistischen Elemente des sogenannten »Ostküsten-Establishments« begriffen die Vereinigten Staaten ihrerseits, dass sie, wenn sie die Nachkriegswelt beherrschen wollen, sich die reichen internationalen Erfahrungen der Londoner City zunutze machen und mit ihr kooperieren mussten. Nach 1945 sollte England noch immer weltweiten Einfluss behalten – allerdings indirekt, durch die Entwicklung und Vertiefung seiner Sonderbeziehung, der »Special Relationship«, mit den Vereinigten Staaten.

Wenn Amerika allerdings weiterhin die Säule der Finanz- und Währungshegemonie in der Nachkriegswelt bleiben wollte, dann musste auch seine militärische Dominanz unbedingt aufrechterhalten werden. Denn: Wie könnte man verhindern, dass sich neue Allianzen zwischen Ländern bildeten, die das neue Amerikanische Jahrhundert herausforderten? Wie könnte man die Alliierten von 1945 davon abhalten, ein oder zwei Jahrzehnte später zu Todfeinden zu werden? Die praktische Antwort Washingtons auf diese Fragen war entsetzlich und eigentlich unvorstellbar. Die Vereinigten Staaten hatten während des Krieges insgeheim die schrecklichste Waffe in der Geschichte der Kriegsführung entwickelt. Noch schlimmer: Die politischen Eliten in den Vereinigten Staaten wollten der ganzen Welt demonstrieren, dass sie verrückt genug waren, diese schreckliche Waffe auch gegen ihre Feinde einzusetzen.

Washington wirft die Atombombe ab

1945 unterzeichnete der neue US-Präsident Harry Truman den Befehl zum Abwurf einer schrecklichen neuen Bombe auf japanische Städte.

Keine andere Kriegshandlung hat die brutale Botschaft der Macht Amerikas in der Nachkriegszeit deutlicher unterstrichen als der Abwurf der beiden Atombomben auf die japanischen Städte Hiroshima und Nagasaki am 6. und 9. August 1945. Diese beiden Bomben, die einzigen, die die USA bis zum Sommer 1945 mit ihrem Vorrat aus angereichertem spaltbaren Uran-235 und Plutonium-239 hatten herstellen können, waren verheerender als alle Bomben in der Geschichte der Kriegsführung zuvor.

Die Sprengkraft der Bombe, die über Hiroshima abgeworfen wurde, war 2000 Mal höher als die der britischen Bombe *Grand Slam*, die bis zum August 1945 die größte je eingesetzte Bombe war. Nur acht Kilogramm Pu-239 in einer Bombe, die über der japanischen Stadt Nagasaki abgeworfen wurde, hatten ein noch nie da gewesenes Blutbad angerichtet. Absichtlich wurde die Bombe in einer Höhe von nur etwa 650 Metern über Hiroshima gezündet, um der Welt den Beweis für die ungeheure Zerstörungskraft dieser neuen Bombe zu liefern. Im Umkreis von etwa 500 Metern vom Aufschlagspunkt verglühten alle Gegenstände in einer über eine Million Grad heißen Hitzewelle.

Innerhalb weniger Minuten waren schätzungsweise 22 000 Menschen in der Stadt tot, wahrscheinlich noch viel mehr, wenn man alle nicht dokumentierten Fälle hinzuzählt. Aufgrund der Strahlung und Kontamination durch radioaktiven Niederschlag starben innerhalb der nächsten vier Monate nach dem Bombenabwurf weitere 17 000 Menschen, insgesamt waren also 39 000 Todesopfer zu beklagen. Nach dem Abwurf der zweiten Atombombe auf Hiroshima hatte dieses Massaker in Japan allein insgesamt 103 000 Menschenleben gefordert. Diese Zahl ist eine sehr konservative Schätzung. Die Regierungsbehörden in den USA versuchten bewusst, die tödliche Wirkung der durch diese Atombomben verursachten Strahlung und des radioaktiven Niederschlags herunterzuspielen bzw. einfach völlig abzustreiten. In Wahrheit traten, wie offizielle Forschungen in Japan später ergaben, bei unzähligen Japanern Geburtsfehler, Krebs, Haarverlust, violette Hautflecken, Leukämie oder Blutkrebs auf. Die amerikanischen Besatzungsbehörden verschwiegen bewusst die Berichte über die Strahlentoten und Erkrankten.

Als Roosevelt im April 1945 plötzlich starb, folgte ihm sein Vizepräsident Harry Truman, ein schlecht vorbereiteter Senator aus Missouri, im Amt. Zu Trumans ersten Amtshandlungen als Präsident gehörte seine Zustimmung zum Abwurf der Atombombe auf Japan, nachdem ihn seine Militärbefehlshaber über die Wirkung der Atombombe informiert hatten.
Tatsächlich hatte Truman diese Entscheidung insgeheim schon zu Beginn der Potsdamer Konferenz – zwischen Truman, Stalin und Churchill – gefällt, die in der zweiten Juli-Hälfte 1945 im besetzten Deutschland stattfand. Nur bei dieser Gelegenheit hat sich Truman übrigens mit seinem künftigen Gegner im Kalten Krieg getroffen.

Der Abwurf der Atombomben auf Japan ist seitdem heiß umstritten. Truman behauptete, er habe gehandelt, um Japan zur Kapitulation zu zwingen und einen längeren Krieg mit weiteren amerikanischen Opfern zu verhindern. Das war für aufmerksame Beobachter der Ereignisse kein besonders überzeugendes Argument.

Hitler-Deutschland hatte bereits im Mai 1945 gegenüber den Alliierten Streitkräften kapituliert, einen Monat nach dem Amtsantritt von Präsident Truman. Japan war jetzt isoliert, wirtschaftlich in die Knie gezwungen und de facto bereits besiegt. Eine wirksame Seeblockade Japans durch Kriegsschiffe der USA und der Alliierten hätte nach Ansicht von Militärexperten ausgereicht, um den japanischen Kaiser zur Kapitulation zu zwingen, selbst unter den harschen Bedingungen, die Washington dabei stellte. Weitere Opfer hätte es praktisch nicht mehr gegeben.

Stattdessen setzte Washington seine schreckliche neue Atomwaffe ein. Truman bestand darauf, er habe auf Anraten seiner Militärs gehandelt, um »das Leben von 100 000 amerikanischen Jungs zu retten«. In Wirklichkeit sollte damit der ganzen Welt, und in erster Linie Stalin, demonstriert werden, dass Amerikas Macht entsetzlich und eigentlich unvorstellbar war.

In Trumans privatem Tagebuch vom Juli 1945 findet sich ein aufschlussreicher Eintrag. »Es ist sicher gut für die Welt, dass Hitlers oder Stalins Leute diese Atombombe nicht entdeckt haben. Es scheint das schrecklichste Ding zu sein, das je erfunden wurde, aber es kann auch das nützlichste sein.« Privat brach Truman Berichten zufolge nach einem detaillierten Briefing durch seine Militärs über die Wirkung dieser Bombe mit den Worten »Das ist das größte Ding in der Geschichte« in kindlichen Jubel aus. In der Tat ein sehr merkwürdiger Kommentar eines Mannes, der gerade befohlen hatte, diese »schrecklichste« aller Waffen gegen Japan zum Einsatz zu bringen.

US-Außenminister James Byrnes riet Präsident Truman im Sommer 1945, unmittelbar nach dem erfolgreichen Test der Atombombe am 16. Juli in Alamagordo im US-Bundesstaat New Mexico, eine mit Bedingungen verknüpfte Kapitulation des Kaisers von Japan, die den Krieg sofort beendet hätte, abzulehnen. Byrnes behauptete, die Bombe und der Eintritt der Russen in den Krieg gegen Japan würde eine Einigung mit Japan überflüssig machen.

Das eigentliche Ziel der atomaren Verwüstung von Hiroshima und Nagasaki war Moskau und erst in zweiter Linie Tokio. Als er den Bericht über den ersten erfolgreichen Test der Bombe in Alamagordo erhalten hatte, zeigte sich der amerikanische Kriegsminister Henry L. Stimson hoch erfreut. Er benutzte die Terminologie des Pokerns, als er in sein Tagebuch schrieb, die Kombination der überwältigenden wirtschaftlichen Stärke Amerikas in der Nachkriegszeit mit dem Monopol über die Atombombe verschaffe den USA den Super-Trumpf »eines Royal Straight Flush, und wir dürfen uns nicht blöd dabei anstellen, wie wir ihn ausspielen«. Präsident Truman erklärte gegenüber Stimson, auch er sei der Meinung, dass »Amerika die Karten in der Hand halte«, und er, Truman, werde sie »als amerikanische Karten ausspielen«[12].

1945 verfügten allein die Vereinigten Staaten über die industriellen Fähigkeiten und die nötigen Ressourcen zur Herstellung von Atombomben. 1943 hatte Präsident Roosevelt mit Churchill ein Geheimabkommen, das sogenannte »Quebec Agreement«, über die Kontrolle der Entwicklung der Atomenergie und der entsprechenden Uran- und Thoriumbrennstoffe unterzeichnet. Für den Militärautor Hanson Baldwin sah die neue strategische Realität nun so aus, dass Amerika mit seiner Bereitschaft zum Einsatz der Bombe den Anspruch auf die moralische Führung in der Welt verwirkt hatte. Allerdings eröffnete diese neue strategische Machtposition den Weg zu einer anderen Art von Führung; zu einem System des permanenten Konflikts, den man später den »Kalten Krieg« nennen sollte.

Das amerikanische Geheimprojekt zum Bau der Atombombe wurde »Manhattan-Projekt« genannt und stand unter der Leitung von Armee-General Leslie R. Groves. General Groves nutzte seine einzigartige Rolle als Militär an der Spitze der Entwicklung dieser neuen schrecklichen Waffen dazu, die US-Außenpolitik zu beeinflussen. Entgegen dem Rat mehrerer Berater Trumans, die der Ansicht waren, dass viele andere Länder schon bald eigene Bomben und eigene Uranbrennstoffe entwickeln könnten, bestand Groves darauf, die USA könnten das alleinige Monopol über die Atombombe auf Jahre hinaus behalten.

In seinen Briefings an Truman behauptete General Groves fälschlicherweise, nur zwei Länder – Schweden und Russland – seien in der Lage, Amerika und England in Bezug auf die Kontrolle der Gebiete, in denen sich 97 Prozent der Vorkommen des für den Bau von Atombomben nötigen hochwertigen Urans befinden, Konkurrenz zu machen. Außerdem behauptete Groves weiterhin fälschlicherweise, »die Rohstoffvorkommen in Russland sind weit minderwertiger« als die Vorkommen, die von den USA kontrolliert werden. Groves wollte damit Truman überzeugen, dass die Russen mindestens 20 Jahre brauchten, um eine einzige Atombombe zu bauen.[14]

Diese Annahme, dass Russland der schrecklichen neuen Atombombe auf Jahrzehnte hinaus nichts entgegenzusetzen hätte, führte zu Trumans Entscheidung, die Atombombe über Japan abwerfen zu lassen. Mit seiner Macht zur vollständigen militärischen Geheimhaltung und der völligen Kontrolle über das Atombombenprojekt verschwieg General Groves dem Präsidenten Ende Juli 1945 eine Petition, die 70 führende amerikanische Wissenschaftler, die an der Entwicklung der Atombombe mitgearbeitet hatten, unterzeichnet hatten. In dieser Petition baten diese Wissenschaftler Truman dringend, die Atombombe nicht über Japan abzuwerfen, »es sei denn, die Bedingungen, die Japan auferlegt werden, werden veröffentlicht und Japan weigert sich, in Kenntnis dieser Bedingungen zu kapitulieren«. Doch Japan wurde nicht vorher über die schreckliche Sprengkraft der Waffe informiert, und Truman erfuhr erst Tage nach dem Abwurf der Atombomben von der Petition seiner führenden Wissenschaftler.

Doch nach den Bombenabwürfen in Japan zeigte Stalins Russland keinerlei Anzeichen von Angst oder Schwäche. Stalin unterhielt ein ganzes Netz von sowjetischen Spionen in sehr hohen Positionen der amerikanischen Regierung, und diese hielten die Moskauer Zentrale über das Bombenprojekt auf dem Laufenden. Heimlich verschafften sie den sowjetischen Wissenschaftlern auch die Blaupausen für den Bau von Atomwaffen. Moskau schockierte bereits 1949, also nur vier Jahre später, die Vereinigten Staaten und die übrige Welt mit der Explosion seiner eigenen Atombombe. Die nukleare Konfrontation des Kalten Krieges hatte begonnen.

Für Groves waren das Monopol auf die Atomwaffen und der wirtschaftliche Vorsprung der Vereinigten Staaten der Schlüssel zur amerikanischen Dominanz in der Welt nach 1945. Er forderte offen den Einsatz der Atombombe als »Argument bei diplomatischen Verhandlungen, das uns die Welt erschließt ...« 1946 schrieb Groves in einem Memorandum für den US-Kongress: »Wenn es Atomwaffen auf der Welt gibt, dann müssen wir die größten, die besten und außerdem die meisten davon haben.« Bei einem Briefing im US-Kriegsministerium erklärte er den anwesenden Militärs: »Wir sind jetzt in einer günstigen Position ... Wir sollten jetzt unsere Stützpunkte bekommen und nicht für die nächsten zehn, sondern für 50 bis 100 Jahre im Voraus planen.« So klang die militärische Version des Amerikanischen Jahrhunderts unter einem radioaktiven Atompilz.[14]

Außerdem empfahl Groves, die USA sollten einen präventiven Atomschlag gegen die sowjetischen Kernforschungsanlagen führen, um diese atomare Überlegenheit zu garantieren.

In den Kabinettsdebatten der Truman-Regierung über die Folgen der Entscheidung zum Einsatz der Atombombe für die japanische Zivilbevölkerung plädierten Vizepräsident Henry A. Wallace und Kriegsminister Henry Stimson für eine Politik der friedlichen Zusammenarbeit mit Russland, um den Frieden zu sichern und eine militärische Konfrontation zu vermeiden. Dagegen forderten Außenminister Jimmy Byrnes, der Chef des Manhattan-Projekts General Leslie Groves und Marineminister James Forrestal die Geheimhaltung und das militärische Monopol für die neue Waffe. In seinem persönlichen Tagebuch beschreibt der damalige Vizepräsident Henry Wallace diese Debatte, die nur wenige Wochen nach dem Abwurf der Atombomben auf Japan stattfand:

»21. September 1945
Bei der Kabinettssitzung war der einzige Diskussionspunkt die Atom-

bombe und die Entwicklung der Atomenergie in Friedenszeiten. Der Präsident bat Minister Stimson, die Debatte zu eröffnen, was dieser mit einer ungewöhnlich guten und umfassenden Erklärung tat. Er sagte, alle Wissenschaftler, mit denen das Kriegsministerium zusammenarbeitete, seien davon überzeugt, dass es nicht möglich sei, die wissenschaftlichen Grundlagen der Atombombe geheim zu halten, und dass es deshalb ihrer Meinung nach einen freien Austausch wissenschaftlicher Informationen zwischen den einzelnen Mitgliedsstaaten der Vereinten Nationen geben sollte. Er sagte, die Wissenschaftler hätten ihm berichtet, die bis jetzt eingesetzten Bomben nutzten nur einen Bruchteil der Kraft des Atoms, und die Wirkung der Bomben in Zukunft werde viel zerstörerischer sein – vielleicht den heutigen Bomben genau so hoch überlegen wie die heutigen Bomben gegenüber denen in der Zeit vor 1945. Einige seien überzeugt, sie könnten eine so große Durchschlagskraft besitzen, dass sie die Atmosphäre in Brand setzen und der Welt ein Ende bereiten könnten. Ihm sei klar, dass ein Austausch wissenschaftlicher Informationen mit den anderen Ländern der Vereinten Nationen das Problem Russland aufwerfen würde. Er fügte eine lange Verteidigung Russlands an, Russland wäre in unserer gesamten Geschichte unser Freund gewesen – wir hätten nichts, was Russland haben wolle, und Russland habe nichts, was wir haben wollten. Unsere Beziehungen zu Russland hätten sich in den letzten Monaten verbessert ...

Der Präsident rief dann (Finanzminister) Fred Vinson auf, der die Meinung Minister Stimsons nicht teilte und sein Misstrauen anderen Ländern gegenüber zum Ausdruck brachte. Minister Stimson hatte gesagt, es sei vorstellbar, dass einige andere Länder auch ohne unsere Hilfe innerhalb von drei Jahren, mit Sicherheit aber innerhalb von fünf Jahren, das Geheimnis der Atombombe entdecken könnten. Vinson bezweifelte dies. [Justizminister] Tom Clark bezog fast dieselbe Position wie Minister Vinson. Minister Forrestals Standpunkt war der extremste von allen. Er verlas ein Memorandum seiner Admiräle. Deren Standpunkt war wie zu Kriegszeiten, Marine-betont und isolationistisch ...«[15]

Wenige Tage später erklärte Truman vor der Presse, er habe sich entschlossen, weder mit England noch mit Russland atomare Geheimnisse zu teilen. Das Militär und dessen Verbündete in der Industrie, wie beispielsweise bei der *DuPont Corporation*, hatten den Präsidenten überzeugt.

Um die neuen Machtverhältnisse zu unterstreichen, erklärte Truman 1945 dem britischen Premierminister Clement Attlee, Washington werde einen erbetenen zinslosen Kredit über sechs Milliarden Dollar für den Wiederaufbau der kriegszerstörten englischen Wirtschaft ablehnen. Er werde stattdessen nur einen Kredit über 3,75 Milliarden Dollar zu zwei Prozent Zinsen gewähren. Außerdem stellte Truman klar, Washington werde sein atomares Monopol eifersüchtig hüten. Truman machte also einen Rückzieher und kündigte die Zusammenarbeit mit Kanada und England während des Krieges zur Entwicklung der Nuklearenergie auf. Damit galt das »Quebec Agreement« nicht mehr, in dem vereinbart worden war, dass sich die USA mit England vor dem Einsatz der Atombombe hätten beraten müssen. Washington wollte also das atomare Geheimnis selbst gegenüber seinen engsten Verbündeten wahren.

Privat äußerte Wallace seine Bestürzung über diese Entwicklung. Er sandte Truman eine prophetische Warnung: »Die Natur der Wissenschaft und der gegenwärtige Stand des Wissens sind dergestalt, dass es unmöglich ist, andere Länder daran zu hindern, innerhalb der nächsten fünf bis sechs Jahre das, was wir getan haben zu wiederholen, oder sogar darüber hinauszugehen … Die Welt wird in zwei Lager gespalten werden, wobei die nicht anglo-amerikanische Welt letztendlich in Bezug auf Bevölkerung, Rohstoffe und wissenschaftliche Erkenntnis die Nase vorn haben wird.«[16] Möglicherweise war Wallace selbst damals nicht bewusst, dass genau diese Aufteilung das eigentliche Ziel war.

Ein amerikanischer »Lebensraum« nach dem Krieg

Die treibende Kraft hinter dem gesamten Projekt *War & Peace Studies* von Rockefellers *Council on Foreign Relations*, das Motiv für Roosevelt, die Vereinigten Staaten in den Krieg zu führen, die gesamte Kriegsmobilisierung und die durch den Krieg verursachte öffentliche Verschuldung der Vereinigten Staaten, all dies richtete sich auf ein Ziel in der Nachkriegszeit: die Schaffung eines weitgehenden Monopol-Absatzmarktes oder Wirtschaftsraumes für die Vereinigten Staaten, eines »amerikanischen Lebensraums«, wie Isaiah Bowman vom CFR es nannte – ein wahrhaft Amerikanisches Jahrhundert.

Das Ganze war ein Empire genau wie das Britische Empire nach 1815, allerdings mit dem bedeutsamen Unterschied, dass sich sein wirtschaftlicher Imperialismus dieses Mal hinter der rhetorischen Fassade der »Verbreitung des freien Unternehmertums, der nationalen Selbstbestimmung und der Demokratie« verbarg. Den Architekten dieser Politik im US-Außenministerium, dem Weißen Haus und dem außenpolitischen Establishment gelang die clevere Täuschung, ihr Empire strebe nicht nach militärischer Besetzung anderer Länder; zumindest behaupteten sie dies. Aber bis ins letzte Detail handelte es sich hier um ein (informelles) Empire, das auf der dominierenden Rolle der USA im internationalen Finanzsystem – mit dem Dollar als Stützpfeiler des Nachkriegssystems – und der militärischen Überlegenheit beruhte.

Diese Täuschung war zum Teil deshalb so verblüffend erfolgreich, weil die führenden Kreise im US-Establishment begriffen, wie wichtig es war, den reichen und oft korrupten Eliten in den Ländern, deren Märkte sie erobern wollten, einen Teil des Kuchens vor Ort abzugeben. Außerdem hatten die engen Beziehungen zwischen Washington und Hollywood dazu geführt, dass innerhalb der US-Regierung ein sehr effektiver Propagandaapparat entstanden war, der in den meisten Ländern die Hoffnung der Menschen auf eine bessere Zukunft genährt hatte. Wie dem auch sei, das sich nach 1945 herausbildende System wurde von einer überwältigenden Macht, den Vereinigten Staaten von Amerika, und einer wachsenden Anzahl von Vasallenstaaten gebildet, deren reiche Führungseliten ihre Existenz auf die eine oder andere Weise dem guten Willen der Vereinigten Staaten verdankten.

Wie in den vorherigen Kapiteln beschrieben, war die amerikanische Geschichte des letzten Jahrhunderts von einem zunehmend mächtigen Kartell der Finanzeliten und der von diesen kontrollierten Industriekonzerne geprägt. Allein deren Interessen, und nicht etwa die Interessen der Nation oder ihrer Bürger, definierten die Prioritäten dieses mächtigen Kartells. Die allgegenwärtige Kontrolle über die Medien des Landes ermöglichte es den Propagandaexperten des Kartells, dessen eigene Interessen als »Amerikas Interessen« darzustellen.

Die Philosophie der amerikanischen Expansionspolitiker wie Frederick Jackson Turner und Brooks Adams, wonach Amerika aufgrund einer von Gott gegebenen »Manifest Destiny« seine Grenzen ständig weiter ausdehnen konnte, war die mystische oder romantische Verbrämung der Tatsache, dass sich die kartellisierte und zunehmend konzentrierte Monopolwirtschaft des Money Trusts seit dessen Entstehen in der Zeit nach 1860 immer neue Märkte erobern musste, um bestehen zu können. Das Wirtschaftsmodell dieser Interessen war das der britischen Ostindiengesellschaft, oder genauer der Piraterie der nordafrikanischen Barbareskenstaaten, die zur Aufrechterhaltung ihres jeweiligen Imperiums eine Weltregion nach der anderen völlig ausplünderten und so wenig

Brauchbares wie möglich zurückließen. Die Rockefeller-Interessen, die prominentesten Vertreter dieser Idee der »Manifest Destiny« in der Nachkriegszeit, betrachteten die gesamte Welt als eine derartige »Grenze«.[17]

Im Jahre 1944 erklärte der Staatssekretär im US-Außenministerium Dean Acheson vor einem Kongressausschuss, der sich mit der Wirtschaft in der Nachkriegszeit beschäftigte: »... keine Gruppe ... hat je daran geglaubt, dass unsere eigenen Märkte unsere gesamte Produktion in unseren derzeitigen System aufnehmen könnten. Deshalb muss man sich nach anderen Märkten umsehen, und diese Märkte finden sich im Ausland.«[18]

Die verschiedentlich geäußerte Bezeichnung »Architekt des Kalten Krieges« erhielt Acheson nicht von ungefähr. Acheson entwarf die »Truman-Doktrin«. Er überzeugte Truman, 1950 einen nicht erklärten Krieg gegen Korea zu führen; und er spielte auch 1944 beim Zustandekommen der Vereinbarungen von Bretton Woods eine Rolle, denn dieses System sollte den USA bei der Suche nach »Auslandsmärkten« helfen.

1945 konnten die außenpolitischen Kreise beim New Yorker *Council on Foreign Relations* und in Washington von sich behaupten, bei ihren Plänen große Fortschritte erzielt zu haben. Ihr einziges Problem sahen sie darin, dass sie irgendwann die beiden großen Gebiete, die ihrer wirtschaftlichen Expansion, ihrer »Manifest Destiny«, zunächst verschlossen blieben – die Sowjetunion und später die Volksrepublik China –, zerstören oder zumindest empfindlich schwächen mussten, wenn sie weltweit alle Volkswirtschaften und Märkte kontrollieren wollten.

Während seiner Arbeit im *War & Peace Studies*-Projekt für die Rockefellers und beim *Council on Foreign Relations* überzeugte Isaiah Bowman den alternden Vater der britischen Geopolitik, Sir Halford Mackinder, davon, einen strategischen Beitrag für das CFR-Journal *Foreign Affairs* zu verfassen und seine Vorstellungen über eine geopolitische Ordnung der Nachkriegszeit darzulegen. Der mit »The Round World and the Winning of Peace« (etwa: »Der Erdball und der Sieg für den Frieden«) überschriebene Aufsatz erschien im Juli 1943 in *Foreign Affairs*, also fast ein Jahr vor der Landung der Alliierten in der Normandie.

In seinem Aufsatz legte Mackinder seine Vision einer von den USA beherrschten Nachkriegsordnung dar. Er wiederholte noch einmal seine 1904 formulierte ursprüngliche Definition des Herzlandes als dem wichtigsten Gegner der fortgesetzten anglo-amerikanischen Überlegenheit nach dem Krieg. Was er als Herzland definierte, entsprach im Wesentlichen dem Territorium der damaligen Sowjetunion.

Mackinder brachte gewissermaßen die geopolitische Saat für den späteren Kalten Krieg aus. Er schrieb: »Die Schlussfolgerung ist unvermeidlich: wenn die Sowjetunion aus diesem Krieg als Eroberer Deutschlands hervorgeht, dann wird sie zur größten Landmacht der Erde. Darüber hinaus wird sie sich in der strategisch stärksten Verteidigungsposition befinden. Das Herzland ist die größte natürliche Festung der Welt.«[19]

Bowman und die führenden Kreise der US-Außenpolitik nahmen sich diese Lektion offensichtlich zu Herzen, aber in einem amerikanischen Zusammenhang und nicht in dem Sinne von Mackinder, der damals Sowjetrussland als Alliierten der Anglo-Amerikaner bei der Eindämmung Deutschlands nach dem Krieg betrachtet hatte.

Schon kurz nach Roosevelts Tod betrachteten das US-Establishment und Churchill gleichermaßen die Sowjetunion, ihren Alliierten der Kriegszeit, als ihren Hauptfeind, als Bedrohung für den Weltfrieden. Nach Churchills Ansicht hieß das – und zwar schon in der Zeit vor dem offiziellen Kriegsende –, dass man Deutschland zu irgendeinem späteren Zeitpunkt als den nunmehr schwächeren der beiden Rivalen Englands um die Hegemonie in Eurasien gewinnen musste; strikt nach der britischen Kalkulation des Machtgleichgewichts, demzufolge Stalins Sowjetunion nunmehr Englands stärkerer Rivale um diese Position war. Dieses Kalkül hatte mit Ideologie nichts zu tun, sondern war rein geopolitischer Natur. Kaum jemand verstand das – und aus Londoner Sicht sollte man es auch gar nicht verstehen.

Am 15. April 1945, wenige Tage nach Roosevelts Beerdigung und wenige Wochen vor der Kapitulation Deutschlands, trafen sich hochrangige amerikanische und britische Außenpolitiker zu Gesprächen hinter verschlossenen Türen in Washington. Zu den 15 einflussreichsten Gesprächsteilnehmern zählten John J. McCloy, damals stellvertretender Kriegsminister, der Präsident von *General Motors*, ein wichtiger Rüstungsunternehmer und mehrere handverlesene Establishment-Insider. Diese Herren unterhielten sich darüber, wie man angesichts der in Amerika vorherrschenden Ansicht, dass der Krieg gewonnen sei und jetzt der Frieden wieder einkehren werde, die Militäraktionen Amerikas von Deutschland auf die Sowjetunion verlagern könnte. Sie verständigten sich darauf, dass so ein radikaler Umschwung in der öffentlichen Meinung in den USA gegen den Kriegsalliierten Sowjetunion nur dann möglich war, wenn man Stalin zu einem aggressiven Vorgehen provozieren könnte, das wie ein Vertrauensbruch und eine Bedrohung des Friedens aussähe.[20] Sie hatten die Lektion vom britischen Machtgleichgewicht verstanden und machten sich nunmehr daran, diese Lektion in verhängnisvoller Weise auf die amerikanische Außenpolitik anzuwenden.

Ihnen war klar: Mit einer feindlichen Sowjetunion an der Ostgrenze Westeuropas entstand de facto ein neuer Wirtschaftsraum in Westeuropa, Japan, großen Teilen Asiens, Afrikas und Lateinamerikas, der nach 1945 von den USA beherrscht sein würde; ein Raum, dessen Sicherheit von der militärischen Stärke Amerikas abhängen würde. Mit der Beherrschung dieses riesigen Raumes sollte die Strategie der *War & Peace Studies* des CFR umgesetzt werden, in der Nachkriegszeit ein amerikanisches Empire zu errichten, das nicht ausdrücklich so genannt wurde.

Mitten in der Öl- und Nahrungsmittelkrise der 1970er-Jahre hat Henry Kissinger, damals sowohl Außenminister als auch Präsident Nixons Nationaler Sicherheitsberater, angeblich erklärt: »Herrsche über das Öl, und du herrschst über ganze Länder oder gar Kontinente; herrsche über die Nahrungsmittel, und du herrscht über die Menschen; herrsche über das Geld, und du herrschst über die ganze Welt.«[21]

1945 kontrollierte die *Federal Reserve*, die Zentralbank der Vereinigten Staaten, den größten Teil des Währungsgoldes der »freien Welt«. Mit ihrer Währung, dem Dollar, sollten die USA gemäß dem von Washington und den Wall-Street-Banken entworfenen System von Bretton Woods die weltweite Kontrolle über das Geld übernehmen. Schon ab 1941, als die US-Geopolitiker damit rechneten, dass Hitlers Vormarsch gegen die Sowjetunion Deutschland als potenziellen künftigen Rivalen ausschalten würde, legten sie die Grundlage für die wirtschaftliche Hegemonie der USA in der Nachkriegszeit. Damit hatten sie auch großen Erfolg – allerdings nur zeitweise.

Die Errichtung des Dollar-Systems in Bretton Woods

Das Zentrum der amerikanischen Wirtschaftsstrategie für die Welt nach dem Zweiten Weltkrieg war das noch während des Krieges getroffene Abkommen zwischen den Alliierten, das später als Bretton-Woods-Abkommen bezeichnet wurde. Es bestand im Kern aus der Förderung des freien Handels und sah den US-Dollar als einzige Währung beim Welthandel vor.

Zu diesem freien Handel in der Welt gehörten die Senkung von Zöllen und die Aufhebung protektionistischer Maßnahmen einzelner

Länder, die den Fluss vor allem US-amerikanischer Güter auf die Weltmärkte behinderten. Bereits 1846, als die britische Regierung die zu Beginn des 19. Jahrhunderts mit dem »Corn Law« erlassenen protektionistischen Maßnahmen für landwirtschaftliche Erzeugnisse aufgeben mussten, war den Engländern klar geworden, dass »freier Handel« und »gleiche Wettbewerbsbedingungen« nur Kampfparolen der stärksten Volkswirtschaften sind, wenn sie weniger entwickelte Märkte für ihre Erzeugnisse erschließen wollen. Nach 1945 sollten die Führungskreise der amerikanischen Industrie und Banken dieses System praktisch zu einem religiösen Dogma erheben.

Den Volkswirtschaften in Europa blieb angesichts der Verwüstungen durch sechs Jahre Krieg kaum eine andere Wahl, als sich den amerikanischen Vorstellungen über das Management der internationalen Wirtschaft in der Nachkriegszeit anzuschließen. Selbst Großbritannien, das doch für sich in Anspruch nahm, den Vereinigten Staaten am Verhandlungstisch mindestens ebenbürtig zu sein, musste sich angesichts brutaler Forderungen der USA eine bittere Lektion in Sachen Erniedrigung gefallen lassen.

Zur endgültigen Einigung über eine Neue Weltordnung in Währungs- und Wirtschaftsfragen nach dem Zweiten Weltkrieg kam es im Juli 1944 im Hotel *Mount Washington* in Bretton Woods im US-Bundesstaat New Hampshire. Zuvor hatte es monatelange erbitterte Auseinandersetzungen gegeben, insbesondere zwischen den britischen und amerikanischen Verhandlungsführern. Von zentraler Bedeutung bei dem Abkommen war die anglo-amerikanische Hegemonie über das Weltfinanz- und Handelssystem. Die entscheidenden Bedingungen waren bereits seit 1941 bei privaten Verhandlungen zwischen Lord Keynes, dem Berater des britischen Finanzministeriums, und Harry Dexter White, dem Stellvertreter von US-Finanzminister Morgenthau, ausgehandelt worden.[22]

Das Treffen der »Vereinten Nationen« – so Roosevelts Bezeichnung – in Bretton Woods sollte zur ersten institutionellen Einrichtung einer neuen Organisation der Vereinten Nationen (UNO) nach dem Krieg werden, die den von England dominierten Völkerbund ablösen sollte. Anders als beim Völkerbund sollten bei der UNO die USA den Ton angeben, und die UNO sollte im Wesentlichen die amerikanischen Pläne für die Nachkriegszeit umsetzen. Selbst das Baugelände für das UNO-Hauptquartier in Manhattan wurde von der Rockefeller-Familie gestiftet. Aufgrund des rapiden Anstiegs der Grundstückspreise in der Umgebung, wo nun die diplomatischen Vertretungen der vielen Mitgliedsländer er-

Im Hotel Mount Washington *in New Hampshire setzten Amerikas Verhandlungsführer die Einzelheiten der US-Währungshegemonie für die Nachkriegszeit durch – in dem sogenannten Vertrag von Bretton Woods.*

richtet wurden, erwies sich diese ursprüngliche Großzügigkeit als eine lohnende Investition.

Nach vielen Auseinandersetzungen setzte sich Washington gegenüber den Engländern in Bezug auf Stimmrechte, Regeln und andere wichtige Aspekte der neuen Bretton-Woods-Institutionen IWF und Weltbank durch.

Um sicherzugehen, dass die USA zur Gründung der UNO über genügend Stimmen verfügten, sorgte Nelson Rockefeller höchstpersönlich dafür, dass es zu einem erstaunlichen – und von einigen Medien als politisch peinlich bezeichneten – »Bündeln« der Stimmen zugunsten der amerikanischen Pläne kam. Damit gewann Rockefeller die Stimmen der 14 Mitgliedsländer der Panamerikanischen Union, von denen sieben – darunter Argentinien – während des Zweiten Weltkriegs neutral gewesen waren. Nelson Rockefeller, der vom US-Präsidenten gerade zum stellvertretenden Minister für Lateinamerika ernannt worden war, stellte den lateinamerikanischen Ländern ein Ultimatum, wonach sie nicht an der Schaffung der neuen Organisation der Vereinten Nationen – dem Herzstück des geopolitischen Plans der *War & Peace Studies des CFR* für die Amerikas Herrschaft nach dem Krieg – teilnehmen könnten, wenn sie nicht bis Februar 1945 den Achsenmächten den Krieg erklärten. Diese formelle Kriegserklärung gegen die Achsenmächte war nach dem gerade getroffenen Drei-Mächte-Abkommen von Jalta erforderlich. Nur Argentinien blieb außen vor, aber man brauchte seine Stimme als Gegengewicht gegen die Stimmen Englands. Rockefeller gelang es, den bereits kranken Roosevelt dazu zu bewegen, Argentinien schriftlich zur Gründung der UNO einzuladen, obwohl das Land gegen die nur wenige Wochen zuvor in Jalta erreichten Vereinbarungen mit England und der UdSSR verstoßen hatte, wonach nur jene Länder Gründungsmitglieder der UNO sein dürften, die Deutschland den Krieg erklärt hatten. Diese Geste war militärisch bedeutungslos, weil der Krieg praktisch beendet war. Das Ganze war ein Trick von Nelson Rockefeller, die Stimmen bei der Gründung der Vereinten Nationen gegen Großbritannien zu bündeln, das seinerseits seine Herrschaftsgebiete (Dominions) und die Länder des *Commonwealth* einsetzte, um ihre Stimmenzahl zu erhöhen. Stalin schäumte vor Wut.[23]

Das Bretton-Woods-System sollte auf drei Säulen beruhen: dem Internationalen Währungsfonds (IWF), dessen Gelder aus den Beiträgen der Mitgliedsländer eine Notreserve bei Zahlungsbilanzschwierigkeiten bilden sollten; einer Weltbank oder Internationalen Bank für Wiederaufbau und Entwicklung, die Mitgliedsländern Kredite für Großprojekte gewähren sollte; und etwas später einem Allgemeinen Zoll- und Handelsabkommen (GATT), bei dem durch Gesprächsrunden über Zollsenkungen ein Fahrplan für den »freien Handel« entwickelt werden sollte.

Jedes Mitgliedsland sollte aufgrund einer bestimmten Quote Beträge in Gold und Landeswährung in einen gemeinsamen IWF-Fonds einzahlen. Gemäß ihrem Anteil an der Gesamtquote des IWF sollte ein Mitgliedsland im IWF-Direktorium (*Board of Governors*) eine entsprechende Anzahl von Stimmen erhalten. Es war von vornherein ein Spiel nach US-amerikanischen Regeln. Die USA mit den größten Goldreserven der Welt bekamen schließlich 28 Prozent der Stimmen, das Vereinigte Königreich erhielt 13 Prozent. Dagegen verfügte Frankreich nur über magere fünf Prozent. Damit war der neu geschaffene IWF ein Instrument der Anglo-Amerikaner zur Gestaltung ihrer Version der weltwirtschaftlichen Entwicklung nach dem Krieg.[24]

Bretton Woods bedeutete gegenüber dem früheren Goldstandard eine willkommene Verbesserung für die Vereinigten Staaten, denn alle Unterzeichnerländer des Abkommens willigten ein, den Wert ihrer Währungen nicht an Gold, sondern an den US-Dollar zu koppeln. Wie in England ein Jahrhundert zuvor, so wurde 1945 behauptet, der Dollar wäre »so gut wie Gold«. Innerhalb von 20 Jahren sollte sich dieses Axiom der internationalen Finanzstabilität als tragische Täuschung erweisen. 1945 war es allerdings die Realität. Europa brauchte dringend Kredite für den Wiederaufbau. Die Währungen waren nicht konvertibel, und die Wirtschaft lag in Trümmern.

Die New Yorker *Federal Reserve Bank*, ein privates, seit seiner Gründung im Jahre 1913 vom Money Trust der Wall Street kontrolliertes Finanzinstitut, bildete den Kern des neuen internationalen Finanzsystems, das über das meiste Währungsgold der nicht kommunistischen Welt verfügte. Den USA bot das Währungssystem von Bretton Woods einmalige Vorteile. In der Praxis bedeutete es, dass die anderen Länder, da der US-Dollar die Hauptreservewährung war, ihre Währungen an den Dollar koppeln mussten und – wenn die Konvertibilität wiederhergestellt war – diese Dollars kaufen oder verkaufen mussten, um die Schwankung der Währungsparitäten in einer Bandbreite von plus/minus einem Prozent zu halten, wie es die Regeln des IWF verlangten. Damit trat der US-Dollar an die Stelle, die das Gold zur Zeit des Goldstandards im internationalen Finanzsystem eingenommen hatte. In der Praxis bedeutete dies, dass der Welthandel fast ausschließlich in US-Dollars abgewickelt wurde – und das sollte sich später als entscheidender Vorteil für die USA erweisen.

Diese Rolle des US-Dollars als unangefochtene Weltreservewährung war eine der wichtigsten Säulen der Macht der USA nach dem Krieg. Die zweite Säule war die unangefochtene Rolle der Vereinigten Staaten als alleinige militärische Supermacht, eine Überlegenheit, die nicht einmal die Sowjetunion während des Kalten Krieges ernsthaft infrage stellen konnte. Die am Zweiten Weltkrieg beteiligten Länder Westeuropas waren hoch verschuldet und hatten auf amerikanisches Verlangen große Mengen Gold in die Vereinigten Staaten transferieren müssen. Auch dies trug zur Überlegenheit der Vereinigten Staaten als »Führungsmacht der freien Welt« nach 1945 bei.

Unter dem System von Bretton Woods war die Währung eines jeden Mitgliedslandes an den US-Dollar gekoppelt. Der US-Dollar seinerseits wurde bei 35 Dollar für die Feinunze Gold fixiert, eine Rate, die Präsident Roosevelt 1934 auf dem Tiefpunkt der Großen Depression festgelegt hatte, noch bevor die wirtschaftlichen Auswirkungen eines Weltkrieges spürbar wurden. Der Unterschied zu dem vorherigen Golddevisenstandard von 1919 bis 1934 bestand darin, dass die Vereinigten Staaten dieses Mal weder politische noch militärische Konkurrenz um die Welthegemonie fürchten mussten. Sie konnten die Bedingungen buchstäblich diktieren. Und genau das taten sie auch.

Da die New York *Federal Reserve Bank* während des Krieges den Großteil der staatlichen Goldreserven aufgehäuft hatte, und da der Dollar aus den Verwüstungen des Krieges als stärkste Währung der Welt hervorgegangen war – noch dazu gestützt von der unzweifelhaft stärksten Wirtschaft der Welt –, konnte kaum jemand nach dem Krieg einem US-Dollar-Standard etwas entgegensetzen.

Die Errichtung des IWF nach Washingtons Vorstellungen verschaffte den US-Banken und Finanzinteressen nach dem Krieg international enorme Vorteile. Gleichzeitig wurde der US-Dollar zur Weltreservewährung, die de facto das Gold ersetzte. Dies sollte 1973 offiziell besiegelt werden.

Diese außergewöhnliche Rolle des US-Dollars verschaffte dem US-Kapital in der Nachkriegszeit einen enormen Vorteil gegenüber potenziellen Rivalen wie dem britischen Pfund Sterling, der Deutschen Mark oder dem französischen Franc. Wichtiger noch: Sie gab dem US-Finanzministerium und der *Federal Reserve* die uneingeschränkte Macht, Dollars in praktisch unbegrenzter Höhe als Weltreservewährung in Umlauf zu setzen, ohne Rücksicht auf eine Golddeckung.

In Wirklichkeit war der Dollar zwar nicht »so gut wie Gold«, er wurde aber von anderen Ländern jahrelang so behandelt. Unter Führung von Rockefellers Finanzinstituten *Chase Bank* und *National City Bank* hatten New Yorks Finanzhäuser die Stelle als »Bankier für die Welt« eingenommen, die London vor 1914 innegehabt hatte. In der Nachkriegszeit wurde viel amerikanisches Kapital in Europa, Lateinamerika und der ganzen übrigen Welt investiert. Verhängnisvollerweise machte es die Rolle des US-Dollars als Weltreservewährung auch möglich, dass die Vereinigten Staaten ihre weltweiten Militärausgaben dadurch finanzierten, dass sie einfach neue Dollars in Umlauf brachten, d. h. druckten, anstatt – wie verwunderte sowjetische Ökonomen richtigerweise betonten – die eigenen Goldreserven zu erhöhen. Kein anderes Land konnte sich diesen Luxus erlauben.[25]

Anfänglich spielten der IWF und die Weltbank aber nur eine untergeordnete Rolle, während eine leicht veränderte Strategie der Geopolitik nach Roosevelts Tod 1945 unter Präsident Truman langsam Gestalt annahm. Bowmans *War & Peace Study Group* beim CFR war ursprünglich davon ausgegangen, dass sich die USA nach dem Krieg mit Russland und den anderen alliierten Nationen verbünden sollten, um sicherzustellen, dass Deutschland nicht wieder zu einer starken Nation aufsteigen könnte. Außerdem sollte China als Alliierter gegen ein mögliches Wiedererstarken Japans fungieren. Truman dagegen war aufgeschlossener für die Vorschläge von Averell Harriman, dem ehemaligen US-Botschafter in Moskau, und die von US-Außenminister Dean Acheson, die beide zu einem stärkeren Widerstand gegen Stalins Vorgehen in Osteuropa rieten, auch wenn dies gegen die in Jalta erreichte Vereinbarung verstieß. Die großartigen Pläne zur Ausweitung des amerikanischen »Lebensraums«, die Roosevelt mit seiner Vorstellung von den Vereinten Nationen gehegt hatte, wurden einstweilen auf Eis gelegt. Washington wollte dieselben Pläne lieber bilateral verfolgen, d. h. mit England.

Churchill war 1946 nach Fulton in Trumans Heimatstaat Missouri gekommen, wo er seine berühmte Rede über den »Eisernen Vorhang« hielt und erklärte, dass im Augenblick Europa neu geteilt werde. Spätestens seit 1943 hatten Churchill und die ihm nahestehenden Kreise des englischen *Round Tables* damit gerechnet, dass sie einen neuen Konflikt mit den Sowjets schüren müssten, damit sich England bei dem unerfahrenen Washington als unverzichtbarer »Vermittler« zwischen den Sowjets und den Vereinigten Staaten andienen konnte. Bereits Anfang 1945, noch vor der Kapitulation Deutschlands, hatte Churchill angeordnet, die gefangen genommenen deutschen Divisionen intakt zu halten und ihnen ihre Waffen zu belassen, weil man daran dachte, sie möglicherweise gegen die sowjetische Rote Armee einzusetzen. Ein sehr ungewöhnliches Vorgehen. Aus militärischen Gründen widersetzten sich General Eisenhower und das Weiße Haus diesem Plan. Er machte aber deutlich, dass England sich bereits auf die nächste Phase des Kampfes in einer »balance of power«-Welt vorbereitete.[26]

Churchill war klar, dass sich England selbst mit einer von Roosevelt regierten USA hart würde auseinandersetzen müssen, wenn es auch nur den Anschein seiner Vorkriegsmacht wahren wollte. Truman stellte schon sehr früh klar, dass genau dies der Fall sein würde.

Als eine seiner ersten und unerwarteten Amtshandlungen als Präsident hatte Truman die Unterstützungen nach dem Leih- und Pachtgesetz für England direkt nach der Kapitulation Japans im August 1945 eingestellt und die Rückzahlung der Kriegskredite gefordert. Die Briten waren überrascht, denn sie hatten erwartet, dass die USA ihre großzügige Hilfe auch beim Wiederaufbau nach dem Krieg fortführen würden. Anfang 1945 waren 55 Prozent der englischen Arbeitskräfte entweder im Krieg oder in der Kriegsproduktion beschäftigt. Die strenge Rationierungspolitik der Kriegszeit hatte dazu geführt, dass der Pro-Kopf-Verbrauch in England um 16 Prozent unter das Niveau von 1938 gefallen war. Am Ende des Krieges betrugen Englands Gold- und Dollar-Reserven nicht einmal mehr 1500 Millionen Dollar, die kurzfristige Verschuldung lag bei ungeheuren zwölf Milliarden Dollar. Mit Ausnahme der Rüstungsindustrie war die britische Industrie in einem desolaten Zustand. Die Kohleproduktion war dramatisch gesunken, Stromausfälle waren an der Tagesordnung. Millionen heimkehrende Soldaten mussten wieder in eine schwer angeschlagene zivile Wirtschaft integriert werden.[27]

Trumans Entscheidung, diese Hilfslieferungen einzustellen, richtete sich direkt gegen London, denn zur gleichen Zeit machte Truman im Falle Chinas eine Ausnahme und ließ die Unterstützungen nach dem Leih- und Pachtgesetz weiterlaufen.[28] Für Washington und die Kreise um den CFR richtete sich die Streichung der amerikanischen Kredite und Hilfslieferungen gezielt gegen einen potenziellen wirtschaftlichen Konkurrenten nach dem Krieg, nämlich Großbritannien mit seinen Sterling-Präferenzabkommen, mit seinen Herrschaftsgebieten (Dominions) in der ganzen Welt und mit seinen vielen Kolonien.

Es war klar: Roosevelt und die Rockefellers waren nicht in den Krieg gezogen, um das Britische Empire zu retten. Ganz im Gegenteil, England musste in die Knie gezwungen werden, damit es sich als der eindeutig kleinere Partner an einer anglo-amerikanischen »Special Relationship« beteiligte. Der spätere britische Premierminister Harold Macmillan, der während des Zweiten Weltkriegs persönlicher Gesandter von Winston Churchill gewesen war, formulierte diese neue Realität gegenüber dem prominenten englischen Sozialdemokraten Richard Crossman folgendermaßen: »Mein lieber Crossman, wir sind die Griechen in diesem Amerikanischen Empire. Sie sehen vielleicht die Amerikaner so, wie die Griechen die Römer empfunden haben – dick, vulgär, geschäftig, dynamischer als wir und doch ruhiger, mit weniger unverdorbenen Tugenden, aber auch korrupter. Wir müssen das Hauptquartier der Alliierten Streitkräfte so führen, wie die griechischen Sklaven die Geschäfte für Kaiser Claudius geführt haben.«[29]

Der Marschallplan: der Beginn des Amerikanischen Jahrhunderts

1947 war Washington bereit, Westeuropa in seinen Wirtschaftsraum zu integrieren und die Sowjets zu isolieren. Deshalb wurde ein bilateraler Marshallplan für den Wiederaufbau Europas vorgeschlagen.

Den mächtigen Vertretern des sogenannten Ostküsten-Establishments, d. h. den zumeist mit der Rockefeller-Gruppe verbundenen oder ihnen zumindest nahestehenden New Yorker Banken und internationalen Konzernen, war völlig klar, was sie nach dem Krieg erreichen wollten. Der Chef von *Standard Oil* formulierte es mit schönen Worten.

1946 forderte Leo D. Welch, Direktor von Rockefellers *Standard Oil*, Washington auf, »... die politischen, militärischen, territorialen und wirtschaftlichen Erfordernisse darzulegen, die auf die Vereinigten Staaten bei der potenziellen Führung des nicht-deutschen Teils der Welt, inklusive des Vereinigten Königreichs, der westlichen Hemisphäre und des Fernen Ostens, zukommen.« Diesen Satz hätten auch die Vertreter der *War & Peace Group* des CFR genau so formulieren können.

Im amerikanischen Business-Jargon fuhr Welch fort: »Als größter Kapitalgeber und als wichtigste Beitragsquelle zu dem globalen Mechanismus müssen wir das Tempo bestimmen und die Verantwortung als Mehrheitsaktionär dieses Unternehmens übernehmen, das man die Welt nennt ... und das gilt auch nicht nur für eine bestimmte Amtszeit. Das ist eine dauernde Verpflichtung.«[30]

1948 verfasste George F. Kennan, der einflussreiche amerikanische Diplomat, der die Strategie des Kalten Krieges im US-Außenministerium maßgeblich mit formuliert hatte, für sein Ministerium ein vertrauliches internes Memorandum. In diesem Papier legte er in knappen Worten dar, was das US-Macht-Establishment im Umfeld der Rockefeller-Familie für die Nachkriegszeit plante:

»... *wir besitzen etwa 50 Prozent des Reichtums dieser Welt, stellen aber 6,3 Prozent ihrer Bevölkerung ... In einer solchen Situation werden wir unweigerlich zur Zielscheibe von Neid und Missgunst. Unsere wirkliche Aufgabe besteht deshalb in der nächsten Zeit darin, eine Form von Beziehungen zu entwickeln, die es uns erlaubt, diese Wohlstandsunterschiede ohne ernsthafte Abstriche an unserer nationalen Sicherheit beizubehalten. Dabei können wir uns keine Sentimentalitäten oder Tagträumereien leisten; unsere Aufmerksamkeit muss sich überall auf unsere unmittelbaren nationalen Ziele richten. Wir sollten uns nicht der Täu-*

schung hingeben, dass wir uns heute den Luxus von Altruismus und Weltbeglückung leisten könnten.«[31]

Kennan, der schon in den 1930er-Jahren unter Rockefellers Geschäftspartner Averell Harriman als Gesandter an der US-Botschaft in Moskau tätig war und später in Washington die Politik des »Containments« (Eindämmung) des Kalten Kriegs konzipierte, beschrieb damit die wahre Natur der US-Politik nach dem Zweiten Weltkrieg. Kühl, aber ehrlich und realistisch präsentierte Kennan das wahre Ziel der Nachkriegs-Elite der USA: Die Beherrschung der ganzen Welt – oder zumindest so viel davon, wie die US-Elite 1948 bekommen konnte. Es ging also um die Herrschaft über die vom CFR vorgeschlagene »Grand Area«.

1947 legte US-Außenminister George Marshall einen zusammen mit William Clayton und George Kennan verfassten Plan für den wirtschaftlichen Wiederaufbau Europas vor. Dieser Plan sollte die Dominanz der US-Industrie, der großen Ölgesellschaften und Finanzhäuser im Nachkriegseuropa zementieren. Bekannt wurde diese Politik als »Marshallplan«, dessen offizieller Name lautete: *European Recovery Program* (ERP), also Europäisches Wiederaufbauprogramm.

Die amerikanischen Autoren der Bedingungen für die Marshallplan-Hilfe hatten darauf geachtet, das Angebot amerikanischer Hilfe beim Wiederaufbau auch der Sowjetunion zu unterbreiten, allerdings unter der Bedingung, dass Stalin die sowjetische Wirtschaft für den Westen und die Vereinigten Staaten öffnete. Da neben anderen unakzeptablen Bedingungen dabei auch vorgesehen war, dass die Sowjetunion riesige Mengen Rohstoffe an Westeuropa liefern musste, lehnte die Sowjetuni-

Die amerikanische Marshallplan-Hilfe für Europa war ein Instrument der amerikanischen Wirtschaftsstrategie.

on diese Form der Hilfe ab. Daher konnten die USA also Westeuropa wirtschaftlich dominieren, ohne mit den Sowjets kooperieren zu müssen.[32]

Bei nüchterner Betrachtung ging es bei der Marshallplan-Hilfe um den massiven Transfer amerikanischer Industriegüter nach Europa, ein sehr nützliches Vorgehen bei der Eroberung der neuen westeuropäischen Märkte. Vor allem gehörte zu diesen Hilfsmaßnahmen der Verkauf von Öl aus den Reserven des *Standard-Oil*-Imperiums der Rockefellers. Eine Anfrage des US-Senats brachte ans Licht, dass der größte Einzelposten bei der ERP-Hilfe für die Empfängerländer den Kauf amerikanischen Öls betraf – Öl, das Rockefellers *Standard Oil* zu hochgradig inflationierten Preisen geliefert hatte.[33]

Am Ende des Krieges waren die von Rockefeller kontrollierten »Fünf Schwestern«, also praktisch die gesamte US-Ölindustrie, genauso internationalisiert wie die britische. Die Hauptquellen des US-Öls befanden sich in Venezuela, im Mittleren Osten und anderen weit entlegenen Gebieten. »Big Oil«, wie man die fünf riesigen Unternehmen nannte – *Standard Oil of New Jersey* (*Exxon*), *Socony-Vaccum Oil* (*Mobil*), *Standard Oil of California* (*Chevron*), *Texaco* und *Gulf Oil* der Familie Mellon –, übernahm nach dem Krieg die Kontrolle des europäischen Erdölmarkts.

Die Verwüstungen des Krieges hatten sich stark auf die europäische Abhängigkeit von der Kohle als Hauptenergiequelle ausgewirkt. Deutschland hatte die Kohlereserven im Osten an die damalige »Sowjetzone« verloren, und die Kohleförderung im Westen Deutschlands betrug nur 40 Prozent der Vorkriegsproduktion. In Großbritannien lag die Kohleförderung um 20 Prozent unter dem Wert von 1938. Das Öl in Osteuropa lag nun hinter Churchills »Eisernem Vorhang«, unerreichbar für den Westen. 1947 wurde die Hälfte alles in Europa verbrauchten Öls von den fünf amerikanischen Ölgesellschaften geliefert.

Die großen amerikanischen Ölfirmen nutzten diese günstige Gelegenheit unverzüglich. Kongressuntersuchungen und Protesten aus der Verwaltungsbürokratie gegen den offensichtlichen Missbrauch der Marshallplan-Gelder zum Trotz zwangen die US-Ölkonzerne Europa, einen hohen Preis zu zahlen. Von 1945 und 1948 erhöhten Rockefellers Ölgesellschaften den Ölpreis für ihre europäischen Kunden um mehr als das Doppelte, von 1,05 Dollar auf 2,22 Dollar pro Barrel. Das Öl wurde zwar billig auf den Feldern der US-Gesellschaften im Mittleren Osten gefördert – die Förderpreise lagen meist bei unter 25 Cent pro Barrel –, aber die Frachtraten wurden bewusst mit einer komplizierten Formel berechnet und an die Frachtpreise gekoppelt, die für Transporte von der Karibik nach Europa galten, sodass der Endpreis erheblich höher lag. Selbst auf dem europäischen Markt gab es enorme Unterschiede bei den von den US-Konzernen geforderten Preisen. Griechenland musste 8,30 Dollar pro Tonne für Heizöl bezahlen, während England für die gleiche Ölsorte weniger als die Hälfte – genau 3,95 Dollar pro Tonne – auf den Tisch legen musste. Außerdem setzten die US-Ölgesellschaften mit Unterstützung Washingtons durch, dass die Europäer keine Marshallplan-Dollars für den Aufbau eigener Raffineriekapazitäten verwenden durften. Dadurch verstärkten die US-Ölkonzerne von »Big Oil« ihre Kontrolle über die Länder im Nachkriegseuropa noch erheblich.[34]

Der Marshallplan zum Wiederaufbau trat am 12. Juli 1947 in Kraft und blieb bis nach dem Koreakrieg 1953 wirksam. In dieser Zeit gewährte Washington wirtschaftliche und technische Hilfe im Wert von etwa 13 Milliarden Dollar für den Wiederaufbau der europäischen Staaten, die der 1948 im Zuge des Marshallplans gegründeten Organisation für Europäische Wirtschaftliche Zusammenarbeit (OEEC) mit Sitz in Paris beitraten. Diese Hilfen waren jedoch an strikte Bedingungen geknüpft. So mussten beispielsweise in Frankreich als Gegenleistung für US-Finanzhilfen amerikanische Filme gezeigt werden, was eine Schwächung der französischen Filmindustrie bedeutete. Amerika war sich der Bedeutung Hollywoods als Propagandainstrument für die unterschwellige Werbung für den »American Way of Life« und amerikanische Güter sehr wohl bewusst. Darüber hinaus ermöglichte es der Marshallplan großen US-Konzernen, sich in die europäische Industrie einzukaufen, und zwar zu Schnäppchenpreisen, da die europäischen Währungen gegenüber dem Dollar stark gefallen waren.

Anfänglich wurden die Marshallplan-Gelder vornehmlich zum Kauf von Nahrungsmitteln und Treibstoffen aus den USA verwendet, später dann für Industriegüter, die beim Wiederaufbau benötigt wurden. Nach dem Beginn des Koreakriegs im Juni 1950 wurde ein immer größerer Teil der Mittel im Zuge der Gründung der neuen nordatlantischen Verteidigungsorganisation NATO für den militärischen Wiederaufbau in Westeuropa benutzt. Dabei stammten die meisten Rüstungsgüter aus den USA. Amerikanische Rüstungsexporte wurden zur strategischen Priorität bei der US-amerikanischen Exportpolitik.

Die NATO und der Kalte Krieg festigen den europäischen Wirtschaftsraum

Trumans Außenminister Dean Acheson, ein bekannter Kriegsfalke, bedrängte den Präsidenten, England bei der Unterstützung der antikommunistischen Kräfte in Griechenland zu helfen. Churchill hatte diese Militärhilfe eingefädelt, um der liberalen Regierung Tsaldaris beizustehen, die sich seit 1946 der starken Kommunistischen Partei Griechenlands (KKE) erwehren musste, die gewaltsam nach der Macht strebte.

Bei einem Treffen im Oktober 1944 in Moskau hatten Churchill und Stalin sich darauf geeinigt, Südosteuropa in sowjetische und britische Interessengebiete aufzuteilen. Dabei hatte Churchill vorgeschlagen, dass die Sowjetunion 90 Prozent Einfluss in Rumänien und 75 Prozent Einfluss in Bulgarien erhalten sollte. Großbritannien sollte 90 Prozent Einfluss in Griechenland bekommen. Ungarn und Jugoslawien sollten durch beide Großmächte nach Churchills Vorschlag zu je 50 Prozent kontrolliert werden.

Die Außenminister beider Mächte, Anthony Eden und Wjatscheslaw Molotow, verhandelten am 10. und 11. Oktober 1944 konkret über diese prozentuale Aufteilung Südosteuropas. Das Ergebnis war, dass die Anteile des sowjetischen Einflusses in Bulgarien und, wichtiger noch, in Ungarn abgeändert wurden und jetzt in jedem Fall 80 Prozent betrugen – ansonsten wurde kein weiteres Land genannt. Stalin hielt sein Versprechen in Griechenland; England unterstützte im dortigen Bürgerkrieg die griechischen Regierungstruppen, die Sowjetunion stellte ihre Hilfe für die kommunistischen Partisanen ein.[35]

Es gelang Acheson trotz dieser Tatsache, Präsident Truman davon zu überzeugen, dass eine klare Unterstützungserklärung für die Freiheit in Griechenland nötig sei, obwohl Griechenland zu dieser Zeit für die US-Interessen in Europa nicht als strategische Priorität galt.

Vor dem US-Kongress am 12. März 1947 – also während des Bürgerkriegs in Griechenland – verkündete Truman die später als »Truman-Doktrin« bezeichnete Politik der USA. Dabei erklärte er: »Ich glaube, dass es die Politik der Vereinigten Staaten sein muss, die freien Völker, die sich der versuchten Unterwerfung durch bewaffnete Minderheiten oder durch Druck von außen widersetzen, zu unterstützen.«

Truman betonte, Griechenland und die Türkei würden unweigerlich dem Kommunismus in die Hände fallen, wenn sie nicht die erforderliche Unterstützung bekämen. Das hätte Folgen für die Gesamtregion. Genauso wurde auch zwei Jahrzehnte später in Bezug auf Vietnam argumentiert.

Überraschenderweise erhielt Truman die Unterstützung des einflussreichen Vorsitzenden des außenpolitischen Ausschusses und ehemaligen Vertreters der Isolationisten im Senat, Arthur H. Vandenberg. Dieser hatte unter dem Einfluss der höchst attraktiven »Mata Hari« des englischen Geheimdienstes, Evelyn Paterson, »das Licht gesehen«. Im April 1946 hatte Vandenberg kurz nach Beginn seiner geheimen Liaison mit Paterson überraschend seinen Standpunkt geändert und seine Kollegen im Senat dafür gewonnen, England einen dringend benötigten US-Kredit zu gewähren. Jetzt, im März 1947, überzeugte dieser republikanische Senator den mehrheitlich mit Republikanern besetzten Kongress. »Auf Drängen des Vereinigten Königreichs« verabschiedete der US-Kongress nach einem Besuch des griechischen Premierministers Tsaldaris die Truman-Doktrin.[36]

Knapp ein Jahr nach seiner berühmten Rede im Beisein von Truman in Fulton (Missouri) über den Eisernen Vorhang gelang es Churchill, den US-Präsidenten in seine Kalte-Kriegs-Strategie gegen die Sowjetunion hineinzuziehen. Führende Kreise in den USA im Umkreis der Rockefeller-Familie und des *Council on Foreign Relations* hatten, wenn auch aus ganz anderen Motiven, seit Monaten dieselbe Politik verlangt. Sie wollten ihren »amerikanischen Lebensraum« errichten, nachdem deutlich geworden war, dass Stalin die wirtschaftliche Eroberung Russlands durch die USA nicht zulassen würde.

Diese »Truman-Doktrin« zielte darauf ab, dass die USA das Britische Empire bzw. England als militärischen und wirtschaftlichen Garanten Griechenlands und der Türkei verdrängen sollten. Diese Doktrin bedeutete eine radikale Umorientierung der US-Außenpolitik. Ein Historiker beschrieb es so: »Zum ersten Mal in ihrer Geschichte hatten sich die Vereinigten Staaten entschlossen, sich in Friedenszeiten in die Angelegenheiten von Völkern außerhalb Nord- und Südamerikas einzumischen.«[37]

Die Basis für diese interventionistische Truman-Doktrin war in einem spektakulären Artikel in der CFR-Zeitschrift *Foreign Affairs* gelegt worden, den der Herausgeber dieser Zeitschrift, Hamilton Fish Armstrong, der gleichzeitig Führungsmitglied der *War & Peace Studies* des CFR war, in Auftrag gegeben hatte und der Ende Juni 1947 unter dem Decknamen »Mr. X.« erschien. Der Artikel beruhte auf einem »langen Telegramm aus Moskau«, das der Planungschef im US-Außenministerium, George F. Kennan, in seiner Zeit als Stellvertreter von US-Botschafter Harriman in Moskau verfasst hatte. Anfang 1946 hatte Washington bei der US-Botschaft in Moskau angefragt, warum die Sowjets die neu geschaffene Weltbank und den Internationalen Währungsfonds nicht unterstützten. Als Antwort sandte Kennan im Februar 1946 das besagte »lange Telegramm« an Verteidigungsminister James Forrestal, in dem er seine Ansicht über die Politik der Sowjets darlegte. Forrestal, der zu den engsten Verbündeten der Rockefellers in der Regierung Truman zählte, machte den CFR auf Kennans Telegramm aufmerksam.

Unter anderem behauptete Kennan, die Sowjets seien zwar der Logik der Vernunft nicht zugänglich, der Logik der Gewalt dagegen umso mehr. Nach Ansicht des stalinistischen Staates sei die Welt unüberbrückbar zwischen Kommunismus und Kapitalismus geteilt. Das war die Geburtsstunde des »Containments« (der Eindämmung) der Sowjetunion als amerikanische Politik. 40 Jahre lang sollte dies die Grundlage für die amerikanische Eindämmungspolitik und den Kalten Krieg bilden.[38]

Die amerikanische Außenpolitik wandelte sich also von einem Bündnis mit der Sowjetunion gegen die Bedrohung durch Nazi-Deutschland schrittweise zu einem Bündnis mit dem gedemütigten Nachkriegsdeutschland gegen die Bedrohung durch die Sowjetunion. Das war die typische britische Politik des »Machtgleichgewichts«, nur eben auf amerikanische Art. Allerdings reichten die Griechenland-Krise, die Berlin-Blockade und selbst die Regierungsübernahme der Kommunisten in der Tschechoslowakei im Februar 1948 – die zwar den bis dahin zögerlichen US-Kongress dazu bewogen, der Marshallplan-Finanzhilfen für Westeuropa zuzustimmen, und die auch schon bald zur amerikanischen Unterstützung für die NATO führten – nicht für die Art amerikanischer Umstrukturierung der Wirtschaft aus, die die mächtigen Banken- und Industriekreise des Establishments brauchten.

Noch nicht einmal der Sieg der Kommunistischen Partei Chinas unter Mao Zedong im chinesischen Bürgerkrieg, der 1949 die Kommunisten auf dem chinesischen Festland an die Macht brachte und die *Kuomintang* (KMT) des korrupten Despoten Tschiang Kai-Tschek zum Rückzug nach Taiwan zwang, sowie die Proklamation der Volksrepublik China am 1. Oktober 1949 konnten die amerikanische Öffentlichkeit so stark in Aufruhr bringen, dass sie Militärausgaben in einer Höhe zustimmte, die sich die einflussreiche Lobby der Rüstungsindustrie – viele davon waren Rockefeller-Unternehmen – erhoffte.

Ein Krieg in Korea begründet einen »National Security State«

Führende Vertreter der Regierung Truman und der Kreise in ihrem Umfeld kamen Ende 1949 zu dem Schluss, man könne in der amerikanischen Bevölkerung nur dann die Opferbereitschaft für erheblich höhere Rüstungs- und Militärausgaben, die zur Sicherung ihres neuen weltweiten »Lebensraums« nötig waren, wecken, wenn es zu einem neuen, kontrollierbaren Krieg käme, der für die Vereinigten Staaten und das noch immer fragile Westeuropa keine direkte Bedrohung darstellte.

1948 stand die US-Wirtschaft vor einer schweren Nachkriegsrezession, denn die Verträge für die Kriegsproduktion liefen aus, und zivile Aufträge in vergleichbarer Größenordnung, die das Defizit hätten decken können, gab es nicht. Zwischen 1948 und 1950 stieg die offizielle Arbeitslosigkeit in den USA um alarmierende 130 Prozent. Der nationale Produktionsindex, der auf der Höhe der Kriegsmobilisierung mit 212 seinen höchsten Stand erreicht hatte, war 1948 auf 170 und 1949 sogar auf 156 gefallen. Im ersten Quartal 1950 waren die Kapitalinvestitionen gegenüber dem Vorjahr um besorgniserregende elf Prozent gesunken. Anfang 1947 verzeichneten auch die US-Exporte einen Rückgang; von März 1949 bis März 1950 sanken sie um etwa 25 Prozent.

Aus verschiedenen Gründen wählte man Korea zum idealen Schauplatz für einen begrenzten Krieg, der in den USA die öffentliche Unterstützung für einen permanenten »national security state« legen sollte. Gemeint waren damit die enorme und dauerhafte Expansion der US-Rüstungsindustrie sowie das, was Trumans Berater, der Finanzier Bernard Baruch, als »Kalten Krieg« bezeichnete.

Ende 1948 gab Washington Pläne für die Schaffung eines neuen atlantischen Bündnisses mit den Partnerländern des Marshall-Plans bekannt, als Gegenleistung für die Einrichtung permanenter US-Militärstützpunkte in europäischen NATO-Ländern. Diese *North Atlantic Treaty Organization* (NATO) wurde im April 1949 offiziell aus der Taufe gehoben. Belgien, Luxemburg, die Niederlande, Frankreich und Großbritannien schlossen sich mit Washington zu diesem Bündnis zusammen. Innerhalb weniger Monate sollte der Korea-Krieg die europäischen NATO-Länder veranlassen, einem aktiven Verteidigungsbündnis unter Kontrolle Washingtons mit einem Hauptquartier in Brüssel zuzustimmen. Ein kriegsmüdes Europa wurde in eine Militärallianz mit Washington hineingezogen, die das Rückgrat der Strategie des Kalten Krieges bilden sollte – und das noch weit über den Zusammenbruch der Sowjetunion etwa 40 Jahre später hinaus.

Der erste militärische Kommandant der NATO, der britische Lord Ishmay, gab bekannt, es sei Zweck der NATO, »die Russen draußen, die Amerikaner drinnen und die Deutschen am Boden zu halten«[39]. Das sollte sich im Verlauf des Korea-Krieges zwar noch ändern, als Washington die deutsche Stahlindustrie um Hilfe für die Produktion der im Korea-Krieg benötigten Rüstungsgüter bat. (Deutschland war seit Anfang der 1950er-Jahre allmählich in die neue US-Geopolitik des Kalten Krieges eingebunden worden.) Doch Zweck und Inhalt der NATO-Politik änderten sich kaum. Die NATO sollte zur tragenden militärischen Säule eines Amerikanischen Jahrhunderts werden.

1949, ein Jahr nach Gründung der NATO, machte sich eine geheime Gruppe im US-Außenministerium daran, gegen den Widerstand des damaligen Verteidigungsministers Louis Johnson und seinen Verbündeten im *Bureau of the Budget* eine neue Strategie der USA zu formulieren. Unter Umgehung des formalen Dienstwegs, der die Einbindung des Nationalen Sicherheitsrates (NSC) vorsah, erhielt Dean Achesons Außenministerium die Unterstützung von Präsident Truman für die Einrichtung eines interministeriellen Ad-hoc-Komitees. Dessen Vorsitz führte der damalige Chef der Politikplanung im US-Außenministerium Paul Nitze, der durch Heirat mit dem *Standard-Oil*-Vermögen verbunden war. Unter Nitzes Federführung wurde im Februar 1950 ein Dokument, NSC-68, erstellt.

Die Autoren von NSC-68 forderten die Aufrüstung der USA, um einem Feind entgegentreten zu können, der, wie sie behaupteten, »anders als frühere Mächte, die die Hegemonie anstrebten ..., von einem neuen fanatischen Glauben beseelt ist, der dem unseren völlig widerspricht«. Laut Nitze existierten die Sowjetunion und die Vereinigten Staaten in einer polarisierten Welt, in der die Sowjets »ihre absolute Autorität gegenüber der Welt durchsetzen« wollten. In dem Dokument heißt es: »Die jetzigen Bemühungen der Sowjets richten sich auf die Herrschaft über die eurasische Landmasse. Die USA sind als wichtigstes Machtzentrum der nicht-sowjetischen Welt und als Bollwerk des Widerstands gegen die sowjetische Expansion der Hauptfeind, dessen Integrität und Vitalität irgendwie unterminiert oder ausgeschaltet werden muss, wenn der Kreml seine grundlegenden Ziele erreichen will.«[40]

In dem als »top secret« eingestuften Dokument wurde behauptet, dies sei ein Krieg der Ideen, in dem »die Idee der Freiheit unter einer rechtsstaatlichen Regierung und die Idee der Sklaverei unter einer finsteren Oligarchie des Kremls« einander unversöhnlich gegenüberstünden. Die USA als »Machtzentrum der freien Welt« sollten eine internationale Gemeinschaft aufbauen, in der die amerikanische Gesellschaft »überleben und blühen« sowie eine Politik der Eindämmung verfolgen könne. Das Dokument übernahm viele Argumente aus dem früheren »Mr. X«-Artikel und betonte eine militärische, keine politische Antwort auf die angebliche globale Bedrohung durch die Sowjets.[41]

NSC-68 zeichnete im Jahr 1950 ein haarsträubendes und ziemlich unrealistisches Bild der militärischen Absichten der Sowjetunion, zu einer Zeit also, in der sich dieses Land noch längst nicht von der Verwüstung des Zweiten Weltkriegs, in dessen Verlauf 22 Millionen seiner jungen Männer ums Leben gekommen waren, erholt hatte. Nach dem Krieg hatten die Sowjets ihre Armee in großem Umfang demobilisiert, weil die Soldaten als Arbeitskräfte für den Wiederaufbau benötigt wurden. Das alles spielte für Nitzes Team in Achesons Ministerium aber kaum eine Rolle. Diese Kreise malten einfach das Bild einer schrecklichen Bedrohung:

»Sollte es 1950 zu einem großen Krieg kommen, halten die Vereinigten Stabschefs die Sowjetunion und ihre Satellitenstaaten für ausreichend vorbereitet, unmittelbar die folgenden Schritte zu unternehmen und die folgenden Maßnahmen zu ergreifen:

a) Westeuropa, möglicherweise mit Ausnahme der Iberischen und der Skandinavischen Halbinsel, zu überrennen, in Richtung auf die Ölgebiete im Nahen und Mittleren Osten vorzurücken und die kommunistischen Gewinne im Fernen Osten zu festigen;

b) Luftangriffe gegen die Britischen Inseln sowie Luft- und Seeangriffe gegen die Kommunikationslinien der Westmächte im Atlantik und Pazifik zu führen;

c) Ausgewählte Ziele mit Atomwaffen anzugreifen, und wahrscheinlich heute auch Ziele in Alaska, Kanada und den Vereinigten Staaten zu attackieren. Als Alternative könnten diese Fähigkeiten zusammen mit anderen der Sowjetunion zur Verfügung stehenden Maßnahmen dazu benutzt werden, das Vereinigte Königreich als wirksame Operationsbasis der Alliierten Streitkräfte auszuschalten. Außerdem ist die Sowjetunion wahrscheinlich in der Lage, alliierte Landungsoperationen ›wie in der Normandie‹ zum gewaltsamen Wiedereinmarsch in den europäischen Kontinent zu verhindern.«[42]

Der Nitze-Report empfahl Anfang 1950 einen harten politischen

Kurs unterhalb eines präventiven Atomkriegs. Zusammenfassend hieß es dort:»Mehr als bisher müssen wir über den schnellen Aufbau politischer, wirtschaftlicher und militärischer Stärke und damit des Vertrauens in die freie Welt nachdenken. Das ist der einzige Kurs, der im Einklang mit dem Fortschritt dazu führt, dass wir unser grundlegendes Ziel erreichen. Wenn wir die Pläne des Kremls durchkreuzen wollen, dann muss die freie Welt ein funktionierendes politisches und wirtschaftliches System entwickeln und eine energische politische Offensive gegen die Sowjetunion in Gang setzen. Dazu müssen wir aber einen angemessenen militärischen Schutzschirm aufspannen, unter dem sich unser System entwickeln kann.«[43]

Zunächst war die Reaktion auf die Empfehlungen von Nitzes NSC-68 recht verhalten. Besorgt über seine Haushaltsausgaben, schickte Truman das Papier zur Kosteneinschätzung zurück. Für den Kongress war das Papier unnötige Panikmache. Willard Thorp, unter Truman hoher Beamter für Wirtschaftsfragen im US-Außenministerium, war bezüglich der sowjetischen Kriegsbereitschaft anderer Meinung und bestritt die Behauptung, die »UdSSR ist dabei, den Abstand ihrer wirtschaftlichen Stärke zu derjenigen der USA systematisch zu verringern«. Er erklärte stattdessen:»Ich halte diese Aussage für nicht bewiesen, sondern ich glaube, eher das Gegenteil ist richtig ... In Wirklichkeit öffnet sich die Schere zu unseren Gunsten.« Was die Rüstungsinvestitionen anging, so war Thorp skeptisch, dass die UdSSR tatsächlich einen so hohen Anteil ihres BIPs dafür aufwandte:»Ich nehme an, dass ein weit größerer Teil der sowjetischen Investitionen in den Wohnungsbau geflossen ist.«

William Schaub vom *Bureau of the Budget* war ebenfalls kritisch und meinte, »auf allen Gebieten« – Luftwaffe, Armee, Marine, dem Aufbau des Atomwaffenarsenals sowie der Wirtschaft – seien die USA der Sowjetunion weit überlegen. Auch Kennan kritisierte das Dokument, insbesondere die Forderung nach massiver Aufrüstung. Ein Berater, der an der Formulierung des Nitze-Berichts mitgewirkt hatte, meinte:»Die Regierung würde für die erforderliche nationale Mobilisierung die Unterstützung der Öffentlichkeit brauchen.« Edward R. Barret, damals im US-Außenministerium für die Öffentlichkeitsarbeit zuständig, drückte es so aus:»Wenn es keine realen und dauerhaften Krisen gibt, dann ist eine Diktatur bei einem konventionellen Rüstungswettlauf zweifellos einer Demokratie überlegen.«[44]

Als die Truman-Doktrin, ein Werk von US-Außenminister Dean Acheson, verkündet wurde, versuchte der Propagandaapparat der Regierung, die Unterstützung der Öffentlichkeit für ihren Kalten Krieg gegen die »bösen, gottlosen« Kommunisten in der Sowjetunion zu mobilisieren. Die US-Kriegsfalken waren überzeugt, dass sie die Unterstützung der Wähler für die enorme Erhöhung der Verteidigungsausgaben dadurch gewinnen konnten, dass »sie den Amerikanern Angst und Schrecken einjagten«, vielleicht indem sie eine »Kriegsgefahr« erfänden, »um die Nation zu täuschen«.[45] Achesons Memoiren sind in dieser Hinsicht sehr aufschlussreich, denn dort gibt er zu: »Die Aufgabe eines Regierungssprechers, der versucht, eine bestimmte Politik zu erklären oder dafür zu werben, ist nicht dasselbe wie das Schreiben einer Doktorarbeit. Zur Verdeutlichung des Standpunkts müssen die Kompetenz der Einfachheit des Ausdrucks weichen, und die Eleganz sowie die Nuancen der Offenheit, ja fast der Brutalität.«[46]

Die Kreise um Acheson und Harriman sowie Schlüsselvertreter des Pentagons wie General Douglas MacArthur und die Rockefellers machten sich daran, derartige »reale und dauerhafte Krisen« zu erzeugen. Das Ganze begann zwei Monate, nachdem der Nitze-Bericht an ausgewählte Kongressabgeordnete übergeben worden war. Der Schauplatz war Südkorea, also die US-abhängige Diktatur von Syngman Rhee, der nach dem Zweiten Weltkrieg nach über 30-jährigem Exil in den Vereinigten Staaten zurück nach Korea gebracht worden war, um im Süden des Landes das Kommando zu übernehmen.

Ein Krieg zur Verteidigung von Südkorea bot mancherlei Vorteile. Zunächst einmal würde er indirekt die Sowjetunion als den stärksten Unterstützer des kommunistischen Regimes von Kim il Sung in Nordkorea einbeziehen. Zweitens hatten die Rockefellers und die Dulles-Brüder sowie ihre Geschäftspartner im großen Stil in Südkorea (und sogar in Nordkorea) investiert. Nach der Niederlage Japans hatten sich die USA und die Sowjetunion darauf verständigt, Korea in Höhe des 38. Breitengrades zeitweilig zu teilen – so lange, bis dort die Ordnung wiederhergestellt werden könnte.

Am 25. Juni 1950 erhielt die Welt die schockierende Nachricht aus Südkorea, dass die nordkoreanische Armee eine große Invasion gegen den Süden begonnen hatte. Anfänglich widersprachen sich die Berichte allerdings. So erinnerte sich der Historiker John Gunther, der damals zusammen mit General MacArthur Japan bereiste, daran, dass ein Adjutant des amerikanischen Generals in seinem Beisein aufgeregt über einen Telefonanruf aus Seoul berichtete, in dem es wörtlich hieß: »Die Südkoreaner haben den Norden angegriffen!«[47]

Was die Washingtoner Version der Ereignisse noch verdächtiger machte, war, dass die USA eine Sondersitzung des UN-Sicherheitsrates genau zu dem Zeitpunkt beantragten, als die Sowjets aus Protest diese Sitzungen zeitweilig boykottierten, was hieß, dass Moskau nicht anwesend sein würde, um ein Veto gegen eine Resolution des UN-Sicherheitsrats zur Entsendung von »Friedenstruppen« der UN einzulegen. Diese »Friedenstruppen« waren in Wirklichkeit allerdings amerikanische Truppen unter dem Kommando von Douglas MacArthur, die nach Südkorea entsandt werden sollten, »um die nordkoreanische Aggression zu stoppen«. In dies Bild passt auch die Tatsache, dass in den offiziellen Erklärungen der US-Botschaft und Washingtons nicht erwähnt wurde, dass bereits zwei Tage vor der Reaktion der Nordkoreaner gegen den Süden vom 25. Juni die südkoreanische Luftwaffe wiederholt Bomben über Zielen in Nordkorea abgeworfen hatte und dass – ebenfalls schon zwei Tage vor diesem 25. Juni – südkoreanische Truppen in den Norden einmarschiert waren und die Provinzhauptstadt Haeju eingenommen hatten. Da das ganze Argument Washingtons für ein Eingreifen der »UNO«, die technisch nur als »UN-Polizeiaktion« bezeichnet wurde, darin bestand, der kommunistische Norden sei ohne Provokation des Südens einmarschiert, war es wichtig, diese Linie in allen offiziellen US-Propagandaerklärungen beizubehalten.

General MacArthur hatte von Truman verlangt, dass die US-Truppen unter seinem Kommando den Vorwand des Korea-Konflikts zu einem direkten militärischen Angriff auf China nutzen konnten. US-Verteidigungsminister Johnson war auch davon überzeugt, es sei leichter, schon frühzeitig einen Krieg gegen das Mao-Regime in China zu führen – also bevor dieses Regime seine Macht konsolidiert hatte –, als zu einem

Truman und seine Berater manipulierten 1950 die politische Entwicklung und setzten dadurch eine »Polizeiaktion« der Vereinten Nationen in Korea in Gang. Ihr Ziel war ein permanenter Kalter Krieg mit der UdSSR und China. General Douglas MacArthur wollte die Lage in Korea benutzen, um China den Krieg zu erklären.

späteren Zeitpunkt einen Krieg führen zu müssen, den Washington ohnehin als »unvermeidlich« ansah. MacArthur war ebenfalls dieser Ansicht. Sowohl MacArthur als auch der Chef der *US Joint Chiefs of Staff*, General Omar Bradley, sowie Verteidigungsminister Johnson und John Foster Dulles, der Anwalt der Rockefellers und Berater des US-Außenministeriums, hofften, dass sich Korea zudem auch als Sprungbrett für einen direkten Krieg gegen die Sowjetunion in Asien benutzen ließ.[48]

In Washington wurden diese Falken von Harriman, Acheson und anderen überstimmt, die begriffen hatten, dass der Zweck dieses Krieges nicht darin bestand, zu »siegen«. Beim Korea-Krieg ging es ausschließlich um geopolitische Strategie; darum, die Figuren auf dem asiatischen Schachbrett zu verschieben und innerhalb der NATO und der US-Bevölkerung die Angst des Kalten Krieges zu schüren. Damit sollte dauerhaft ein Vorwand für die Schaffung eines »national security state« in den USA geschaffen werden. Passenderweise verabschiedete der US-Kongress NSC-68 sofort nach Kriegsausbruch.

Die US-Kriegspropaganda in den Medien betonte auch stark die hohen amerikanischen Investitionen in Korea, die nunmehr auf dem Spiel standen. Es wurde – zutreffend – berichtet, dass die amerikanischen Banken und Unternehmen über 1,25 Milliarden Dollar in Südkorea investiert hatten. Die von Rockefeller kontrollierte *National City Bank* gehörte zu den Großinvestoren, und der Rockefeller-Anwalt John Foster Dulles saß im Vorstand der *New Corea Company* in Seoul, die der *National City Bank* gehörte.[49]

Der Korea-Krieg passte meisterhaft in den Plan der Kalte-Kriegs-Fraktion in Washington. Der Verteidigungshaushalt der USA stieg von unter 13 Milliarden Dollar zu Beginn des Krieges um 400 Prozent auf über 60 Milliarden Dollar bei Kriegsende 1953 an. Marionettenregimes wie das von Tschiang Kai-Tschek in Taiwan und Syngman Rhee in Südkorea sowie eine US-Militärregierung in Japan unter Douglas MacArthur, dem damals ein junger Bankier aus New York namens John D. Rockefeller III. assistierte, bildeten die Basis für eine Präsenz der USA in Ostasien im Kalten Krieg. Japans Industrie wurde erlaubt, sich in großen Konglomeraten neu zu formieren, um ein »Bollwerk gegen den Kommunismus« in Asien zu bilden. Deutschland durfte als Folge des Korea-Krieges die Stahlindustrie im Ruhrgebiet wiederaufbauen.

Mit einem Jahresbudget von 60 Milliarden Dollar wurde das US-Verteidigungsministerium zum größten Auftraggeber der Welt. Das Pentagon vergab Aufträge in Milliardenhöhe an amerikanische und ausgewählte europäische und japanische Industrieunternehmen zur Sicherung der »Verteidigungsbereitschaft«. Der militärisch-industrielle Komplex der USA nahm in den 1950er-Jahren geradezu absurd-gigantische Dimensionen an. Der Kalte Krieg war voll im Gange, *Standard Oil* galt als großer Wohltäter, der dem Pentagon Treibstoffe für die Luftwaffe, Panzer, Jeeps und andere Fahrzeuge lieferte. Was Amerikas Binnenwirtschaft betraf, so merkten die Politiker sehr schnell, dass sie die Zustimmung des Kongresses für fast jedes Programm bekamen, wenn sie behaupteten, es diene der »nationalen Sicherheit der USA«.

1953 hatten die Furcht vor dem Krieg und die Sorge um die nationale Sicherheit in der amerikanischen Öffentlichkeit beinahe krankhafte Ausmaße angenommen, sodass der pensionierte Kriegsgeneral Dwight D. Eisenhower zum Präsidenten gewählt wurde. Ursprünglich hatten die Rockefellers Eisenhower zur Kandidatur überredet und die Wall Street dafür gewonnen, seine Kampagne zu finanzieren. Verbittert erklärte Senator Robert Taft, den die Rockefellers übergangen hatten, 1952 nach dem Parteitag der Republikaner: »Seit 1936 sind alle Kandidaten der Republikaner von der *Chase Bank* nominiert worden.«[50] Es war deshalb auch keine Überraschung, dass die Rockefeller-Interessen bei der Berufung von Eisenhowers Kabinettsmitgliedern eine maßgebliche Rolle spielen sollten.

Der neue Präsident berief umgehend Allen Dulles, einen der früheren Präsidenten von Rockefellers *Council on Foreign Relations*, zu seinem CIA-Direktor. Der Vize von Dulles als CFR-Präsident unmittelbar nach dem Krieg war niemand anderer als Isaiah Bowman, der bekanntlich die von der Rockefeller-Stiftung finanzierten *War & Peace Studies* des CFR geleitet hatte.[51]

Allen Dulles und sein Bruder John Foster Dulles, beide Anwälte der Rockefeller-Interessen, waren zur Zeit des Dritten Reichs an verschiedenen Geschäften zwischen *Standard Oil*, Rockefellers *Chase Bank* und der IG Farben beteiligt. Allen Dulles war Ende des Zweiten Weltkriegs in der Schweizer Hauptstadt Bern für das *Office of Strategic Services* (OSS), den Vorläufer der CIA, tätig gewesen. William J. Donovan, der Direktor des OSS, hatte sein erstes Hauptquartier in Raum 3603 des *Rockefeller Center* eingerichtet.

Die Dominanz von Rockefellers CFR in Eisenhowers außenpolitischem Team in der Nachkriegszeit wurde noch dadurch gesteigert, dass der Präsident auch John Foster Dulles in sein Kabinett berief, und zwar auf den wichtigen Posten des US-Außenministers. Damit hatten der CFR und die Kreise um Rockefeller die Außenpolitik Eisenhowers fest in ihrer Hand. Als Partner der Wall-Street-Anwaltskanzlei *Sullivan & Cromwell* hatte John Foster Dulles Rockefellers Firma *Standard Oil* vertreten und war auch als Treuhänder der Rockefeller-Stiftung tätig gewesen.[52] Das war aber noch nicht alles, denn auch Nelson Rockefeller spielte ja eine große Rolle in der US-Regierungspolitik. Zum einen dominierte Nelson Rockefeller die beiden größten New Yorker Banken, die *Chase Bank* und die *National City Bank*, deren nomineller Chef James Stillman Rockefeller war. Außerdem war Nelson der entscheidende Mann bei den größten Ölgesellschaften der Welt und bei mehreren strategisch wichtigen Industrie- und Chemieunternehmen sowie Agrobusiness-Firmen. Darüber hinaus hatte er den *Council on Foreign Relations*, den Auslandsgeheimdienst CIA und das Außenministerium in der Hand. 1954 wurde Nelson Rockefeller dann auch noch von Eisenhower zum persönlichen Beauftragten in strategischen Fragen des Kalten Krieges ernannt. Er musste dem Präsidenten über die Pläne der CIA für verdeckte Operationen und über die Entwicklung verschiedener Positionen der strategischen Politik Bericht erstatten.[53]

Unter ihrem Chef Allen Dulles sorgte die CIA 1953 für den Sturz der demokratisch gewählten Regierung Arbenz in Guatemala, weil angeblich amerikanische Geschäftsinteressen bedroht waren und die Regierung »von Kommunisten beeinflusst war«. Die bedrohten Geschäfte waren die der *United Fruit Company*, die mit Rockefeller und Dulles in Verbindung stand. Der nationalistisch gesinnte Arbenz hatte versucht, eine gemäßigte Landreform durchzuführen und den Bauern auf Kosten der großen ausländischen Bananenplantagen Land zu geben. Nur wenig später initiierte Dulles' CIA im Iran einen Putsch gegen den gewählten und sehr populären Premierminister Mohammed Mossadegh, der versucht hatte, die Geschäfte von *Britisch Petroleum* (*Anglo-Persian Oil Company*) zu verstaatlichen, nachdem sich BP geweigert hatte, höhere Lizenzgebühren für die Ausbeutung des iranischen Öls zu zahlen. Nachdem der von den USA unterstützte Schah von Persien die Macht übernommen hatte, ging die Kontrolle über das iranische Öl von *British Petroleum* auf Rockefellers *Standard Oil* über.[54]

Selbst im eigenen Land nutzten die Rockefeller-Interessen das Klima des Kalten Krieges entschieden zu ihrem eigenen Vorteil. Präsident Eisenhowers größtes staatliches Investitionsprogramm war der »National Interstate and Defense Highways Act« (Öffentliches Gesetz 84-627). Das Gesetz trat am 29. Juni 1956 in Kraft. Der US-Kongress bewilligte

268

25 Milliarden Dollar für den Bau von Bundesautobahnen mit einer Gesamtlänge von ca. 66 000 Kilometern; die Vertragslaufzeit betrug 20 Jahre. Das war das bis dahin größte staatliche Bauprogramm in der amerikanischen Geschichte. Die Autobahn-Infrastruktur im ganzen Land legte den Grundstein für das »automobile« Transportzeitalter nach dem Zweiten Weltkrieg. Die größten Profiteure dieses Programms waren *General Motors* aus Detroit und Rockefellers *Standard Oil*. Die nationale Eisenbahn-Infrastruktur im Land wurde bewusst zugunsten des Last- und Personenwagentransports vernachlässigt. Von Eisenhowers Verteidigungsminister Charles Wilson – einem ehemaligen Direktor von *General Motors* – stammt der berühmte Satz aus dem Jahre 1955: »Was *General Motors* nutzt, das nutzt auch Amerika.«

Ab 1957 zeigten sich jedoch auch die Schwächen und Fehler in dem Dollar-System von Bretton Woods aus der Nachkriegszeit. Die US-Wirtschaft schlitterte in eine ernsthafte Rezession. Die Volkswirtschaften in Europa entwickelten sich wirtschaftlich zur treibenden Kraft. Am stärksten war das der Fall bei der Bundesrepublik Deutschland, die vor allem ihren Stahlsektor, aber auch ihre sonstige Industrie auf dem höchsten technologischen Niveau wiederaufgebaut hatte. Die US-Unternehmen dagegen hatten nach und nach ihre eigene heimische Industrie vernachlässigt und lediglich mit ihrem starken Dollar immer mehr Fertigprodukte in Europa, Lateinamerika, Afrika und anderen Teilen der Welt gekauft. Die einst so mächtigen Goldreserven der *Federal Reserve*, die noch ein Jahrzehnt zuvor die größten der Welt gewesen waren, schwanden nun langsam dahin, weil ausländische Zentralbanken die in Dollars erwirtschafteten Handelsüberschüsse in Gold umtauschten, um eigene Goldreserven aufzubauen.

Anmerkungen:

1 Henry Luce, »The American Century«, *Life*, 7. Februar 1941. Nachgedruckt in M. J. Hogan, Hrsg., *The Ambiguous Legacy*, Cambridge University Press, Cambridge 1999.

2 Dean Acheson, zitiert in William Appleman Williams, *The Tragedy of American Diplomacy*, Delta Books, New York 1972, S. 202–203. (Deutsche Ausgabe: *Die Tragödie der amerikanischen Diplomatie*, Suhrkamp Insel Verlag, Frankfurt/Main 1973.)

3 Peter J. Taylor, *Britain and the Cold War: 1945 as Geopolitical Transition*, Pinter Publishers, London 1990, S. 17.

4 Robert Lacey, *The Kingdom: Arabia and the House of Sa'Ud*, Avon Books, New York 1981, S. 262–263.

5 Peter Collier und David Horowitz, a. a. O., S. 156–157.

6 Robert Lacey, a. a. O., S. 263.

7 Ebenda, S. 266–267.

8 Ebenda, S. 262–271.

9 Ebenda, S. 272.

10 Ebenda, S. 274.

11 Henry Adams, *The Education of Henry Adams: An Autobiography*, Time Books, New York 1964, S. 143. Henry Adams, Nachfahre des Mitbegründers der Verfassung und US-Präsidenten John Adams und dessen Sohnes Präsident John Quincy Adams sowie Bruder des Teddy-Roosevelt-Beraters und Verfechter eines amerikanischen Empires Brooks Adams, schrieb über sich selbst im Jahre 1898, als er 60 Jahre alt war und die USA mit dem spanisch-amerikanischen Krieg den ersten imperialen Krieg begannen, der den USA die Herrschaft über die Philippinen, Kuba und Puerto Rico einbrachte: »*Er [Henry Adams] hatte die Erinnerung an jede Einzelheit aus den 150 Jahren, die seit dem ›Stamp Act‹ vergangen waren, im Gedächtnis bewahrt – all die endlosen Debatten seiner debattierfreudigen Vorfahren bis zurück ins Jahr 1750 – und auch seine eigene bedeutende Rolle im Bürgerkrieg. Jeder einzelne Schritt hatte zum Ziel, England in ein amerikanisches System einzubringen.*« (Hervorhebung durch den Autor, W. E.)

12 Gregg Herken, *The Winning Weapon: The Atomic Bomb in the Cold War*, Alfred A. Knopf, New York 1980. Herken liefert zahlreiche Details über die im Hintergrund geführten Debatten im Zusammenhang mit Präsident Trumans Entscheidung, die Atombombe auf Hiroshima abzuwerfen. Klar ist, dass nicht Japan, sondern vielmehr die Sowjetunion das oberste Ziel war. Stalin sollte gezeigt werden, dass Washington bereit war, die Welt nach dem Krieg zu beherrschen. Stalin verstand die Botschaft; sowjetische Spione in den Vereinigten Staaten hatten bereits die entscheidenden wissenschaftlichen Informationen in die Hände bekommen, die zum Bau der ersten sowjetischen Atomwaffe gebraucht wurden. Damit war die Grundlage für den 40 Jahre währenden sogenannten »Kalten Krieg« gelegt.

13 Ebenda.

14 US Joint Chiefs of Staff Records, 24. August 1945, Air Force Series 7-18-45, *Effects of Forseeable New Developments*. Hier erklärt General Groves, er habe gewusst, dass »die Bombe zu spät für den Einsatz gegen Deutschland entwi-

ckelt wurde«. Viele Autoren sind der Ansicht, die Wahl sei auf Japan gefallen, weil die Japaner nach Ansicht Trumans und der US-Militärstrategen keine Weißen waren. Andere Autoren meinen, man habe Stalin zeigen wollen, dass die USA zu allem bereit waren.

15 Henry A. Wallace, *The Price of Vision: The Diary of Henry A. Wallace, 1942–1946*, Houghton-Mifflin Co., Boston 1973.

16 Ebenda.

17 Frederick Jackson Turner hat diese Philosophie am klarsten zum Ausdruck gebracht. Turner war überzeugt, dass Amerikas Einzigartigkeit in der Ausweitung der Grenzen lag. Er definierte die historische Existenz Amerikas als dauerhafte geopolitische Ausweitung hin zu neuen Grenzen im Westen.»Die Existenz eines Gebietes freien Landes, dessen ständiges Zurückdrängen und das Vorrücken amerikanischer Siedlungen nach Westen erklärt die Entwicklung Amerikas.« Die »Amerikaner sind in einmaliger Weise veranlagt, als expandierendes Volk ständig ihr Herrschaftsgebiet zu vergrößern«. Für Turner war die Geschichte Amerikas eine Geschichte der »ständigen Verschiebung der Grenzlinie ... Die Grenze ist die Linie der schnellsten und effektivsten Amerikanisierung ... Bewegung war der vorherrschende Wesenszug und ... die Energie Amerikas wird immer ein noch größeres Betätigungsfeld erfordern.« Wie der Historiker William Appleman Williams betont, zeigte sich die besondere amerikanische imperialistische Weltanschauung in Brooks Adams' These, die Einmaligkeit Amerikas könne nur durch eine Außenpolitik des Expansionismus aufrechterhalten werden. Adams' Beitrag bestand darin, Turners Erklärung der amerikanischen Vergangenheit in die Zukunft zu projizieren. »Zusammengenommen lieferten die Ideen von Turner und Adams den Baumeistern des amerikanischen Empires den Überblick und eine Erklärung der Welt sowie ein ziemlich genaues Aktionsprogramm für die Zeit von 1893 bis 1953«, erklärte Williams. »Expansion war der Katechismus dieses jungen Messias [Turner] über Amerikas Einmaligkeit und Allmacht ... Turner gab den Amerikanern eine nationalistische Weltsicht, die ihre Zweifel besänftigte ... und ihre Aggressivität rechtfertigte.« In der Rückschau auf die amerikanische Geschichte betrachtete Turner die endgültige Eroberung des Westens als ›Manifest Destiny‹. Für Brooks Adams war die künftige neue Grenze – die ganze Welt. Im Sinne dieser Tradition ist es bedeutsam, dass Präsident John F. Kennedy als Leitidee die Neue Grenze (»New Frontier«) ausgab. Brooks Adams' globale Vision musste unvermeidlich zu einem einzigen weltweiten Imperium führen – dem amerikanischen Welt-Imperium und keiner Ansammlung von Großräumen oder Pan-Regionen, wie sie Carl Schmitt oder Haushofer vorschwebten. Siehe Frederick Jackson Turner, *The Significance of the Frontier in American History*,

Henry Holt and Co., New York 1995. Ebenso Brooks Adams, *The Law of Civilization and Decay*, The Macmillan Co., New York 1896. Auch Franklin Delano Roosevelt und die führenden Eliten zu Anfang des 20. Jahrhunderts waren in den Ideen Turners und Brooks Adams' verwurzelt. Eine faszinierende kulturelle und historische Analyse dieses in den amerikanischen Eliten eingebetteten Drangs nach externen neuen Grenzen seit dem Bürgerkrieg findet sich in den Schriften des deutschen Schriftstellers Oswald Spengler vom Ende des 19. und Beginn des 20. Jahrhunderts, *Der Untergang des Abendlandes*, C. H. Beck Verlag, München 1998. Für Spengler ist der Drang einer bestimmten Kultur, ihre eigene »Zivilisation« immer weiter zu verbreiten, anstatt die kulturelle Basis zu vertiefen, ein typisches Merkmal eines Imperiums in der Phase des endgültigen Niedergangs, sei es Rom, Großbritannien oder Amerika.

18 Michael Tanzer, *The Sick Society: An economic examination*, Holt Rinehart & Winston, New York 1971, S. 77.

19 Sir Halford J. Mackinder, »The Round World and the Winning of Peace«, *Foreign Affairs*, Bd. 21, Nr. 4, Juli 1943, S. 601.

20 Mansur Khan, *Die geheime Geschichte der amerikanischen Kriege*, Grabert-Verlag, Tübingen 2003, S. 237–238.

21 Henry Kissinger, die ihm zugeschriebenen Aussagen sind zitiert im Internet unter *http://www.spingola.com/new_world_order23.htm#_ednref2*.

22 Eine merkwürdige Fußnote zu der Geschichte von Bretton Woods: Nach der Öffnung der sowjetischen Geheimarchive nach 1991 wurde bestätigt, was US-Geheimdienstkreise stets vermutet hatten, nämlich dass White tatsächlich Silvermasters sowjetischem Spionagering innerhalb der US-Regierung angehört hatte. Als Berichte über seine mögliche Verwicklung mit den Sowjets ruchbar wurden, widerrief Truman ohne Begründung Whites Nominierung für den Posten des ersten Generaldirektors des neu geschaffenen Internationalen Währungsfonds. White hatte an der Formulierung des berüchtigten Morgenthau-Plans für die Deindustrialisierung Nachkriegsdeutschlands mitgewirkt. Dieser Plan erscheint tatsächlich aus sowjetischer Sicht nützlicher als aus amerikanischer, obwohl Roosevelt, der ein leidenschaftlicher Deutschenhasser war, ihn bis zu seinem Tod nachdrücklich unterstützte. Dieser schlecht durchdachte Plan hätte es unter der Militärdirektive JCS (*Joint Chiefs of Staff*) 1067 den westlichen Besatzungsmächten und der Sowjetunion erlaubt, die deutschen Industriebetriebe zu demontieren und das Land zu einem reinen Agrarland zu machen. Als Roosevelt im März 1945, wenige Tage vor seinem Tod, gewarnt wurde, der JCS-Plan werde nicht funktionieren, es sei denn, er wolle 25 Millionen Deutsche zu Tode kommen lassen, war seine Antwort: »Dann soll man

ihnen Suppenküchen geben. Ihre Wirtschaft muss untergehen!« Gefragt, ob er die Deutschen verhungern lassen wolle, antwortete er: »Warum nicht?« Angeblich hatte Roosevelt Morgenthau auch gesagt: »Wir müssen mit Deutschland hart umgehen, und damit meine ich das deutsche Volk und nicht nur die Nazis. Wir müssen die Deutschen entweder kastrieren, oder man muss sie so behandeln, dass sie einfach keine Menschen mehr hervorbringen können, die so weitermachen wollen wie in der Vergangenheit.« Am 10. Mai 1945, nach Roosevelts Tod, unterzeichnete Truman die JCS 1067. Sie blieb zwei harte Jahre lang gültig, trotz hitziger Proteste Churchills und anderer Politiker. Siehe auch Michael R. Beschloss, *The Conquerors: Roosevelt, Truman and the Destruction of Hitler's Germany, 1941–1945*; das Roosevelt-Zitat findet sich dort auf S. 196. Außerdem siehe Allen Weinstein und Alexander Vassiliev, *The Haunted Wood*, Random House, New York 1999; auf S. 90 finden sich Details über Whites KGB-Aktivitäten, die nach dem Ende des Kalten Krieges in freigegebenem sowjetischem Archivmaterial auftauchten.

23 Peter Collier & David Horowitz, *The Rockefellers: An American Dynasty*, Holt Rinehart & Winston, New York 1976, S. 234–235. (Deutsche Ausgabe: *Die Rockefellers – Eine amerikanische Dynastie*, Ullstein Verlag, Frankfurt, Berlin, Wien 1976.)

24 Victor Argy, *The Postwar International Monetary Crisis*, George Allen & Unwin, London 1981, S. 24.

25 A. Stadnichenko, *Monetary Crisis of Capitalism*, Progress Publishers, Moskau 1975, S. 100–103.

26 Fraser J. Harbutt, *The Iron Curtain: Churchill, America and the Origins of the Cold War*, Oxford University Press, Oxford 1986, S. 101–149.

27 Sir Richard Clarke, *Anglo-American Economic Collaboration 1942–1949*, Clarendon Press, Oxford 1982, S. 21–26.

28 Richard N. Gardner, *Sterling-Dollar Diplomacy*, Clarendon Press, Oxford 1956, S. 184–186.

29 Harold Macmillan, zitiert in Christopher Hitchens, *Blood, Class and Nostalgia: Anglo-American Ironies*, Farrar, Straus & Giroux, New York 1990, S. 23.

30 Zitiert in Michael Tanzer, a. a. O., S. 78.

31 George Kennan, »Policy Planning Study 23 (PPS/23): ›Review of Current Trends in U. S. Foreign Policy‹«. Veröffentlicht in *Foreign Relations of the United States*, 1948, Bd. I, S. 509–529, zunächst als »streng geheim« eingestuft, aber später freigegeben.

32 William Appleman Williams, a. a. O., S. 208.

33 US Senate Select Committee on Small Business, ECA and MSA Relations

with International Oil Companies Concerning Petroleum Prices, 82nd Congress, 2nd Session, 1952.

34 David S. Painter,»Oil and the Marshall Plan«, *Business History Review*, Nr. 58, Herbst 1984, S. 359–383.

35 P. M. H. Bell, *The World Since 1945: An International History*, 2001, Hodder Arnold.

36 Bezüglich Einzelheiten über das Vorgehen des britischen Geheimdienstes, mithilfe von Evelyn Paterson den einflussreichen Isolationisten im US-Senat, Vandenberg, zu einer englandfreundlichen Haltung zu veranlassen, siehe Thomas E. Mahl, *Desperate Deception: British Covert Operations in the United States, 1939–1944*, Brassey's, London 1998, S. 150–154.

37 Stephen Ambrose, zitiert in Reza Zia-Ebrahimi, *Which episode did more to consolidate the Cold War consensus: the Truman Doctrine speech of March 1947 or the Czech crisis of February-March 1948?*, Januar 2007, einsehbar auf *http://www.zia-ebrahimi.com/truman.html.*

38 George F. Kennan (»Mr. X«),»The Sources of Soviet Conduct«, *Foreign Affairs*, Bd. 25, Nr. 4, Juli 1947 S. 566–582. Der Aufsatz wurde von George F. Kennan verfasst, der von 1944 bis 1946 stellvertretender Leiter der US-Botschaft in der UdSSR unter Botschafter W. Averell Harriman war.

39 Zitiert in Reynolds,»The Origins of the Cold War in Europe«, *International Perspectives*, S. 13.

40 Paul Nitze et al., *NSC-68: United States Objectives and Programs for National Security, A Report to the President Pursuant to the President's Directive of January 31, 1950*, datiert vom 14. April 1950, nachgedruckt in *Naval War College Review*, Bd. XXVII (Mai–Juni 1975), S. 51–108.

41 Ebenda.

42 Ebenda *V. Soviet Intentions and Capabilities: C. Military.*

43 Ebenda, *IX. Possible Courses of Action: D. The Remaining Course of Action – A Rapid Buildup of Political, Economic, and Military Strength in the Free World.*

44 FRUS, 1950, 1: 170–172, 191, 225–226. Siehe auch NSC-68, S. 43, 54.

45 Siehe John Lewis Gaddis, *The United States and the Origins of the Cold War*, New York 1972 (außerdem: John Lewis Gaddis, *Der kalte Krieg: Eine neue Geschichte*, Pantheon Verlag, 2008); sowie Richard M. Freeland, *The Truman Doctrine and the Origins of McCarthyism*, New York 1985; und Frank Kofsky, *Harry S. Truman and the War Scare of 1948*, New York 1993.

46 Dean Acheson, *Present at the Creation: My Years in the State Department*, New York 1969, S. 374–375.

47 John Gunther, *The Riddle of MacArthur*, Hamish, London 1951, S. 150.

48 Mansur Khan, a. a. O., S. 245.

49 Ebenda, S. 241–242.

50 Ebenda, S. 270–271.

51 New York Council on Foreign Relations, *Officers & Directors*, 1947.

52 Peter Collier und David Horowitz, a. a. O., S. 240–241.

53 Ebenda, S. 272–276.

54 William Blum, *Killing Hope: US Military and CIA Interventions since World War II*, Common Courage Press, Maine 2004, S. 64–82. (Deutsche Ausgabe: *Zerstörte Hoffnung: Die militärischen und geheimdienstlichen Interventionen [CIA] der USA seit dem 2. Weltkrieg*, Verlag Guiseppe Zampon, 2008.)

KAPITEL 9

Der neue Dollar-Standard übernimmt die Welt

»Die Vereinigten Staaten müssen nach diesem Krieg die geistige Vorstellung einer Weltbesiedlung pflegen, die uns in die Lage versetzt, dieser Besiedlung unsere eigenen Bedingungen aufzuerlegen, was einer Pax Americana gleichkommen könnte.«
Internes Memorandum des US-Außenministeriums, 1942[1]

Mit einem neuen Goldstandard zu einem wirtschaftlichen Welt-Imperium

Als 1950 der Korea-Krieg ausbrach, hatte sich der neue »amerikanische Lebensraum« so weit ausgedehnt, dass die USA Hawaii, die Philippinen, Liberia, Saudi-Arabien, Griechenland, die Türkei und Israel wirtschaftlich vollkommen dominierten. Durch die militärische Besetzung herrschten sie de facto in Japan und Westdeutschland und übten eine starke und wachsende wirtschaftliche Kontrolle in Argentinien, Spanien, Ägypten, Thailand und Jugoslawien aus.

In Westeuropa kontrollierten die Vereinigten Staaten mithilfe ihres neu geschaffenen Auslandsgeheimdienstes CIA außerdem die Regierungen sowie wichtige Industriebereiche und Finanzinstitute in Belgien, Norwegen und Italien und übten einen starken politischen und wirtschaftlichen Einfluss auf die Niederlande, Schweden und Frankreich aus.

Mit England unterhielt Washington eine Sonderbeziehung (»special relationship«), die Wirtschaft ihres nordamerikanischen Nachbarlandes Kanada hatten die USA fest in der Hand. Immer stärker vertreten waren sie auch in den Ländern des britischen *Commonwealth*, darunter Australien, Neuseeland, Südafrika und die meisten Länder im Mittleren Osten mit ihren reichen Ölvorkommen sowie die ehemalige holländische Kolonie Indonesien. Die Wirtschaft ihres südlichen Nachbarlandes Mexiko hatten die USA ebenfalls fest im Griff.[2]

Mit der Truman-Doktrin, die sich ja nominell nur auf eine Bürgerkriegslage in Griechenland und der Türkei bezog, beanspruchten die

USA de facto das einseitige Recht, in jedem Land der Welt zu intervenieren, um sicherzustellen, dass dort Regierungen herrschten, die Washingtons Zustimmung fanden. Nur ganz wenige Länder konnten sich dem widersetzen. Die Gründung der NATO hatte die Vereinigten Staaten in die Lage versetzt, unter dem Banner »die kommunistische Bedrohung der freien Welt durch die Sowjetunion zu bekämpfen«, in Friedenszeiten ein ganzes Netz von ständigen Militärstützpunkten für ihre Marine, Armee und Luftwaffe in ganz Westeuropa aufzubauen, von Norwegen bis zur Türkei, von Griechenland bis Spanien. Das Gleiche geschah auf allen anderen Kontinenten, von Afrika bis Südamerika und Asien. Die gesamte Welt gehörte nun – sofern sie nicht der direkten politischen Kontrolle der Sowjetunion oder der Volksrepublik China unterworfen war – zum großen Interessengebiet Amerikas, zu seinem Nachkriegs-»Lebensraum«.

Ein sehr einflussreicher Geopolitiker des Amerikanischen Jahrhunderts nach dem Krieg war James Burnham, der oft als der »erste kalte Krieger« bezeichnet wird und der im Zweiten Weltkrieg dem Vorläufer der CIA angehört hatte, dem von »Wild Bill« Donovan geleiteten *Office of Strategic Services* (OSS). Burnham, der nach dem Krieg die erzkonservative Zeitschrift *National Review* gründete, verfasste 1947 eine Lobrede auf die neue Weltmacht Amerika, mit dem bescheiden klingenden Titel *The Struggle for the World* (zu Deutsch: *Der Kampf um die Welt*). Das Buch war eine umgearbeitete Version eines streng geheimen OSS-Memorandums über die geopolitische Strategie der Sowjets, das Burnham 1944 für die amerikanische Delegation in Jalta verfasst hatte. Burnham beschrieb darin außerordentlich positiv »ein amerikanisches Empire, das in der Lage sein wird – wenn auch vielleicht formell gesehen nicht wirklich weltweit –, die Welt entscheidend zu kontrollieren«[3].

Burnham weiter: »Die Vereinigten Staaten können mit Appellen an die rationale Überlegung allein in der zur Verfügung stehenden Zeit keine Führungsrolle in der politischen Weltordnung einnehmen ... Man braucht Macht, und es muss bekannt sein, dass man bereit ist, diese Macht auch einzusetzen, sei es in der indirekten Form lähmender Wirtschaftssanktionen oder in der direkten Form von Bombenexplosionen. Als letzte Reserve im Machtgefüge verbliebe das Monopol auf die Kontrolle der Atomwaffen.«[4] Das Amerikanische Jahrhundert sollte sich »nichts bieten« lassen. Burnham: »Unabhängigkeit und Freiheit sind schließlich abstrakte Begriffe.«[5]

Mit diesem amerikanisch kontrollierten Wirtschaftsraum, in dem damals über 560 Millionen Menschen lebten – ein riesiger potenzieller Markt von noch viel größeren Ausmaßen als das Britische Empire vor dem Krieg –, besaßen die USA eine enorme Macht gegenüber einem großen Teil der Welt in einem informellen wirtschaftlichen Empire. Dazu nutzten sie die Mechanismen der Institutionen von Bretton Woods, d. h. den Internationalen Währungsfonds und die Weltbank, sowie ihre Kontrolle über große Bereiche der europäischen Wirtschaft durch den Marshall-Plan und die in Paris beheimatete Organisation für wirtschaftliche Zusammenarbeit und Entwicklung (OECD). Darüber hinaus nutzten sie auch die Rolle des Dollars als Weltreservewährung und Kernstück der Weltfinanz sowie als wichtigstes Element die Großbanken des Money Trusts in New York und dessen Zivilangestellte in Washington.

Das rivalisierende Britische Empire wird ausgeschaltet

Da Deutschland, zu Kriegszeiten Amerikas Rivale in dem erbitterten Kampf um die Nachfolge des Britischen Empires als Welthegemon, jetzt darniederlag und nach 1945 in Ost- und Westdeutschland geteilt war, richteten sich die Aktivitäten Washingtons und der Wall Street nach dem Krieg zunächst darauf, den geschwächten, aber immer noch beeindruckenden potenziellen Rivalen England auseinanderzunehmen. Das taten sie außerordentlich gründlich, priesen aber weiterhin die »Freundschaft« und die anglo-amerikanische »special relationship«.

Washingtons Politik gegenüber seinem britischen Alliierten aus der Kriegszeit hätte aus einem Benimm-Buch der Mafia entnommen sein können: »Tritt ihn, solange er am Boden liegt.« Während des Treffens der Atlantik-Charta zwischen Roosevelt und Churchill 1941 herrschte nach dem Augenzeugenbericht von Roosevelts Sohn Elliott Churchill den US-Präsidenten frustriert an: »Herr Präsident, ich glaube, Sie wollen das Britische Empire abschaffen. Das beweisen alle Ihre Vorstellungen über die Struktur der Nachkriegswelt. Aber trotzdem, trotzdem, wissen wir, dass Sie unsere einzige Hoffnung sind.«[6] Wie üblich hatte Churchill das geopolitische Machkalkül Washingtons gut verstanden.

Als die Hilfen nach dem Leih- und Pachtgesetz an Großbritannien 1945 plötzlich eingestellt wurden, ging kein Weg an harten Verhandlungen mit Washington über einen Kredit für den wirtschaftlichen Wiederaufschwung frei. Der Kredit wurde London zwar schließlich gewährt, doch nur mit sehr massiven Auflagen. Als Gegenleistung für die

US-Dollars verlangte Washington von England und seinen *Commonwealth*-Ländern »keinerlei Diskriminierung« beim Handel. Das bedeutete das Ende von Englands Versuchen, mit der Wiederaufnahme der »imperial preference« – der Vorzugstarife zwischen Mutterland und Kolonien von Südafrika über Australien bis Kanada während der Kriegszeit – wieder einen eigenen Wirtschaftsraum zu bilden und damit die Abhängigkeit vom Dollar zu mindern.[7] In Washington wusste man nur allzu gut, wo die Achillesferse der britischen Nachkriegswirtschaft war, und genau dort schlug man zu.

Die jeweilige Position der Vereinigten Staaten und Englands als »Bankier der Welt« kehrte sich während des Krieges um. In Bezug auf private Auslandsinvestitionen waren die USA 1949 den Auslandsinvestitionen Englands um das Dreifache voraus. Zählte man die staatlichen Investitionen der USA in Übersee hinzu, dann betrugen 1950 die gesamten US-Auslandsinvestitionen nicht nur das Dreifache derjenigen Englands, sondern sie waren auch höher als alle Auslandsinvestitionen aller anderen Industrienationen zusammen. England war hoffnungslos hinter die USA zurückgefallen. Als Sachwalter des Dollar-Standards von Bretton Woods koordinierten die New Yorker Banken in der Nachkriegszeit ihr Vorgehen so, dass sie die Hebelwirkung ihrer neuen Finanzmacht maximierten. Sie verfügten in reichem Maße über die Dollars, die die übrige Welt so dringend brauchte.

Die Vereinigten Staaten bemühten die Truman-Doktrin ebenfalls, als sie gegen die traditionelle Dominanz Englands in den Ölländern des Mittleren Ostens vorgingen, und zwar durch die Lieferung amerikanischer Waffen und den militärischen Schutz vor »einer drohenden kommunistischen Machtübernahme«. Zu den Bedingungen des Marshall-Plans gehörten Sonderbestimmungen, wonach ausgewählte europäische Kolonien, vornehmlich in Afrika, den Vereinigten Staaten strategisch wichtige Rohstoffe in ausreichender Menge »für Verteidigungszwecke« liefern mussten. Als es 1949 in Europa zu einer Dollar-Knappheit kam, nutzte Washington die Gelegenheit, England unter Druck zu setzen, das Pfund abzuwerten. Dadurch wurden Englands Versuche, seine »imperial preference« ins Spiel zu bringen, noch weiter geschwächt, denn London musste darauf achten, seine Wirtschaft nicht völlig dem Dollar-Diktat zu unterwerfen.[8]

Die Unterzeichnung des Atlantikpakts zur Gründung der NATO im April 1949 lieferte Washington auch eine neue Rechtfertigung für wirtschaftliche Interventionen, die nun an die Stelle der früheren Rechtfertigung trat, der Marshall-Plan sei für den »wirtschaftlichen Wiederaufbau in Europa« nötig. Jetzt konnten die USA in weit größerem Maße in die Angelegenheiten ihrer NATO-»Partner« in Europa eingreifen, nämlich im Namen der erforderlichen militärischen Einsatzbereitschaft, der Strategischen Planung und der Vereinheitlichung des Kommandos – alles mit dem Ziel, den Kalten Krieg führen zu müssen. Die USA erließen strenge Handelsbeschränkungen im Ost-West-Handel, die vor allem die traditionellen Handelbeziehungen Westeuropas, nicht aber die der USA betrafen. Diese Beschränkungen trafen vor allem Großbritannien sehr hart. Gleichzeitig wurde während des Korea-Kriegs die Wirtschaft in Westdeutschland mit Unterstützung von US-Kapital sehr schnell aufgebaut, sodass auch hier ein neuer Rivale für die englischen Industrieexporte entstand. Aufgrund dieser Pressionen erreichten die Dollar-Defizite der englischen Zahlungsbilanz 1951 einen neuen Nachkriegs-Rekord.[9]

Bis zu diesem Jahr 1951 waren die amerikanischen Kapitalinvestitionen in Kanada, nominell Mitglied des britischen *Commonwealth*, von vier Milliarden Dollar zu Beginn des Krieges 1939 auf über neun Milliarden Dollar gestiegen. Damit lagen sie erheblich über den britischen Kapitalinvestitionen in Kanada, denn diese waren 1948 auf 1,6 Milliarden Dollar gesunken.[10] Die amerikanischen Kapitalinvestitionen zeigten in anderen ehemaligen britischen Kolonien einen ähnlichen Verlauf, beispielsweise in Indien, Australien und Neuseeland.

Geopolitisch gesehen war es höchst bedeutsam, dass Amerika nun auch in die traditionell britische Einflusssphäre im Mittleren Osten mit seinen reichen Erdölquellen eindrang. Roosevelts Coup gegen Churchill, der Rockefellers *Standard Oil* die Ölvorkommen im Königreich Saudi-Arabien sicherte, wurde bereits beschrieben. Darüber hinaus war der amerikanische Geheimdienst mit verdeckten Aktionen im Iran aktiv, was dazu führte, dass England seine Ölarbeiter aus dem Land abzog.

Im britischen Nord-Rhodesien – benannt nach Cecil Rhodes, dem Gründer des britischen *Round Table* – hatte sich 1952 das amerikanische Kapital die Kontrolle über die reichen Kupfervorkommen gesichert, und zwar durch die Kontrolle über die *Rhodesian American Metal Company*.

In Südafrika sicherte sich die Rockefeller-Gruppe nach der Fusion der beiden Bankgruppen *Lazard Frères* und *Ladenburg Thalman & Co.* die Kontrolle über mehr als 100 südafrikanische Industrie- und Bergbauunternehmen. *J. P. Morgan & Co.* dominierte zusammen mit der mächtigen südafrikanischen *Anglo-American Corporation* der Oppenheimer-Familie die dortigen Goldbergwerke und sonstigen Metallminen. In Henry Luces Zeitschrift *Time* wurde dieser Vorgang als »größter Brückenkopf des amerikanischen Kapitals in Südafrika« beschrieben. Die riesige *Kennecott Copper Corporation* aus New York investierte dort in zwei große neue Goldminen, und *Newmont Mining Co.* aus Delaware sicherte sich die Anlagen der ehemals deutschen Bergbau- und Eisenbahnbetriebe in Südwest-Afrika.[11]

Vielleicht war jedoch kein Teil des afrikanischen Rohstoffreichtums wichtiger für die entstehende amerikanische »Grand Area« – den »Lebensraum« – als die riesigen Uranvorkommen in der damaligen Kolonie Belgisch-Kongo, wo die Rockefeller-Interessen, genauer gesagt Rockefellers *Chase Manhattan Bank*, im April 1950 eine Sperrminorität an dem Konzern *Tanganyika Concessions* erworben hatte, der wiederum das belgische Bergwerksunternehmen *Union Minière du Haut Katanga* kontrollierte. Damals wurde geschätzt, dass in der Provinz Katanga im Südosten des Kongo mehr als die Hälfte der bekannten Kobaltreserven und 60 Prozent der bekannten Uranvorkommen der Welt lagerten. Beide waren für den Aufbau des Atomwaffenarsenals der Vereinigten Staaten im Korea-Krieg und den nachfolgenden Kalten Krieg von entscheidender Bedeutung.[12]

Die ersten Risse im amerikanischen Nachkriegsgebäude

Die goldenen Tage der amerikanischen Beherrschung der Finanzen und Wirtschaft der »freien Welt« dauerten jedoch kaum ein Jahrzehnt, denn schon bald zeigten sich erste Risse in den brüchigen Fundamenten des Gebäudes von Bretton Woods. Die Eisenhower-Rezession von 1957 war das erste Warnsignal, dass es Probleme in der Dollar-Welt gab. Tatsächlich zeigte sich 1957, dass die amerikanische Kriegswirtschaft – die Stahl- und Aluminiumwerke, die Werkzeugmaschinenindustrie und ähnliche Sektoren –, die 20 Jahre zuvor während des Krieges aufgebaut worden war, langsam in die Jahre kam. Gleichzeitig entwickelten sich Ende der 1950er-Jahre in vielen Ländern Westeuropas, insbesondere in Westdeutschland sowie in geringerem Maße auch in Frankreich und Italien, moderne Fabriken und Anlagen und damit echte Konkurrenten. Westeuropa brauchte also kaum noch amerikanische Industrieimporte zum Wiederaufbau seiner Wirtschaft. Im Gegenteil: 1957 begannen die westeuropäischen Unternehmen erneut zu exportieren, und zwar als direkte Konkurrenten der amerikanischen Konzerne.

Die größten amerikanischen Industrie- und Finanzunternehmen hatten im Ausland die Früchte des starken Dollars geerntet, anstatt in die Modernisierung der heimischen Industrie zu investieren. Der erfolgreiche Start des sowjetischen Weltraumsatelliten *Sputnik* im Oktober 1957, also lange bevor die USA zu einer solchen Pioniertat fähig waren, machte deutlich, dass Amerika technologisch gegenüber der übrigen industrialisierten Welt allmählich ins Hintertreffen geriet.

Während des Korea-Kriegs verstießen die Vereinigten Staaten in erheblichem Ausmaß gegen die Regeln ihres Goldstandards von Bretton Woods. Um die erheblichen und ständig wachsenden Kriegsausgaben zu verschleiern, setzte Washington auf »Kanonen *und* Butter«. Die USA deckten ihre wachsenden Auslandsverpflichtungen jedoch nicht, wie von den Bretton-Woods-Regeln gefordert, mit Gold. Washington gab vielmehr gesonderte Banknoten der *Federal Reserve* und kurzfristige Anleihen des US-Finanzministeriums heraus. Da Amerikas Finanzgewaltige feststellen konnten, dass die übrige Welt diese *Federal-Reserve*-Noten und Bundesschatzpapiere auch weiterhin akzeptierte, als seien sie »so gut wie Gold«, entschieden sie sich, diese Unmassen an Papier-Dollars auch weiterhin in der ganzen Welt zirkulieren zu lassen, ohne die eigenen Goldreserven proportional zu erhöhen.[13] Tatsächlich minderte Washington langsam und ohne jedes öffentliche Getöse den Wert seiner Währung gegenüber den Handelspartnern, insbesondere gegenüber Westeuropa.

Mit Beginn der Kennedy-Ära, also nach 1961, häuften die Vereinigten Staaten erhebliche Handelsdefizite an. Das war für die ausländischen Zentralbanken ein deutliches Signal, nun ihre Dollars aus den Handelsüberschüssen gegen Gold der amerikanischen *Federal Reserve* einzutauschen, bevor die Probleme noch größer wurden. Die amerikanische Industrie hatte neue Investitionen in die inländischen Unternehmen und Ausrüstungen praktisch eingestellt. Stattdessen nutzte sie verstärkt ihre Überschuss-Dollars zum Kauf moderner Industrieanlagen in Westeuropa, wo der Dollar noch immer stark und die Wechselkurse durch das Bretton-Woods-Abkommen festgelegt waren.

John F. Kennedy schlägt Alarm

Im Jahre 1949, also kurz vor Beginn des Korea-Krieges, überstiegen die Goldreserven der Vereinigten Staaten die Verbindlichkeiten der anderen Länder um die beeindruckende Summe von 18 Milliarden Dollar. Im

Oktober 1960 hatte sich die Lage jedoch umgekehrt, und zwar dramatisch. Jetzt überstiegen die Auslandsverbindlichkeiten der USA den Wert ihrer Goldreserven, und zwar um 800 Millionen Dollar. Gleichzeitig hatten die Direktinvestitionen und langfristigen Anlagen amerikanischer Unternehmen im Ausland von 27 Milliarden Dollar im Jahr 1947 auf über 62 Milliarden im Jahr 1960 zugenommen, ein Anstieg um fast 250 Prozent.[14]

Es war nur eine Frage der Zeit, bis die restlichen Länder der Welt merkten, dass der Dollar nicht mehr so gut wie Gold war und dass sie sich schleunigst am Golddiskontfenster der New Yorker *Federal Reserve* anstellen mussten, um für ihre wachsenden Dollar-Überschüsse das ihnen zustehende Gold einzufordern. Das aber hieß im Klartext: Die Vereinigten Staaten, die einzige Gläubigernation des gesamten Bretton-Woods-Systems in der Nachkriegszeit, konnte ihre kurzfristigen Verbindlichkeiten nicht mehr in Gold auszahlen.

Die Lücke zwischen den Verbindlichkeiten der USA gegenüber ausländischen Zentralbanken, vor allem gegenüber der Deutschen Bundesbank, der *Banque de France* und der japanischen Zentralbank, weitete sich in den 1960er-Jahren zu einem wahren Graben aus. Für die im Ausland tätigen US-Unternehmen war dies ein echter Gewinn. Bei seiner ersten Rede zur Lage des Nation als Präsident gab John F. Kennedy im Januar 1961 den besorgniserregenden Zustand der heimischen Wirtschaft zu:»Wir treten das Amt nach einer sieben Monate währenden Rezession an, nach dreieinhalb Jahren Flaute, nach sieben Jahren geschrumpften Wirtschaftswachstums und nach neun Jahren fallender Einkommen in der Landwirtschaft.«

Kennedy weiter:»Geschäftsbankrotte sind jetzt auf dem höchsten Niveau seit der Großen Depression. Seit 1951 sind die Einkommen in der Landwirtschaft um 25 Prozent heruntergedrückt worden. Mit Ausnahme einer kurzen Zeitspanne im Jahr 1958 haben wir jetzt die höchste Arbeitslosenrate unserer Geschichte. Von den etwa fünfeinhalb Millionen arbeitslosen Amerikanern suchen über eine Million bereits seit über vier Monaten eine Stelle … Fast ein Achtel der Arbeitslosen lebt ohne jegliche Hoffnung in fast 100 besonders heruntergekommenen und notleidenden Regionen. Unter den übrigen Arbeitslosen befinden sich neue Schulabgänger, die ihre Talente nicht nutzen können, Farmer, die ihre Halbzeitstellen aufgeben mussten, mit denen sie das Familieneinkommen aufgebessert hatten, sowie qualifizierte und unqualifizierte Arbeiter, die in so wichtigen Industriezweigen wie der Metallindustrie, dem Maschinenbau, dem Automobilsektor und der Bekleidungsindustrie entlassen wurden.«[15]

Dann beschrieb Kennedy die alarmierende Lage der US-Finanzen und -Währung im internationalen Kontext: »Seit 1958 ... ist dieses Gesamtdefizit in unserer Zahlungsbilanz um fast elf Milliarden Dollar gestiegen, in nur drei Jahren – und wer im Ausland über Dollars verfügte, hat sie in solcher Menge in Gold umgetauscht, dass Gold im Wert von fast fünf Milliarden Dollar aus unseren Reserven ins Ausland abgewandert ist. Das Defizit von 1959 entstand weitgehend dadurch, dass wir mit unseren Exporten ausländische Märkte nicht erobern konnten. Das lag einerseits an den Beschränkungen für unsere Güter, andererseits aber an unseren nicht wettbewerbsfähigen Preisen. Dagegen war das Defizit von 1960 eher das Ergebnis des Abflusses von privatem Kapital, das nach neuen Chancen suchte und im Ausland weit höhere Erträge und spekulative Vorteile fand.«[16] Bleibt noch hinzuzufügen, dass der größte Teil des Fluchtkapitals aus den Vereinigten Staaten im Ausland blieb; er wurde dort reinvestiert und kehrte nicht in die USA zurück.

Um den Dollar zu »verteidigen«, forderte Washington damals Deutschland und die anderen europäischen NATO-Mitglieder auf, »ihren Anteil an der Verteidigungslast« zu erhöhen. 1962 erhöhte Washington urplötzlich den Druck auf Westeuropa, Zölle und andere Handelsbarrieren für amerikanische Importe aufzuheben, um die Handelsungleichgewichte auszugleichen. Besonders stark unter Druck kam dabei die gemeinsame Landwirtschaftspolitik der Europäischen Wirtschaftsgemeinschaft, der Kern des EWG-Abkommens zwischen Frankreich und Deutschland. Doch all dies zeigte nur wenig Wirkung.

John F. Kennedy und die *Fed*

In der kurzen Zeit seiner Präsidentschaft machte sich John F. Kennedy viele Feinde, die vom Vorstandsvorsitzenden der *US Steel* bis zum Chef des Auslandsgeheimdienstes CIA, Allen Dulles, und dem Pentagon reichten. Doch wahrscheinlich war niemand ein größerer Gegner Kennedys als die mächtigen Bankiers an der Wall Street. Der damalige Direktor der *Chase Manhattan Bank*, David Rockefeller, dessen Aufstieg zum Erben der Rockefeller-Dynastie in dieser Zeit begann, attackierte Kennedys Wirtschaftspolitik im Juli 1962 in einem Artikel in Henry Luces Zeitschrift *Life* ganz direkt. Rockefeller warf Kennedy vor, er versuche, die

Zinssätze zu niedrig zu halten; stattdessen forderte er, Rockefeller,»steuerliche Verantwortlichkeit«, was im Klartext höhere Zinssätze für die Wall-Street-Banken bedeutete, die – wie die *Chase Manhattan Bank* – US-Staatsanleihen verkauften. Doch Kennedy ging es in erster Linie darum, die amerikanische Wirtschaft aus der bereits sieben Jahre währenden Rezession herauszuführen.[17]

Fünf Monate vor seiner Ermordung, die eingestandenermaßen durch ein »Killer-Team« der CIA durchgeführt wurde[18], verkündete Kennedy eine fast unbekannte Proklamation, die ihn möglicherweise das Leben gekostet hat. Ähnlich wie Präsident Lincoln, der es vermieden hatte, zur Finanzierung des Bürgerkrieges Kredite der Londoner Banken in Anspruch zu nehmen, und stattdessen zinsfreie Banknoten des US-Finanzministeriums, die sogenannten Greenbacks, in Umlauf gebracht hatte, um den Krieg finanzieren zu können, unterzeichnete Präsident Kennedy am 4. Juni 1963 die »Executive Order 11110«, eine Verfügung des Präsidenten, für die keine Zustimmung des Kongresses erforderlich war. Kennedys »EO 11110« ermächtigte das US-Finanzministerium, »für alles Barrensilber, Silber oder alle Standard-Silberdollars im Besitz des Finanzministeriums Silberzertifikate auszugeben«[19].

JOHN F. KENNEDY
LIBRARY AND MUSEUM

Executive Order 11110

AMENDMENT OF EXECUTIVE ORDER NO. 10289 AS AMENDED, RELATING TO THE PERFORMANCE OF CERTAIN FUNCTIONS AFFECTING THE DEPARTMENT OF THE TREASURY

By virtue of the authority vested in me by section 301 of title 3 of the United States Code, it is ordered as follows:

SECTION 1. Executive Order No. 10289 of September 19, 1951, as amended, is hereby further amended --

(a) By adding at the end of paragraph 1 thereof the following subparagraph (j):

"(j) The authority vested in the President by paragraph (b) of section 43 of the Act of May 12, 1933, as amended (31 U.S.C. 821 (b)), to issue silver certificates against any silver bullion, silver, or standard silver dollars in the Treasury not then held for redemption of any outstanding silver certificates, to prescribe the denominations of such silver certificates, and to coin standard silver dollars and subsidiary silver currency for their redemption," and

(b) By revoking subparagraphs (b) and (c) of paragraph 2 thereof.

SEC. 2. The amendment made by this Order shall not affect any act done, or any right accruing or accrued or any suit or proceeding had or commenced in any civil or criminal cause prior to the date of this Order but all such liabilities shall continue and may be enforced as if said amendments had not been made.

JOHN F. KENNEDY

Eine Kopie von John F. Kennedys verhängnisvoller Verfügung »EO 11110«, mit der er die Macht der Federal Reserve *herausforderte.*

Kurz vor seiner Ermordung setzte John F. Kennedy US-Banknoten in Umlauf, die zinsfrei und unabhängig von der Federal Reserve waren. Oben auf der Banknote heißt es: »United States Note«, nicht »Federal Reserve Note«. Kennedys Nachfolger ließ die Banknoten umgehend wieder einziehen.

Das bedeutete, dass die US-Regierung für jede Unze Silber in den Tresoren ihres Finanzministeriums neues Geld in Umlauf bringen konnte. Insgesamt brachte Kennedy durch diese Maßnahme fast 4,3 Milliarden US-Dollar in Umlauf, und zwar in Banknoten zu zwei und fünf US-Dollar. Die vorgesehenen Zehn- und Zwanzig-Dollar-Noten gelangten nie in Zirkulation, wurden aber zum Zeitpunkt von Kennedys Ermordung am 22. November 1963 bereits gedruckt. Es war das erste Mal seit Lincoln, dass ein US-Präsident zinsfreies Geld in Umlauf gebracht hatte, und das erste Mal überhaupt, dass ein US-Präsident die alleinige Macht der privaten *Federal Reserve* zur Geldschöpfung herausgefordert hatte.

Während Kennedys Zeit als Präsident war William McChesney Martin Vorsitzender der *Federal Reserve*. Als er 1970 Washington verließ, blickte er auf die längste Amtszeit eines *Fed*-Chefs zurück. Er wurde anschließend Direktor des *Rockefeller Brothers Fund* und des *Rockefeller Family Fund*.[20]

Nach Kennedys Tod ließ man das Dekret »EO 11110« ruhen; es wurden keine weiteren Silberzertifikate ausgestellt, die bereits ausgestellten wurden eingezogen. Die bloße Existenz von »EO 11110« wurde der Öffentlichkeit verschwiegen, und diese Verfügung geriet bald in Vergessenheit.[21]

Der Londoner Gold-Pool wird undicht

Trotz der ergriffenen Maßnahmen setzte sich die Abwanderung des Goldes aus den USA fort, und Ende 1961 überzeugte Washington England und die europäischen Zentralbanken, einen internationalen Gold-Pool einzurichten, der bei der *Bank of England* in London seinen Sitz haben sollte. Damit sollte ein panikartiger Ansturm auf die Goldreserven der einzelnen Mitgliedsländer verhindert werden. Verluste der Goldmenge wurden zu 50 Prozent von der *Federal Reserve* bezahlt, während England, Deutschland, Frankreich, Italien, Belgien, die Niederlande und die Schweiz gemeinsam die anderen 50 Prozent übernahmen.

Im Oktober 1962 betrugen die direkten Auslandsinvestitionen der USA mehr als 35 Milliarden Dollar; die meisten Investitionen wurden in Westeuropa, Kanada und Lateinamerika getätigt. Obwohl der US-Kongress versuchte, die Kapitalflucht nach Europa und ins sonstige Ausland einzudämmen und daher im September 1964 eine Zinsausgleichssteuer verhängte, setzte sich die Flucht des Dollars ins Ausland ungehindert fort, und zwar über ein Schlupfloch für Investitionen in Kanada.[22]

Die Stützungsoperationen für den Dollar setzten sich bis zum November 1967 fort, als das schwächste Glied in der Kette von Bretton Woods, das britische Pfund, einbrach. England war zur zweiten Säule des Bretton-Woods-Systems in der Nachkriegszeit geworden, denn ehemalige britische Kolonien in Afrika, Asien und anderen Erdteilen deponierten ihre Devisenreserven in Pfund Sterling bei Londoner Banken, weil es für sie bequemer war. Trotz der Schwäche der britischen Industrie, die im Vergleich zu der von Ländern wie Westdeutschland oder Frankreich technisch völlig veraltet war, hatte diese Rolle des Finanzvermittlers dazu beigetragen, dass die Londoner City das zweitgrößte Finanzzentrum der Welt nach New York war – schließlich lagerten in New York das Zentralbankgold und die Dollar-Reserven. Die Banker der City hatten einfach versucht, wieder die Rolle einzunehmen, die London vor dem Krieg gespielt hatte.

Doch das funktionierte nicht so ganz. Wie ihre Cousinen in New York, so wollten auch die britischen Banken lieber zum Nachteil der heimischen Industrie im Ausland investieren, was die britische Handels- und Zahlungsbilanz weiter schwächte und schrittweise die Parität des Pfund Sterlings zum Dollar gefährdete, die seit der Abwertung von 1949 festgeschrieben war. Die Kapitalerträge aus den Investitionen in die europäische Industrie lagen zwischen zwölf und 14 Prozent. Das war damals mehr als das Doppelte der Renditen bei Investitionen in die englische oder US-amerikanische Industrie.

Nachdem England Mitte der 1960er-Jahre gezwungen war, zwei große Kredite beim IWF aufzunehmen, um das Pfund Sterling zu stützen, zogen ausländische Besitzer der britischen Währung aus Angst vor dem Unausweichlichen in großem Umfang ihre Gelder von den britischen Banken ab und kauften dafür Gold oder andere Währungen, was den Druck auf das Pfund Sterling noch weiter erhöhte. Da es privaten Finanzspekulanten verboten war, Pfund Sterlings gegen Gold einzutauschen, kauften sie stattdessen mit ihren Sterlings US-Dollars und erzeugten damit die Illusion einer Dollar-Stärke. In Wirklichkeit war das britische Pfund das schwache Glied im gesamten Bretton-Woods-Dollarsystem der Nachkriegszeit.

Ein französisches Haar in der Sterling-Goldsuppe

Im Februar 1965, als Amerikas Präsident Lyndon Johnson entschied, das US-Engagement bei einem Krieg in Vietnam zu verstärken – was die amerikanische Zahlungsbilanz weiter belastete –, übte Frankreichs Präsident Charles de Gaulle in aller Öffentlichkeit nicht nur scharfe Kritik am herrschenden Währungssystem, sondern auch an der amerikanischen Weigerung, den Dollar gegenüber dem Gold abzuwerten. Diese Weigerung Washingtons war der Grund dafür, dass der Goldwert nicht neu festgesetzt werden konnte, sodass er wieder der damaligen Realität entsprochen hätte. Zutreffend kritisierte de Gaulle die amerikanischen Politiker dafür, dass sie de facto die Inflation nach Europa exportierten, damit die USA den Vietnamkrieg und heimische Programme – Johnsons sogenanntes »Kanonen-und-Butter-Programm« – finanzieren konnten, indem sie einfach mehr Dollars druckten, die nicht durch zusätzliche Goldbestände gedeckt waren. Entgegen den Protesten aus England und den USA forderte de Gaulle die Rückkehr zu einem wirklichen Goldstandard, der die Länder zwingen würde, ihre Wirtschaftspolitik entsprechend anzupassen, um wachsende Defizite in ihrer Zahlungsbilanz zu vermeiden bzw. zu korrigieren.[23]

Die Abwanderung des Goldes aus England und den USA nahm zu. Im März 1965 verabschiedete der US-Kongress auf Drängen von New York und anderen Finanzzentren ein Gesetz, das den »Monetary Act« von 1945 außer Kraft setzte. Dieses Währungsgesetz von 1945 hatte das

Federal Reserve System dazu verpflichtet, eine Golddeckung oder -sicherheit von 25 Prozent seiner Gesamtreserven nicht nur für die in Umlauf befindlichen Banknoten der *Federal Reserve* zu stellen, sondern auch für die Einlagen der Mitgliedsbanken der *Federal Reserve*. Inzwischen waren die Goldreserven der *Fed* aber fast auf diese Marke von 25 Prozent gesunken. Die Lage der USA als Bastion des Goldstandards von Bretton Woods in der Nachkriegszeit hatte sich Mitte der 1960er-Jahre rapide verschlechtert.

1949 dagegen hatten die Vereinigten Staaten über offizielle Goldreserven im Wert von etwa 23 Milliarden Dollar verfügt, während die zirkulierenden *Federal-Reserve*-Banknoten und ihre Einlagen insgesamt etwa 41 Milliarden Dollar betrugen; das entsprach einer Golddeckung von beeindruckenden 57 Prozent. Anfang 1965 waren die Goldreserven auf 15 Milliarden Dollar geschrumpft, während die Einlagen und zirkulierenden Banknoten auf 55 Milliarden Dollar gestiegen waren – eine Golddeckung von nur mehr 27 Prozent. Das einzige Haar in der Währungssuppe bei der Außerkraftsetzung des Gesetzes von 1945, wonach eine 25-prozentige Golddeckung erforderlich gewesen war, bestand darin, dass der Dollar 1944 beim Vertrag von Bretton Woods zur Basis des gesamten weltweiten Zahlungssystems – und nicht nur zu einer Landeswährung – gemacht worden war.[24] Die gesamte Handelswelt außerhalb der USA akzeptierte US-Dollars anstelle von Gold, weil man davon ausging, der Dollar sei fest durch Gold gestützt, falls man einmal Gold brauchte.

Frankreich, Deutschland, Italien, Belgien, die Niederlande und die Schweiz häuften infolge ihrer positiven Handelsbilanzen Ende der 1960er-Jahre zunehmende Goldreserven an. Frankreich wurde für seine Forderung nach einer deutlichen Abwertung des US-Dollars von der Wall Street und der *Federal Reserve* scharf attackiert, weil dies angeblich den Ländern, die Goldreserven anhäuften, einen »ungerechtfertigten Vorteil verschaffte«. Die US-Finanzkreise machten sich nicht die Mühe zu erklären, was gemäß den Vereinbarungen von Bretton Woods ungerechtfertigt war, wenn Länder, die durch einen Exportüberschuss Dollar-Überschüsse angesammelt hatten, diese nun – wie nach den Vereinbarungen gestattet – in Gold eintauschen wollten, anstatt auf inflationierten US-Dollars sitzen zu bleiben.

In Wirklichkeit hätte die Abwertung des US-Dollars natürlich seine Rolle und die der amerikanischen multinationalen Banken und Unternehmen in der Weltwirtschaft geschwächt; doch diese Vorstellung war dem Money Trust so zuwider, dass er sie nicht einmal in Erwägung ziehen mochte. De Gaulles Wirtschaftsberater Jacques Rueff erklärte am 5. Juni 1969 in einem Artikel im *Wall Street Journal* die französische Position und meinte: »Der Goldpreis wurde 1934 von Präsident Roosevelt auf den heutigen Wert festgesetzt. Seither haben sich alle Preise in den Vereinigten Staaten mehr als verdoppelt.«[25]

1967 war England gezwungen, das Pfund durch Devisenanleihen zu stützen, ein Signal dafür, dass das Ende des festen Wechselkurses nahe war. Die wachsende internationale Nachfrage nach Gold anstelle von Pfund Sterlings oder US-Dollars nahm im Laufe dieses Jahres 1967 noch weiter zu und erzwang immer stärkere Interventionen des Londoner Gold-Pools der *Bank of England*.

Nach einem 1967 vom Parlament verabschiedeten Gesetz hatte Frankreich die volle Konvertibilität seines Francs durchgesetzt. Zugrunde gelegt wurde ein Franc, der zu über 80 Prozent goldgedeckt war. Mit dieser Maßnahme versuchte die französische Regierung, die Diskussion um die dringend benötigte Reform des internationalen Finanzsystems zu forcieren. Im Sommer 1967 zog Frankreich seine Teilnahme am Londoner Gold-Pool zurück, weil man in Paris nicht mehr gewillt war, das eigene Gold bei den offensichtlich erfolglosen Bemühungen um eine Stützung des US-Dollars einzusetzen. Das Ergebnis war ein weiterer Verfall des Wechselkurses und der Anstieg des Marktpreises für Gold in Privatbesitz. Der Run auf das Gold war da.

Spekulanten, die auf absolute Sicherheit setzten, tauschten eiligst ihre Pfund-Guthaben in Dollar oder andere Währungen um, mit denen sie dann sofort auf allen möglichen Märkten von Frankfurt über Zürich und Paris bis Pretoria Gold kauften. In dem Maße, wie der Marktpreis für Gold im Privatbesitz im Vergleich zu dem Fixpreis von Bretton Woods stieg, geriet auch die Stabilität des Dollars als Anker des gesamten weltweiten Zahlungssystems ins Wanken.

Es entwickelte sich ein Drama, das durchaus der Krise des Pfund Sterlings im Verhältnis zum Gold von 1931 ähnelte: Sofortige Notkredite zur Stabilisierung des Pfund Sterling konnten den Druck auf die britische Währung offensichtlich nicht mindern. Im Oktober 1967 gewährte ein Konsortium von Schweizer Banken, die über große Goldguthaben verfügten und das von der Schweizerischen Bankgesellschaft (UBS) geführt wurde, England einen Kredit in Höhe von 104 Millionen Dollar. Weitere Stützungen des britischen Pfundes wurden aber vom IWF und von anderen großen europäischen Ländern abgelehnt. Am 18. November

1967, als die englische Regierung gerade über einen zusätzlichen Kredit von einer Schweizer Privatbank in Höhe von ein bis drei Milliarden Dollar verhandelte, gab Großbritanniens Premierminister Harold Wilson von der *Labour Party* die Abwertung der britischen Währung gegenüber dem Gold um 14 Prozent bekannt. Die neue Parität gegenüber dem Dollar wurde bei 2,40 Dollar für das Pfund festgelegt. Das war weit weniger als die 30-prozentige Abwertung von 1949, aber in der veränderten Welt Ende der 1960er-Jahre war es genug, um jetzt den Druck auf den Kern des Weltwährungssystems, den US-Dollar, zu fokussieren.[26]

Die USA wollen sich an Frankreich rächen

Zur Vergeltung für die in ihren Augen nicht hinnehmbare Einmischung Frankreichs in die Währungsordnung der USA lancierte Washington mit Unterstützung der Wall Street einen umfassenden Wirtschaftskrieg gegen Frankreich und den französischen Franc, weil Paris der Hauptfürsprecher für eine internationale Währungsreform gewesen war. Um die französische Vorstellung einer solchen Währungsreform zu diskreditieren, entschieden sich die Wall-Street-Banken mit Unterstützung Washingtons, die Währungs- und Finanzstabilität Frankreichs zu unterminieren. Anfang 1968 weitete sich dies zu einem vollen Währungskrieg aus. Dieser Krieg wurde natürlich nicht offen erklärt, und alles spielte sich hinter den Kulissen ab, aber allen maßgeblichen Marktteilnehmern war klar, dass die US-Banken hinter dem Run auf den Franc und die französischen Goldreserven standen.

New Yorker Banken zogen abrupt ihre Einlagen aus französischen Banken ab und kauften stattdessen D-Mark, für Frankreich ein empfindlicher Schlag. Außerdem setzte Washington westdeutsche Banken unter Druck, dasselbe zu tun, was den Eindruck verstärkte, es herrsche ein allgemeines Misstrauen gegen die französische Währungspolitik und es handele sich nicht um eine Übung in amerikanischer Finanzkriegsführung. Die USA beschränkten die französischen Importe nach Amerika und rieten den Amerikanern, nicht nach Frankreich in Urlaub zu fahren. Amerikanische Firmen, die in Frankreich investiert hatten, zogen still und leise ihr Kapital ab, sodass der Druck auf den Franc weiter stieg.[27]

Mit einer zeitlichen Übereinstimmung, die kein Zufall sein kann, tauchte in der neuen Linken Frankreichs plötzlich eine wenig bekannte radikale linksanarchistische Sekte namens »Situationistische Internationale« auf, über die in den seriösen anglo-amerikanischen Blättern, wie beispielsweise dem Londoner *Economist*, prominent berichtet wurde. Diese Linken kamen scheinbar aus dem Nichts, übernahmen die Kontrolle über die studentische Selbstverwaltung an der Universität Straßburg und hatten auch viel Einfluss auf die radikale Studentenbewegung an der Pariser Universität *Sorbonne*. Die Wall Street und die Londoner City machten sich die Studentenunruhen vom Mai 1968, die ein großes Presseecho fanden, zunutze. Junge Radikale, wie der Mitläufer der Situationisten Daniel Cohn-Bendit, wurden über Nacht zu »Che Guevaras« der französischen und deutschen Linken. Cohn-Bendit hatte einer Gruppe angehört, die im November 1967 einen Streik von 12 000 Studenten als Protest gegen die Überfüllung der Hörsäle organisiert hatte. In den vorangegangenen zehn Jahren war die Zahl der französischen Studenten von 170 000 auf 514 000 gestiegen. Die Fläche an Frankreichs Universitäten hatte sich seit 1962 zwar verdoppelt, die Studentenzahlen dagegen aber fast verdreifacht. Die Lehreinrichtungen waren völlig unzureichend, und die Überfüllung war ein ernst zu nehmendes Problem. Das war der Hintergrund für den sozialen Zündstoff. Es brauchte also nicht viel, um diesen Sprengstoff zur Explosion zu bringen.[28]

De Gaulle war durch diese Unruhen geschwächt worden und trat ein Jahr später, im April 1969, von seinem Amt zurück. Seine Popularität hatte durch die Finanzkrise ebenso großen Schaden genommen wie durch das unangemessene Eingreifen der französischen Polizei bei den Studentenunruhen vom Mai 1968 – die von amerikanischen Geheim-

Der US-Wirtschaftskrieg gegen Frankreichs Präsident de Gaulle bereitete den Boden für die Studentenunruhen vom Mai 1968, die de Gaulle ein Jahr später zum Rücktritt zwangen.

292

dienstlern, die in der studentischen Szene aktiv waren, zumindest ermuntert worden waren.[29]

Die Finanzkreise, die den Angriff auf den Franc lancierten, streuten gleichzeitig ebenso geschickt das Gerücht, die D-Mark werde gegenüber dem Franc aufgewertet, was zu weiteren panikartigen Verkäufen der französischen Währung und zur Abwanderung des französischen Goldes führte. Nachdem die Studentenunruhen abgeflaut waren, zeigte sich, dass die französischen Währungsreserven immens gelitten hatten. Außerdem stellte Frankreich kaum noch eine ernsthafte Bedrohung für den US-Dollar dar. Von März 1968 bis März 1969 waren die französischen Devisenreserven um 80 Prozent gefallen, da die *Banque de France* vergeblich versucht hatte, die Parität des Franc zum Dollar aufrechtzuerhalten. Im August 1969 war Frankreich gezwungen, den Franc um zwölf Prozent abzuwerten. Im Oktober desselben Jahres waren die Währungshüter in Deutschland gezwungen, die D-Mark um acht Prozent aufzuwerten, was den Unterschied zwischen den Währungen dieser beiden stärksten Volkswirtschaften der damaligen EG um 20 Prozent vergrößerte.

Die Bundesrepublik Deutschland war damals kaum in der Lage, Frankreichs Forderung nach einer neuen Reform der Währungsordnung zu unterstützen. Deutschland hatte auch dem Druck der amerikanischen Banken, sich der US-Attacke auf den Franc anzuschließen, nichts entgegenzusetzen, denn ansonsten musste es den Abzug der US-Truppen befürchten – zumindest ließ Washington diese Möglichkeit durchblicken. Durch die finanziellen Attacken auf die Regierung de Gaulle hatten die Wall Street und die *Federal Reserve* etwas Zeit gewonnen, bis sich die Aufmerksamkeit wieder auf die Anfälligkeit des Dollars richten sollte. Die Ruhepause währte nicht lange; schon bald musste sich der Dollar erneut einer Attacke stellen.

Anmerkungen:

1 Advisory Committee on Postwar Foreign Policy, Security Subcommittee, Minutes S–3, 6. Mai 1942, *Notter File*, Box 77, Record Group 59, Records of the Department of State, National Archives, Washington, D. C.

2 Victor Perlo, *American Imperialism*, New York 1951. (Deutsche Ausgabe: *Der amerikanische Imperialismus*, Dietz, 1953.)

3 James Burnham, *The Struggle for the World*, John Day & Co., New York 1947,

S. 188, 193–195 (siehe auch: J. Burnham: *Die Strategie des Kalten Krieges*, Union Deutsche Verlagsanstalt, 1950).

4 Ebenda, S. 193–195.

5 Ebenda, S. 201.

6 Elliott Roosevelt, *As He Saw It*, 1946, S. 41.

7 R. Palme Dutt, *The Crisis of Britain and the British Empire*, Lawrence & Wishart, London 1953, S. 166.

8 Ebenda, S. 166–167.

9 Ebenda, S. 168.

10 Ebenda, S. 170.

11 Ebenda, S. 174.

12 Zum Hintergrund der Rolle Rockefellers im Kongo bis zur Unabhängigkeit Anfang der 1960er-Jahre siehe: Paul David Collins, *Conquest by Convergence: The Case Against Elite Convergence*, 2003, unter *http://www.conspiracy archive.com/NWO/Elite_Convergence.htm*.

13 A. Stadnichenko, *Monetary Crisis of Capitalism*, Progress Pubishers, Moskau 1975, S. 126–27.

14 Robert Triffin, *The Dollar in Crisis*, 1961, S. 228–229.

15 John F. Kennedy, *Annual Message to the Congress and the State of the Union*, 30. Januar 1961, aufrufbar unter *http://www.jfklink.com/speeches/jfk/public papers/1961/jfk11_1961,html*.

16 Ebenda.

17 Donald Gibson, *Battling Wall Street: The Kennedy Presidency*, Sheridan Square Press, New York 1994, S. 73–75.

18 Wim Dankbaar, *Files on JFK: Interviews with confessed assassin James E. Files*, Trafford Publishing, Victoria BC, Kanada, 2005, S. 43–108. Files, der in einem Bundesgefängnis in Joliet im US-Bundesstaat Illinois einsaß, hatte ausgesagt (und diese Aussage war protokolliert worden), er habe zu einem »Killer-Team« der CIA gehört, das unter der Leitung des CIA-Beamten David Atlee Phillips stand. Ziel der Mission sei gewesen, JFK zu ermorden und Lee Harvey Oswald als schuldigen »Einzeltäter« zu präsentieren.

19 John F. Kennedy, *Executive Order 11110: Amendment of Executive Order No. 10289, as Amended, Relating to the Performance of Certain Functions Affecting the Department of the Treasury*, 4. Juni 1963. Abgedruckt in *The Final Call*, Bd. 15, Nr. 6, 17. Januar 1996, aufrufbar unter *http://www.john-f-kennedy.net/ executiveorder11110.htm*

20 Peter Collier und David Horowitz, *The Rockefellers: An American Dynasty*, Holt, Rinehart & Wilson, New York 1976, S. 560. (Deutsche Ausgabe: *Die Rockefellers. Eine amerikanische Dynastie*, Ullstein, Hamburg 1982.)

21 Anthony Wayne, *John F. Kennedy vs. the Federal Reserve*, aufrufbar unter *http://www.john-f-kennedy.net/thefederalreserve.htm*.

22 Lyndon B. Johnson, President, *Executive Order 11198 – Imposition of Interest Equalization Tax on Certain Commercial Bank Loans*, 10. Februar 1965, aufrufbar unter *http://www.presidency.ucsb.edu/ws/index.php?pid=60529*.

23 Ebenda, S. 156.

24 The United States Federal Reserve System, »Consolidated Position of the Federal Reserve Banks«, *Federal Reserve Bulletin*, Tabelle 15, Februar 1965, S. 230.

25 Jacques Rueff, *The Wall Street Journal*, 9. Juni 1969.

26 Aaran Hamilton, »Beyond the Sterling Devaluation: The Gold Crisis of March 1968«, *Contemporary European History*, Bd. 17, Nr. 1 (2008), S. 73–95.

27 A. Stadnichenko, a. a. O., S. 204–211.

28 René Vienet, »Enragés and Situationists in the Occupations Movement«, 1968, in *Situationist International Online Archive*, aufrufbar unter *http://www.cddc. vt.edu/sionline/si/enrages.html*.

29 Council for Maintaining the Occupation, Bericht über die Besetzung der Sorbonne, Paris, 19. Mai 1968, aufrufbar unter *Situationist International texts*, *http://www.cddc.vt.edu/sionline/si/occupation.html*.

KAPITEL 10

Der Anfang vom Ende des Amerikanischen Jahrhunderts: Nixon steigt aus dem Bretton-Woods-Abkommen aus

»Wir haben Ihnen gezeigt, wie die USA England und alle anderen Länder der Geschichte, die versucht haben, ein Imperium zu errichten, in die Tasche gesteckt haben. Wir haben die größte Abzocke aufgezogen, die es je gegeben hat.«
Kommentar von Herman Kahn vom *Hudson Institute* aus dem Jahre 1971, nachdem er erfuhr, wie Zahlungsbilanzdefizite der USA genutzt werden können, um andere Länder auszubeuten.[1]

1971: Der Anfang vom Ende des Dollar-Systems

Die frühen 1970er-Jahre bedeuteten für das US-Establishment eine Wasserscheide. Wenn die USA als dominierende weltweite Wirtschafts- und Finanzmacht überleben wollten, mussten dramatische Maßnahmen eingeleitet werden. Wie Amerikas Elite dabei allerdings vorgehen sollte, war alles andere als klar. Doch schon bald hatten die Mächte, die an der Wall Street das Sagen hatten, eine Strategie entwickelt.

Angesichts der Kosten für Johnsons eskalierenden Krieg in Südostasien verkauften internationale Banken und Zentralbanken vermehrt Dollars und kauften dafür Gold. 1968 hatte das Defizit im US-Bundeshaushalt aufgrund der explodierenden Kriegskosten die bis dahin beispiellose Höhe von 30 Milliarden Dollar erreicht. Die Goldreserven schwanden weiterhin beängstigend und näherten sich dem gesetzlich vorgeschriebenen Mindestwert von 25 Prozent. Politische Auflösungserscheinungen verstärkten die Finanzflucht noch weiter: Verteidigungsminister Robert McNamara, der weithin als Architekt und Stratege eines »nicht zu gewinnenden Krieges« galt, reichte seinen Rücktritt ein.

Es war offensichtlich nur noch eine Frage der Zeit, bis der Kern des Bretton-Woods-Systems der Nachkriegszeit zerbrach. Das geschah schließlich am 15. August 1971, als Präsident Richard Nixon der Welt verkündete, er habe angeordnet, das Gold-Diskontfenster der New Yorker *Federal Reserve* zu schließen. Ausländer, die Dollars besaßen, waren durch diese einseitige Handlung des US-Präsidenten über Nacht ihres vertraglich besiegelten Anrechts auf Gold beraubt worden.

Nixon handelte auf Rat eines kleinen Beraterkreises aus dem Umkreis der Rockefellers. Dazu gehörten neben seinem Haushaltsberater George Shultz, dem späteren US-Außenminister und Direktor des riesigen Baukonzerns *Bechtel*, auch Jack F. Bennet vom Finanzministerium, der später Direktor von Rockefellers Ölgesellschaft *Exxon Co.* und Finanzstaatssekretär für internationale Währungsfragen wurde, sowie der frühere Direktor der *Chase Manhattan Bank* Paul Volcker, zeitlebens ein Protégé der Rockefeller-Interessen. Dieser Paul Volcker sollte acht Jahre später als Chef der US-amerikanischen *Federal Reserve* eine entscheidende Rolle spielen. Zu diesem Posten hatte ihm David Rockefeller verholfen, der dafür gesorgt hatte, dass Präsident Carter Volcker zum *Fed*-Chef ernannte, damit ein »Bankiers-Putsch« möglich wurde.[2]

Nixons einseitiges Vorgehen in der Goldfrage wurde bei internationalen Gesprächen bestätigt, die im Dezember desselben Jahres in Washington zwischen Vertretern der führenden Länder Europas, Japans und einiger anderer Staaten geführt wurden und in einem faulen Kompromiss mündeten, der nach dem Ort der Verhandlungen als »Smithsonian Agreement« bekannt wurde. Nach diesen Gesprächen im Washingtoner *Smithsonian*-Gebäude verkündete Nixon, diese Vereinbarung sei »der Abschluss der wichtigsten Währungsvereinbarung der Weltgeschichte«. Die USA hatten formell den Dollar abgewertet, allerdings nicht um den riesigen Betrag – d. h. eine Verdopplung des Goldpreises auf 70 US-Dollar –, der nach Meinung der Europäer nötig war, um ein globales Gleichgewicht wiederherzustellen. Washington wertete den Dollar lediglich um acht Prozent ab, wodurch der Goldpreis bei 38 Dollar pro Feinunze anstatt der jahrelang gültigen 35 Dollar pro Feinunze festgelegt wurde. Außerdem ließ diese Vereinbarung jetzt eine offizielle Schwankungsbreite der

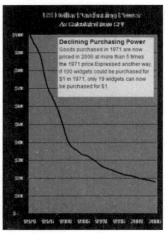

Die Entscheidung Nixons und Volckers zur Aufhebung der Goldkonvertibilität vom August 1971 öffnete die Schleusen für die Währungsinflation.

Währungen von 2,25 Prozent zu (anstelle des ursprünglich in den IWF-Regeln festgelegten einen Prozentes).

Als Nixon allen, die auf der Welt Dollars besaßen, erklärte, dass sie ihre Papiere nicht mehr in Gold eintauschen konnten, setzte er eine Reihe von Entwicklungen in Gang, die die Welt erschüttern sollten. Es dauerte nur wenige Wochen, bis das Vertrauen in das »Smithsonian Agreement« zu bröckeln begann.

Gold hat wenig Wert an sich. Dieses Edelmetall wird für einige industrielle Zwecke benutzt und ist als Schmuck sehr begehrt. Aber historisch hat es aufgrund seines begrenzten Vorkommens als anerkannter Wertstandard gedient, an dem verschiedene Länder ihre Handelsbedingungen und damit auch ihre Währungen ausgerichtet haben. Als Nixon erklärte, dass die USA ihren Währungsverpflichtungen gegenüber dem Gold nicht mehr nachkommen würden, öffnete er die Schleusen für eine weltweite Spekulation im Stil eines Casinogelages in Las Vegas – und zwar in einer historisch nie da gewesenen Dimension.

Ab dem 15. August 1971 wurde die langfristige wirtschaftliche Entwicklung nicht mehr an einen festen Wechselkurs gebunden, sondern der Welthandel wurde selbst zum Schauplatz von wilden Spekulationen in Bezug darauf, in welche Richtung bestimmte Währungen schwanken würden. Infolgedessen stieg das Gesamtvolumen der weltweit zirkulierenden Dollars, das sich bis Ende der 1960er-Jahre auf einem relativ gleichmäßigen Niveau befunden hatte, bis Ende der 1990er-Jahre exponentiell um etwa 2500 Prozent an.[3]

Dass die Einlösung von Gold ausgesetzt und daraufhin Anfang der 1970er-Jahre »flexible Wechselkurse« eingeführt wurden, war keine Lösung. Es verschaffte den US-Finanzkreisen lediglich etwas Zeit, ihre nächsten Schritte festzulegen. Die untaugliche Grundlage des »Smithsonian Agreements« führte 1972 zu einer weiteren Verschlechterung der Lage, da es weiterhin zu einer massiven Kapitalflucht aus dem Dollar in Richtung Europa und Japan gab, bis Nixon am 12. Februar 1973 schließlich eine zweite Abwertung des Dollars bekannt gab, und zwar um zehn Prozent gegenüber dem Gold, wodurch der offizielle Goldpreis auf den bis heute gültigen Wert von 42,22 Dollar pro Feinunze festgelegt wurde.

Doch die Abwertung konnte die Dollar-Verkäufe kaum stoppen. Im Mai 1973 kam es darum auf einer kleinen schwedischen Ferieninsel vor Stockholm zu einem streng geheimen Treffen, bei dem das Leben des US-Dollars auf Kosten des weltweiten industriellen Wachstums ein wenig weiter verlängert wurde. Die Wall Street und die Machtelite im

Umkreis des damaligen US-Außenministers – und de facto amtierenden Präsidenten – Henry Kissinger, der selbst zeitlebens ein Anhängsel der Rockefeller-Interessen war, beschlossen bei diesem Treffen, der Weltwirtschaft einen dramatischen Schock zu verpassen, um den fallenden Dollar als Wert für den Welthandel und die Weltfinanzen sowie als Säule der imperialen Strategie Amerikas zu retten.

Saltsjöbaden und der Ölschock der Bilderberger

Der Plan hinter Nixons Dollar-Strategie vom 15. August 1971 wurde erst im Oktober 1973 deutlich, und selbst dann begriffen außer einer Handvoll Insider nur wenige den Zusammenhang. Die Entmonetarisierung des Goldes im August 1971 wurde vom New Yorker Finanz-Establishment genutzt, um Zeit zu gewinnen, während amerikanische Politstrategen einen kühnen neuen Währungsplan entwarfen – einen »Paradigmenwechsel« vollzogen, wie einige Insider das Ganze gern nannten. In dem Moment, wo alles verloren schien, hatten bestimmte einflussreiche Stimmen im US-Finanz-Establishment eine Strategie entwickelt, mit der wieder ein starker Dollar geschaffen und die politische Machtposition der USA in der Welt gestärkt werden konnten.

Im Mai 1973, als der dramatische Verfall des Dollars noch in vollem Gange war, trafen sich 84 der führenden Insider aus Finanzen und Politik auf der besagten einsamen Insel an der Ostseeküste vor Stockholm – Saltsjöbaden –, die praktisch der schwedischen Bankiersfamilie Wallenberg gehört. Bei diesem Treffen von Prinz Bernhards Bilderberger-Gruppe trug ein Amerikaner das »Szenario« eines unmittelbar bevorstehenden 400-prozentigen Anstiegs der Öleinkünfte der OPEC-Länder vor. Der Zweck dieses Geheimtreffens auf Saltsjöbaden bestand allerdings nicht darin, den erwarteten Ölpreisschock zu verhindern, sondern vielmehr zu planen, wie man die bald zu erwartende Flut von Öl-Dollars handhaben sollte. US-Außenminister Kissinger sollte diesen Prozess später als »Recycling der Petrodollar-Ströme« bezeichnen.

Der erwähnte Amerikaner war Walter Levy, der Rockfellers *Standard-Oil*-Konzern als Berater nahestand. Er erklärte den Teilnehmern des Bilderberger-Treffens, bei dem es eigentlich um die atlantisch-japanische Energiepolitik gehen sollte, was in der nächsten Zeit geschehen würde. Zunächst legte er dar, dass in Zukunft der weltweite Ölbedarf vorwiegend von einer kleinen Zahl ölproduzierender Länder im Mittleren Osten gedeckt werde, und fügte dann prophetisch hinzu:»Die Kosten dieser Ölimporte werden gewaltig steigen, was für die Zahlungsbilanzen der Verbraucherländer große Schwierigkeiten bringen wird. Ernsthafte Probleme würden entstehen, wenn sich in Ländern wie Saudi-Arabien oder Abu Dhabi plötzlich große Devisenreserven anhäufen sollten.« Und weiter:»Die politischen, strategischen und machtpolitischen Beziehungen zwischen den ölproduzierenden und den ölimportierenden Ländern sowie den Heimatländern der internationalen und nationalen Ölgesellschaften der produzierenden und importierenden Länder könnten sich grundlegend verändern.« Er prognostizierte dann einen Anstieg der Öleinkünfte der OPEC-Länder im Mittleren Osten, der bei etwas über 400 Prozent liegen würde, das gleiche Niveau, das Kissinger bald vom persischen Schah verlangen sollte.

Weitere Teilnehmer des Treffens auf Saltsjöbaden im Mai 1973 waren: David Rockefeller von der *Chase Manhattan Bank*, damals der anerkannte»Vorstandsvorsitzende des amerikanischen Establishments«; Robert O. Anderson von der *Atlantic Richfield Oil Company*, ein enger Rockefeller-Verbündeter; Lord Greenhill, Direktor von *British Petroleum*; Sir Eric Roll von der Bank *S. G. Warburg*, Mitbegründer der Eurobonds; George Ball von der Investmentbank *Lehman Brothers*, der zehn Jahre zuvor als stellvertretender US-Außenminister seinem Bankiersfreund Siegmund Warburg von der Londoner Bank *S.G. Warburg & Co.* geraten hatten, den Eurodollarmarkt in London aufzubauen; Zbigniew Brzezinski, der gerade Direktor von David Rockefellers privater Trilateraler Kommission geworden war und später Präsident Carters Nationaler Sicherheitsberater werden sollte; Gianni Agnelli, der *Fiat*-Chef aus Italien; sowie Otto Wolff von Amerongen, einer der einflussreichsten Repräsentanten der deutschen Nachkriegswirtschaft und der erste Deutsche, der zu einem der Direktoren von Rockefellers *Exxon Oil Company* ernannt wurde. Auch Henry Kissinger war zu dem Treffen eingeladen.[2]

Seit Mai 1954 fanden die jährlichen Treffen der Bilderberger statt, und zwar immer unter strengster Geheimhaltung. Anfänglich waren die Bilderberger eine kleine elitäre Gruppe von»Atlantikern«, zu der vor allem David Rockefeller, George Ball, Dr. Joseph Retinger, Prinz Bernhard der Niederlande und George C. McGhee, damals amerikanischer Diplomat und später Direktor von Rockefellers *Mobil Oil*, gehörten. Zu den Treffen der Bilderberger – ihren Namen erhielten sie von dem Ort ihres ersten Treffens, dem *Hotel de Bilderberg* in der Nähe von Arnheim in den Niederlanden – fanden sich dann alljährlich die führenden Eliten aus Europa und Amerika ein, um vertrauliche politische Gespräche zu führen und geheime Entscheidungen zu treffen. Ein Konsens wurde »geformt« und in anschließenden Pressekommentaren und Medienberichten sorgfältig propagiert, ohne jedoch jemals dabei die geheimen Bilderberger-Gespräche zu erwähnen. Der Bilderberger-Prozess gehörte zu den effektivsten Instrumenten der Gestaltung der anglo-amerikanischen Politik nach dem Zweiten Weltkrieg.[4]

Die Mächtigen, die sich im besagten Mai 1973 bei ihrer Bilderberger-Tagung in Schweden trafen, hatten dabei offenbar entschieden, einen enormen Angriff auf das industrielle Wachstum zu führen und damit die Machtbalance wieder zugunsten der amerikanischen Finanzinteressen und des Dollars zu verschieben. Zu diesem Zweck beschlossen sie, ihre wertvollste strategische Waffe einzusetzen: die Kontrolle über die weltweite Verteilung des Erdöls.

Die Politik der Bilderberger sah vor, die amerikanische Diplomatie einzusetzen, um knapp ein halbes Jahr später, im Oktober 1973, ein weltweites Ölembargo auszulösen und damit – welch ein Schock! – einen dramatischen Anstieg des Ölpreises zu bewirken. Seit 1945 hatte es sich international eingebürgert, dass der weltweite Ölhandel in US-Dollars abgewickelt wurde, da nach dem Krieg amerikanische Ölgesellschaften den Markt beherrschten. Ein plötzlicher steiler Anstieg des Ölpreises weltweit bedeutete deshalb auch einen gleichermaßen steilen Anstieg der weltweiten Nachfrage nach US-Dollars, um damit das benötigte Öl zu bezahlen. Der Anstieg würde also nicht nur *Exxon*, *Mobil Oil* und die anderen Rockefeller-Ölgesellschaften zu den größten Unternehmen der Welt machen, sondern gleichzeitig auch ihre Banken – *Chase Manhattan*, *Citibank* und einige wenige andere – zu den größten Geldhäusern der Welt.

Das von den Rockefellers beherrschte amerikanische Finanz-Establishment war entschlossen, seine Macht über das Öl in einer Weise einzusetzen, die damals niemand für möglich gehalten hätte. Genau das Ungeheuerliche ihres Plans diente ihrem Vorteil. Niemand konnte sich vorstellen, dass so etwas bewusst getan würde. Aber genau so geschah es.[5]

Kissingers Ölschock von Jom Kippur

Am 6. Oktober 1973 – auf diesen Tag fiel in diesem Jahr der jüdische Versöhnungstag (»Jom Kippur«), der höchste israelische Feiertag – marschierten ägyptische und syrische Truppen in Israel ein und lösten damit den »Jom-Kippur-Krieg« aus. Dieser Krieg war nicht das simple Ergebnis von Fehleinschätzungen und Fehlern oder der Entscheidung der arabischen Staaten, einen Militärschlag gegen Israel zu führen. Die Umstände im Vorfeld des Ausbruchs dieses Krieges im Oktober 1973 wurden insgeheim in Washington und London inszeniert, die sich dabei der einflussreichen diplomatischen Geheimkanäle bedienten, die das Weiße Haus unter Nixons Nationalem Sicherheitsberater Henry Kissinger entwickelt hatte.

Durch seine engen Verbindungen zu Simcha Dinitz, dem damaligen Botschafter Israels in Washington, konnte Kissinger praktisch die politische Reaktion Israels bestimmen. Darüber hinaus pflegte Kissinger auch seine Verbindungen zur ägyptischen und syrischen Seite. Seine Methode war einfach: Er präsentierte der einen Seite die kritischen Elemente der anderen Seite falsch und stellte damit sicher, dass es zum Krieg und zu dem nachfolgenden Ölembargo der Araber kommen würde. Vorher hatte Saudi-Arabiens König Faisal wiederholt Kissinger und Washington gegenüber klargestellt, dass die OPEC-Länder mit einem Ölembargo antworten würden, wenn die USA weiterhin einseitig Israel mit Militärgütern belieferten.[6]

Kissinger, damals Nixons Geheimdienst-»Zar«, unterdrückte gezielt amerikanische Geheimdienstberichte, darunter auch abgefangene Kommunikationen zwischen arabischen Vertretern, die die Kriegsvorbereitungen bestätigten. Der Krieg und die Zeit danach – Kissingers berüchtigte »Pendeldiplomatie« – wurden in Washington entworfen, und zwar genau entsprechend der Entschlüsse der Bilderberger vom vergangenen Mai auf Saltsjöbaden, knapp sechs Monate vor Ausbruch des Krieges. Die arabischen ölproduzierenden Länder sollten zum Sündenbock für die kommende weltweite Empörung gemacht werden, während sich die wirklich verantwortlichen anglo-amerikanischen Interessen still im Hintergrund hielten.[7]

Mitte Oktober 1973 erklärte die Bundesregierung unter Bundeskanzler Willy Brandt dem damaligen US-Botschafter in Bonn, dass sich Deutschland im Nahostkonflikt neutral verhalte und den USA nicht gestatten werde, von deutschen NATO-Basen aus Nachschub an Israel zu liefern. Am 30. Oktober 1973 sandte Nixon eine scharf formulierte Protestnote, die dem Vernehmen nach Henry Kissinger formuliert hatte, an Bundeskanzler Brandt – eine merkwürdige Vorwegnahme ähnlicher Ereignisse ungefähr 17 Jahre später.

Nixons Nationaler Sicherheitsberater Henry Kissinger arbeitete 1973 mit dem israelischen Botschafter in Washington, Dinitz (hinten links), zusammen, um ein OPEC-Ölembargo zu provozieren, das den Dollar retten sollte.

Nixons Antwort an die Bundesregierung war ebenso kurz wie direkt: »Wir erkennen an, dass die Europäer stärker vom arabischen Öl abhängig sind als wir, aber wir sind nicht der Ansicht, dass Ihre Verletzlichkeit sinkt, wenn sie sich in einer solch bedeutenden Angelegenheit von uns distanzieren … Sie schreiben, diese Krise sei kein Fall gemeinsamer Verantwortung für die Allianz und die militärischen Lieferungen an Israel geschähen zu Zwecken, die nicht zum Verantwortungsbereich der Allianz gehören. Ich glaube nicht, dass wir solch eine feine Unterscheidung machen können …«[8]

Washington wollte Deutschland einfach nicht erlauben, sich im Nahostkonflikt für neutral zu erklären. Dagegen durfte England jedoch ungestraft seine Neutralität klar erklären, damit das Land die Auswirkungen des Ölembargos nicht zu spüren bekam. London hatte sich selbst geschickt um eine internationale Krise herummanövriert, die England selbst mit inszeniert hatte.

Eine außerordentlich wichtige Konsequenz des anschließenden Anstiegs der OPEC-Ölpreise um rund 400 Prozent war unter anderem die, dass sich jetzt die vielen hundert Millionen Dollar, die *British Petroleum*, *Royal Dutch Shell* und andere anglo-amerikanische Ölkonzerne in die riskante Förderung des Nordseeöls investiert hatten, jetzt auszahlten. Es war schon ein sehr merkwürdiges zeitliches Zusammentreffen, dass die Nordsee-Ölfelder erst nach Kissingers Ölschock profitabel wurden. Aber natürlich könnte das auch nur ein glücklicher Zufall gewesen sein. Am 16. Oktober 1973 hatte die Organisation der Erdöl exportierenden Länder (OPEC) zum Abschluss eines Treffens in Wien zur Beratung über die Höhe des Ölpreises diesen Preis um für damalige Verhältnisse atemberaubende 70 Prozent angehoben, nämlich von 3,01 auf 5,11 Dollar pro Barrel. Gleichzeitig erklärten die arabischen Erdölländer an diesem 16. Oktober unter Hinweis auf die Unterstützung Israels durch die USA ein Embargo auf alle Ölverkäufe an die USA und die Niederlande – das mit Rotterdam den wichtigsten Ölhafen Westeuropas stellte.

Saudi-Arabien, Kuwait, der Irak, Libyen, Abu Dhabi, Qatar und Algerien erklärten am 17. Oktober 1973, sie würden ihre Produktion für den Oktober gegenüber dem September-Niveau um fünf Prozent kürzen und jeden Monat um weitere fünf Prozent,»bis der Abzug der Israelis aus den im Juni 1967 besetzten arabischen Gebieten abgeschlossen ist und die Rechte des palästinensischen Volkes wiederhergestellt sind«. Der erste»Öl-Schock«der Welt – die Japaner nannten ihn»Oil Shokku« – war perfekt.

Es ist bedeutsam, dass die Ölkrise genau in dem Moment voll zum Tragen kam, als der Präsident der Vereinigten Staaten persönlich in den sogenannten»Watergate-Skandal«hineingezogen wurde. Henry Kissinger konnte damit de facto als US-Präsident agieren; er bestimmte während der Krise Ende 1973 den Kurs der amerikanischen Außenpolitik.

Als das Weiße Haus von Präsident Nixon 1974 einen führenden Vertreter zum US-Finanzministerium schickte, um dort einen Plan zu entwickeln, wie man die OPEC zur Senkung des Ölpreises zwingen könnte, wurde er brüsk abgewiesen. In einem Memorandum erklärte Nixons Vertreter:»Die führenden Bankiers lehnten diesen Rat rundweg ab und setzten sich für ein ›Recycling‹-Programm ein, um mit dem höheren Ölpreis fertigzuwerden. Dies war eine fatale Entscheidung ...« Zu den führenden Bankiers gehörten damals ohne Zweifel David Rockefeller und die Chefs der großen New Yorker Banken mit ihren Verbindungen zur Ölindustrie.

Das US-Finanzministerium unter Jack Bennett, dem Mann, der 1971 daran beteiligt gewesen war, Nixons verhängnisvolle Dollar-Politik zu steuern, hatte mit der saudi-arabischen Währungsbehörde SAMA eine geheime Vereinbarung geschlossen, die in einem Memorandum von

Finanzminister Jack F. Bennett an Außenminister Kissinger vom Februar 1975 festgehalten wurde. Nach dieser Vereinbarung sollten die riesigen unerwarteten Profite (»windfalls«) dieser neuen Öleinkünfte Saudi-Arabiens in erheblichem Maße zur Finanzierung des US-Haushaltsdefizits eingesetzt werden. David Mulford, ein junger Wall-Street-Investmentbanker von der führenden Eurobond-Firma *White Weld & Co.*, wurde als Haupt-»Investmentberater« der SAMA nach Saudi-Arabien entsandt, um die saudischen Petrodollar-Investments in die richtigen Banken zu schleusen – natürlich vornehmlich in amerikanische Banken in London und New York. Alles verlief wie von den Bilderbergern geplant. Auch der in den Jahren zuvor aufgebaute Eurodollar-Markt sollte beim »Recycling« der Offshore-Petrodollars eine entscheidende Rolle spielen.[9] Später schätzte Rockefellers *Chase Manhattan Bank*, dass zwischen 1974 und Ende 1978 die Länder der OPEC bei ihren Ölexporten einen Überschuss von 185 Milliarden Dollar erzielt hatten. Von diesem Geldern wurden mehr als drei Viertel durch westliche Finanzinstitute geschleust, wobei der Löwenanteil an die *Chase* und mit ihr alliierte Banken in New York und London gelangte, die diese »Petrodollars« dann in Form von Krediten an die Dritte Welt weitergaben. Das war damals eine ganz gewaltige Summe.[10]

Kissinger, der als Präsident Nixons mächtiger Nationaler Sicherheitsberater bereits wichtige Lageeinschätzungen der US-Geheimdienste unter seiner Kontrolle hatte, sicherte sich auch die Kontrolle über die US-Außenpolitik, als er in den Wochen vor dem Jom-Kippur-Krieg im Oktober 1973 Nixon überredete, ihn auch zum Außenminister zu ernennen und damit eine Machtposition in der US-Politik einzunehmen, die weder vor noch nach ihm je ein anderer Politiker innegehabt hat. In den letzten Monaten der Regierung Nixon verfügte niemand über so viel absolute Macht wie Henry Kissinger. Um dem Ganzen die Krone aufzusetzen, wurde Kissinger 1973 der Friedensnobelpreis verliehen.

Nach einem Treffen am 1. Januar 1974 in Teheran wurden noch eine zweite Preiserhöhung um mehr als 100 Prozent verfügt und der Richtpreis der OPEC auf 11,65 Dollar pro Barrel festgelegt. Das geschah auf die überraschende Forderung des Schahs von Persien hin, dem Henry Kissinger insgeheim diesen Schritt befohlen hatte. Der Schah wusste, das er seine Rückkehr zur Macht im Jahr 1953 der CIA und der Unterstützung Washingtons zu verdanken hatte.[11]

Schah Reza Pahlavi hatte sich noch wenige Monate zuvor einer Erhöhung des Ölpreises durch die OPEC auf 3,01 Dollar widersetzt, weil er befürchtet hatte, dies würde die Exporteure im Westen dazu zwingen, die Preise der Industrieanlagen, die der Schah für Persiens ehrgeiziges Industrialisierungsprogramm importieren wollte, zu erhöhen. Die Unterstützung Washingtons und der westlichen Länder für Israel im Oktoberkrieg hatte die Wut der OPEC bei den Treffen geschürt. Und nicht einmal Kissingers eigenes Außenministerium war über dessen geheime Absprachen mit dem Schah informiert.[12] Von 1949 bis Ende 1970 hatten die Preise für Rohöl aus dem Nahen Osten im Durchschnitt bei etwa 1,90 Dollar pro Barrel gelegen. Anfang 1973, zum Zeitpunkt des verhängnisvollen Bilderberger-Treffens auf Saltsjöbaden, bei dem über einen unmittelbar bevorstehenden Preisanstieg der OPEC um 400 Prozent gesprochen worden war, waren sie auf 3,01 Dollar gestiegen. Anfang Januar 1974 war dieser anvisierte Preisanstieg von 400 Prozent dann Wirklichkeit geworden.

»Heißes Geld«: die Geburtsstunde der Offshore-Eurodollars

Schon bevor Nixon gezwungen war, das Abkommen von Bretton Woods aufzukündigen und die Konvertierbarkeit des Dollars gegen Gold aufzuheben, hatten die New Yorker Banken unter Führung von David Rockefellers *Chase Manhattan Bank* und der *Citibank* bereits damit begonnen, eine Nutzung für die vielen Milliarden Dollars zu entwickeln, die sich in Übersee, das heißt vor allem in Banken in London und auf dem europäischen Kontinent, ansammelten. Aufgrund der klugen Lobbyarbeit der New Yorker Banken waren Bankkredite, die ausländische Zweigstellen der US-Banken an Ausländer vergeben hatten, von der neuen, 1964 verhängten »US-Interest Equalization Tax« ausgenommen. Mit dieser Zinsausgleichsteuer sollten die Kreditvergabe amerikanischer Banken ins Ausland erschwert und damit der Abfluss von Dollars gestoppt werden.

Infolgedessen hatten die amerikanischen Banken nichts Eiligeres zu tun, als Zweigstellen in London und anderen geeigneten Finanzplätzen zu eröffnen. Wieder einmal hatte es die Londoner City trotz der Schwäche der englischen Wirtschaft geschafft, zum weltweiten Finanz- und Bankenzentrum zu werden, und zwar durch die Entwicklung des großen neuen »Eurodollar«-Bank- und Kreditmarkts mit London als seinem Zentrum.[13]

Ab Ende der 1950er-Jahre hatten die großen New Yorker Banken ihre Macht und ihren Einfluss durch eine Reihe von Bankfusionen enorm gesteigert. Rockefellers *Chase National Bank* hatte sich mit der *Bank of Manhattan* zur *Chase Manhattan Bank* zusammengeschlossen. Deren Direktor wurde Rockefellers Anwalt und Treuhänder der Rockefeller-Stiftung, John J. McCloy, damals Vorsitzender des New Yorker *Council on Foreign Relations*, der erst kurz zuvor von seinem Posten als Hoher Kommissar der USA in Deutschland nach New York zurückgekehrt war. Die *National City Bank of New York* übernahm die *First National Bank of New York* und bildete unter Vorsitz von James Stillman Rockefeller die *City Bank of New York*, die spätere *Citibank*.

Andere große New Yorker Banken, darunter die *Chemical Bank*, *Manufacturers' Hanover* und *Bankers' Trust* durchliefen ähnliche Fusionen und Zusammenschlüsse, bis schließlich – wie es in einem Bericht des US-Justizministeriums von 1961 formuliert wurde – die fünf größten Banken von New York unter Führung der beiden Banken der Rockefeller-Interessen 75 Prozent aller Einlagen in der größten Stadt der USA kontrollierten, die gleichzeitig das Finanzzentrum der Welt war. Die erstaunliche Konzentration der Finanzmacht in der Hand dieser wenigen New Yorker Banken in den 1960er-Jahren war für die politischen und finanziellen Entwicklungen in den folgenden 40 Jahren bis zum Beginn des 21. Jahrhunderts von entscheidender Bedeutung. Die US-Regierung nahm die Banken von den Bestimmungen der amerikanischen Anti-Kartell-Gesetze aus, die eine unangemessene Konzentration oder Kartellisierung verboten.[14]

In den 1960er-Jahren machten sich diese neu fusionierten und enorm einflussreichen New Yorker Banken daran, einen neuen Offshore-Markt für Dollars außerhalb der Vereinigten Staaten zu gründen: den Eurodollar-Markt. Washingtons gesteigertes Bemühen, Besitzer von Dollars in Übersee davon zu überzeugen, diese Dollar-Bestände nicht gegen Gold einzutauschen, führte dazu, dass sich in Übersee eine ständig wachsende Menge Dollars ansammelte – das meiste davon auf dem westeuropäischen Kontinent oder in London. Das Schicksal Londons hellte sich langsam wieder auf, da sich die Londoner City – so wird der Bankenbezirk gemeinhin genannt – daran machte, den Markt für die US-Dollars im Ausland zu monopolisieren. Die *Bank of England* und der Londoner Bankier Sir Siegmund Warburg, der Gründer der einflussreichen Handelsbank der City, der *S. G. Warburg & Co.*, hatte mit der Hilfe seiner Freunde in Washington, insbesondere des stellvertretenden US-Außen-

307

ministers George Ball, geschickt die Dollars angelockt, sodass in London die größte Konzentration von US-Dollars außerhalb der USA selbst entstand.

Der daraus resultierende Londoner Eurodollar-Markt war »offshore«, das heißt, er unterlag nicht der Kontrolle durch ein Gesetz eines Landes oder der Aufsicht durch eine Zentralbank. New Yorker Banken und Brokerhäuser eröffneten Büros in London, um das blühende neue Eurodollar-Kasino zu dirigieren, außer Reichweite der neugierigen Blicke der amerikanischen Steuerbehörden. Die internationalen New Yorker Banken bekamen billige Gelder vom Eurodollar-Markt, genauso wie die großen multinationalen Konzerne.

Washington ließ Anfang der 1960er-Jahre bereitwillig zu, dass sich die Schleusen weit öffneten, durch die enorme Mengen an US-Dollars aus Amerika auf den Eurodollar-Markt mit seinem »heißen Geld« flossen.

Käufer dieser neuen Eurodollar-Anleihen namens Eurobonds waren anonyme Personen, die von den Londoner, New Yorker und Schweizer Bankiers, die dies neue Spiel betrieben, zynisch »belgische Zahnärzte« genannt wurden. Diese Eurobonds waren »Inhaber«-Obligationen bzw. -Pfandbriefe, d. h. kein Name eines Käufers tauchte irgendwo auf, und deshalb waren sie bei Investoren, die nach Wegen zur Steuerersparnis suchten, genauso beliebt wie bei Drogenpaten und anderen zwielichtigen Figuren, die ihre illegalen Profite waschen wollten. Was gab es Besseres, als Einkünfte aus Schwarzarbeit in Eurodollar-Anleihen anzulegen, wenn die Zinsen von *General Motors* oder der italienischen *Autostrada*-Betriebsgesellschaft bezahlt wurden? Ein kluger Analyst des Eurodollar-Prozesses schrieb: »Der Eurodollar-Markt war das wichtigste Finanz-Phänomen der 1960er-Jahre, denn hier hatte das Finanz-Erdbeben vom Anfang der 1970er-Jahre seinen Ursprung.«[15]

Ein wichtiger Wendepunkt in den Beziehungen der großen New Yorker Banken zu der schnell zunehmenden Akkumulation von Dollars im Ausland, den Eurodollars, kam 1966. Wie die meisten Wendungen in der amerikanischen Finanzpolitik nach dem Krieg, begann diese neue Entwicklung mit Rockefellers *Chase Manhattan Bank.*

In dieser Bank zirkulierte damals ein vertrauliches internes Memorandum darüber, dass die amerikanischen – sprich New Yorker – Banken bei dem Geschäft auf dem lukrativen internationalen Markt für das »Fluchtkapital« benachteiligt waren. In dem Memorandum wurde auf die Vorteile hingewiesen, die Schweizer Banken daraus erwuchsen, dass sie den Markt für die geheimen Vermögen von Diktatoren, wie zum

Beispiel Marcos von den Philippinen, oder vielen saudischen Prinzen, Drogenbaronen und ähnlich illustren Personen dominierten. Deshalb wurde vorgeschlagen, dass die *Chase Manhattan Bank* eine ausländische Firma gründen sollte, um sich einen guten Anteil des boomenden Offshore-Fluchtkapitals oder »heißen Geldes« zu sichern. Die *Citibank* hatte solche Aktivitäten schon im Zusammenhang mit den Geschäften des dubiosen Investmentfonds-Gründers (IOS), Bernie Cornfeld, begonnen.[16]

Beirut, die Hauptstadt des Libanons, wurde in dem internen Memorandum der *Chase Manhattan Bank* als Modell diskutiert. Damals wurde Beirut von einer einzigen Bank, der *Intra-Bank*, und dem angeschlossenen *Casino du Liban* beherrscht, dem damals weltweit größten Spielcasino – das gleichzeitig die größte Geldwaschanlage der Welt war. Dieses *Casino de Liban* stellte sogar Las Vegas in den Schatten.[17]

Im Jahre 1966 wollte Rockefellers Chase Bank das libanesische Casino du Liban zum Zentrum für künftige Offshore-Geschäfte mit »heißem Geld« machen.

1966 musste die *Intra-Bank* im Libanon unter verdächtigen Umständen Insolvenz anmelden. Als sie einen größeren Kredit brauchte, um Verluste aus Aktien- und Goldgeschäften auszugleichen, zog der König von Saudi-Arabien, der nicht gerade bekannt war für spontane Entscheidungen, ohne vorherige Konsultation mit Washington plötzlich seine erheblichen Einlagen zurück. Daraufhin fror die *Chase Manhattan Bank* die nicht unerheblichen Einlagen der *Intra-Bank* in New York als Sicherheit für ausstehende Kredite ein. Die *Intra-Bank* musste am 14. Oktober 1966 ihre Zahlungen einstellen. Die Einleger transferierten »zur Sicherheit« ihre Gelder in die Beiruter Zweigstelle der *Chase Manhattan Bank*.

Die *Chase* schickte dann einen Vermittler namens Roger Tamraz nach Beirut. Tamraz, ein ehrgeiziger gebürtiger Libanese, der damals leitender Angestellter der Investmentfirma *Kidder Peabody & Co.* an der Wall

Street war, gelang es, die große libanesische Bank wieder flottzumachen.

Die *Intra-Bank* war 1951 in Beirut gegründet worden und verfügte über einen ungeheuren Einfluss im Libanon und darüber hinaus; unter anderem war sie die Eigentümerin der Hafenbehörde von Beirut, der *Middle East Airlines* und des *Casino du Liban*. Der Bankrott dieser Bank hatte die ganze Wirtschaft im Libanon zum Erliegen gebracht und Schockwellen im gesamten Nahen Osten ausgelöst. Der Bankrott der *Intra-Bank* war die weltweit größte Bankenkatastrophe seit dem Zweiten Weltkrieg.[18]

Chase Manhattans Vorstoß in das Offshore-Geschäft mit dem »heißen Geld« im Libanon war der Beginn einer wesentlichen Verlagerung der mächtigen New Yorker Banken auf das Offshore-Geschäft, das weit entfernt von jeglichen gesetzlichen Bestimmungen und Steuerverpflichtungen abgewickelt wurde. Die Profite waren atemberaubend und, da sie ja offshore erwirtschaftet wurden, von den amerikanischen Behörden »erlaubt«. Die Geschäfte verliefen ohne jede Kontrolle.

Dass sich die New Yorker Banken auf den Offshore-Markt vorwagten, bedeutete eine echte Wende in deren Bankenpraxis, die in den nächsten 30 Jahren enorm an Bedeutung gewinnen sollte. Die *Chase Manhattan Bank*, die *Citibank* und andere große Banken in New York und in den USA allgemein sollten ohne zu fragen viele hundert Milliarden Dollar an illegalem »heißen Geld« für Diktatoren wie den philippinischen Präsidenten Ferdinand Marcos oder den Mexikaner Raúl Salinas de Gortari, den Bruder des ehemaligen mexikanischen Präsidenten Carlos Salinas de Gortari, waschen oder die Gelder des Drogenkartells von Juárez nach Uruguay und Argentinien verschieben sowie zahllose andere dubiose Geschäfte abwickeln.[19]

Nachdem Nixon im August 1971 den Mechanismus für den Goldumtausch außer Kraft gesetzt hatte, explodierte der Offshore-Eurodollar-Markt plötzlich und erreichte einen Umfang, der den heimischen US-Bankenmarkt geradezu winzig erscheinen ließ. Im Zuge der 400-prozentigen Ölpreiserhöhung der OPEC Mitte der 1970er-Jahre umfasste der Eurodollar-Markt geschätzte 1,3 Billionen Dollar an »heißem Geld«. Ende der 1980er-Jahre überstiegen allein die Einkünfte aus dem internationalen Drogenhandel, die in solchen Offshore-»Heißgeld«-Banken gewaschen wurden, den Wert von einer Billion Dollar pro Jahr. Die großen Banken in New York und London hatten sichergestellt, dass sie davon den Löwenanteil einstrichen.

Der Londoner Eurodollar-Banken-Markt sollte zur zentralen »Drehscheibe« der riesigen Petrodollar-Recycling-Operationen werden. Londoner »Offshore«-Banken verliehen die Einlagen aus dem OPEC-Ölgeschäft an Argentinien, Brasilien, Polen, Jugoslawien sowie an Länder in Afrika und viele andere Öl importierende Staaten, die dringend Dollars brauchten, um nach 1974 das teurere OPEC-Öl bezahlen zu können.

Der Money Trust lanciert eine Konterrevolution

Anfang der 1970er-Jahre lief die US-Wirtschaft alles andere als rund. Die Entscheidung vom August 1971, einseitig das Abkommen von Bretton Woods aufzukündigen und die Dollar-Gold-Konvertibilität aufzuheben, war de facto der Anfang vom Ende des Amerikanischen Jahrhunderts; denn dieses System hatte 1944 auf der weltweit stärksten Volkswirtschaft – den USA – und der gesündesten Währung der Welt – dem US-Dollar – beruht.

In seiner neuen Inkarnation als Geld- oder Fiat-Währung durchlief das Dollar-System vom August 1971 an mehrere Phasen. Die erste Phase könnte man als die der »Petrodollar-Währung« bezeichnen, wobei die Stärke des Dollars auf dem 400-prozentigen Anstieg des Ölpreises, der auf dem Weltmarkt in Dollars berechnet wurde, beruhte sowie auf dem höchst profitablen Recycling dieser Petrodollars durch die amerikanischen und englischen wie auch einer Handvoll ausgewählter anderer internationaler Banken in der Londoner City, der Offshore-Zufluchtstätte der Petrodollars. Diese Phase dauerte bis Ende der 1970er-Jahre.

Die zweite Phase des Dollar-Systems nach 1971 begann mit Volckers Zinsraten-Putsch vom Oktober 1979 und dauerte bis etwa 1989, als sich mit dem Fall der Berliner Mauer für die Banken an der Wall Street eine völlig neue Dimension für die Dollarisierung und den Raub von Vermögenswerten eröffnete. Das enorme Wirtschaftswachstum Chinas, das inzwischen Mitglied der Welthandelsorganisation WTO geworden war, und diese neue Marktöffnung erlaubten eine drastische Senkung des allgemeinen Lohnniveaus in der Weltwirtschaft, die am deutlichsten in den Industrieländern ausfiel.

1997 begann noch eine neue Phase des Post-1971-Dollar-Systems, und zwar mit einer politisch motivierten Attacke von Hedgefonds auf die verwundbaren Währungen der schnell wachsenden »Tigerstaaten« in Ostasien, angefangen mit Thailand, den Philippinen, Indonesien und schließlich Südkorea. Diese Phase war mit dafür verantwortlich, dass jetzt Dollars aus asiatischen Zentralbanken im großen Umfang in die

USA flossen. Durch den massiven Erwerb von US-Staatsanleihen stockten diese asiatischen Länder ihre Devisenreserven auf mit dem Ziel, sich in Zukunft gegen mögliche erneute spekulative Attacken besser bzw. überhaupt verteidigen zu können. Dieser Zufluss asiatischen Kapitals in Höhe von mehreren hundert Milliarden Dollar in die USA trug in den Jahren 1999 bis 2002 auch zur Entwicklung der IT-Blase an den amerikanischen Börsen bei. Die Endphase des Dollar-Systems nach 1971 war dann die Alan-Greenspan-»Finanzrevolution«. Greenspan unterstützte in den Jahren 2001 und 2002 nach dem Platzen der IT-Aktienblase die sogenannte »Revolution«, bei der Finanz-, Hypotheken- und sonstige Vermögenswerte als Sicherheiten für die Ausgabe neuer Kredite genutzt wurden. Diese »Verbriefungs-Revolution« endete 2007 mit dem Zusammenbruch der Verbriefungsblase.

David Rockefellers Trilateraler Plan

Im Rückblick war aber das Jahr 1973 der entscheidende Wendepunkt in der Strategie des mächtigen US-Establishments um David Rockefeller und seine Brüder.

Die Entscheidung der mächtigen Kreise im Umfeld der Rockefeller-Gruppe und des anglo-amerikanischen Ölkartells sowie der damit verbundenen Banken, während des Jom-Kippur-Krieges im Oktober 1973 eine schockartige Erhöhung des Ölpreises zu inszenieren, sicherte dem US-Dollar zwar noch für einige weitere Jahre das Überleben als Grundlage des weltweiten Handels- und Wirtschaftssystems, aber die Lage war prekär. Noch dreistere Maßnahmen waren erforderlich, um die finanzielle Dominanz der Großbanken und multinationalen Konzerne im Umfeld des *Council on Foreign Relations* und der Rockefeller-Familie zu sichern.

1973 hielt es David Rockefeller, der damalige Vorsitzende des einflussreichen New Yorker *Council on Foreign Relations* und Direktor der hauseigenen *Chase Manhattan Bank*, für geboten, den politischen Einfluss Amerikas durch eine neue internationale Organisation zusätzlich abzusichern. Wie die Bilderberger-Gruppe, so sollte auch diese neue Organisation privat strukturiert sein und nur ausgewählten Mitgliedern offenstehen. Aber anders als bei der Bilderberger-Gruppe, der nur Amerikaner und Europäer angehörten, sollten dieser neuen Organisation Entscheidungsträger aus Amerika, Japan und Europa angehören. Die Rede ist von der 1973 von David Rockefeller gegründeten Trilateralen Kommission, die – wie der Name schon sagt – drei Pole umfassen sollte: Nordamerika, Europa und Japan.

Da Japan sich zum Wirtschaftswunder Asiens entwickelte, war man der Meinung, man müsse das Land enger in die strategischen Ziele der New Yorker Machtelite einbinden. Die Mitglieder dieser elitären Trilateralen Kommission rekrutierten sich mehr oder weniger aus den Personen, die auf David Rockefellers »Rolodex-Liste« standen. Zu den Gründungsmitgliedern zählten höchst einflussreiche Wirtschaftspartner der weitverzweigten internationalen Rockefeller-Interessen oder ihnen nahestehende Politiker, wie beispielsweise aus Frankreich Baron Edmond de Rotschild, aus Belgien der Bankier Baron Leon Lambert, der britische Bankier und Vater des Eurodollars Lord Ropp of Ipsden, *Fiat*-Chef Gianni Agnelli aus Italien und John Loudon von *Royal Dutch Shell*. Rockefeller machte seinen engen Freund, den Strategen der Geopolitik Zbigniew Brzezinski, zum ersten Vorsitzenden. Weitere Mitglieder auf amerikanischer Seite waren führende Wall-Street-Bankiers sowie Alan Greenspan und Paul Volcker von der *Chase Manhattan Bank* – und ein damals noch völlig unbekannter Gouverneur aus dem US-Bundesstaat Georgia namens Jimmy Carter.[20]

Was den Verein umtrieb, geht aus einem Bericht einer Arbeitsgruppe der Trilateralen Kommission hervor, der 1975 bei dem Treffen der Trilateralen im japanischen Kyoto vorgestellt wurde. Der Bericht war überschrieben: *Grundzüge einer Neuordnung von Welthandel und -finanzen.* Darin hieß es: »Eine enge trilaterale Zusammenarbeit zur Friedenssicherung, zur Lenkung der Weltwirtschaft und zur Förderung der wirtschaftlichen Entwicklung sowie der Linderung des Welthungers erhöht die Chancen auf eine reibungslose und friedliche Entwicklung des globalen Systems.« In einem anderen Dokument der Kommission war zu lesen: »Das vorrangige Ziel besteht darin, in dieser Welt die gegenseitige Abhängigkeit zu verstärken, deren Nutzen darin liegt, dass jedes einzelne Land gegen Bedrohungen von innen und außen geschützt wird. Diese Bedrohungen wird es ständig durch Kräfte geben, die bereit sind, einen hohen Preis für eine verstärkte Autonomie zu zahlen. Dadurch kann sich das Tempo der Entwicklung der gegenseitigen Abhängigkeit manchmal verlangsamen … Häufiger jedoch wird es geboten sein, dem Eindringen einer nationalen Regierung in den internationalen Austausch wirtschaftlicher und nicht-wirtschaftlicher Güter Einhalt zu bieten.«

Der Plan der Trilateralen war identisch mit dem der Rockefellers und des US-Establishments, und den hatte David Rockefellers Bruder John just in diesem Jahr bekannt gegeben.

Denn in diesem Jahr 1973 rief die Money-Trust-Elite die »Zweite Amerikanische Revolution« aus. John D. Rockefeller III veröffentlichte eine wegweisende politische Erklärung in Form eines Buches, das exakt diesen Titel trug und zur Vorbereitung auf die bevorstehende Zweihundertjahrfeier der USA im Jahre 1976 dienen sollte. Herausgegeben wurde dieses Buch passenderweise vom Verlag des *Council on Foreign Relations*, und dessen Vorsitzender war ebenso passenderweise Johns Bruder David Rockefeller.

In seinem Buch forderte John D. Rockefeller zunächst eine radikale Einschränkung der Macht der Regierungen und mehr Privatisierung; oder, in seinen Worten, »so viele Regierungsfunktionen und -befugnisse wie möglich auf den Privatsektor zu übertragen« – Funktionen, die schon seit langer Zeit vom Staat wahrgenommen wurden. Das Buch war ein eindeutiger Aufruf, den Keynesianismus des »New Deal« fallen zu lassen, das heißt, das Eingreifen des Staates bei der Korrektur von Ungleichgewichten bei der gesellschaftlichen Verteilung von Arbeit und Einkommen, das seit den 1930er-Jahren üblich war, zu beenden.[21]

Rockefellers Aufruf von 1973 war der Startschuss für eine landesweite Medienkampagne gegen Ineffizienz, Inkompetenz und Obstruktion der Regierung, wobei man sorgsam ausgewählte Einzelfälle anführte, die jeder Bürger nachvollziehen konnte. Diese Kampagne sollte dazu dienen, die ordnungsgemäße und notwendige Rolle des Staates bei der Regulierung von Wirtschaft und Handel sowie der Aufrechterhaltung des Gemeinwohls auszuhebeln, und zwar zugunsten der Profitmaximierung privater Unternehmen und der Banken, die diese Unternehmen finanzierten.

Im November 1976 erhielt Rockefellers Plan für eine Zweite Amerikanische Revolution gewaltigen Auftrieb, als David Rockefellers Schützling Jimmy Carter, ein Erdnussfarmer aus Georgia, überraschend die Präsidentschaftswahl gegen den Amtsinhaber Gerald Ford gewann. Ford war Nixon im Amt gefolgt, nachdem dieser wegen des Watergate-Skandals im August 1974 zurücktreten musste. Die wichtigsten Kabinettsposten der Regierung Carter waren alle mit Vertretern von Rockefellers Trilateraler Kommission besetzt. Zbigniew Brzezinski wurde Nationaler Sicherheitsberater des Präsidenten, Cyrus Vance US-Außenminister. Insgesamt waren 26 führende Positionen der Carter-Regierung mit Mitgliedern der Trilateralen Kommission besetzt – einige US-Medien sprachen deshalb von der »Trilateralen Präsidentschaft«. Noch treffender hätte man sie als Präsidentschaft David Rockefellers bezeichnen können. Unter Carter begann der langwierige Prozess der Deregulierung von Regierungsfunktionen mit anschließender Privatisierung, die sein Nachfolger Ronald Reagan zur zentralen Aufgabe seiner Regierung machen sollte. Bezeichnenderweise stellte David Rockefeller seinen Freunden in der Trilateralen Kommission bei ihrer ersten Jahresversammlung im Mai 1975 im japanischen Kyoto den Demokraten Jimmy Carter als »nächsten Präsidenten« der USA vor – nachdem der amtierende Präsident Gerald Ford, ein Republikaner, auf Anraten seines jungen Stabschefs Donald Rumsfeld die Entscheidung getroffen hatte, nicht mit Nelson Rockefeller als Vize-Präsidentschaftskandidaten in die Wahlen von 1976 zu ziehen.

Die Reaktion der Neoliberalen: Rücknahme der Zugeständnisse des New Deals

Der Grund dafür, dass die Rockefellers und andere Führungskreise des US-Establishments Anfang der 1970er-Jahre so ungewöhnlich aktiv waren und neue, radikale Strategien entwickelten, lag in der sich verschärfenden Krise. Deutlich sichtbar war eine Stagnation oder sogar ein Rückgang des Wachstums am Markt mit entsprechend geringeren Profiten, und zwar sowohl auf der ganzen Welt als auch in den Vereinigten Staaten selbst, die ja damals noch der weltgrößte Markt für Waren und Dienstleistungen waren. 1975 war der Anteil des Gesamtreichtums der USA, den Amerikas reichste Familien (die obersten ein Prozent) in der Hand hielten – gemessen an Immobilien-, Aktien-, Anleihen-, Bar- und sonstigen Vermögen –, auf den niedrigsten Stand seit 1922 gesunken.[22]

Die dreiste Manipulation der Weltmarktpreise für Erdöl hatte die bis dahin schwerste globale Rezession nach dem Zweiten Weltkrieg ausgelöst. 1975 war klar, dass die Weltwirtschaft im Zuge der Verringerung der Profitrate in eine »Strukturkrise« – so der Fachausdruck der Wirtschaftswissenschaftler – eingetreten war. Das hieß konkret: fallende Wachstumsraten, eine sinkende Pro-Kopf-Produktivität, zunehmende Massenarbeitslosigkeit und insgesamt eine hohe Inflationsrate.

Damals tauchte eine neue Gesellschaftsordnung auf, der »Neoliberalismus«, wie er später genannt werden sollte, und zwar zunächst im anglo-amerikanischen Zentrum – Großbritannien und USA – und danach schrittweise im weiteren Umkreis. Dieser Neoliberalismus hatte mit der »liberalen« Wirtschaft von Keynes wenig zu tun. Denn der ab Mitte der 1970er-Jahre verbreitete Neoliberalismus war ein Projekt des US-Establishments und seiner britischen Kollegen, namentlich der Rockefeller-Brüder, die das radikale Dogma eines freien Marktes von Milton Friedman von der Universität Chicago verfochten. Dieser Milton Friedman war Mitglied der erzkonservativen Mont-Pèlerin-Gesellschaft und damals Ökonomie-Professor an der amerikanischen Universität, die Jahrzehnte zuvor mit Geldern von Rockefellers *Standard Oil* gegründet worden war. Korrekterweise sollte der Neoliberalismus eigentlich Neofeudalismus heißen.

Wie in einem Nachhall zu John D. Rockefellers Manifest von 1973 forderte Friedmans Neoliberalismus – dargelegt in seinem Buch *Free to Choose* (zu Deutsch: *Chancen, die ich meine*) – unbeschränkt freie Märkte und einen ebenso völlig unbeschränkten Freihandel; außerdem attackierte er die Gewerkschaften als »Rückkehr in die vorindustrielle Zeit«[23]. Die Internationale Handelskammer von Paris, die weltweit zu den stärksten Verfechtern dieser neuen neoliberalen Revolution zählte – die ja im Wesentlichen eine globalisierte Version von John D. Rockefellers Zweiter Amerikanischen Revolution war –, definierte das neoliberale Mandat so: »Die Barrieren für internationalen Handel und Investitionen einreißen, sodass alle Länder vom höheren Lebensstandard durch gesteigerten Handel und höheren Investitionsfluss profitieren können«[24]. Es war die Frühphase dessen, was man 20 Jahre später »Globalisierung« nennen sollte.

Diese mächtigen Kreise im Umfeld der Rockefeller-Familie im US-Finanzestablishment forderten eine »neue Disziplin von Arbeiterschaft und Management zugunsten der Kapitalgeber und Aktionäre; weniger Eingreifen des Staates bei Wachstum und Allgemeinwohl; ein dramatisches Wachstum der Finanzinstitute; die Etablierung neuer Beziehungen zwischen dem Finanz- und dem Nichtfinanz-Sektor zugunsten des Ersteren; neue Gesetze, die Fusionen und Übernahmen erleichtern; Stärkung der Position der Zentralbanken sowie eine stärkere Konzentration ihrer Arbeit in Richtung Preisstabilität; und die Entschlossenheit, die Mittel der Peripherie ins Zentrum zu schleusen«[22].

Darüber hinaus entstanden mit diesem Neoliberalismus auch neue Aspekte der Globalisierung. Beispielsweise die nicht mehr zu tragende Schuldenlast der peripheren Entwicklungsländer, die sich nach 1973 viele Milliarden an recycelten Petrodollars geliehen hatten, um ihre Öl-

und sonstigen Importe bezahlen zu können; oder die Schäden, die die freie internationale Mobilität des Kapitals angerichtet hatte. Das hervorstechendste Merkmal dieser neuen Form von »Neoliberalismus« war jedoch seine schrittweise Ausdehnung über den ganzen Erdball – das heißt: *seine* Globalisierung. Dieses Krebsgeschwür breitete sich mit verheerender Geschwindigkeit und Effizienz auf der ganzen Welt aus, und diese Ausbreitung wurde noch zusätzlich erleichtert durch die Schaffung neuer multinationaler Institutionen wie der Welthandelsorganisation (WTO) sowie durch den massiven Druck, den Washington und seine Verbündeten der »freien Marktwirtschaft«, allen voran Großbritannien, zur Verstärkung des »Freihandels« ausübten.

Milton Friedmans Dogma des »Monetarismus« war der theoretische Ausdruck dieser neuen Revolution. 1979 war das entscheidende Jahr in dieser Hinsicht, denn in diesem Jahr bewog David Rockefeller Präsident Carter dazu, seinen Schützling Paul Volcker zum Chef der *Federal Reserve* zu berufen. Dieser *Fed*-Chef verhängte im Oktober 1979 die radikalste monetaristische Politik in der gesamten Geschichte der *Federal Reserve*: Die US-Leitzinsen wurden um über 300 Prozent auf Werte um die 20 Prozent angehoben! Anschließend hielt Paul Volcker die Leitzinsen auf einem extrem hohen Niveau, bis ihn die daraus resultierende Schuldenkrise der Dritten Welt – zu der es unweigerlich im August 1982 auch kam – dann zwang, von seiner Hochzinspolitik wieder abzurücken.

Man hat das Jahr 1979 auch als »Jahr des neoliberalen Putsches« bezeichnet.[26] Mit dem Argument »Die Inflation ist außer Kontrolle« hatten die Rockefeller-Familie, Paul Volcker und ihre mächtigen Verbündeten im Money Trust eine monetäre »Schocktherapie« gerechtfertigt, die angeblich »die Inflation aus dem System vertreiben« würde, wie es Volcker gerne formulierte. Doch die eigentliche Ursache dieser Inflation war die Entscheidung auf dem Treffen der Bilderberger im Frühjahr 1973, den Ölpreis drastisch zu erhöhen.

In Wirklichkeit hatte das US-Finanz-Establishment die Hochzinspolitik im Zuge ihrer langfristigen Strategie eingeführt, um die Zugeständnisse abzuschütteln, die ihnen während der Großen Depression aufgezwungen worden waren.

Rockefellers Kandidat für das Amt des Federal-Reserve-Chefs Paul Volcker sollte ab 1979 den Putsch des Money Trusts vorbereiten.

Damals waren mit dem New Deal in den USA ein keynesianischer Wohlfahrtsstaat und die erste Sozialversicherung geschaffen worden. Außerdem stärkte die damalige US-Regierung die Rechte der Arbeiterschaft, vor allem die der Gewerkschaften. Konfrontiert mit einem stagnierenden Binnenmarkt, sinkenden Profiten und dringend benötigten umfangreichen Investitionen (wenn sie ihre heimische Industrie wieder dem Weltniveau anpassen wollten), gingen die Rockefeller-Kreise lieber ihren eigenen Weg: Anstatt die amerikanische Industrie zu modernisieren, ließ man die USA zu einer »nachindustriellen Gesellschaft« – so nannten es die neoliberalen Denkfabriken – verkommen.

Volckers Zinspolitik führte zu »realen«, das heißt inflationsbereinigten Renditen von sechs bis acht Prozent, ein wahrer Segen an »Windfall«-Profiten für die ohnehin schon wohlhabenden Besitzer von Anleihen, die das eigentliche Rückgrat des Finanzsystems bildeten. Diese Hochzinspolitik hatte für das anglo-amerikanische Establishment aber noch einen weiteren Vorteil: Sie führte zu einer starken Rezession und damit verbunden zu steigender Arbeitslosigkeit in Europa und den Vereinigten Staaten und schuf damit die Voraussetzung dafür, dass man die Arbeiterschaft wieder disziplinieren und den Einfluss der Gewerkschaften auf die Lohnpolitik drastisch verringern konnte. Genau das geschah Anfang der 1980er-Jahre, sowohl unter Reagan in den USA als auch unter Thatcher in Großbritannien.

Die 1970er-Jahre bedeuteten für die Entwicklung des Amerikanischen Jahrhunderts eine Übergangszeit. Wie bereits erwähnt, kam es Ende der 1960er-Jahre aufgrund der damaligen wirtschaftlichen Erholung der europäischen Staaten und Japans zum ersten Mal seit dem Zweiten Weltkrieg in den USA wieder zu dauerhaften Handelsbilanzdefiziten. Überschuss-Dollars sammelten sich in der übrigen Welt an, und damit stieg für Washington die Gefahr, dass diese Auslandsdollars in Gold umgetauscht werden könnten. Der Dollar musste im Verhältnis zum Gold und zu anderen wichtigen Währungen abgewertet werden. Im August 1971 setzten die Vereinigten Staaten die Konvertibilität des Dollars aus und führten flexible Wechselkurse ein.

Als sich im Jahre 1973 das System der flexiblen Wechselkurse fest etabliert hatte, entschieden sich Washington und die Verbündeten in London – vor allem durch die Konferenz der Bilderberger im Mai 1973 – für eine dramatische Inflation des Ölpreises, um den fallenden Dollar zu stützen. Sechs Jahre später, 1979, also zum Zeitpunkt des Putsches von Volckers *Federal Reserve*, konnten diese Kreise bei einem steigenden

Dollar enorme Profite für ihre Obligationen und anderen Vermögenswerte einstreichen.

Als der Republikaner Ronald Reagan nach 1980 sein Amt als Präsident antrat, setzten die USA diese bewusste Defizit-Politik energisch um. Daher kam es während Reagans Amtszeit zu den größten Handels- und Haushaltsdefiziten der amerikanischen Geschichte. Das war der wirkliche Beginn der »größten Abzocke, die es je gegeben hat«, wie es der Gründer des Hudson-Institutes, der amerikanische Futurologe Herman Kahn, mit offensichtlicher Genugtuung formulierte.

Nachdem Washington 1973 bei den multinationalen Verhandlungen über die dauerhafte Einführung flexibler Wechselkurse seine Position durchgesetzt hatte, ließ man keinen Zweifel daran, dass man die militärische Dominanz in der NATO und in Asien nutzen würde, um die Handelspartner zu größtmöglichen Zugeständnissen zu zwingen. Bei den bilateralen Verhandlungen mit Südkorea im Jahre 1973 stellten die USA die Bedingung, dass »sich südkoreanische Exporteure, die den amerikanischen Markt beliefern, verpflichten müssen, eine bestimmte Menge Rohstoffe aus den Vereinigten Staaten zu importieren«[27].

1973 nahm die Handelsposition der USA den wichtigsten Verbündeten in Europa und Japan gegenüber Gestalt an. Die Bedingungen des »großen Geschäfts« sollten so aussehen, dass die USA ihre Grenzen für fast unlimitierte Importe japanischer oder europäischer Produkte wie Autos, Stahl und später auch Elektronik öffnen würden. Als Gegenleistung würden sich die entsprechenden Länder bereit erklären, amerikanische Rüstungsgüter, landwirtschaftliche Produkte und Flugzeuge für die jeweiligen nationalen Fluggesellschaften zu kaufen.

Der weitreichendste Aspekt der nach 1973 von Washington eingeführten neuen Regeln im internationalen Handel, an die sich bis heute alle US-Regierungen gehalten haben, war allerdings der Folgende: Weil der US-Dollar als Weltreservewährung in einem System flexibler Wechselkurse eine ganz besondere Rolle spielte und weil er nicht mehr gegen Gold eingetauscht werden konnte, waren die ausländischen Regierungen, die durch ihre Exporte in die USA hohe Dollar-Überschüsse angehäuft hatten – also insbesondere Japan und Deutschland –, gezwungen, diese erwirtschafteten Dollar-Überschüsse in US-Staatsanleihen anzulegen, um dadurch Zinseinkünfte kassieren und ihre Dollars sicher anlegen zu können.

Da Washington nichts dem Zufall überließ, wurde bei bilateralen Handelsverträgen mit Ländern wie Japan oder Deutschland festgeschrieben, dass diese ihre Dollar-Überschüsse in Schatzbriefen des US-Finanzministeriums investierten.[28] Damit begann die ungesunde Abhängigkeit der Exportnationen dieser Welt von den USA als »Importeur der letzten Instanz«. Unter Führung der Wall-Street-Banken, die das Monopol auf den Kauf und Verkauf von Schatzbriefen des US-Finanzministeriums hielten, sollten sich die Vereinigten Staaten in den 1980er-Jahren zum größten Kapitalmarkt der Welt entwickeln, da die US-Defizite sprunghaft anstiegen und die Entwicklung der amerikanischen Industrie aufgrund dieser Entscheidung in böswilliger Absicht vernachlässigt wurde. Die Aktienhändler an der Wall Street strichen die Profite ein. Das US-Establishment hatte die Präsidentschaft Ronald Reagan zu ihrem Instrument gewählt, diese »größte Abzocke« durchzuführen.

Anmerkungen:

1 Michael Hudson, *Super Imperialism: The Origins and Fundamentals of US World Dominance*, Pluto Press, London 2003, S. xiii. Hudsons Bericht ist Teil seiner brillanten Beschreibung der amerikanischen Finanzmanipulationen der Nachkriegszeit, als atemberaubend hohe Schulden des US-Finanzministeriums im Verein mit chronischen Handelsdefiziten dazu benutzt wurden, um das zu tun, was sich kein anderes Land leisten konnte, einfach weil der Dollar Weltreservewährung war und die Sicherheit aller anderen Länder von der Militärmacht der USA abhing. Ihnen blieb nichts anderes übrig, als mit ihren Handelsüberschüssen von vielen hundert Milliarden Dollars Schatzbriefe des US-amerikanischen Finanzministeriums zu kaufen, was – wie Hudson gegenüber Kahn betont hatte – diese Länder zwang, amerikanische Kriege und andere Abenteuer zu finanzieren, die den Ländern, die diese US-Schatzbriefe kauften, auch noch zum Schaden gereichten. Die Abkopplung des Dollars vom Gold im August 1971 war der entscheidende Schritt, der diese Entwicklung erst ermöglichte, obwohl das, wie Hudson zeigt, den politischen Kreisen in Washington und an der Wall Street zunächst gar nicht klar war. Das gesamte Buch ist online verfügbar.

2 Siehe F. William Engdahl, *Mit der Ölwaffe zur Weltmacht – Der Weg zur neuen Weltordnung*, Kopp Verlag, Rottenburg 2008.

3 Richard Duncan, *The Dollar Crisis*, John Wiley & Sons-Asia, Singapore 2003, Abb. 1.1.

4 Anonym, *Saltsjoebaden Conference*, Bilderberg-Treffen, 11.–13. Mai 1973. Der Autor ist im Besitz einer Originalkopie der offiziellen Diskussion bei diesem Treffen. Das eigentlich vertrauliche Dokument wurde in einer Pariser Buchhandlung gekauft. Es trägt die Unterschrift des Bilderberger-Insiders Shepard Stone. Die Tagesordnung für das Bilderberger-Treffen 1973 war von Robert D. Murphy vorbereitet worden, der 1922 als US-Konsul in München stationiert gewesen war. Dort hatte er sich um ein Treffen mit dem damals unbekannten Adolf Hitler bemüht und anschließend eine positive Empfehlung an seine Vorgesetzten in Washington geschickt. Später war Murphy als politischer Berater an der Gestaltung der US-Besatzungspolitik in Nachkriegsdeutschland beteiligt. Walter Levy, der den Energiebericht in Saltsjöbaden vortrug, war mit den Interessen von »Big Oil« eng verbunden. 1948 diente Levy als Öl-Experte bei der *Economic Cooperation Administration* des Marshall-Plans, wobei er versucht hatte, eine Untersuchung der Regierung zu verhindern, die den Vorwürfen nachgehen wollte, die Ölgesellschaften erhöben zu hohe Preise.

5 Siehe unten, Fußnote 9.

6 Robert Lacey, *The Kingdom: Arabia and the House of Sa'Ud*, Avon Books, New York 1981, S. 398–399.

7 Matti Golan, *The Secret Conversations of Henry Kissinger: Step-by-step diplomacy in the Middle East*, Bantam Books Inc., New York 1976.

8 Henry A. Kissinger, *Years of Upheaval*, Little, Brown & Co., Boston 1982. (Deutsche Ausgabe: *Jahre der Erneuerung. Erinnerungen*, Bertelsmann, München 1999.)

9 Jack Bennett, »Memorandum«, abgedruckt in *International Currency Review*, Bd. 20, Nr. 6, Januar 1991, London, S. 45.

10 Ann Crittenden, »Managing OPEC's Money«, *The New York Times*, 24. Juni 1979.

11 Bei einem persönlichen Gespräch in seinem außerhalb von London gelegenen Haus berichtete S. E. Scheich Saki Jamani, saudi-arabischer Ölminister und OPEC-Sprecher in der Zeit des Embargos, dem Autor im September 2000 von seinem Gespräch mit dem Schah von Persien Anfang 1974. Als Jamani auf Anweisung des saudischen Königs den Schah fragte, warum der Iran einen so starken Anstieg des Ölpreises forderte, entgegnete dieser: »Um eine Antwort auf Ihre Frage zu erhalten, fahren Sie am besten nach Washington und fragen Sie Henry Kissinger.«

12 James Akins, Interview über seine Zeit als Direktor der Abteilung Treibstoffe und Energie im US-Außenministerium, später Botschafter in Saudi-Arabien.

13 Marcello de Cecco, »International Financial Markets and US Domestic Policy Since 1945«, *International Affairs*, Juli 1976, London, S. 381–399.

14 Ebenda, S. 386.

15 Ebenda, S. 398.

16 R. T. Naylor, *Hot Money and the Politics of Debt*, Unwin Paperbacks, London 1988, S. 33

17 Ebenda, S. 33–35.

18 Naharnet, *Roger Tamraz Arrested in Morocco*, 29. Januar 2009, Offizielle Website der libanesischen Streitkräfte, aufrufbar unter *http://www.lebaneseforces.org/regional/Toger-Tamraz-Arrested-in-Morocco1002728.shtml*.

19 Raúl Salinas de Gortari [Bruder des ehemaligen mexikanischen Präsidenten Carlos Salinas de Gortari] war während der Amtszeit seines Bruders angeblich daran beteiligt, Drogengelder in Höhe von 130 Millionen Dollar über die *Citibank* und verschiedene Schweizer Banken zu waschen. Raúl Salinas wurde später wegen Mordes zu einer Gefängnisstrafe verurteilt. Siehe »Citibanker for Salinas had been Star U. S. witness«, *Money Laundering Alert*, April 1996, einsehbar auf *http://pbs.org/wgbh/pages/frontline/shows/mexico/family/citibankaffair.html*.

20 Zu weiteren Informationen über die Gründung der Trilateralen Kommission und ihre Mitglieder siehe F. William Engdahl, a. a. O., Appendix II, S. 417–418.

21 John D. Rockefeller III., *The Second American Revolution,* Harper & Row, New York 1973, S. 103–112.

22 Gérard Duménil und Dominique Lévy, »The Neoliberal (Counter) Revolution«, enthalten in: *Neoliberalism: A Critical Reader*, hrsg. von Alfredo Saad-Filho und Deborah Johnston, Pluto Press, London 2004.

23 Milton Friedman, *Free to Choose*, Penguin Books, New York 1979, S. 271. (Deutsche Ausgabe: *Chancen, die ich meine. Ein persönliches Bekenntnis*, Ullstein, Berlin/Frankfurt/Wien 1980.)

24 International Chamber of Commerce, Policy and Business Practices, aufrufbar auf der offiziellen ICC-Website *http//:www.iccwbo.org/policy/trade/.*

25 Gérard Duménil und Dominique Lévy, a. a. O.

26 Ebenda.

27 Ebenda, S. 369.

28 Ebenda, S. 363.

KAPITEL 11

Die Reagan-Revolution für den Geldadel – Der innere Verfall Amerikas führt zu neuen Krisen

»Sie haben mehr dafür getan, die amerikanische Industrie zu demontieren, als irgendwer sonst in unserer Geschichte. Und trotzdem erzählten sie überall, alles sei wunderbar. Es ist wie beim Zauberer von Oz.«
Der Ölindustrielle Robert O. Anderson über
Volcker und Reagan[1]

Volckers monetaristischer Coup

Hatten schon die Ölschocks die Gesellschaft in eine immer reichere Minderheit und eine breite Mehrheit, deren Lebensstandard langsam aber sicher sank, gespalten, so führte die von Paul Volcker ab Oktober 1979 praktizierte Schocktherapie dazu, diese Entwicklung zu vollenden. Das Ganze war ein Staatsstreich der Klasse der Wohlhabenden in den USA.

Die monetaristische Schocktherapie, die Volcker erstmals am 6. Oktober 1979 den USA auferlegte, war bereits in Großbritannien entwickelt und wenige Monate zuvor dort auch erstmals angewendet worden. Volcker und sein engster Freundeskreis in der New Yorker Bankelite, darunter auch Lewis Preston von der Wall-Street-Firma *Morgan Guaranty Trust*, passten das Modell des monetaristischen Schocks der Thatcher-Regierung lediglich den amerikanischen Verhältnissen an. Das Ziel war in beiden Fällen dasselbe: die Verteilung des Reichtums und der Einkommen im Land wieder zugunsten der obersten Schicht von fünf Prozent Reichen zu verschieben.

Anfang Mai 1979 gewann Margret Thatcher die Wahl in Großbritannien nach einer Kampagne, in der sie vor allem erklärt hatte, sie werde »die Inflation aus der Wirtschaft herausdrücken«. Thatcher und der innere Kreis der »Freimarkt«-Ideologen in der Tradition von Adam Smith, der sie umgab, gewannen mit einer Lüge: Sie behaupteten, allein die hohen Ausgaben der Regierung (»Deficit-Spending«) und nicht der Anstieg des Ölpreises um 140 Prozent seit dem Sturz des Schahs von Persien fünf Monate zuvor sei die hauptsächliche »Ursache« für die 18-prozentige Preisinflation in Großbritannien.

Nach Ansicht von Thatchers Beratern konnten die inflationierten Preise wieder gesenkt werden, indem man einfach den Nachschub an »überschüssigem Geld« in die Wirtschaft eindämmte, was eine wirtschaftliche Rezession einschloss. Da ihrer Ansicht nach die Hauptquelle des »überschüssigen Geldes« das chronische Haushaltsdefizit der Regierung war, müssten eben die Regierungsausgaben brutal gekürzt werden, um die »Geldinflation« in den Griff zu bekommen. Als ihren Beitrag zur Gesundung beschränkte die *Bank of England* gleichzeitig durch eine Hochzinspolitik die Kredite an die britische Wirtschaft. Die Politik war in jeder Hinsicht identisch mit der Zweiten Amerikanischen Revolution der Rockefellers, nur hieß sie hier eben »Thatcher-Revolution«.

Im Juni 1979, nur einen Monat nach Thatchers Amtsantritt, erhöhte ihr Schatzkanzler Sir Geoffrey Howe den Basiszinssatz um volle fünf Prozent, von zwölf auf 17 Prozent, und das nur innerhalb von zwölf Wochen. Diese hohen Leitzinsen führten zu einer nie da gewesenen Verteuerung der Kredite für Unternehmen und Eigenheimbesitzer um 42 Prozent. Noch nie zuvor in der jüngeren Geschichte hatte eine Industrienation in so kurzer Zeit einen solchen Schock durchgemacht – ausgenommen bei wirtschaftlichen Notstandsmaßnahmen in der Kriegszeit.

Die *Bank of England* verknappte gleichzeitig die Geldmenge, um sicherzustellen, dass die Zinsen hoch blieben. Viele britische Unternehmen gingen bankrott, weil sie ihre Kreditraten nicht mehr bezahlen konnten, Englands Familien konnten keine neuen Häuser und Wohnungen mehr kaufen, und langfristige Investitionen in Kraftwerke, U-Bahnen, Eisenbahnen und die sonstige Infrastruktur kamen infolge von Thatchers monetaristischer Revolution praktisch zum Erliegen.

Thatcher verordnete auch eine Politik, die ihr den Namen »Die Eiserne Lady« einbrachte: Sie zwang die kampfbereiten britischen Bergleute nach einem monatelangen Streik zum Nachgeben. Die Arbeitslosigkeit in Großbritannien verdoppelte sich – sie stieg von 1,5 Millionen bei ihrem Amtsantritt auf drei Millionen nach den ersten 18 Monaten ihrer Amtszeit. Das gehörte zur Strategie der Bankiers: Verzweifelte Arbeitslose arbeiten für weniger Geld, wenn sie nur einen guten Job bekommen. Die Gewerkschaften galten als größtes Hindernis für den Erfolg der monetaristischen »Revolution«, denn sie seien, so behauptete Thatcher, ein Hauptinstrument des Feindes – der Inflation. Darüber hinaus machte Thatcher den Großbanken der Londoner City Zugeständnisse; sie beseitigte die damals bestehenden Devisenkontrollen, sodass Kapital nicht für den Wiederaufbau der zerfallenden britischen Industrie verwendet wurde, sondern in großen Strömen in spekulative Immobilienprojekte in Hong Kong oder lukrative Anleihen in Lateinamerika floss.[1]

Von seinen Anfängen in Großbritannien breitete sich der radikale Monetarismus Thatchers und des Rockefeller-Schützlings Paul Volcker ab 1979 wie ein Krebsgeschwür zunächst in die USA und von dort in die übrige anglo-amerikanische Welt aus. Überall kam es zur Kürzung der Regierungsausgaben, zu niedrigeren Steuern, Deregulierung der Industrie und einer Entmachtung der organisierten Arbeiterschaft. Die Zinsen stiegen weltweit auf ein Niveau, das man nie zuvor in Friedenszeiten für möglich gehalten hatte.

In den USA hatte Volckers monetaristische Schocktherapie Anfang der 1980er-Jahre die Zinsen auf einen Nominalwert von 20 Prozent für bestimmte Zinsraten geschraubt. Die wirtschaftlichen Auswirkungen dieser drastischen Hochzinspolitik zeigten sich schon bald. Denn wenn sich eine Investition in die Industrie bei 20 oder auch nur 17 Prozent Zinsen »lohnen« sollte, dann bedeutete das, dass eine normale Investition, die sich erst in vier oder fünf Jahren auszahlte, unmöglich war. Alleine die Zinsen, die für den Bau von Gebäuden zu zahlen waren, schlossen derartige Investitionen aus.

Volckers »Schockmedizin« wurde einem verzweifelten und ahnungslosen US-Präsidenten Jimmy Carter aufgedrückt, der im März 1980 bereitwillig ein sehr ungewöhnliches Gesetz unterzeichnete: den »Depository Institutions Deregulation and Monetary Control Act of 1980«. Die Verabschiedung dieses Gesetzes war nur der erste Schritt von vielen, die New Yorks Großbanken unter Führung von David Rockefellers *Chase Manhattan Bank* den USA und der Weltwirtschaft in der folgenden Zeit bescheren sollten.

Dieses Gesetz gab Volckers *Federal Reserve* die Befugnis, den Banken auch dann bestimmte Mindestreservesätze aufzuerlegen, wenn sie nicht zum *Federal Reserve System* gehörten – d. h. auch Amerikas Sparkassen (*Savings & Loan Banks*). Dadurch war gewährleistet, dass Volckers Kreditschraube tatsächlich auch den Kreditfluss in den USA ausreichend eindämmte. Darüber hinaus wurden durch dieses Gesetz auch alle gesetzlichen Obergrenzen für Zinsraten abgeschafft, die eine Bank gemäß »Regulation Q« der *Federal Reserve* von ihren Kunden höchstens verlangen konnte. Weiterhin wurden alle Gesetze der amerikanischen Bundesstaaten, die Obergrenzen für Zinssätze vorschrieben – die sogenannten Anti-Wucher-Gesetze –, außer Kraft gesetzt.[3] Nach oben waren den Zinssätzen gemäß dem neuen Dogma, das die Briten »neoliberalen Monetarismus« nannten, keine Grenzen mehr gesetzt. Das Geld war ab jetzt König und die Welt dessen gehorsamer Diener.

Anfang der 1980er-Jahre waren weltweit die Ausgaben für langfristige öffentlich finanzierte Infrastruktur- und Kapitalinvestitionen wie Straßen, Autobahnen, Brücken, Kanalisationssysteme oder den Bau von Elektrizitätskraftwerken praktisch zum Erliegen gekommen. Von der Zeit des ersten Ölschocks 1975 bis 1985 war nach Berechnungen des Internationalen Eisen- und Stahlinstituts der Gesamtanteil aller Regierungsausgaben in den großen Industrieländern für den Bau öffentlicher Infrastruktur auf die Hälfte des Wertes von Mitte der 1970er-Jahre gesunken. Die Weltproduktion an Stahl und der Schiffstransport in Tonnen-Meilen sowie andere Indikatoren realwirtschaftlicher Aktivität zeigten, wie katastrophal sich die anglo-amerikanische monetaristische Schocktherapie auswirkte. Weltweit wurde die Stahlindustrie in die schwerste Depression seit den 1930er-Jahren gestürzt.[4]

Paul Volckers monetaristischer Schock und der nachfolgende Wirtschaftsabschwung in den USA waren die Hauptursache für Jimmy Carters Wahlniederlage im November 1980. Ein erzkonservativer republikanischer Präsident, der ehemalige Filmschauspieler aus Hollywood Ronald Reagan, zögerte keinen Moment, Volckers Schocktherapie zu unterstützen. In seiner Amtszeit als Gouverneur von Kalifornien war Reagan von dem Mont-Pèlerin-Ökonomen Milton Friedman, dem Guru des Monetarismus, unterrichtet worden.

Als eine seiner ersten Amtshandlungen nutzte Reagan 1981 seine Vollmachten als US-Präsident und löste die Gewerkschaft der Fluglotsen, PATCO, auf. Das war für die anderen Gewerkschaften das Signal, gar nicht erst zu versuchen, von der Regierung Hilfe gegen die in die Höhe schießenden Zinsraten zu erbitten. Reagan war wie elektrisiert und von dem gleichen ideologischen Eifer besessen, die Inflation »auszupressen«, wie seine konservative britische Amtskollegin Thatcher.

Reagan hielt an Milton Friedman als inoffiziellem Berater in Fragen der Wirtschaftspolitik fest. In seiner Regierungsmannschaft wimmelte es geradezu von Schülern von Friedmans radikalem Monetarismus, genauso wie es in der Regierung Carter von Vertretern der Trilateralen Kommission gewimmelt hatte.

Die mächtigen New Yorker Bankenkreise waren fest entschlossen, die gleichen radikalen Maßnahmen anzuwenden, mit denen Milton Friedman zuvor die chilenische Wirtschaft unter der Militärdiktatur von General Augusto Pinochet zerschlagen hatte. Aus der relativen Macht der amerikanischen Finanzelite wurde dadurch wieder die alte Hegemonie. Ein Nebenprodukt von Volckers Hochzinspolitik, an der er bis zum Oktober 1982 unbeirrt festhielt, bestand darin, dass sich der Dollar wieder erholte. Der Grund: Zunehmend floss Kapital in die USA und wurde dort in US-Regierungsanleihen und anderen Vermögenswerten angelegt, um hohe Zinsgewinne zu kassieren.

Volcker zündet die Schuldenbombe

Ein direktes Ergebnis des Volcker-Schocks war die Schuldenkrise in Lateinamerika – ein unheimlicher Vorgeschmack auf die Subprime-Krise von 2007. Im August 1982 erklärte Mexiko, es sei nicht mehr in der Lage, die Zinsen für die enormen Dollar-Schulden des Landes zu bezahlen. Wie die meisten Länder der Dritten Welt und wie die weniger reichen Länder von Argentinien bis Brasilien, von Nigeria bis zum Kongo, von Polen bis Jugoslawien, war auch Mexiko in die Schuldenfalle der New Yorker Banken getappt. Die Falle bestand darin, dass man sich praktisch recycelte OPEC-Petrodollars borgte, die bei den Großbanken in New York und London – den Eurodollar-Banken – angelegt waren. Diese Eurodollar-Banken vergaben diese Petrodollars an verzweifelte Kreditnehmer in der Dritten Welt, und zwar anfänglich zu »flexiblen Zinssätzen«, die an die Sätze des Londoner Interbankgeschäfts (LIBOR) gekoppelt waren.

Als diese LIBOR-Zinsen aber infolge von Volckers Schocktherapie in nur wenigen Monaten um 300 Prozent stiegen, konnten die Schuldnerländer ihre Kredite nicht mehr zurückzahlen. Der IWF wurde einbezogen, und das größte Ausbeutungsgelage der Weltgeschichte begann, das fälschlicherweise »Schuldenkrise der Dritten Welt« genannt wurde. Wie vorherzusehen war, hatte Volckers Schockpolitik diese Krise ausgelöst.

Nach sieben Jahren unvermindert hoher Zinssätze der *Federal Reserve* unter Volcker, die der leichtgläubigen Öffentlichkeit als Maßnahme verkauft wurde, »die Inflation aus der US-Wirtschaft herauszupressen«, war der innere Zustand der US-Wirtschaft im Jahre 1986 entsetzlich. Weite Gebiete der Vereinigten Staaten glichen einem Land der Dritten

Welt: Die Slums vor den Großstädten breiteten sich aus, die Arbeitslosigkeit war im zweistelligen Prozentbereich, Verbrechen und Drogenabhängigkeit nahmen besorgniserregende Ausmaße an. Eine damalige Studie der *Federal Reserve ergab*, dass 55 Prozent aller amerikanischen Familien verschuldet waren. Das Haushaltsdefizit des Bundes lag im Schnitt bei über 200 Milliarden Dollar pro Jahr, ein damals unerhörter Wert.

In Wirklichkeit war Volcker, ein persönlicher Schützling David Rockefellers von der *Chase Manhattan Bank*, mit einem bestimmten Auftrag nach Washington geschickt worden – den Dollar vor dem freien Fall zu bewahren, was seine Rolle als Weltreservewährung gefährdet hätte. Außerdem sollte Volcker damit auch den Anleihenmarkt für die reiche Oberschicht der amerikanischen Gesellschaft retten. Volckers Politik war die Konterrevolution der Oligarchen gegen die Zugeständnisse, die sie während und nach der Großen Depression gegenüber der »Unterschicht« hatten machen müssen.

Diese Rolle des Dollars als Reservewährung war der verborgene Schlüssel zu Amerikas Finanzmacht.

Da die Zinsraten in den USA in die Höhe schossen, strömten ausländische Investoren ins Land, um beim Kauf von US-Regierungsanleihen Profite einzufahren. Anleihen waren und sind das Herzstück des Finanzsystems. Volckers Schocktherapie für die Wirtschaft bedeutete riesige Gewinne für die New Yorker Finanzelite.

Volcker erledigte seine Aufgabe mit Bravour.

Von 1979 bis Ende 1985 stieg der Dollar auf Rekordhöhen im Vergleich zu den Währungen in Deutschland, Japan, Kanada und anderen Ländern. Der überbewertete US-Dollar machte die amerikanischen Waren auf den Weltmärkten unerschwinglich teuer und führte zu einem dramatischen Einbruch der Exporte der US-amerikanischen Industrie mit entsprechenden Folgen.

Schon die hohen Zinsraten der *Fed* unter Volcker ab Oktober 1979 hatten zu einem deutlichen Rückgang der heimischen Bauwirtschaft, dem endgültigen Ruin der amerikanischen Automobilindustrie und damit auch der Stahlproduktion geführt, da die amerikanischen Hersteller zunehmend ihre Produktion ins Ausland verlagerten, wo die Kosten erheblich niedriger waren.

In Bezug auf Paul Volcker und seine Freimarkt-Unterstützer im Weißen Haus unter Reagan klagte der Republikaner Robert O. Anderson, damals Direktor der *Atlantic Richfield Oil Company*: »Sie haben mehr dafür getan, die amerikanische Industrie zu demontieren, als irgendwer sonst in unserer Geschichte. Und trotzdem erzählten sie überall, alles sei wunderbar. Es ist wie beim Zauberer von Oz.«[5]

Der IWF hilft bei der Plünderung der Dritten Welt

Ohne die radikale monetaristische Schocktherapie von Maggie Thatcher und Paul Volcker hätte es in den 1980er-Jahren keine Schuldenkrise der Dritten Welt gegeben.

Die Thatcher-Regierung hatte im Juni 1979 erstmals den monetaristischen Schock der Hochzinspolitik eingesetzt, im Oktober desselben Jahres folgte ihr Volckers *Fed*. Dies führte dazu, dass praktisch über Nacht die Zinslast auf die Schulden der Dritten Welt in astronomische Höhen stieg, denn die LIBOR-Zinsen in London kletterten von durchschnittlich sieben Prozent Anfang 1978 auf fast 20 Prozent Anfang 1980.

Während bei den Schuldnerländern der Dritten Welt die Zinslast für ihre Auslandschulden ab 1980 in astronomische Höhen schnellte, brachen gleichzeitig die Märkte für ihre Exportgüter in den Industrieländern zusammen, denn auch die Industrieländer erlebten infolge der Schock-»behandlung« durch Thatcher und Volcker den schlimmsten wirtschaftlichen Abschwung seit der Großen Depression in den 1930er-Jahren.

Die Schuldnerländer in der Dritten Welt gerieten unter die Räder der sich verschlechternden »terms of trade« (Austauschverhältnisse) für ihre Warenexporte mit fallenden Exporteinnahmen und einem rapide steigenden Anteil der Schuldendienste. In Washington und London sprach man von der »Schuldenkrise der Dritten Welt«. Doch die Krise war in London, New York und Washington gemacht worden und nicht in Mexiko City, Brasilia, Buenos Aires, Lagos oder Warschau.

Die Schuldnerländer haben ein Mehrfaches ihrer Schulden bezahlt – und das buchstäblich mit dem sprichwörtlichen »Pfund Fleisch« an die heutigen Shylocks in New York und London. Den großen Schuldnerländern in der Dritten Welt wurde unter Druck des IWF »die Pistole an die Schläfe« gehalten; sie wurden gezwungen, mit führenden internationalen Privatbanken »Umschuldungsabkommen« zu unterzeichnen, wie es im Bankenjargon beschönigend hieß. Auf der Bankenseite stand dabei zumeist die *Citibank* oder die *Chase Manhattan Bank* aus New York.

Nach einem Treffen hinter verschlossenen Türen im Herbst 1982 im englischen Ditchley Park taten sich die mächtigen Privatbank-Strukturen zusammen und schufen unter Führung der New Yorker und Londoner

Banken ein Gläubigerkartell, das sie *Institute for International Finance* oder informell »Ditchley-Gruppe« nannten. Ein Beobachter meinte, sie hätten einen »Banker-Sozialismus« erzwungen, bei dem die Bankiers der Mehrheit der Steuerzahler ihre eigenen Kreditrisiken übertrugen (oder »sozialisierten«), während sie für sich selbst alle Gewinne privatisierten, also eine ähnliche Politik betrieben, wie das später im Jahre 2008 die US-Regierung von George W. Bush tun sollte.

Nachdem die Bankiers und ihre Verbündeten in der Reagan-Regierung, darunter Finanzminister Donald Regan, dem Präsidenten genügend Angst über die Lage eingeflößt hatten, forderte das Weiße Haus Paul Volcker, die Banken und den IWF auf, jedem Schuldnerland ein Programm strikter »Konditionalitäten« aufzuerlegen.

Die Idee, den IWF und seine strikten Konditionalitäten in den Mittelpunkt der Schuldenverhandlungen zu stellen, stammte aus Amerika. Es war im Kern eine fast identische Kopie dessen, was die New Yorker Bankiers 1919 Deutschland und dem restlichen Europa mit dem verhängnisvollen Dawes-Plan auferlegt und später mit dem Young-Plan noch einmal versucht hatten.

Die Konditionalitäten des IWF und die Einwilligung eines Landes, den Vertrag mit dem IWF zu unterschreiben, gehörten zu einem Programm, das ein damaliger amerikanischer Vertreter beim IWF, Irving Friedman, entwickelt hatte, der dafür später mit einem hohen Posten bei der *Citicorp* belohnt wurde. Der IWF, der 1944 in Bretton Woods geschaffen worden war, um die Währungen und Handelsbeziehungen zwischen den Industrieländern zu stabilisieren, erhielt nun eine völlig neue Aufgabe: Der IWF wurde zur Schuldenpolizei für die New Yorker Banken.

Die »Konditionalitäten«-Medizin, die der IWF verordnete, war immer dieselbe. Dem betreffenden Schuldnerland wurde erklärt, wenn sie je wieder einen Penny Kredit von ausländischen Banken sehen möchten, dann müssten sie die heimischen Importe bis auf das absolute Minimum einschränken, den eigenen Haushalt brutal kürzen – was meistens bedeutete, dass Subventionen für Nahrungsmittel und andere Grundbedürfnisse gestrichen werden mussten – und ihre Währung abwerten. Nur so würden ihre Exporte für die Industrieländer »attraktiv«, während natürlich gleichzeitig importierte hoch entwickelte Industriegüter unerschwinglich teuer wurden. Die alles sei nötig, um harte Währung zu verdienen, mit der man die Schulden bezahlen könne.

Dieses »Strukturanpassungsprogramm« des IWF war allerdings nur die »Stufe eins«, mit dem der »Kandidat« das Anrecht auf »Stufe zwei«

erwarb – eine Vereinbarung mit den Gläubigerbanken über die Umschuldung, die »Restrukturierung« des Rückzahlungsplans für die Auslandsschulden oder zumindest einen großen Teil davon. Auf dieser zweiten Stufe sicherten sich die Banken für die Zukunft weitgehende Rechte über die Schuldnerländer, denn sie fügten die ausstehenden Zinsrückstände dem Nennwert der Gesamtschulden hinzu. Die Banker nannten das Zinskapitalisierung.

Infolge der zahllosen Umschuldungen nach diesem Restrukturierungsmuster nach 1982 stiegen die Schulden an die Gläubigerbanken in ungeahntem Maße. Nach Angaben der führenden Schweizer Versicherungsfirma *Swiss Re* stieg die Gesamt-Auslandverschuldung der Entwicklungsländer – und zwar sowohl die kurz- wie auch die mittelfristige Verschuldung – nach 1982 beständig an, von damals etwa 839 Milliarden Dollar auf fast 1300 Milliarden Dollar im Jahre 1987. Das meiste davon waren nicht etwa neue Kredite, sondern vielmehr die zusätzlichen Lasten der »Refinanzierung« der unbezahlbaren Altschulden, die nun die wirtschaftliche Zukunft belasteten.

Der IWF war zum globalen »Polizisten« geworden, der die Zahlung von Wucherschulden durchsetzen sollte, indem er die drakonischsten Sparmaßnahmen der Geschichte verhängte. Da die Stimmenmehrheit beim IWF fest in der Hand der amerikanisch-britischen Achse lag, wurde diese internationale Währungsinstitution zum Vollstrecker einer de facto anglo-amerikanischen neokolonialistischen Währungs- und Wirtschaftspolitik. In der Tat erpressten die amerikanischen Banken, die bei Weitem größte Gruppe der Gläubiger Lateinamerikas, die Banken in Westeuropa und Japan mit dem Argument, sie müssten sich »solidarisieren« oder es drohe sonst der Zusammenbruch des gesamten internationalen Bankensystems.

Als nun ein Schuldnerland nach dem anderen gezwungen wurde, sich mit dem IWF und den Gläubigerbanken zu einigen, führte dies zu einer Umkehr der Kapitalflüsse in ungeheurem Ausmaß. Nach Angaben der Weltbank beliefen sich zwischen 1980 und 1986 allein für eine Gruppe von 109 Schuldnerländern die Zinsen auf die Auslandsschulden an die Gläubiger auf den Betrag von 326 Milliarden Dollar. Die Tilgung der Kreditsumme für diese Schulden betrug weitere 332 Milliarden – insgesamt standen Gesamtschuldenzahlungen von 658 Milliarden Dollar zu Buche, und zwar für Schulden, die ursprünglich 430 Milliarden Dollar betragen hatten. Alles in allem schuldeten diese 109 Länder im Jahre 1986 ihren Gläubigern noch immer den Gesamtbetrag von 882 Milliarden Dollar. Es war eine ausweglose Schuldenspirale. So wirkten die Wunder von Zinseszins und flexiblen Wechselkursen.[6] Die Schuldnerländer waren in die Schuldenfalle getappt, und der einzige Ausweg, den ihnen die Gläubigerbanken in New York und London in Aussicht stellten, bestand darin, ihre souveräne Kontrolle über ihre Wirtschaft, insbesondere die wertvollen Rohstoffe, aufzugeben. In einer Studie der dänischen UNICEF hat Hans K. Rasmussen darauf hingewiesen, dass seit Anfang der 1980er-Jahre ein Transfer von Reichtum aus der Dritten Welt, die nach Kapital lechzte, in die Industrieländer stattgefunden hat, und zwar vornehmlich zur Finanzierung der Defizite in den USA. Seinen Schätzungen zufolge haben die Länder des Entwicklungssektors in den 1980er-Jahren insgesamt 400 Milliarden Dollar allein in die Vereinigten Staaten von Amerika transferiert. Damit

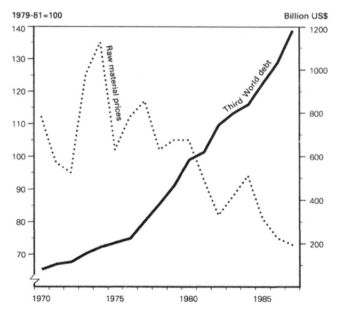

Die Petrodollar-Kredite der New Yorker Banken an die Dritte Welt führten zu einer Schuldenblase, die Volcker 1979 zum Platzen brachte, um die Entwicklungsländer den Konditionalitäten des IWF zu unterwerfen, die den Industrieländern im Norden billige Rohstoffe verschafften – eine Wiederholung des britischen Finanzimperialismus' der 1880er-Jahre in Ägypten und dem Osmanischen Reich.

konnte die Reagan-Regierung ihre größten Haushaltsdefizite in Friedenszeiten decken – und gleichzeitig fälschlich für sich beanspruchen, »den größten Aufschwung der Welt in Friedenszeiten« geschafft zu haben.[7]

Aber nicht einmal die Ausplünderung des schuldengeschüttelten Entwicklungssektors reichte aus. Aufgrund der hohen Zinsen in den USA, des steigenden Dollars und der zugesicherten Unterstützung durch die amerikanische Regierung wurden 43 Prozent des Rekord-Haushaltsdefizits der USA in den 1980er-Jahren dadurch »finanziert«, dass den Schuldnerländern des ehemaligen »Entwicklungs«-Sektors Kapital abgepresst wurde. Genauso wie bei den Verhandlungen mit den anglo-amerikanischen Bankiers über die Reparationsschulden nach dem Ersten Weltkrieg in Versailles waren auch diese Schulden nur das Vehikel, mit dem de facto eine umfassende Wirtschaftskontrolle über souveräne Länder verhängt wurde.

Die Schuldenstrategie der Reagan-Regierung, Volckers und der New Yorker Banken forderte allerdings auch ihren Tribut von der amerikanischen Wirtschaft. In einer im Mai 1986 für den Gemeinsamen Wirtschaftsausschuss des US-Kongresses erstellten Studie über die »Auswirkungen der lateinamerikanischen Schuldenkrise auf die US-Wirtschaft« wurden die verheerenden Verluste amerikanischer Arbeitsplätze und Exporte aufgezeigt, die entstanden, weil die vom IWF verordneten Sparmaßnahmen die Länder Lateinamerikas gezwungen hatten, zur Bedienung ihrer Schulden ihre Importe, vor allem die Importe von Industriegütern, fast vollkommen einzustellen. In dem Bericht hieß es: »Es wird jetzt deutlich, dass die Politik der [US-]Regierung über das Ziel hinausgegangen ist, die Banken in den Finanzzentren vor der Insolvenz zu bewahren …, der Umgang mit der Schuldenkrise durch die Regierung Reagan hat tatsächlich die Institutionen belohnt, die wesentlich dazu beigetragen haben, dass die Krise überhaupt entstanden ist, und gleichzeitig die Sektoren der US-Wirtschaft bestraft, die keine Verantwortung für die Schuldenkrise tragen.« Die Institutionen, die diese Krise verursacht hatten, waren natürlich Volckers *Federal Reserve* und die New Yorker Banken. Die Studie verschwand prompt in der Versenkung.

Afrika erging es im Gefolge der amerikanischen Schuldenkrise noch viel schlechter. Die Ölschocks und die folgende Zinserhöhung auf 20 Prozent sowie der weltweite Einbruch des Wirtschaftswachstums in den 1980er-Jahren versetzten fast dem gesamten afrikanischen Kontinent den Todesstoß. Bis in die 1980er-Jahre hinein waren die Länder Schwarzafrikas bei der Finanzierung ihrer Entwicklung zu 90 Prozent von Rohstoffexporten abhängig. Anfang der 1980er-Jahre setzte ein fast ununterbrochener Verfall der Dollar-Weltmarktpreise für diese Rohstoffe ein – d. h. praktisch alles von Baumwolle über Kaffee und Kupfer bis hin zu Eisenerz und Zucker. 1987 waren die Preise dieser Rohstoffe auf den tiefsten Stand seit dem Zweiten Weltkrieg gefallen, genauer gesagt auf den Stand von 1932, einem Jahr schwerster weltweiter Depression. Dieser Kollaps der Rohstoffpreise, der fast 20 Jahre andauerte, bis der Wirtschaftsboom in China am Anfang des neuen Jahrhunderts eine Wende brachte, war das Ergebnis einer bewussten Politik der amerikanischen Finanzinteressen, in einer »globalisierten« Wirtschaft ein Wirtschaftswachstum anzuheizen, das auf spottbilligen Rohstoffen basierte.

Wären die Preise für diese Rohstoffe nur auf dem Niveau der 1980er-Jahre geblieben, dann hätten die Länder Schwarzafrikas in den 1980er-Jahren zusätzlich 150 Milliarden Dollar verdient. Zu Beginn der »Schuldenkrise« 1982 schuldeten die afrikanischen Länder den Gläubigerbanken in den Vereinigten Staaten, Europa und Japan etwa 73 Milliarden Dollar. Gegen Ende des Jahrzehnts hatte sich diese Summer aufgrund der »Umschuldungen« und verschiedener IWF-Interventionen in ihre Wirtschaft mehr als verdoppelt – auf genau 160 Milliarden Dollar –, was etwa der Summe entspricht, die diese Länder bei stabilen Exportpreisen verdient hätten.

Die bösen Taten fallen auf den Urheber zurück

Die Auswirkungen der Ölschocks und die durch die Hochzinspolitik ausgelösten währungspolitischen Schocks der 1970er-Jahre glichen den 1920er-Jahren bis in die Einzelheiten. Anstelle der Versailler Reparationen, die auf den produktiven Investitionen lasteten, musste die Welt jetzt den »Strukturanpassungsprozess« des IWF für die Schulden der Dritten Welt verkraften. Die unglaublichen Inflationsraten zu Anfang der 1980er-Jahre – meist zwischen zwölf und 17 Prozent – diktierten die Bedingungen für die Rentabilität von Investitionen. Man brauchte schnelle und riesige Gewinne.

Zwar bescherte die nach Oktober 1982 betriebene Politik, viele Milliarden Dollars von Ländern der Dritten Welt einzutreiben, dem amerikanischen Bankensystem einen warmen Regen an finanzieller Liquidität, doch der fortgesetzte Druck der Wall Street und der Eifer des damaligen

US-Finanzministers Donald Regan, die Finanzmärkte von den staatlichen »Fesseln« zu befreien, führte zu großen Finanzexzessen. Als sich der Staub am Ende jenes Jahrzehnts gelegt hatte, wurde einigen Personen klar, dass der amerikanische Präsident Ronald Reagan es mit seiner Politik des »freien Marktes« geschafft hatte, eine gesamte Volkswirtschaft zu zerstören. Im August 1981 unterzeichnete US-Präsident Reagan das umfassendste Steuersenkungsgesetz der Nachkriegsgeschichte. Durch die Regelungen dieses Gesetzes erhielten bestimmte spekulative Formen von Immobilieninvestitionen, darunter insbesondere Investitionen in Gewerbeimmobilien, großzügige Steuervorteile. Auch die gesetzlichen Beschränkungen für Unternehmensübernahmen wurden beseitigt. Washington setzte also das Signal »Alles ist möglich« – solange es den Dow Jones Industrial Index beförderte.

Im Sommer 1982 bekam das Weiße Haus die Zustimmung von Volcker und der *Federal Reserve*, dass ab jetzt die Zinsraten endlich und stetig gesenkt würden – und damit ging die Spekulationsorgie erst richtig los. Der Bankrott der kleinen Öl- und Immobilienbank *Penn Square Bank* in Oklahoma und die gleichzeitige Krise in Mexiko hatten Volcker davon überzeugt, dass es jetzt an der Zeit sei, seinen Würgegriff hinsichtlich der Geldmenge zu lockern. Vom Sommer bis zum Dezember 1982 wurde der Diskontsatz der *Federal Reserve* sieben Mal gesenkt, und zwar auf ein Niveau, das um 40 Prozent niedriger lag als das wenige Monate zuvor. Die Finanzmärkte spielten aufgrund dieser niedrigen Zinsraten praktisch verrückt. Die Anleihen und Aktien boomten. Ausländisches Kapital floss auf den New Yorker Kapitalmarkt, um bei dieser Orgie mitzumischen – der Dollar stieg dadurch noch höher.

Reagans »Wirtschaftsaufschwung« tat wenig, um Investitionen in die Verbesserung der Technologie und Produktivität der Industrie anzulocken, von einer Handvoll militärischer Luftfahrtunternehmen, die staatliche Rüstungsverträge in Rekordhöhe ergattern konnten, einmal abgesehen. Das meiste Geld wanderte stattdessen in die Immobilien- und Aktienspekulation sowie in Ölquellen in Texas oder Colorado, allesamt »Steueroasen«.

In dem Maße, wie Volcker die Zinsen senkte, stieg das Fieber. Schuldenmachen war der letzte Schrei. Die Menschen behaupteten, es sei »billiger«, heute einen Kredit aufzunehmen und ihn morgen bei geringeren Zinssätzen wieder zurückzuzahlen. Aber das funktionierte nicht so ganz. Denn während der bereits seit 20 Jahren andauernde

Verfall der amerikanischen Städte weiterging, Brücken wegen mangelnder Wartung einstürzten und Straßenbeläge aufrissen, schossen überall neue Hochglanz-Einkaufzentren aus dem Boden – die dann oft genug leerstanden.

Die Zerschlagung der organisierten Arbeiterschaft

Eine Grundannahme der Reagan-Politik lautete, die Gewerkschaften seien »Teil des Problems«. Zwischen Arbeiterschaft und Management wurde ein regelrechter Klassenkampf entfacht, dessen Ergebnis dann die Zerschlagung der organisierten Arbeiterschaft war. Die Deregulierung der staatlichen Kontrolle über das Transportwesen spielte dabei eine besonders wichtige Rolle. Der Lkw- und Lufttransport wurde »freigegeben«. Überall entstanden »Billig«-Fluglinien und -Speditionen, bei denen die Gewerkschaften nicht zugelassen waren und Sicherheitsstandards oft nicht beachtet wurden. Die Unfallzahlen stiegen, die Tariflöhne sanken. Während beim »Aufschwung« unter Reagan junge Händler am Aktienmarkt scheinbar durch Knopfdruck am Computer zu Multimillionären wurden, mussten die qualifizierten Industriearbeiter ihren Lebensstandard gezwungenermaßen senken. In Washington kümmerte sich niemand darum. Die konservativen Reagan-Republikaner behaupteten, Gewerkschaften seien »fast wie Kommunisten«. Im offiziellen Washington dominierte eine »Billiglohnpolitik« wie im England des 19. Jahrhunderts.

In dem verzweifelten Bemühen, die Renten für die älteren Arbeitnehmer, die kurz vor der Pensionierung standen, oder die Arbeitsplätze überhaupt zu sichern, machten die ehemals mächtige Internationale Transportarbeitergewerkschaft (*International Brotherhood of Teamsters*), die Gewerkschaft der Autoarbeiter, die Stahlarbeitergewerkschaft und andere Gewerkschaften Zugeständnisse. Der reale Lebensstandard der Mehrheit der Amerikaner sank beständig, während eine kleine Minderheit mehr verdiente als jemals zuvor. Die Gesellschaft wurde in Bezug auf die Einkommensverhältnisse gespalten.

Von Washington bis New York und Kalifornien predigte man allerorten das neue Dogma der »nachindustriellen Gesellschaft«. Der wirtschaftliche Wohlstand Amerikas wurde nicht mehr mit Investitionen in die modernsten Industrieanlagen in Verbindung gebracht. Die Stahlindustrie war zum »Auslaufmodell« erklärt worden, die Stahlwerke rosteten vor sich hin, und einige Hochöfen wurden sogar gesprengt. Doch Einkaufszentren, glitzernde neue Spielkasinos wie die in Atlantic City oder Las Vegas sowie Luxushotels – die gab es da, »wo das Geld war«.

Während des Spekulationsbooms der Reagan-Jahre floss das Geld aus dem Ausland in die USA, und damit wurde diese Orgie bezahlt. Mitte der 1980er-Jahre waren die Vereinigten Staaten vom größten Gläubiger der Welt zum ersten Mal seit 1914 zum Netto-Schuldner geworden. Die Schulden waren »billig« und wuchsen geometrisch. Die amerikanischen Familien verschuldeten sich bis über beide Ohren beim Kauf von Eigenheimen, Autos oder Videorecordern. Die Regierung machte hohe Schulden, um die Ausfälle bei den Steuereinnahmen auszugleichen und die erhöhten Rüstungsausgaben der Reagan-Regierung bezahlen zu können.

1983 stieg das jährliche Regierungsdefizit auf einen bis dahin nie da gewesenen Wert von 200 Milliarden Dollar. Die Staatsverschuldung wuchs mit den Rekorddefiziten, was den Wertpapierhändlern an der Wall Street und deren Klienten Zinseinkommen in Rekordhöhe bescherte. Die Zinsen für die Gesamtverschuldung der US-Regierung verdoppelten sich innerhalb von sechs Jahren: von 52 Milliarden Dollar im Jahre 1980 auf über 142 Milliarden 1986 – also ein Anstieg um fast 300 Prozent –, was einem Fünftel des Gesamtsteueraufkommens entsprach. Geld floss aus Deutschland, Großbritannien, den Niederlanden oder Japan in die USA. Jeder wollte vom hohen Dollar und von den spekulativen Gewinnen bei Immobilien und Aktien profitieren.

Bush erzeugt eine Blase, um die Wahl zu gewinnen

1985 zogen dunkle Wolken am Horizont der amerikanischen Wirtschaft auf und bedrohten die Ambitionen des damaligen Vizepräsidenten George Bush auf die US-Präsidentschaft. Wieder einmal kam das Öl »zu Hilfe«. Dieses Mal aber völlig anders als bei den Ölschocks der Bilderberger in den 1970er-Jahren. Anscheinend war man in Washington der Meinung: »Wenn wir den Preis erhöhen können, dann können wir ihn auch nach unten drücken, wenn es unseren Zwecken dient.«

Also wurde Saudi-Arabien überzeugt, einen »rückwärtigen Ölschock« zu inszenieren und den darniederliegenden Weltölmarkt mit seinem Öl zu überschwemmen, und von dem hatte das Land ja mehr als reichlich. Daraufhin sackte der Preis für das Öl der OPEC drastisch ab, bis auf unter zehn Dollar pro Barrel im Frühling 1986 – einige Monate zuvor hatte er noch bei fast 26 Dollar gelegen. Auf wundersame Weise erklärten die Ökonomen der Wall Street jetzt die Inflation für »besiegt« und ignorierten dabei tunlichst die Rolle, die das Öl beim Entstehen der Inflation in den 1970er-Jahren sowie bei deren Senkung in den 1980ern gespielt hatte.

Als dann aber der weitere Preisverfall beim Öl vitale Interessen der großen britischen und amerikanischen Ölgesellschaften selbst bedrohte und nicht mehr nur die von kleinen unabhängigen Konkurrenten, da unternahm George H. W. Bush im März 1986 still und heimlich eine Reise nach Riad, wo er angeblich König Fahd sagte, er solle mit dem Preiskrieg aufhören. Der saudische Ölminister Scheich Saki Jamani wurde zum Sündenbock für eine Politik erklärt, die in Washington erdacht worden war. Der Ölpreis stabilisierte sich bei einem vorteilhaft niedrigen Preis von 14 bis 16 Dollar pro Barrel.

Dieser Verfall des Ölpreises von 1986 setzte eine Entwicklung in Gang, die mit der Entwicklung der Aktienblase von 1927 bis 1929 an der Wall Street zu vergleichen ist. Die Zinsen sanken noch dramatischer, sodass noch mehr Geld in die New Yorker Börse floss, weil man dort »abkassieren« wollte. An der Wall Street setzte sich eine neue Finanzmode durch: »Leveraged Buy-out«, der fremdfinanzierte Aufkauf einer Kapitalgesellschaft. Da das Geld billiger wurde, die Aktienkurse stiegen und die Regierung Reagan die Religion des »freien Marktes« predigte, war alles erlaubt. Ein gesunder, seit 100 Jahren bestehender Industriebetrieb, der traditionell-solide geführt worden war, und der zum Beispiel Reifen, Maschinen oder Textilien produziert hatte, wurde zur Zielscheibe der neuen Unternehmens-»Plünderer« (Raiders), wie man diese Wall-Street-Gangster nannte. Schillernde Persönlichkeiten wie T. Boone Pickens, Mike Milken oder Ivan Boesky wurden als Strohmänner dieser »Leveraged Buy-outs« auf dem Papier zu Milliardären. Illustre Institutionen wie die *Harvard Business School* und die *Wharton School* von der *University of Pennsylvania* verkündeten eine neue Philosophie der Unternehmensführung, mit der sie diesen Irrsinn im Namen der Markt-»Effizienz« rechtfertigten.

Im Verlauf der Reagan-Jahre flossen fast eine Billion Dollar in spekulative Immobilieninvestments – eine Rekordsumme und fast doppelt so viel wie in den Jahren zuvor. Banken, die ihre Bilanzen gegen Probleme in Lateinamerika absichern wollten, engagierten sich erstmals im Immobilien- statt im traditionellen Unternehmenskreditgeschäft.

Banken plündern Sparkassen

Die amerikanischen Sparkassen (*Savings & Loan Banks*, S&Ls), die zur Zeit der Großen Depression als separate, regulierte Geldinstitute entstanden waren und die vor allem für Amerikas Häuslebauer eine sichere Quelle für langfristige Hypotheken darstellten, wurden im Zuge der Kampagne von US-Finanzminister Donald Regan – bzw. der Wall Street – für einen »freien Markt« Anfang der 1980er-Jahre »dereguliert«. Jetzt durften diese Sparkassen, die bis dahin vor allem Privatpersonen, Handwerker, Freiberufler etc. zu ihren Kunden zählten, nicht nur Privatkonten verwalten, sondern sich auch – gegen erhebliche Gebühren – um Großeinlagen »bemühen«, die sogenannten »brokered deposits«, die von Finanzmaklern vermittelt wurden. Im Oktober 1982 setzte die Reagan-Regierung ein Gesetz in Kraft, den »Garn-St.-Germain Act«, mit dem Regulierungsbeschränkungen aufgehoben wurden. In der folgenden Krise gingen etwa 750 US-Sparkassen bankrott, was den US-Steuerzahler über 125 Milliarden Dollar kostete. Der »Garn-St.-Germain Act« erlaubte es Amerikas Sparkassen, überall zu investieren, wo sie wollten; eine Einlagensicherung der US-Regierung in Höhe von 100 000 Dollar für jedes Konto schützte vor etwaigen Ausfallrisiken.

Anlässlich der Unterzeichnung des Garn-St.-German-Gesetzes erklärte US-Präsident Reagan den eingeladenen S&L-Bankiers: »Ich glaube, wir haben den Jackpot geknackt«, als befinde man sich bei dieser Zeremonie nicht im Weißen Haus, sondern im Spielcasino von Las Vegas. Mit diesem »geknackten Jackpot« begann der Absturz des 1,3 Billionen Dollar schweren US-Sparkassensystems. Die Kosten trugen – natürlich – Amerikas Steuerzahler.

Dieses neue Gesetz öffnete für die S&Ls die Schleusentore zu umfassendem Finanzmissbrauch und wilden, riskanten Spekulationsgeschäften. Gleichzeitig wurden Amerikas Sparkassen aufgrund dieses Gesetzes aber auch zu einem idealen Instrument, mit dem die Organisierte Kriminalität die Gelder des in den 1980er-Jahren sprunghaft wachsenden amerikanischen Kokain- und Drogenhandels waschen konnte. Pikanterweise stellte sich später heraus, dass ausgerechnet Donald Regans alte Wall-Street-Firma *Merrill Lynch* – genauer deren Büro im schweizerischen Lugano – in die Wäsche von vielen Milliarden Dollars aus Profiten der Heroin-Mafia, der sogenannten »Pizza-Connection«, verwickelt war.

Das wilde und verworrene Klima der Deregulierung schuf ein Umfeld, in dem normale, gut geführte Sparkassen von Banken in den Schatten gestellt wurden, die sich auf zweifelhafte Geldgeschäfte einließen und keine Fragen stellten. Banken wuschen Gelder für verdeckte Operationen der CIA und auch für die verdeckten Operationen für den Bonano-Clan und andere »Familien« des Organisierten Verbrechens. Der Sohn des damaligen US-Vizepräsidenten, Neil Bush, war in diesen Jahren übrigens Direktor der Sparkasse *Silverado Savings and Loan* in Colorado, die später wegen illegaler Praktiken angeklagt wurde. Immerhin hatte Neil Bush noch so viel Anstand, in der Woche seinen Posten als Direktor dieser Sparkasse zu räumen, in der sein Vater zum Präsidentschaftskandidaten der Republikaner für die Wahl im Jahre 1988 nominiert wurde.[8]

Um mit den neuerdings deregulierten Banken und S&Ls mithalten zu können, stiegen in den 1980er-Jahren auch die konservativsten unter den Finanzsektoren im großen Stil in das spekulative Immobiliengeschäft ein – die Versicherungen. Doch im Gegensatz zu den amerikanischen Banken und Sparkassen waren Amerikas Versicherungen – vielleicht weil sie in der Vergangenheit immer so konservativ gewesen waren – nie unter offizielle Aufsicht gestellt worden. In den USA gab es keinen Bundesversicherungsfonds, der die Inhaber von Versicherungspolicen schützte, wie das bei den Banken der Fall war. 1989 führten die US-Versicherungen Immobilien im geschätzten Wert von 260 Milliarden Dollar in ihren Büchern – 1980 waren es lediglich 100 Milliarden Dollar gewesen. Doch inzwischen, d. h. Ende der 1980er-Jahre, kollabierten die US-Immobilienpreise wie nie seit den 1930er-Jahren, und das führte zum ersten Mal in der Nachkriegsgeschichte zu Bankrotten von Versicherungen, weil in Panik geratene Inhaber von Policen ihr Geld zurückverlangten.

Insgesamt beliefen sich schließlich die Kosten des S&L-Debakels in den 1980er-Jahren auf über 160 Milliarden Dollar. Einige Berechnungen

Die Krise der amerikanischen Sparkassen (US Savings & Loan Banks) in den 1980er-Jahren, die Amerikas Steuerzahler viele hundert Milliarden Dollar kostete, war ein Vorläufer der Subprime-Blase.

gingen sogar von realen Kosten für die Wirtschaft von bis zu 900 Milliarden Dollar aus. Zwischen 1986 und 1991 sank die Zahl der neu erbauten Einfamilienhäuser in den USA von 1,8 auf eine Million – der niedrigste Wert seit dem Zweiten Weltkrieg.

Schlicht und einfach war es so, dass die mächtigen New Yorker Finanzkreise seit den Ölschocks der 1970er-Jahre alle anderen Interessen des Landes so in den Hintergrund gerückt hatten, dass nach der Mexiko-Krise von 1982 in Washington praktisch keine anderen Stimmen mehr Gehör fanden. Die Schulden wuchsen auf unglaubliche Höhen. Als Reagan Ende 1980 zum Präsidenten gewählt wurde, lag die private und öffentliche Verschuldung der Vereinigten Staaten bei 3873 Milliarden Dollar. Bereits zehn Jahre später wurde die Zehn-Billionen-Dollar-Marke erreicht – das sind 10 000 Milliarden! Das bedeutete, dass die Schulden in dieser kurzen Zeitspanne um über 6000 Milliarden Dollar gestiegen waren.[9]

Die Schuldenlast, die Amerikas produktive Industrie tragen musste, stieg immer weiter; doch gleichzeitig verfielen die Industrieanlagen, industrielle Arbeitsplätze wurden massiv abgebaut, und die Lage der gesamten Arbeiterschaft verschlechterte sich zusehends. Zudem bewies der Zerfall der grundlegenden Infrastruktur, dass die US-Regierungen zwei Jahrzehnte lang diesen eminent wichtigen Teil der Volkswirtschaft völlig vernachlässigt hatten. Die US-Autobahnen wiesen aufgrund mangelnder Wartung große Schäden auf, die Brücken waren baufällig, viele stürzten sogar ein. In (ehemaligen) Industriestädten wie Pittsburgh gab es kein sauberes Wasser, viele Krankenhäuser in den Großstädten wurden nicht mehr modernisiert, die Eigenheime und Mietshäuser, in denen die Amerikaner wohnten, die nicht zu den »Besserverdienenden« zählten, fielen regelrecht auseinander. 1989 schätzte der Verband der US-Bauindustrie (*Associated General Contractors of America*) den dringenden Investitionsbedarf allein für die Sanierung der öffentlichen Infrastruktur auf 3,3 Billionen Dollar. Wieder hörte in Washington niemand zu.

Ganz im Sinne der Ideologie des »freien Marktes« schlug die Regierung Bush senior vor, das Problem mit privaten Initiativen zu lösen. In Washington gab es 1990 eine Haushaltskrise. Die ungleiche Verteilung der Gewinne des »Aufschwungs« unter Reagan zeigte sich in der offiziellen Statistik an der Zahl der Amerikaner, die »unterhalb der Armutsgrenze« lebten.

Als Volcker 1979 mitten in der zweiten Ölkrise den USA seine monetaristische »Schocktherapie« verabreichte, lebten laut Angaben der

US-Regierung 24 Millionen Amerikaner unterhalb der Armutsgrenze, die damals bei jährlichen Bezügen von 6000 Dollar lag. Bis 1988 hatte sich diese Zahl um mehr als 30 Prozent erhöht und war auf 32 Millionen Amerikaner gestiegen. Durch die Steuerpolitik unter Reagan und Bush hatte sich der Reichtum bei einer winzigen Elite angesammelt; ein derartiges soziales Ungleichgewicht hatte es in der amerikanischen Geschichte noch nie gegeben. Eine Studie des *US House Ways and Means Committees* – dieser überaus einflussreiche Ausschuss des US-Repräsentantenhauses befasst sich nicht nur mit Fragen der Haushalts-, Finanz- und Steuerpolitik, sondern auch mit denen der sozialen Sicherheit sowie mit Familienpolitik – ergab, dass seit 1980 das Realeinkommen der oberen 20 Prozent um satte 32 Prozent gestiegen war. Diese »Wohlstandsschere« weitete sich enorm aus, als Bushs Sohn George W. Bush das Amt antrat und die radikalsten Steuersenkungen der amerikanischen Geschichte durchsetzte. Mit der für ihn charakteristischen Vitalität folgte er der Regieanweisung, die der Money Trust bereits 1973 verfasst hatte.

Die Kosten für die Gesundheitsvorsorge in Amerika – ein Spiegel der merkwürdigen Kombination von »freiem Unternehmertum« und Regierungssubventionen – stiegen so hoch wie nie und lagen gemessen am BIP doppelt so hoch wie in Großbritannien; trotzdem hatten 37 Millionen Amerikaner überhaupt keine Krankenversicherung. Der Gesundheitszustand der Menschen in Amerikas Großstädten mit ihren heruntergekommenen Gettos von arbeitslosen Schwarzen und Hispaniern glich dem eines Landes in der Dritten Welt. In einem Land, das angeblich eines der am weitesten entwickelten Industrieländer der Welt war, würde man so etwas bestimmt nicht erwarten.

Auch Japan steht Bush hilfreich
zur Seite

Am 19. Oktober 1987 platzte die Blase. An diesem Tag brach der Wert des an der New Yorker Börse gehandelten Dow Jones Index stärker ein als je zuvor an einem einzigen Tag – um 508 Punkte. Reagans »Aufschwung« war kollabiert. Aber nicht die Strategie des Bush-Rockefeller-Flügels im US-Establishment. Diese Kreise wollten unbedingt auch weiterhin für einen ausreichenden Geldfluss sorgen, um die Blase aufrechtzuerhalten. Der neue Präsident, George Herbert Walker Bush, sollte dann die »Große Strategie« für das Jahrhundertende durchsetzen.

Der Crash vom Oktober 1987 bedeutete den Anfang vom Ende der deregulierten Finanzspekulation, die das Amerikanische Jahrhundert seit Anfang der 1970er-Jahre am Leben erhalten hatte. Im Vorfeld der Präsidentschaftswahlen vom November 1988 sicherte sich George Bush die Dienste von US-Finanzminister James Baker III, seinem engen Freund und früheren Wahlkampfleiter, sowie die Unterstützung einer einflussreichen Fraktion im US-Establishment. Dadurch wollte er sicherstellen, dass trotz der Auswirkungen des Crashs vom Oktober 1987 weiterhin ausländisches Kapital auf den amerikanischen Anleihen- und Aktienmarkt floss. So sollte für den amerikanischen Wähler die Illusion eines erfolgreichen Wirtschaftsaufschwungs unter der Regierung Reagan/Bush gewahrt bleiben.

Washington wandte sich mit der Behauptung an die japanische Regierung unter Premierminister Nakasone, ein demokratischer Präsident in den USA sei schlecht für die japanisch-amerikanischen Handelsbeziehungen. Nakasone bedrängte daraufhin die Bank von Japan und das Finanzministerium, Washington entgegenzukommen. Die Zinsraten in Japan wurden ab Oktober 1987 ständig weiter gesenkt, sodass amerikanische Aktien und Anleihen sowie Immobilien relativ »billig« zu sein schienen.

Viele Milliarden Dollars flossen daraufhin von Tokio in die Vereinigten Staaten. Im ganzen Jahr 1988 blieb der Dollar stark, und Bush sicherte sich die Wahl gegenüber seinem demokratischen Gegenkandidaten. Um die japanische Unterstützung für den US-Dollar nicht zu verlieren, versicherte Bush höchstpersönlich führenden Japanern, er als Präsident werde die amerikanisch-japanischen Beziehungen »verbessern«. Bekanntlich führten die finanziellen Konzessionen Japans an Washington bei den japanischen Aktien und Immobilien zur größten Spekulationsblase seit den 1920er-Jahren. Als die Bank von Japan aus Angst, die Kontrolle über die Wirtschaft zu verlieren, ab 1990 den Zinssatz langsam wieder anhob, platzte diese Blase, und für Japan begann ein Jahrzehnt der Depression und Deflation, von der sich das Land bis jetzt noch nicht vollständig erholt hat.

Der eigentliche Plan der neuen Regierung Bush senior, den sie gleich Anfang 1989 in Gang setzte, bestand darin, ausgewählte Verbündete, insbesondere Deutschland und Japan, unter Druck zu setzen, vermehrt die »Last zu teilen«, um Amerikas Schuldenberg abtragen zu können. Als Argument musste herhalten, dass die Sowjetunion kollabiere und daher nur noch eine einzige Supermacht übrig bliebe, die über eine ausreichende Militärmacht und Größe verfügte: die USA. Deshalb sollten, so Bush damals, Deutschland, Japan und andere wichtige Wirtschafts- und Militärverbündete der USA ihre finanziellen Anstrengungen zur Unterstützung dieser einen verbliebenen Supermacht erhöhen. Das war kaum verhohlene Erpressung.

Obwohl die Wall Street und ihre Freunde in Washington in den 1980er-Jahren zu ungewöhnlichen Maßnahmen gegriffen hatten, waren die wirklichen Aussichten für die Dominanz Amerikas als Supermacht schlechter denn je. Seit 1971 hatten zwei Jahrzehnte Vernachlässigung der Infrastruktur, mit anschließender Hochzinspolitik und »Schocktherapie« durch Volcker sowie der Entscheidung der führenden US-Unternehmen, die Produktion lieber in Billiglohnländer wie Mexiko oder nach Asien zu verlagern, die amerikanische Wirtschaft in weiten Teilen auf das Niveau eines Landes der Dritten Welt bzw. Ostdeutschlands gedrückt.

1989 ging es den Großbanken in New York außerordentlich schlecht. Der republikanische Senator Robert Dole berief sogar eine Notkonferenz ein, die hinter verschlossenen Türen im Weißen Haus stattfand, um über die Finanzlage zu beraten. Grundlage war ein vertraulicher Bericht des US-Senats, der ergeben hatte, dass elf der größten Banken Amerikas technisch bankrott waren. Die größte von ihnen, *Citibank*, wurde sogar als »hirntot« beschrieben. Der Money Trust brauchte massive Unterstützung. Alan Greenspan, der Nachfolger von Paul Volcker, sollte sich fast allen Wünschen seiner alten Freunde von der Wall Street fügen.

Anmerkungen:

1 Robert O. Anderson, zitiert in William Greider, *Secrets of the Temple: How the Federal Reserve runs the country*, Simon & Schuster, New York 1987, S. 648.
2 Sam Aronovitch, *The Road From Thatcherism*, Lawrence & Wishart, London 1981.
3 William Greider, a. a. O., S. 156.
4 *International Iron and Steel Institute, Infrastructure: Problems and Prospects for Steel*, Brüssel 1985.
5 Robert O. Anderson, a. a. O.
6 Ebenda, 1987.
7 Hans Kornoe Rasmussen, *The Forgotten Generation: a debate book concerning children and the debt crisis*, Dänisches UNICEF-Komitee, Kopenhagen 1987.

344

Ebenfalls nützlich als Hintergrundlektüre ist Marko Milivojevic, *The Debt Rescheduling Process*, St. Martin's Press, New York 1985. Auch die Jahresberichte der Vereinten Nationen, *Economic Survey of Latin America*, enthalten nützliche Daten.

8   Stephen Pizzo, *Inside Job: The looting of America's Savings & Loans*, McGraw-Hill, New York 1989.

9   US Congress Joint Economic Committee, *Economic Indicators*, Washington 1990.

KAPITEL 12

Der Todeskampf des Amerikanischen Jahrhunderts – Greenspans »Finanzrevolution« geht schief

»Auf unserem Weg ins 21. Jahrhundert bleiben die Überreste der Bankprüfungs-Philosophien des 19. Jahrhunderts auf der Strecke ..., Assoziierungen mit Banken brauchen nicht – oder besser: sollten nicht – zur Regulierung dieser Zweiggesellschaften wie bei den Banken selbst führen.«
Alan Greenspans Aufruf zur Bankenderegulierung, 1999[1]

Greenspans langfristiger Plan

Sieben Jahre monetaristische Schocktherapie unter Volcker hatten in der gesamten Dritten Welt zu einer Zahlungskrise geführt. Milliardenbeträge an recycelten Petrodollar-Schulden, die New Yorker und Londoner Banken als Kredite zur Finanzierung von Ölimporten nach der Erhöhung des Ölpreises in den 1970er-Jahre vergeben hatten, konnten plötzlich nicht mehr zurückgezahlt werden.

Im August 1987, ein Jahr vor den US-Präsidentschaftswahlen, bei denen George H. W. Bush alles daransetzte, Ronald Reagans Amtsnachfolger zu werden, überzeugte er den amtierenden Präsidenten davon, einen neuen Vorsitzenden der *Federal Reserve* zu ernennen, einen Mann, der eher bereit war, sich der Wall Street zu beugen. Bush hielt Volcker für nicht parteiisch genug und fürchtete, er werde das Wirtschaftswachstum zeitlich so abgestimmt beschneiden, dass sein eigener Wahlsieg gefährdet würde. Greenspan dagegen enttäuschte seine Gönner im Money Trust offenbar nicht, denn er führte die *Fed* in den folgenden Jahren mit ziemlich eiserner Hand. Es waren 18 Jahre von Finanzderegulierung und einer ganzen Reihe von Spekulationsblasen sowie großer Instabilität.

Mit Greenspan an der *Fed*-Spitze war der Boden für die nächste Phase von Rockefellers Plänen für eine finanzielle Deregulierung bereitet, nachdem ja die großen New Yorker Banken alles kassiert hatten, was in den amerikanischen Sparkassen an Werten vorhanden war. Greenspans

»Neue Finanzrevolution« sollte all das revolutionieren, was wir überhaupt unter Geld verstehen.

Eine sorgfältig durchgeführte Medienkampagne sollte in der Öffentlichkeit den Eindruck erwecken, Alan Greenspan sei in erster Linie ein hingebungsvoller öffentlich Bediensteter, der zwar Fehler machte, letztendlich aber immer Herr der Lage war und die Wirtschaft und die Banken der USA durch sein außergewöhnliches Geschick für finanzielles Krisenmanagement rettete – was ihm ja schließlich auch den Namen »Maestro« einbrachte.[2] Die Wahrheit sah allerdings ein wenig anders aus.

Der Maestro dient dem Money Trust

Wie jeder Vorstandsvorsitzende des *Federal Reserve Systems* war Greenspan ein sorgfältig ausgewählter loyaler Diener der eigentlichen Besitzer der *Federal Reserve*: eines Netzwerks aus privaten Banken, Versicherungsgesellschaften und Investmentbanken, die die *Fed* gegründet und sie im Dezember 1913, kurz vor den Weihnachtsferien, durch einen fast verwaisten Kongress hatten absegnen lassen. In seinem Urteil *Lewis gegen die Vereinigten Staaten* entschied das zuständige Berufungsgericht (*Court of Appeals for the Ninth Circuit*), »die *Reserve Banks* sind keine Institutionen des Bundes, ... sondern unabhängige und lokal kontrollierte Unternehmen in Privatbesitz«[3].

Seine gesamte Amtszeit als Vorstandsvorsitzender der *Fed* widmete Greenspan der Förderung der Interessen der amerikanischen Hochfinanz, und das in einer Nation, deren Wirtschaft in den Jahren nach 1971 weitgehend zusammengebrochen war.

Greenspan wusste, wem er seine Karriere zu verdanken hatte, und er diente dem, was der US-Kongress 1913 als Money Trust bezeichnet hatte, mit ganzer Hingabe. Bei dieser Organisation handelt um eine Clique von Finanzmagnaten, die das Vertrauen der Öffentlichkeit dazu missbrauchten, die Kontrolle über zahlreiche Industriezweige an sich zu ziehen.

Viele der an der Gründung der *Federal Reserve* im Jahre 1913 beteiligten Akteure waren maßgeblich an der »Verbriefungs-Revolution« beteiligt, zum Beispiel die *Citibank* und *J. P. Morgan*. Beide besitzen Anteile an der New Yorker *Federal Reserve Bank*, dem entscheidenden Kern des *Fed*-Systems.

Ein weiterer, wenig bekannter Aktionär der New Yorker *Fed* war die *Depository Trust Company* (DTC), die größte zentrale Depotbank der Welt mit Sitz in New York. Diese DTC hat über 2,5 Millionen Dollar an amerikanischem und nicht-amerikanischem Aktienkapital verwaltet sowie Industrieschuldverschreibungen und Kommunalobligationen im Wert von über 36 Billionen Dollar, die aus über 100 Ländern stammen. Die DTC und ihre Niederlassungen haben jedes Jahr Aktien- und Wertpapiertransaktionen in Höhe von mehr als 1,5 Billarden Dollar abgewickelt. Das war nicht schlecht für ein Unternehmen, von dem die meisten Menschen noch nie etwas gehört hatten. Die *Depository Trust Company* verfügte über das alleinige Monopol auf solche Geschäfte in den USA. Sie kaufte einfach alle Konkurrenten auf. Das erklärt zum Teil, warum New York noch so lange in der Lage gewesen war, die globalen Finanzmärkte zu beherrschen, als die amerikanische Wirtschaft bereits zu einer öden»nachindustriellen«Wüste geworden war.

Während Puristen des freien Marktes und dogmatische Anhänger von Greenspans verstorbener Freundin Ayn Rand den *Fed*-Chef als zupackenden Interventionisten beschimpften, gab es in Wirklichkeit einen gemeinsamen Faktor, der sich wie ein roter Faden durch sämtliche größeren Finanzkrisen seiner über 18 Jahre als *Fed*-Chef hindurch zieht. In den 18 Jahren als Leiter der mächtigsten Finanzinstitution hat er jede Finanzkrise genutzt, um den Einfluss der in den USA zentrierten Finanzherrschaft über die Weltwirtschaft zu fördern und zu festigen, wobei die Wirtschaft und das Allgemeinwohl fast immer das Nachsehen hatten.

Ob es sich nun um den Börsenkrach vom Oktober 1987, um die Asienkrise von 1997, den russischen Staatsbankrott von 1998 oder den darauf folgenden Zusammenbruch des amerikanischen Spekulationsfonds LTCM handelte; oder ob Greenspan sich weigerte, technische Veränderungen an den von der *Fed* festgelegten Einschusssätzen bei Aktien vorzunehmen, um die *dot.com*-Aktienblase abzukühlen, oder ob er sich für die ARM-Hypotheken mit variablem Zinssatz aussprach (als er wusste, dass die Zinsen im Keller waren): Greenspan nutzte alle diese Krisen, die er oft genug durch seine vielgelesenen Kommentare und seine Zinspolitik selbst verursacht hatte, um seine Pläne für die Globalisierung der Risiken und Liberalisierung der Marktregulierungen zu fördern und den großen Finanzinstituten ein ungehindertes Wirken zu ermöglichen.

Das Spiel mit der galoppierenden Krise

Das eben Dargelegte zeigt, welche Bedeutung die Krise hatte, die sich im Sommer 2007 auf den amerikanischen und globalen Kapitalmärkten entwickelte. Über Greenspans 18-jährige Amtszeit kann man sagen, dass er ständig die Finanzmärkte von einer Krise in eine noch größere führte, um die übergeordneten Ziele des Money Trusts zu verwirklichen. Anfang 2009 wurde weltweit den meisten Experten klar, dass Greenspan mit seiner Verbriefungs-Revolution einen Schritt zu weit gegangen war und damit das Ende der globalen Dominanz des Dollars und der Dollar-Kreditinstitute auf Jahrzehnte hinaus eingeleitet hatte.

Greenspans hartnäckige Ablehnung jedes Versuchs des US-Kongresses, auch nur eine minimale Regulierung des außerbörslichen Derivatehandels zwischen den Banken einzuführen; seine Weigerung, die Nachschussforderungen für den Kauf von Aktien mit geborgtem Geld zu ändern; seine wiederholte Unterstützung für die Verbriefung von zweitklassigen (»subprime«) Hypothekenkrediten mit geringer Qualität und hohem Risiko; seine hartnäckige, jahrzehntelange Lobbyarbeit, den »Glass-Steagall Act« teilweise und schließlich ganz außer Kraft zu setzen – dieses Gesetz beschränkte die Arbeit der US-Geschäftsbanken, die Investmentbanken und Versicherungen besaßen –; seine Unterstützung für die radikalen Steuersenkungen unter Bush, die das US-Staatsdefizit 2001 in die Höhe schnellen ließen; sein Einsatz für die Privatisierung des Sozialversicherungs-Treuhandfonds, um den Cashflow in Billionenhöhe seinen Freunden an der Wall Street zuzuschanzen – all das war die gut geplante Durchführung der von vielen so genannten »Verbriefungs-Revolution«: die Errichtung einer Neuen Finanzwelt, in der das Risiko den Banken abgenommen und über die ganze Welt verteilt wird, und zwar so diffus, dass schließlich keiner mehr erkennen konnte, wo das wirkliche Risiko lag.

Als Alan Greenspan im Jahre 1987 als handverlesener Kandidat von Wall Street und Großbanken nach Washington zurückkam, sollte er dort deren »Große Strategie« durchsetzen. Er war damals Berater an der Wall Street, und zu seinen Klienten gehörte unter anderem die einflussreiche Bank *J. P. Morgan*. Bevor Greenspan den Posten als Chef der *Federal Reserve* übernahm, hatte er auch im Vorstand einiger der mächtigsten US-Unternehmen gesessen – so zum Beispiel bei der *Mobil Oil Corporation*, der *Morgan Guaranty Trust Company* und bei der *J. P. Morgan & Co. Inc.* Seine erste Bewährungsprobe bestand in der Manipulation der

Aktienmärkte durch die damals noch neuen Derivate im Oktober des Jahres 1987.

Das Greenspan-Paradigma von 1987

Es war nur wenige Tage später, als Greenspan nach dem Börsenkrach vom 20. Oktober 1987 eine Sanierung des Aktienmarktes durchführte, indem er riesige Summen in ihn hineinpumpte. Er tat dies, um die Aktien zu stützen und insgeheim Manipulationen des Marktes über Käufe von Derivaten des Chicago-Aktienindexes vorzunehmen, die heimlich durch Liquiditätsgarantien der *Fed* unterstützt wurden. Seit den Ereignissen vom Oktober 1987 machte die *Fed* den größeren Marktteilnehmern klar, sie seien, wie es im Jargon der *Fed* hieß, TBTF –»Too Big to Fail« (zu groß, um bankrott zu gehen). Es bestand also keine Gefahr, wenn eine Bank zehn Milliarden riskierte, um mit dem thailändischen Baht oder *dot.com*-Aktien zu spekulieren. Falls es wirklich zu einer ernsten Liquiditätskrise kommen sollte, dann würde er, so ließ Greenspan wissen, seinen Bankenfreunden mit Finanzspritzen (»Bailouts«) aus der Patsche helfen.

Der Crash vom Oktober 1987, bei dem es zum stärksten Absturz des Down Jones Index der Geschichte kam – er stürzte um 508 Punkte ab –, wurde durch die neuentwickelten Modelle beim Aktien-Computerhandel auf der Grundlage der sogenannten »Black-Scholes-Option-Preistheorie« verschlimmert. Im Zentrum standen Aktienderivate, die jetzt preislich festgesetzt und gehandelt wurden, wie das früher bei Termingeschäften (»Futures«) mit Schweinebäuchen der Fall war.

Der Crash von 1987 machte deutlich, dass es auf den Märkten keine wirkliche Liquidität gab, wenn man sie brauchte. Alle Fondsmanager versuchten dasselbe zum gleichen Zeitpunkt: In dem vergeblichen Bemühen, ihre Aktienpositionen abzusichern, führten sie Leerverkäufe bei Aktienindex-Futures durch.

Stephen Zarlenga, der während der Krise 1987 als Händler auf dem New Yorker Börsenparkett tätig war, sagte über diese Fondsmanager: »Sie erzeugten auf dem Futures-Markt riesige Rabatte … Die Arbitragehändler, die ihnen Futures mit großen Abschlägen abgekauft hatten, verkauften daraufhin die diesen Papieren zugrunde liegenden Aktien, drückten die Kassamärkte, heizten den Prozess an und trieben schließlich den ganzen Markt in den Ruin.«

Zarlenga weiter: »Einige der größten Wall-Street-Firmen stellten fest, dass sie nicht verhindern konnten, dass ihre programmierten Computer automatisch in diesen Handel mit Derivaten einstiegen. Privaten Berichten zufolge mussten sie tatsächlich den Stecker ziehen oder die Kabel durchschneiden oder sich andere Methoden ausdenken, um die Stromzufuhr zu unterbrechen (es gab Gerüchte, dass man dafür die Feueräxte auf den Fluren benutzte), denn die Computerprogramme konnten nicht abgebrochen werden, und die Aufträge wurden direkt ans Börsenparkett weitergegeben.

Die New Yorker Börse erwog am Montag und Dienstag ernsthaft, für einige Tage oder sogar Wochen ihre Pforten ganz zu schließen, und gab dies auch öffentlich bekannt … Zu diesem Zeitpunkt machte Greenspan eine ungewöhnliche Ankündigung. Er sagte unmissverständlich, die *Fed* werde den Finanzmaklern Kredite zur Verfügung stellen, wenn sie diese benötigten. Das war ein Wendepunkt, denn Greenspans kurz zuvor – d. h. August 1987 – erfolgte Ernennung zum Chef der *Federal Reserve* war ja einer der ursprünglichen Gründe für die massiven Verkäufe am Markt gewesen.«[4]

Bedeutsam an dem eintägigen Crash im Oktober 1987 war nicht so sehr das Ausmaß dieses Absturzes. Es war vielmehr die Tatsache, dass die *Fed*, ohne die Öffentlichkeit davon in Kenntnis zu setzen, am 20. Oktober durch Greenspans New Yorker Freunde bei *J. P. Morgan* und anderen Banken intervenierte und durch die Verwendung neuer Finanzinstrumente, der Derivate, eine Erholung der Aktienmärkte durch Manipulation einleitete.

Die sichtbare Ursache für diese Markterholung vom Oktober 1987 bestand darin, dass der in Chicago ansässige Aktienindex MMI (Major Market Index), der die Kurse von 20 an der New Yorker Börse gehandelten erstrangigen Aktien (»Blue-Chips«) enthält, diese Spitzenpapiere am Dienstagmittag mit einem Aufschlag handelte, und das zu einem Zeitpunkt, als eine Dow-Jones-Aktie nach der anderen aus dem Handel genommen werden musste.

Die Kernschmelze begann sich zu wenden. Die Arbitragehändler kauften die den Futures zugrunde liegenden Aktienpakete, bewerteten die einzelnen Aktien neu und verkauften die MMI-Futures mit einem Aufschlag. Später stellte man fest, dass der Ankauf von nur etwa 800 MMI-Futures-Kontrakten genügt hatte, um diesen Aufschlag zu erzeugen und die Markterholung einzuleiten. Greenspan und seine New Yorker Spießgesellen hatten einen manipulierten »Aufschwung« inszeniert, bei dem sie dieselben Computermodelle zum Derivatehandel benutzt hatten – nur eben umgekehrt. Das war der Beginn der Ära der Finanzderivate.

Uns allen wurde beigebracht, die Rolle der *Federal Reserve*, des Bankenaufsichtsamts und anderer US-Stellen bestehe darin, als unabhängige Aufsichtsbehörden für die Banken tätig zu sein, um die Stabilität des Bankensystems zu garantieren und eine Wiederholung der Bankenpanik der 1930er-Jahre zu verhindern – vor allem die *Fed* als der »Kreditgeber der letzten Instanz« sollte diese Rolle spielen.

Unter dem Greenspan-Regime wurde die *Fed* nach dem Krach im Oktober 1987 zunehmend zum »Kreditgeber der ersten Instanz«. Denn sie vergrößerte nicht nur den Kreis der Kreditinstitute, die als wert erachtet wurden, von der *Fed* durch direktes Eingreifen gerettet zu werden – das entsprach ja dem gesetzlichen Geltungsbereich des Mandats, das die *Fed* als Bankenaufsichtsbehörde hatte –, sondern stützte auch (wie im Jahre 1987) die Aktienmärkte durch künstliches Eingreifen, ja sie half sogar (wie im Fall der Hedgefonds-Solvenzkrise im September 1998) auch den spekulativen Hedgefonds aus der Patsche.

Greenspans letztes Vermächtnis bestand darin, der *Federal Reserve*, und damit dem amerikanischen Steuerzahler, die Rolle des Kreditgebers der letzten Instanz aufzuzwingen, um nach dem Platzen seiner Multimilliarden-Dollar-Hypotheken-Verbriefungsblase den größeren Banken und Kreditinstitute, also dem Money Trust, mit riesigen Finanzspritzen unter die Arme zu greifen.

Bis zum Zeitpunkt der völligen Aufhebung des »Glass-Steagall Acts« im Jahre 1999 – ein Ereignis von historischer Bedeutung, das in der Finanzpresse jedoch kaum Beachtung fand – hatte Greenspans *Fed* klargestellt, dass sie bereit war, die riskantesten und zweifelhaftesten neuen Transaktionen der US-Banken zu decken. Der Boden für Greenspans Verbriefungs-Revolution war bereitet.

Das war keinesfalls Zufall oder eine Ad-hoc-Entscheidung. Die Laissez-faire-Politik der *Fed* in puncto Bankenaufsicht und -regulierung nach 1987 war entscheidend dafür, dass Greenspan die umfassende Strategie zur Deregulierung und Verbriefung durchsetzen konnte, wie er das schon bei seiner ersten Aussage vor dem Kongressausschuss im Oktober 1987 angedeutet hatte.

Am 18. November 1987, also nur drei Wochen nach dem Börsenkrach vom Oktober, teilte Alan Greenspan dem Bankenausschuss des amerikanischen Repräsentantenhauses mit, dass »... die Außerkraftsetzung des ›Glass-Steagall Acts‹ bedeutenden öffentlichen Nutzen stiften würde, mit einem vertretbaren Anstieg des Risikos«.[5] Greenspan wiederholte diese Litanei immer wieder, bis dieses Gesetz 1999 endgültig aufgehoben wurde.

Dass die *Fed* den unregulierten Handel mit Finanzderivaten nach dem Börsenkrach von 1987 unterstützte, war eine wichtige Voraussetzung dafür, dass der Nennwert des globalen Handels mit Derivaten geradezu explosionsartig zunahm. Seit 1987 ist dieser globale Handel mit Derivaten um 23 102 Prozent auf die schwindelerregende Höhe von 370 Billionen Dollar am Ende des Jahres 2006 gestiegen. Die dabei umgesetzten Nennvolumina waren schier unfassbar.

Aufhebung der Beschränkungen des »Glass-Steagall Acts«

Kaum hatte Greenspan sein Amt als *Fed*-Chef angetreten, da verlangte er die Aufhebung des »Glass-Steagall Acts«. Vehement hatten das auch schon seine alten Freunde bei *J. P. Morgan* und der *Citibank* getan.[6]

Der (nach zwei US-Kongressabgeordneten benannte) »Glass-Steagall Act« – der den offiziellen Namen »Banking Act of 1933« trägt – schrieb die gesetzliche Trennung von Geschäftsbanken einerseits sowie den Wall-Street-Investmenthäusern und -versicherungen andererseits vor. Dies Gesetz war ursprünglich dazu gedacht, drei größere Probleme zu verringern, die in den 1930er-Jahren zu einer Welle von Bankenpleiten und der Großen Depression geführt hatten:

Banken hatten die ihnen anvertrauten Einlagen – »ihr« Vermögen – in Wertpapiere investiert, wobei im Falle eines Börsenkrachs die kommerziellen Investoren und Sparer das Risiko tragen mussten. Außerdem vergaben die Banken unsichere Kredite, damit sie die Preise für bestimmte Wertpapiere oder die finanzielle Position von Unternehmen, in die eine Bank ihr Vermögen investiert hatte, künstlich in die Höhe drücken konnten. Die finanzielle Beteiligung einer Bank am Besitz, Preis oder an der Streuung von Wertpapieren verleitete die Banken unweigerlich dazu, ihre Bankkunden zu drängen, in Wertpapiere zu investieren, die die Bank selbst dringend verkaufen musste. Das war natürlich ein enormer Interessenkonflikt – und eine Einladung zu Betrug und Missbrauch.

Geschäftsbanken, die auch Dienstleistungen beim Investmentbanking und offene Investmentfonds anboten, gerieten in einen Interessenkonflikt, der dazu führte, dass ihre Kunden, einschließlich der Kreditnehmer, Einleger und Korrespondenzbanken, geschädigt wurden. Da es seit 1999 in den USA keine Einschränkungen durch den »Glass-Steagall Act« mehr gibt, wurden Banken, die verbriefte Hypothekenobligationen und ähnliche Produkte durch eigene Zweckgesellschaften anboten – die sie selbst gründeten, um das Risiko »aus den Bankbüchern« zu entfernen –, Komplizen bei dem, was wahrscheinlich als der größte Finanzschwindel aller Zeiten in die Geschichte eingehen wird – dem Subprime-Verbriefungs-Betrug.

In seiner Geschichte über den Großen Bankenkrach (Great Crash) schrieb der amerikanische Wirtschaftswissenschaftler John Kenneth Galbraith: »Der Kongress war besorgt, dass beide, die Geschäftsbanken im Allgemeinen und auch die Mitgliederbanken des *Federal Reserve System* im Besonderen, den Niedergang der Börsen verschlimmert haben und von ihm auch gleichzeitig geschädigt wurden; und zwar zum Teil aufgrund ihrer direkten und indirekten Beteiligung am Handel und Besitz von spekulativen Wertpapieren.«

»Die legislative Geschichte des ›Glass-Steagall Acts‹«, fuhr Galbraith fort, »zeigt, dass der Kongress auch die subtileren Gefahren im Auge hatte und sich wiederholt auf sie konzentrierte. Diese Gefahren treten auf, wenn eine Geschäftsbank ihre Befugnis als Treuhänder oder Bevollmächtigter überschreitet und entweder direkt ins Investmentbankgeschäft einsteigt oder eine Zweiggesellschaft gründet, die bestimmte Investments verwaltet und verkauft.« Galbraith betonte: »Im Laufe des Jahres 1929 verwaltete und verkaufte ein Investmenthaus, *Goldman Sachs & Company*, Wertpapiere in Höhe von fast einer Milliarde Dollar über drei miteinander verbundene Investmenttrusts – *Goldman Sachs Trading Corporation*, *Shenandoah Corporation* und *Blue Ridge Corporation*. Alle verloren praktisch ihren gesamten Wert.«

Operation Rollback

Die großen New Yorker Banken hatten schon lange eine Rücknahme dieses 1933 vom Kongress beschlossenen einschränkenden Gesetzes gefordert, und Alan Greenspan war als Vorstandsvorsitzender der *Fed* für sie genau der richtige Mann dafür. Amerikas Großbanken, mit Rockefellers einflussreicher *Chase Manhattan Bank* und Sanford Weills *Citicorp* an der Spitze, gaben über 100 Millionen Dollar für die Beein-

flussung von Kongressabgeordneten und für Wahlkampfspenden aus, um
die Abschaffung der während der Großen Depression beschlossenen
Beschränkungen von Bankgeschäften und Aktienemissionen zu erreichen.

Die Außerkraftsetzung des »Glass-Steagall Acts« öffnete 1999 die
Schleusen für die Verbriefungs-Revolution nach 2001.

Am 6. Oktober 1987, etwa zwei Monate nach seinem Amtsantritt als
Chef der *Federal Reserve* und nur wenige Tage vor dem größten Ein-
Tages-Crash an der New Yorker Börse, teilte Greenspan dem Kongress
mit, dass die amerikanischen Banken als Opfer neuer Technologien und
»Gefangene« von Regulierungsvorschriften, die vor über 50 Jahren erlassen worden war, im Begriff seien, ihren Konkurrenzkampf gegen
andere Kreditinstitute zu verlieren. Daher benötigten sie neue Machtbe-
fugnisse, um ebenbürtige Mitspieler zu sein: »Die von den Banken
gelieferten Grundprodukte – Beurteilung der Kreditwürdigkeit und Streuung des Risikos – sind weniger konkurrenzfähig als vor zehn Jahren.«

Zu diesem Zeitpunkt schrieb die *New York Times*: »Mr. Greenspan
war lange Zeit viel positiver gegenüber der Deregulierung des Bankensystems eingestellt als sein Vorgänger bei der *Fed*, Paul A. Volcker.«[7]

Greenspans Aussage vor dem Kongress am 6. Oktober 1987 – seine
erste als *Fed*-Chef – hatte durchaus Signalwirkung, wenn man die Konti-
nuität seiner Politik verstehen wollte, an der er bis zu der Verbriefungs-
Revolution der letzten Jahre hartnäckig festhielt – der »New Finance«-
Verbriefungs-Revolution. Um noch einmal die *New York Times* zu zitieren: »Mr. Greenspan beklagte den Wettbewerbsverlust der Banken und
wies auf die, wie er es nannte, ›zu starren‹ Regulierungsvorschriften hin,
die seiner Meinung nach einen effizienten Kundendienst verhinderten
und den Wettbewerb einschränkten. Aber dann verwies er noch auf eine
weitere Entwicklung von ›besonderer Bedeutung‹ – die Art und Weise,
wie die Fortschritte in der Datenverarbeitung und Telekommunikation es
anderen Finanzinstituten ermöglicht hatten, in die traditionelle Rolle der
Banken als Finanzvermittler zu schlüpfen. Mit anderen Worten, die
wichtigste wirtschaftliche Aufgabe einer Bank werde gefährdet – ihr
Geld in Form von Krediten zu riskieren, wobei sie sich auf ihre besseren
Informationen in Bezug auf die Kreditwürdigkeit des Kreditnehmers
verlassen muss.«

Außerdem zitierte die *New York Times* Greenspan in Bezug auf die
Herausforderung dieser technologischen Veränderungen für das moderne Bankwesen: »»Extensive Online-Datenbanken, enorme Rechner-

kapazitäten und Telekommunikationseinrichtungen bieten Kredit- und Marktinformationen, die praktisch zeitgleich zur Verfügung stehen. Dadurch kann der Kreditgeber seine eigene Analyse in Bezug auf die Kreditwürdigkeit anstellen und komplexe Handelsstrategien entwickeln und umsetzen und sich so gegen Risiken absichern.‹ Dies aber führe, so fügte Greenspan hinzu, zu einem permanenten Schaden ›für die Konkurrenzfähigkeit der Kreditinstitute und wird den Wettbewerbsvorteil des Marktes für verbriefte Aktiva‹, wie zum Beispiel kurzfristige Geldmarktpapiere, spezielle Anleihen (Mortgage Pass-Through Securities) und sogar Autokredite stärken.«

Schließlich meinte Greenspan noch: »Unsere bisherigen Erfahrungen haben uns gelehrt, dass die effektivste Isolierung einer Bank von angeschlossenen finanziellen und kommerziellen Aktivitäten durch die Struktur einer Holdinggesellschaft erreicht wird.«[8] Im Falle einer Bankholding würde der US-Einlagensicherungsfonds – ein mit Beiträgen bestückter Pool, der Bankeinlagen bis zu einer Höhe von 100 000 Dollar pro Konto absichert – nur für Verluste der »Kernbank« eintreten, nicht aber für die ihrer verschiedenen Tochtergesellschaften, die eigens gegründet wurden, um sich bei exotischen Hedgefonds engagieren oder andere außerbilanzliche Aktivitäten durchführen zu können. Das führte dazu, dass in einer Krise wie der des kürzlichen Verbriefungs-Zusammenbruchs der amerikanische Steuerzahler zum ultimativen Kreditgeber der letzten Instanz wird, d. h. letztendlich die Bankenrisiken absichert.

Dieser Kampf um die Rücknahme des »Glass-Steagall Acts« wurde im US-Kongress außerordentlich erbittert geführt, und erst unter Präsident Clinton kam es Ende 1999 zur endgültigen und vollständigen Aufhebung dieses wichtigen Bankengesetzes. Clinton machte den Kugel-

1999 gelang es Sandy Weill, dem Chef der Citigroup (Mitte), mit Unterstützung von Präsident Clintons Finanzminister Robert Rubin (rechts), den »Glass-Steagall Act« von 1933 außer Kraft setzen zu lassen.

schreiber, mit dem er im November 1999 das Rücknahmegesetz – den sogenannten »Gramm-Leach-Bliley Act« – unterzeichnet hatte, übrigens Sanford Weill, dem mächtigen Chef der *Citicorp,* zum Geschenk. Das war – um es milde auszudrücken – eine sehr seltsame Geste für einen demokratischen Präsidenten.

Der Mann, der die entscheidende Rolle gespielt hatte, die Abschaffung des »Glass-Steagall Acts« durch den Kongress durchzusetzen, war Alan Greenspan. Bei seiner Aussage vor dem Ausschuss für Banken- und Finanzdienstleistungen des Repräsentantenhauses erklärte Greenspan am 11. Februar 1999:

»Wir unterstützen, wie wir es seit vielen Jahren getan haben, größere Korrekturen, zum Beispiel jene, die im H. R. 10 zum ›Glass-Steagall Act‹ und dem ›Bank Holding Company Act‹ enthalten sind, um die gesetzlichen Barrieren gegen eine Integration der Bank-, Versicherungs- und Wertpapiergeschäfte zu beseitigen. Unter allen Betroffenen – privaten wie öffentlichen gleichermaßen – herrscht praktisch Einmütigkeit darüber, dass diese Schranken beseitigt werden sollten. Die technologisch betriebene Weitergabe neuer Finanzprodukte, die eine Entflechtung von Risiken ermöglicht, hat die Bank-, Versicherungs- und Wertpapierprodukte verstärkt zu einzelnen Finanzinstrumenten gebündelt.«[9]

Bei dieser Anhörung Anfang 1999 stellte Greenspan außerdem unmissverständlich klar, dass die Rücknahme des »Glass-Steagall Acts« weniger und nicht etwa mehr Regulierung der neu zugelassenen Finanzkonglomerate bedeutete; damit wurden die Schleusen für das jetzige Fiasko geöffnet:

*»Auf unserem Weg ins 21. Jahrhundert bleiben die Überreste der Bankprüfungs-Philosophien des 19. Jahrhunderts auf der Strecke … Natürlich müssen Banken immer noch überwacht und reguliert werden, nicht zuletzt, weil sie sozusagen zum sozialen Netz gehören. Meine Meinung ist jedoch, dass die Art und das Ausmaß dieser Bemühungen mehr im Einklang mit den Realitäten des Marktes stehen sollten. Außerdem: **Assoziierungen mit Banken müssen nicht – oder besser: sollten nicht – zur Regulierung dieser Zweiggesellschaften wie bei den Banken selbst führen.**«[10]* (Hervorhebung – W. E.)

Der Kollaps von Bankholdinggesellschaften mit ihren inhärenten Interessenkonflikten, der während der Depression der 1930er-Jahre Zigmillionen Amerikaner in die Arbeitslosigkeit trieb und zur Zwangsvollstreckung ihrer Häuser führte, war die eigentliche Ursache, warum der US-Kongress 1933 den »Glass-Steagall Act« verabschiedet hatte.

»... Strategien, die noch vor einem Jahrzehnt undenkbar waren ...«

Die *New York Times* beschrieb die neue Finanzwelt, die durch die Abschaffung des »Glass-Steagall Acts« entstand, in einem Artikel über *Goldman Sachs* im Juni 2007, also nur Wochen vor dem Ausbruch der Subprime-Krise: »Während die Wall Street immer noch Geld damit schöpft, dass sie Unternehmen über Fusionen berät und sie an die Börse bringt, wird richtiges Geld – schwindelerregend viel Geld – damit gemacht, dass Kapital mithilfe einer globalen Palette von unglaublichen Produkten und Strategien umgesetzt und investiert wird, die vor einem Jahrzehnt noch unvorstellbar waren.« Damit bezog sich die *New York Times* auf die Verbriefungs-Revolution.

Dann zitierte die *New York Times* den Vorstandsvorsitzenden von *Goldman Sachs*, Lloyd Blankfein, der mit Blick auf die neue Welt der Finanzverbriefung, der Hedgefonds und der Derivate erklärte: »Der Kreis hat sich geschlossen, denn das ist genau das, was die Rothschilds oder J. P. Morgan in ihren großen Zeiten getan haben. Der Ausreißer wurde durch den ›Glass-Steagall Act‹ verursacht.«[11]

Für Blankfein, wie für die meisten Wall-Street-Banker und Finanz-Insider, war der New Deal lediglich ein Ausreißer, eine Abweichung vom geraden Weg, und daher forderte er offen die Rückkehr zu der guten alten Zeit der Missbräuche, wie sie in den »vergoldeten Zeiten« der 1920er-Jahre üblich waren. Der »Glass-Steagall Act«, Blankfeins »Ausreißer«, wurde schließlich durch Bill Clinton beseitigt. Das ist insofern keine Überraschung, als *Goldman Sachs* ein wichtiger Förderer des Präsidentschaftswahlkampfes von Bill Clinton war. Dieses Investmenthaus stellte Clinton sogar seinen Vorsitzenden Robert Rubin zur Verfügung: zuerst 1993 als »Wirtschaftszar« und dann, 1995, als Finanzminister. Bis Anfang 2009 war ein weiterer ehemaliger Vorstandsvorsitzender von *Goldman Sachs*, Henry Paulson, US-Finanzminister unter dem Republikaner Bush. Die Geldmacht achtet nicht auf Parteizugehörigkeit.

Robert Kuttner, Mitbegründer des *Economic Policy Institute*, einer wirtschaftspolitischen Denkfabrik in Washington, erschien im Oktober 2007 im Kongress und sagte vor dem von dem Demokraten Barney Frank geleiteten Ausschuss für Banken- und Finanzdienstleistungen aus; dabei beschwor er das Gespenst der Großen Depression:

»Seit der Aufhebung des ›Glass-Steagall Acts‹ im Jahre 1999, nach mehr als einem Jahrzehnt des Eindringens in neue Märkte, ist es den

Superbanken gelungen, dieselbe Art struktureller Interessenkonflikte zu schaffen, wie sie in den 1920er-Jahren herrschten – Kreditvergabe an Spekulanten, Kredite bündeln und verbriefen und sie dann über den Groß- oder Einzelhandel verkaufen und auf jeder Stufe dieses Prozesses Gebühren kassieren. Und ein großer Teil dieser Papiere ist für die Bankprüfer sogar noch undurchsichtiger, als sie es für ihre Kollegen während der 1920er-Jahre waren. Ein großer Teil davon wird überhaupt nicht in Papierform abgewickelt, und der ganze Prozess wird durch Computer und automatische Abläufe überladen.«[12]

Thomas Kostigen, Kommentator des *Market Watch* von *Dow Jones*, schrieb in den ersten Wochen während der Entfaltung der Subprime-Krise darüber, welche Rolle die Abschaffung des »Glass-Steagall Acts« bei der Öffnung der Schleusen für Betrug, Manipulation und die Exzesse der Fremdkapitalaufnahme in der expandierenden Welt der Verbriefung spielte:

»Es gab eine Zeit, da Banken und Maklerfirmen getrennte Unternehmen waren, die sich nicht vereinigten, weil sie Angst vor Interessenkonflikten, einem finanziellen Zusammenbruch, einem Monopol der Märkte und all diese Sachen hatten.

Im Jahre 1999 wurde das Gesetz, das den Zusammenschluss von Maklerfirmen und Banken verbot – der ›Glass-Steagall Act‹ von 1933 –, aufgehoben, und voilà, jetzt entstanden die Supermärkte, die wir als Citigroup, *UBS, Deutsche Bank usw. kennen. Aber jetzt, wo die Banken anscheinend über ihre eigenen schlechten Hypotheken gestolpert sind, muss man sich vielleicht fragen, ob dies den Finanzmärkten so viel Schaden zugefügt hätte, wenn der ›Glass-Steagall Act‹ nicht abgeschafft worden wäre.*

Diversifizierung war immer der Weg, das Risiko zu vermindern. Und der ›Glass-Steagall Act‹ hat für diese Vielfalt gesorgt, indem er die Finanzkompetenzen für Banken und Maklerfirmen klar aufgeteilt hat. Der Kongress hat den ›Glass-Steagall Act‹ verabschiedet, um zu verhindern, dass Banken als Eigentümer von Finanzmaklern das ganze Spektrum von Maklergeschäften übernehmen, und umgekehrt, damit das Bankinvestment, wie zum Beispiel die Zeichnung von Firmen- oder Kommunalobligationen, nicht in Zweifel gezogen werden konnte, aber auch, um Bankkunden vor dem Risiko eines Zusammenbruchs der Börse zu schützen wie vor dem, der 1929 der Großen Depression vorausging.

Doch da sich die Banken zunehmend mit ihren Angeboten an Rabatten und Investmentfonds auch im Wertpapiergeschäft engagiert haben, beklagten sich die Versicherungsunternehmen über unlauteren Wettbewerb. *In dem entscheidenden Jahr 1999 endete also die ›Prohibition‹, und Finanzgiganten stürzten sich auf ihre Opfer. Wir mussten erleben, wie* Smith Barney, Salomon Brothers, Paine Webber *und eine Menge anderer bekannter Maklerfirmen geschluckt wurden.*

In den Brokerfirmen sollte eigentlich das Investmentbanking strikt durch eine sogenannte ›Chinesische Mauer‹ von den Geschäfts- und Forschungsaktivitäten getrennt werden. Diese Abtrennung soll verhindern, dass Händler ihre Analysten-Kollegen dazu drängen, ihren Kunden bessere Bedingungen einzuräumen, nur um die Profite der Firma zu steigern.

Während der Blütezeit der dot.com-*Ära haben wir ja gesehen, wie wirksam diese Mauern waren, als lächerlich hohe Schätzungen in Bezug auf Unternehmen angestellt wurden, für die dieselben Firmen bürgten, die auch mit deren Aktien handelten. Als diese Trennwände dann in den neuen Banken aufgestellt wurden, wiesen diese sehr schnell Risse auf, die vollkommen ignoriert wurden.*

Niemand stellte die neue Mode in Frage, Bankenhypotheken durch verschiedene Arten von Finanzinstrumenten abzusichern und diese dann durch eine andere Abteilung derselben Finanzinstitution zu verkaufen.

Wenn Banken durch unabhängige Wertpapieranalytiker intensiv auf ihre erforderliche Sorgfalt überprüft werden, dann werden mehr Fragen gestellt, als wenn die Überprüfung durch Leute durchgeführt wird, die ständig in dieselbe Cafeteria gehen. Außerdem würden dann alle Gebühren, Abmachungen usw. der Verkaufstechnik unterliegen, was bedeutet, dass die Leute Preise aushandeln und die Dinge viel mehr in Frage stellen, um ihren eigenen Profit zu steigern – und nicht kollaborieren, um ihren gemeinsamen Bonus-Pool zu vermehren.

Der ›Glass-Steagall Act‹ hätte zumindest dafür gesorgt, was der erste Teil seines Namens anklingen lässt: gläserne Transparenz. Und das wird am besten dadurch erreicht, dass man Außenseitern einen Einblick verschafft. Wenn ein jeder drinnen ist und nach draußen schaut, dann hat jeder die gleiche Sicht der Dinge. Das ist nicht gut, denn dann kann man nicht sehen, welche Entwicklungen auf einen einstürmen (oder -stürzen), und wenn das Dach einkracht, dann sind alle davon betroffen.

Der Kongress ist jetzt dabei, das Subprime-Hypotheken-Debakel zu untersuchen. Der Gesetzgeber sieht sich nach Möglichkeiten um, die Kreditbestimmungen zu verschärfen und Zweit-Schuldenaufkäufer für missbräuchliche Praktiken haftbar zu machen sowie – und das ist etwas

*Positives – auch einigen Hausbesitzern aus der Patsche zu helfen. Das sind jedoch nur behelfsmäßige Maßnahmen, die das, **was bereits kaputt ist, nicht mehr heilen können: das Konfliktpotenzial, das entsteht, wenn Verkäufer, Händler und Gutachter alle in demselben Team arbeiten.*«[13] (Hervorhebungen – W. E.)

Greenspans verhängnisvolle dot.com-Blase

Noch ehe die Tinte von Bill Clintons Unterschrift, mit der er den »Glass-Steagall Act« außer Kraft setzte, trocken war, war Greenspans *Fed* bereits voll damit beschäftigt, die nächste Krise anzuzetteln – die vorsätzliche Schaffung einer Aktienblase, die der von 1929 Konkurrenz machen sollte – eine Blase, die die *Fed* dann ebenso vorsätzlich platzen lassen würde.

Die sogenannte asiatische Finanzkrise 1997 und der darauffolgende Staatsbankrott Russlands vom August 1998 erzeugten eine totale Veränderung in den globalen Kapitalflüssen zum Vorteil des US-Dollars. Korea, Thailand, Indonesien und die meisten aufstrebenden Märkte befanden sich in ernsten Schwierigkeiten nach einer koordinierten, politisch motivierten Attacke durch amerikanische Hedgefonds unter Leitung des *Quantum Funds* von George Soros sowie Julian Robertsons zwei Fonds *Jaguar* und *Tiger* und Louis Bacons *Moore Capital Management.* Einige Insider zählen zu diesem Trio auch noch den in Connecticut ansässigen Risikofonds LTCM von John Merriwether.

Der Einfluss der »Asienkrise« auf den US-Dollar war spürbar und verdächtig positiv. Wie Andrew Crockett, der Generaldirektor der Bank für Internationalen Zahlungsausgleich (BIZ) – der in Basel ansässigen Organisation der führenden Zentralbanken der Welt –, betonte, wiesen 1996 alle ostasiatischen Länder zusammengenommen ein Leistungsbilanzdefizit von 33 Milliarden Dollar auf. Doch als danach spekulatives heißes Geld nach Ostasien floss, »wurde daraus in den Jahren 1998 und 1999 ein Überschuss der Leistungsbilanz von 87 Milliarden Dollar«. Bis 2002 hatte dieser Überschuss die beeindruckende Summe von 200 Milliarden Dollar erreicht. Der größte Teil dieses Überschusses kehrte in die USA zurück: asiatische Zentralbanken kauften damit US-Staatsanleihen und finanzierten nun eigentlich die Politik Washingtons. Dieser »Überschuss« in Ostasien drückte die US-Zinssätze weit nach unten und nährte eine aufstrebende New Economy, den NASDAQ-*dot.com*-New-Economy-IT-Boom.[14]

Auf dem Höhepunkt der asiatischen Finanzkrise von 1997 bis 1998 blieb Greenspan untätig und weigerte sich, den finanziellen Druck zu mindern. Hartnäckig blieb er bei seiner Haltung, bis Asien kollabierte und Russland im August 1998 seine Staatsschulden nicht mehr begleichen konnte; die Deflation war von einer Weltregion auf die nächste gesprungen. Als Greenspan und die New Yorker *Fed* dann kurzfristig einsprangen, um im September 1998 den riesigen Hedgefonds LTCM zu retten, der im Gefolge der russischen Krise zahlungsunfähig geworden war, senkte Greenspan zum ersten Mal die amerikanischen Leitzinsen erheblich – um 0,5 Prozentpunkte. Dem folgte einige Wochen später eine weitere Zinssenkung von 0,25 Prozentpunkten. Das gab der gerade entstehenden *dot.com*-NASDAQ-IT-Blase einen »netten kleinen Schub«.

Ende 1998 – nach weiteren, ständigen Senkungen der amerikanischen Leitzinsen und dem Einpumpen riesiger Geldmengen in die US-Aktienmärkte – nahm der Kursverlauf an den US-Börsen, angeführt von NASDAQ und NYSE, einen asymptotischen Verlauf an. Allein im Jahre 1999, als sich die New-Economy-Blase voll aufblähte, verzeichnete man einen schwindelerregenden Anstieg des Werts der Aktien, die sich im Besitz der US-Haushalte befanden – 2,8 Billionen Dollar. Das waren mehr als 25 Prozent des jährlichen BIP der USA, alles in Papierwerten.

Jetzt gab es für die Geschäfts- und Investmentbanken, die für den Kauf der Aktien warben, die sie selbst auf den Markt gebracht hatten, keinerlei Beschränkungen mehr – der »Glass-Steagall Act« war außer Kraft. Die Aktienhändler der Wall Street verdienten Zigmillionen an Boni aufgrund der betrügerischen Überbewertung von Internet- und anderen Aktien, zum Beispiel der Unternehmen *WorldCom* und *Enron*. Das waren wieder die »Wilden 20er-Jahre«, aber dieses Mal mit einem elektronischen computerisierten Turbo-Antrieb.

Die unglaubliche Rede vom März 2000

Im März 2000, auf dem Höhepunkt der *dot.com*-Börsenmanie, hielt Alan Greenspan eine Rede auf einer Konferenz über die New Economy am *Boston College*. Dort wiederholte er noch einmal seine Lobrede auf die IT-Revolution und den Einfluss der Finanzmärkte – Themen, die mittlerweile zu seinem persönlichen Standard-Mantra geworden waren. In seiner Rede ging er noch über seine bisherigen Lobeshymnen in Bezug auf die IT-Aktienblase und ihren vermeintlichen »wohltuenden Effekt« auf die Ausgaben der amerikanischen Haushalte hinaus, die, wie er behauptete, ein stabiles Wachstum der amerikanischen Wirtschaft bewirkt hätten.

»In den letzten Jahren wurde zunehmend klar, dass dieser Wirtschaftszyklus sich sehr stark von vielen anderen Zyklen unterscheidet, die die USA nach dem Zweiten Weltkrieg gekennzeichnet haben«, bemerkte Greenspan. »Der Aufschwung hat nicht nur eine Rekordlänge erreicht, sondern war von einem Wirtschaftswachstum begleitet, das stärker war, als wir erwartet haben.«

In fast poetischem Ton fuhr er fort:

»Meine Bemerkungen heute beziehen sich besonders auf das, was offensichtlich die Quelle dieser spektakulären Leistung ist – die Revolution in der Informationstechnologie ... Wenn die Historiker in einem oder zwei Jahrzehnten auf die zweite Hälfte der 1990er-Jahre zurückblicken, dann werden sie vermutlich zu dem Schluss kommen, dass wir jetzt in einer entscheidenden Phase der Geschichte der amerikanischen Wirtschaft leben ... Diese Innovationen, insbesondere die vielfältigen Einsatzmöglichkeiten des Internets, haben uns eine Welle von Firmenneugründungen gebracht, von denen viele behaupten, sie böten die Chance, große Teile des Produktions- und Vertriebssystems unserer Nation zu revolutionieren und zu dominieren. Die Teilnehmer an den Kapitalmärkten, die sich bei unstetigen Veränderungen der Wirtschaftsstruktur nicht wohlfühlen, suchen verzweifelt nach einer angemessenen Einschätzung dieser neuen Unternehmen. Die außergewöhnliche Volatilität der Aktienpreise dieser neuen Firmen und ihre nach Ansicht einiger Leute übertriebene Bewertung sind ein Hinweis auf die Schwierigkeit, die besonderen Techniken und Firmenmodelle einzuschätzen, die in den kommenden Jahrzehnten dominieren werden.«

Dann kam der Maestro zum eigentlichen Thema, der Möglichkeit, das Risiko durch neue Technologien und das Internet zu verteilen – ein Vorläufer seiner Idee über das Verbriefungs-Phänomen, das damals noch in den Kinderschuhen steckte:

»Der Einfluss der Informationstechnologie hat sich auf dem Finanzsektor der Wirtschaft stark bemerkbar gemacht. Die vielleicht bedeutendste Innovation war die Entwicklung von Finanzinstrumenten, die es ermöglichen, das Risiko auf Parteien umzuverteilen, die am stärksten bereit und in der Lage sind, dieses Risiko zu tragen. Viele der neu geschaffenen Finanzprodukte, in allererster Linie die Finanzderivate,

steuern wirtschaftlichen Wert bei, indem sie die Risiken entflechten und sie auf eine sehr kontrollierte Art und Weise verteilen. Diese Instrumente können zwar das inhärente Risiko von Immobiliarvermögen nicht reduzieren, aber sie können es auf eine Art und Weise neu verteilen, sodass mehr Investitionen in Immobiliarvermögen und somit eine höhere Produktivität und ein höherer Lebensstandard entstehen. Die Informationstechnologie hat die Schaffung, Bewertung und den Austausch dieser komplexen Finanzprodukte auf globaler Ebene ermöglicht ...

Aufgrund der historischen Erfahrung können wir davon ausgehen, dass sich drei bis vier Cent von jedem zusätzlichen Dollar an Aktienvermögen letztendlich in erhöhten Konsumausgaben niederschlagen. Der steile Anstieg der Verbraucherausgaben im Verhältnis zum verfügbaren Einkommen in den letzten Jahren sowie der entsprechende Abfall der Sparquote ist ein Zeichen für den Einfluss dieses sogenannten Wohlstandseffekts auf die Käufe der amerikanischen Haushalte. Außerdem haben höhere Aktienpreise durch die Senkung der Eigenkapitalkosten dazu beigetragen, den Boom bei den Kapitalausgaben zu fördern.

Die Ausgaben, die aufgrund der Kapitalgewinne aus Aktien und Eigenheimen getätigt wurden, haben, soweit wir das beurteilen können, zusätzlich zu den Einkommenserhöhungen der letzten fünf Jahren durchschnittlich etwa einen Prozentpunkt zum jährlichen Wachstum des Bruttoinlandsproduktes beigetragen. Diesem zusätzlichen Anstieg bei den Ausgaben der letzten Jahre, der mit dieser Bereicherung einherging, und weiteren unterstützenden Einflüssen auf die Wirtschaft stehen offenbar im gleichen Maße erhöhte Nettoimporte gegenüber sowie zusätzliche Güter und Dienstleistungen, die neu eingestellte Arbeiter produzierten, die über den normalen Anstieg der Beschäftigung eingestellt wurden; dazu gehört auch ein beträchtlicher Zustrom ausländischer Arbeiter.«[15]

Das vielleicht Unglaublichste an dieser euphorischen Lobrede, die Greenspan zur weiteren Unterstützung der IT-Aktien-Manie hielt, war der Zeitpunkt. Der *Fed*-Chef wusste ganz genau, dass seine Ende 1999 vorgenommenen sechs Zinserhöhungen früher oder später dem Kauf von Aktien mit geborgtem Geld einen empfindlichen Dämpfer verpassen würden.

Die *dot.com*-Blase platzte bereits eine Woche nach Greenspans Rede. Am 10. März 2000 erreichte der NASDAQ seinen Spitzenwert von 5058 Punkten und damit mehr als das Doppelte seines Wertes vom Vorjahr. Am Montag, dem 13. März, fiel der NASDAQ um auffällige vier Prozent.

Dieser 13. März 2000 war die Wasserscheide: Von diesem Tag an –
bis zum Erreichen der Talsohle – verlor der Markt Geld im Nennwert von
fünf Billionen Dollar, während Greenspans Zinserhöhungen der Blase,
deren Existenz er wiederholt geleugnet hatte und die er erst im Nachhinein zugab, ein brutales Ende bereiteten. In Dollar gerechnet war der
Kollaps der Börse von 1929 vergleichsweise unbedeutend mit Greenspans
dot.com-Crash. Greenspan hatte die Zinssätze bis zum März 2000 sechs
Mal erhöht, was den fremdfinanzierten Spekulationen in *dot.com*-Unter-
nehmensaktien ein abruptes Ende bereitete.

Aktien und die »Regulierungsverordnung T«

Greenspan hatte kräftig dabei mitgewirkt, den »irrationalen Überschwang« der *dot.com*-Aktien zu schüren. Als selbst den Hinterbänklern
im US-Kongress klar wurde, dass die Aktienpreise unkontrolliert in die
Höhe schossen und dass Banken und Investmentfonds Zigmilliarden an
Krediten aufnahmen, um mehr Aktien »auf Einschuss«, also auf Pump,
zu kaufen, wurde die *Fed* aufgefordert, ihre Macht in Bezug auf die
Bestimmungen zum Aktienkauf auf Kredit wahrzunehmen.

Bis zum Februar 2000 hatten die Kreditschulden allein für die Sparte
Aktienkauf die Höhe von 265,2 Milliarden Dollar erreicht – eine Steige-
rung von 45 Prozent in nur vier Monaten. Ein großer Teil dieses Anstiegs
stammte aus verstärken Kreditaufnahmen durch Online-Broker und wurde vornehmlich in den NASDAQ-Aktien der »New Economy« kanali-
siert.

Auf Basis der »Regulierungsverordnung T« ist in den USA allein die
Federal Reserve befugt, Anfangseinschuss-Bedingungen für den kreditfinanzierten Erwerb von Aktien festzulegen. Dieser Satz lag seit 1974 bei
50 Prozent.

Sollten die Aktienkurse ernsthaft einbrechen, dann würden die
»margin calls«, d. h. die Nachschussforderungen der kreditgebenden
Broker, eine leichte Abwärtstendenz in einen Crash verwandeln. Der
Kongress war der Meinung, dies sei die Ursache für den Crash von 1929
gewesen, als die Kreditschulden bei Aktien etwa 30 Prozent des damaligen Börsenwertes entsprachen. Deshalb erteilte der Kongress 1934 mit
der Verabschiedung des Aktien- bzw. Wertpapiergesetzes (»Securities
Act«) der *Federal Reserve* die Befugnis, die Anfangseinschuss-Sätze
festzulegen.

Diese Sätze wurden bewusst hoch gesetzt, und zwar auf bis zu 100 Prozent, was bedeutete, dass Aktien bzw. Wertpapiere überhaupt nicht auf Kredit gekauft werden konnten. Seit 1974 blieb dieser Satz unverändert bei 50 Prozent und erlaubte den Investoren damit, höchstens die Hälfte des Kaufpreises von Aktien und Wertpapieren direkt bei ihren Brokern zu borgen. In den turbulenten Jahren bis Anfang 2000 wirkte dieser Mechanismus wie Benzin, das man ins Feuer gießt.

Im US-Kongress gab es Anhörungen zu diesem Thema. Investmentmanager wie Paul McCulley vom damals weltgrößten Anleihenfonds PIMCO sagten den Abgeordneten: »Die *Fed* sollte dieses Minimum erhöhen, und zwar sofort. Mr. Greenspan sagt natürlich ›Nein‹, denn 1) gibt es für ihn keinerlei Hinweise für einen Zusammenhang zwischen Veränderungen in den Einschuss-Bestimmungen und Veränderungen beim Aktienmarkt, und 2) würde eine Erhöhung der Einschuss-Sätze die kleinen Investoren benachteiligen, deren einzige Quelle für Aktienkredite ihr Einschuss-Konto ist.«[16]

Auf der Kippe

Aber angesichts der offensichtlichen US-Aktienblase in den Jahren 1999 und 2000 weigerte sich Greenspan nicht nur wiederholt, die Einschuss-Sätze beim kreditfinanzierten Aktienkauf zu ändern, sondern ab Ende der 1990er-Jahre sprach der *Fed*-Chef begeistert über die New Economy, wobei er einräumte, dass neue (Finanz-)Technologien die Produktivität mit erhöht hätten. Ganz bewusst förderte Greenspan diesen – von ihm tatsächlich so bezeichneten – »irrationalen Überschwang« des Marktes.

Von Juni 1996 bis Juni 2000 stiegen der Dow Jones Index um 93 Prozent und der NASDAQ um 125 Prozent. Insgesamt erreichte das Verhältnis der Aktienpreise zu den Gewinnen der Unternehmen Rekordhöhen, die man seit den Tagen des Börsenkrachs von 1929 nicht mehr erlebt hatte.

Als dann 1999 die Inflationsrate langsamer stieg als 1996, veranlasste Greenspan eine Reihe von Zinserhöhungen, und die »Produktivität« an der Börse erhöhte sich noch mehr. Doch da er sich weigerte, die Erhöhung der Zinssätze mit einer Erhöhung der Einschuss-Sätze zu verknüpfen – was eindeutig signalisiert hätte, dass die *Fed* es mit der Abkühlung der spekulativen Börsenblase ernst meinte –, belastete Greenspan die US-Wirtschaft mit höheren Zinsen. Mit dieser Erhöhung der US-Leitzinsen verfolgte er offensichtlich das Ziel, die Arbeitslosigkeit zu erhöhen, die Arbeitskosten herunterzudrücken und damit die Unternehmensgewinne weiter steigen konnten, nicht aber, den Kaufrausch der New Economy an der Börse zu bremsen. Dementsprechend ignorierte die Börse auch Greenspans Intervention.

Einflussreiche Beobachter wie George Soros und Stanley Fischer, der stellvertretende IWF-Direktor, forderten damals, die *Fed* solle die Luft aus dem Kreditboom ablassen, indem sie die Einschuss-Sätze erhöhte.

Doch Greenspan weigerte sich, diese vernünftigere Strategie anzuwenden. Bei der Anhörung zu seiner Neubestätigung vor dem Bankenausschuss des Senats sagte er im Jahre 1996, er wolle niemanden diskriminieren, der nicht so reich sei und sich deshalb Geld leihen müsse, um an der Börse zu »spielen«. Wie er wohl selbst am besten wusste, sind die Händler, die Aktien auf Pump kaufen, im Allgemeinen nicht arm und bedürftig, sondern Profis, die nur abzocken wollen. Interessant ist allerdings, dass Greenspan genau mit diesem Argument später seine Unterstützung für die Kreditvergabe an Risiko-Kreditnehmer rechtfertigte, bei denen es sich um Angehörige der ärmeren Bevölkerungsschichten handelte, die er am Boom des Baus von Eigenheimen teilhaben lassen wollte, den seine Politik nach 2001 erzeugt hatte.[17]

Der Aktienmarkt begann in der ersten Hälfte des Jahres 2000 zu wanken, und zwar nicht, weil die Arbeitskosten stiegen, sondern weil endlich die Grenzen der Leichtgläubigkeit der Investoren erreicht waren. Die US-amerikanische Finanzpresse, einschließlich des Flaggschiffs *Wall Street Journal*, das noch ein Jahr zuvor die *dot.com*-Manager als Pioniere der New Economy gefeiert hatte, machte sich nun über die Öffentlichkeit lustig, weil diese ernsthaft geglaubt hatte, dass die Aktien von Unternehmen, die niemals einen Gewinn abwarfen, für immer nach oben steigen würden.

Alan Greenspan, der dem Money Trust der Wall Street 18 Jahre als Chef der Federal Reserve *diente, förderte die »Finanzrevolution«, die zur Subprime-Hypothekenkrise führte.*

Die New Economy sieht, wie es ein Journalist des *Wall Street Journals* ausdrückte, »jetzt wie eine altmodische Kreditblase aus«[18]. In der zweiten Hälfte des Jahres 2000 hielten sich Amerikas Konsumenten, deren Schulden-Einkommens-Verhältnis Rekordhöhen erreicht hatte, zurück. Die Weihnachtsverkäufe waren ein Desaster, und Anfang Januar 2001 machte Greenspan eine Kehrtwendung und senkte die Leitzinsen. Durch zwölf aufeinanderfolgende Zinssenkungen verminderte Greenspans *Federal Reserve* die sogenannte »Fed funds rate«, also den Leitzins, der die Höhe der kurzfristigen Zinsen sowie anderer Zinssätze in der US-Wirtschaft bestimmt, von sechs Prozent im Januar 2001 bis auf ein Rekordtief von einem Prozent im Juni 2003.

Greenspan hielt die Zinssätze der *Federal Reserve* auf einem historischen Tief, das man seit der Großen Depression nicht mehr erlebt hatte, zumindest nicht für eine derart lange Zeit. Das Ganze dauerte bis zum 30. Juni 2004, als Greenspan die erste von 14 aufeinanderfolgenden Zinserhöhungen einleitete, bevor er 2006 sein Amt niederlegte. Sukzessive erhöhte er in 19 Monaten die Leitzinsen der *Federal Reserve* von ein auf 4,5 Prozent. Im Zuge dieser Zinserhöhung ließ Greenspan die Blase platzen, die das goldene Immobilien-Ei legte.

In einer Rede nach der anderen stellte der *Fed*-Chef klar, dass er mit seiner superlockeren Finanzpolitik, die er nach dem Januar 2001 betrieb, das Hauptziel verfolgte, die Investitionen in Eigenheimhypotheken anzukurbeln. Das Subprime-Phänomen der »zweitklassigen« Hypotheken – etwas, das es nur in Zeiten der Verbriefung von Kreditforderungen und der Rücknahme des »Glass-Steagall Acts« in Kombination mit dem unkontrollierten Handel außerbörslicher Derivate geben konnte – war das vorhersehbare Resultat von Greenspans Politik. Eine sorgfältige Überprüfung der historischen Unterlagen lässt daran überhaupt keinen Zweifel.

Endspiel: völlig unregulierte private Geldschöpfung

Was sich nach der Abschaffung des »Glass-Steagall Acts« in den USA entwickelte, ist eine schreckliche Transformation der amerikanischen Kreditmärkte in das, was schon bald zur größten unregulierten privaten Geldschöpfungsmaschinerie der Welt werden sollte.

Die sogenannte »New Finance« basierte auf einem geradezu inzestuösen, informellen und eng miteinander verzahnten Kartell von Leuten, die sich alle an das Drehbuch hielten, das Alan Greenspan und seine Freunde von *J. P. Morgan*, der *Citigroup*, *Goldman Sachs* und den anderen großen New Yorker Finanzinstituten geschrieben hatten. Die Verbriefung würde ein »Neues« Amerikanisches Jahrhundert samt dessen finanzieller Herrschaft sichern; davon waren seine Schöpfer am Vorabend der Jahrtausendwende fest überzeugt.

Der Schlüssel zu dieser Revolution im Finanzwesen war – abgesehen von der offenen Unterstützung der *Federal Reserve* unter Greenspan – die Mithilfe der Exekutive, Legislative und Judikative der amerikanischen Regierung, und zwar bis hoch zum Obersten Gerichtshof der USA. Um die ganze Sache perfekt zu machen, war auch die aktive Mithilfe der zwei führenden Kreditbewertungsinstitute der Welt – *Moody's* und *Standard & Poor's* – notwendig.

Diese »Revolution« erforderte einen Kongress und eine Exekutive in Washington, deren Vertreter bereit waren, wiederholt alle rationalen Appelle zur Regulierung außerbörslich gehandelter Finanzderivate sowie der im Besitz von Banken befindlichen oder von Banken finanzierten Hedgefonds abzulehnen. Sie erforderte Gesetzes- und Regierungsvertreter, die die unzähligen Schritte unterstützten, mit denen die Maßnahmen zur Aufsicht, Kontrolle und Transparenz, die im Laufe des letzten Jahrhunderts systematisch aufgebaut worden waren, rückgängig gemacht wurden. Außerdem ließ sich diese »Finanzrevolution« nur dann durchführen, wenn die großen von der US-Regierung zugelassenen Ratingagenturen einer winzigen Zahl von schlecht geleiteten hochspezialisierten Versicherungsgesellschaften, den sogenannten »Monolinern«, ihren AAA-Stempel aufdrückten und sie damit als erstklassig einstuften. Diese »Monoliner«, die übrigens alle ihren Sitz in New York hatten, waren ein weiterer wesentlicher Teil der New Finance.

Die Verflechtungen und Übereinstimmungen – »Consensus« – aller institutionellen Mitspieler bei der massiven Expansion der Verbriefung waren so eindeutig und durchdringend, dass man das Ganze unter dem Firmennamen *America New Finance Inc.* führen und seine Aktien über die NASDAQ hätte verkaufen können.

Alan Greenspan hatte den Prozess der Verbriefung von Kreditforderungen jahrelang antizipiert und unterstützt, bevor er zu Beginn der ersten Dekade des neuen Jahrhunderts die phänomenale Immobilienblase fütterte. Bei seinem erbärmlichen Versuch, nach dem Absturz seine zentrale Rolle beim Aufbau dieser Blase zu leugnen, behauptete Greenspan damals, das Problem seien nicht die Hypothekenkredite an finanzschwache Kunden gewesen, sondern die Verbriefung der Subprime-Kredite. Im April 2005 hatte er noch ganz andere Töne über die Subprime-Verbriefung angeschlagen. Bei einer Konferenz der *Federal Reserve* hatte er Anfang April 2005 erklärt:

»*Die Innovation hat uns eine Vielzahl neuer Produkte beschert, zum Beispiel die Subprime-Kredite und Nischenkreditprogramme für Zuwanderer. Solche Entwicklungen sind typisch für die Marktreaktionen, die die Industrie für Finanzdienstleistungen während der gesamten Geschichte unseres Landes angetrieben haben. Mit diesen technologischen Fortschritten verfügen die Kreditgeber über den Vorteil der Kreditpunktbewertungsmodelle und anderer Techniken zur effizienten Vergabe von Krediten an ein breiteres Spektrum von Verbrauchern ... Die hypothekenbesicherten Wertpapiere haben dazu beigetragen, einen nationalen und sogar internationalen Markt für Hypotheken zu schaffen, und eine Marktunterstützung für ein breiteres Spektrum von Eigenheim-hypotheken-Kreditprodukten wurde zu einer normalen Sache. Dies führte zur Verbriefung einer Reihe anderer Verbraucherkreditprodukte, zum Beispiel von Auto- und Kreditkarten-Krediten.*«[19] (Hervorhebung – W. E.)

Diese Rede von Anfang 2005 hielt Greenspan ungefähr zu der Zeit, als ihm – wie er später behauptete – plötzlich klar wurde, dass die Verbriefung außer Kontrolle geriet. Doch im September 2007, als die Krise bereits voll ausgebrochen war, fragte ihn Leslie Stahl von *CBS*, warum er denn nichts unternommen habe, um »die illegalen und zweifelhaften Praktiken zu unterbinden, die, wie Sie wussten, bei den Subprime-Kreditgeschäften betrieben wurden«. Greenspan antwortete: »Äh ..., **ich hatte bis vor Kurzem keine Ahnung**, wie wichtig das war und wie weit diese Praktiken verbreitet waren. Ich habe das alles erst Ende 2005, Anfang 2006 richtig verstanden ...«[20] (Hervorhebung – W. E.)

Allerdings unterschlug Greenspan bei seiner Antwort, dass er – selbst wenn er dieses Phänomen erst 2005 richtig »verstanden« haben sollte – nichts getan hatte, um ein aus dem Ruder gelaufenes »Ponzi-Schema« zu stoppen, das eigentlich erst durch seine Politik möglich geworden war.

Schon im November 1998, nur Wochen nach dem Beinahe-Zusammenbruch des globalen Finanzsystems durch den Kollaps des Hedgefonds LTCM, hatte Greenspan bei einer Jahresversammlung des amerikanischen Verbandes für die Wertpapierindustrie (*US Securities Industry Association*) erklärt: »Die dramatischen Fortschritte in der Computer- und Telekommunikationsindustrie in den zurückliegenden Jahren haben aufgrund innovativer Finanzierungstechniken eine große Verteilung der Risiken mit sich gebracht. **Die Finanzinstrumente einer vergangenen Zeit, Stammaktien und Schuldtitel, wurden durch eine breite Palette komplexer hybrider Finanzprodukte ergänzt, die es ermöglichen, das Risiko zu isolieren; diese Instrumente übersteigen jedoch in vielen Fällen anscheinend den menschlichen Verstand.«**[21] (Hervorhebung – W. E.)

Diese Rede war ein klares Signal an die Wall Street, im großen Stil in die vermögensbesicherte Verbriefung einzusteigen. Hatte Greenspan etwa nicht durch sein Management in der quälenden »Asienkrise« von 1997 und 1998 sowie in der systemischen Krise, die durch den russischen Staatsbankrott vom August 1998 ausgelöst worden war, bewiesen, dass die *Federal Reserve* mit ihrer unermesslichen Liquidität mehr als bereit war, den Banken im Falle größerer Schwierigkeiten aus der Patsche zu helfen? Die großen Banken waren jetzt eindeutig zu groß, um bankrott zu gehen (»Too Big To Fail« – TBTF).

Die US-amerikanische *Federal Reserve*, die größte und mächtigste Zentralbank der Welt, dazu noch mit dem liberalsten und marktfreundlichsten Vorstandsvorsitzenden Greenspan an der Spitze, würde ihre größeren Banken also bei dem kühnen neuen Verbriefungs-Unternehmen unterstützen. Als Greenspan von Risiken sprach, »die anscheinend über den menschlichen Verstand hinausgehen«, signalisierte er, dass er zumindest in groben Zügen verstanden hatte, dass es sich dabei um ein ganz neues Gebiet finanzieller Vernebelung und Verkomplizierung handelte. Im traditionellen Verständnis galten Amerikas Zentralbanker als Personen, die sich um Transparenz unter den Mitgliedsbanken des *Federal Reserve Systems* bemühten sowie bei diesen Banken für ein konservatives Kreditvergabe- und Risikomanagement warben.

Das galt natürlich nicht für den guten alten Alan Greenspan.

Es war schon bedeutsam, dass Greenspan seinen Wall-Street-Freunden im Industrieverband für Versicherungswesen in diesem November 1998 versicherte, er werde alles in seiner Macht Stehende tun, um sicherzustellen, dass im Zuge der New Finance die Banken selbst die Verbriefung von Aktiva regeln sollten.

Mit Greenspan als *Fed*-Chef sollte ausgerechnet den Füchsen die Bewachung des Hühnerstalls anvertraut werden. Greenspan wörtlich:

*»Die Folgen [der innovativen Finanzierungstechniken der Banken – W. E.] waren zweifellos ein sehr viel effizienteres Finanzsystem ... **Das neue internationale Finanzsystem, das sich daraus entwickelt hat**, war*

trotz der jüngsten Rückschläge ein wichtiger Faktor bei dem starken Anstieg des Lebensstandards in den Ländern, die es übernommen haben. **Wenn wir uns mit der regulierenden Schnittstelle zu dem neuen internationalen Finanzsystem beschäftigen, dann dürfen wir nicht vergessen, dass das System, das relevant ist, nicht ausschließlich das System ist, mit dem wir es heute zu tun haben. Ich habe keinen Beleg dafür, dass der Übergang zu dem neuen, von der modernen Technologie bestimmten internationalen Finanzsystem bereits vollzogen ist.** *Zweifellos werden die Komplexitäten von morgen sogar die von heute in den Schatten stellen.* **Es ist somit umso wichtiger, dass man sich bei der Regulierung des Finanzwesens im 21. Jahrhundert zunehmend auf die private gegenseitige Überwachung verlassen muss, damit die Sicherheit und die Solidität gewährleistet werden können. Der einzig vorstellbare, überzeugende Weg für die Regulierung des Finanzwesens durch eine Regierung ist die Aufsicht über diesen Prozess. Da die Komplexität der Finanzvermittlung im weltweiten Maßstab immer weiter zunimmt, werden die herkömmlichen Regulierungs- und Überprüfungsverfahren zunehmend obsolet – zumindest gilt das für die komplexeren Banksysteme.«** [22] (Hervorhebung – W. E.)

Man könnte sich jetzt naiv fragen, warum man dann all diese Befugnisse, wie sie im »Glass-Steagall Act« verankert waren, nun den privaten Banken überlassen und sie damit weit jenseits der offiziellen Regulierungsbefugnisse ansiedeln wollte?

Im Oktober 1999, inmitten des Rausches der *dot.com*-IT-Aktienmarktmanie – einer Blase, von der Greenspan immer wieder und stur behauptet hatte, dass er sie nicht als Blase erkennen könne –, lobte er wieder einmal die Rolle der Finanzderivate und der »neuen Finanzinstrumente …, die das Risiko auf eine Art und Weise so umschichten, dass es erträglicher wird. Eine Versicherung ist natürlich die reinste Form dieser Dienstleistung. Alle neuen Finanzprodukte, die in den letzten Jahren geschaffen wurden – wobei die Finanzderivate im Vordergrund stehen –, tragen zur Wertschöpfung bei, indem sie Risiken entflechten und sie auf eine höchst geordnete Art und Weise neu verteilen.« Greenspan sprach dabei über die Verbriefung, und zwar am Vorabend der praktisch sicheren Außerkraftsetzung des »Glass-Steagall Acts«. [23]

Die »private gegenseitige Überwachung« der *Fed* brachte im August 2007 das gesamte internationale System des Interbankenhandels mit großem Getöse zum Stillstand, während sich in Bezug auf den Wert von vielen Billionen Dollar in verbrieften forderungsbesicherten Wertpapieren und der meisten verbrieften Anleihen sogar Panik ausbreitete. Die Auswirkungen dieses Schocks sind gerade erst sichtbar geworden, da Banken und Investoren überall in den USA und im internationalen Finanzsystem massive Abschreibungen vornehmen. Doch damit greife ich der Geschichte vor.

Deregulierung, TBTF und Gigantomanie

Zwischen 1980 und 1994 wurden in den USA mehr als 1600 Banken, die durch die Bundeseinlagenversicherung (*Federal Deposit Insurance Corporation*) versichert waren, geschlossen oder erhielten Finanzhilfen durch diese FDIC. Das war weit mehr als in irgendeiner anderen Periode, seit die FDIC in den 1930er-Jahren im Zuge des New Deals gegründet worden war. Diese Entwicklung führte zur Konzentration der Banken in gigantischen Bankengruppen und sollte bis in das neue Jahrhundert andauern.

1984 drohte die größte Bankinsolvenz in der Geschichte der USA, die Pleite der Chicagoer *Continental Illinois National Bank*, der damals siebtgrößten Bank der Vereinigten Staaten und einer der größten Banken weltweit. Um diesen großen Kollaps zu verhindern, griff die US-Regierung mithilfe der Bundeseinlagenversicherung FDIC ein und sagte der *Continental Illinois* eine 100-prozentige Einlagengarantie zu, die an die Stelle der begrenzten Garantie trat, die normalerweise die FDIC Banken bietet. Diese Stützungsmaßnahme wurde dann zu der Doktrin: »Zu groß, um bankrott zu gehen« (»Too Big to Fail« – TBTF). Das Argument lautete, man dürfe es nicht zulassen, dass bestimmte, sehr große Banken untergehen, weil sie einfach zu groß seien. Denn der Zusammenbruch einer solchen Bank werde zu einer Kettenreaktion führen, die arge Konsequenzen für die gesamte Volkswirtschaft haben könne. Es dauerte nicht lange, bis die großen Banken merkten, dass sie sich, je größer sie durch Fusionen und Übernahmen wurden, immer mehr für diese »TBTF-Behandlung« qualifizierten. Das sogenannte »subjektive Risiko« (moral hazard) wurde zum wichtigsten Merkmal der US-Großbanken.[24]

Während Greenspans Amtszeit als *Fed*-Chef wurde diese TBTF-Doktrin auf sehr große Hedgefonds (zum Beispiel LTCM), sehr große Börsen (die New Yorker Börse) und praktisch alle großen amerikanischen Finanzinstitute ausgedehnt, an denen die USA ein strategisches

Interesse hatten. Die Folgen davon waren verheerend. Nur wenigen Personen außerhalb der elitären Insiderkreise der sehr großen Institutionen der Finanzwelt war überhaupt bewusst, dass diese Doktrin eingeführt worden war.

Sobald das TBTF-Prinzip einmal festgelegt war, bemühten sich Amerikas größte Banken, noch größer zu werden. Die traditionelle Trennung der Banken in örtliche Spar- und Darlehenskassen einerseits und große internationale Geschäftsbanken wie die *Citibank, J. P. Morgan* oder die *Bank of America* andererseits sowie das Verbot, Bankgeschäfte in mehr als einem US-Bundesstaat zu betreiben – all diese Punkte wurden einer nach dem anderen abgeschafft. Gewissermaßen wurden »gleiche Spielregeln« für alle geschaffen – aber eben nur für die größten Banken, die jetzt die kleineren Banken niederwalzen und schlucken konnten, um Finanzkartelle von schier unvorstellbarer Größe zu schaffen.

1996 war die Zahl der unabhängigen Banken gegenüber dem Ende der 1970er-Jahre bereits um mehr als ein Drittel geschrumpft – ein Rückgang von mehr als 12 000 auf weniger als 8000. Der prozentuale Anteil der Einlagen, die von den Banken gehalten wurden, die über Vermögen von mehr als 100 Milliarden Dollar verfügten, verdoppelte sich auf ein Fünftel aller Bankvermögen in den USA. Und das war erst der Anfang dieses Trends. Diese Konsolidierung der Banken war eine direkte Folge davon, dass die US-Bundesstaaten alle geografischen Einschränkungen für Bankniederlassungen und den Erwerb von Holdinggesellschaften abgeschafft hatten, die in einem 1994 erlassenen länderübergreifenden Gesetz, dem »Interstate Banking and Branch Efficiency Act«, festgeschrieben waren. Unter dem Vorwand eines »effizienteren Bankenwesens« folgte ein darwinistischer Kampf ums Überleben der Größten, die keineswegs immer die Besten waren. Diese Konsolidierung sollte ungefähr ein Jahrzehnt später schwere Folgen haben, als die Verbriefung auf eine Art und Weise explodierte, die sogar die wildesten Fantasien der Banken überstiegen.

J. P. Morgan und »finanzielle Massenvernichtungswaffen«

Im Jahre 1995, also in der Ära unter Präsident Clinton und Finanzminister Rubin, führte Alan Greenspans ehemaliges Bankhaus, *J. P. Morgan*, eine Innovation ein, die das amerikanische Bankwesen während des nächsten Jahrzehnts revolutionieren sollte. Blythe Masters, Absolventin der britischen Elite-Universität *Cambridge*, die *J. P. Morgan* als Finanz-mathematikerin angeheuert hatte, entwickelte im Alter von 34 Jahren bei *Morgan* die ersten »Credit Default Swaps« (CDS) – ein Kreditderivat, mit dem sich eine Bank gegen Kreditausfälle versichern kann – sowie sogenannte »Collateralized Debt Obligations«, CDOs. Diese forderungs-besicherten Wertpapiere bzw. strukturierten Kreditprodukte sind Anlei-hen, die gegen einen gemischten Pool von Aktiva ausgestellt werden, und ebenfalls eine Art von Kreditderivat, das – in einem einzigen Instrument gebündelt – eine große Zahl von Unternehmen repräsentiert.

Die Anziehungskraft dieser beiden Kreditderivate bestand darin, dass sie nicht in den Büchern der Bank auftauchten, womit man auch die Kapitalbestimmung des Basler Akkords (»Basel I«) in Höhe von acht Prozent umging. Das Ziel bestand darin, die Bankeinkünfte zu steigern, während das Risiko eliminiert wurde, sodass man sozusagen den »Ku-chen essen und ihn gleichzeitig behalten« konnte. Wenn man das in der realen Welt versucht, dann kann das nur schiefgehen.

Somit hat *J. P. Morgan* den Weg zur Transformation des US-Bankwe-sens freigemacht. Amerikas Banken sind jetzt nicht mehr kommerzielle Kreditinstitute, sondern Kredithändler, ja sogar Verbriefer. Die neue Idee bestand darin, den Banken zu erlauben, die Risiken aus ihren Bilanzen zu entfernen, indem sie ihre Kredite zusammenlegen und als Wertpapiere vermarkten konnten, während sie gleichzeitig Verzugsversicherungen, die Credit Default Swaps (CDS), kaufen konnten, nachdem sie die Kredite für ihre Kunden zu einem Paket gebündelt hatten. Damit setzte eine gewaltige Entwicklung ein. Schon bald fuhren die Banken Gewinne in Höhe von vielen Billionen Dollar ein.

Bis Ende 2007 wurden CDS-Kontrakte in Höhe von ca. 45 000 Mil-liarden Dollar abgeschlossen, die den Inhabern die Illusion von Sicher-heit vorgaukelten. Diese Illusion basierte jedoch auf Bankrisiko-Model-len von Ausfallsannahmen, die erstens nicht öffentlich zugänglich und zweitens – wie andere solche Risikomodelle auch – grenzenlos optimis-tisch sind. Aber die bloße Existenz der Illusion reichte aus, um die internationalen Großbanken dazu zu bringen, wie die Lemminge schnur-stracks Hypothekenanleihen zu kaufen, die durch einen Strom von Hypothekenzahlungen unbekannter Kreditqualität besichert waren, und sie darüber hinaus auch zu animieren, ohne zu fragen die AAA-Bewer-tungen von *Moody's* oder *Standard & Poors* zu übernehmen.

Greenspan hatte als *Fed*-Chef schon öfter mit seiner alten Firma *J. P. Morgan* kollaboriert: unmittelbar nach seiner Ernennung zum Vorsitzenden der *Federal Reserve* im August 1987 hatte er sich an seine alten Kumpel bei *J. P. Morgan* gewandt, um bei dem strengen »Glass-Steagall Act« eine Gesetzeslücke zu schaffen. Direkt nach dem Crash im Oktober 1987 lancierte er heimlich den Aufkauf bestimmter Finanzderivate durch die *Fed* und *J. P. Morgan* und manipulierte den Chicagoer MMI-Aktienindex, was dazu beitragen sollte, künstlich eine Erholung von dem gerade erlebten »Oktober-Crash« zu inszenieren. Also war es in den 1990er-Jahren gar nichts Neues, als die *Federal Reserve* unter Greenspan mit *J. P. Morgan* und einer Handvoll anderer vertrauter Freunde von der Wall Street kollaborierte, um den Start der Verbriefung zu unterstützen, denn ihnen war klar geworden, was für ein riesiges Potenzial darin für die Banken steckte, die als Erste zugriffen und die Regeln für das neue Spiel – die New Finance – festlegen konnten.

Das Investmenthaus *J. P. Morgan & Co.* führte im Jahre 1995 den Marsch der Großbanken an, der alle großen Geschäftsbanken vom Pfad der traditionellen Kreditvergabe wegführte und sie zum reinen Handel mit Krediten und den damit verbundenen Kreditrisiken animierte. Das Ziel war, ein riesiges Vermögen für die Bilanzen der Banken anzuhäufen, ohne das Risiko in den Büchern der Banken mitschleppen zu müssen – eine offene Einladung zu Gier und Betrug, was letztendlich zum finanziellen Desaster führen musste. Fast alle Großbanken der Welt, angefangen von der Deutschen Bank über UBS, *Barclays*, die *Royal Bank of Scotland* bis hin zur *Société Générale*, folgten diesem Kurs schon bald – wie begierige, blinde Lemminge.

Aber keine von ihnen war vergleichbar mit der Handvoll amerikanischer Banken, die nach 1995 die neue Welt der Verbriefung sowie die Ausgabe von Derivaten schufen und dominierten. New Yorks Großbanken fingen als Erste damit an, das Kreditrisiko aus den Bilanzen zu entfernen, indem sie Kredite bündelten, Portfolios neu vermarkteten und Ausfallversicherungen kauften, nachdem sie Kredite für ihre Kunden gebündelt hatten. Das Zeitalter der New Finance hatte begonnen. Wie jede größere »Innovation« in der Finanzwelt, verlief auch diese Erneuerung anfänglich sehr langsam.

Bald darauf begannen die neuen Verbriefungsbanken, wie *J. P. Morgan*, Portfolios von Schuldtiteln zu erzeugen und dann Teile davon auf der Basis von wahrscheinlichen Ausfällen zu bündeln und zu verkaufen. »Slice and dice« (Aufteilen und Würfeln) hieß das neue Spiel, um Einkünfte für die ausstellende Konsortialbank zu erzeugen und den Investoren ein »auf den Kunden zugeschnittenes Ertragsrisiko« zu geben. Bald wurden die forderungsbesicherten Wertpapiere (ABS), die besicherten Schuldtitel (ODS) und selbst die Schulden von Schlüssel-ländern gebündelt und in Tranchen verkauft.

Am 2. November 1999, nur zehn Tage, bevor Präsident Clinton das Gesetz unterzeichnete, mit dem der »Glass-Steagall Act« außer Kraft gesetzt wurde – und damit den großen Geschäftsbanken die Möglichkeit eröffnet wurde, ohne Einschränkungen Maklerfirmen, Investmentbanken, Versicherungsgesellschaften und eine Reihe anderer Finanzinstitute zu erwerben –, richtete Alan Greenspan seine Aufmerksamkeit darauf, den Prozess der Bankverbriefung von Eigenheimhypotheken zu fördern.

In seiner Rede auf der damaligen Konferenz über Hypothekenmärkte, die von *America's Community Bankers*, einer Organisation der amerika-nischen Kommunalbanken, veranstaltet wurde, sagte Greenspan:

*»Der kürzliche Anstieg der Rate der Hauseigentümer auf über 67 Pro-zent im dritten Quartal dieses Jahres ist zum Teil auf das gesunde Wirtschaftswachstum und den damit einhergehenden robusten Anstieg der Arbeitsplätze zurückzuführen. Aber ein Teil davon ist auch den inno-vativen Kreditgebern wie Ihnen zu verdanken, die ein viel breiteres Spektrum von Hypothekenprodukten geschaffen und die Effizienz der Kreditausgabe und -zeichnung erhöht haben. Ein anhaltender Fortschritt bei der Rationalisierung der Kreditvergabe und der Anpassung der Hypotheken auf die Bedürfnisse einzelner Hauskäufer ist erforderlich, um diese Fortschritte beim Besitz von Eigenheimen fortzusetzen ... Das Bankwesen vor Ort in den Kommunen verkörpert die Flexibilität und die Kreativität, die erforderlich ist, **um sich auf die demografischen Verän-derungen und technologischen Durchbrüche einzustellen und diese zu nutzen und neue Formen der Hypothekenfinanzierung zu schaffen, die den Besitz von Eigenheimen fördern. Was die Federal Reserve betrifft, so bemühen wir uns, Sie zu unterstützen, indem wir eine stabile Platt-form für die Geschäfte im Allgemeinen und für den Wohnungsbau und die Hypothekenaktivitäten im Besonderen schaffen.«* [26] (Hervorhebung – W. E.)

Bereits am 8. März 1999 hatte sich Greenspan in einer Rede vor dem Verband der Hypothekenbanker für die durch Immobilienhypotheken besicherte Verbriefung als Finanzierungsinstrument der Zukunft einge-setzt. Er sagte zu den anwesenden Bankiers:

*»Eine größere Stabilität bei der Bereitstellung von Hypothekenkredi-ten wurde begleitet von der **Entflechtung verschiedener Aspekte des Hypothekenprozesses***. *Einige Institutionen agieren als Hypotheken-*

banker. Sie überprüfen Antragsteller und vergeben Kredite. Andere Parteien vergeben Hypotheken, eine Funktion, bei der die Effizienz offenbar durch Operationen im großen Maßstab entsteht. Andere wiederum, die meisten von ihnen mit einer stabilen Finanzbasis, bieten die permanente Finanzierung von Hypotheken durch die Teilhabe an Hypothekenpools. Darüber hinaus zerteilen einige andere den Bargeldfluss aus Hypothekenpools in spezielle Tranchen, was für eine größere Gruppe von Investoren interessanter ist. **Bei dem Prozess sind die ausstehenden hypothekenbesicherten Wertpapiere auf eine schwindelerregende Summe von 2,4 Billionen Dollar angewachsen ...,** *die automatisierte Zeichnungs-Software wird zunehmend dafür eingesetzt, einen schnell anwachsenden Anteil von Hypothekenanträgen zu bearbeiten.*

Diese Technologie reduziert nicht nur den Zeitaufwand, der erforderlich ist, um einen Hypothekenantrag zu genehmigen. Sie bietet auch eine konsequente Methode, um die Anträge unter dem Aspekt einer Reihe verschiedener Attribute auszuwerten, und sie garantiert, dass die Anzahlung und die Einkommensanforderungen sowie die berechneten Zinssätze genauer den Kreditrisiken entsprechen. Diese Entwicklungen haben die [Finanz-]Industrie in die Lage versetzt, die ungeheure Menge von Hypotheken im letzten Jahr problemlos zu bewältigen, besonders im Vergleich zu den Belastungen, die man in der Vergangenheit mit den Wellen der Rückfinanzierungen erfahren musste. **Ein entscheidender Vorteil der neuen Technologie ist die verbesserte Fähigkeit, Risiken zu bewältigen.** *In der Vorausschau* **erzeugt die zunehmende Nutzung der automatisierten Zeichnung und Kreditpunktbewertung das Potenzial kostengünstiger, individuell auf den Kunden zugeschnittener Hypotheken zu einem Preis, der dem Risiko angepasst ist.** *Indem die Hypotheken den Bedürfnissen des einzelnen Kreditnehmers angepasst werden, wird die Hypothekenbankindustrie von morgen besser in der Lage sein, alle Aspekte des vielseitigen Hypothekenmarktes zu bedienen.«*[27] *(Hervorhebung – W. E.)*

Aber erst nachdem die *Fed* die *dot.com*-Aktienblase im Jahre 2000 zum Platzen gebracht und nachdem Greenspan die Leitzinsen der *Federal Reserve* drastisch gesenkt hatte – und zwar auf Werte, wie man sie seit der Großen Depression der 1930er-Jahre nicht mehr erlebt hatte –, explodierte die Verbriefung von Aktiva förmlich zu einem Multi-Billionen-Dollar-Unternehmen.

Verbriefung – der unreelle Handel

Weil das Thema Verbriefung so ungemein komplex ist, kann niemand – noch nicht einmal ihre Initiatoren – die Verteilung der damit verbundenen Risiken voll verstehen, geschweige denn die gleichzeitige Konzentration systemischer Risiken.

Die Verbriefung war ein Prozess, bei dem Aktiva durch eine »Zweckgesellschaft« erworben werden, die entweder als »Special Purpose Vehicle« (SPV) oder als »Special Investment Vehicle« (SIV) bezeichnet wird.

Bei diesen Zweckgesellschaften, zum Beispiel bei einer SIV, wurden die diversen Wohnungshypotheken in sogenannten Pools oder Bündeln zusammengefasst. Ein bestimmter Pool, beispielsweise von Wohnungshypotheken-Außenständen, entstand jetzt in der neuen Form einer Anleihe, einer forderungsbesicherten Anleihe, in diesem Fall eines hypothekenbesicherten Wertpapiers. Die verbriefte Anleihe wurde durch den Bargeldfluss oder den Wert der zugrunde liegenden Aktiva gesichert.

Zu dem Verständnis dieses kleinen Schrittes gehörte ein komplexer Vertrauensvorschuss. Die Sache basierte auf einer illusorischen Absicherung, deren wahrer Wert, wie jetzt allen Banken auf der Welt auf geradezu dramatische Weise klar geworden ist, unbekannt und unerkennbar war. Bereits in diesem Stadium des Prozesses ist der rechtliche Besitzanspruch an der Hypothek eines bestimmten Hauses im Pool juristisch umstritten. Wer in der ganzen Kette besitzt tatsächlich die ordnungsgemäß unterzeichnete Hypothekenurkunde für Hunderte oder Tausende von besicherten Häusern? Jetzt haben die Anwälte jahrelang zu tun, um die brillanten Vernebelungsaktionen der Wall Street zu klären.

Die Verbriefung bezieht sich normalerweise auf Aktiva, die illiquide, also nicht so leicht zu verkaufen sind. Sie wurde bei Immobilien zu einem allgemein angewandten Mittel. Und der heutige Immobilienmarkt in den USA ist einer der illiquidesten Märkte der Welt. Jeder will dort aussteigen, und nur wenige wollen einsteigen, jedenfalls nicht zu diesen Preisen.

Die Verbriefung wurde bei Pools von gepachteten Immobilien angewandt, ebenso wie für Wohnungshypotheken, Eigenheimkrediten bezogen auf Höhe des Eigenkapitals, Studentenkrediten sowie Kreditkarten- und sonstigen Schulden. In der Theorie konnten alle Aktiva verbrieft werden, solange ein ständiger und absehbarer Cashflow vorlag. So weit die Theorie. In der Praxis konnten die US-Banken mit dieser Verbriefung jedoch die neuen strengeren Baseler Kapitalunterlegungs-Richtlinien (»Basel II«) umgehen, die zum Teil in der Absicht aufgestellt wurden, die Schlupflöcher in Basel I schließen zu können. Aufgrund dieser Lücken in Basel I konnten amerikanische und andere Banken im großen Stil Kredite aus ihren Bilanzen herausnehmen und sie den obengenannten »Zweckgesellschaften«, den SIVs oder SPVs, zuschanzen.

Finanz-Alchemie: Wo das Haar in die Suppe fällt

Die Verbriefung wandelte somit illiquide (unverkäufliche) Aktiva in liquide (verkäufliche) Aktiva um. Theoretisch geschah das durch die Bündelung, Zeichnung und den Verkauf von Eigentumsansprüchen auf die Zahlungsflüsse in Form besicherter Wertpapiere (»Asset-backed Securities«, ABS). Hypothekenbesicherte Wertpapiere waren eine Form dieser ABS, und zwar die bei Weitem größte seit 2001.

An dieser Stelle fiel das Haar in die Suppe.

Im Jahre 2006 erlebte der amerikanische Häusermarkt einen steilen Abschwung, und die Zinsen der zinsvariablen Hypotheken (ARM) stiegen in den gesamten USA stark an. Hunderttausende von Hausbesitzern konnten ihre jetzt drastisch gestiegenen Hypothekenraten einfach nicht mehr aufbringen oder wurden von der einen oder anderen Partei in der komplexen Verbriefungskette zur Zwangsvollstreckung gezwungen, und das sehr häufig illegal, wie ein Richter in Ohio kürzlich entschied. Die Zwangsvollstreckungen von Eigenheimen waren 2007 um 75 Prozent höher als 2006, und der Prozess fängt gerade erst an. Dies könnte sich zu einer Immobilienkatastrophe auswachsen, die ebenso schlimm oder noch schlimmer ist als die während der Großen Depression. In Kalifornien stieg die Zahl der Zwangsvollstreckungen um erschreckende 421 Prozent im Vergleich zum Vorjahr.

Dieser wachsende Prozess der Hypothekenausfälle hinterließ wiederum Riesenlöcher im Cashflow, der die neu in Umlauf gebrachten hypothekenbesicherten Wertpapiere stützen sollte. Da das gesamte System total undurchsichtig war, wusste niemand, am allerwenigsten die Banken, bei denen diese Wertpapiere deponiert waren, was wirklich »Sache« war: welche besicherten Wertpapiere gut und welche schlecht waren. Ebenso wie die Natur ein Vakuum verabscheut, verabscheuen Banker und Investoren, besonders globale Investoren, eine Unsicherheit in ihren finanziellen Aktiva. Also behandelten sie diese wie Giftmüll.

Die Architekten dieser New Finance, die auf der Verbriefung von Eigenheimhypotheken beruht, stellten jedoch fest, dass das Bündeln von vielen Hundert verschiedenen Hypotheken von unterschiedlicher Kreditqualität aus den ganzen USA zu einer einzigen großen (hypothekenbesicherten) MBS-Anleihe nicht genügte. Wenn die MBS-Zeichner von der Wall Street in der Lage sein sollten, ihre neuen MBS-Anleihen den gut ausgestatteten Pensionsfonds in aller Welt zu verkaufen, dann mussten sie noch eine Schippe drauflegen. Die meisten Pensionsfonds sind gehalten, nur Anleihen mit der höchsten AAA-Qualitätsbewertung zu kaufen.

Aber wie konnte eine Ratingagentur eine Anleihe bewerten, die aus angeblichen Hypothekenzahlungen aus 1000 verschiedenen Eigenheimhypotheken aus den gesamten USA bestand? Sie konnten ja schließlich nicht einen Prüfer in jede einzelne Stadt schicken, um sich das Haus anzusehen und seinen Besitzer zu sprechen. Wer konnte für die Bonität der Anleihe garantieren? Nicht die Banken, die diese Hypotheken gewährt hatten. Denn diese verkauften die Hypotheken unverzüglich zu einem Rabatt, um sie loszuwerden. Auch nicht die Zweckgesellschaften. Denn diese waren nur dazu da, den Banken, die diese Hypotheken gewährt hatten, diese Transaktionen abzunehmen. Nein, etwas anderes wurde benötigt. Deus ex Machina! Wie der sprichwörtliche Gott auf der Theaterbühne wurden die verwegenen »Großen Drei« – eigentlich waren es nur zwei (Ratingagenturen) – aus dem Hut gezaubert und griffen in den Prozess ein.

»... und dann hörte die Musik plötzlich auf«

Ein »Cleverle« von der Wall Street verzweifelt niemals, und wenn die neuen Hindernisse noch so groß sind. Die Leute von *J. P. Morgan*, *Morgan Stanley*, *Goldman Sachs*, *Citigroup*, *Merrill Lynch*, *Bear Stearns* und vielen anderen Investmenthäusern, die nach 2002 alle Hände voll zu tun hatten, die explodierenden Mengen von Eigenheimhypotheken zu verbriefen, wandten sich an die »großen drei« Ratingagenturen, um ihre begehrte AAA-Bewertung zu erhalten. Dies war notwendig, denn im Gegensatz zur Ausgabe einer traditionellen Anleihe – zum Beispiel von einem Industriegiganten wie *General Electric* oder *Ford* –, die durch ein bekanntes, konkretes und erstklassiges (»Blue-Chip«-) Unternehmen mit einer langen Geschichte an Kreditwürdigkeit gedeckt ist, steht bei den forderungsbesicherten Wertpapieren (ABS) überhaupt kein Unternehmen dahinter. Stattdessen nur viele Versprechungen über Hypotheken-verträge in ganz Amerika.

Die ABS-Anleihe war, wenn man so will, eine »alleinstehende« künstliche Schöpfung, deren Legalität unter den US-Gesetzen sofort in Frage gestellt wurde. Das bedeutete, dass diese Anleihe nur durch die entsprechende Bewertung einer Ratingagentur zu einer »seriösen« Anlage gemacht werden konnte – zumindest konnte ihr eine solche Bewertung durch eine renommierte Ratingagentur wenigstens den »Anschein von Seriosität« verleihen, wie die ganze Welt schon bald anhand der Entwicklung der Verbriefungskatastrophe erleben konnte.

Im Kern der neuen Finanzarchitektur, die während der letzten zwei Jahrzehnte von der *Fed* unter Greenspan und den aufeinanderfolgenden US-Regierungen aufgebaut wurde, steht ein Halbmonopol, das von drei de facto unregulierten privaten Unternehmen gebildet wird, die – natürlich für ziemlich viel Geld – Kreditbewertungen für alle verbrieften Aktiva durchgeführt haben.

Drei Ratingagenturen haben den globalen Markt der Kreditbewertungen dominiert; dabei ist *Moody's Investors Service* die größte der Welt. In den Boomjahren der Verbriefung gab *Moody's* regelmäßig einen Gewinn von 50 Prozent auf die Bruttobewertungseinkünfte bekannt. Die anderen beiden Agenturen im globalen Bewertungskartell waren *Standard & Poor's* und *Fitch Ratings*. Bei allen dreien handelt es sich um amerikanische Firmen, die engstens mit der Wall Street und der US-Finanzwelt verzahnt sind. Die Tatsache, dass die weltweite »Ratingindustrie« de facto ein US-Monopol ist, war kein Zufall. Es wurde so geplant – die Ratingagenturen waren ein Hauptpfeiler der Finanzherrschaft New Yorks. Die Kontrolle über diese Ratingindustrie war für die globale Macht der Vereinigten Staaten von Amerika fast so wichtig wie die Herrschaft mithilfe der Atomwaffen.

Der ehemalige US-Arbeitsminister, der Ökonom Robert Reich, identifizierte ein Kernproblem bei diesen Ratingagenturen – ihren inhärenten Interessenkonflikt. Reich bemerkte: »Die Kreditbewertungsagenturen werden von denselben Finanzinstituten bezahlt, die auch die Wertpapiere bündeln und verkaufen, die diese Agenturen bewerten. Wenn eine Investmentbank nicht mit der Bewertung einverstanden ist, dann muss sie dafür nicht bezahlen. Und selbst wenn ihr die Bewertung gefällt, bezahlt sie erst, nachdem das Wertpapier verkauft ist. Alles klar? Es ist so, als ob die Filmstudios Kritiker einstellen, die ihre Filme bewerten sollen, und sie nur dann bezahlen, wenn deren Kritiken so positiv sind, dass viele Zuschauer ins Kino kommen, um den entsprechenden Film zu sehen.«

Reich fuhr fort: »Bis zum Zusammenbruch fiel das Ergebnis für die Ratingagenturen großartig aus. Die Gewinne für *Moody's* verdoppelten sich zwischen 2002 und 2006. Und es war eine großartige Zeit für die Aussteller von hypothekenbesicherten Wertpapieren. Die Nachfrage ging steil nach oben, weil die hohen Bewertungen den Markt expandieren ließen. Die Händler überprüften nichts als die Bewertungen – ein Multimilliardenspiel, eine Art ›Reise nach Jerusalem‹. Und dann hörte die Musik plötzlich auf.«[28]

Das brachte drei globale Bewertungsagenturen – *Moody's*, S&P und *Fitch* – direkt ins Rampenlicht der Untersuchungen. Diese drei waren de facto die Einzigen, die besicherte Wertpapiere bewerteten – besicherte Hypothekenanleihen, besicherte Schuldanleihen, durch Studentenkredite besicherte Wertpapiere, durch Lotteriegewinne besicherte Wertpapiere und eine Unzahl anderer – für die Investmenthäuser der Wall Street und für andere Banken.

Nach Angaben der Fachzeitschrift *Inside Mortgage Finance* erhielten etwa 25 Prozent der (zweitklassigen) Subprime-Hypotheken im Wert von 900 Milliarden Dollar in der Zeit von 2005 bis 2007 von den Ratingagenturen die oberste AAA-Bewertung. Das bedeutet, dass Subprime-Hypothekenversicherungen im Wert von über 220 Milliarden Dollar entweder von *Moody's*, *Fitch* oder *Standard & Poor's* die höchste AAA-Bewertung erhielten. Im Sommer 2007 führte das zu einer wahren Lawine von Hypothekenausfällen in den ganzen USA.

Hier wurde die Sache ziemlich hässlich. Die Kriterien, nach denen diese drei Ratingagenturen ihr begehrtes AAA-Gütesiegel vergaben, waren natürlich Geschäftsgeheimnis. »Ihr müsst uns vertrauen …«

Nach Aussagen eines Ökonomen, der in der US-Ratingindustrie tätig ist und der Zugang zu den von *Moody's*, S&P und *Fitch* verwendeten Kriterien hat, nach denen entschieden wurde, ob ein Hypothekenpool mit Subprime-Hypotheken eine AAA-Bewertung erhielt oder nicht, bestand die Methode einfach darin, diesen riskanten neuen Wertpapieren auf jeden Fall die besten Ratings zu geben. Als Maßstab dienten die historischen Forderungsausfallquoten aus der Zeit der niedrigsten Zinssätze seit der Großen Depression – mit anderen Worten: aus einer Zeit mit abnorm niedrigen Forderungsausfällen –, um daraus zu schließen, dass die Subprime-Wertpapiere von AAA-Qualität waren und das bis in die ferne Zukunft auch sein würden. Außerdem benutzten die Angestellten der Ratingagenturen Daten, die belegten, dass eine Rezession höchst selten in allen 50 US-Bundesstaaten gleichzeitig auftrat, höchstens in einem oder mehreren der amerikanischen Bundesstaaten. Daher bündelten sie Hypotheken von vielen Regionen der USA zu einem einzigen Wertpapier und gingen davon aus, dass dessen Ausfallsrisiko auch niedrig bzw. unbedeutend war.

Aber selbst das Ausfallsrisiko einer Subprime-Hypothek war, so argumentierte man, »historisch betrachtet fast unendlich gering«. Also konnten die Investmentfirmen der Wall Street ihre (zum Beispiel von *Moody's*) als AAA eingestuften besicherten Hypothekenanleihen an Pensionsfonds verkaufen oder praktisch an jeden, der eine »Ertragssteigerung« ohne Risiko erzielen wollte. Das war – wiederum – die Theorie.

Wie Oliver von Schweinitz in seinem hochaktuellen Buch *Rating Agencies: Their Business, Regulation and Liability* (zu Deutsch: *Ratingagenturen: Ihre Geschäfte, Regulierung und Haftung*) darlegte, sind »Verbriefungen ohne Bewertungen undenkbar«. Und aufgrund der speziellen Natur der forderungsbesicherten Verbriefungen (ABS) von Hypothekenkrediten sind diese ABS »obwohl standardisiert, einmalige Ereignisse, wohingegen andere Emissionen (Firmenanleihen, Staatsanleihen) im Allgemeinen mehrmals ausgestellt werden. Bei mehrmals ausgestellten Emissionen gibt es weniger Anreiz zum Betrug als bei einmalig ausgestellten Emissionen.«[29]

Anders ausgedrückt gibt es bei forderungsbesicherten Wertpapieren mehr Anreize zu betrügen als bei der traditionellen Ausgabe von Anleihen – viel mehr.

Der einzigartige Status von *Moody's* und S&P

Die wichtigsten drei Bewertungsagenturen genießen nach US-Recht einen fast einzigartigen Status. Sie werden von der amerikanischen Börsenaufsicht (SEC) als staatlich anerkannte statistische Bewertungsorganisationen (NRSROs) anerkannt, von denen es heute nur vier in den Vereinigten Staaten gibt. Die vierte, eine viel kleinere kanadische Ratingagentur, ist die *Dominion Bond Rating Service Ltd.* Eigentlich haben die wichtigsten drei quasi eine Monopolstellung auf dem Gebiet der Unternehmensbewertung inne, und das weltweit.

Das einzige amerikanische Gesetz, das die Tätigkeit der Ratingagenturen regelt, ist der »Credit Agency Reform Act« aus dem Jahre

Die Tatsache, das die drei amerikanischen Kredit-Ratingagenturen de facto eine Monopolstellung bei der Finanzkrise von 2007 ausgeübt haben, ist sorgfältig unter den Teppich gekehrt worden.

2006, ein ziemlich wirkungsloses Gesetz, das im Zuge des *Enron*-Zusammenbruchs verabschiedet wurde. Noch vier Tage vor dem Kollaps von *Enron* hatten die Ratingagenturen diesem Energieriesen mit »Investment Grade« eine positive Bewertung gegeben; daraufhin verlangte eine schockierte Öffentlichkeit nach dem Kollaps eine strenge Überprüfung der Ratingagenturen. Doch angesichts des Bewertungsmonopols von S&P, *Moody's* und *Fitch* ist der »Credit Agency Reform Act« von 2006 praktisch unwirksam.

Die Europäische Union, die ebenfalls auf *Enron* und einen ähnlichen Betrug durch das italienische Unternehmen *Parmalat* reagierte, forderte eine Untersuchung, die vor allem drei Fragen klären sollte: Ob bei den US-Ratingagenturen, die *Parmalat* bewertet hatten, ein Interessenkonflikt bestand, ob deren Methoden transparent waren – sie waren es überhaupt nicht –, und wie sich der Mangel an Konkurrenz auf deren Bewertung ausgewirkt hatte.

Nach einer jahrelangen »Untersuchung« – und hinter den Kulissen wahrscheinlich viel Einflussnahme der großen EU-Banken, die an der Verbriefungsaktion beteiligt waren – verkündete die EU-Kommission im Jahre 2006, sie werde lediglich »die Prüfung« der Ratingagenturen »fortsetzen«. Im Klartext bedeutete das: *Moody's*, S&P und *Fitch* dominieren auch die Bewertungen in der Europäischen Union. Es gibt einfach keine Konkurrenz.

»Wir leben in einem freien Land – oder etwa nicht?«

Die Ratingagenturen können nach US-Recht nicht für ihre Bewertungen haftbar gemacht werden, obwohl sich die Investoren auf der ganzen Welt häufig auf die AAA-Bewertungen von *Moody's* oder S&P als Kriterium für die Kreditwürdigkeit verlassen, insbesondere bei verbrieften Aktiva. Der »Credit Agency Reform Act« von 2006 befasst sich überhaupt nicht mit der Haftbarkeit der Ratingagenturen. In dieser Hinsicht war dieses

Gesetz – das einzige Gesetz, das sich überhaupt mit der Tätigkeit der Ratingagenturen befasst – nichts weiter als ein Stück Papier.

Wie von Schweinitz bemerkte, »ist die Bestimmung 10b-5 des Aktien- und Börsengesetzes von 1934 (›US Securities and Exchange Act‹) wahrscheinlich die stärkste Handhabe für eine Klage wegen Kapitalmarktbetrugs«. Diese Bestimmung besagt, dass »es für jede Person ungesetzlich ist, … eine unwahre Aussage zu einer wesentlichen Tatsache zu machen«. Das klang ziemlich konkret. Aber dann bestätigte der Oberste Gerichtshof in einem Urteil von 2005 (*Dura Pharmaceuticals, Inc. et al. gegen Broudo et al.*), dass Bewertungen keine »Aussagen in Bezug auf eine wesentliche Tatsache« im Sinne der Bestimmung 10b-5 seien. Bei den von *Moody's*, S&P oder *Fitch* abgegebenen Bewertungen handelt es sich »lediglich um eine Meinung«. Diese ist als »freie Meinungsäußerung« unter dem Ersten Zusatzartikel der US-Verfassung geschützt.

Moody's oder S&P konnten also jeden Blödsinn über *Enron* oder *Parmalat* oder Subprime-Wertpapiere erzählen – wie es ihnen gerade passte. »Wir leben doch in einem freien Land, oder etwa nicht? Hat nicht jeder das Recht auf seine freie Meinung?«

US-Gerichte hatten in einem Urteil nach dem anderen entschieden, die Finanzmärkte seien »effizient« und würden somit jeden Betrug entdecken und – letztendlich – bestrafen, den irgendein Unternehmen oder eine Versicherungsgesellschaft begehen sollte. Deshalb braucht man sich also über die Ratingagenturen überhaupt keine Sorgen zu machen …[30]

Das war die »Selbstregulierung«, an die Alan Greenspan offensichtlich gedacht hatte, als er wiederholt intervenierte, um bei der aufkommenden Verbriefungsrevolution jede Form der Regulierung schon im Keim zu ersticken.

Die Verbriefungsrevolution war irgendwie bestimmt durch eine Politik der US-Regierung nach dem Motto »Nichts Böses hören, nichts Böses sehen«. Die amerikanische Regierung glaubte wohl tatsächlich an den Spruch, dass »alles, was für den Money Trust gut ist, auch gut für Amerika« sei – eine perverse Verdrehung der ohnehin schon perversen Aussage von Charles E. Wilson, des Chefs von *General Motors*, der in den 1950er-Jahren erklärt hatte: »Was gut für *General Motors* ist, ist gut für Amerika.«

Monoline-Versicherung: Viagra für die Verbriefung

Für die besicherten Hypothekenschulden, die nicht das AAA-Gütesiegel erhielten, musste eine andere Lösung gefunden werden. Und die Denker von der Wall Street fanden eine tolle Lösung! Die Aussteller der hypothekenbesicherten Wertpapiere konnten eine sogenannte Monoline-Versicherung abschließen. Diese Monoline-Versicherung, die für Ausfälle bei forderungsbesicherten Wertpapieren haftete, war ein weiterer Nebeneffekt von Greenspans Verbriefungs-Revolution.

Obwohl es derartige Spezialversicherungen schon Anfang der 1970er-Jahre bei den Kommunalanleihen gegeben hatte, machte erst Greenspans Verbriefungs-Revolution diese »Monoliner« richtig bekannt.

Der Interessenverband der Monoliner erklärte kurz und bündig den Vorteil dieser Versicherungs-»Spezialisten«: »Die Monoline-Struktur garantiert, dass unsere volle Aufmerksamkeit dem Wertzuwachs für unsere Kapitalmarktkunden gewidmet ist.« Und einen gewissen Wertzuwachs haben diese Monoliner wirklich erzielt. Bis Dezember 2007 ging man allgemein davon aus, dass die Monoliner, die sich selbst als »Financial Guarantors« (Finanzgarantiegeber) bezeichnen – es gibt übrigens insgesamt nur elf kapitalmäßig schlecht ausgerüstete, kaum regulierte Monoline-Versicherer, die alle in New York ansässig sind und von der Versicherungs-Regulierungsbehörde des Staates New York reguliert werden –, ihre Versicherungsgarantie gegeben hatten, um die AAA-bewertete Verbriefung von besicherten Wertpapieren im Wert von über 2,4 Billionen zu ermöglichen.

Die Monoline-Versicherung wurde zu einem wesentlichen Element bei dem Wall-Street-Betrug, der unter dem Namen »Verbriefung« bekannt wurde. Durch die Zahlung einer bestimmten Gebühr versicherte eine hoch spezialisierte – daher der Ausdruck »Monoline« – Versicherungsgesellschaft einen Pool von Subprime-Hypotheken für den Fall eines wirtschaftlichen Abschwungs oder einer Rezession, während der ein armer Hausbesitzer seine monatlichen Hypotheken nicht bezahlen kann.

Auf der offiziellen Internetseite des Monoline-Handelsverbands heißt es: »Der Verband der Finanzgarantieversicherer (*Association of Financial Guaranty Insurers*, AFGI) ist der Handelsverband der Versicherer und Rückversicherer von Kommunalanleihen und forderungsbesicherten Wertpapieren. Eine von einem AFGI-Mitglied versicherte Anleihe oder ein Wertpapier besitzt die bedingungslose und unwiderrufliche Garantie, dass Zinsen und Kapital im Falle eines Verzugs pünktlich und vollständig bezahlt werden.« Jetzt bereuen es die Monoliner, dies jemals versprochen zu haben, da die Neufestsetzung der Raten für Subprime-Hypotheken, eine wachsende Rezession und Hypothekenausfälle exponentiell gestiegene Versicherungsforderungen an die winzige, mit wenig Kapital ausgerüsteten Monoliner stellen.

Die Namen der wichtigsten Monoline-Versicherer waren nicht gerade jedem Amerikaner geläufig: *ACA Financial Guaranty Corp.*, *Ambac Assurance*, *Assured Guaranty Corp.*, *BluePoint Re Limited*, CIFG, *Financial Guaranty Insurance Company*, *Financial Security Assurance*, *MBIA Insurance Corporation*, *PMI Guaranty Co.*, *Radian Asset Assurance Inc.*, *RAM Reinsurance Company* und *XL Capital Assurance*.

Ein aufmerksamer Leser könnte jetzt fragen: »Und wer versicherte diese elf Monoline-Versicherer, die in den letzten fünf, sechs Jahren der ABS-Finanzrevolution letztendlich die Zahlung von vielen Milliarden oder sogar Billionen Dollar garantiert haben?«

Bis jetzt niemand – lautet die kurze Antwort. Der Interessenverband der Monoliner erklärt dazu nur: »Bei acht AFGI-Mitgliederfirmen wurde die Fähigkeit, ihren laufenden Verpflichtungen nachkommen zu können, mit der Note AAA bewertet, und bei zwei AFGI-Mitgliederfirmen mit der Note AA.« Diese (höchsten bzw. sehr hohen) Noten AAA und AA wurden von den drei Ratingagenturen *Moody's*, *Standard & Poors* und *Fitch* vergeben.

Mit einer Garantie von einem Anleihenversicherer, der über eine Kreditbewertung von AAA verfügte, waren die Kosten für den Kredit geringer als üblich, und die Zahl von Investoren, die bereit waren, solche Anleihen zu kaufen, größer.

Für die Monoliner stellte die Gewährleistung solcher Anleihen scheinbar kein Risiko dar, da die Ausfallraten in den Jahren 2003 bis 2006 im Bereich von einem Prozent lagen. Daher wurde in großem Umfang Fremdkapital aufgenommen, um mehr Kunden anzulocken, und es war nicht ungewöhnlich, dass Monoliner ein Versicherungsrisiko vom 100- bis 150-fachen der Größe ihrer Kapitalbasis trugen. Bis vor Kurzem verfügte der Monoliner *Ambac* über ein Kapital von 5,7 Milliarden Dollar, hatte aber Garantien für 550 Milliarden Dollar übernommen.

Im Jahre 1998 erlaubte es das Amt der Staatlichen Versicherungsaufsicht in New York, die einzige Regulierungsbehörde für Monoliner, dass die Monoline-Versicherungen sogenannte Credit Default Swaps (CDSs) – Kreditderivate zum Handeln von Ausfallrisiken von Krediten, Anleihen etc. – auf besicherte Wertpapiere, zum Beispiel hypothekenbesicherte Wertpapiere, verkaufen durften. Dazu sollten eigene Mantelgesellschaften – im Klartext:»Strohfirmen« – gegründet werden, durch die diese CDSs an Banken weitergegeben werden konnten.

Die Versicherung verbriefter Anleihen war für die Monoliner ganz besonders lukrativ. Die Prämieneinnahmen des Monoliners MBIA stiegen von 235 Millionen Dollar im Jahre 1998 auf 998 Millionen Dollar im Jahre 2007. Im letzten Jahr kletterten die Prämieneinnahmen im Vergleich zum Vorjahr um 140 Prozent. Dann kam die Subprime-Hypothekenkrise in den USA, und für die Monoliner war urplötzlich alles vorbei. Alles.

Da die Hypotheken in den Anleihepaketen der Banken in Verzug gerieten – bei den 2006 gezeichneten Subprime-Hypotheken gab es bis Januar 2008 bereits 20 Prozent Ausfälle –, waren die Monoliner gezwungen, einzuspringen und die Zahlungen zu übernehmen.

Am 3. Februar 2008 gab MBIA bekannt, dass der Monoliner in den drei Monaten zuvor 3,5 Milliarden Dollar für Abschreibungen und andere Verbindlichkeiten aufbringen musste, was zu einem Quartalsverlust von 2,3 Milliarden Dollar führte. Doch das war wahrscheinlich nur die Spitze eines sehr kalten (und tiefen) Eisberges. Als der Versicherungsanalyst Donald Light damals nach der Höhe des potenziellen Verlustes gefragt wurde, sagte er:»Die Antwort ist, dass keiner davon eine Ahnung hat. Ich glaube, wir werden es etwa im dritten oder vierten Quartal des Jahres 2008 wissen.«

Kreditbewertungsagenturen haben damit begonnen, die Monoliner herabzustufen und ihnen die begehrten AAA-Bewertungen wegzunehmen, was bedeutet, dass ein Monoliner keine neuen Geschäfte mehr abschließen kann und dass die Anleihen, die dieser Monoliner garantiert, keine AAA-Bewertung mehr haben.

Der einzige Monoliner, der bisher eine Abwertung von zwei Agenturen erhielt – und nur eine doppelte Ablehnung gilt als deutliches Warnsignal –, ist die FGIC, die sowohl von *Fitch* als auch von S&P abgewertet wurde. *Ambac*, die zweitgrößte Monoline-Versicherung, wurde von *Fitch* auf AA zurückgestuft; die anderen Monoliner erhielten eine Reihe unterschiedlicher potenzieller Warnungen.

Die Ratingagenturen führten »computersimulierte Belastungstests« durch, um zu entscheiden, ob die Monoliner »ihren Verpflichtungen in einer Höhe nachkommen konnten ähnlich wie zur Zeit der Großen Depression«. Gefragt wurde, wie gut Monoline-Versicherer eine wirkliche Krise bewältigen konnten. Die Monoliner behaupteten: »Die uns zur Verfügung stehenden Ressourcen für die Zahlung unserer Verpflichtungen an die Versicherten ... übersteigen 34 Milliarden Dollar.«[31]

Doch waren diese 34 Milliarden Dollar, wie sich im Laufe des Jahres 2008 herausstellen sollte, nur ein Tropfen, der in einen bodenlosen Eimer fällt. Laut Schätzungen wurde auf dem Markt für forderungsbesicherte Wertpapiere etwa ein Drittel aller Transaktionen »verpackt« oder von AAA-Monolinern versichert. Die Investoren verlangten Sicherheitsverpackungen für instabile Sicherheiten oder für die ohne einen aussagekräftigen Leistungsnachweis.[32]

Nach Aussagen des amerikanischen Verbands der Wertpapierindustrie und Finanzmärkte (*Securities Industry and Financial Markets Association*) zirkulierten in den USA Ende 2006 insgesamt forderungsbesicherte Wertpapiere im Wert von etwa 3,6 Billionen Dollar; dazu gehörten auch erst- und zweitklassige (»prime and sub-prime«) Eigenheimhypotheken, Eigenheimkredite basierend auf Höhe des Eigenkapitals, Kreditkarten, Studentenkredite, Autokredite, Maschinen-Leasing und dergleichen. Glücklicherweise ist es nicht wahrscheinlich, dass alle 3,6 Billionen Dollar dieser verbrieften Papiere in Verzug geraten und auch nicht alle gleichzeitig. Aber die AGFI-Monoliner haben während der vergangenen Jahre 2,4 Billionen Dollar dieses Berges von forderungsbesicherten Wertpapieren versichert. Private Analysten schätzten Anfang Februar 2008, dass die potenziellen Auszahlungsrisiken der Versicherer unter optimistischen Annahmen 200 Milliarden Dollar überschreiten könnten.

Außerhalb der Bilanz – »Aus den Augen, aus dem Sinn«

Die gesamte Verbriefungs-Revolution ermöglichte es den Banken, die Aktiva aus ihren Büchern zu nehmen und auf nicht regulierte und undurchsichtige Zweckgesellschaften zu übertragen. Dazu verkauften sie die Hypotheken mit Abschlägen an Zeichner wie *Merrill Lynch*, *Bear Stearns*, *Citigroup* und ähnliche Finanzverbriefer. Diese verkauften wiederum die hypothekarische Sicherheit an ihre eigenen separaten Zweckgesellschaften, wie zum Beispiel eine SIV. Die Attraktivität einer eigenständigen SIV bestand darin, dass sie und ihre potenziellen Verluste, zumindest theoretisch, von der Zeichnerbank getrennt operierten bzw. auftraten. Sollten die Geschäfte mit den verschiedenen forderungsbesicherten Wertpapieren im Besitz der SIV jemals schiefgehen, dann würde nur die SIV darunter leiden, und nicht die *Citigroup* oder *Merill Lynch*.

Die zweifelhaften Einkommensströme aus Subprime-Hypotheken und ähnlichen Krediten niedriger Qualität, die in die neuen besicherten Hypothekenanleihen oder ähnlichen Wertpapieren gebündelt werden, erhielten häufig eine Finanzspritze der Monoliner, eine Art finanzielles Viagra für Ramschhypotheken mit hohem Ausfallrisiko, wie zum Beipsiel NINA (No Income, No Assets = kein Einkommen, kein Vermögen) oder »Lügenkredite«, die sogenannten »stated-income loans«, also Kredite ohne wirklichen Einkommensnachweis, die während des von Greenspan inszenierten kolossalen Immobilienbooms bis zum Juli 2007 so weit verbreitet waren.

Nach Angaben des Verbandes der Hypothekenmakler für verantwortungsbewusste Kreditvergabe (*Mortgage Brokers' Association for Responsible Lending*), einer amerikanischen Verbraucherschutzgruppe, betrug der Anteil der »Lügenkredite« bis zum Jahre 2006 nicht weniger als 62 Prozent aller Hypotheken in den USA. Bei einer unabhängigen Stichprobe dieser Hypothekenkredite ohne wirklichen Einkommensnachweis (»stated-income mortgage loans«) in Virginia im Jahre 2006 stellten die Prüfer anhand der Unterlagen beim Finanzamt fest, dass bei fast 60 Prozent dieser Kredite die Einkommen um mehr als 50 Prozent übertrieben worden waren. Diese Kredite erweisen sich nun als Bumerang. Die Welle von Ausfällen bei diesen Lügenkrediten, die jetzt die gesamten USA überrollt, stellt das Abfallproblem der Hühnerfarmen von *Tyson Foods* total in den Schatten.[33]

Nichts von alldem wäre möglich gewesen ohne die Verbriefung, ohne die volle Unterstützung der *Fed* unter Greenspan, ohne die Abschaffung des »Glass-Steagall Acts«, ohne die Monoline-Versicherungen, ohne die geheimen Absprachen der großen Ratingagenturen und ohne den Verkauf dieses Risikos durch die hypothekenausstellenden Banken an die Zeichner, die diese Papiere bündelten, bewerteten und versicherten, und zwar mit der Höchstnote AAA.

Tatsächlich hat Greenspans »New-Finance-Revolution« buchstäblich die Schleusen für den Betrug auf allen Ebenen geöffnet: von den Hypothekenmaklern über die Kreditinstitute, die Verbriefungsbanken an der Wall Street und in der Londoner City bis hin zu den Ratingagenturen. Wenn man die Aufsicht über die neuen verbrieften Aktiva, die einen Nominalwert von vielen hundert Milliarden Dollar haben, der privaten »Selbstregulierung« durch Emissionsbanken wie *Bear Stearns*, *Merrill*

Lynch oder der *Citigroup* und ihren Ratingagenturen überlässt, dann heißt das, Wasser auf einen Ertrinkenden zu schütten. Es sollte nicht mehr lange dauern, bis das überall auf der Welt verstanden wurde, denn 2007 kam es zum finanziellen Äquivalent eines Tsunamis.

Anmerkungen:

1 Alan Greenspan, Testimony before the House Committee on Banking and Financial Services, 11. Februar 1999.

2 Bob Woodward: *Maestro: Alan Greenspan's Fed and the American Economic Boom*, November 2000. (Deutsche Ausgabe: *Greenspan. Dirigent der Weltwirtschaft*, Europa Verlag Hamburg, 2001.) Woodwards Buch ist ein gutes Beispiel für die pflegliche Behandlung, die Greenspan durch die großen Medien erfuhr. Woodwards Chefin bei der *Washington Post*, Catharine Meyer Graham, Tochter des legendären Wall-Street-Investmentbankers Eugene Meyer, war eine enge Freundin von Greenspan. Das Buch kann als kalkulierter Teil einer Greenspan-Mythenbildung durch die einflussreichen Kreise des Finanzestablishments angesehen werden.

3 US Court of Appeals for the 9th Circuit, *Lewis vs United States*, 680 F.2d 1239 (9th Circuit 1982).

4 Stephen Zarlenga, »Observations from the Trading Floor During the 1987 Crash«, aufrufbar unter *http://www.monetary.org/1987%20crash.html*.

5 Alan Greenspan: Aussage vor dem Unterausschuss für die Aufsicht der Kreditinstitute (Subcommittee on Financial Institutions Supervision) des US-Repräsentantenhauses, 18. Nov. 1987; *http://fraser.stlouisfed.org/historicaldocs/ag/download/27759/Greenspan_19871118.pdf*.

6 Robert D. Hershey jun., »Greenspan Backs New Bank Roles«, *The New York Times,* 6. Oktober 1987.

7 Hershey, a. a. O.

8 Ebenda.

9 Alan Greenspan, Aussage vor dem Ausschuss für Bankwesen und Finanzdienstleistungen des US-Repräsentantenhauses, 1. Februar 1999.

10 Alan Greenspan, Aussage von Alan Greenspan, Vorstandsvorsitzender der *Federal Reserve,* vor dem Ausschuss für Bankwesen und Finanzdienstleistungen, US-Repräsentantenhaus, 11. Februar 1999, *Federal Reserve Bulletin*, April 1999.

11 Jenny Anderson, »Goldman Runs Risks, Reaps Rewards«, *The New York Times*, 10. Juni 2007.

12 Robert Kuttner, Aussage von Robert Kuttner vor dem Ausschuss für Finanz-dienstleistungen, Rep. Barney Frank, Vorsitzender, US-Repräsentantenhaus, Washington, D. C., 2. Oktober 2007.

13 Thomas Kostigen,»Regulation game: Would Glass-Steagall save the day from credit woes?«, *Dow Jones MarketWatch*, 7. September 2007, im Internet unter: *http://www.marketwatch.com/news/story/would-glass-steagall-save-day-credit.*

14 William F. Engdahl,»Hunting Asian Tigers: Washington and the 1997–98 Asia Shock«, unter: *http://www.jahrbuch2000.studien-von-zeitfragen.net/Weltfinanz/Hedge_Funds/hedge_funds.html.*

15 Alan Greenspan:»Die Revolution in der Informationstechnologie«, Rede vor der Konferenz über die New Economy, Boston College, Boston, Massachu-setts, 6. März 2000.

16 Paul McCulley,»A Call For Fed Action: Hike Margin Requirements!«, Aussa-ge vor dem Unterausschuss des Repräsentantenhauses für Nationale und Inter-nationale Währungspolitik am 21. März 2000.

17 Als Vorstandsvorsitzender der *Fed* behauptete Alan Greenspan wiederholt, es sei während des Entstehungsprozesses einer Blase unmöglich, sie als solche zu erkennen. Im August 2002, also nachdem seine klare Strategie der Zinserhö-hungen für die Marktteilnehmer offensichtlich geworden war, wiederholte er das noch einmal:»*Wir von der* Federal Reserve *haben uns mit Fragen im Zusammenhang mit Vermögensblasen beschäftigt, d. h. dem Anstieg der Preise von Vermögenswerten auf unvertretbare Höhen. So, wie sich die Dinge entwi-ckelten, haben wir erkannt, dass es trotz unseres Verdachts sehr schwierig war, eine Blase schon vorher zu erkennen; d. h. erst wenn die Blase platzt, bestätigt sie dadurch ihre Existenz.*« (Alan Greenspan: Bemerkungen des Vorsitzenden Alan Greenspan über ökonomische Volatilitäten bei einem von der *Federal Reserve Bank* veranstalteten Symposium in Kansas City, Jackson Hole, Wyo-ming, 30. August 2002.)

18 Jeff Faux,»The Politically Talented Mr. Greenspan«, *Dissent Magazine*, Früh-jahr 2001.

19 Alan Greenspan,»Consumer Finance«, Rede auf der *Federal Reserve System's Fourth Annual Community Affairs Research Conference*, Washington, D. C., am 8. April 2005; siehe auch unter: *http://www.federalreserve.gov/BoardDocs/speeches/2005/20050408/default.htm.*

20 Alan Greenspan,»Greenspan Defends Low Interest Rates«, CBS-Interview in der Sendung 60 Minutes, 16. September 2007, siehe unter: *http://www.cbs news. com/stories/2007/09/13/60minutes/main3257567.shtml.*

21 Alan Greenspan,»The Markets«, Rede von Alan Greenspan, abgedruckt in der *New York Times* vom 6. November 1998.

22 Alan Greenspan, »Remarks by Alan Greenspan: The structure of the international financial system«, Rede auf der Jahrestagung der *Securities Industry Association*, Boca Raton, Florida, am 5. November 1998.

23 Alan Greenspan, »Measuring Financial Risk in the Twenty-first Century«, Äußerungen vor einer vom *Office of the Comptroller of the Currency* veranstalteten Konferenz in Washington, D.C., am 14. Oktober 1999. Siehe hierzu unter: *http://www.federalreserve.gov/boarddocs/speeches/1999/19991014.htm*. Hier erklärte Greenspan wörtlich: »... bis heute sind die Ökonomen nicht in der Lage, starke Vertrauensverluste zu antizipieren. Ein Einbruch des Vertrauens wird allgemein beschrieben als eine platzende Blase, ein Ereignis, das unstreitig erst hinterher sichtbar wird. Will man das Platzen einer Blase antizipieren, dann muss man in der Lage sein, einen Absturz der Vermögenswerte vorherzusagen, die sich zuvor aufgrund des Urteils von vielen Millionen Investoren gebildet haben; viele dieser Investoren kennen sehr genau die Zukunftsaussichten ihrer spezifischen Investments, die unsere breite Palette von Preisindizes an Aktien und anderen Anlageformen ausmachen.«

24 Federal Deposit Insurance Corporation, *History of the 80s, Band 1: An Examination of the Banking Crises of the 1980s and Early 1990s*, siehe unter: *http://www.fdic.gov/bank/historical/history/vol1.html, p.1*.

25 Warren Buffett, zitiert in Richard Dooling, »Machines of mass destruction«, *International Herald Tribune*, 13. Oktober 2008.

26 Alan Greenspan, »Mortgage markets and economic activity«, Rede anlässlich einer Konferenz zum selben Thema, die von der Organisation *America's Community Bankers am* 2. November 1999 veranstaltet wurde; siehe unter: *http://www.federalreserve.gov/boarddocs/speeches/1999/19991102.htm*.

27 Alan Greenspan, »Rede vor der *Mortgage Bankers' Association*«, Washington, D.C., 8. März 1999.

28 Robert Reich, »Why Credit-rating Agencies Blew It: Mystery Solved«, 23. Oktober 2007; siehe Robert Reichs Blog im Internet unter *http://robertreich. blogspot.com/2007/10/they-mystery-of-why-credit-rating.html*.

29 Oliver von Schweinitz, *Rating Agencies Their Business, Regulation and Liability*, Unlimited Publishing LLC, Bloomington, Indiana., 2007, S. 35–36.

30 Ebenda, S. 67–97.

31 »Association of Financial Guaranty Insurers, Our Claims-Paying Ability«, unter: *www.afgi.org/who-fact.htm*.

32 James P. McNichols, »Monoline Insurance & Financial Guaranty Reserving«, unter: *www.casact.org/pubs/forum/03fforum/03ff231.pdf*.

33 Dan Dorfman, »Liars' Loans Could Make Many Moan«, *The New York Sun* vom 20. Dezember 2006.

KAPITEL 13

Ein Finanz-Tsunami und das
Ende des Dollar-Systems

»Siehe, sieben reiche Jahre werden kommen in ganz Ägyptenland;
und nach denselben werden sieben Jahre teure Zeit kommen, dass
man vergessen wird aller solcher Fülle in Ägyptenland; und
die teure Zeit wird das Land verzehren.«
1. Mose 41:29–30

Die Heuschrecken hatten ihren großen Tag

Das Multi-Billionen-Dollar-Verbriefungs-Debakel in den USA begann
im Juni 2007 mit der Liquiditätskrise bei zwei Hedgefonds der New
Yorker Investmentbank *Bear Stearns*, einer der damals größten und
erfolgreichsten Investmentbanken der Welt, von der gemunkelt wird, sie
verwalte einen Teil des riesigen Vermögens der Familie Bush.

Die beiden Hedgefonds hatten massiv in Subprime-Hypotheken-
wertpapiere investiert. Der Schaden schwappte schon sehr bald über den
Atlantik und riss die kleine deutsche staatliche Bank IKB mit ins Ver-
hängnis. Im Juli 2007 hielt die *Rhineland Funding*, eine 100-prozentige
Zweckgesellschaft der IKB, etwa 20 Milliarden Dollar an Geldpapieren,
die mit Vermögenswerten unterlegt waren (»Asset Backed Commercial
Paper«, ABCP). Mitte Juli weigerten sich die Investoren, einen Teil
dieser Geldpapiere zu verlängern. Daraufhin sah sich die Europäische
Zentralbank gezwungen, Rekordmengen von Geld in den Markt zu pumpen, um das Bankensystem liquide zu halten.

Die *Rhineland Funding* bat die IKB, einen Kreditrahmen festzulegen.
Die IKB gab bekannt, dass sie nicht über genügend Bargeld oder liquides
Vermögen verfügte, um der Bitte ihrer Zweckgesellschaft zu entsprechen, und wurde nur durch eine Notzahlung von acht Milliarden Dollar
von der bundeseigenen Kreditanstalt für Wiederaufbau (KfW) gerettet,
die an der IKB mehrheitlich beteiligt war. Ironischerweise war die KfW
dieselbe Bank, die die Marshallplan-Hilfe beim Wiederaufbau des vom
Krieg zerstörten Deutschlands Ende der 1940er-Jahre organisiert hatte.

Es wurde schon bald klar, dass ein neuer Marshallplan oder irgendein finanzielles Äquivalent desselben dringend benötigt wurde – dieses Mal aber für die Wirtschaft der Vereinigten Staaten. Doch dafür gab es kaum freiwillige Geldgeber.

Die Intervention der KfW stoppte die Panik nicht, sondern führte vielmehr zum Horten von Reserven und zu einem Panikverkauf von Geldpapieren, die von den Zweckgesellschaften (SIVs) der internationalen Banken ausgegeben worden waren und in den Büchern der Bank nicht auftauchten.

Die mit Vermögenswerten unterlegten Geldpapiere (ABCP) gehörten zu den großen Produkten der »revolutionären« Verbriefung von Kreditforderungen, die Greenspan und das US-Finanz-Establishment nach Kräften gefördert hatten. Die ABCPs waren eine eigenständige Schöpfung der Großbanken, mit denen diese einerseits das Risiko aus ihren Bilanzen entfernen, andererseits aber auch gleichzeitig ansehnliche Profite aus den Gewinnen ihre Zweckgesellschaften, den SIVs, erzielen wollten.

Das Ganze lief nach folgendem Schema ab: Eine SIV gab besicherte Geldpapiere heraus, die durch Bargeldeinnahmen gedeckt wurden, die aus den zugrunde liegenden Anlageportfolios der Zweckgesellschaft bezahlt wurden. ABCPs waren kurzfristige Schuldpapiere mit einer allgemeinen Laufzeit von höchstens 270 Tagen. ABCPs waren – und das war entscheidend – von der gesetzlichen Registrierungspflicht nach dem »US Securities Act« von 1933 befreit. Da die ABCPs also nicht registrierte Wertpapiere waren, stellten sie ein riesiges Schlupfloch dar. In der Regel wurden die ABCPs aus Pools von Warenforderungen, Kreditkartenforderungen, Auto- und Betriebsmittelkrediten sowie Leasingverträgen und besicherten Schuldtiteln ausgegeben.

Im Falle der deutschen IKB sollte der Cashflow aus ihrem Portfolio von amerikanischen Subprime-Eigenheimhypotheken, den hypothekenbesicherten Wertpapieren (CDOs), kommen. Das Hauptrisiko, mit dem es die ABCP-Investoren zu tun hatten, war der Wertverfall – d. h. dass die einzelnen Kredite, die die Sicherheit garantieren, in Verzug geraten. Und genau eine solche Lawine von Kreditausfällen überrollte im Sommer 2007 den gesamten amerikanischen Hypothekenmarkt.

Das Problem mit den CDOs war, dass sie, sobald sie einmal ausgegeben waren, kaum gehandelt wurden. Ihr Wert wurde nicht vom Markt bestimmt, sondern basierte auf komplizierten theoretischen Modellen.

Als CDO-Besitzer auf der ganzen Welt im vorletzten Sommer ganz dringend und plötzlich Geld brauchten, um mit den damaligen Markt-

Das wahre Ausmaß der Krise des Weltfinanzsystems, die eine Depression nach sich zog, zeigte sich zuerst im Sommer 2007 mit den massiven Problemen bei der kleinen IKB-Bank in Deutschland, die sich in erheblichem Umfang auf dem amerikanischen Subprime-Hypothekenmarkt engagiert hatte.

schwierigkeiten fertig werden zu können, mussten sie feststellen, dass der Marktwert ihrer CDOs weit unter ihrem Buchwert lag. Anstatt sich also die notwendige Liquidität durch den Verkauf ihrer CDOs zu beschaffen, verkauften sie hochwertige liquide »Blue-Chip«-Aktien, staatliche Anleihen und Edelmetalle, damit sie mit diesem dringend benötigten Bargeld ihre Verluste abdecken konnten.

Das bedeutete einfach, dass die CDO-Krise zu einem Wertverlust führte, der nicht nur die CDOs betraf, sondern auch die Aktien. Dieser Preisabsturz bei den Aktienwerten wirkte sich – durch »Ansteckung« – dann auch auf die Hedgefonds aus. Da die theoretischen Modelle, die für alle umsatzstarken Hedgefonds verwendet werden, diesen dramatischen Preisverfall aber nicht vorgesehen hatten, kam es zu den großen Verlusten in diesem Marktsektor, wobei zwei hauseigene Hedgefonds von *Bear Stearns* am ärgsten getroffen wurden. Diese bedeutenden Verluste führender Hedgefonds schürten noch die Unsicherheit und verschlimmerten die Krise.

Das war der Beginn eines kolossalen Kollateralschadens. Alle Modelle brachen zusammen.

Mangelnde Transparenz war die Grundursache der Krise, die endgültig und unvermeidbar Mitte 2007 ausbrach. Der Mangel an Transparenz war auf die Tatsache zurückzuführen, dass die Marktbetreiber das Risiko nicht – wie es die allgemein akzeptierte Wirtschaftstheorie vorschreibt – auf eine nachvollziehbare Art und Weise gestreut haben, sondern stattdessen die riskanten Anlagen »verbrieften« und anschließend diese höchst ertragreichen, aber auch höchst riskanten Papiere verkauften, ohne das damit verbundene Risiko eindeutig anzugeben. Darüber hinaus ignorierten die Ratingagenturen das inhärente Risiko dieser Produkte, unter anderem, weil sie die Papiere anhand derselben fehlerhaften Risikomodelle bewerteten. Die Tatsache, dass die Anleihen kaum gehandelt wurden, bedeutete, dass nicht einmal der ungefähre Wert dieser strukturierten Finanzprodukte bekannt war.[1]

Die Lektionen aus der LTCM-Krise werden ignoriert

Mit diesem im August 2007 erfolgten abrupten Vertrauensverlust der Banken auf dem globalen Interbankenmarkt – dem Kern eines globalen Bankensystems, das sich auf ABCPs stützte – stand das internationale Bankensystem direkt vor einer systemischen Krise. Und diese Systemkrise drohte jetzt einen Dominoeffekt auszulösen, ähnlich wie beim europäischen Bankenkollaps 1931, als die französischen Banken aus politischen Gründen Österreichs Creditanstalt den Hahn abdrehten. Greenspans New Finance war das Zentrum dieser neuen Instabilität – sein ganz persönliches »Zeitalter der Turbulenz«, um den Titel seiner von einem Ghostwriter geschriebenen Autobiografie ironisch zu zitieren.[2]

Bereits im September 1998 stand das globale Finanzsystem kurz vor einer Systemkrise, als der amerikanische Spekulationsfonds *Long-Term Capital Management* (LTCM) mit Sitz in Greenwich (Connecticut) kollabierte. Nur eine ganz außergewöhnliche koordinierte Intervention der wichtigsten Zentralbanken unter Führung der *Federal Reserve*, also Greenspans, hatte damals einen globalen Zusammenbruch verhindert.

Diese LTCM-Krise ist ein Kernsymptom für das, was mit der Verbriefung von Kreditforderungen von Zigbillionen Dollars in den zurückliegenden Jahren falsch gelaufen ist. Seltsamerweise haben sich Greenspan und andere, die finanzpolitische Verantwortung tragen, systematisch geweigert, diese Lektionen ernst zu nehmen.

Auslöser der LTCM-Krise war ein Ereignis, das im Risikomodell der Hedgefonds nicht vorgesehen war. Ihre Modelle für Investmentstrategien prognostizierten aufgrund von Daten aus früheren einschlägigen Erfahrungen nur leichte Schwankungen bei ausländischen Währungen und Staatsanleihen. Als Russland erklärte, dass es den Rubel abwerten und seinen Verpflichtungen in Bezug auf seine Staatsanleihen nicht nachkommen werde, verpufften die Risikoannahmen in den LTCM-Risikomodellen – und der ganze Spekulationsfonds LTCM gleich mit. Die

Nichteinlösung staatlicher Verbindlichkeiten war ein Ereignis, das nicht »normal« war.

Im Gegensatz zu den Risikoannahmen eines jeden von der Wall Street verwendeten Risikomodells ist die reale Welt auch nicht normal, sondern höchst unvorhersehbar.

Um seine Verluste zu decken, begannen der LTCM und seine Gläubigerbanken mit einem Panikverkauf von allem, was man flüssig machen konnte. Das aber löste wiederum Panikverkäufe anderer Hedgefonds aus, die ihre offenen Positionen abdecken mussten. Daraufhin verlor der US-Aktienmarkt 20 Prozent; die europäischen Märkte stürzten mit minus 35 Prozent sogar regelrecht ab. Die Investoren suchten Sicherheit in den US-Staatsanleihen, wodurch deren Rendite um mehr als einen Prozentpunkt sank. Daraufhin setzte der Kollapsprozess der stark fremdfinanzierten LTCM-Investitionen ein. Bis Ende August 1998 hatte LTCM 50 Prozent des Wertes seiner Kapitalinvestitionen eingebüßt.

Im Sommer 1997, mitten in der von den Hedgefonds lancierten Attacke auf die anfälligen Währungen von Thailand, Indonesien, Südkorea, Malaysia und andere asiatische »Tigerstaaten« mit hohen Wachstumsraten, forderte Indonesiens Ministerpräsident Mahathir Mohamad öffentlich eine stärkere internationale Kontrolle der undurchsichtigen Geschäfte dieser spekulativen Hedgefonds. Damit brach er nicht nur ein damals streng gehütetes Tabu des Finanzmarktes, sondern gab dabei auch den Namen des größten Hedgefonds bekannt, der sich an den Spekulationsattacken in Asien beteiligte – der *Quantum Fund* von George Soros. Aufgrund der Intervention des damaligen US-Finanzministers Robert Rubin, dem ehemaligen Chef des Wall-Street-Investmenthauses *Goldman Sachs*, sowie der *Federal Reserve* unter Greenspan wurden die undurchsichtigen Offshore-Hedgefonds niemals unter Aufsicht gestellt. Stattdessen ließ man es zu, dass sich diese Spekulationsfonds zu Institutionen entwickelten, die 2007 über mehr als 1,4 Billionen Dollar verfügten.

Ausgerechnet Wirtschaftsnobelpreisträger waren an allem schuld ...

Der wichtigste Punkt bei dieser LTCM-Krise, die das Fundament des globalen Finanzsystems in Wanken brachte, war die Frage, wer an diesem Spekulationsfonds beteiligt war und welche wirtschaftlichen Annahmen zugrunde gelegt wurden – eben genau dieselben fundamentalen

Annahmen, die bei der Konstruktion der grundfalschen Risikomodelle verwendet wurden und die zu dem Debakel bei der Verbriefung geführt hatten.

Anfang 1998 verfügte LTCM über ein Kapital von 4,8 Milliarden Dollar und ein Portfolio von 200 Milliarden Dollar, das aus seiner Kreditkapazität bzw. den Krediten stammte, die so ziemlich alle größeren amerikanischen und europäischen Banken gewährt hatten, da sie auf sagenhafte Gewinne dieses erfolgreichen Fonds hofften. LTCM besaß Derivate mit einem Nennwert von 1250 Milliarden Dollar; das heißt, dass ein nicht regulierter Hedgefonds ein Portfolio an Optionen und anderen Finanzderivaten im Nennwert von eineinviertel Billionen Dollar hatte! Von einer solchen Größenordnung hätte bis dahin niemand auch nur zu träumen gewagt. Doch der Traum verwandelte sich sehr schnell in einen Albtraum.

Im Slang der Wall Street war LTCM ein »highly geared fund«, d. h. ein Fonds mit einem unglaublich hohen Anteil an Fremdkapital. Einer seiner Investoren war die italienische Zentralbank, so beeindruckend war der Ruf dieses Fonds.

Zu den größeren globalen Banken, die Geld in diesen LTCM gepumpt hatten, weil sie hofften, am Erfolg und an den unglaublichen Profiten teilzuhaben, gehörten: *Bankers Trust*, *Barclays*, *Chase*, Deutsche Bank, *Union Bank of Switzerland*, *Salomon Smith Barney*, *J. P. Morgan*, *Goldman Sachs*, *Merrill Lynch*, *Crédit Suisse*, *First Boston*, *Morgan Stanley Dean Witter*, *Société Générale*, *Crédit Agricole*, *Paribas* und *Lehman Brothers*. Das waren dieselben Banken, die knapp ein Jahrzehnt später im Zentrum der Verbriefungskrise von 2007 auftauchen sollten.

Bei einer Pressekonferenz zu jener Zeit versuchte US-Finanzminister Rubin eine Krise kleinzureden, die sich als fundamentaler Makel des gesamten Risikomodells erwies. Er erklärte: »LTCM war ein isolierter Einzelfall, bei dem es nach Einschätzung der New Yorker *Federal Reserve* mögliche systemische Implikationen eines Versagens gab. Sie [die NY-*Fed*] organisierte dann ein Treffen einer Gruppe von Institutionen des privaten Sektors, die dann entschieden, was in ihrem eigenen wirtschaftlichen Interesse lag.«

Eine Ursache für die Ehrfurcht gegenüber dem LTCM war das »Dreamteam«, das diesen Fonds leitete. Der Vorstandsvorsitzende und Gründer des Fonds war John Meriwether, ein legendärer Händler an der Wall Street, der nach einem Skandal wegen des Kaufs von US-Schatzbriefen die Firma *Salomon Brothers* verließ. Doch dieser Skandal hatte sein Selbstbewusstsein nicht im Geringsten angekratzt. Als er gefragt wurde, ob er an effiziente Märkte glaube, antwortete er in aller Bescheidenheit: »Ich werde sie effizient *machen*.« Zu den wichtigsten Aktionären des Fonds gehörten die beiden herausragenden Experten der »Wissenschaft vom Risiko«, Myron Scholes und Robert Merton, die 1997 von der Schwedischen Akademie der Wissenschaften den Nobelpreis für Wirtschaftswissenschaften erhalten hatten, und zwar für ihre Arbeit über Derivate. Außerdem verfügte der LTCM über eine beeindruckende Zahl von Finanzprofessoren, Doktoren der Mathematik und Physik sowie anderen »Raketenwissenschaftlern«, die in der Lage waren, extrem komplexe, kühne und profitable Finanzszenarien zu erstellen.

Fundamental falsche Annahmen und Risikomodelle

Die Sache hatte nur einen Schönheitsfehler. Scholes' und Mertons grundlegende Axiome des Risikos, also die Theorien, auf denen ihre Modelle aufgebaut waren, waren falsch. Sie waren auf Sand gebaut. Sie waren grundsätzlich und katastrophal falsch. In ihrem mathematischen Optionspreismodell gingen sie davon aus, dass es »perfekte Märkte« gebe, Märkte, die so extrem tief gestaffelt sind, dass die Aktionen der Händler die Preise nicht beeinträchtigen können. Scholes und Merton gingen davon aus, die Märkte und ihre Teilnehmer verhielten sich rational. Doch die Realität sieht ganz anders aus – Märkte sind langfristig grundsätzlich irrational. Aber aufgrund der Risikopreismodelle, die Fischer Black, Myron Scholes und andere Wirtschaftswissenschaftler in den vergangenen zwei oder mehr Jahrzehnten entwickelt haben, konnten die Banken und Kreditinstitute behaupten, die traditionelle Vorsicht bei der Vergabe von Krediten sei altmodisch. Mit der entsprechenden Optionsversicherung sei das Risiko kein Problem mehr. Man konnte die Feste also feiern, wie sie fielen.

Damit ignorierte man natürlich die tatsächlichen Marktbedingungen bei jeder größeren Marktpanik seit 1975, als das »Black-Scholes-Modell« bei der *Chicago Board Options Exchange* – einer der weltgrößten Optionsbörsen der Welt – eingeführt wurde: Man ignorierte die fundamentale Rolle der Optionen und der »Portfolio-Versicherung« beim Börsenkrach von 1987; man ignorierte die Panik, die 1998 LTCM zu Fall brachte – an dem sowohl Scholes als auch Merton beteiligt waren. Eine auf Wolke sieben schwebende Wall Street ignorierte zusammen mit den

Ökonomen und Direktoren von Greenspans *Federal Reserve* das Offensichtliche.

Im Gegensatz zu dem fast schon religiösen Dogma, das seit Jahrzehnten an allen Wirtschaftsfakultäten gelehrt wird, handelt es sich bei Finanzmärkten nicht um einfache und problemlose Modelle, die sich nach der Gaußschen Normalverteilungskurve richten, so, als ob diese ein Naturgesetz wären. Die Tatsache, dass die Hauptarchitekten der modernen Theorien der Finanzierungstechnik – die inzwischen den seriös klingenden Namen »Finanzwirtschaftswissenschaft« erhielt – allesamt mit dem Nobelpreis ausgezeichnet wurden, verlieh diesen fehlerhaften Modellen die Aura päpstlicher Unfehlbarkeit. Nur drei Jahre nach dem Crash von 1987 verlieh das Nobel-Komitee in Schweden Harry Markowitz und Merton Miller den Preis für Wirtschaftswissenschaften. Ende 1997, und zwar mitten in der Asienkrise, erhielten auch Robert Merton und Myron Scholes den Nobelpreis.[3]

Das Seltsame an den fehlerhaften Risikomodellen, die seit den Ursprüngen der Finanzderivate in den 1980er-Jahren bis zum explosiven Wachstum der Verbriefung von Kreditforderungen im vorigen Jahrzehnt verwendet wurden, war, dass sie kaum in Frage gestellt wurden.

Der Hedgefonds LTCM verfügte über hochbezahlte Wall-Street-Investmentbanker sowie zwei Ökonomen, die nicht nur den Nobelpreis gewonnen, sondern auch die Theorie zur Preisbildung von Finanzderivaten vorgegeben hatten, und zwar für all deren Produkte, von Aktien bis zu Währungen. Um die Liste der LTCM-Prominenten zu vervollständigen, gab David Mullins 1994 seinen Job als stellvertretender *Fed*-Chef unter Alan Greenspan auf und wurde Partner bei LTCM.

Trotz alledem konnten sich die Händler bei LTCM sowie alle diejenigen, die ihnen im August 1998 bis an den Rand des finanziellen Abgrunds folgten, nicht davor schützen, was ihnen jetzt drohte – das systemische Risiko. Und dieses Systemrisiko trat ein, als sich das theoretisch »unmögliche Ereignis«, der russische Staatsbankrott, in der Realität als möglich herausstellte.

Trotz der eindeutigen Lektion aus dem katastrophalen LTCM-Debakel – dass es nämlich kein Derivat gab oder gibt, das gegen das systemische Risiko absichert – machten Greenspan, Rubin und die New Yorker Banken weiter wie bisher. Sie bastelten an ihren Risikomodellen, als ob absolut nichts geschehen wäre. Der russische Staatsbankrott wurde als ein Ereignis abgetan, »das sich höchstens einmal in 100 Jahren ereignet«. Die Banker der Wall Street blähten weiter ihre *dot.com*-Blase auf und anschließend sogar die größte Finanzblase in der Geschichte der Menschheit – die Verbriefungs-Blase von 2002 bis 2007.

Das Leben ist keine Normalverteilungskurve

Risiko und Preisbildung verhalten sich nicht gemäß einer Normalverteilungskurve, weder auf den Finanzmärkten noch bei der Erschließung von Ölfeldern. Im Jahre 1900 behauptete ein obskurer französischer Mathematiker und Finanzspekulant namens Louis Bachelier, Preisänderungen von Anleihen oder Aktien folgten der glockenförmigen Kurve, die der deutsche Mathematiker Carl Friedrich Gauß als Arbeitsmodell konzipiert hatte (Gaußsche Normalverteilungskurve bzw. »Glockenkurve«), um statistische Wahrscheinlichkeiten für verschiedene Ereignisse darzustellen. Zur Darstellung von Preisschwankungen anhand dieser Normalverteilungskurve gehörte eine milde Form der Willkür; ähnlich wie bei dem üblichen Intelligenztest, bei dem der Wert 100 als »Durchschnitt« angenommen wird, weil er sich im Zentrum einer Normalverteilungskurve befindet. Das Ganze war eine Art »nützlicher Alchemie«, aber eben nur Alchemie.

Unter der Annahme, dass sich Schwankungen bei Finanzpreisen grundsätzlich wie diese Gaußsche Normalverteilungskurve verhalten, konnten die »Raketenspezialisten« der Wall Street einen unendlichen Strom neuer Finanzprodukte herausbringen, von dem eines obskurer und komplexer war als das vorherige. Die Theorien wurden modifiziert. So wurde zum Beispiel das »Gesetz der großen Zahlen« hinzugefügt, um zu beweisen, dass dann, wenn die Zahl der einzelnen Ereignisse groß genug wird – wie beim Werfen einer Münze oder beim Würfeln –, der gemessene Wert langfristig den (theoretisch) stabilen Wert erreicht. Dieses Gesetz der großen Zahlen, bei dem es sich nun wirklich nicht um ein wissenschaftliches Naturgesetz handelt, erlaubte es Banken wie der *Citigroup* oder *Chase*, viele hundert Millionen Visakarten auszustellen, ohne eine Kreditprüfung vorzunehmen, und das aufgrund von Daten, die zeigten, dass in »normalen« Zeiten bei Kreditkarten eine Zahlungsunfähigkeit so selten auftritt, dass sie angeblich überhaupt nicht ins Gewicht fällt.[4]

Die Probleme mit Wahrscheinlichkeitsmodellen, die auf Normalverteilungskurven oder dem Gesetz der großen Zahlen beruhen, zeigten sich, als die Zeiten nicht normal waren – zum Beispiel bei einer starken

Rezession, wie sie die US-Wirtschaft zurzeit durchmacht und die vielleicht nur mit der von 1931 bis 1939 vergleichbar ist.

Es war schon höchst bemerkenswert, dass Amerikas akademisch gebildete Ökonomen und Investmentbanker, die Direktoren der *Federal Reserve* und Finanzminister sowie Schwedens Preisrichter, die den Nobelpreis für Wirtschaftswissenschaften vergeben, Großbritanniens Finanzminister und Banker der Londoner City sowie die *Bank of England*, um nur einige der wichtigsten Namen zu nennen – dass all diese Finanz- und Wirtschaftsexperten die simple Tatsache ignorierten, dass alle ökonomischen Theorien sowie die Theorien über das Marktverhalten und die Theorien zur Risikoeinschätzung bei Derivaten nicht in der Lage sind, nichtlineare Überraschungen vorauszusagen, geschweige denn, sie zu verhindern.[5]

Es war unmöglich, anhand der Theorie, auf deren Grundannahmen letztendlich viele Billionen Dollars an weltweiten Kreditverbindlichkeiten beruhten, das Platzen von Spekulationsblasen vorherzusagen, weder im Oktober 1987 noch im Februar 1994 oder im März 2002 – und mit Sicherheit nicht seit Juni 2007. Das war deshalb nicht möglich, weil vor allem das benutzte Modell selbst die Bedingungen schuf, die zu den immer größeren und destruktiveren Finanzblasen führten. Finanzökonomie war nur ein anderes Wort für ungezügelte spekulative Exzesse, also für einen Prozess, der seit der ersten Spekulationsblase der Wirtschaftsgeschichte – dem sogenannten »Tulpenwahn« in Holland im 17. Jahrhundert – unweigerlich Finanzblasen, und damit das Platzen dieser Blasen, verursacht hatte.

Eine Theorie, die nicht in der Lage war, solche großen und definitionsgemäß »nichtlinearen« überraschenden Ereignisse vorauszusagen, war trotz aller Nobelpreise nicht das Papier wert, auf dem sie geschrieben wurde. Dennoch setzten sich die Direktoren der *Federal Reserve* – allen voran Alan Greenspan – sowie die US-Finanzminister, vor allem Robert Rubin, Lawrence Summers und Henry Paulsen, durch und sorgten dafür, dass der Kongress diesen exotischen Finanzinstrumenten, die auf der Basis einer Theorie entstanden waren, die in der Realität vollkommen irrelevant war, niemals gesetzliche Einschränkungen auferlegte bzw. sie regulierte.

Am 29. September 1998 berichtete die Nachrichtenagentur *Reuters*, dass »selbst nach dem Zusammenbruch – und der Rettung – von LTCM jeder Vorstoß zur Regulierung von Derivaten erfolglos geblieben war. Der CFTC [US-Regierungsbehörde, die nominell den Handel mit Derivaten überwacht – W. E.] wurde untersagt, die Regulierung von Derivaten zu verschärfen, und zwar mit einer Formulierung, die am Montagabend von den Verhandlungsführern des Repräsentantenhauses und des Senats gebilligt worden war. Anfang September hatten die republikanischen Vorsitzenden der Landwirtschaftausschüsse beider Kammern um diese Formulierung – die auch die Bedenken der Industrie berücksichtigte – gebeten, mit der die Aufsichtsbefugnis der CFTC über den außerbörslichen Handel mit Derivaten begrenzt werden soll, womit sie die Sorgen der Industrie zum Ausdruck brachte.« Mit dieser »Industrie« waren natürlich die Großbanken gemeint.

Weiter hieß es in dieser Meldung von *Reuters*: »Als die CFTC das Thema Regulierung anschnitt, verteidigten sowohl *Fed*-Chef Alan Greenspan als auch Finanzminister Rubin die [Finanz-]Industrie und behaupteten, dass die Industrie keine Regulierung benötige und dass die Einführung der Regulierung [amerikanische] Unternehmen ins Ausland treiben würde.«

Die Kombination dieser unerbittlichen Ablehnung, keinerlei Regulierung der explosiven neuen Finanzinstrumente – die von Credit Default Swaps (CDS) zu hypothekenbesicherten Wertpapieren reichten – sowie einer Unzahl ähnlicher exotischer »risikostreuender« finanzieller Innovationen zuzulassen, bahnte zusammen mit der 1999 erfolgten endgültigen Außerkraftsetzung des »Glass-Steagall Acts«, der seit 1934 strikt das Investmentgeschäft und die normalen Bankgeschäfte getrennt hatte, den Weg für das, was im Juni 2007 einsetzte: die zweite Große Depression in weniger als einem Jahrhundert. Damit aber begann, was künftige Historiker zweifellos als den Untergang der Vereinigten Staaten als dominierende globale Finanzmacht beschreiben werden.

»Lügenkredite« und NINA: Banken in einer Orgie des Betruges

Die Lektionen aus dem Staatsbankrott Russlands im August 1998 und die kurz danach einsetzende systemische LTCM-Krise verdrängte die Elite des New Yorker Finanz-Establishments in wenigen Wochen. Unterstützt durch die akademisch gebildeten »Raketenwissenschaftler«, Normalverteilungskurven und grundfalschen Risikomodellen setzten die Finanzgiganten der US-Banken eine Welle von Megafusionen in Gang und entwickelten einfallsreiche Methoden, um ihr Kreditrisiko aus den

Büchern zu entfernen. Das öffnete Tür und Tor für den größten Firmen- und Finanzbetrug in der Weltgeschichte – »Asset Securitization«, die Verbriefung von Kreditforderungen.

Da der »Glass-Steagall Act« Ende 1999 auf Drängen von Greenspan und Rubin endgültig außer Kraft gesetzt worden war, stand es den Banken jetzt frei, Rivalen aus sämtlichen Bereichen wie Versicherungen, Verbraucherkreditanstalten oder Finanzierungsgesellschaften aufzukaufen. Die Bankenlandschaft Amerikas veränderte sich radikal und dramatisch. Die »Verbriefungs-Revolution« konnte beginnen.

Nach Außerkraftsetzung des »Glass-Steagall Acts« überwachte die *Federal Reserve* direkt nur noch die Bankholdinggesellschaften und untergeordnete reine kreditgebende Banken. In der Praxis hieß das: Jetzt konnte die *Citigroup* ihre (staatlich regulierte) Zweigstelle in einer typischen »Subprime-Gegend« schließen und stattdessen ihre Geschäfte in dieser (ärmeren) Gegend durch eine (nicht regulierte) 100-prozentige Tochterfirma namens *CitiFinancial* abwickeln. Der Vorteil für die *Citigroup* lag darin, dass diese *CitiFinancial*, die ein Spezialist für Subprime-Kredite war, ihre Geschäfte jetzt unter ganz anderen – lascheren – Regulierungsbestimmungen abwickeln konnte.

Die *CitiFinancial* stellte unabhängig von der *Citigroup* Hypotheken aus. Verbrauchergruppen warfen der *CitiFinancial* vor, Spezialist für »Raubtierkredite« zu sein, deren Vergabe so vor sich ging, dass skrupellose Hypothekenmakler oder Verkäufer einer Person oder Familie einen Kredit aufdrängten, der weit über ihren Möglichkeiten lag oder deren Verständnis in Bezug auf die eingegangenen Risiken überstieg. Außerdem waren diese Darlehensnehmer oft auch gar nicht in der Lage, diese Kredite zurückzuzahlen. Dabei war die *Citigroup* nur ein typisches Beispiel für die meisten großen US-Banken und Hypothekengeber.

Am 8. Januar 2008 verkündete die *Citigroup* mit großem Pomp die Veröffentlichung ihres Berichts über ihr konsolidiertes »US-Eigenheimhypothekengeschäft«, inklusive der Gewährung von Hypotheken, Bedienung der Zinsen und Verbriefung. Seltsamerweise tauchte in dieser Erklärung die *CitiFinancial* gar nicht auf, also genau die Tochterfirma mit den meisten Risiken in ihren Büchern.[6]

Schlupflöcher in Basel I

Das, was die Banken in die Verbriefung und die Verbreitung bilanz-unwirksamer Risiken, inklusive stark fremdfinanzierter Derivate, trieb, war der »Basler Akkord« aus dem Jahre 1987 – die Eigenkapital-vereinbarung der Baseler Bank für Internationalen Zahlungsausgleich (BIZ), inzwischen bekannt als »Basel I«. Diese Vereinbarung der Zentralbanken der größten Industrienationen der Welt verpflichtete die Banken, acht Prozent eines normalen Geschäftskredits als Reserve für einen möglichen künftigen Kreditausfall zurückzulegen. Die damalige Innovation der Finanzderivate wurde auf Drängen der *Federal Reserve* bei dieser Vereinbarung Basel I nicht erwähnt.

Die Vereinbarung war ursprünglich auf Ersuchen der ultrakonservativen Deutschen Bundesbank und anderer europäischer Zentralbanken getroffen worden, um die eher spekulative Kreditvergabe der amerikanischen und japanischen Banken zu zügeln, die zu der schlimmsten Bankenkrise seit den 1930er-Jahren geführt hatte. Ursprünglich verfolgte man mit Basel I die Absicht, die Banken zu zwingen, das Kreditrisiko zu reduzieren, also vorsichtiger und konservativer zu sein. Doch auf die Arbeit der amerikanischen Banken hatte Basel I genau den gegenteiligen Effekt. Die US-Banken entdeckten ziemlich bald ein riesiges Schlupfloch – die bilanzunwirksamen Transaktionen, vor allem Derivate und Verbriefung. Da diese Produkte in Basel I nicht berücksichtigt wurden, mussten die Banken kein Kapital beiseitelegen, um potenzielle Verluste auf diesem Gebiet auszugleichen.

Der Vorteil der Verbriefung von Kreditforderungen, zum Beispiel Wohnungsbaukrediten, für die ausstellende Bank war, dass sie den Kredit oder die Hypothek unverzüglich an einen Verbriefer oder Versicherer verkaufen konnte, der Hunderte oder Tausende solcher Kredite zu einem neuen vermögensbesicherten Wertpapier (ABS) bündelte. Diese scheinbar geniale Innovation war viel gefährlicher, als es zunächst den Anschein hatte. Die kreditgebenden Banken mussten einen Hypothekenkredit nicht mehr wie bisher 20 bis 30 Jahre in ihren Büchern führen. Vielmehr verkauften sie diesen Kredit mit einem Abschlag und verwendeten den dabei erzielten Erlös, um eine nächste Runde der Kreditgewährung einzuläuten.

Das bedeutete aber auch, dass sich die kreditgebende Bank keine Sorgen mehr darüber machen musste, ob der Kredit jemals zurückgezahlt werden würde.

Betrug ist »in«

Es dauerte nicht lange, bis die kreditgebenden Banken in den ganzen USA merkten, dass sie auf einer riesigen Goldmine saßen, größer als die beim legendären Goldrausch in Kalifornien. Sie machen sich überhaupt keine Gedanken darüber, ob eine Person, die einen Eigenheimkredit aufnahm, überhaupt in der Lage war, die Schulden in den nächsten Jahrzehnten zurückzuzahlen. Die Banken machten eine Menge Geld durch das reine Kreditvolumen und den Weiterverkauf der Kredite an die Verbriefer.

Bald wurde es normal, dass die Banken ihre Hypothekenkreditvergabe freiberuflichen Maklern übertrugen. Anstatt die Kreditnehmer auf ihre Kreditwürdigkeit zu überprüfen, verließen sich die Makler meist ausschließlich auf verschiedene Online-Kreditfragebögen, ähnlich wie bei Anträgen für eine Visa-Karte, bei der keine Nachprüfung erfolgt. Es wurde zu einer üblichen Praxis, dass Hypothekenkreditgeber Maklern Bonusanreize gewährten, damit diese eine größere Menge von unterzeichneten Kreditverträgen abschlossen – eine weitere Möglichkeit für massiven Betrug. Die Banken machten mehr Profit mit hohen Kreditvolumina, die sie anschließend zur Verbriefung an Wall-Street-Häuser verkauften. Die Welt des traditionellen Bankwesens wurde völlig auf den Kopf gestellt.

Da eine Bank jetzt nicht mehr den Anreiz hatte, auf die Solidität eines Kreditnehmers zu achten, zum Beispiel durch Minimal-Anzahlungen und eine gründliche Untersuchung der Kreditwürdigkeit, gewährten viele US-Banken sogenannte »Lügenkredite«, einfach um das Kreditvolumen und die Umsätze zu erhöhen. Diese Zyniker wussten, dass der Darlehensnehmer bei der Frage nach seiner Kreditwürdigkeit und seinem Einkommen log, um sein Traumhaus zu bekommen. Aber das war ihnen völlig egal. Sie verkauften das Hypothekenrisiko einfach weiter, kaum dass die Tinte auf dem Kreditvertrag trocken war.

Nach 2002 kam eine neue Terminologie für solche Kredite auf: »NINA«-Hypotheken – »No Income, No Assets« (kein Einkommen, kein Vermögen). »Kein Problem, Mr. Jones! Hier sind die 400 000 Dollar für Ihr neues Haus. Alles Gute.«

Da »Glass-Steagall« jetzt kein Hindernis mehr war, konnten die Banken eine Vielzahl hundertprozentiger Tochterfirmen gründen, um das boomende Geschäft mit den Wohnungsbauhypotheken in Gang zu halten. Der Gigant in diesem ganzen Prozess war die *Citigroup*, die größte

US-amerikanische Bankengruppe mit einem Vermögen von über 2,4 Billionen Dollar.

Zur *Citigroup* gehörte unter anderem die *Travelers Insurance*, eine bundesstaatlich regulierte Kreditbank. Außerdem die alte *Citibank*, eine riesige Kreditbank, sowie die Investmentbank *Smith Barney*. Zudem war die *Citigroup* auch Eigentümerin des aggressiven Subprime-Kreditgebers *CitiFinancial*, der nach Aussagen zahlreicher Verbraucherberichte einer der skrupellosesten Raubtier-Kreditgeber war und die Subprime-Hypotheken häufig an völlig unbedarfte oder insolvente Kreditgeber, meist Schwarze oder Latinos, vergab.[7] Darüber hinaus gehört zur *Citigroup* auch die *Universal Financial Corporation*, einer der größten Aussteller von Kreditkarten in den USA, die das sogenannte »Gesetz der großen Zahlen« anwandte, um ihren Kundenkreis bei unzuverlässigen Darlehensnehmern (und entsprechend höheren Risiken) zu vergrößern.

Zur *Citigroup* gehörten auch *Banamex*, die zweitgrößte Bank Mexikos, und die *Banco Cuscatlan*, die größte Bank von El Salvador. *Banamex* war eine der großen mexikanischen Banken, die wegen Geldwäscherei

Im Oktober 2008 intervenierte die US-Regierung mit einer Finanzspritze, um der in Schwierigkeiten steckenden Citigroup *aus der Patsche zu helfen.* Citigroup *ist die größte Bank der Welt und der aggressivste Vermarkter von Subprime-Krediten.*

angeklagt wurden. Doch das war nichts Neues für die *Citigroup*. Im Jahre 1999 untersuchten der US-Kongress und der US-Bundesrechnungshof (GAO) die *Citigroup* wegen der Wäsche von Drogengeldern in Höhe von 100 Millionen Dollar für Raúl Salinas de Gortari, den Bruder des damaligen mexikanischen Präsidenten. Bei dieser Untersuchung kam ebenfalls heraus, dass die *Citibank* Geld für korrupte Beamte von Pakistan über Gabun bis Nigeria gewaschen hatte.

Doch die *Citigroup*, der finanzielle Moloch, war nur *ein* typisches Beispiel dafür, was mit Amerikas Bankwesen nach 1999 geschah. Es war eine ganz andere Welt, vielleicht mit Ausnahme der Exzesse der »Wilden 20er-Jahre« im vorigen Jahrhundert. Das Ausmaß, das der Betrug und der Missbrauch im Kreditgeschäft in der neuen Ära der Verbriefung annahmen, überstieg sämtliche Vorstellungen.

Die Raubtiere hatten ihre große Zeit

Eine amerikanische Verbraucherorganisation, die diese »Kredithaie« kritisch beobachtete, dokumentierte einige der üblichsten kriminellen Kreditpraktiken während des Immobilienbooms und berichtete:

»In den Vereinigten Staaten gibt es im ersten Jahrzehnt des 21. Jahrhunderts viele dubiose Firmen, die solche Kredite anbieten. Einige sind sehr alt – zum Beispiel Household Finance *und ihre Schwesterfirma* Beneficial *– und andere etwas neuer, wie* CitiFinancial. *Beide bieten Kredite zu Sätzen von über 30 Prozent an. Das Geschäft boomt: Die Gewinnspannen, so die Wall Street, sind zu groß, um darauf zu verzichten. Die* Citibank *zahlt unter fünf Prozent Zinsen auf die erhaltenen Einlagen. Die mit ihr verbundenen Kredithaie verrechnen einen vier Mal so hohen Satz, selbst für Kredite, die durch das Eigenheim des Kreditnehmers abgesichert sind. Für einen Banker ist das ein Geschäft, das er einfach nicht ablehnen kann. Selbst wenn es mit der Wirtschaft bergab geht – sie können die hinterlegte Sicherheit behalten und weiterverkaufen.*

Das Geschäft ist global: Die Hong Kong & Shanghai Banking Corporation, *jetzt HSBC, will es in mehr als 80 Länder exportieren, in denen sie bis jetzt nur schwach vertreten ist. Institutionelle Investoren lieben dieses Geschäftsmodell, und die Investmentbanken verbriefen die Kredite ... Die Wurzel jedoch, das ›Futter‹, auf dem diese ganze Pyramide steht, ist der einzelne Kunde am sogenannten Ort des Verkaufs ... Punkte und Gebühren können dem verliehenen Geld hinzugefügt werden.*

CitiFinancial *und* Household Finance *schlagen ihren Kunden vor, eine Versicherung abzuschließen. Diesen Vorschlag machen sie ihnen auf unterschiedliche Art und Weise schmackhaft – Kreditlaufzeit und ›Kredit-Anfälligkeit‹ sowie ›Kredit-Arbeitslosigkeit‹ und Sachversicherung –, aber in fast allen Fällen werden diese Leistungen dem Kredit zugeschlagen, und es werden Zinsen dafür berechnet. Es nennt sich ›einmalige Prämie‹ – anstatt jeden Monat für die Deckung zu zahlen, zahlen Sie im Voraus mit Geld, auf das Sie Zinsen zahlen. Wenn Sie später refinanzieren wollen, dann bekommen Sie keine Rückerstattung. Das Geld ist futsch, aber am ›Ort des Verkaufs‹ merkt man davon häufig nichts.*

Nehmen wir zum Beispiel den Kauf von Möbeln. Eine Schlafzimmerausstattung könnte 2000 Dollar kosten. Auf dem Schild steht: ›Easy Credit‹ ... Das Möbelhaus verwaltet diese Konten nicht. Dafür wendet es sich an Banken wie CitiFinancial, *HFC oder vielleicht* Wells Fargo. *Während die* Federal Reserve *Geld an Banken unter fünf Prozent verleiht, berechnen diese Bank-Töchter 20, 30 oder 40 Prozent. Sie haben ihre Möbel – kostenpflichtig – versichert: um Sie zu schützen, behauptet der Möbelhändler, damit die Möbel nicht wieder abtransportiert werden, wenn Sie sterben oder arbeitslos werden. Doch bevor die ganzen Schulden abgetragen sind, werden Sie, ob Sie nun tot oder noch lebendig sind, mehr als den Listenpreis eines Luxuswagens oder eine Villa samt Butler bezahlt haben.*

Irgendwann macht man Ihnen ein toll klingendes Angebot: Wenn Sie Ihr Haus als Sicherheit bieten, kann Ihre Kreditrate gesenkt und die Laufzeit verlängert werden. Eine 20-jährige Hypothek, mit festem oder variablem Zinssatz. Der Satz wird hoch sein, und die einzelnen Bedingungen werden Ihnen nicht mitgeteilt. Wenn Sie zum Beispiel den Kredit zu schnell zurückzahlen, brummt man Ihnen ein Strafgeld wegen Zahlung vor Fälligkeit auf. Oder Sie zahlen zu langsam: Die dafür verhängte Geldstrafe ist der sogenannte ›Ballon‹, also eine Blase. Wenn Sie diese Summe nicht zahlen können, dann macht das nichts, denn das wusste die Bank ja schon vorher. Das Ziel besteht darin, Ihren Kredit zu refinanzieren und Ihnen noch mehr Strafpunkte und Gebühren aufzuerlegen.

In früheren Jahrhunderten nannte man so etwas Schuldsklaverei. Heutzutage ist dies das Schicksal der sogenannten Subprime-Sklaven. Nicht weniger als 20 Prozent der amerikanischen Haushalte werden als Subprime eingestuft. Aber nach Angaben des [staatlichen Hypothekenfinanzierers] Fannie Mae *hätte die Hälfte der Leute, die Subprime-Kredite bekommen, normale Ratenkredite abzahlen können. Draußen herrscht das Gesetz des Dschungels. Die einzige Regel ist: Käufer, Vorsicht!«* [8]

In den 1980er-Jahren habe ich einen führenden Wall-Street-Banker interviewt, der sich zu dieser Zeit von einer Art Burnout-Syndrom erholte. Ich befragte ihn über die Geschäfte seiner Bank in Cali (Kolumbien), während der Glanzzeit des Cali-Kokainkartells. Er vertraute mir inoffiziell an: »Ich war früher in Cali. Es war buchstäblich so, dass Männer mit Sonnenbrillen in die Bank kamen und Koffer auf den Tisch stellten, die mit Hundert-Dollar-Scheinen vollgestopft waren. Die Banken gingen sogar über Leichen, um ein Stück von diesem Kuchen abzubekommen, so lukrativ waren die Geschäfte.« Dieselben Banken stürzten sich später auf das Subprime-Kreditgeschäft, wobei sie ähnliche Ziele verfolgten. Die Gewinne waren jedenfalls so hoch wie bei der Wäsche von Drogengeldern.

Und wiederum war es Alan Greenspan, der energisch die Ausweitung der Kreditvergabe unterstützte – auch auf die ärmsten Getto-Bewohner. Edward M. Gramlich, ein Direktor der *Federal Reserve*, der im September 2007 starb, warnte bereits vor fast sieben Jahren, eine schnell wachsende, ganz neue Art von Kreditgebern verleitete viele Menschen dazu, riskante Hypotheken aufzunehmen, die sich diese Menschen überhaupt nicht leisten konnten. Als Gramlich privat *Fed*-Revisoren drängte, Hypotheken-Kreditgeber, die mit staatlichen Banken in Verbindung standen, zu überprüfen, erhielt er von Alan Greenspan eine Abfuhr. Nach Berichten von *Fed*-Insidern leitete Greenspan die *Federal Reserve* fast wie ein absoluter Herrscher.[9]

Das FBI, das mit Sicherheit nur die Spitze eines sehr großen Eisberges von Betrug entlarvt hat, gab kürzlich bekannt, dass es derzeit gegen 14 Finanzinstitute wegen möglichen Bilanzbetrugs, Insiderhandels und anderer Vergehen im Zusammenhang mit Eigenheimkrediten an prekäre Kreditnehmer ermittelt. Laut dem *Federal Bureau of Investigation* betreffen diese Ermittlungen Firmen aus der gesamten Finanzdienstleistungsbranche, von Hypothekenkreditgebern bis zu Investmentbanken, die Eigenheimkredite zu Wertpapieren bündeln, die dann an Investoren verkauft werden.

Zur gleichen Zeit untersuchten Behörden in New York und Connecticut, ob Wall-Street-Banken wichtige Informationen über hochriskante Kredite zurückgehalten hatten, die zu Wertpapierpaketen gebündelt und dann an Investoren verkauft wurden. Der Justizminister von Connecticut, Richard Blumenthal, erklärte damals, er und der Justizminister des Staa-

412

tes New York, Andrew Cuomo, überprüften gerade, ob Banken ordnungsgemäß auf das hohe Ausfallrisiko der sogenannten »exception loans« (Ausnahmekredite) – die für noch riskanter gehalten werden als Subprime-Kredite – hingewiesen hätten, als sie diese Wertpapiere an Investoren verkauften. Im November 2007 erließ Cuomo gerichtliche Vorladungen an die halbstaatlichen Hypothekenfinanzierer *Fannie Mae* und *Freddie Mac* im Zusammenhang mit seinen Ermittlungen von »Interessenkonflikten innerhalb der Hypothekenindustrie«. Er sagte, er wolle Immobilienkredite im Wert von vielen Milliarden Dollar überprüfen, die amerikanische Häuslebauer von US-Finanzinstituten bekommen hatten, zum Beispiel von der größten amerikanischen Spar- und Darlehenskasse *Washington Mutual Inc*. Außerdem wollte Cuomo wissen, ob und wie bei diesen Hypothekenkrediten eine Leistungsbeurteilung vorgenommen wurde.

Auch das FBI war in dieser Sache aktiv; zusätzlich zu dem oben Gesagten teilte die US-Bundespolizei zu dieser Zeit mit, dass sie die Praktiken von Subprime-Kreditgebern überprüfe und wegen potenziellen Bilanzbetrugs gegen Finanzinstitute ermittle, die derartige Kredite in ihren Büchern führten oder sie verbrieften und dann an andere Investoren weiterverkauften. Die Investmenthäuser *Morgan Stanley*, *Goldman Sachs* und *Bear Stearns* erklärten damals laut offizieller Aktenlage, dass sie mit verschiedenen, nicht genannten Regulierungsstellen und Regierungsbehörden kooperierten, die von ihnen Informationen über diese Geschäfte verlangten.[10]

Ein ehemaliger Immobilienmakler aus dem pazifischen Nordwesten, der sein Geschäft aufgab, weil es ihn anwiderte, ungeeigneten Kreditnehmern Hypotheken aufzuschwatzen, beschrieb einige der typischen Praktiken der skrupellosen Makler in einem Memorandum über die Gewährung von Hypotheken mit variablem Zinssatz (ARMs), das er mir zur Verfügung stellte:

»Das Subprime-Fiasko ist ein wahrer Albtraum. Aber die erstklassigen zinsvariablen Hypotheken (ARMs) haben das Potenzial für eine unglaubliche Katastrophe. Der erste ›Schluckauf‹ erfolgte im Juli/August 2007 – das war das erste ›Subprime-Fiasko‹, aber im November 2007 war es mehr als nur ein Schluckauf. Im November 2007 wurden die erstklassigen zinsvariablen Hypotheken nach oben korrigiert.

Das bedeutet, dass die zinsvariablen Hypotheken am ›Jahrestag des Kredites‹ an einen höheren Satz angepasst werden. Dies geschieht deshalb, weil diese Hypotheken zu einem Locksatz erworben wurden, der üblicherweise einen oder anderthalb Prozent beträgt. Ratenzahlungen zu diesem Zinssatz sind zwar sehr attraktiv, tragen jedoch nicht dazu bei, die Darlehenssumme zu reduzieren, und erzeugen sogar unbezahlte Zinsen, die dem Kredit zugeschlagen werden. Den Kreditnehmern wird die Möglichkeit geboten, die Zahlungen der Locksätze für das gesamte erste Jahr zu leisten, obwohl der Satz eigentlich nur für den ersten Monat gilt.

Sorgen über eine ›negative Amortisierung‹, bei der die Kreditschuld höher ist als der Marktwert des Eigentums, wurden zerstreut durch den Hinweis auf das Wachstum des Immobilienwertes aufgrund der von den Banken erzeugten Blase, die als normal bezeichnet wurde. Außerdem könne man sich darauf verlassen, so die Behauptung, dass alles so weitergehe. Das alles wurde von den Kreditgebern gefördert, die ganze Armeen von Kundenberatern, d. h. Verkäufern, zu den Hypothekenmaklern schickten, um zu erklären, wie das funktionieren würde.

Ihre größten Gewinnanteile – die Marge – machten die Banken mit variablen Zinssätzen bei Immobilienkrediten und einem gewissermaßen objektiven Indikator für die Kosten der geborgten Gelder – dem sogenannten Index. Diese Indizes wurden anhand unterschiedlicher Wirtschaftsaktivitäten ermittelt – zum Beispiel was die US-Banken für 90-tägige Einlagezertifikate zahlten oder welche Raten beim Londoner Interbankenhandel (LIBOR) für US-Dollars galten. Marge plus Index ergibt den wahren Zinssatz für den Kredit. Das ist der Satz, zu dem der Kredit nach 30 Jahren komplett abbezahlt (›amortisiert‹) ist – der ›voll indizierte Satz‹.

Nehmen wir einen Satz von sechs Prozent als ›realen‹ oder inflationsjustierten Zinssatz an (drei Prozent Marge plus drei Prozent Inflationsindex). Bei einem Kreditbetrag von 250 000 Dollar würde die monatliche Ratenzahlung bei einem Zinssatz von einem Prozent bei 804,10 Dollar liegen. Das ist das ›Lockzinsangebot‹, exklusive Steuern und Versicherung. Dieser Betrag würde sich an die Veränderungen beim Index anpassen. Aber die Marge bleibt gleich für die gesamte Kreditlaufzeit.

Dieser Kredit ist so strukturiert, dass Zahlungsanpassungen nur einmal pro Jahr vorgenommen und auf 7,5 Prozent der Zahlung des vorangegangenen Jahres begrenzt werden. Das kann stufenweise für einen Zeitraum von fünf Jahren (oder im Falle eines einzigen Kreditgebers auch zehn Jahren) so weitergehen, ungeachtet dessen, was in der realen Welt so vor sich geht. Dann, am Ende der fünf Jahre, fallen die Begrenzungen weg, und alle Zahlungen werden dem ›voll indizierten Satz‹ angepasst.

*Hat der Kreditnehmer die ganze Zeit nur die erforderlichen Mindest-
zahlungen geleistet, kann dies zu einem Zahlungsschock führen, der in
die Tausende geht. Hat sich der Wert des Hauses aber um 25 Prozent
verringert, dann wird der Kreditnehmer, dieses Mal jemand mit ausge-
zeichneter Kreditwürdigkeit, aufgefordert, sein Haus der Bank zurückzu-
geben, was den Wert dieses Hauses mindestens um weitere 25 Prozent
herabdrückt – und das wirkt sich dann auch auf die umliegenden Häuser
aus.«*[11]

Nach Aussagen eines Bankeninsiders aus Chicago wurden die Banker in den USA in den ersten Wochen des Februars 2008 ausdrücklich auf
Folgendes aufmerksam gemacht:

»Die Chase Manhattan Bank *(CMB) hat unzählige Mitteilungen über
ihre Kreditvergabe an ihre Kunden gesandt. Die Bedingungen ihrer
Kreditlinien (LCO), die einst sehr populär waren, haben sich so geändert, dass die Werte der Aktiva, die diese Kredite sichern, einseitig nach
unten korrigiert werden, manchmal um bis zu 50 Prozent. Das bedeutet,
dass Hauseigentümer jetzt Zahlungen für einen Kredit leisten, mit dem
sie Eigentum erwerben, das jetzt aber offenbar nur noch die Hälfte des
Darlehenskapitals wert ist, und für diese ganze Summe müssen sie auch
noch Zinsen bezahlen. Die einzig vernünftige Lösung in vielen Fällen
besteht darin, einfach auszusteigen und das Haus aufzugeben. Das aber
führt zu einem noch größeren Wertverlust, drückt auch den Wert der
umliegenden Eigenheime herab und löst eine Lawine von Zwangsvollstreckungen aus.*

*Besonders verheerend war das bei Kreditlinien mit ›kreativer Finan-
zierung‹, also den Kreditlinien, die entweder den vollen Wert des Eigenheims – oder mindestens 90 bis 100 Prozent davon – ausmachten, bevor
die Blase platzte …*

*Die CMB hat jetzt automatisch Kreditlinien mit einem ›offenen‹
Kredit abgeschafft. Bei diesen Krediten ließ der Kreditnehmer in der
LCO einen bestimmten Geldbetrag für die Zukunft offen – ein Betrag, der
über den 80 Prozent des Verhältnisses Kredit/Eigenheimwert (LTV) lag.
Dies erfolgte im großen Stil und ohne die ›Eigenheimbesitzer‹ einzube-
ziehen.«*

Beschränkungen beim Verhältnis Kredit/Eigenheimwert (LTV) bedeuten, dass der Geldbetrag, den der Kreditgeber bereit ist zu leihen,
nicht den festgelegten Prozentsatz des Grundstückswertes überschreiten
darf. Allgemein ist es üblich, dass ein Gutachter damit beauftragt wird,
den Wert des Eigenheims zu schätzen. Die Schätzung wird anhand

vergleichbarer Verkäufe anderer umliegenden Häuser durchgeführt, die – mit wenigen Ausnahmen – nicht mehr als eine Meile von dem betreffenden Eigenheim entfernt sein dürfen. Diese Geschäfte waren jedoch nur ein winziger Teil des Hypothekenschwindels, der dem jetzt akuten Finanz-Tsunami vorausging.

Der Tsunami fängt gerade erst an

Der fatale Fehler aller Risikomodelle, die von der Wall Street, von *Moody's*, von den Monoline-Versicherern und den Ökonomen der US-Regierung und der *Federal Reserve* verwendet wurden, war, dass sie auf der Annahme beruhten, Rezessionen seien nicht mehr möglich, weil man das Risiko unendlich streuen und über den gesamten Globus verteilen könnte.

Die Preise all dieser verbrieften Aktiva, die nominell viele Billionen Dollar wert waren, wurden aufgrund dieser falschen Annahmen bewertet. All die vielen Billionen Dollar an Credit Default Swaps – die auf der Illusion beruhten, dass man sich mit Derivaten preisgünstig gegen Kreditausfälle versichern könnte – sollten sich schon bald in einer ganzen Welle katastrophaler Krisen in Luft auflösen, als der Häusermarkt in den USA kollabierte.

Es war eine schier endlose Spirale nach unten: Die Häuserpreise fielen in den Keller, die Eigenheimhypotheken wurden mit immer höheren Zinssätzen belastet, und die Arbeitslosigkeit stieg rasant in den ganzen USA – von Ohio bis Michigan, von Kalifornien bis Pennsylvania, von Colorado bis Arizona. Je mehr Arbeiter aber arbeitslos oder unterbeschäftigt wurden, desto dramatischer wurden die Ausfälle bei Autokredit- und Kreditkartenzahlungen. Dieser Prozess setzte eine Abwärtsspirale bei den Preisen für Wirtschaftsgüter in Gang; zuerst in den USA, dann aber auch in vielen Teilen der ganzen Welt. In den ersten Wochen von 2008 zeigte sich allmählich, wie hässlich die ganze Sache noch werden konnte.

Der Kollaps im Subprime-Sektor war nur der erste Hinweis darauf, was noch folgen sollte, und es wird Jahre dauern, bis dieser Prozess nachlässt. Die beschädigten Produkte der vermögensbesicherten Wertpapiere wurden wiederum als Sicherheiten für weitere Bankkredite benutzt sowie für fremdfinanzierte Firmenübernahmen – und zwar nicht nur durch die oft berüchtigten Beteiligungsgesellschaften, sondern auch durch andere Unternehmen, ja sogar Städte und Gemeinden. Die Schuldenpyramide, die lediglich auf dem windigen »Fundament« verbriefter Wertpapiere stand, wurde durch eine radikale Umkehrung der fremdfinanzierten Hebelwirkung drastisch reduziert, als man sich auf den globalen Märkten der Realität stellen musste, dass niemand den wahren Wert der verbrieften Papiere kannte, die sich in den diversen Portfolios befanden.

Wenn die Folgen ihrer kriminellen Nachlässigkeit für Millionen Amerikaner und Menschen in der ganzen Welt nicht so tragisch wären, dann könnte man das Geständnis von *Standard & Poor's* als geradezu lächerlich bezeichnen. Im Oktober 2007 räumte diese Ratingagentur, damals die zweitgrößte Kreditbewertungsagentur der Welt, ein, sie habe »das Ausmaß des Betruges in der amerikanischen Hypothekenindustrie unterschätzt«. Alan Greenspan machte einen schwachen Versuch, sich selbst zu entlasten, indem er behauptete, nicht die Kreditvergabe an Subprime-Kreditnehmer sei falsch gewesen, sondern nur die spätere Verbriefung dieser Hypothekenkredite. Die Realität sah anders aus: Das ganze System, das die Finanzelite in jahrzehntelanger Arbeit errichtet hatte, beruhte ausschließlich auf Lug und Betrug sowie Nichttransparenz. Aber man kann nicht davon ausgehen, dass die dafür Verantwortlichen wirklich so naiv sind, das nicht zu wissen.

Als Nächstes: die Derivatekrise mit Credit Default Swaps

Inzwischen rollt bereits die nächste Welle des amerikanischen Finanz-Tsunamis an: der Kollaps der Monoliner, über die bereits weiter oben berichtet wurde. Angesichts des ungeheuren Ausmaßes der unbekannten Risiken dieser hoch spezialisierten amerikanischen Versicherungsgesellschaften war bei ihnen außer einer Verstaatlichung durch die US-Regierung keine andere Lösung denkbar.

Der Markt, der höchstwahrscheinlich als nächster kollabieren wird, ist der außerbörslich abgewickelte und hochspekulative Derivatehandel mit Kreditausfallversicherungen, genannt Credit Default Swaps (CDS). Dieser Markt, eine Erfindung von *J. P. Morgan*, umfasst schätzungsweise 45 Billionen Dollar.

Alan Greenspan hatte dafür gesorgt, dass der CDS-Markt unreguliert und undurchsichtig blieb, sodass sich niemand über den Umfang der damit verbundenen Risiken in einer Wirtschaftsflaute im Klaren war. Da dieser Markt nicht reguliert wird, kommt es häufig vor, dass eine Partei des abgeschlossenen Geschäfts das CDS-Papier an ein drittes Finanzinstitut weiterverkauft, ohne die andere Partei darüber zu informieren. Das bedeutet aber, dass sich in dem Fall, in dem ein Investor sein CDS-Papier zu Geld machen will, der Zahlungspflichtige dieses Anspruchs gar nicht mehr feststellen lässt und der Investor aus seinem Papier sitzen bleibt. Der CDS-Markt konzentrierte sich zum allergrößten Teil in den New Yorker Banken, die Ende 2007 auf CDS-Papieren im Nennwert von 14 Billionen Dollar saßen. Die bekanntesten dieser Finanzinstitute waren *J. P. Morgan Chase* mit 7,8 Billionen Dollar an CDS-Papieren sowie *Citigroup* und *Bank of America* mit jeweils drei Billionen Dollar.

Das Problem wurde dadurch verschärft, dass von den 45 Billionen Dollar an CDS etwa 16 Prozent oder 7,2 Billionen Dollar ausgestellt wurden, um die Besitzer von besicherten Schuldtiteln ausgerechnet dort zu schützen, wo die Probleme mit den Sicherheiten für Hypotheken am größten waren. Der CDS-Markt war eine tickende Zeitbombe, wobei diese einen Kernsprengkopf hatte. Wenn sich die Kreditkrise in den kommenden Monaten ausbreitet, müssen die Banken zwangsläufig größere Ausfälle verkraften und die Zeichner von CDS-Versicherungen explodierende Forderungen und nicht transparente Bestimmungen.

Wenn Hunderttausende Amerikaner in den kommenden Monaten feststellen werden, dass ihre Hypothekenraten entsprechend den Bedingungen der zinsvariablen Hypotheken neu festgesetzt wurden, werden voraussichtlich weitere 690 Milliarden Dollar an Eigenheimhypotheken in Verzug geraten. Das wird wiederum zu einem Schneeballeffekt in Bezug auf Arbeitsplatzverluste und Kreditkartenausfälle führen und eine weitere große Verbriefungskrise im riesigen Markt für verbriefte Kreditkartenschulden auslösen. Das Bemerkenswerte an dieser Krise ist, dass ein derart großer Teil des gesamten amerikanischen Finanzsystems darin verwickelt ist. In der ganzen amerikanischen Geschichte hat es niemals eine Krise dieses Ausmaßes gegeben.

Ende Februar 2008 enthüllte die Londoner *Financial Times*, dass sich US-Banken »in aller Stille« 50 Milliarden Dollar von einer speziellen neuen Kreditfazilität der *Federal Reserve* geliehen hatten, um ihre Liquiditätskrise zu mildern. Die Verluste aller US-Großbanken von der *Citigroup* bis zu *J. P. Morgan Chase* und den meisten anderen großen amerikanischen Banken wurden immer größer, während die Wirtschaft immer tiefer in einer Rezession versank, die sich in den kommenden Monaten mit Sicherheit in eine echte Depression verwandeln dürfte. Keiner der Präsidentschaftskandidaten hatte es im Wahlkampf gewagt,

einen ernsthaften Vorschlag zu unterbreiten, wie man die größte Finanz-
und Wirtschaftskrise in der amerikanischen Geschichte lösen könnte.

In den ersten Tagen des Jahres 2008 wurde allmählich klar, dass die
Verbriefung für die USA der letzte Tango sein würde, den sie als globale
Finanz-Supermacht aufs Parkett legen konnte.

Inmitten einer wachsenden Panik im Weißen Haus unter George W.
Bush und vor allem in Henry Paulsons (Wall-Street-)Finanzministerium
traf die US-Regierung am 15. September 2008 mehrere Entscheidungen
darüber, welche Finanzinstitute gerettet werden sollten und welche man
bankrott gehen ließ – wie sich herausstellen sollte, war die Entscheidung
über die letztere Maßnahme verhängnisvoll. Die große Versicherungsgesellschaft AIG, deren Gründer Hank Greenberg einige Jahre zuvor angeklagt worden war, die Bücher des Unternehmens grob manipuliert zu
haben, rettete die Regierung mit vielen Dutzend Milliarden Dollar. Außerdem intervenierte die US-Regierung und verstaatlichte de facto die
beiden riesigen Hypothekenfinanzierer *Fannie Mae* und *Freddie Mac*.
Doch mit Einwilligung von *Fed*-Chef Ben Bernanke und dem Präsidenten der New Yorker *Federal Reserve*, Tim Geithner, der später von Präsident Obama zum neuen US-Finanzminister ernannt werden sollte, wurde
entschieden, die viertgrößte Investmentbank der Welt, die seit 153 Jahren
existierende Bank *Lehman Brothers*, bankrott gehen zu lassen.[12]

Innerhalb von Stunden stürzten die Märkte auf der ganzen Welt in den
Keller, als sich diese Nachricht verbreitete. Was bis dahin nur eine große
Krise in einem kleineren Segment des amerikanischen Subprime-Hypo-
theken-Verbriefungsmarktes gewesen war, der vielleicht 800 Milliarden
Dollar umfasste, wurde plötzlich zu einer globalen Systemkrise, in der
die Banken jedes Papier, das sie von einer anderen Bank akzeptieren
sollten, anzweifelten. Eine weltweite Vertrauenskrise hatte eingesetzt,
weil mitten in einer großen Krise die Verantwortlichen mangelnde Entschlossenheit gezeigt hatten. Ihre Entscheidungen darüber, welche Banken gerettet werden mussten und warum, waren nicht nachvollziehbar.
Diese Unsicherheit erschütterte auch weltweit das Vertrauen der Banken
untereinander, auch auf internationaler Ebene. Es bedeutete de facto das
Ende des Dollar-Systems von Bretton Woods.

Jetzt stellt sich die Frage: Welches neue Zentrum oder welche neuen
Zentren finanzieller Macht könnten New York als globales Verbindungs-
zentrum ersetzen?

Anmerkungen:

1 UNCTAD-Sekretariat, *Recent developments on global financial markets: Note by the UNCTAD secretariat*, TD/B/54/CRP.2, Genf, 28. September 2007.

2 Zu Informationen zu den wenig bekannten politischen Hintergründen der Creditanstalt-Krise des Jahres 1931, die zu einem kettenreaktionsartigen Zusammenbruch des deutschen Bankensystems führte, siehe Engdahl, F. William, *Mit der Ölwaffe zur Weltmacht*, Kopp Verlag, Rottenburg 2006, Kapitel 6.

3 John Oswin Schroy, »Fallacies of the Nobel Gods: Essay on Financial Economics and Nobel Laureates«, unter: *www.capital-flow-analysis.com/investment-essays/nobel_gods.html*.

4 Für eine faszinierende Behandlung der grundlegenden theoretischen Fehler des heute verwendeten ökonomischen und Geldmarktmodells sowie dessen, was er die Hohen Quoten katastrophaler Preisveränderungen nennt, empfehle ich das Buch des Yale-Mathematikers und Erfinders der fraktalen Geometrie, Benoit Mandelbrot. Siehe Mandelbrot, Benoit und Hudson, Richard L., *The (mis) Behavior of Markets: A Fractal View of Risk, Ruin and Reward*, Profile Books Ltd., London 2004.

5 Donald MacKenzie, *An Engine, Not a Camera*: *How financial Models Shape Markets*, The MIP Press, Cambridge, Mass., 2008. MacKenzie beschreibt den Prozess, wie der Gründer der Börse in Chicago (*Chicago Mercantile Exchange*) den US-Ökonomen Milton Friedman von der Universität Chicago damit beauftragte, eine Rechtfertigung dafür zu liefern, dass man Anfang der 1970er-Jahre den Handel mit Devisentermingeschäften und Optionen zuließ, und wie die Entwicklung der Preisbildungstheorie für Optionen von Black und Scholes nach einer Weile den Chefs an der Wall Street die Sicherheit gab, ihr Handel mit Derivaten sei ›wissenschaftlich fundiert‹. Das stimmte natürlich nicht, wie sich im Jahre 2007 bei dem weltweiten Kollaps der Verbriefung zeigte.

6 Zitiert in: »Inner City Press«, *The Citigroup Watch*, 28. Januar 2008, unter: *www.innercitypress.org.citi.html*.

7 Rainforest Action Network, »Citigroup Becomes Mexico's Largest Bank after Banamex Merger«, 10. August 2001, unter: *forests.org/archive/samerica/cibemexi.htm*.

8 Matthew Lee, »Predatory Lending: Toxic Credit in the Inner City«, InnerCityPress.org, 2003.

9 Edmund L. Andrews, »Fed Shrugged as Sub-prime Crisis Spread«, *The New York Times*, 18. Dezember 2007.

10 Alan Zibel, *FBI Probes 14 Companies Over Home Loans*, AP, 29. Januar 2008.

11 Persönliches Gespräch des Autors mit einem früheren Hypothekenmakler eines großen US-Hypothekengebers.

12 Tom Bawden, Suzy Jagge, »Lehman Brothers demise triggers huge default«, *The London Times*, 11. Oktober 2008.

Nachwort: Die Macht des Geldes – die Folgen

Unsere Geschichte endet mit demselben Satz, mit dem sie auch begonnen hat. Wie wir bei unserer geschichtlichen Betrachtung des Aufstiegs eines amerikanischen Dollar-Imperiums nach 1865 gesehen haben, beruht die Macht des Geldes nicht auf einer gesunden und stabilen Wirtschaftspolitik. Sie beruht auch nicht auf Frieden und Wohlergehen der großen Mehrheit einer Nation. Notwendigerweise beruht die Macht des Geldes auf den Institutionen, die die Mittel der Macht kontrollieren – das sind letzten Endes die Militär- und Polizeikräfte eines Staates samt allen damit zusammenhängenden Institutionen. Diese Macht lag bis zum August 2007 fest in der Hand der Finanzstrukturen, der relativ kleinen Gruppe von Banken und Finanzinstituten im Kern des Dollar-Systems.

Die Geldmacht nutzt ihre Überredungskunst sowie Propaganda, verlogene Appelle an den Patriotismus, Verlockungen der Gier und die Hoffnung auf eine bessere Zukunft, um ihre zerstörerische Macht zu festigen. Die Geldmacht schreckt vor nichts zurück, um das Geheimnis ihrer Macht zu verbergen. Sie will vor allen Dingen von der Tatsache ablenken, dass das Geld – sei es nun gestützt durch Gold, durch Öl oder durch Schwadronen von F-16-Kampfflugzeugen oder Atombomben – letztendlich ein Geschöpf des Gesetzes ist. Meyer Amschel Rothschild, damals der führende Bankier der Londoner City, erklärte 1790: »Erlauben Sie mir, das Geld eines Landes zu kontrollieren und in Umlauf zu bringen, dann ist mir gleichgültig, wer die Gesetze macht.« Diese Kontrolle überließ ein schwacher US-Kongress im Jahre 1913 einem Kartell privater internationaler Banken, als er den »Federal Reserve Act« verabschiedete.

Anfang 2009 tobte weltweit ein gigantischer Machtkampf. Nur wenige verstanden, worum es dabei ging, und die Mainstream-Medien sagten darüber kein Sterbenswort. In diesem Kampf standen auf der einen Seite diejenigen, die Arbeitsplätze retten und die Industrie, die Fabriken und Maschinen intakt halten wollten. Im Vergleich zu dieser überwältigenden Mehrheit stand auf der anderen Seite eine winzige, oligarchisch-elitäre Minderheit: die im Zentrum von Alan Greenspans »Finanzrevolution« stehenden Geldinteressen der Wall Street mit ihren engsten Verbündeten, zu denen hauptsächlich die Londoner City gehörte sowie etwa drei Dutzend weltweit agierende Banken.

Im Herbst 2008 war der amerikanische Kongress derart unter Druck gesetzt worden, dass er dem »Public Law 110-343« zustimmte; einem Gesetz, das US-Präsident George W. Bush am 3. Oktober 2008 unterzeichnet hat. Dieses Gesetz mit einem Umfang von insgesamt 169 Seiten – die Amerikas Kongressabgeordnete vor der Abstimmung kaum alle gelesen, geschweige denn sorgfältig studiert haben dürften – machte den Weg frei für ein 700 Milliarden Dollar schweres Rettungspaket (*Troubled Asset Relief Program*, TARP). Dieses Kürzel wurde auch schon bald zum Spitznamen dieses Gesetzes auserkoren, wobei man wissen muss, dass TARP zufällig auch die englische Kurzform für »tarpaulin« ist, was man sowohl mit Ölzeug als auch mit Abdeckplane übersetzen kann – auf jeden Fall beschreibt der Spitzname eine dicke, völlig undurchsichtige Decke.

Unter dieser dicken, undurchdringlichen Decke von TARP konnte der damalige US-Finanzminister, der frühere Wall-Street-Banker Henry Paulson, ohne Prüfung oder externe Aufsicht mehrere hundert Milliarden Dollar an ausgewählte Kumpane unter den Investmentbanken an der Wall Street und an große internationale Banken, ja sogar an Versicherungen und Hypothekenfinanzierer wie *Fannie Mae* und *Freddie Mac* verteilen. Auf Anordnung Paulsons sollte die US-Regierung die Banken als Gegenleistung für diese massive Kapitalspritze nicht kontrollieren. Hier wurden also dreist Steuergelder an dieselben Männer und Finanzinstitute verteilt, die gerade die gesamte Welt an den Rand einer Katastrophe gebracht hatten.

Trotz, oder besser wegen der Natur des 700 Milliarden schweren TARP-Rettungspakets für die US-Banken ging die Vernichtung von Reichtum in den Vereinigten Staaten und auf der ganzen Welt weiter. Ende Februar, vier Monate nach Beginn der Bankenrettung durch TARP,

Als US-Finanzminister unter George W. Bush griff der Wall-Street-Banker Henry Paulson Ende 2008 seinen Kumpanen von der Wall Street mit Steuergeldern in Milliardenhöhe unter die Arme.

hatte der vielbeachtete amerikanische Dow Jones Industrial Index die Hälfte seines Wertes (verglichen mit seinem Höchststand vor gerade einmal einem Jahr) verloren. Ein Ende der Talfahrt war nicht absehbar. Der Wert der Immobilien, des wichtigsten Vermögenswertes von 70 Prozent aller amerikanischen Familien, die sich in der Zeit der Greenspan-Blase hatten überreden lassen, ihre ganze Zukunft auf eine Eigenheimhypothek zu setzen, verfiel in einem Maße, das es seit den 1930er-Jahren nicht mehr gegeben hatte.

Während sich der Abwärtstrend der Finanzmärkte auf der ganzen Welt fortsetzte, wurden auch Fälle von Betrug, Bestechung und Manipulation ruchbar. Einer der auffälligsten war im Dezember das Eingeständnis des ehemaligen Chefs der New Yorker NASDAQ-Börse, Bernard Madoff, er habe ein 50 Milliarden Dollar schweres Schneeballsystem entwickelt – ein finanzielles Betrugssystem, das heute allgemein als »Ponzi-Schema« bezeichnet wird. Der Betrag, um den es dabei ging, war zwar nicht gerade »Peanuts«, aber er war doch nichts im Vergleich zu den vielen Billionen Dollar, die plötzlich dahin waren, als die Verbriefungsblase platzte. Bemerkenswert war jedoch, dass die regierungseigene US-Börsenaufsicht SEC deutlich und wiederholt von Außenstehenden sowie von eigenen Mitarbeitern gewarnt worden war, dass Madoffs angebliche Riesengewinne purer Schwindel seien.

Diese Korruption hatte das gesamte internationale Finanzsystem erfasst. Das sollte niemanden überraschen, der sich mit der Geschichte beschäftigt hat. Zum endgültigen Abstieg des Römischen Reiches in den ersten drei Jahrhunderten nach Christi Geburt kam es, weil die Patriarchen im Alten Rom die Staatsmacht den Geldstrukturen überlassen hatten – und sich selbst dabei ungeheuer bereicherten. Aufgrund dieser Korruption und Verkommenheit verfiel das Imperium von innen.

Die Wahl eines neuen US-Präsidenten der nominellen Oppositionspartei, der Demokraten, nach acht Jahren der Laissez-faire-Politik von Korruption und Vetternwirtschaft unter dem Republikaner Bush versprach keinen wirklich grundlegenden Wandel in den Vereinigten Staaten. Mit seinem Beliebtheitsgrad, der anfänglich buchstäblich höher war als der von Jesus Christus, bot sich für Präsident Barack Obama die einmalige Chance, das Schicksal der Nation zu wenden und die Bevölkerung für ein Programm der radikalen Reorganisation des finanziellen Machtkalküls zu gewinnen.

Barack Obama hatte das Mandat der Öffentlichkeit, wenn er es nur richtig anstellte, »die Geldwechsler aus dem Tempel zu jagen« und die

Verstaatlichung der privaten *Federal Reserve* anzuordnen – sowie die von den Banken, die das *Federal Reserve System* stützen, gleich mit – und dadurch die Kontrolle über die Geldmacht des Landes zugunsten des Gemeinwohls zu gewinnen und nicht länger der privaten Gier zu überlassen. Obama hätte das Mandat der amerikanischen Öffentlichkeit dafür gehabt, die relative Macht der Finanz- und Geldstrukturen der Wall Street über die wirtschaftliche Zukunft des Landes zu verringern und im Interesse des Gemeinwohls die Banken zu verstaatlichen, die für das Debakel verantwortlich sind.

Anstatt diese Chance zu nutzen, besetzte er sein »wirtschaftspolitisches Dreamteam« mit all den schrecklichen alten Gesichtern, die selbst bis zur Halskrause in die Verbrechen und den Missbrauch der Geldinteressen verstrickt waren, von Paul Volcker bis zu Lawrence Summers.

Zum US-Finanzminister ernannte der neue Präsident Timothy Geithner, einen ehemaligen Direktor der mächtigen New Yorker *Federal Reserve*, der noch fünf Monate zuvor zusammen mit Henry Paulson und Ben Bernanke, dem Chef der *Federal Reserve*, entschieden hatte, die viertgrößte Investmentbank der Welt, das seit 153 Jahren bestehende New Yorker Bankhaus *Lehman Brothers*, bankrott gehen zu lassen, während kleinere Finanzinstitute gerettet wurden. Falls es sich bei der Entscheidung für einen Bankrott von *Lehman Bros.* um den böswilligen Versuch Paulsons und seiner Genossen gehandelt haben sollte, die Krise auf das gesamte globale Finanzsystem auszuweiten und damit die ganze Welt so in Angst und Schrecken zu versetzen, dass sie einem Rettungspaket für die Wall Street zustimmte – dann war Anfang 2009 deutlich, dass dies sicher nicht passieren würde.

Die Öffentlichkeit wurde durch bewusst verwirrende Argumente getäuscht, die alle darauf hinausliefen, die Fragestellung unbeantwortet zu lassen, warum die großen Banken wie die *Citibank* oder die *Bank of America* nicht verstaatlicht werden sollten. In den Finanzmedien wurde das Bild eines schleichenden Kommunismus – oder noch weit größerer Schrecken – gemalt. In Wirklichkeit ging es einzig und allein um die Frage, wer in den USA die Macht über das Geld kontrollieren sollte: das private Kartell der Finanzinteressen hinter den Eigentümerbanken der *Federal Reserve* oder die gewählten Vertreter des Volkes, deren Renten verzockt, deren Häuser von den Banken beschlagnahmt und deren Arbeitsplätze abgebaut wurden.

Es ging schlicht um die Zukunft des monetaristischen Putsches von 1979, bei dem die während der Großen Depression gewährten sozialen

Zugeständnisse einkassiert worden waren. In Großbritannien, dem Heimatland von Thatchers Monetarismus, kämpfte eine *Labour*-Regierung für die Verteidigung der privaten Macht der Banken auf Kosten der Wähler. *Labour* verwirklichte den »bankers' socialism«: die Privatisierung der Gewinne und Sozialisierung der Verluste.

In Deutschland zeigte sich eine konservative Bundeskanzlerin, assistiert von einem sozialdemokratischen Finanzminister, ebenfalls unwillig, die Macht der Banken herauszufordern. Kenntnisreiche Finanzinsider in Deutschland meinten, das Problem liege in der politischen Ignoranz, die Berlin angesichts der oft verwirrenden finanziellen Verstrickungen der deutschen Banken an den Tag lege. In Wirklichkeit war die Frage hier genauso einfach zu lösen wie anderswo auch. In Deutschland hatte man in der Krise von 1931 zugelassen, dass die internationalen Banken über das Schicksal des Landes entschieden, mit den bekannten fürchterlichen Folgen. Würden die Politiker des Jahres 2009 eine Wiederholung der tragischen Sparpolitik von Reichskanzler Brüning wiederholen – und zwar diesmal mit noch schrecklicheren Folgen –, nur weil sie allein auf die Weisheit ihrer führenden Banker, nicht aber auf die ihrer eigenen Bevölkerung vertrauten?

Die Anfang der 1980er-Jahre einsetzende neoliberale Revolution unter Thatcher und Reagan hatte, wie beabsichtigt, zu einer weltweiten Zentralisierung des Kapitals in einer neuen Dimension geführt. Die finanziellen Aktivitäten und die damit verbundene Macht wurden in den Händen riesiger Finanzholdings wie der *Citigroup* konzentriert. Allein diese Bank, die ursprünglich die Bank der Rockefeller-Interessen gewesen war, bestand aus über 3000 Unternehmen in vielen Ländern, die von ihr kontrollierten Vermögenswerte beliefen sich 2008 auf insgesamt 2,2 Billionen Dollar, weit mehr als das BIP der meisten Nationen dieser Welt. 1995 hatte Rockefellers *Chase Manhattan Bank* mit der *Chemical Bank* funsioniert, die ihrerseits *Manufacturers Hanover* übernommen hatte. Wenige Jahre später fusionierte die *Chase* mit *J. P. Morgen* zur *J. P. MorganChase*. Die Konzentrierung der Geldmacht war unglaublich.

Die US-Regierung blieb untätig und beförderte all dies sogar noch, weil die Gesetze und Bestimmungen aus der Zeit der Großen Depression, die damals die Ausweitung dieser Geldmacht eingedämmt hatten, inzwischen außer Kraft gesetzt worden waren. Riesige neue Bankkonzerne verknüpften das traditionelle Bank- und Versicherungsgeschäft mit neuen Funktionen wie der Vermögensverwaltung, und das in unglaublichen Dimensionen. In den USA wurde der Handel mit Wertpapieren vor allem von einigen speziellen Finanzinstituten wie den Investment- und Pensionsfonds abgewickelt.

Die Geldmacht – und zwar die Macht über das Geld, das sich auf den US-Dollar stützte – machte sich auf, die ganze Welt zu kontrollieren. Das Mittel dazu sollte die finanzielle Globalisierung sein, ihr eigenes Geschöpf, bei dem sich die Vertreter der Geldmacht die von den Bankern kontrollierten Instrumente und Institutionen zunutze machen wollten, vom Internationalen Währungsfonds (IWF) und der Weltbank bis hin zur Baseler Bank für Internationalen Zahlungsausgleich (BIZ), der Zentralbank der Zentralbanken.

Im Jahre 1910 betrugen die Schulden der Vereinigten Staaten auf Bundesebene eine Milliarde Dollar – oder 12,40 Dollar pro Kopf. Die Verschuldung auf Landes- oder kommunaler Ebene war gering bzw. nicht existent. 1920, nur sieben Jahre nach Gründung der *Federal Reserve*, belief sich die Verschuldung der US-Regierung nach dem Ersten Weltkrieg, dem sogenannten »Großen Krieg«, bereits auf 24 Milliarden Dollar, das waren 228 Dollar für jeden einzelnen US-Bürger. Im Jahre 1960 betrugen die Schulden 284 Milliarden Dollar oder 1575 Dollar pro Kopf, und 1981 überschritt die Verschuldung gar die Billionengrenze. 2009 lag sie bei über elf Billionen Dollar oder 35 000 Dollar für jeden Amerikaner – vom Säugling bis zum Greis. Allein die Zinsen an die Banken und Gläubiger dieser Schulden beliefen sich auf über 450 Milliarden Dollar pro Jahr. Übergäbe man die gesamten Vereinigten Staaten den Bankern zur Rückzahlung der Schulden, dann betrügen die Schulden noch immer zwei, drei Amerikas. Thomas Jefferson, einer der Gründungsväter der USA, sagte nicht ohne Grund: »Wenn das amerikanische Volk je zulässt, dass Privatbanken den Umlauf ihres Geldes kontrollieren, zuerst durch Inflation und dann durch Deflation, dann werden die Banken und Unternehmen, die [im Umfeld der Banken] entstehen … den Menschen ihren Besitz rauben, bis ihre Kinder schließlich auf dem Kontinent, den ihre Väter erobert haben, ohne ein Dach über dem Kopf aufwachen.«

Anfang 2009 wurde allerdings auch deutlich, dass sich die allmächtigen New Yorker Banker arg verrechnet hatten. Denn selbst in der schlimmsten Krise seit den 1930er-Jahren eilte der Rest der Welt dem Dollar-System nicht zu Hilfe. Nach acht Jahren Präsidentschaft Bush, die das Vertrauen der ganzen Welt arg missbraucht hatte, ist weltweit der Wille, die Vereinigten Staaten als wohlwollenden Gebieter über ein Weltsystem anzusehen, weitestgehend erschöpft. Von Peking bis Moskau, von Dubai bis Buenos Aires denkt man jetzt über die Beziehungen zu Amerika und zur Macht Amerikas neu nach.

Zum ersten Mal seit 1945 hat die restliche Welt jetzt die Chance, einen eigenen Weg nationaler und regionaler Stabilität einzuschlagen, der nicht mehr nennenswert vom Dollar dominiert wird. Es ist noch nicht klar, ob diese Freiheit genutzt wird. Es ist vor allem eine politische, keine finanzielle Entscheidung. Die restliche Welt steht am Scheideweg. Es ist an ihr, die Lage entweder als neue Chance zu betrachten oder mit dem Dollar-System unterzugehen.

F. William Engdahl
Wiesbaden, März 2009

Über den Autor

F. William Engdahl: Nach erfolgreichem Abschluss seines Studiums der Politikwissenschaft an der Universität Princeton (USA) und einem Aufbaustudium in Vergleichenden Wirtschaftswissenschaften an der Universität Stockholm war er als unabhängiger Ökonom und Forschungsjournalist zunächst in New York und später in Europa tätig. Zu den Schwerpunkten seiner damaligen Tätigkeit gehörten die Energiepolitik in den USA und weltweit, die Handelsfragen der GATT/Uruguay-Runde, die EU-Nahrungsmittelpolitik, das Weltgetreidemonopol, die IWF-Politik, die Schuldenproblematik der Dritten Welt sowie Hedgefonds und die Asienkrise.

F. William Engdahl ist Autor des Bestsellers über Öl und Geopolitik *Mit der Ölwaffe zur Weltmacht* (Kopp Verlag, 2006), der auch auf Englisch, Chinesisch, Koreanisch, Türkisch, Kroatisch, Slowenisch und Arabisch erschienen ist. Engdahl gehört zu den vieldiskutierten Analysten der aktuellen politischen und wirtschaftlichen Entwicklungen. Seine provokativen Artikel und Analysen sind in zahlreichen Zeitungen und Zeitschriften sowie auf international bekannten Internetseiten erschienen. Seit dem ersten Ölschock und der Weltgetreidekrise Anfang der 1970er-Jahre hat er nicht nur Diskussionsbeiträge auf den Gebieten Öl-Geopolitik und Energie geliefert, sondern auch Artikel zu den folgenden Themen geschrieben: Landwirtschaft, GATT, WTO, IWF, Politik und Wirtschaft. In seinem Buch *Saat der Zerstörung: Die dunkle Seite der Gen-Manipulation* (Kopp Verlag, 2006) dokumentiert er die Versuche, die weltweite Nahrungsmittelmenge und damit auch ganze Bevölkerungen zu kontrollieren. In seinem Buch *Apokalypse jetzt!* (Kopp Verlag, 2007) behandelt er den riesigen amerikanischen Militärkomplex und die Bedrohung des Weltfriedens. Engdahl erhielt 2007/2008 die Auszeichnung *Project Censored Award*.

Engdahl liefert regelmäßig Beiträge über wirtschaftliche und politische Entwicklungen für zahlreiche internationale Publikationen. Dazu gehören: *Asia Times*, *FinancialSense.com*, *Asia Inc.*, *GlobalResearch.com*, *Nihon Keizai Shimbun*, *Foresight Magazine*, *Grant'sInvestor.com* (New York), *European Bank* und *Business Banker International* sowie *Freitag* und *ZeitFragen* in Deutschland und *Globus* in Kroatien. Er war Interviewpartner zahlreicher internationaler TV- und Radiostationen, darunter *Al Dschasira*, CCTV und *Sina.com* (China), *Korea Broadcasting System* (KBS) und der russischen Fernsehstation RTR. Außerdem ist Engdahl wissenschaftlicher Mitarbeiter bei Michel Chossudovskys angesehenem *Centre for Research on Globalization* (*www.globalresearch.ca*) und Gastprofessor an der *Beijing University of Chemical Technology* in China.

Engdahl ist darüber hinaus bei zahlreichen internationalen Konferenzen als Redner aufgetreten und hat dabei über geopolitische, wirtschaftliche und energiepolitische Fragen sowie über das aktuelle Thema GVO referiert. Dazu gehörten das Londoner *Centre for Energy Policy Studies* von Sheikh Zaki Jamani, das *Global Investors' Forum* (GIF) im schweizerischen Montreux, die indonesische *Bank Negara Indonesia*, das Russische Institut für Strategische Studien in Moskau, das chinesische Ministerium für Wissenschaft und Technologie (MOST) sowie die Kroatische Handels- und Wirtschaftskammer.

William Engdahl, der gegenwärtig mit seiner Frau in Deutschland lebt, ist neben seiner Tätigkeit als Autor regelmäßiger Beiträge zu Fragen der internationalen Wirtschaft und Politik, Geopolitik, Nahrungsmittelsicherheit, Energie und internationalen Beziehungen auch als Wirtschaftsberater für europäische Großbanken und Privatinvestoren tätig. Eine Zusammenstellung seiner Beiträge ist im Internet einsehbar unter *www.engdahl.oilgeopolitics.net*.

Was Banker Ihnen nicht erzählen!
Die geheime Macht des Weltbankenkartells

Viele Menschen spüren es instinktiv: Die Weltwirtschaft steht am Rande eines tiefen Abgrunds. Kaum jemand kennt jedoch die wahren Hintergründe. Selbst die meisten Bankiers wissen nicht, was in den höchsten Etagen ihres Berufszweiges hinter verschlossenen Türen vor sich geht. Ellen Browns Buch *Der Dollar-Crash* wird Ihnen die Augen öffnen! Es konzentriert sich auf einen der größten Schwindel im Bankensystem: auf den Prozess der Geldschöpfung und der Kontrolle des Geldes durch Privatbankiers. Heute dominieren die Banknoten der *Federal Reserve* und Kredite in US-Dollar die Weltökonomie; aber diese internationale Währung ist *keineswegs* Geld, das vom amerikanischen Volk oder seiner Regierung in Umlauf gebracht wurde. Dieses Geld wurde von einem privaten Kartell internationaler Bankiers geschöpft und ausgeliehen; und dieses Kartell hat die ganze Welt in ein hoffnungsloses Schuldennetz verstrickt.

In Ellen Browns Buch geht es um mehr als nur um Geldtheorie und -reform. Wenn hier die gegenwärtige unhaltbare Situation aufgedeckt wird, dann ist dies ein erster Schritt auf dem Weg, die Welt aus dem unheilvollen Würgegriff einer kleinen, aber umso mächtigeren Finanzelite zu befreien. Brown scheut sich nicht, kräftig auf die eleganten, schwarz glänzenden Lederschuhe der Finanzgewaltigen zu treten. Ihr Buch ist eine erhobene, geballte Faust, die das sorgsam geknüpfte Netz von Desinformation, Verzerrung, Täuschung und frechen Lügen über Geld, Bankwesen und Wirtschaftswissenschaften trotzig und wahrheitsliebend zerschlägt. Es entlarvt den verborgenen Finanzfeind, der sich derzeit gegen die ganze Welt richtet. Begreift man dieses Bild in seiner ganzen Dimension, dann mag man die tragische Absurdität unserer hoffnungslosen Position kaum glauben, aber es gibt einen Ausweg aus diesem Schlamassel: Ellen Brown weist uns den Weg, wie wir unsere finanzielle Freiheit zurückerlangen.

Ellen H. Brown: *Der Dollar-Crash*, 640 Seiten, geb. mit Schutzumschlag, ISBN 978-3-938516-69-0, 24,95 EUR

Kopp Verlag
Pfeiferstraße 52, D-72108 Rottenburg,
Telefon (0 74 72) 98 06-0, Telefax (0 74 72) 98 06-11,
info@kopp-verlag.de, www.kopp-verlag.de

Wie unsere Demokratie vor die Hunde geht.
Unverzichtbares Hintergrundwissen für jeden kritischen Wähler!

Platon, der berühmte altgriechische Philosoph und Schüler von Sokrates, meinte schon vor Beginn der christlichen Zeitrechnung, dass nur diejenigen an der Spitze eines Staates stehen und das Volk vertreten sollten, die höchsten moralischen Ansprüchen gerecht würden. Sie sollten die besten Söhne ihres Volkes sein …

Wie weit wir in Deutschland von diesem Ideal entfernt sind, zeigt dieses Buch. Autor Guido Grandt spricht hier Klartext. Klartext in Bezug auf rechtskräftig verurteilte Politiker. Klartext über unsere scheinbar so gut funktionierende Demokratie und auch Klartext in Bezug darauf, wie sich die politische Elite an unseren Steuergeldern bedient und auch nicht davor zurückschreckt, geltendes Recht zu brechen. Spenden- und Korruptionsaffären, Rotlichtskandale, Lustreisen, Steuerhinterziehung, Bestechung, Schmiergeldaffären, Untreue und der Besitz oder gar die Verbreitung von Kinderpornografie sowie andere kriminelle Machenschaften sind hierzulande in Kreisen der Politik durchaus nicht mehr selten. Politiker betrügen, lügen, mauscheln, vertuschen, sind korrupt, bedienen sich am allgemeinen System und sind laufend in Skandale verwickelt. Politiker sind in weiten Teilen zu Egoisten und Egomanen verkommen – habsüchtig und unmoralisch. Sie, die sie täglich in den Machtzentralen dieser Republik zu Hause sind und ihre Arbeit zum Wohle des deutschen Volkes erledigen sollen.

Aktenzeichen Politiker zeigt die ungeschminkte Wahrheit über einen Teil der Polit-Elite in unserem Land. Das Buch liefert schonungslose Aufklärung, nennt Namen und Fakten. Gut recherchierte Quellenangaben geben dem Leser die Möglichkeit, bei besonderem Interesse an speziellen Fällen auch weitergehende eigene Recherchen zu betreiben. Dieses Buch kommt pünktlich zum »Superwahljahr«. Lesen Sie es, bevor Sie das nächste Mal ein »Kreuzchen« machen!

Guido Grandt: *Aktenzeichen Politiker*, 256 Seiten, geb. mit Schutzumschlag,
ISBN 978-3-938516-87-4, 19,95 EUR

Kopp Verlag
Pfeiferstraße 52, D-72108 Rottenburg,
Telefon (0 74 72) 98 06-0, Telefax (0 74 72) 98 06-11,
info@kopp-verlag.de, www.kopp-verlag.de

Bücher, die Ihnen die Augen öffnen

In unserem kostenlosen Gesamtverzeichnis finden Sie Klassiker, Standardwerke, preisgünstige Taschenbücher, Sonderausgaben und aktuelle Neuerscheinungen rund um die Themengebiete, auf die sich der KOPP VERLAG spezialisiert hat:

- Verbotene Archäologie
- Fernwahrnehmung
- Kirche auf dem Prüfstand
- Verschwörungstheorien
- Geheimbünde
- Neue Wissenschaften
- Medizin und Selbsthilfe
- Persönliches Wachstum
- Phänomene
- Remote Viewing
- Prophezeiungen
- Zeitgeschichte
- Finanzwelt
- Freie Energie
- Geomantie
- Esoterik
- Ausgewählte Videofilme und anderes mehr

Ihr kostenloses Gesamtverzeichnis aller lieferbaren Titel liegt schon für Sie bereit. Einfach anfordern bei:

KOPP VERLAG
Pfeiferstraße 52
72108 Rottenburg
Tel. (0 74 72) 98 06-0
Fax (0 74 72) 98 06-11
info@kopp-verlag.de
www.kopp-verlag.de